고려대학교 민족문화연구원 만주학 총서❸

언두리[神]가 들려주는

끝나지 않는 이야기

최동권 외 지음

〈고려대학교 민족문화연구원 만주학총서〉 발간사

최근 만주어(滿洲語)와 만문 사료에 대한 국내외 학계의 관심이 높아지고 있다. 일찍이 일본에서는 만주어와 만주사에 대한 다양한 사료를 중심으로 깊이 있는 연구가 진행되었고, 유럽에서도 러시아나 독일 등지에서 적극적으로 만주학을 연구한 바 있으며, 미국에서는 근년에 만주족 역사로서의 신청사(新清史) 연구가 붐을 일으켜 학계의 주목을 받았다. 21세기에 들어오면서 중국에서는 방대한 규모의 만문당안(滿文檔案)이 국가적 차원에서 정리되고 번역 사업이 추진되고 있어 명실공히 만주학 연구의 중심적 역할을 자임하고 있는 실정이다.

만주족은 근세에 청나라를 건국하여 약 300년 가까이 세계사의 주역으로 활동했던 동북아시아 주요 민족의 하나다. 만주어는 1636년 이전까지 우리나라에는 여진어로 알려졌으나 그 후 1911년까지 청나라의 공식 언어가 되었으며, 만주족은 청나라 건국이후 근세 동아시아 역사의 중요한 내용을 만주문자로 기록하였다. 이들 자료 중에는 약 200 만건에 달하는 만문 당안을 비롯하여 기존의 한문 자료에서는 얻을 수 없는 수많은 만주어 자료들이 포함되어 있다. 우리는 이들 자료를 바탕으로 중국과 아시아 및 한국의 역사와 문화를 새로운 시각에서 이해할 수 있다고 믿는다.

만주족은 그 조상인 숙신(肅愼), 읍루(挹婁), 말갈(靺鞨), 여진(女眞)의 시기부터 한민족의 선조인 고조선, 고구려, 발해, 고려 및 조선시대의 우리 겨레와 밀접한 관계를 맺어왔다. 이 과정에서 만주족과 우리 민족은 다양

한 방식으로 문화의 일부를 공유하게 되었고, 언어적으로도 적지 않은 유사성을 지니게 되었다. 조선 후기에는 사역원(司譯院)에서 만주어 역관을 양성하였고, 그 학습의 전통은 당시 만주어의 형태를 알 수 있는 청학사서(淸學四書)로 남아 전해오고 있다. 오늘날 만주어는 중국에서도 거의 사용되지 않고 있지만 한국에서 만주어 자료를 해득하는 것은 어학적 입장에서 중국어[漢語] 사용자에 비해 오히려 유리한 측면도 있을 것이다.

고려대학교 민족문화연구원에서는 이러한 점에 주목하여 지난 수년 간 만주학과 관련된 국내외 학술 자료를 적극 수집하는 한편, 특수 언어로서 만주어 강좌를 개설하고 만주학 연구실을 운영하는 등 한국학의 외연을 넓히기 위해 부단히 노력해 왔다. 향후 본 연구원은 만주학 연구센터로 확대 개편하여 국내외 전문가와 긴밀한 네트워크를 형성하고 분야별 전문 연구와 학제간 종합 연구를 면밀히 진행하여 명실공히 만주학 연구의 세계적인 허브를 구축할 생각이다.

이에 본 연구원은 그 동안의 연구 성과를 <만주학총서>에 담아 순차적으로 출간하고자 한다. 이 총서에는 만주족의 역사와 문화, 언어와 문학, 민속과 종교 등에 대한 다양한 연구 성과들이 균형적으로 수록될 것이다. 앞으로 이 <만주학총서>는 한국의 만주학 연구에 선구적 역할을 하게 될 것이며, 나아가 한국학의 발전과 동아시아학의 정립에 핵심적 위상으로 자리매김하게 될 것이다. 학계의 애정 어린 관심과 아낌없는 성원을 기대하는 바이다.

2012년 봄에

민족문화연구원 원장 최용철

『언두리[神]가 들려주는 끝나지 않는 이야기』 서문

『언두리[神]가 들려주는 끝나지 않는 이야기』는 인도의 『베탈라판차빔자티(vetāla-pañca-viṃśati)』(악마가 비크라마디티야 왕에게 해준 스물다섯 가지 이야기)에 기원하여 티벳과 몽골 지역을 거쳐 중국의 일부 소수민족과 만주족에게로까지 전파된 이갸기 모음집이다. 원래의 이야기는 25편이 실려 있었으나 전파되는 과정에서 각 민족의 특색과 민간고사들이 혼재되고 재편성되었으며, 전승되는 과정에서 이야기의 내용이나 예술성에 많은 발전을 이루었다.

만문본은 서명(書名)이 없고 앞부분에 짧은 이야기를 들려주기 전에 부르는 창사(唱詞)와 전체 이야기를 개괄하는 프롤로그가 있으며, 그 다음에 21편의 이야기가 있다. 전체적인 내용 구성과 어휘 특징으로 볼 때에 몽골어본이 전해졌거나 일정한 영향을 받아 17세기 경에 형성된 것으로 추정된다.

주요 내용은 21개의 각기 다른 주제의 짧은 이야기들이 큰 틀 안에 들어있는 액자구조를 취하고 있는데, 얼허 야붕가 왕이 신으로부터 이야기를 듣고 말(대답)을 하지 말아야한다는 것이나, 왕이 부지불식간에 감탄 등을 하느라 입을 열게 되면서 이야기는 끝이 없이 이어져 나간다. 이에 비해 원본인 『베탈라판차빔자티』에서는 스물다섯 번째 이야기에서 왕이 말을 하지 않아서 이야기가 종료되기 때문에 차이가 명확하다. 그러나 서사구조와 몇몇 고사의 줄거리와 주제 등에서 상당히 유사한 면을 보이고 있어서 북방민족의 이야기 문학 전파와 상호 교섭 관계와 그 양상을 연구하는 데에 중요한 자료라 하지 않을 수 없다.

최근 만주어와 만문 자료에 대한 많은 관심에 힘입어 고려대학교 민족문화연구원에서는 만주학 발전의 중요성을 인식하여 만주어 강좌를 개설하고, 만주학 센터를 설립하는 등 만주어 보급과 발전에 관심을 갖고 많은 지원을 아끼지 않고 있다.

만주어는 매우 방대한 문헌 자료를 가지고 있지만 상당수의 자료는 정부의 공식 문서이거나 한문본을 번역한 자료이다. 그러나 이번에 번역하여 간행하게 되는 『언두리[神]가 들려주는 끝나지 않는 이야기』는 만주어로 표기된 이야기 자료로서 그 활용도가 기대되는 바가 크다. 특히 만주학의 연구에서 가장 우선적으로 필요한 것은 만주어 자료의 활용이라고 판단되는 바, 여기에 『언두리[神]가 들려주는 끝나지 않는 이야기』의 자료적 가치가 있다고 하겠다.

끝으로 평소 만주어 보급과 발전에 지원을 아끼지 않은 민족문화연구원의 최용철 원장님을 비롯한 여러 관계자들께 감사드리며, 현대역 윤문을 위해 애써주신 엄상희 선생에게도 역자를 대신하여 감사의 말을 전한다. 또한 좋은 책을 만들기 위해 마지막까지 애써 주신 박문사 윤석현 사장님을 비롯하여 편집을 담당하신 여러분께도 감사드린다.

2012년 초여름에

최동권

『언두리[神]가 들려주는 끝나지 않는 이야기』에 대하여

신 상 현* · 김 수 경**

1. 서지 사항

『언두리[神]가 들려주는 끝나지 않는 이야기』는 중앙민족대학출판사(中央民族大學出版社)에서 지용하이(季永海) 교수 등에 의해 2002년에 간행한 『尸語故事-滿族佛傳故事21篇』을 한국어로 번역한 것이다. 원문은 남아 있는 것이 없고, 북경고궁박물원(北京故宮博物院) 도서관과 북경도서관에 1930년대 간행된 쇄람본(曬藍本)이 소장되어 있으며, 총 223페이지의 만문 필사본으로 높이 27.3cm, 너비 20cm의 크기이다. 표지는 황색만자운견(黃色萬字雲絹)으로 되어 있으며, 황릉포각(黃綾包角)은 이미 떨어져 나갔다. 서명은 없고 첫 페이지에 이야기를 들려주기 전에 부르는 짧은 창사(唱詞)가 세 줄로 있고, 나머지 페이지는 모두 일곱 줄로 되어 있다.

* 고려대학교 민족문화연구원 선임연구원
** 고려대학교 민족문화연구원 연구원

이 이야기집은 티벳어본과 몽골어본, 그리고 한문본이 전해지며, 전체 고사의 내용을 개괄하는 프롤로그 부분[1]과 21편의 이야기로 구성되어 있다. 매 고사의 첫 부분에는 해당 고사의 제목이 실려 있으며, 이 책에 기록된 만문의 자체와 언어적 특징으로 추정해 볼 때, 간행 시기는 강희 연간인 17세기 후반을 넘지 않는 것으로 보고 있다.[2]

2. 이야기의 기원과 만문본의 형성

『언두리[神]가 들려주는 끝나지 않는 이야기』의 기원은 인도의 찬드라 굽타 2세(Candra Gupta Ⅱ) 비크라마디티야(Vikramāditya)[3]를 주인공으로 하는 이야기집인 『베탈라판차빔자티(vetāla-pañca-viṃśati)』(악마가 비크라마디티야 왕에게 해준 스물다섯 가지 이야기)[4]이다.

이 이야기집은 티벳 지역을 중심으로 전파되다가 몽골과 중국의 일부 소수민족에게로 퍼져나가 전승되었으며, 『천일야화』나 인도의 『슈카사프타티(Śukasaptati)』(앵무새의 일흔 개 이야기)[5], 중국의 『요재지이(聊齋志異)』 등과 비견된다. 기본적으로 인도에서 전해진 이야기를 중심으로 티벳족과 몽골족의 민간고사들이 혼재되어 재편성 되었으며, 전파 지역에 따라서는 『설불완적고사(說不完的故事)』 또는 『시어고사(尸語故事)』[6]라는 제목으로

1 이 부분은 만문본에만 있고, 티벳어본과 몽골어본에는 없다.

2 季永海 等譯註, 『尸語故事-滿族佛傳故事21篇』, 中央民族大學出版社, 2002, 前言 참조.

3 찬드라굽타 2세(Candra Gupta Ⅱ) 비크라마디티야(Vikramāditya) : 인도 굽타 왕조의 제3대 왕으로 재위 380~415년경으로 알려져 있으며, 비크라마디티야는 '武勇의 태양'이라는 의미로 중국에서는 '超日王' 또는 '健日王'이라고 한다.

4 중국에는 『베탈라판차빔자티(vetāla-pañca-viṃśati)』에 25가지 이야기가 있는 것을 바탕으로 『僵尸鬼故事二十五則』 또는 『僵尸鬼故事』라는 제목으로 번역되어 출간되었다.(季永海 等譯註, 『尸語故事-滿族佛傳故事21篇』, 中央民族大學出版社, 2002, 前言 참조.)

5 슈카사프타티(Śukasaptati) : 고대 인도 산스크리트로 쓰인 설화집으로 작자・연대 미상의 작품이다. 원본은 분실되었으며 2종의 산스크리트 사본이 전해진다.

전해지기도 한다.

내용과 편폭에도 약간의 차이가 있는데, 티벳 지역에서는『ro-dngos』[7]로 알려진 것이 대다수로서 티벳어본 11개와 한문본 3개가 있다. 또 각각의 판본에 수록된 이야기의 수가 약간씩 달라서 7장본, 13장본, 15장본, 16장본, 21장본, 23장본, 24장본 등 전승되는 과정에서 점차 내용이 불어나는 경우가 많다. 이렇게 이야기가 끊임없이 가공되고 꾸며지는 과정에서 이야기의 내용이나 예술성에 많은 발전을 이루었고, 각각의 판본마다 그 정도의 차이는 있지만 티벳족의 민족적 특색이 짙게 배어 있다.

몽골 지역에는『siditü kegür』[8]라는 제목으로 전해지며, 10개의 티벳어본 필사본도 함께 전해진다. 몽골어본은 30여개 이상이 있으며, 13장본, 21장본, 22장본, 26장본, 30장본, 35장본 등 고사의 수가 각기 다르게 실려 있다. 이것은 전파되는 과정에서 몽골족의 특색이 더해진 것으로 원래의 이야기에는 없는 많은 모티프가 추가되어 내용과 그 전개가 풍부해졌다. 몽골에 전래된 것은 다시 몽골 지역 전체에 광범위하게 퍼져 민간고사의 창작에도 많은 영향을 끼쳤는데, 영웅서사시『게세르칸(Гэсэр Хаан)』과『발라쿤창의 고사(dpal lha kun bzang gi gtam rgyud)』등이 모두 영향을 받은 것으로 보고 있다.

만문본은 서명(書名)이 없고 앞부분에 짧은 이야기를 들려주기 전에 부르는 창사(唱詞)와 전체 이야기를 개괄하는 프롤로그가 있으며, 그 다음에 21편의 이야기가 있고, 매 이야기 앞에 제목이 만문으로 기록되어 있다. 만문본은 몽골어본 가운데 하나가 전래된 것으로 보이는데, 만문본 전반

---

6 『尸語故事』라는 명칭은 李朝群이 1983년 티벳어본을 번역하며 제목으로 쓰기 시작하였다. (季永海 等譯註,『尸語故事-滿族佛傳故事21篇』, 中央民族大學出版社, 2002, 前言 참조.)

7 『ro-dngos』: 중국어로는 '若鍾' 또는 '莫若澤鐘'이라 하며 '시체의 이야기'라는 의미이다. (상게서, 같은 곳 참조.)

8 『siditü kegür』: 중국어로는 몽골어를 음역하여 '喜地呼爾'라고 하며 '마력이 있는 시체'라는 의미이다(상게서, 같은 곳 참조.)

부에 실린 13편의 고사의 배열순서와 26장으로 된 북경몽문서사본(北京蒙文書社本), 호호트 몽골어본, 울란바트로 몽골어본의 전반부 13장이 완전히 같고 이야기의 내용 또한 거의 비슷하다. 또 최근 만문본의 내용과 서로 같은 21장 몽골어본이 발견되어 내몽고도서관(內蒙古圖書館)에 소장되어 있으며, 만문본의 내용 가운데 적지 않은 몽골어가 남아있는 것으로 보아, 만문본은 몽골어본이 전해진 것이거나 상당한 영향을 받았을 것으로 추정된다.[9]

이상에서 살펴본 바와 같이 티벳어본, 몽골어본, 만문본을 비교했을 때 이야기의 모티프가 같거나 상당히 유사한 것이 발견되지만, 어떤 판본의 경우에는 모티프만 같거나 비슷한 경우가 있다. 또 인도의 『베탈라판차빔자티』와 비교했을 때에도 티벳어본, 몽골어본, 만문본에 모두 큰 변화가 있음을 알 수 있는데, 이야기를 받아들여 전승하는 과정에서 각 민족의 특색에 따라 이야기를 가공하기도 하고, 이야기의 주된 취지를 바꾸기도 하였다. 이러한 점을 통해볼 때에 각 판본의 전래 과정이 달랐던 것을 알 수 있으며, 각각의 민족과 그들이 거주하는 지역에 따라 특색 있게 변했다는 것을 알 수 있다.

이 외에 다른 본에는 실려 있으나 만문본에 실려 있지 않은 이야기가 만주족에게 전해진 것이 있는데, 「노호파옥루(老虎怕屋漏)」는 『만족삼노인고사집(滿族三老人故事集)』에 「불파노호취옥루(不怕老虎就屋漏)」라는 제목으로 수록되어 있어 다른 경로를 통하여서도 원래의 이야기가 전파되었음을 알 수 있다.[10]

---

9 만문본이 다시 몽골어본으로 번역되었을 가능성도 배제할 수 없으므로 만문본이 이 몽골어본을 그대로 번역하였다고는 말할 수 없다.

10 張其卓·董明 整理, 『滿族三老人故事集』, 春風文藝出版社, 1986, 201-205면 참조.

3. 내용과 구성

만문본 『언두리[神]가 들려주는 끝나지 않는 이야기』는 21개의 각기 다른 주제의 짧은 이야기들이 큰 틀 안에 들어있는 액자구조를 취하고 있다. 가장 중심이 되는 이야기는 『베탈라판차빔자티(vetāla-pañca-viṃśati)』와 마찬가지로 '왕이 어떤 사람에게 이야기를 듣고 말(대답)을 하지 말아야한다는 것'이다.[11]

『베탈라판차빔자티』의 주된 내용은 찬드라굽타 2세가 매일 어떤 출가한 사람으로부터 열매를 받던 중 그 열매에 보석이 들어 있던 것을 알게 되었고, 이 사람의 요구사항인 화장장(火葬場) 나무에 걸려있는 시체를 제단으로 옮겨 달라고 한 부탁을 수락하게 된 것에서 시작된다. 찬드라굽타가 혼자서 시체를 옮기는데, 갑자기 시체가 말을 하기 시작하며 문제를 하나씩 낸다. 찬드라굽타는 현명하게 대답하기는 했으나 입을 열어 말하면 안 된다는 조건이 있었기 때문에 대답을 할 때마다 제단에 옮겨두었던 시체는 다시 나무로 가서 걸린다. 매번 시체의 질문에 왕이 대답했기 때문에 이야기가 계속되고, 마지막 이야기에 왕이 대답하지 않았기 때문에 스물다섯 번째 이야기로 끝을 맺는다. 귀신은 찬드라굽타가 마지막엔 약속을 지켜 이렇게 한 이유를 털어놓게 되는데, 그 이유는 앞서 왕에게 접근했던 출가인(出家人)이 왕을 해하려고 했기 때문이며 귀신이 왕을 구하기 위해 이와 같은 방법으로 접근한 것이었다. 귀신은 왕에게 제단의 출가인을 죽여도 무방하다고 알려준다. 이때부터 귀신은 왕의 친구이자 조수가 된다. 『베탈라판차빔자티』는 전반적으로 찬드라굽타의 용맹함과 지혜 찬

11 『베탈라판차빔자티(vetāla-pañca-viṃśati)』는 마지막 스물다섯 번째 이야기에 왕이 아무런 대답을 하지 않는 반면, 만문본에서는 주로 이야기를 듣던 왕이 부지불식간에 감탄 등을 하느라 입을 열게 된다. 게다가 『베탈라판차빔자티』에서 왕의 대답은 봉건사상을 담은 지혜로운 내용이 주를 이룬다.(金克本, 『梵語文學史』, 人民出版社, 1964, 224면 참조.)

양에 주안을 두고 있으며 왕의 현명한 대답을 통해 독자에게 삶의 지혜를 전달하는데 그 목적이 있다.

『베탈라판차빔자티』와 만문본 『언두리[神]가 들려주는 끝나지 않는 이야기』의 차이는 우선 이야기의 개수가 4개 줄어들었다는 것, 시체를 업고 가는 것이 아니라 신(神)을 짊어지고 갔다는 것, 그리고 마지막 스물한 번째 이야기에도 왕이 입을 열고 말을 하는 것으로 끝을 맺는다는 것이다. 인도의 『베탈라판차빔자티』와 만문본 『언두리[神]가 들려주는 끝나지 않는 이야기』 사이에는 물론 어느 정도의 차이는 있지만 서사구조와 몇몇 고사의 줄거리 주제 등에서 상당히 유사한 면을 보이기도 한다.

4. 만문본의 특징

앞서 살펴본 바와 같이 만문본 『언두리[神]가 들려주는 끝나지 않는 이야기』는 몽골어본을 저본으로 하여 만주어로 번역한 것으로 추정된다. 그런 까닭에 만문본에는 몽골어 어휘가 다수 수록되어 있다. 이를 감안하면서 만문본에 보이는 특징들을 다음과 같이 정리해 볼 수가 있겠다.

첫째 인도의 『베탈라판차빔자티』와 티벳어본, 몽골어본에는 이야기가 바로 시작되지만, 만문본은 이야기를 들려주기 전에 부르는 세 줄의 짧은 창사(唱詞)가 있고, 전체 고사의 내용을 개괄하는 프롤로그 부분이 추가되어 있다.

둘째 전체적인 구성으로 볼 때 만문본은 불교 이야기를 고수하면서도 그 안에 샤먼교[薩滿教]의 요소를 더하고 있다. 예를 들어 만문본에 '돼지머리의 샤먼[猪頭薩滿]'과의 기이한 만남에 대한 이야기가 있는데, 티벳어본과 몽골어본에서는 '돼지 머리의 대사(大師)[猪頭大師]', '돼지 머리의 예언하는 대사(大師)[猪頭點驗大師]', '돼지 머리의 봉사(卦師)[猪頭卦師]' 등으로 기록되어 있다. 샤먼교는 만주족의 원시종교로서 주인공이 대사(大師)에서 샤먼[薩滿]으로 바뀌어 있어 만주족의 특색을 새로 추가시킨 것으로 볼 수 있다.

셋째 만문본이 몽골어본의 영향을 많이 받아서 성립된 것이기 때문에 몽골어 어휘가 다수 사용되고 있다. 예를 들어 세 번째 이야기에 나오는 'tūhurdai(몽골어로 '송아지')', 'hainuk(몽골어로서 '황소와 야크의 잡종'을 가리킨다)', 그리고 스물한 번째 이야기의 제목에 쓰인 'jiruhe(몽골어 'jiruke-n'의 차용으로 '심장' 또는 '용기')', 'elik(몽골어 'eligen'의 차용으로 '간')', 'bure(몽골어 'bögere'의 차용으로 '신장')' 등이 대표적인 예이다. 만주어로 번역하여 사용하면 내용 전달에 있어서 도움이 될 수 있는데도 불구하고 직접 차용하여 사용하고 있다는 점에서 몽골어본과의 밀접한 관계를 확인할 수 있다.

5. 문학연구 자료로서의 가치

만문본 『언두리[神]가 들려주는 끝나지 않는 이야기』는 그 모티프가 처음 인도에서 기원하여 티벳과 몽골을 거치고, 중국과 만주족에까지 전파되어 전승되는 과정을 잘 보여주는 이야기집이라고 할 수 있다. 그리고 전파되는 과정에서 각 민족의 고유한 문화와 풍속과 접목되면서 티벳 지역에서는 『ro-dngos』로 전승되고, 몽골 지역에서는 『siditü kegür』로 전승되는가 하면, 중국에서는 『尸語故事』라는 이름으로 바뀌기도 하였다. 이러한 측면에서 본다면, 만문본 『언두리[神]가 들려주는 끝나지 않는 이야기』는 북방민족의 이야기 문학 전파와 상호 교섭 연구에 있어서 결정적인 자료를 제공할 수 있을 것이다. 그리고 이러한 관점의 연구는 한국문학 연구와도 관련을 가질 수가 있다.

예를 들어 만문본 『언두리[神]가 들려주는 끝나지 않는 이야기』에는 '옹고집전'의 모티프라고 여겨지는 이야기가 확인된다.[12]

옛날 어너트허라는 나라의 남쪽에 어느 심술궂은 부자 할아버지가 있었다. 그 할아버지는 라마 화상들을 보면 죽이고, 사원과 불상들을 보면 부수고 다녔다. 여래 부처가 하늘 위에서 보면서, '이 죄 많은 사람을 없애지 않으면, 불법(佛法)이 쇠락하고, 어리석고 나쁜 사람들이 번성할 것이다. 그러니 이 사람을 없애자'고 생각했다. 하루는 그 죄가 많은 노인이 가축을 살피러 간 후, 여래 부처가 그의 모습으로 변해서, 할아버지의 집으로 들어가 있었다. 그로부터 할아버지가 자기 집에 와서는 자신과 같은 모습을 하고 있는 부처를 보고 물었다.

"아니, 이게 어찌 된 일이냐? 내 집에 와 있는 당신은 어디에서 왔소?"

그러자 부처가 말했다.

"이 거지 할아버지를 내 집에 들이지 말고, 어서 내보내라."

할머니는 두 사람 중에서 누가 나의 남편인지 몰라서 어리둥절했다. 그래서

"지금부터 당신들 두 사람은 밖으로 나가서, 집을 세 바퀴 돌고 오세요. 그랬다가 재빨리 집으로 와서 집안의 재물과 가축을 세어보세요. 누가 맞는지 한번 가려봅시다."

하고 말했다. 할아버지는

"흥, 가릴 테면 가려 보라지."

하면서, 집 밖에 있는 가축을 모두 세어서 말했다. 하지만 부처는 신의 헤아림으로, 그 집안의 재물을 족집게처럼 빠짐없이 세어서 말했다. 할머니는 부처를 가리키면서

---

12 이외에도 '도미설화'나 '도깨비감투 이야기', '견묘보주탈환설화(犬猫寶珠奪還說話)' 등 국내의 여러 설화나 이야기들과 모티프를 공유하는 이야기가 많이 포함되어 있다.

"내 남편은 이분이오."

라고 한 후, 그녀의 남편을 때려서 쫓아버렸다.

죄를 많이 지은 심술궂은 할아버지는 멀리 쫓겨 갔다. 그가 근심에 싸여 길을 가는데, 부처가 한 학자로 변하여 그 할아버지 옆으로 가서 물었다.

"할아버지, 당신은 무슨 나쁜 죄를 지었길래 이리도 걱정하고 있소?"

할아버지는 자신이 이제까지 지은 죄를 모두 털어놓았다. 그러자 학자는

"지금 당신의 재물과 가축을 갖고 와 준다면, 그 사람의 말을 따르겠소, 따르지 않겠소?"

하고 물었다.

"그렇게 커다란 은혜를 베푼 사람의 말을 어길 도리가 있겠소?"

라고 할아버지가 답하자 학자는 말했다.

"그렇다면, 너는 이제 라마승 화상을 죽이지 마라. 그리고 사원과 불상을 부수지 말라. 계율을 지켜라. 그렇게만 한다면, 너는 영원히 편안하게 살리라!"

"나는 당신의 말을 따르면서, 어기지 않고 살겠습니다."

할아버지는 맹세했다. 그러자 학자로 변한 부처는

"자 그럼 이제 너는 항상 나의 말을 어기지 말라."

라고 하면서 하늘로 올라갔다.

할아버지는 자신의 나쁜 행동을 그만두고 부처를 공양하며 지냈다. 라마승들을 존경하면서 자기 집에 들여 경을 외게 했다.

이 내용은 조선후기에 기록으로 정착된 고전소설 『옹고집전』과 상당히 많은 부분에서 유사한 면을 보인다. 그동안 『옹고집전』의 근원설화에 대한 연구는 장자못 전설, 김경쟁주(金慶爭主) 설화, 쥐 설화, 『유연전(柳淵傳)』, 인도의 일리사 설화 등을 중심으로 집중적으로 이루어져 왔다.[13] 그

13 印權煥, 「雍固執傳의 불교적 고찰-근원설화와 주제를 중심으로」, 『민족문화연구』 제28호, 고려대학교 민족문화연구소, 1995, 159-194면. ; 김종철, 「「옹고집전」과 조선후기 요호부민」, 『판소리의 정서와 미학』, 역사비평사, 1996, 195-232면 참조.

런데 위에서 예로 든 이야기의 내용만으로 본다면, 『옹고집전』 근원설화와 성립에 대한 새로운 연구 지평을 넓힐 수 있을 것이다. 나아가서는 우리 민족과 북방민족 간에 이루어진 문화 교류의 실체를 확인하고, 다른 한편으로는 설화나 이야기의 보편성에 입각한 문학 작품의 해석 영역을 확장해 나갈 수도 있을 것이다.

[참고문헌]

季永海 等譯註, 『尸語故事-滿族佛傳故事21篇』, 中央民族大學出版社, 2002.
張其卓·董明 整理, 『滿族三老人故事集』, 春風文藝出版社, 1986.
金克本, 『梵語文學史』, 人民出版社, 1964.
김기선, 『韓·蒙 문화교류사』, 민속원, 2008.
김종철, 「「옹고집전」과 조선후기 요호부민」, 『판소리의 정서와 미학』, 역사비평사, 1996.
이개석, 「13~14세기 麗蒙關係와 고려사회의 다문화 수용」, 『복현사림』 제28집, 경북사학회, 2010.
印權煥, 「雍固執傳의 불교적 고찰-근원설화와 주제를 중심으로」, 『민족문화연구』 제28호, 고려대학교 민족문화연구소, 1995.

목 차

언두리[神]가 들려주는

끝나지 않는 이야기

현대역

만물을 이롭게 하고, 세상 사람들을 천세(千歲) 누리게 할
영단약신(靈丹藥神)을 어르더니가 데리러간,
언두리[神]가 들려준 이야기, 스물한 번 데리러간, 스물한 가지 이야기.

프롤로그

부처님들께서 복(福)을 내려 주는 것은 세상의 근본.
살아있는 것들을 드러내어 주고
진실의 그윽하고 정성스러운 전조(前兆)를 보여준 둘째가
그 선사(禪師)에게 머리 숙여 절하네.
그가 누구인가 하니, 나가르주나[1] 선사라네.
사인 얼허 야붕가 왕과 두 사람의 신이(神異)한 영험은
현자들의 뭇 영험에 걸맞게 의미를 마음에 새기고서
이야기되고, 들려지고, 읽혀지면서 그렇게 전해졌다네.
그것은 온갖 것을 비추는 이야기의 근본, 열 세 가지라네.[2]

---

1 나가르주나 : Nāgārjuna(150?~250?)로 한자로는 용수보살(龍樹菩薩)로 표기한다. 남인도에서 태어났으나 북인도로 가서 당시 인도의 사상(思想)을 공부하고, 특히 대승불교(大乘佛教) 사상을 연구하여 그 기초를 확립하였다.

2 인도에서 처음 시작한 이 이야기는 본래 13가지 이야기로 구성되어 있었다. 티벳 지역과 몽골 지역 등을 거치면서 21가지, 22가지, 23가지 등으로 다양한 변형을 거쳤는데, 13가지 이야기가 최초의 구성이었던 듯하다. 이 책의 13번째 이야기 부분에 전체 이야기가 매듭지어지는 부분이 있는데, 그 다음의 이야기들과 맨 앞에 나오는 "온갖 것을 …… 21가지 이야기를 하겠다"고 한 부분이 원래의 이야기에 덧붙여진 것으로 추정된다.

사방이 수미산(須彌山)으로 둘러싸인 옛날 인도 지방 한 가운데에 일곱 명의 도사(道士) 형제가 살고 있었다. 그곳에서 그다지 멀지 않은 곳에 왕이 살고 있었는데, 왕에게는 두 명의 아들이 있었다. 그들 중 큰아들은 도술을 배우고 싶다면서, 도사의 집으로 찾아갔다. 하지만 그는 그곳에서 지낸 지 일곱 해가 지나도록 아무 것도 배우지 못하였다.

어느 날 동생이 도사의 집으로 형에게 음식을 가져다주러 갔다가, 문틈으로 도사들을 엿보았다. 동생은 속으로

'도술이 생각보다 어렵진 않잖아? 쉽게 배울 수 있겠어.'

라고 생각하였다.

동생은 형에게 가서 말했다.

"왕궁의 정원에서 데려왔다고 해도 의심받지 않을만한 훌륭한 말이 있더군요. 형님은 그 말을 끌고 와서 일곱 명의 도사에게는 팔지 마시고, 다른 곳에다가 파세요. 그리고 말을 팔아서 받은 돈을 가지고 돌아오세요."

동생은 형에게 이렇게 말하고는 곧 이어 훌륭한 말로 변하였다.

그러나 형은 동생의 말을 따르지 않은 채, 혼자서 곰곰이 생각에 잠겼다.

'나는 일곱 해가 되도록 술법을 배웠지만, 아무 것도 알 수가 없었어. 그런데 동생은 이토록 신비한 말을 얻다니……, 이 말을 한번 타볼까? 그러면 어떻게 될까?'

형은 말 위에 올라탔다. 고삐를 당기지도 않았는데, 도술의 힘으로 일곱 명의 도사 형제 앞에 도착해버렸다. 형은

'여기에서는 도망쳐봤자 소용없겠어. 차라리 도사들에게 말을 팔아버리자.'

라고 생각하고는 도사들에게 말했다.

"이 말은 내 동생이 얻은 귀하고 훌륭한 말이랍니다. 이 말을 사시겠습니까?"

하지만 도사들은 그 말이 도술로 변신한 것임을 바로 알아챘다.

'이처럼 우리들과 똑같이 술법을 익혀 도술을 부리게 되면, 우리의 술법이 쇠락하리라는 것은 불을 보듯 뻔하다. 그러면 더 이상 사람들은 도술을 신비롭게 여기지 않게 될 것이다. 어서 이 말을 데려 가서 죽여야겠다.'

도사들은 형이 부르는 대로 값을 치르고는 서둘러 말을 끌고 가버렸다.

일곱 명의 도사들은 그 말을 어두운 정원으로 끌고 들어와서 묶어놓았다.

"이 말이 죽을 때 많은 피를 흘리도록 하자!"

그들은 말에게 물을 먹이러 강가로 끌고 갔다. 몇 명은 코와 귀를 붙잡았고, 또 몇 명은 발을 잡았으며, 나머지는 꼬리와 갈기를 움켜쥐었다. 강가가 보이는 곳까지 끌려갔을 즈음, 말로 변한 동생은 생각했다.

'형님이 내 머리를 이들의 손아귀에 넘겨주다니……. 다른 생명으로 빨리 변신해야 할 텐데……. 지금 당장 무엇으로 변하면 좋을까?'

동생은 주위를 둘러보다 물속을 헤엄쳐가는 물고기 한 마리를 발견했다. 그는 얼른 물고기로 변하였다. 그러자 일곱 도사들은 일곱 마리의 갈매기가 되어 쫓아왔다. 동생은 강에서 달아나 봤자 갈매기에게서 벗어날 수 없다고 생각했고, 그래서 비둘기로 변신하여 하늘로 날아갔다. 그러나 일곱 도사들은 일곱 마리의 매로 변하였고, 산과 들을 지나가도록 뒤쫓아 오면서 놓아주지 않았다.

다더 줄러르기라 불리는 지역의 축투산 속에는 얼허 주르강가 하다라는 동굴이 있었다. 그 동굴 속에 나가르주나 선사가 살고 있었다. 동생은 선사에게로 가서 숨었다. 일곱 마리 매는 이곳까지 쫓아와서는 일곱 명의 라마승으로 변하여 동굴의 입구에 서있었다.

나가르주나 선사는

'이 비둘기를 일곱 마리 매가 쫓아 왔는데, 어찌된 까닭인가?'

하고 생각하면서 비둘기에게 물었다.

"얘야, 너는 무슨 까닭으로 이렇게 두려움에 떨면서 쫓겨 다니는 것이냐?"

비둘기는 그간의 일들을 모두 털어놓은 후, 말하였다.

"선사님, 지금 동굴 입구에 일곱 명의 라마승들이 와 있을 것입니다. 그들은 선사님 손에 가지고 계신 염주를 내놓으라고 할 것입니다. 그러면 저는 그 순간 염주의 모주(母珠) 속으로 들어가 있겠습니다. 선사님께서는 부디 모주를 입 속에 머금으시고, 다른 염주를 던져 주십시오."

비둘기의 이야기가 끝나자마자, 일곱 라마승이 들어와서는 선사가 손에 쥔 염주를 빼앗으려고 하였다. 선사는 비둘기의 부탁대로 모주를 입 안에 넣어둔 채, 다른 염주들을 던져주었다. 그러자 갑자기 염주들은 낟알이 되어 흩뿌려졌다. 일곱 라마승들은 닭으로 변하더니 낟알을 쪼아 먹는다.

선사는 속으로

'닭들이 낟알을 쪼아 먹을 동안에 이 사람을 도망치게 하자.'

고 생각하고는 얼른 염주의 구슬을 입에서 꺼내서 던졌더니, 구슬은 곧장 사람으로 변하여 몽둥이 하나를 집어 들었다. 그가 몽둥이로 닭을 때려 죽이자, 닭들은 일곱 사람의 시체가 되었다.

이를 보고 선사는 마음속으로 깊이 괴로워하고, 그를 원망하며 말하였다.

"내가 너의 목숨을 구하려고, 이 일곱 사람의 목숨을 빼앗았구나. 나의 이 죄악은 업보가 되었도다."

그러자 동생이 대답하였다.

"선사님 저는 본래 왕의 아들이었습니다. 선사님께서 저의 목숨을 구해 주셨습니다. 그들이 죗값을 치르도록, 이 일곱 사람을 죽인 것은 바로 접니다. 선사님의 은혜를 갚기 위해서라면, 선사님의 말씀이 무엇이든지간에 반드시 이루어지도록 하겠습니다."

나가르주나 선사는 이 말을 듣더니 대답하였다.

"그래, 네가 그리하겠다면 거대한 귀신의 땅인 서르군 숲으로 가거라. 그곳에는 허리 아래는 황금이고 위쪽은 터키석으로 이루어졌으며, 하얀 머리카락을 틀어 올린 신(神)이 살고 있다. 네가 용기를 내어 그 신을 이리로 데리고 올 수 있겠느냐? 만약 네가 그를 데리고 온다면, 잘 훈련시켜서 이 세상의 사람들이 저마다 천세를 누리게 할 수 있게 하는, 신령한 신이 되도록 하고 싶구나."

왕의 아들은

"말씀하신 대로 하겠습니다."

라고 굳게 다짐하면서,

"저에게 가는 동안 먹을 식량을 주시고, 제가 해야 할 모든 일을 가르쳐 주십시오. 선사님의 말씀이 이루어지도록 하겠습니다."

라고 말하였다.

선사가 답하여 말하기를,

"네가 가는 길에는 험하고 어려운 난관들이 곳곳에 놓여 있다. 서르군 숲에는 무섭고 커다란 귀신들이 잔뜩 살고 있느니라. 그곳에 도착하자마자 귀신들이 일제히 일어나서 다가올 것이다. 그러면 너는 '하라 하라 수와하'라고 주문을 외면서 가루 한 봉지를 뿌리도록 해라. 그곳을 지나 강을 건넌 후에는 작은 잡귀들이 수없이 많이 있다. 그것들이 일어나서 다가오면, '후루 후루 수와하'라고 외치면서 또 가루 한 봉지를 뿌려라. 그리고 또 그곳에서 강을 한 번 더 건너면 젊은 귀신들이 모두 모여 있는데, 그 귀신들이 다가오면, '디라 파트'라고 외치면서 가루를 뿌려라. 그리하고 나면, 그 모든 귀신 가운데에서 신이 빠져나와 위쪽으로 도망쳐서 영단약(靈丹藥)에서 자란 나무 위로 올라가 앉을 것이다. 그때 하얀 달처럼 생긴 도끼를 잡고 영단(靈丹)을 자를 것처럼 위협하면서, '아래로 내려 와라. 네가 내려오지 않으면 이 나무를 자를 것이다'라고 외쳐라. 그러면 신이 내려올 것이다. 너는 신을 백 홉들이 주머니에 담고, 백 겹의 노끈으로 묶어서, 아무리 먹어도 떨어지지 않는 기름과 가루와 날알을 짊어지고, 밤낮없이 밤을 새워서 곧장 이리로 와라. 명심해라. 숲의 입구에서부터 이곳에 도착할 때까지 한마디 말도 입 밖에 내지 말고 와야 한다." 라고 하였다.

그리고 이어서 말하였다.

"너는 과연 왕의 아들이로다. 얼허 주르강가 하다의 동굴까지 찾아 왔으니, 사인 주르강가 왕이라 부르겠다."

라며 이름을 지어주었다. 선사는 손으로 길을 가리키며 왕을 떠나보냈다.

왕은 선사가 손으로 가리켜준 길을 따라서 숲으로 갔다. 그는 선사가 가르쳐 준 무서운 길목들을 지나서, 영단약(靈丹藥) 나무 아래에 이르렀다. 선사의 말대로 신이 나무 아래 있다. 왕은 큰 소리로 외쳤다.

"나의 스승, 나가르주나 선사께서 이 하얀 달 모양의 도끼와 아무리 먹어도 떨어지지 않는 기름과 가루 백 홉들이 비단 주머니와 백 겹의 노끈을 보냈다. 나는 사인 얼허 주르강가 왕이다. 너는 유계(幽界)의 영혼일 뿐이니, 아래로 내려오너라. 내려오면 나무를 자르지 않겠다."

그러자 신이 말하였다.

"나무를 자르지 말라. 내가 내려가겠다,"

신이 나무에서 내려오자, 왕은 그를 주머니에 넣고, 노끈으로 묶어서 등에 짊어졌다. 신을 등에 지고 오는데, 신이

"갈 길이 멀어서, 너도 괴로울 테지만, 나 또한 괴롭구나. 우리 이야기나 하면서 가자. 네가 이야기하고 싶으면 머리를 아래로 끄덕이고, 내 이야기를 듣고 싶으면 머리를 위로 끄덕여 봐라."

하고 말한다. 왕은 머리를 위로 끄덕였다.

첫 번째 이야기

부자의 아들 이야기

신이 첫 번째 이야기를 시작하였다.

옛날 입산이라는 곳에 부자의 아들, 의사의 아들, 화가의 아들, 점쟁이의 아들, 대장장이의 아들, 그리고 목수의 아들이 살았다. 이 여섯 사람은 모두 부모로부터 사랑받는 자식들이었다. 그들은 장차 각자의 갈 길로 뿔뿔이 흩어지게 되었는데, 어느 강의 강줄기가 모여드는 강가에 모여서 각자 한 그루씩 영혼의 나무를 심었다. 그들 중 한 사람이 말했다.

"우리 여섯 명은 이제 여섯 갈래로 헤어져서 각자 살아갈 곳을 찾기로 하자. 그리고 육년이 지난 후에 이곳에서 다시 만나자꾸나. 만약 누군가 한 사람이라도 육년 후에 이곳에 오지 못하여 그의 영혼의 나무가 말라버린다면, 그가 갔던 길로 찾아가기로 약속하자."

그렇게 헤어진 후, 부자의 아들은 길을 가다 어떤 강에 도착하였는데, 그곳에 늙은 할아버지와 할머니가 있었다. 할아버지가

"얘야, 너는 어디에서 왔느냐? 어디로 가는 중이지?"

하고 물었다. 부자의 아들은 대답했다.

"저는 먼 곳에서 살 곳을 찾아 이곳에 왔답니다."

할아버지는 다시 물어보았다.

"그렇구나. 내게 딸이 하나 있단다. 네 아내로 내 딸을 줄 테니, 이곳에 와서 살면 어떻겠느냐?"

그리고는 딸을 데리고 와서 보여주었다. 부자의 아들은 속으로 생각했다.

'나는 부모님과 헤어져서 여기까지 왔는데, 신처럼 기이하게 생긴 이 여자를 아내로 맞아 이곳에서 한번 살아볼까?'

여자도 역시 잘 생긴 부자의 아들이 마음에 들었다. 두 사람은 서로 좋아하면서, 함께 집으로 들어갔다. 그날 밤 잔치가 열렸고 두 사람은 부부가 되었다. 부자의 아들은 그렇게 아내를 얻어서 그곳에서 살게 되었다. 그런데 그 강의 서쪽에는 왕이 살고 있었다. 여름이 되어 왕의 친구들이 강물에서 목욕을 하기 위해 찾아 왔다. 때마침 부자 아들의 아내도 강물에 목욕을 하러 갔다. 그녀는 갖가지 보석으로 치장하고 있었는데, 그 중 반지 하나를 강물 속에 빠뜨려서 잃어버렸다. 그녀의 반지는 왕의 친구들이 있는 곳까지 흘러갔고, 반지를 주은 친구들은 무척 신기한 물건이라면서 그것을 왕에게 보냈다. 반지를 본 왕은 명령했다.

"이 강의 물줄기가 시작되는 곳에 이 반지를 끼었던 여자가 분명 있을 것이니, 그녀를 찾아서 데리고 와라"

왕이 반지의 주인을 찾으라고 보낸 신하들은 강의 수원지에서 그 여자를 발견하고는 신기해하였다. 그들은

"이 사람이 틀림없어. 그런데 왕에게 가서 그녀를 봤다고만 하면 만족하지 않으시겠지?"

라며, 그녀에게 왕이 찾으시니 왕의 곁으로 가자고 했다. 그런데 그들은 남편과 아내를 함께 데리고 올 수밖에 없었다. 왕이 그녀를 보더니 감탄하면서 말했다.

"오오! 진정 선녀로구나. 너에 비하면 나의 다른 부인들은 개, 돼지와도 같다. 너를 내 부인으로 삼아 너를 사랑하면서 살겠다."

그녀는 왕에게 거역할 수가 없어서 그의 명령에 복종한 것이었을 뿐, 부자의 아들과 헤어질 마음이 전혀 없었다. 그녀의 마음을 왕이 알아챘다. 왕은 부자의 아들을 참수에 처하라고 망나니들에게 명령했다. 망나니들은 부자의 아들을 강가에서 함께 놀자고 꾀어내어 강가의 모래톱에 있는 우물 속으로 던져버렸다. 그리고 우물의 입구를 커다란 너럭바위로 덮어버렸다.

세월이 흘렀다. 여섯 명의 친구들이 약속한 날이 되었다. 다른 친구들은 모두 도착하여 영혼의 나무를 살펴볼 수 있었다. 친구들의 나무는 모두 살아 있었다. 그러나 부자의 아들만이 오지 않았고 그의 영혼의 나무 또한 메말라 있었다. 다섯 친구들은 걱정스러운 마음으로 부자의 아들이 갔던 방향으로 찾아갔다. 하지만 부자의 아들이 어디에 있는지 찾을 수 없었던 친구들은 점쟁이의 아들에게 점을 쳐보라고 했다. 점괘는 부자의 아들이 큰 돌 아래 눌려있다고 나왔다. 친구들은 큰 돌이 있는 곳으로 찾아갔지만 무거운 너럭바위를 들어 올릴 수가 없었다. 그러자 대장장이의 아들이 쇠망치로 돌을 깨부쉈다. 우물 속에서 죽어있던 부자의 아들을 꺼낸 후, 의사의 아들은 약을 먹여 그를 다시 살아나게 했다. 그로부터 부자의 아들은 차츰차츰 기력을 회복하여 친구들과 서로 이야기를 나눌 수 있을 만큼 좋아졌다.

"너는 왜 죽었던 거야?"

친구들이 부자의 아들이 죽게 된 이유를 무척 궁금해 하자, 부자의 아들은 그간의 자초지종을 모두 말했다.

"그처럼 기이한 여자가 있다니. 왕에게서 그녀를 빼앗아 올 방법이 없을까?"

친구들은 서로 머리를 맞대고 의논하였다. 일단 목수의 아들이 자물쇠가 달린 봉황새를 뚝딱 만들어냈다. 봉황새의 머리 못을 치면 위로 날아가고 위에서 내리치면 아래로 내려갔으며, 옆에서 치면 똑바로 날아갔다. 화가의 아들은 그 봉황새에 다채로운 물감으로 아름답게 그림을 그려 넣고, 반질반질하게 기름칠을 했다. 봉황새 속에 부자의 아들이 타고 하늘로 날아가 왕궁의 누각 위를 맴돌고 있는데, 왕의 친구들 여럿이서 그것을 보고 말하였다.

"이처럼 신기한 새는 한 번도 본 적이 없어! 부인이 누각 위로 올라가서 새에게 여러 가지 음식을 갖다 주는 게 좋겠어."

그래서 아내는 갖가지 음식을 준비해서 누각 위에 올라갔다. 그러자 그 나무 봉황새는 아내 옆으로 오더니 문을 열고서 그녀를 바라보았다. 부자의 아들과 그의 아내는 서로를 알아보았다. 아내가 크게 놀라면서 말했다.

"당신을 만날 수가 없으리라고 생각했어요. 그런데 지금 이렇게 만나다니. 이와 같은 신목(神木)으로 만든 봉황을 당신은 어디에서 구하셨나요?"

부자의 아들이 모든 사연을 말한 후, 아내에게 물었다.

"당신은 지금처럼 왕의 부인으로 살겠소, 아니면 진정으로 나의 부인이 되어주겠소?"

그러자 아내가 답하였다.

"저는 그동안 왕으로부터 핍박을 받아왔어요. 그와는 이미 헤어졌습니다. 제가 당신을 잊고 살았을 리가 있겠어요?"

그녀는 봉황새 속으로 들어가 부자의 아들과 함께 날아갔다. 그로부터 왕은 여러 친구들에게 분노하며 말했다.

"모든 것이 너희들이 신기한 새에게 먹을 것을 보내라고 부인을 보낸 탓이다. 새가 그녀를 하늘로 데려갔으니, 이 일을 어찌할 테냐!"

왕은 땅을 구르면서 원통해 했다.

부자의 아들이 친구들 곁으로 돌아왔다. 그가 먼저 새에서 내렸고, 그 뒤에 아내를 따라 나오게 하여 친구들에게 보여주었다. 그는 친구들의 마음을 시험해보고자 했다.

"친구들아, 너희들의 도움이 나를 살려냈구나. 또한 지혜를 모아서 내 아내를 구해주었어. 이 은혜를 우리 부부는 평생 동안 갚도록 할게."

그러자 점쟁이의 아들은 안 된다고 하면서 말했다.

"죽은 너의 시체가 어디에 묻혀있는지 아무도 몰랐을 때, 내가 점을 봐서 찾아냈어. 그러니 지금 당장 내 은혜를 갚도록 하렴. 부인을 내게 데려와. 내가 당연히 그 여자를 가져야지."

그러자 대장장이의 아들이 말했다.

"점쟁이 아들아, 네가 점을 봐서 부자의 아들이 있는 곳을 찾아냈지. 하지만 그 큰 너럭바위를 들어 올리지 못하고 있을 때, 바로 내가 망치로 돌을 깨부숴잖아. 내덕분에 죽은 친구를 꺼냈으니 이 부인은 내가 가져야 해."

의사의 아들도 말했다.

"대장장이 아들아, 너는 그저 우물에서 꺼냈을 뿐이잖아. 죽은 사람이 부인을 데려올 수 있었겠어? 내가 약을 먹여서 부자의 아들을 살려냈기 때문에, 부인을 데리고 올 수 있었어. 그러니 내가 가져야 마땅하지."

그러자 목수의 아들이 말했다.

"이봐, 너는 그를 살려내긴 했지만, 부인을 데려올 수는 없었어. 내가 나무로 봉황을 만들지 않았으면, 왕에게 병사를 보낼 수도 없었고 부인을 왕궁의 누각에서 나오게 할 수도 없었잖아? 내가 만든 봉황새 속에 부자의 아들을 태워서 부인을 데려왔으니까 부인은 내가 가져야지."

화가의 아들도 말했다.

"생나무의 봉황에 내가 온갖 물감으로 그림을 그려 넣지 않았다면, 부인이 그 새를 보러 왔을까? 만약에 부인이 새를 보러 오지 않았다면 어떻게 구해낼 수 있었겠어? 그러니 부인은 내가 갖는 게 옳아."

이렇게 친구들은 서로 다투다가, 그렇다면 부인을 여럿으로 잘라서 나누자고 하면서 그녀를 잘라 죽였다.

그때 얼허 야붕가 왕이
"아, 정말로 불쌍하구나!"
라고 탄식하니, 신이
"불행히도 왕의 입 밖으로 말소리가 흘러 나왔구나!"
라고 말하면서, 주머니를 풀고서는 가버렸다.

두 번째 이야기

왕과 대신이 두꺼비 두 마리를 죽이다

그 후, 다시 전처럼 서르군 숲에 가서 신을 짊어지고 오는데, 신이 말하였다.

"네가 이야기를 하나 해 봐라. 아니면 내가 이야기를 하나 하겠다. 네가 이야기하고 싶으면 머리를 아래로 끄덕이고, 내 이야기를 듣고 싶으면 머리를 위로 끄덕여 봐라."

왕이 머리를 위로 끄덕이자 신은 이야기를 시작했다.

옛날 이르자나라는 땅에 큰 성이 한 채 있었다. 그 성에는 왕이 살고 있었다. 그 곳에는 강이 하나 흐르고 있었는데, 이 강의 수원지에 큰 연못이 하나 있었다. 그런데 그 연못에 살던 커다란 두꺼비 두 마리가 강물을 막고서 밭으로 물을 흘려보내주지 않았다. 두꺼비에게 사람을 제물로 바치면 그때서야 물을 흘려보내주었다. 그리하여 해마다 왕과 백성들, 어른과 아이 구별 없이 모두 차례를 정해 이 두꺼비 두 마리에게 제물로 바친 후, 물을 얻어 썼다. 어느 해에 왕의 차례가 되었다. 왕은 두꺼비의 제물로 가지 않을 수 없었다. 그는 이미 정해놓은 법을 어길 수도 없었지만, 그가 가버리면 아들만 남게 되어 고민스러웠다. 왕에게는 그 아들 한 명밖에는 없었으며, 다른 아들이 없었다.

왕은 아들에게 말했다.

“나는 이미 오래 산 늙은이다. 그러니 나 자신을 귀히 여기기보다는 제물이 되러가겠다. 아들아, 너는 법도(法道)와 칙령(勅令)을 바로잡아 나라를 번영케 해라.”

아들은 대답했다.

“왕이시여, 당신께서는 하늘처럼 위대한 법도와 칙령을 바로잡아 부흥시켜 놓으셨습니다. 그런데 두꺼비의 제물로 가시다니요. 장차 부인을 여럿 얻으시면 아이들은 또 태어날 것입니다. 그 두꺼비의 뱃속으로는 제가 가도록 하겠습니다.”

왕의 아들은 왕을 말리면서 자신이 제물로 가기로 결정했다. 그러자 많은 백성들과 친구들이 슬퍼하면서 그를 연못으로 떠나보냈다. 한편 왕의 아들에게는 어려서부터 함께 사귀었던 가난한 사람의 아들이 있었다. 왕의 아들은 그에게 가서 말했다.

“너는 네 아버지와 어머니의 말씀을 따르며 잘 살도록 해라. 나는 왕의 법이 곧 나라의 법이므로 아버지의 말씀을 따르기 위해 두꺼비의 뱃속으로 가겠다.”

그러자 가난한 사람의 아들은 매우 탄식하면서 말했다.

“제가 어렸을 때부터 왕의 아들이신 당신은 저를 돌봐주셨지요. 그러니 제가 당신대신 가겠습니다.”

왕의 아들이 그에게 그러지 말라고 해도 그는 말을 듣지 않았다. 그는 자신의 주인인 왕의 아들을 따라갔다.

그들이 연못의 기슭에 다다랐을 즈음에, 연못에 사는 누런 두꺼비와 푸른 두꺼비 두 마리가 하는 이야기를 듣게 되었다. 푸른 두꺼비가 말했다.

“왕의 아들과 그 친구는 알고 있으려나? 만약 그 두 사람이 우리의 머리

를 몽둥이로 때려죽인 다음에, 너는 왕의 아들이 삼키고 나는 그 친구가 삼키게 되면, 두 사람이 토할 때마다 입에서 금과 터키석이 쏟아져 나오게 되리라는 사실을 말이야. 그리고 또 이 연못의 두꺼비에게 사람을 제물로 바치지 않아도 되고 말이지. 이 사실을 그들은 모르겠지?"

왕의 아들은 생물(生物)이 하는 말을 알아듣는 능력이 있었다. 왕의 아들은 두꺼비의 이야기를 엿듣고는 친구와 함께 몽둥이를 하나씩 들었다. 그리고 두꺼비의 머리를 내리쳐서 죽였다. 왕의 아들과 친구는 그 두꺼비들을 각각 한 마리씩 집어 삼켰다. 그들은 필요할 때마다, 입에서 금과 터키석을 토해낼 수 있었다.

그 후 친구가 말했다.

"우리 두 사람이 두꺼비를 죽여서 성 안으로 물이 흐르게 했습니다. 이제는 고향으로 돌아가도록 하죠."

그러나 왕의 아들은 주장했다.

"우리가 고향에 간다 해도 사람들은 죽은 자가 살아 돌아왔다면서 괴이하게 여길 것이다. 차라리 다른 먼 곳으로 가는 것이 좋지 않을까?"

그래서 두 사람은 고개를 하나 넘어갔다. 고개를 넘자 집이 한 채 나타났는데, 어떤 여자와 그 딸이 술을 팔고 있었다. 왕의 아들과 친구가 술을 팔라고 하니, 그 여자들은 먼저 술값을 내라고 한다. 두 사람은 입에서 금과 터키석을 토해서 그것을 술값으로 주었다. 여자와 그 딸은 그들을 방에 들여 술을 잔뜩 마시게 하여 취하게 만들었고, 술에 취한 그들이 토할 적마다 쏟아져 나오는 금과 터키석을 가져갔다.

다음 날 술에 취했던 두 사람은 정신을 차리고 방에서 나왔다. 강의 입구에 다다르니, 길 한가운데서 여러 명의 젊은이들이 서로 다투고 있다. 왕의 아들은 그곳으로 가서 그들이 싸우고 있는 이유를 물어 보았다.

"너희들은 어째서 이렇게 다투고 있느냐?"

그들이 대답했다.

"우리는 여기에서 머리에 쓰면 남들에게 자신의 모습을 보이지 않게 해주는 작은 모자 하나를 얻었답니다. 그래서 서로 가지려고 다투는 중이지요."

"그래? 그 모자를 대체 어디에 쓰려고?"

왕의 아들은 궁금해서 물어 보았다. 젊은이들은 사실대로 고하였다.

"이 모자를 머리에 쓰면, 하늘과 사람들과 귀신들에게 그자의 모습이 보이지 않게 됩니다."

"알겠다. 그러면 너희들 모두 멀찌감치 갔다가 여기까지 달려오너라. 제일 먼저 오는 자에게 이 모자를 주도록 하자. 내가 여기에서 이 작은 모자를 손에 들고 서있겠다."

왕의 아들의 말이 끝나자마자, 젊은이들은 멀리 뛰어 갔다. 그리고 다시 달려서 되돌아오는 중에 왕의 아들이 모자를 머리에 써버렸다. 모두들 어리둥절하여,

"방금까지 이곳에 있던 사람이 어디로 갔지?"

하면서 찾았으나 찾을 수 없었다.

왕의 아들과 그 친구는 또 다른 곳으로 갔다. 그곳에는 귀신들이 잔뜩 모여서 서로 다투고 있었다. 왕의 아들은 물었다.

"너희들은 어째서 이렇게 다투고 있느냐?"

귀신들이 대답했다.

"이 작은 신발 때문에 서로 다투고 있답니다."

왕의 아들은 다시 물어 보았다.

"그래? 그 작은 신을 대체 어디에 쓰려고?"

귀신들이 답하였다.

"이 신발은 말이죠. 신기만 하면, 가고 싶다고 생각한 곳으로 데려다

준답니다."

왕자는 말했다.

"그러면 너희들은 모두 멀찌감치 갔다가, 이리로 달려오너라. 제일 먼저 오는 자에게 이 신발을 주마."

귀신들이 모두 멀리 갔다. 그들이 다시 달려서 되돌아오는 중에, 왕의 아들은 신발을 신고, 자신의 모습을 보이지 않게 해주는 모자를 썼다. 귀신들이 돌아와서 어리둥절해 하면서 말했다.

"방금까지 이곳에 있던 사람이 어디로 가버렸지?"

하지만 그를 아무리 찾아봐도 찾을 수가 없었다.

왕의 아들과 그 친구는 신발을 각각 한 짝씩 나눠 신고 소원을 빌었다.

"새로운 왕이 앉을 왕좌에 데려다 주거라!"

하고 말한 후, 그들은 잠자리에 들었다. 다음 날 아침 두 사람은 어느 나라로 가 있게 되었는데, 그 나라에서는 왕이 죽은 후 서로 그 자리를 잇겠다고 다투는 중이었다. 잠에서 깨보니 그곳의 한 나무 위패 아래 왕의 아들이 앉아 있었다. 그리고 왕의 친구는 사람들이 모여 있는 곳으로 갔는데, 모여 있던 사람들은 서로 왕좌에 앉으려고 다투었다. 그러자 총명한 신의 딸이

"하늘에서 가루 한 덩이를 던지겠다. 그 가루가 누군가의 머리에 떨어질 텐데, 바로 그 사람이 왕좌에 앉게 하라."

고 말한 후, 하늘에서 가루를 던졌더니 그 가루가 나무 위패 위로 떨어져 내렸다. 그러자 여러 사람들이 그곳에 몰려들어 수근수근 말했다.

"이 나무 위패를 왕이 되게 한다고?"

그때 어떤 사람이 말하기를,

"나무 아래 무엇이 있을지도 모르니, 살펴보아야 마땅하오."

라며, 그곳을 살펴보았다. 그랬더니 거기에는 정말로 왕의 아들이 있었

다. 여러 사람들은

"아니, 이 자를 어떻게 믿고 왕좌에 앉게 한단 말인가."

라고 하면서 흩어졌다. 다음 날 사람들이 여럿 모인 가운데, 왕의 아들은 금을 토해내면서 외쳤다.

"내가 이 나라의 왕이 되겠노라!"

왕의 친구 역시 터키석을 토해 내면서 외쳤다.

"나는 이 나라의 대신이 되겠다!"

그리하여 그 두 사람은 그 나라의 왕과 대신이 되었다.

그 나라의 선왕에게는 매우 아름다운 딸이 하나 있었다. 왕은 그녀를 부인으로 삼았다. 왕궁에는 높이 솟아있는 훌륭한 누각이 있었다. 그 부인은 날마다 한낮이면 그 누각으로 갔다. 하루는 대신이 이것을 이상히 여기며 생각했다.

'부인께서는 어째서 날마다 누각으로 가는 걸까? 그 누각 안에 무엇이 있는 것인가?'

어느 날 그 부인이 누각으로 갈 때, 대신은 사람들이 자신의 모습을 보지 못하게 해주는 작은 모자를 쓰고서 따라갔다. 여러 개의 문을 열고 여러 계단 위로 올라가서 누각 위까지 따라갔다. 그곳에는 기이하고 멋있는 왕좌가 있었다. 색색의 비단이 높이 깔려 있고, 갖가지 맛있는 음식들이 준비되어 있었다. 그곳에서 부인은 몸에 걸친 장신구를 갈아 끼우고, 새로운 비단 옷을 입었다. 부인은 몸을 씻고 향유와 감미로운 향기를 바른 후, 향을 피우고 자리에 앉았다. 대신이 하늘과 사람과 귀신에게 자신의 모습을 보이지 않게 해주는 작은 모자를 쓰고서 그녀의 옆에 서 있는데, 아름다운 새 한 마리가 빛을 뿜으며 다가왔다. 부인은 향을 피우고 그 새를 맞이했다. 그 새가 누각 위의 반짝이는 돌 위로 내려앉아서 머리를 끄덕거렸다. 그러자 새의 한가운데에서 하늘의 성스러운 기운이 뿜어져 나왔다. 새는 아름답고 기묘한 아이로 바뀌었다. 아이는 부인과 껴안으며 인사하고는 두껍게 깔아 놓은 비단 자리 위에 앉았다. 부인은 갖가지 맛있는 음식을 아이에게 대접했다. 그 아이가 물었다.

"지금 결혼한 네 남편은 어떤 사람이야?"

부인이 대답하기를,

"글쎄, 어떤 사람인지 모르겠어. 나에게 온 그 사람에게 덕이 있는지, 없는지 아직 알 수 없단다."

라고 하니, 그 아이는

"너 말이야, 내일도 일찌감치 여기에 또 놀러와 줘!"

하고 기쁘게 말하면서 사라져버렸다. 그러자 부인은 장신구를 누각 위에 남겨놓은 채, 왕의 곁으로 돌아왔다.

다음 날에도 부인은 마찬가지로 누각 위로 올라갔다. 그래서 대신은 또 그녀 뒤를 따라가 봤다. 그 신의 아이도 작은 새로 변해서 찾아왔고, 전날처럼 부인과 만나고 헤어졌다. 대신은 왕에게 와서 이 일을 알렸다. 부인이 날마다 누각 안으로 들어가서 신의 아이와 함께 놀고 돌아왔다며 전부 고해 바쳤다. 그리고

"내일도 그 아이는 작은 새로 변해서 부인을 찾아 올 겁니다. 왕이시여, 직접 보러 가시기 바랍니다. 일단은 먼저 가셔서 누각 아래에다 불을 피우고 계십시오. 그러면 제가 그 작은 새의 꼬리를 붙잡아서 불 속으로 던져 버리겠습니다. 그 틈에 당신께서 허리칼로 베어서 죽여 버리세요."

이렇게 일을 꾸며놓은 후, 다음 날이 되자 왕은 누각으로 가는 부인의 뒤를 밟았다. 왕은 불을 피운 곳에서 몰래 지키고 서 있었고, 대신은 자신의 모습이 보이지 않게 해주는 작은 모자를 쓰고 문 위에 서 있었다. 잠시 후 신의 아이는 작은 새가 되어, 멋진 빛을 뿜으며 문지방 위에 내려앉았

다. 부인은 무척 기뻐했다. 하지만 그녀가 다른 곳에 잠깐 눈길을 준 틈을 타서 대신은 그 새의 꼬리를 붙잡아 불 속으로 던졌다. 그때 왕이 허리칼로 새를 베려 하자 부인은 왕의 팔을 잡고서 자르지 못하게 했다. 새는 불길에 털이 타버린 채 날아갔다. 부인은 속으로 슬퍼했다.

'아아! 가엾은 새야!'

슬픔에 잠긴 부인의 마음은 편치 않았다.

이튿날 부인은 예전처럼 누각으로 갔다. 대신이 또 따라 나섰다. 부인은 똑같은 예를 갖추어 새를 기다렸으나 새는 오지 않았다. 부인이 크게 걱정하면서 하늘을 바라보는데, 그때 색이 빛바랜 새 한마리가 비틀거리면서 찾아오더니 늙은 소로 변했다. 부인은 그것을 보고 눈물을 떨어뜨리면서 울었다. 그러자 신의 아이가 말했다.

"울지 마라. 네 남편의 위력은 참 대단하더구나. 나는 불길에 깃털이 여러 군데 타버렸어. 그래서 이제부터 너의 누각으로 찾아 올 수가 없게 됐다."

그러자 부인은

"매일 오기 힘들다면 한 달에 한 번씩 만나자."

고 하면서 헤어졌다. 신의 아이는 하늘로 올라갔다. 그 후부터 부인은 그녀의 남편인 왕에게는 덕이 있다고 말하면서 공경하고 살아갔다.

어느 날 대신은

"내가 왕과 떨어져서 지낸지도 여러 날이 되었구나."

하고 말하더니, 자신의 모습을 보이지 않게 해주는 작은 모자를 쓰고서 길을 나섰다. 그로부터 한 사당에 이르러서 문을 열고 보니, 그 사당을 지키는 사람이 한 명 있었다. 그 사람은 어떤 그림을 그린 종이를 깔고서 위에서부터 아래로 두드렸다. 그러자 그는 나귀로 변해서 사당을 돌면서 한바탕 울어댄다. 다시 그림 위를 두르리니, 나귀는 사당을 지키는 사람으로 변했다. 대신은 기이하게 여기며 계속 지켜보았다. 그랬더니 그 사람은 그림을 부처 뒤에 숨기고 가버렸다. 대신은 사당으로 들어가서 그림을 들고 나오면서 생각했다.

'예전에 그 인정머리 없던 술파는 여자와 딸에게 복수를 해야겠군.'

그는 그곳에 찾아가서 말했다.

"우리에게 은정을 베풀어 준 당신들의 은혜에 보답하고자 왔소."

그는 서 돈의 금을 그들에게 주었다. 그러자 모녀가 기뻐하며 물었다.

"당신은 정말 좋은 사람이로군요. 그런데 이 금을 어디에서 얻어왔죠?"

대신은 알려줬다.

"내게 그림이 하나 있는데, 그것을 두드리면 거기에서 금이 나온다네."

그러자 모녀는 다시 묻는다.

"우리 모녀가 그림을 두드려도 금을 얻어서 부자가 될 수 있나요?"

대신은

"물론이지."

라고 답했다.

그 두 모녀가 그림을 두드렸다. 그러자 바로 두 마리 나귀로 변해 버렸다. 그 두 나귀를 왕궁의 정원으로 끌고 와서 흙과 돌을 운반하는 관가의 일을 시켰다. 두 나귀는 삼년이 다 지나도록 흙과 돌을 나르느라 온몸이 상처투성이가 되었고, 진물과 피가 흘렀다. 왕은 그 나귀들이 눈물을 흘리는 것을 보고는 대신에게 물었다.

"이 두 나귀에게는 무슨 죄가 있느냐? 죽게는 하지 말거라."

그러자 대신이 답하기를,

"이자들은 우리를 술에 취하게 만들어서 금과 터키석을 빼앗아간 여자와 딸입니다." 하고 말하며, 나귀를 두드렸다. 나귀는 다시 술을 팔았던 모녀로 변하였는데, 온몸에서 진물과 피가 흘러내렸고, 숨이 조금밖에는 붙어있지 않았다.

얼허 야붕가 왕이
"아, 정말로 불쌍하구나!"
라고 탄식하니, 신이
"불행히도 왕의 입 밖으로 말소리가 흘러 나왔구나!"
라고 말하면서, 주머니를 풀고서는 가버렸다.

세 번째 이야기

송아지 이야기

그 후, 다시 전처럼 서르군 숲에 가서 신을 짊어지고 오는데, 신이 말하였다.

"갈 길이 멀어서 지치고 괴롭구나, 우리 이야기나 나누면서 가자꾸나."

왕이 아무 말도 입 밖에 내지 않으므로, 신은 또 말하기를,

"네가 이야기하고 싶으면 머리를 아래로 끄덕이고, 내 이야기를 듣고 싶으면 머리를 위로 끄덕여 봐라."

왕이 머리를 위로 끄덕이자 신은 이야기를 시작했다.

옛날 어느 강의 수원(水源)에 키가 큰 사람이 한 명 있었다. 그는 암소 한 마리밖에는 가진 것이 없었다. 어느 날 그 암소에게 황소를 짝지어 주고 싶었으나, 아무리 황소를 찾아봐도 구할 수가 없었다. 그는 매우 낙담하였다.

"내 암소가 송아지를 낳지 못하게 되면, 나는 마유주 기름을 얻을 수 없어서 목마르고 굶주려 죽게 될 것이다."

그는 근심 끝에

'다른 방법이 없구나, 내가 암소와 자자.'

라고 생각하고는 암소와 동침하였다. 그로부터 달이 차서 송아지가 태어나게 되었다. '무슨 색의 송아지가 태어났을까?'

궁금해 하며 살펴보니, 사람의 몸에 소의 머리와 기다란 꼬리가 달려 있다.

세월이 흘러 아버지는 마음에 의심을 품고서 활과 화살을 잡고 송아지를 쏘아 죽이고자 했다. 송아지는 사람의 말로,

"아버지, 제발 저를 죽이지 말아 주세요. 당신께서 길러주신 은혜, 효(孝)의 도리를 다하여 갚겠습니다."

라고 말한 후, 그 즉시 숲으로 떠났다. 그로부터 송아지는 숲에 이르렀는데, 숲 속에는 어느 나무 밑에 검푸른 사람이 있었다. 송아지가 그에게 물어보았다.

"너는 어떤 사람이냐?"

그러자 그 사람이 말했다.

"숲에 사는 검푸른 이두리라고 하는 이가 나다. 입술 위에 소 재갈을 덮어쓴 송아지야, 너는 어디에서 왔느냐? 너와 친구가 되고 싶구나."

그래서 두 사람은 함께 길을 떠났다. 어느 산에 도착해보니, 푸른 사람 한 명이 살고 있었다.

"너는 누구냐?"

하고 물었더니, 그 사람이 답하기를,

"산에 사는 푸른 이두리라고 하는 이가 나다. 너희들, 나와 함께 친구 하자."

고 말했다. 그래서 세 사람은 함께 길을 떠나, 어떤 광야의 한 가운데에 이르게 되었다. 그곳에는 덕망 있어 보이는 흰 사람이 살고 있었다.

"너는 누구냐?"

하고 물어보니, 그 사람이 대답하기를

"흰 이두리라고 하는 이가 나다."

라면서, 역시 친구가 되자고 하여, 네 사람은 다 같이 친구가 되기로 하고 함께 떠났다. 그들은 어느 황량한 강에 이르렀다. 그 근처의 산기슭에 조그만 집이 한 채 있었다. 그 집으로 들어가 보니 먹고 마실 것이 가득하고, 뜰 안에는 하이눅[3]이 머물고 있었다. 그곳에 주인이 없어서 바로 살았다.

그로부터 한 사람은 집을 지키고 세 사람은 사냥을 나갔다. 어느 날 숲에 살던 검푸른 이두리가 집을 지키면서 술과 마유주를 저어 넣으며 고기를 삶고 있었는데, 밖에서 소리가 났다.

'누가 왔나?'

하고 문밖에 나가보니, 키가 한 척 남짓밖에 안 되는 할머니 한 명이 등에 무엇인가를 짊어지고서 와 있다.

"아이야, 네가 고기를 삶으면서 저어 넣은 이 마유주를 조금 맛보게 해 줄 수 있겠느냐?"

고 할머니가 말했다. 검푸른 이두리가 마유주를 조금 맛보게 해주려고 하는데, 조금 전까지 있던 음식들이 어느새 사라져버리고 없었다. 고기와 마유주가 사라진 일이 두려워서, 그는 집안 물건을 모두 부숴버리고 말의 발을 가지고 흔적을 냈다. 그리고는 집 주위를 돌아가며 그에게 있는 화살을 쏴 놓은 후 친구들을 기다렸다. 이윽고 사냥을 나갔던 친구들이 집으로 돌아왔다.

"마유주 기름과 고기는 어디에 있느냐?"

친구들이 이렇게 물어 보니까, 숲에 살던 검푸른 이두리가 말했다.

"백 명의 말 탄 사람이 와서 집을 포위하고는 마유주를 훔쳐갔어. 날

---

3 하이눅 : 만주어 'hainuk'은 황소와 야크의 잡종으로 몽골어에서는 'qayinug'이라고 한다.

움직이지 못하도록 묶어놓고 가버렸지. 얘들아, 그들이 휩쓸고 간 흔적과 화살을 쏜 곳을 좀 봐."

그래서 친구들이 나와서 둘러보니 말의 흔적과 활 쏜 것이 있다. 이것을 보고 그들은 검푸른 이두리의 말을 믿었다. 다음 날, 산에 살던 푸른 이두리가 집을 지키고 있었고, 어제와 같은 일이 벌어졌다. 그는 집 주위를 뒤져서 소의 발로 흔적을 내고는, 소를 탄 사람들 여럿이 쳐들어 와서 음식을 훔쳐가면서 자신을 묶어놓고 갔다고 말했다. 셋째 날에는 흰 이두리가 집을 지키고 있는데, 마찬가지일이 벌어졌다. 그 역시 집 주위를 뒤져서 노새의 발로 흔적을 내고서, 친구들에게 삼백 명의 노새를 탄 무리가 쳐들어 와서 훔쳐 갔고, 자기를 묶어 놓고 갔다고 속였다. 넷째 날에는 송아지가 집에 머물면서, 날을 세운 채 꼬리를 흔들면서 마유주를 부으며 고기를 삶고 있었다. 그런데 전과 마찬가지로 그 할머니가 찾아와서 말했다.

"얘야, 오늘은 네가 있었느냐? 먼저 고기와 마유주를 맛보고 싶구나."

송아지는 생각했다.

'아, 사흘 동안 필시 이런 일이 있었구나.'

그래서 일단 음식을 먼저 맛보게 하면, 어떤 일이 벌어질지 모르겠다고 생각하고는, 할머니에게 말했다.

"할머니, 고기를 맛보기 전에 물을 가지고 오세요."

그리고는 물통의 밑을 뚫어서 들려 보냈다. 할머니가 물을 가지러 간 후 문 옆으로 보니, 한 척밖에 안 되는 할머니가 하늘에 금방 닿을 것처럼 몸을 높이 늘어뜨려서, 통을 던져 물을 퍼내는 중이었다. 하지만 뚫린 구멍으로 물이 흘러서 담기질 않는다. 잠시 후 송아지는 할머니가 등에 짊어지고 있던 것을 쏟아보았다. 그랬더니 힘줄 하나와 쇠 집게 하나, 쇠망치가 하나 있었다. 송아지는 그것들을 마(麻)줄과 나무집게, 나무망치로 바

꿔 놓고는 할머니의 짐들은 전부 가져다 숨겼다. 할머니가 돌아와서 말하기를,

"통의 바닥이 뚫려서 물이 담기질 않는구나. 음식이나 먼저 먹자."

고 하니까, 송아지는 음식을 내주지 않았다. 할머니는 또 말하기를,

"이 물건은 내 것이다. 지금 우리 두 사람이 힘을 겨뤄보자."

하고는 마(麻)줄로 송아지를 묶었다. 하지만 마(麻)줄은 견디지 못하고 끊어져 버렸다. 그 다음에는 송아지가 힘줄로 할머니를 묶었다. 꼼짝할 수 없게 된 할머니가 말했다.

"이번엔 네가 이겼다. 다시 손톱으로 할퀴기 내기를 하자!"

할머니는 나무집게를 잡고 송아지의 가슴을 집었으나, 송아지는 거들떠보지도 않는다. 이번에는 송아지가 할머니의 가슴을 쇠 집게로 집어서 비틀어 당기니, 솥 같은 살이 찢겨 나왔다. 할머니는

"으악!"

하고 소리치더니 다시 말했다.

"젊은 아이야, 네 손 힘이 세구나! 이번에는 망치로 두들겨 보자!"

할머니가 송아지 가슴을 나무망치로 두들겼다. 하지만 나무망치는 금방 부러져버렸고, 송아지는 이번에도 거들떠보지 않았다. 송아지가 또 쇠망치를 불에 달구어서 할머니의 머리를 치니, 할머니는 피를 흘리며 도망쳐 버렸다.

이윽고 사냥하러 갔던 세 친구가 도착해서 보더니 말했다.

"너 혼자서 고생했구나!"

송아지는

"흥, 너희들은 어리석은 거지들이야! 사나이라 할 수 없구나. 내가 그 할머니를 무릎 꿇게 했다. 이제 쫓아가서 그의 시체를 보도록 하자!"

하고 말하면서, 피 흘린 자국을 따라 가보았더니, 어느 크고 무서운 바

위 동굴이 나타났다. 동굴 속을 들여다보니, 열여덟 발 깊이의 동굴 속에 할머니 시체와 금, 터키석, 보배, 갑옷과 투구 같은 군사 무기와 재물, 가축들이 끝없이 보인다. 그것을 보고 송아지가 말했다.

"너희 세 사람은 들어가서 그 재물과 가축을 줄에 묶어서 꺼내라. 나는 너희를 끌어당기마. 아니면 내가 들어가마. 너희가 나를 끌어당겨서 꺼내라."

그러자 세 친구가 대답했다.

"그 할머니는 마귀처럼 무서웠어. 우리는 두려워서 들어갈 수가 없구나. 네가 들어가라."

그래서 송아지가 줄을 잡고 들어가서 재물과 가축을 모두 꺼내게 되었다. 그러고 나자 세 친구는 나쁜 마음을 품게 되었다.

"이 줄을 끌어당기면 이 재물과 가축들을 모두 송아지가 차지할 거야. 이 줄을 끌어당기지 않는다면 이 재물과 가축을 우리가 차지할 수 있겠지."

그들은 송아지를 꺼내주지 않고 동굴에 버리고 왔다.

버림받은 송아지는 생각했다.

"그들도 내게 나쁜 마음을 품었구나. 이제 내게 친구는 없어. 이 할머니의 시체를 땅 위로 솟아나게 해야겠어."

송아지는 동굴 속에 뭐가 없나 하고 찾아다닌 끝에, 세 개의 살구를 얻을 수 있었다. 그것을 동굴의 한 가운데 시체 옆에다 묻고 물을 부으며,

"송아지인 내가 여기서 죽을 리가 없지. 그러니 잠들었다가 일어나기 전까지, 이 살구 세 개가 동굴 입구로 나갈 수 있도록 세 그루의 큰 나무가 되게 하자. 실패한다면 그때 죽자."

하고 말하고 나서 잠들었다. 송아지는 할머니의 시신을 베고 잤다. 시체의 나쁜 기운이 몸으로 스며들어서, 여러 해 동안 잠들었다가 갑자기 깨어

났다. 그랬더니 살구나무가 동굴 위의 입구에 닿을 만큼 자라 있었다. 그리하여 송아지는 기뻐하면서 나무를 붙잡고 위로 빠져 나갔다.

송아지는 예전에 살던 집으로 가보았으나 아무도 없었다. 오직 그의 쇠로 만든 활과 화살이 있었는데, 그것을 들고 길을 나섰다. 세 친구들은 각각 집 한 채씩을 짓고서, 처를 한 명씩 데리고 살고 있었다. 세 번째의 처에게 물어 보았다.

"너희의 남편들은 어디에 있지?"

여자들이 답했다.

"사냥하러 갔습니다."

여자들은 송아지가 화살을 숨기고 왔다는 것을 알고는, 모두 두려워서 도망쳐버렸다. 그때 송아지가 쇠로 만든 활로 화살을 쏘니, 그 세 친구들은 두려움에 떨면서 집 밖으로 나와서 말했다.

"이 세 채의 집을 네가 갖도록 해라. 우리 세 사람은 집에서 나와 떠나겠다."

송아지는

"친구들, 너희가 한 짓은 나빴다. 나는 내 아버지께 은혜를 갚으러 갈 거야. 너희들은 이제부터 잘들 살아라."

하고는 다시 길을 떠났다.

다음 날 길을 가는데, 어떤 우물에서 어여쁜 아이 하나가 물을 길어 가고 있었다. 송아지는 그의 뒤를 쫓아갔다. 그 아이가 발걸음을 뗄 때마다 한 송이씩 꽃이 피어나는 것을 보고 찬탄하면서 따라갔더니 하늘에 이르렀다. 옥황상제는 송아지를 보고서 말했다.

"네가 여기 와줘서 매우 좋구나. 요즈음 검은 마귀가 매일같이 감히 나와 싸우겠다면서 찾아오고 있다. 아침이면 일찍부터 흰 황소가 검은 황소

를 저리로 쫓아내고, 저녁에는 검은 황소가 흰 황소를 이리로 쫓아낸다. 흰 황소는 나의 것, 검은 황소는 마귀의 것이다. 해질녘에 검은 황소가 우리 황소를 이리로 쫓아올 때, 너는 쇠 활을 가득 당겨서 검은 황소의 이마를 쏴라."

그리하여 송아지가 검은 황소의 이마를 명중시켰더니, 여러 마귀들은 전부 도망쳐 갔다. 옥황상제는 매우 기뻐했다.

"너는 큰 은인이다. 우리와 영원히 이곳에서 함께 지내자."

그런데 송아지는 안 된다며 거절했다.

"저는 저의 아버지께 은혜를 갚으러 가야 합니다."

그러자 옥황상제는 보배 하나를 주면서,

"네가 가는 길에 마귀의 문을 마주칠 것이다. 그것을 피할 수는 없단다. 그러니 그 문을 두들겨라. 안에서 누구냐고 물으면, '나는 의사요' 하고 말하거라. 마귀의 왕이 상처를 보여줄 텐데, 그러면 너는 상처를 치료하겠다고 하면서 일곱 개의 귀리를 하늘로 던지고, 이마에 붙은 화살이 뇌 속으로 파고들도록 안으로 찔러 죽여라."

고 말했다. 송아지는 옥황상제의 말대로 길을 따라가다 마귀의 문에 도달했다. 그리고 문을 두들기니, 입에서 불을 뿜는 여자 마귀가 와서 묻는다.

"너는 어떤 사람이냐?"

송아지가

"나는 의사요."

라고 답하니까, 집으로 들어오게 하여, 마귀 왕의 상처를 보여준다. 그때 송아지는

"이 상처는 쉽게 치료할 수 있지요."

라고 하면서, 활이 뇌 속으로 파고들도록 안으로 찌르고, 큰 소리를 지

르면서 일곱 귀리를 하늘 위로 던졌다. 그때 마귀의 처가,

"이 사람은 분명 하늘에서 보냈구나!"

라고 말하면서, 쇠몽둥이로 그를 두들겨 때렸다. 송아지는 그만 허리가 부러져서 죽고 말았다. 그의 영혼은 일곱 개의 별이 되어 떠났다.

그 때 얼허 야붕가 왕이

"그 송아지, 아버지의 은혜를 미처 갚지 못하고 말았구나!"

라고 탄식하니, 신이

"불행히도 왕의 입 밖으로 말소리가 흘러 나왔구나!"

라고 말하면서, 주머니를 풀고서는 가버렸다.

네 번째 이야기

돼지 머리 무당

그 후, 다시 전처럼 서르군 숲에 가서 신을 짊어지고 오는데, 신이 말하였다.

"네가 이야기를 하나 해라. 그렇지 않으면 내가 이야기 하나를 하겠다."

왕이 아무 소리도 입 밖에 내지 않자, 신이 또 말하기를,

"네가 이야기를 하고 싶으면 머리를 아래로 끄덕이고, 내 이야기를 듣고 싶으면 머리를 위로 끄덕여 봐라."

왕이 머리를 위로 끄덕이자, 신은 이야기를 시작했다.

옛날 어느 강의 수원(水源)에 매우 즐거운 곳이 있었다. 그곳에는 어떤 남편과 아내가 살고 있었다. 남편은 무척 뚱뚱하여, 밤낮없이 항상 잠만 잤다. 어느 날 아내는가 말했다.

"어째서 이렇게 누워만 계시나요. 당신 아버지께서 남겨 주신 재물과 가축은 절반이나 줄어들었습니다. 그만 주무시고, 어디라도 나가서 다녀 보세요. 혹시 무엇이라도 얻을 수 있을지 모르지 않습니까."

그러자 남편은 아내 말을 따라서, 하루는 종일토록 나가 돌아다니더니, 한 무리의 도적이 머물러 있는 곳에 다다랐다. 그곳에서 개 한 마리, 매

한 마리, 여우 가죽 하나, 자루에 담긴 기름이 버려진 것을 찾아서 그것을 지고 와서는 집 밖에 내려놓았다. 아내가 이것을 보고 물었다.

"이 자루에 담긴 기름을 어디에서 얻었습니까?"

남편이 답했다.

"당신 말대로 밖에 나갔다가, 도적이 머물러 있는 곳에서 얻었지."

아내가

"남자가 하릴없이 앉아만 지낸다면 어떻게 재물을 얻을 수 있겠습니까. 하루라도 나가서 돌아다니니 이처럼 무엇이라도 얻어 가지고 왔군요."

라고 말했다. 그러자 남편은

"당신이 안장과 굴레, 말다래[4]를 준비하고, 또 흰 망토 하나, 흰 모자 하나, 말 한 마리, 개 한 마리를 모두 구해다 주시오."

라고 부탁했고, 아내는 그것을 모두 얻어온 후에 말했다.

"전부 얻어왔습니다. 지금 떠나는 것이 좋겠군요."

남편은 흰 모자와 겉옷을 걸치고, 화살통과 허리칼을 찼다. 그리고 말을 타고 개를 끌고서, 갈 방향도 정하지 않은 채 그냥 달려갔다. 그렇게 강줄기를 따라가다 보니, 어느 빈 들판에 다다랐다. 그곳에서 여우 한 마리를 만났다. 그는

"길을 나서서 처음으로 만나게 된 것이 친구 가운데 으뜸이라지."

하고 말하더니,

"이 여우를 죽여서 모자를 만들자!"

고 하면서, 여우를 굴까지 몰고 들어갔다. 그는 여우 굴 앞에 말을 세우고 내렸다. 그리고는 활과 화살통, 겉옷과 옷가지를 전부 말에 묶고, 개를 말의 목덜미에 메어 놓았다. 그는 벌거벗은 채 흰 모자로 굴의 입구를 틀

4 말다래 : 말을 탄 사람이 옷에 흙이 튀지 않게 하기 위하여 말의 안장 양쪽에 늘어 뜨려 놓은 기구

어막았다. 드디어 그 남편이 큰 돌 하나를 집어 들고 여우를 향해 위협하면서 돌을 던지려고 할 때, 여우는 두려움에 떨면서, 굴에서 나와서 틀어막아 놓은 흰 모자를 목에 꿰고는 달아났다. 달아나는 여우를 말을 타고서 뒤쫓아 가는데, 개를 말의 목덜미에 묶어 놓는 바람에, 말이 개까지 끌면서 여우를 몰았다.

빈 들판을 지나, 고개를 하나 넘어간 후, 남편은 혼자서 주변을 살펴보면서 계획을 짰다. 강 아래로 내려가니 그 나라의 모든 기틀을 닦은 위대한 왕이 있었다. 그는 그 왕의 마구간에 이르렀고, 한 무더기의 건초 더미 속으로 들어가 두 눈만 내놓고는 몸을 숨긴 채 드러누워 있었다. 그 왕에게는 예쁜 딸이 하나 있었다. 그 딸이 그가 숨어 있는 곳 옆에다 오줌을 싸고는, 왕의 위대한 나라만큼이나 값진 터키석 보물 하나를 그곳에다 떨어뜨린 채, 왕궁으로 돌아갔다. 보물을 본 남편은 건초 더미 속에서 나올까 말까 망설였으나, 보물을 가져다 숨겨 놓을 곳도 없어서 가져가지 못했다. 해저물녘에 그곳으로 젖소 한 마리가 오더니 그 보물 위에 똥을 누고 갔다. 여자 노비 하나가 와서 암소를 몰고 돌아가는데, 보물이 섞인 똥이 암소에 묻어갔다. 암소는 마구간 벽에다 그것을 묻혀 놓았다. 이튿날 왕은 그의 영혼과도 같은 친다마니[5] 보배를 딸이 잃어버렸다면서, 큰 북을 쳐서 대신들을 모두 불러 모았다. 왕은 대신들에게 무당을 아는 이가 있느냐고 물었다. 그때 건초 더미 속에 누워있던 사람이 몸을 절반쯤 드러내놓고 있는 것을 본 어떤 사람이 다가와서 물었다.

"당신은 무엇을 좀 알고 있소?"

건초 더미 속에 누워 있던 남편이 대답했다.

"내가 점을 볼 줄 아는데, 아는 바가 조금 있지요."

---

5 친다마니 : 만주어 'cindamani'는 '여의주'라는 뜻의 산스크리트어에서 유래한 것으로 '마니보주(摩尼寶珠)' 또는 '마니주(摩尼珠)', '여의주(如意珠)'라고도 한다.

그러자 그 사람은

"우리 왕께서 영혼의 보물을 잃어버렸다오. 그래서 보물의 행방을 알 만한 사람을 모두 불러 모으고 있는 중이오. 당신은 왕에게로 가보시오."

라고 하자, 남편이 말했다.

"나는 지금 벌거벗고 있소. 그러니 어떻게 왕에게 가겠습니까?"

그래서 그 사람은 왕에게로 가서 고하였다.

"우리 마구간 밖에 어떤 벌거벗은 사람이 점을 볼 줄 안다고 합니다. 옷만 있으면 왕께로 올 수 있다고 합니다."

왕은 명했다.

"비단 옷을 입혀서 데리고 오라."

신하들은 그에게 옷을 입혀서 왕 옆으로 데리고 와서 절하게 했다. 왕이 물었다.

"너는 점을 볼 때 무엇을 사용하느냐?"

그가 대답했다.

"저는 점을 볼 때, 큰 돼지 머리 하나, 다섯 종류의 깃발, 밀가루 한 되를 사용합니다."

왕은 전부 다 가져다주었다. 그는 몽둥이 끝에다가 돼지 머리를 끼우고, 다섯 종류의 깃발을 묶은 후, 밀가루를 쌓아서 그곳에 세우면서, 삼일이 지나면 점괘를 얻는다고 했다. 세 번째 날 모두 거리로 모이라고 한 후, 그는 모직 윗도리를 입고, 돼지 머리를 잡은 채 나갔다. 그 나라에 살던 백성들이 거리를 가득 메우며 모여들었다. 그는 돼지 머리를 잡고서 사람마다 한 번씩 가리키면서,

"여기 있나? 저기 있나?"

하고 물은 후,

"이 모든 사람들에게는 전혀 없구나!"

하고 답했다. 그래서 거리에 모여 있던 백성들은 모두 기뻐했다.

"보물이 사람들에게는 없구나!"

하고 외치면서, 계속 묻고 답하기를 반복하며 찾아가더니, 왕궁 바깥 계단의 돌 위를 향해 돼지 머리로 가리킨다. 그곳부터는 왕의 대신들을 데리고 함께 찾으러 갔는데, 그 점보는 사람은 마구간에 묻어있는 똥에 이르러서, 돼지 머리로 똥을 가리키더니, 드디어

"이 속에 있구나!"

라고 하면서 똥을 헤집어 본다. 그 때 그 똥 속에서 왕의 영혼의 보물이 나왔다. 온 나라 사람들이 매우 기뻐했다.

"당신은 무척 정직한 사람이로구료, 은혜를 갚게 해주시오"

그들은 그를 궁에 들였고, '돼지 머리 무당'이라고 이름을 지어주었다. 대신이 물었다.

"왕께서 당신에게 은혜를 갚고자 합니다. 당신은 무엇이 필요하오?"

돼지머리 무당은 답했다.

"나에게는 안장과 고삐, 말 한 필, 활과 화살통, 흰 모자, 울로 만든 겉옷, 개 한 마리, 여우 가죽 한 장이 필요합니다."

왕은 이 대답을 듣고는

'이 사람은 어리석구나!'

라고 생각하면서, 대신들에게 명했다.

"이 사람에게 필요한 것을 얻어다 주거라. 그리고 또 그의 뜻에 맞게 준비해 주어 고향으로 보내 주거라."

대신들은 그가 원하는 것들 모두 가득 채워서 주었고, 더불어 고기와 기름까지 코끼리 두 마리에 실어서 보냈다.

그로부터 그는 자신의 집에 도착했다. 아내가 술을 가지고 나와서 그를 맞이했다. 그는 그 술을 마시면서,

“사나이가 이처럼 밖으로 나가서 돌아다녔더니, 좋은 일이 생기는구나!”

하고 말하며, 집으로 들어갔다. 그날 밤, 자려고 누웠는데, 아내가 물었다.

“이 고기와 기름을 어디에서 얻으셨습니까?”

남편은 돼지 머리 무당의 사연을 모두 알렸다. 그러자 아내는,

“당신은 사내라면서 왜 이토록 나약하고 겁이 많으십니까. 내일 제가 왕에게 가서 아뢰겠습니다.”

라고 하면서, 글 하나를 지어서 왕에게로 갔다.

‘왕에게 큰 슬픔이 되었으리라, 영혼의 보배를 잃어버렸으니. 나는 알고 있었노라. 그리하여 몸소 그 슬픔을 물리치고 개와 여우 가죽을 가져왔네. 보물을 다시 얻은 기쁨에 대한 답례로, 무엇을 주고자 하는가는 왕의 뜻이겠지.’

아내는 무당의 글이라고 아뢰었다. 그러자 왕이 글을 보고서 말했다.

“이 글을 보내온 이유가 타당하구나. 내 그 뜻을 잘 알았다.”

왕은 많은 재화를 주어서 보냈다. 그 남편과 아내는 즐겁게 살았다.

그곳에서 그다지 멀지 않은 어떤 곳에, 왕의 형제 일곱이 살고 있었다. 그들 형제 중에 아내가 없는 세 명의 동생이 형들과 헤어져 숲 속으로 갔다. 숲에는 어여쁜 딸 하나와 거세한 소 한 마리가 있었다. 그 딸에게 왕의 형제들이 물었다.

“너는 어디에서 왔느냐?”

“저는 남쪽 땅, 촉토 왕의 딸입니다. 이 소를 따라 여기에 왔습니다.”

형제들은 말했다.

“그렇다면, 우리 세 형제에게 아내가 없으니, 너를 아내로 맞이하자꾸나.”

라며 그 딸을 아내로 맞이했다. 그러나 사실 거세한 소는 남자 귀신, 그 딸은 여자 귀신이 둔갑한 것이다. 그로부터 그 딸을 아내로 취한 형이 죽었다. 두 번째 형도 그 딸을 아내로 맞이하더니 또 죽었다. 작은 동생이 다시 그 딸을 아내로 취하더니 시름시름 앓으며 무척 아파했다. 그리하여 여러 대신들은 의논했다.

"먼저 두 형을 치료해보았으나, 아무런 효험도 없었소. 그러하니 동생을 치료한다고 해도 나아질 것 같지 않소."

이에 두 고개 너머에 사는 돼지 머리 무당이 어떤 일에도 용하다 하니, 그를 초청해야 한다는 말이 나와서, 네 명의 사자(使者)를 말을 태워 보냈다. 그들이 무당에게로 가서, 왕의 동생이 아프다는 사실을 알리고 청해오려 하자, 돼지 머리 무당은

"오늘은 조금 일이 있소. 오늘 밤 깊이 생각해 보고 나서, 가야 할지 그렇지 않을지, 내일 정하도록 하지요."

라고 하면서, 그날 밤 그의 아내에게 의논하였다. 아내가 말했다.

"예전에 나갔던 일들은 모두 잘 되었습니다. 지금은 그보다 더한 행운을 얻을지도 모르지 않습니까. 반드시 가도록 하십시오."

다음날 사신들에게

"지난 밤 살펴보니, 모두 좋습니다. 지금 가도록 합시다."

라고 말하고는 말 위에 올라타는데, 모직 윗도리를 입고, 왼쪽 손에는 염주 하나를 쥐고, 오른 손에는 다섯 종류의 깃발을 묶고서, 몽둥이 끝에다 돼지 머리를 끼우고는 떠났다. 왕궁 가까이 오자, 그 남자 귀신과 여자 귀신이 무당이 온다는 소식을 멀리서 듣고 는 불안에 떨었다.

'점괘를 보고, 다 알고서 오는구나.'

귀신들이 두려워하고 있는데, 무당이 도착했다. 무당은 왕[6]의 베개 맞은 편에 밀가루를 쌓고 돼지 머리를 꽂은 후, 그 곁에서 경을 읽는 척 한다.

그 부인은 왕의 병이 조금 낫게 되자, 걱정스러운 마음으로 밖으로 나가 있는데, 왕은 몸이 차츰 가뿐해져서 살짝 잠이 들었다. 그런데 그가 잠든 것을 보고 무당은 두려워졌다.

'왕의 병이 심해졌구나! 지금 숨소리도 나지 않으니, 곧 숨을 거두려나.'

무당이 왕을 깨우면서 불렀지만, 그는 아무 소리도 내지 않았다. 그래서 무당은 돼지 머리와 깃발을 가지고 도망을 쳤다. 도망을 치다가 어떤 문을 열고 들어가 보니, 왕의 창고였다. 그 창고를 지키는 사람들이

"도적놈 잡아라!"

하고 소리치니까, 그는 다시 도망쳐서 식량을 쌓아둔 집으로 들어갔다. 또

"도적놈 잡아라!"

하고 외치는 소리가 들렸다. 그는 다시 창고 쪽으로 도망쳤다.

"저 도적놈을 잡아라!"

하는 소리가 들리자, 그는 다시 도망쳐서 어느 정원 한가운데로 뛰어 넘어가서 하이눅 소 위에 올라탔다. 돼지 머리를 잡고 소의 머리를 세 번 치니, 그 소는 남색 회오리바람이 되어서 부인이 있는 문 안으로 들어갔다. 그곳에서 무당은 소와 부인 둘이서 나누는 이야기를 듣게 되었다. 남자 귀신이 말했다.

"그 무당이 내가 정원 안에 있다는 것을 알고, 내 위에 올라타는 것이 아닌가. 그가 무서운 무기를 가지고 내 뿔을 세 번 두들겼다. 이제 어쩌지?"

그러자 부인이 말했다.

---

6 왕 : 원문에 여자 귀신과 결혼하여 아프게 된 사람이 '왕'이라고 되어 있다. 이 부분의 실제 내용은 정황상 왕의 동생이 맞는 듯하나, 형들이 순차적으로 죽어 동생이 자연히 왕이 된 것으로 보아 '왕'으로 번역하였다.

“무당은 나에 대해서도 알아챘을 것이다. 그가 있는 쪽으로 가면 안 돼! 하지만 지금 가지 않으면 왕의 수하 군사와 모든 여자들을 모아서 나무를 쌓게 하고서, 무당은 ‘저 소의 몸을 찢어라’하고 하겠지. 그러면 피할 방법이 없을 거다. 몸을 찢은 후, 도끼와 창으로 난도질 하여 불 속에 던져 태울 것이야. 그 후에는 나를 데리고 와서 너와 똑같은 꼴로 만들겠지.”

이 말을 그 무당이 듣고는 속으로 좋아했다.

‘일이 쉽게 풀려가는구나.’

무당은 돼지 머리를 가지고 왕에게로 와서, 그의 베개 맞은편에 쌓아놓은 밀가루에 돼지 머리를 꽂고는, 기뻐하면서 물었다.

“지금은 어떠하신지요.”

그러자 왕은

“와준 덕분에, 아픈 것이 조금 나아서 잘 수 있었네.”

하고 말했다. 무당은 그에게 부탁했다.

“그러면 대신들에게 말하십시오. 내일 아침 당신의 수하 군사와 여러 여자들을 모이게 하셔서, 장작더미를 쌓고, 나의 안장을 하이눅 소에게 지우십시오.”

그는 그 소를 타고, 돼지 머리를 잡고서 몰려든 사람들 주위를 한 바퀴 돌고 오더니, 안장을 가져오라고 하였다. 안장을 가져오게 한 후, 그는 외쳤다.

“소의 몸을 찢어라!”

그러자 그 소는 매우 무서운 귀신으로 변하더니 가슴의 살이 오그라들고, 눈에서 흐른 피가 가슴 위까지 떨어져 내렸다. 또 아래쪽 눈 사이로 피가 흘러내렸다. 그 귀신을 칼과 창으로 죽인 후, 불 속으로 던져서 태워버렸다. 그리고 다시 또

“부인을 데리고 오라!”

고 명하자, 많은 사람들이 부인을 잡아가지고 왔다. 무당은 돼지 머리를 땅에 내팽개치면서, 외쳤다.

"너의 몸을 찢을 것이다!"

그 부인은 두려움에 떨면서, 여자 귀신으로 변하였다. 양쪽 젖이 다리까지 늘어지고, 어금니가 길게 뻗어 나오면서, 두 눈이 붉어졌다. 그를 역시 칼과 창으로 죽여서 불에 태웠다. 그 돼지 머리 무당은 말을 몰고 왕궁을 향해 갔다. 양 길가에 늘어선 많은 사람들이 그를 매우 공경하면서, 예를 갖추어 절하였다. 길가에는 그에게 답례품을 줄 사람들로 가득했다. 왕궁에 다다르자, 왕은 매우 기뻐하면서 말했다.

"너의 지금 이 은혜를 갚겠노라. 무엇을 원하느냐?"

그러자 그는

"제가 살고 있는 곳에서는 소의 코뚜레가 필요하니, 그것을 주십시오."

라고 했다. 그러자 왕은 소의 코뚜레를 세 푸대 주고, 다시 또 고기와 기름, 음식들을 일곱 마리의 커다란 코끼리에 실어 보내주었다. 그가 집에 도착하니, 아내는 술을 가지고 마중을 나와서, 짐을 실은 코끼리를 보고는,

"대단한 남자라는 것은 이 같은 사람을 두고 말하는 것이구나!"

라고 말하며, 집으로 들어갔다. 그날 밤 아내가 물어 보았다.

"이 물건들을 어디에서 얻어오셨나요?"

남편은 여자 귀신, 남자 귀신을 불에 태워 왕의 병을 낫게 한 일에 대해 모두 말했다. 그러자 아내는

"당신은 이보다 많은 것을 받아왔어야지요. 이렇게 이상하리만큼 큰 도움을 주고서, 겨우 가축의 코뚜레를 받아오면 어찌합니까. 지금 제가 내일 왕에게로 가보겠습니다."

하고 글을 하나 지었다.

'왕의 몸에 내린 큰 재앙을 알았노라. 재앙을 없앤 후에 소의 코뚜레를

가져왔네. 이제 은혜를 갚고자 하는 일, 왕의 뜻이겠지. 이 가축의 코뚜레야 어찌하겠는가.'

글을 고하자, 왕은 옳다고 하면서 무당의 아내와 가솔들을 전부 궁궐로 들게 하여 말하였다.

"너의 큰 은혜에 대한 보답이 실로 적었구나. 내 한 사람이 살아났으니, 예와 법을 함께 갖추어 보답하리라."

왕은 또 무당의 아내에게

"너는 매우 현명한 여자로다. 우리와 너희 두 사람, 함께 지내자꾸나."

고 하였다. 무당이 그 말에 따라 함께 살았다.

그 때 얼허 야붕가 왕이

"그토록 복 많은 남자와 여자도 있구나!"

하고 탄식하니, 신이

"불행히도 왕의 입 밖으로 말소리가 흘러 나왔구나!"

라고 말하면서, 주머니를 풀고서는 가버렸다.

다섯 번째 이야기

햇빛 아이

그 후, 다시 전처럼 서르군 숲에 가서 신을 짊어지고 오는데, 신이 말하였다.

"네가 이야기를 하고 싶으면 머리를 아래로 끄덕이고, 내 이야기를 듣고 싶으면 머리를 위로 끄덕여 봐라."

왕이 머리를 위로 끄덕이자, 신은 이야기를 시작했다.

옛날 언터허머 지르가춘이라는 곳에, 어히턴 버 얼덤부러라는 왕이 있었다. 그의 부인에게 햇빛 아이라는 한 사내아이가 태어났다. 그 부인이 죽은 후, 다시 결혼한 부인에게서 달빛 아이라는 한 사내아이가 태어났다. 새로운 부인은 생각했다.

'햇빛 아이가 계속 살아 있으면, 내 아들은 왕위를 잇지 못할 거야. 방책을 써서 이 아이를 죽이고, 내 아들을 왕위에 앉혀야 한다.'

그로부터 부인은 그 계책을 세웠는데, 하루는 심하게 울고 뒹굴면서 아프다고 소리쳤다. 왕이 그것을 보고 물었다.

"아니, 사랑하는 당신에게 무슨 병이 났기에 이리 아프오?"

부인은 대답했다.

"제가 부모님 집에서 지낼 때에도 이와 똑같은 병을 조금 앓은 적이 있었습니다. 지금은 그때와는 달리 참을 수 없이 아픕니다. 이 병에 맞는 약을 얼른 구해서 먹어야 금방 나을 것입니다. 하지만 약을 구하기가 어려우니, 저는 이제 죽음에서 벗어날 도리가 없겠지요."

왕이 물었다.

"어떤 종류의 약이 있는 거요? 당신이 죽으면 내 심장은 텅 비게 될 것이요. 설령 도(道)가 무너질지언정, 나는 당신을 포기하지 않을 것이오. 반드시 약을 구해 당신의 목숨을 구하도록 할 것이오."

그러자 부인은

"두 아들의 심장 중 하나를 기름에 튀겨서 먹으면 나을 것입니다. 그러나 슌 이 얼던은 왕께서 사랑하는 아들이니, 감히 범할 수 없겠지요. 또 달빛 아이는 제게서 태어난 아들이니, 그 아이의 심장을 입에 넣기란 어렵습니다. 그러니 저는 죽음에서 벗어나지 못할 것입니다."

라고 답했다. 왕은 부인의 말을 끊으며 약속했다.

"당신의 병이 대단히 심각하구려. 당신의 말이 진실이라면, 햇빛 아이를 죽여야지 어쩌겠소."

달빛 아이는 그 말을 듣고 형에게 가서 울면서 말했다.

"형, 아버지와 어머니가 내일 형을 죽이겠다고 의논하시는 말을 들었어."

형은 이 말을 듣더니 말했다.

"그러면 너는 아버지와 어머니께 효도하며 살거라. 나는 지금 바로 도망쳐야겠다."

동생은 한탄하며,

"형이 떠나면 나도 여기에서 살지 못할 거야. 형이 어디로 가든 나도 따라갈게."

하고 말했고, 둘은 함께 떠나기로 결심했다.

그날 밤, 어머니에게 먹을 것을 가져다 달라고 부탁해 보려 했지만, 어머니가 둘이 도망치려는 것을 알아챌까봐 먹을 것을 챙기지 못했다. 형제는 부처에게 바치는 마른 떡을 자루 하나에 쓸어 담고, 보름달이 뜬 밤, 성에서 나와 동쪽으로 도망쳐갔다. 산과 들을 지나 밤낮 없이 길을 갔다. 어느 물이 말라붙은 땅에 도착했을 때는 마른 떡도 다 떨어져 버렸다. 게다가 물도 얻을 수 없어서, 동생은 더 이상 걷지 못하고 쓰러졌다. 형은

"너는 이곳에 있어라. 내가 물을 구하러 가마. 내가 올 때까지만 참고 있으렴."

하고 말하고, 어느 산 속으로 물을 구하러 갔다. 하지만 물을 구해 오지 못한 채 돌아왔다. 그리고 형도 아우를 따라 쓰러졌다. 형이 정신을 차리고 일어났을 때, 이미 동생은 죽어 있었다. 그는 매우 한탄하면서 동생의 시신 주변에 돌을 쌓고

'내세(來世)에는 함께 살자.'

고 다짐했다. 그로부터 두 고개를 넘어가니 절벽이 하나 나타났다. 그 절벽에 붉은 문이 있었다. 그 안에 들어가니 어느 늙은 라마승이 있었다. 라마승이 물었다.

"불쌍한 아이야! 너는 어디서 왔느냐?"

형은 그간의 자초지종을 모두 털어놓았다. 그러자 라마승은

"너는 내 자식이 되어 여기서 살거라. 우리 둘이서 네 동생의 시신이 놓인 자리에 가 보자."

고 말하며, 물과 먹을 것을 가지고 동생이 누워있는 곳을 찾아갔다. 그리고 달빛 아이에게 물을 조금 마시게 하니 살아났다. 그 후, 라마승은 두 사람을 동굴에 데려가서 자식으로 삼고 함께 살았다.

그곳의 나라에는 어느 왕이 있었다. 그 나라의 밭에 물을 대는 강의 수

원(水原)에는 커다란 연못이 하나 있었는데, 그 연못의 용에게 제사지내기 위해서, 범띠의 사내아이를 연못에 던져 넣어야 했다. 그러나 그 해에는 범띠 사내아이가 보이지 않았다. 대신들이 집집마다 찾아 다녔지만 구할 수가 없었다. 그런데 가축을 돌보며 지내는 사람 하나가,

"이 강의 수원(水原)에 사는 한 늙은 라마승 곁에, 범띠 사내아이가 한 명 있더군요. 내가 가축을 돌보며 다닐 때, 늙은 라마승 옆에서 그 애를 보았습니다."

라고 말했다. 왕은 그 말을 듣고는

"그 아이를 데려 오라."

고 명하고, 세 사람을 파견했다. 그들이 도착하여 라마승이 사는 집의 문을 두드리자, 라마승이 나와서 무슨 일이냐고 물었다. 그들은 왕의 칙지를 보여주면서,

"너에게 범띠의 사내아이가 하나 있다고 하니, 나의 대국을 위해서 이용할 것이다. 너는 그 아이를 내게 보내라."

고 하자, 라마승은

"이게 무슨 말이냐? 내게 무슨 아이가 있다는 것이냐?"

고 말하며 동굴로 들어가 문을 잠그고, 두 아들을 항아리에 넣고 입구를 닫아 놓았다. 왕의 사신들은 문을 부수고 들어왔다. 그러나 범띠의 사내아이를 찾지 못하자 라마승에게 화를 냈다.

"네놈에게 아이도 없는데, 우리에게 헛수고를 시키다니!"

그들은 라마승을 붙잡고 때렸다. 그러자 햇빛 아이는 더 이상 참을 수 없어서 항아리에서 뛰쳐나오며 말했다.

"나의 아버지를 때리지 마시오. 난 여기에 있소."

신하들이 아이를 잡아서 데리고 갔고, 라마승은 동굴에 남아 큰 소리로 울었다. 사신들이 그 아이를 데리고 성 안으로 돌아올 때, 마침 왕의 딸이

그 아이를 보았다. 왕의 딸은 아이에게 첫눈에 반해 목덜미를 껴안고는 떨어지려 하지 않았다. 사신들이 범띠의 사내아이를 연못에 던질 때가 가까워졌다고 고하자, 왕은 '하루 빨리 연못에 갖다 던져 버리라고 명했다. 그 아이를 연못으로 끌고 가려는데, 왕의 딸이 좇아 나와서

"이 애를 연못에 던지지 마시오. 연못에 던지려거든, 나도 함께 던지시오."

하고 외치면서, 아이를 붙잡고 놓지 않았다. 왕이 그 일을 듣고는 화가 나서 말했다.

"아비에 대한 도리도 모르는 딸 같으니라고. 그 애와 함께 버리도록 해라!"

슌 이 얼던은 애석하게 생각하며 한탄했다.

"나는 범띠로 태어났기 때문에 물에 던져지는 것이다. 그런데 이 아름다운 공주는 나를 사랑하여 나 때문에 죽는구나."

딸 역시 슌 이 얼던을 사랑하는 마음으로 생각했다.

"내 아버지는 자신의 딸을 연못에 던지려 하시는구나. 그래, 던지려거든 던지시라지. 하지만 이 사랑스러운 사내아이를 어찌 던진단 말인가."

두 사람은 서로를 사랑하는 마음과 생각을 간직한 채로 물에 던져졌고, 연못 속에 들어갔더니 그 연못의 용왕은 두 사람의 마음을 알고는 그 둘을 연못에서 내보내 주었다. 그리고 그 왕의 나라로 물을 흘려보내 주었다. 그 두 사람이 연못에서 나올 때, 햇빛 아이는,

"공주여! 당신은 지금 왕궁으로 가시오. 나는 내 아버지 라마승의 곁으로 가겠소. 우리 나중에 만나 이 세상에서 영원히 부부가 됩시다."

라고 왕의 딸과 맹세하고 헤어졌다.

햇빛 아이가 라마승의 동굴에 도착하여 문을 두드리며 소리쳤다.

"당신의 아들이 왔어요."

그러자 라마승은

"내게는 아들이 하나뿐이었는데, 왕이 빼앗아서 데리고 갔지. 지금 나는 그 때문에 한탄하고 있다네."

하고 말했다. 그러자 그 아이는 말했다.

"그 아이가 바로 저예요. 왕이 연못에 버렸지만 용왕이 나를 먹지 않고 돌려보내 줬어요. 아버지, 한탄하지 마시고 어서 문을 열어주세요."

라마승이 아들을 알아보고는 문을 열어 안으로 들어오게 했다. 그 아이가 보니, 라마승은 바짝 말라서 거의 죽을 지경이 되어 있었다. 순 이 얼던은 물에 우유를 섞어 라마승의 몸을 씻기고 좋은 말로 위로하며 한탄함을 멈추게 하였다.

왕의 딸이 왕궁에 도착하니 왕과 여러 신하들은 허둥대면서,

"귀신의 연못에 던진 이가 살아 나온 전례가 없었도다. 공주가 살아 돌아오다니 신기하구나."

라고 말하며, 사람들이 그를 에워싸고 절하면서 매우 공경하였다.

"그 사내아이는 어디에 있느냐?"

고 왕이 묻자, 공주가 말했다.

"그도 죽지 않고 살아 돌아왔습니다. 그를 사랑한 까닭에, 저도 죽지 않았지요. 그 용이 온순해져서, 이후로는 범띠의 사내아이를 연못에 던질 일도 없게 되었습니다. 물도 저절로 흘러올 것입니다."

그러자 여러 사람들이 모두 입을 모아

"참으로 무척이나 신기하구나. 그 사내아이는 지금 어디에 있느냐? 청하여 데려오자." 고 했고, 왕은 대신들을 파견하여 그를 데리러 갔다. 라마승과 두 아이가 왕궁 가까이 오자 왕은,

"큰 은덕을 베푼 아이로구나!"

하고는 큰 예로써 맞이하여 성에 들여 보좌에 앉혔다. 왕이 물었다.

"아이야, 너는 무척 신기하구나. 너는 정말 이 라마승에게서 태어났느냐?"

아이가 대답했다.

"저는 어느 왕의 아이입니다. 계모가 죽이려 해서 도망쳤지요. 그러다 이 라마승의 곁에 왔습니다. 이 아이도 나의 동생입니다."

그 아이가 자초지종을 모두 말하고 나니, 왕은 매우 기이하게 여기며 말했다.

"그렇다면 나의 딸을 너에게 아내로 주어 부귀를 누리게 해주마. 너는 네 고향으로 가거라. 너를 보내주겠다."

그리고 왕과 그 부인은 셀 수 없이 많은 재물을 그에게 주고 네 종류의 군사를 함께 보냈다. 형제는 아버지가 살던 성 가까이에 다다르자, 아버지에게 사람을 보내, '우리 형제가 도착한다.'는 글을 써서 알렸다. 아버지와 어머니는 아들들이 도망쳤다면서, 여러 해 동안 한탄하고는 왕궁에서 나오지 않았다. 그런데 갑자기 아이들의 글이 도착한 까닭에 마음이 매우 평온해졌다. 그들은 기뻐하면서 큰 예를 갖추어 맞이했다. 형제가 매우 고귀한 모습으로 왕의 방에 들어오자, 나쁜 마음을 품었었던 부인은 두 아들을 보고, 매우 놀라 입에서 피를 토하며 죽었다.

그때 얼허 야붕가 왕이

"자신이 저지른 나쁜 죄로 인하여, 그가 죽은 것이로구나!"

말하니, 신이

"불행히도 왕의 입 밖으로 말소리가 흘러 나왔구나!"

라고 말하면서, 주머니를 풀고서는 가버렸다.

여섯 번째 이야기

언더부허라는 이름의 사람

그 후, 다시 처음처럼 서르군 숲에 가서 신을 짊어지고 오는데, 신이 말했다.

"갈 길이 멀고, 해가 길구나! 네가 이야기를 하나 해라. 그렇지 않으면 내가 이야기 하나를 하겠다."

신이 다시 말하길,

"네가 이야기를 하고 싶으면 머리를 아래로 끄덕이고, 내 이야기를 듣고 싶으면 머리를 위로 끄덕여 봐라."

왕이 머리를 위로 끄덕이자, 신은 이야기를 시작했다.

옛날에 농삿일을 전혀 돌보지 않는 언더부허라는 사람이 살고 있었다. 그 나라의 왕이 화가 나서 그를 쫓아냈다.

"네가 진실로 거만하다고들 하는구나. 그러니 이곳에서 살지 말고 다른 곳으로 가거라."

언더부허는 더 이상 그 나라에 살 수 없게 되어 길을 떠났다. 날이 저물 즈음 그는 어느 빈 들판에 도착했는데, 들 한 가운데에 커다란 나무가 있었다. 나무 곁에 가 보자, 죽은 말 한 필이 있었다. 그 말의 머리를 잘라

가지고, 길에서 먹어야겠다고 생각하고, 띠를 풀어 묶은 다음, 나무 위에 올라가 있었더니 어두운 땅거미가 내렸다. 그때 서쪽에서 귀신의 무리가 머리에 모자를 쓰고, 모두 얼룩이 있는 말을 타고는 그 나무 밑으로 오더니, 말에서 내렸다. 잠시 후 또 한 무리의 귀신들이 모자를 쓰고, 날개 달린 말을 타고 오더니, 역시 그 나무 밑으로 와서 내렸다. 귀신들이 나무 밑에서 갖가지 음식을 준비하고 있었다. 그 사람은 나무 위에서 말머리를 단단히 붙들어 두기 위해, 띠를 잡아매려는데, 그만 띠가 끊어져서 말머리가 귀신들 가운데로 떨어졌다. 깜짝 놀란 귀신들은 뿔뿔이 도망쳤다. 하늘에 동이 튼 후에 그는 나무에서 내려왔다.

'귀신들이 여기에 무얼 모아 두었지?'

궁금해 하면서 보니까, 금 그릇 하나에 술이 가득히 있었다. 그 술을 취하도록 마셨다. 그는 또 밀가루와 고기를 챙겨 넣었다. 그리고 어느 승려가 만든 상자도 얻었다. 이 모든 것을 취하고는,

'내가 운이 좋구나!'

하고 생각하며 길을 가는데, 어느 활과 화살통을 메고 있는 사람 손에 무기가 들려있다. 그는 그 사람에게로 다가가서 물었다.

"당신, 이 무기를 어떻게 하려오?"

그 사람이 대답하길,

"내가 가진 무기의 이름은 '되돌아오는 무기'라오"

라고 한다.

"무기에게 '네가 적에게로 가서 내가 갖고 싶은 물건들을 몽땅 가지고 와라' 하고 말하면, 무기가 적에게로 가서 그 적을 죽이고 온갖 종류의 물건을 모두 가져오지요."

그 사람이 말하자, 언더부허는

"그러면 나의 이 금 그릇과 승려의 상자를 그 무기와 바꿉시다."

고 말하고서 서로 바꾸었다. 그 무기를 손에 잡고서 그가 말했다.

"무기야, 너는 가서 그 사람을 죽이고, 내 금 그릇을 가지고 와라!"

그러자 무기가 날아가서, 그 사람을 죽이고 금 그릇을 도로 가지고 왔다. 그로부터 저쪽으로 가니, 어떤 사람이 쇠자루를 등에 짊어지고 온다. 그 사람에게 다가가서 물었다.

"당신은 이 자루로 무엇을 하시오?"

그 사람이 대답했다.

"나는 이 쇠자루를 잡고, 땅을 아홉 번 두드리지요. 그러면 아홉 겹의 성이 생긴다오."

대답을 듣자마자, 언더부허가

"그렇다면 나의 이 그릇과 바꿉시다."

고 말하고서 서로 바꾸었다. 그리고 또 이전처럼 무기에게 '가서 금 그릇을 가져오라'고 명령했더니, 무기가 날아가서 그 사람을 죽이고, 금 그릇을 가지고 왔다. 그로부터 다시 저쪽으로 가는데, 어떤 산양의 가죽을 가지고 가는 사람을 만났다.

"당신은 이것으로 무엇을 하시오?"

하고 물으니, 그 사람이 대답했다.

"이 산양의 가죽은 신기하다오. 이것을 한번 흔들면, 내 뜻에 따라 비가 오지요."

"그렇다면, 나의 이 금 그릇과 바꿉시다."

고 하고는, 또 서로 바꾸었다. 그래서 다시 예전처럼 무기에게 '네가 가서 금 그릇을 가져오너라 하고 말하니, 무기는 금방 가서 금 그릇을 가지고 왔다.

그렇게 많은 보배를 얻은 그 사람은 속으로 생각했다.

'내가 고향에서 살지 못하게 왕이 나를 몰아냈지. 그 왕이나 한번 만나러 가서 보자.' 그는 길을 떠나 왕이 사는 성에 도착했다. 해가 반쯤 기울었을 때, 쇠자루를 잡고, 땅을 아홉 번 두드렸더니, 아홉 겹의 성이 나타났다. 다음날 왕이 부인에게 말했다.

"오늘 밤 우리의 성 가까운 곳에 매우 크고 높은 것이 보였소. 부인, 무엇이 있는지 당신이 가서 한번 보고 오시오."

부인이 가서 보니 아홉 겹의 쇠로 지은 성이 있다. 부인은 돌아와서 왕에게 고하였다. 그랬더니 왕이 화를 내면서

"그 이상한 사람이 그토록 흉하다니, 그곳으로 가서 그와 함께 힘을 겨뤄봐야겠다."

고 말하고는, 자신의 성에 있는 숯을 전부 성처럼 높이 쌓았다. 그리고 여러 대장장이들을 모두 모이게 하고는 각각 풀무질을 시켜 불을 일으켰다. 그때, 아홉 겹의 성에는 그 거만한 사람의 어머니가 함께 있었다. 어머니는 여덟 번째 성곽의 누각에 있었고, 아들은 아홉 번째 누각의 꼭대기에 머물러 있었는데, 성의 한 가운데로부터 쇠가 녹기 시작했다. 어머니가 놀라서 말했다.

"아들아, 지금 우리 쇠의 성에, 왕이 불의 재앙을 내렸구나. 우리 아들, 이제 정말 죽겠구나."

그러나 아들은

"어머니, 걱정하지 마세요. 제게 계획이 하나 있습니다."

하고 말하면서, 쇠의 성 위에서 산양의 가죽을 흔들어 비를 내리게 했다. 불은 거의 대부분 꺼졌다. 그가 다시 힘을 써서 산양의 가죽을 흔들었다. 그랬더니, 큰 비가 내려서 홍수가 되어 흘러넘쳤고, 성처럼 쌓아놓은 숯과 대장장이들이 모두 떠내려갔다.

그 때 얼허 야붕가 왕이

"그 땅의 왕 보다, 그 사람의 힘이 놀랍구나!"
말하니, 신이
"불행히도 왕의 입 밖으로 말소리가 흘러 나왔구나!"
라고 말하면서, 주머니를 풀고서는 가버렸다.

일곱 번째 이야기

새를 남편으로 삼다

그 후, 다시 전처럼 서르군 숲에 가서 신을 짊어지고 오는데, 신이 말하였다.

"날은 덥고, 갈 곳은 멀구나. 네가 이야기를 하나 해라. 그렇지 않으면 내가 이야기를 하나 하겠다."

왕이 머리를 위로 끄덕이자, 신은 이야기를 시작했다.

옛날에 어느 화원이 있는 울창한 숲 속에 사는 어떤 사람에게 세 명의 딸이 있었다. 그 세 딸은 날마다 순서를 정해 소를 돌보았다. 첫째 날, 큰언니가 소를 돌보러 가서 잠이 들었더니 그 사이에 소가 사라졌다. 그 소를 찾으러 가니 어느 절벽에 붉은 문이 있었다. 그 문을 열고 들어갔더니, 또 금문이 하나 나타났다. 그것을 열고 들어가니, 다시 흰 문이 하나 있었다. 그것을 열고 들어가니, 또 녹색 문이 하나 나타났다. 그것을 열어 보니 매우 기이하고 아름다운 집 안에 금과 터키석 보물이 가득 차 있었다. 그리고 한 마리 흰 새가 보석 의자에 내려앉았다. 딸은 새에게

"없어진 소를 보았느냐?"

고 물었다. 새는

"네가 내 아내가 된다면 소가 있는 곳을 알려주지. 그렇지 않으면 알려 줄 수 없다."

라고 말했다. 딸은

"네가 비록 훌륭할지라도, 새일 뿐이야! 내 소를 없애려면 없애라. 내가 네 아내가 될 리가 있겠냐?"

고 말하고는 집으로 돌아왔다. 둘째 날, 둘째 여동생이 똑같이 사라진 소를 찾으러 갔다가, 역시 같은 동굴에 들어가서 새에게 소에 대해 물어봤다. 그 새는 역시 같은 이야기를 했다. 둘째 여동생도 아내가 되지 않겠다고 말한 후 집으로 돌아왔다. 셋째 날, 막내 여동생이 소를 찾으러 갔다가 그 동굴에 들어가서 새에게 소에 대해 물으니, 새가 똑같은 이야기를 한다. 그런데 셋째 딸은

"세상 사람과 사귀려는 뜻은 좋구나! 훌륭한 새야, 너는 어째서 나를 아내로 얻으려 하느냐? 내가 네 아내가 된다고 해서 무엇을 할 수 있겠느냐? ……. 그래, 내가 너의 아내가 되어 주마."

라고 말하고, 소를 찾아 가지고 왔다.

어느 사원에 군중이 모여서 열사흘 동안 결혼 잔치를 열고 기뻐하였다. 셋째 딸이 잔치에 가서 보니 모여 있는 군중 가운데 자기보다 뛰어난 여자는 없었다. 남자 중에는 녹색 총이말을 탄 사람이 가장 훌륭했다. 세 번을 둘러보아도 그보다 좋은 사람이 없었다. 잔치에서 그 딸이 돌아오자 그 새가 물었다.

"잔치에 모인 남자와 여자 가운데 신기하고, 훌륭한 사람이 누가 있더냐?"

딸이 대답했다.

"남자들 중에는 녹색 총이말을 탄 사람보다 잘난 사람이 없더군요. 하

지만 나는 그 사람을 잘 모릅니다. 여자들 중에는 나보다 뛰어난 이가 없더군요.”

그로부터 열한 번째 날이 되도록 사람들은 여전히 사원에 모여 있었다. 열두 번째 날, 그 딸이 모여 있던 군중들을 둘러보았다. 그의 가족 중에는 큰언니가 그 사원에 와서 머물고 있었다. 큰언니가 셋째 딸에게 물었다.

“여기 모여 있는 남자와 여자들 중에서 뛰어난 사람이 누구더냐?”

셋째 딸이 대답하기를

“언니, 남자들 중에는 녹색 총이말을 탄 사람, 그리고 여자들 중에는 저보다 뛰어난 사람이 없었어요. 아, 정말 슬퍼요! 이 잔치에 멋을 부리고 찾아 온 젊은이들 중에서 가장 즐거워하는 사람들은 아무리 둘러봐도 한 쌍의 부부더군요. 하지만 내 남편은 새 이더군요!”

라고 말하며 울었다. 그랬더니 큰언니가 위로하며 가르쳐줬다.

“동생아, 그리 말하지 말거라. 여자들 중에서 너보다 뛰어난 사람이 없는 건 사실이야. 그런데 그 녹색 총이말을 탄 사람이 바로 네 남편이란다. 내일 열세 번째 날이 끝나면 너도 남편과 결혼해서 첫날밤을 보내게 될 거란다. 그러니까 너는 내일 잔치에는 가지 마라. 그곳에 가는 척 하면서 바깥으로 나와서 다른 곳으로 도망쳐 있으렴. 그러면 그 새가 새의 몸을 벗고 사람으로 변해서, 녹색 총이말을 타고 사람들 모인 곳으로 갈 거야. 그가 가고 난 뒤에, 벗어서 놓아둔 새의 몸을 불에 태우렴. 그러면 그가 깨끗하고 훌륭한 몸을 얻을 테니, 그때는 서로 잘 어울리겠지.”

열세 번째 날, 셋째 딸은 언니의 말대로 달아나 있었다. 새가 새의 몸을 벗어서 놔두고는 녹색 총이말을 타고 사람들 모여 있는 곳으로 간 후, 딸은 새의 몸을 태우면서 간절히 남편이 오기를 기다렸다. 해가 떨어지고 나서 남편이 도착했다. 남편과 아내는 이런 저런 이야기를 나누다가, 남편이 물었다.

"나의 새의 몸은 어디에 두었소?"

아내가 답하기를

"불에 태워 버렸어요."

남편은

"아, 애통하구나!"

라고 탄식하면서,

"그 새의 몸에는 기이한 것이 있었소. 당신은 어찌 이리도 경솔하오! 그 새에는 나의 영혼이 들어 있었단 말이오."

하고 말하니, 아내가 물었다.

"이제 어찌하면 좋지요?"

남편이 말했다.

"다른 방법이 없구료. 당신이 우리 집의 바깥문에 앉아서 낮과 밤을 가리지 말고, 무구(巫具)를 잡고 흔들면서 앉아 있으시오. 만약 그 무구를 계속해서 흔들지 않으면 나를 귀신이 데려갈 것이오. 그렇게 무구를 흔들면서 일곱 번의 낮과 일곱 번의 밤 동안 극진하게 정성을 들이면 하늘 귀신을 거스를 수 있소."

그로부터 아내는 무구를 잡고 잠을 자지 않았다. 여섯 번째 날이 되었다. 그러자 졸음을 더는 참을 수 없어서 눈을 풀로 붙여 벌려 놓고, 무구를 흔들면서 잠이 들었다. 그래서 하늘의 귀신이 찾아 와 남편을 데려갔다. 그 여자는 매우 슬퍼하며 남편을 찾으러 갔다. 어느 황량한 들판에 도착했을 때 걱정하면서,

"어찌하면 좋은가, 새의 몸아! 새의 몸아!"

하며 큰 소리로 울면서 소리치며 찾아보았지만 찾을 수가 없었다.

그러다 어느 높은 산, 여섯 번째 봉우리에서 그 새의 소리가 들렸다. 그곳에 올라가 보니 다시 산기슭에서 새의 소리가 들렸다. 또 그곳에 가

보니 어느 낮은 언덕 옆에 그 새가 사람이 되어서 신발 한 짝을 들고 아내를 만나러 왔다. 아내는 말했다.

“아, 당신을 만나서 너무 기뻐요!”

남편은 아내를 보고,

“나는 하늘의 강물을 운반하는 사람이 되었소. 이 신발이 해어진 후에야 일이 끝나오. 당신은 집에 가서 새의 위패를 세우시오. 그리고 그 위패로 나의 영혼을 부르시오. 그렇게 하면 내가 찾아 갈 수 있을 것이오.”

하고 말했다. 그러자 바로 귀신이 찾아 와서는 남편을 데리고 갔다. 그로부터 그의 아내는 집에 와서 새의 위패를 만들고, 그의 영혼을 불렀다. 남편은 새가 되어 날아 와서 아내의 머리 위에 앉았다.

그 때 얼허 야붕가 왕이

“아, 그 여자 무척 기뻤겠구나!”

말하니, 신이

“불행히도 왕의 입 밖으로 말소리가 흘러 나왔구나!”

라고 말하면서, 주머니를 풀고서는 가버렸다.

여덟 번째 이야기

목수와 화가

그 후, 다시 전처럼 서르군 숲에 가서 신을 짊어지고 오는데, 신이 말하였다.

"네가 이야기를 하나 해라. 그렇지 않으면 내가 이야기를 하나 하겠다."

왕이 머리를 위로 끄덕이자, 신은 이야기를 시작했다.

옛날 부여추커라는 땅에, 굽치 버 얼덤부러라는 왕이 있었다. 그 왕이 죽은 뒤, 그의 아들은 어이턴 버 웜부러라는 이름의 왕이 되어 왕위를 계승하고 나라를 다스렸다. 그에게는 두 명의 대신이 있었다. 한 사람은 화가였고, 또 한 사람은 목수였다. 두 대신은 서로를 원수로 여겼다. 하루는 화가가 왕에게로 오더니,

"저의 꿈에 부왕께서 나오셨는데, 매우 훌륭한 땅에서 지내고 계셨습니다. 그곳에서 저에게 오라고 명하셨습니다. 제가 가서 보니 부왕께서는 대단히 고귀하게 살고 계시더군요. 이것은 부왕이 내리신 칙지입니다."

라고 말하며 칙지를 건넸다. 글을 펼쳐 보니 아들 어이턴 버 웜부러에게 부탁하는 말이었다.

'나는 그곳에서 죽은 후, 하늘의 땅에 와서 살고 있노라. 필요한 물건들

은 모두 갖추었다. 허나 이곳에 사원을 하나 짓는데, 목수를 구할 수가 없구나. 나에게 목수를 보내라. 이곳으로 올 방법은 이 화가가 안내하게 하라.'

왕은 글을 보고 나더니 말했다.

"나의 부친께서 진실로 이렇게 되면 좋겠구나."

왕은

"목수를 데려 오라."

고 명했다. 그러자 목수를 데리러 사람을 보냈다. 목수가 도착하자 왕은 그에게 말했다.

"부왕께서 하늘의 땅에서 지내시며, 사원을 하나 지으실 모양이다. 그 때문에 너를 오라고 했다."

왕은 목수에게 칙지를 보여 주었다. 목수는 글을 보고서 속으로 생각했다.

'이런 법이 어디 있나! 이 화가가 나쁜 마음으로 수작을 부리고 있구나.'

그는 왕에게 물어보았다.

"대체 하늘의 땅에 어떻게 간다는 말씀이십니까?"

그러자 왕이 화가를 데려와서 물었다. 화가는 대답했다.

"목수에게 그의 연장을 모두 쥐어 주고, 나무에 기름을 뿌린 후, 높이 쌓아 올립니다. 그리고 목수를 그 위에 앉게 한 후, 모든 음악을 연주하기 시작하면서 불을 지피지요. 연기는 하늘로 가는 말이 될 것이니, 그 말을 목수가 타고 가면 됩니다."

목수가 말하기를,

"어떻게 하면 칙지대로 되겠습니까? 제가 가겠습니다. 그러나 부디 저희 집 근처의 뜰에다 나무를 쌓고 거기에서 가도록 해주십시오. 칠 일째 되는 날에 가겠습니다."

라고 하면서 약속했다. 그로부터 목수는 집으로 돌아와서 아내에게 말했다.

"화가가 나쁜 마음을 품고 이런 일을 벌였구려. 내가 칠 일째 되는 날 가겠다고 허락했다오. 나에게도 다 계획이 있으니 어디 한번 시작해 봅시다."

목수는 집안에 땅을 파기 시작해서, 근처의 뜰 가운데로 나가는 입구를 만들었다. 그리고 입구는 돌로 닫아 두고, 겉에 묻은 흙은 털어버렸다. 그로부터 칠 일이 지났다. 왕이 명했다.

"목수가 부왕의 곁으로 갈 날이 되었구나. 우리 이 마을의 백성들은 저마다 각자 한 짐의 나무, 한 항아리의 기름을 가지고 오라."

사람들이 모두 몰려 온 후, 목수네 집 근처 뜰 한가운데에는 삼각의 나뭇단을 만들어서 높이 쌓아 올렸다. 그리고 그 위에 목수가 자신의 연장을 쥐고 앉았다. 한쪽 끝에서부터 불을 피우자, 음악 연주가 시작되었고 불이 타면서 연기가 피어올랐다. 연기가 자욱해졌을 때, 목수는 자신의 연장으로 파 놓은 굴속으로 들어가서 그의 집안으로 나왔다. 한편 화가는

"목수가 연기 속으로 올라갔구나."

하고는 손가락으로 위를 가리켰다. 몰려 온 사람들이 이것을 믿으면서 기뻐했다. 목수는 부왕의 곁, 하늘의 땅으로 갔다고들 했다.

한 달 가까이 목수는 사람들에게 보이지 않았다. 날마다 몸을 우유로 씻고 눈처럼 하얗게 했다. 그리고 하얀 비단옷을 입고는 또 다른 계책 하나를 생각해 냈다. 그는 글을 하나 지어서 어이턴 버 웜부러 왕에게 찾아갔다. 당신의 부왕께서 보낸 글이라면서 칙지를 바쳤다. 글을 펼쳐 보니, 다시 또 왕에게 사람을 보내달라고 부탁하는 말이었다.

'잘 지내느냐? 왕도를 글로 교화하여 다스리다니 훌륭하구나. 이곳에

목수가 와서 사원을 세우는데 그의 힘을 보태주었다. 이에 대한 보답으로 그곳에서 상을 내리거라. 이제 이 사원에는 화가가 한 명 필요하다. 나에게 이 기회에 그곳의 화가를 보내거라. 그곳에서 올 방법은 예전과 같으니라.'

그리하여 왕은 목수를 보며 말했다.

"이렇게 하늘의 땅으로부터 돌아왔구나. 나의 부왕께서는 기뻐하셨느냐?"

목수는 하늘에서 방금 도착한 척하면서 공손하게 아뢰었다. 왕은 대단히 기뻐하면서 크게 상을 내렸다. 그리고 왕은 다시 화가를 데려오라고 하였다. 화가가 와서 목수를 살펴보니, 몸이 눈처럼 하얗고 비단 옷을 입고는 온갖 보석으로 치장하고 있다. 이 모습을 보고서 화가는 생각했다.

'이놈이 정말 하늘나라에 다녀왔구나.'

그러자 왕은 부왕이 보냈다는 글을 보여주면서 화가가 하늘에 가야 할 이유를 알렸다. 화가는

'이제 나도 흰 말을 타고 정말로 하늘나라에 갔다 오겠구나.'

라고 생각하고서, 일곱째 날에 가겠다고 약속했다.

"어떻게 가면 됩니까?"

화가가 물어보자 목수처럼 다녀오라고 했다. 칠 일째 날이 되자 여러 사람들에게 나무와 기름을 모으게 하고, 어느 밭의 가운데에 삼각으로 나뭇단을 만들어 올렸다. 그 위에 화가가 화구(畵具)를 쥐고 앉자, 한쪽 끝부터 불을 피웠다. 불이 피어오르고 음악이 시작되자 화가가 뜨거워서 견디지 못하고는 이리저리 날뛰며 소리쳤다. 하지만 음악 소리에 가려서 들리지 않았으니, 결국 숯과 재가 되었다.

그 때 얼허 야붕가 왕이

"그는 자신의 나쁜 계략으로 그렇게 목숨이 떨어졌구나!"
말하니, 신이
"불행히도 왕의 입 밖으로 말소리가 흘러 나왔구나!"
라고 말하면서, 주머니를 풀고서는 가버렸다.

아홉 번째 이야기

여자의 심장으로 왕을 살려 내다

그 후, 다시 전처럼 서르군 숲에 가서 신을 짊어지고 오는데, 신이 이야기를 시작했다.

옛날 어느 벌꿀이 많이 나는 땅에 정기연 아차부러라는 왕이 있었다. 그에게는 고귀하고 잘생긴 아들이 있었다. 그 왕의 아버지가 죽은 후 아들은 왕위를 계승하면서, 어떤 왕의 딸을 아내로 맞이하였다. 하지만 그는 아내와 잘 맞지 않아, 늘 다른 사람의 예쁜 딸과 몰래 만나서 정을 통했다. 그런데 그 왕이 죽고, 몰래 만나 정을 통했던 딸이 임신을 해서 출산 달이 거의 다 되었다. 왕이 죽은 후, 그 영혼은 달빛이 되어 그 여자의 집으로 찾아가 문을 두드렸다. 여자가 문을 열고 등잔을 들고 쳐다보니, 자신과 몰래 정을 통했던 왕이었다. 여자는 너무 기뻐서 손을 잡고 집에 들여 술을 대접하였다. 그리고 왕은 그 여자를 왕궁으로 데리고 갔다. 왕궁 가까이 도착하자, 북을 두드리고 태평소를 부는 소리가 들렸다. 여자가 물었다.

"무슨 음악 소리입니까?"

왕이 말하기를

"당신은 모르는군. 나는 죽었소. 이것은 나의 죽은 몸을 제사 지내는 소리요. 이제 당신은 뱃속의 아이를 코끼리 우리에서 낳아서, 나의 어머니에게 주면서 우리 사이에 대해 상세하고 분명하게 말하시오. 내 어머니와 아내는 어떤 보물을 잃어버린 후 사이가 나빠졌소. 그 보물은 나의 침대 아래 묻혀 있으니, 그것을 꺼내서 내 아내에게 주고 친정으로 보내시오. 내 어머니와 당신 두 사람이 태어난 아이를 길러서, 나의 지위를 잇게 하시오."

하고는 바람이 되어 사라졌다. 그 여자는 너무 슬퍼서 기절하여 쓰러졌다. 정신을 차리고 난 후, 처절하게 울다가 울음을 그친 다음, 코끼리 우리로 가서는 그날 밤 사내 아이 하나를 낳았다. 다음날 새벽에 코끼리를 지키는 사람이 보고는 말하기를,

"참으로 슬픈 광경이오만, 누구이기에 이곳에 와서, 아이를 낳았소? 코끼리의 우리가 더러워졌군요!"

여자는 이상한 말을 했다.

"상관없지 않느냐. 너는 가서 왕의 어머니를 이리로 오라고 해라."

그 사람이 가서 왕의 어머니에게 이 말을 전하니, 왕의 어머니가 찾아왔다. 그 여자는 사정을 낱낱이 말했다. 부인은 후손이 없던 차에, 그 아이가 기이하다며 집으로 데리고 가서 사랑으로 키웠다. 그 여자가 왕이 묻혀 있다고 일러준 보물을 꺼내자, 왕의 어머니는 그 여자를 믿게 되었다. 그리고 보물을 왕의 아내에게 주어서 친정으로 돌려보냈다.

그 후 왕의 어머니와 그 여자는 나라를 잘 다스렸다. 그리고 열닷새 날 밤마다 왕의 혼이 찾아와 그 여자와 함께 동침하였다가, 하늘이 밝아오면 사라졌다. 그 여자는 그 일을 왕의 어머니에게 말했다. 그러자 왕의 어머니는

"정말 그렇단 말이냐. 그러면 너는 왕이 찾아왔다는 증거를 하나 잡아서 남겨 보거라."

그로부터 어느 날 밤 여자는 그가 찾아왔다는 증거를 하나 잡아서 왕의 어머니에게 보여주었다. 왕의 어머니는 다시 말했다.

"그러면 너는 우리 모자를 만나게 해 보아라."

그 여자는 밤에 왕의 혼이 찾아오자, 왕에게 말했다.

"이 열닷새 날 밤에 오시는 것은 기쁩니다. 하지만 영원히 함께 할 수 없으니 저의 마음이 괴롭습니다."

그러자 왕이 대답했다.

"당신의 마음이 강하다면 영원히 함께 할 수 있소. 하지만 여인에게는 강한 마음이 없어서 할 수가 없소."

라고 하였다. 그러나 여자는 말하기를

"마음이 강해진다는 것이 무엇인지, 저는 알고 있습니다. 당신과 함께 지낼 수만 있다면, 살이 찢어지고 뼈가 부서진다 해도 멈추지 않고 최선을 다하겠어요."

그러자 왕이 말했다.

"다음 달 열 닷새째 되는 날 밤에 달이 뜰 때, 동쪽으로 가시오. 어느 땅의 끝에 도착한 후에, 어떤 쇠 몸을 하고 있는 늙은 사람이 녹인 쇳물을 마시면서 목마르다 할 것이오. 그러면 그에게 한 주전자의 술을 주시오. 그리하고 나서 저리로 가면 두 마리의 숫양이 서로 싸우고 있을 것이오. 그들에게 하나씩 떡을 던져 주시오. 그로부터 저 멀리 가면 여러 무기를 든 사람을 만날 것이오. 그러면 그들에게 각각 한 조각의 고기를 주시오. 그로부터 저리로 가면 어느 무서운 피를 뿜는 어두운 방이 나타날 것이오. 그 안에는 강철 무기를 붙잡은 사람이 하나 있을 것이오. 그 문을 지키는 두 마리 귀신의 변발에는 피가 묻어 있을 것이오. 그들에게 핏덩이 한 덩어리씩을 주도록 하시오. 그 다음 방안으로 들어가면, 여덟 명의 경 읊는 사람들이 둘러 앉아 있을 게요. 그들 곁에 아홉 사람의 심장이 있으니,

여덟 개의 오래된 심장은 '나를 가져가라'고 할 것이고, 한 개의 새 심장은 '나는 가져가지 말라' 할 것이오. 당신이 두려워하지도 말고 싫어하지도 않으면서, 새 심장을 잡고 절대 뒤돌아보지 않으면서 도망쳐 오시오. 그러면 이 세상에서 당신과 나는 영원히 함께 살 수 있을 것이오."

그 여인은 모든 말을 낱낱이 기억하였다가, 열 닷새째 되는 날 밤 달이 뜨자 아무도 알아채지 못하도록 굳은 마음을 다잡고 길을 떠났다. 그리고 곳곳에서 왕이 주라고 했던 것들을 주면서 길을 갔다. 그리고 마지막 장소에 도착했다. 그 새로운 심장이 '나를 가져가지 말라'고 했지만, 그것을 집어 들고 도망쳐 빠져 나왔다. 다라니경 읊는 사람이 쫓아와,

"심장을 훔쳐 가져간다!"

고 외쳤다. 문지기에게 잡으라고 하니, 문지기가

"이 여자는 우리들에게 피를 주었다."

하고는 보내 줬고, 그 다음 여러 무기를 잡은 사람에게,

"잡아라!"

고 했더니,

"이 여자는 우리들에게 고기를 주었다."

면서 밖으로 보냈다. 그 다음 두 숫양에게,

"여자를 잡아라!"

고 했지만,

"이 여자는 우리에게 떡을 주었다."

고 하면서 밖으로 내보냈다. 그 다음 쇠 사람에게 잡으라고 하니,

"이 여자는 나에게 술을 주었다."

하고는 밖으로 내보냈다. 모든 시험이 끝난 후, 그 여자가 집에 도착해서 들어가 보니. 왕은 갖가지 화장을 하고 앉아 있었다. 둘은 서로 부둥켜안으며 재회했다. 그리고 편안하게 살았다.

그때 얼허 야붕가 왕이
"그 여자 무척 좋아했겠구나!"
하고 말하니, 신이
"불행히도 왕의 입 밖으로 말소리가 흘러 나왔구나!"
라고 말하면서, 주머니를 풀고서는 가버렸다.

열 번째 이야기

귀신에게 코와 혀를 물린 여자

그 후, 다시 전처럼 서르군 숲에 가서 신을 짊어지고 오는데, 신이 이야기를 시작했다.

옛날 어느 야판 가까운 곳에 형과 동생 두 사람이 살고 있었다. 형의 아내는 나쁜 마음을 품고 있었다. 형은 점점 부자가 되었다. 어느 날 형이 마을 사람들을 모두 모아서 잔치를 열자 동생이 생각했다.

'형이 나를 그렇게까지 사랑하지는 않지만, 이 잔치에는 부르겠지.'

그러나 형은 동생을 잔치에 초대하지 않았다. 다음 날에도 잔치가 열려서, 동생은 또 자신을 초대할 것이라고 기대하면서 기다렸으나, 역시 아무도 부르러 오지 않았다. 셋째 날, 술이 다 떨어져 가자, 동생은 실망했다. 그래서 동생은 생각했다.

'오늘 밤 잔치에 모인 사람들은 모두 취해서 움직이지 못할 테지. 형 집으로 재물을 훔치러 가자.'

동생은 형 집으로 가서 재물을 놓아둔 방의 벽 옆에 숨었다. 사람들이 모두 잠들었고 형의 아내는 술 취한 남편을 끌고 가서, 재물 놓은 방에서 자게 했다. 그도 남편 옆에서 잠깐 눈을 붙였다가, 남편이 잠든 후에, 슬며시 일어나 갖가지 음식과 술을 가지고 나갔다. 동생이 그 여자 뒤를 좇아 갔더니, 그 여자는 마을 뒷산 사람의 시체가 묻힌 곳으로 갔다. 그곳에 이르니 어느 평평한 곳에 하얀 돌 침상이 나타났다. 그 위에 귀신이 하나 있었다. 동생은

'이 사람이 원래 귀신과 정을 통해왔었구나.'

하고, 깨달았다. 동생은 몸을 숨기고서 외쳤다.

"이 어찌 금수에게 죽임을 당하지 않으랴!"

여인이 이 소리를 듣고 달려오니, 귀신이 여자의 이름을 소리쳐 부르며, 울면서 달려와 껴안았다. 그 뒤에 동생이 다시 일어나서 멀찌감치 지켜보았다. 그 여자는 가져 온 물건을 귀신 앞에 올리고 있었다. 귀신은 먹어보라고 해도, 입을 벌릴 수 없었다. 그러자 그 여자는 음식을 씹은 후에, 귀신의 이빨 사이를 벌려서, 자신의 입안에 머금은 음식을 혀끝으로 귀신에 먹여 주었다. 음식을 씹어서 두 토막으로 잘라 이빨을 다물게 하였더니, 여자의 혀와 코가 잘려서 귀신의 입에 남겨졌다. 그래서 여자는 피를 흘리면서, 자신이 가져온 그릇을 집어 들고 돌아 왔다. 시동생이 앞질러서 처음에 숨었던 장소로 도망쳤다. 그 여자는 자고 있는 남편을 깨우려고 큰 소리로 남편을 부르면서 말했다.

"이런 남편 난 모르오. 이 사람 말을 따랐더니, 코와 혀 모두 이 사람의 이빨에 물려버렸어. 여자가 코와 혀 없이 어찌 살 수 있겠소."

남편은

"이 여자야! 함부로 떠들지 마라. 너의 간계가 너무 심하구나. 내일 왕에게 가서 따져 보자."

하며 떠들었다. 동생은 형의 재물을 훔치기로 한 것은 다 그만두고 집으로 돌아왔다. 형의 아내는 다음 날 아침에 일어나자마자 왕에게로 가서 하소연했다.

"어젯밤, 제 남편이 아무런 이유도 없이 이렇게 죄를 지었습니다. 어떻게 판결하는 것이 왕의 뜻입니까?"

그러자 왕은 남편을 불러 와서, 물어 보았다. 그 여자는 거짓말이 진실인 것처럼 하나하나 고해바쳤다. 하지만 남편은

"저는 조금도 죄가 없습니다."

라고 대답했다. 그러자 왕은 말했다.

"너는 아무런 까닭도 없이 죄를 지었구나. 이 자를 죽여라."

그리고 남편을 법의 나무에 매달았다.

그로부터 동생이 이 소식을 듣고 형에게 와서 물었다.

"형에게 무슨 죄가 있어서 여기에 매달려 있소?"

형이 낱낱이 말하였다. 동생은 왕에게 와서 고하기를,

"왕께서는 무슨 이야기를 들으셨나요? 제 형의 죄는 거짓입니다. 저를 믿을 수 없다면, 그 부부를 모두 데려오십시오. 제가 진실을 말하겠습니다."

라고 말했다. 그러자 남자와 여자를 데리고 와서 말을 맞추어 보았다.

동생은 자신이 본 것을 말했다.

"이 여자는 귀신과 사통해서 코와 혀를 깨물렸습니다. 왕께서 믿을 수 없다면 사람을 보내서 귀신의 입 안을 살펴보십시오. 이 여자의 코와 혀를 씹은 곳에서 피가 흐르고 있을 것입니다."

왕이 사람을 보내서 살펴보러 가게 했더니, 동생의 말이 맞았다. 그리하여 왕은 남편을 놓아주고, 그 아내를 법의 나무에 매달아 죽였다.

그 때 얼허 야붕가 왕이

"그 여자의 욕망이 우환을 불렀구나!"

하고 말하니, 신이

"불행히도 왕의 입 밖으로 말소리가 흘러 나왔구나!"

라고 말하면서, 주머니를 풀고서는 가버렸다.

열한 번째 이야기

관음보살에게 제사 지낸 할아버지

그 후, 다시 전처럼 서르군 숲에 가서 신을 짊어지고 오는데, 신이 이야기를 시작했다.

옛날 어느 강가의 갈림길에 관음보살의 사당이 있었다. 그 곁에 조그마한 집을 짓고, 어떤 할아버지와 할머니가 살고 있었다. 그 할아버지와 할머니에게는 딸이 하나 있었다. 어느 날 그곳에 어떤 가난한 사람이 궤짝 가득 과일을 담아가지고 왔다. 그는 과일을 팔고나서 할아버지 집 근처에 와서 잤다. 그러다가 할아버지가 할머니에게 말하는 것을 밤에 엿듣게 되었다.

"우리 둘은 늙었으니 우리 딸에게 남편감을 얻어 주면 좋겠소."

그러자 할머니가

"당신 말이 맞아요. 좋은 사위를 하나 얻어서, 우리가 가지고 있는 보배 하나를 줘서 보냅시다."

하고 말했다. 노부부는 딸을 시집보내는 일을 두런두런 상의하였다.

"관음보살의 광명 앞에 공손히 빌어서, 이 딸아이를 누구에게 주면 좋을지 여쭙시다."

이 말을 가난한 사람이 듣고는 생각했다.

'내가 지금 기회를 얻었구나!'

그가 사당 문을 열고 들어가서 관음보살상 뒤에 누워서 숨어 있는데, 할아버지, 할머니, 딸, 세 사람이 사당에 와서 향을 피우고 절한 후, 할머니가 빌면서 말했다.

"관음보살님, 저의 이 딸아이를 비구니가 되게 하면 좋을까요? 아니면 속세의 사람에게 주면 좋을까요? 만약 사람에게 주어야 한다면, 누구에게 줄까요? 진실로 좋은 사람을 점지해 주실 수 있나요? 아니면 꿈에라도 보여주실 수 있나요?"

그러자 그 가난한 사람이 관음보살인 척하며 말하기를,

"너의 딸을 속세의 사람에게 주어라. 내일 새벽에 너의 집 문 앞에 어떤 사람이 올 것이다. 그에게 바로 주어라. 네가 큰 이익을 볼 것이다."

라고 하자, 할아버지와 할머니가 기뻐하면서 절하고 갔다.

그 사람이 다음날 새벽에 일어나 할머니네 집에 가서 문을 지켜보고 있는데, 할아버지가 나가서 보고 방으로 되돌아와서 할머니에게 말했다.

"관음보살이 점지해 준 사람이 왔소."

할머니가 말하기를,

"들어오게 합시다."

하여 그를 안으로 들어오게 하고는 갖가지 음식을 차려서 먹였다. 그리고 딸아이를 그에게 주면서 터키석 하나를 선물로 주고는 신신당부하였다. 그 사람은 말을 한 필 구해 와서 딸을 데리고 궤짝을 짊어지고 갔다. 그는 자신의 집이 가까워지자 속으로 생각했다.

'할아버지와 할머니를 꾀로 속이고 딸을 데려왔다. 이제 그 딸을 궤짝에 담고 모래에 묻어 놓은 다음 꾀를 하나 내보자.'

그는 딸과 터키석을 모두 궤짝에 담고 모래에 파묻었다. 그리고 자기 집으로 가서 마을 사람을 보고 말했다.

"나는 원래 보살님께 빌어서 복을 구하려 했지만 아무런 득도 없었지. 지금은 경 읽기를 부지런히 하여 복을 얻을 거라네."

하고는 제물을 차려 놓고 경을 읽게 하였다. 다음 날 다시 복을 얻을 글이라 하며 경을 읽게 했다.

그런데 그날 마침 어느 왕의 아들이 활과 화살을 들고, 호랑이 한 마리를 끌고, 두 친구를 데리고는 그 딸이 묻힌 곳에 이르렀다. 그들은 딸을 파묻은 언덕으로 화살을 쏘다가 궤짝을 맞추었다. 궤짝을 열어 보니 아름다운 여자아이가 그 안에 한 명 있었다. 그 여자아이에게 물었다.

"아가씨, 당신은 누구의 딸인가요?"

그 여자아이가

"저는 용왕의 딸이랍니다."

라고 답했다.

왕의 아들이 말하기를,

"그러면 나의 아내가 되어주시겠소?"

하니, 여자아이가 망설이면서,

"그러면 이 궤짝에 물건을 하나 놓으세요."

하고 말했다. 왕의 아들은 호랑이를 궤짝 속에 넣어 이전처럼 묻어놓고, 여자아이를 데리고 갔다.

얼마 후 그 가난한 사람이 복을 빌기를 그만두면서 속으로 생각했다.

'이제 됐으니 궤짝 속의 여자아이를 죽이고, 터키석을 가져와서 재물과 가축을 사가지고 부자로 살자.'

그는 묻어놓았던 궤짝을 꺼내서 짊어지고 집으로 가지고 왔다. 그리고 마을 사람을 향해

"내가 복을 비는 날 밤에 만일 우리 집에서 이상한 소리가 나더라도, 당신들은 무슨 일인지 보자고 찾아오지 마시오."

하고 말했다. 그리고는 딸이 도망칠까 봐 지게 창을 닫아걸고 요를 깐 후, 궤짝을 열고서 나오라고 했다. 그랬더니 호랑이가 뛰쳐나왔다. 가난한 사람이 호랑이와 다투는 소리를 이웃집 사람들이 들었다. 그러나 그들은
"가난한 사람이 복을 구하는 중이니, 찾아가면 오히려 화가 될 뿐이야."
라고 하고 웃으면서 구하러 오지 않았다. 다음날 가서 보니, 방 옆에 호랑이 한 마리가 입과 발에 피를 묻힌 채 있고, 그 사람의 뼈와 살이 조각조각 흩어져 있었다.

그 후 왕의 아들은 그 할머니와 할아버지의 딸을 부인으로 삼고, 아들 셋을 낳았다. 그런데 어느 날 모든 대신들이 수근 거리며 말했다.
"우리의 왕께서는 모자란 생각으로 부모도 없는 여자를 부인으로 삼았어. 이 아이들에겐 외삼촌이 없으니, 누구를 외삼촌이라 부르려나?"
이 말을 부인이 듣고는 마음이 괴로웠다. 그래서 자기의 부모 집에 가려고 보름날 밤에 왕궁에서 나와 길을 갔다. 다음 날이 되어 집에 도착했는데, 원래 밭이 없던 곳에서 여러 사람이 밭을 갈고 있었다. 집 안쪽에서는 젊은 사람 하나가 갖가지 먹을 것과 마실 것을 차리고 있었다. 그곳에 들어가니 그 사람이 물었다.
"아가씨, 당신은 어디에서 왔나요?"
그러자 딸이 대답했다.
"나는 먼 곳에서 왔습니다. 이 산 밑에 저의 부모님께서 살고 계셨지요. 지금 잘 계시는지 보러 갑니다."
이 사람이 대답하기를, '
"당신이 정말 그분들의 딸인가요? 저 역시 그분들의 아들이랍니다. 제겐 누나가 하나 있었다고 합니다. 당신이 바로 그 누나로군요. 이제 여기에 앉으세요."

라고 한다.

그는 차려놓은 음식을 먹게 한 후, 함께 산 밑으로 갔다. 그들의 옛 집터에는 왕궁과 같은 좋은 집이 지어져있다. 방울 소리를 듣고 이 집이 누구 것인가 하고 물으니, 그 사람이 대답하기를,

"이 집은 우리 것이에요. 누나가 떠나신 뒤에 지었습니다."

라고 한다. 잠시 후 정원 안에 들어가서 보니, 말과 노새의 마구간에 재물과 가축이 가득했다. 방에 들어가서 보니 아버지, 어머니가 좋은 요를 깔고 앉아 계신다. 딸은

"아버지, 어머니 안녕히 계셨어요?"

하고 물었다. 할머니와 할아버지는 기뻐했다.

"우리 두 늙은이가 죽기 전에 이렇게 만나러 오다니 참으로 좋구나."

딸은 그간의 자초지종을 낱낱이 말했다.

"나를 어떤 왕이 아내로 삼았어요. 그의 대신들이 나의 아이들에게 외삼촌이 없다고 비웃었어요."

할아버지는 말하길,

"그렇다면, 왕과 대신들을 청해서 이곳으로 데려오자."

하고 사람을 보냈다. 그리고 왕과 모든 대신을 초청해서 데려와 큰 예로 대접했다. 그리고 온갖 물건을 주어 즐겁게 지내게 했다. 그 때 왕이 말했다.

"나의 아내에게는 아버지가 없는 줄로만 알았소. 나의 장인이 원래 이렇게 고귀했었소?"

하고는 부인을 친정에 남겨두고 떠났다.

그로부터 부인은 남편과의 이별을 견디지 못하여 그리움이 일어난다고 종종 말했다. 그러던 며칠 후 어느 날, 잠에서 깨어 보니 어느 돌 위에 누워 있었다.

"이것이 어찌 된 일이지? 아버지, 어머니와 함께 비단 요를 깔고 누웠었는데, 이 일이 어찌 이렇게 되었단 말이냐?"

하고 머리를 들어서 바라보니, 아무 것도 없었다. 오직 그의 옛날 작았던 집이 무너져 있을 뿐이었다. 그는 크게 근심스러운 마음으로 관음보살의 사당에 가서 보았다. 사당 역시 무너져 있었다. 부인은 속으로,

'이 모든 것이 관음보살님의 신령한 법으로 일으킨 것이었구나.'

하고 생각하면서 왕궁으로 돌아갔다. 왕궁에 이르자, 모든 대신들은 멀리서부터 맞이하면서 들어오게 했다. 그 후로 왕의 부인은 내내 화목하게 지냈다.

그 때 얼허 야붕가 왕이

"저토록 복 많은 여자가 또 있더냐?"

하고 말하니, 신이

"불행히도 왕의 입 밖으로 말소리가 흘러 나왔구나!"

라고 말하면서, 주머니를 풀고서는 가버렸다.

열두 번째 이야기

나쁜 마음을 지닌 왕

그 후, 다시 전처럼 서르군 숲에 가서 신을 짊어지고 오는데, 신이 이야기를 시작했다.

옛날 어허 무질렁거라는 어느 왕에게 지혜로운 대신이 한 명 있었다. 어느 날 왕이 그 대신에게 말했다.

"내게는 보배가 하나 있지. 만약 네가 그것을 훔칠 수 있다면 너에게 큰 상을 내리도록 하겠다. 그러나 훔치지 못 한다면, 너의 집을 전부 빼앗을 것이며, 네 두 눈을 도려내겠다."

대신은 대답했다.

"이치에 닿지 않는 말씀입니다."

그는 사려 깊게 왕을 몇 번이나 설득해 보았다. 하지만 왕은 그 말을 전혀 받아들이지 않았다. 그래서 결국 대신은 말했다.

"정말 원하신다면, 저는 기필코 열닷새 날 밤에 훔치러 가겠습니다."

왕은 보배를 기둥에 묶어 두고 문을 지키게 했고, 여러 병사들에게 감시하라고 명했다. 대신은 독한 술을 한 병 가지고 말을 탔다. 그리고는 문을 감시하고 있던 병사들이 취할 때까지 마시게 했다. 또 딱딱하게 마른 양의 위(胃) 하나와 돌 세 개를 가지고 왕궁의 뜰로 다가갔다. 감시하는 병사들과 말을 타고 있는 사람들 모두 잠들어 있었다. 대신은 생각했다.

'이 틈에 보배를 가져가야겠다.'

그래서 잠든 병사들을 모두 말에서 내리게 한 후, 담장 위에 올려 두었다. 사다리를 타고 올라가서, 보배가 있는 곳에 들어간 대신은 안을 살펴보았다. 아궁이에 세 명의 여자가 불을 피우면서 졸고 있었다. 대신은 불 가까이에 앉은 여자들 머리에 풀 모자를 씌웠다. 왕의 곁으로 다가가서는 돌 세 개를 왕의 소매 속에 넣어 두고 살펴보니, 왕은 잠들어 있었다. 그래서 왕의 머리에 딱딱하게 말린 양의 위(胃)를 씌워 놓았다. 주변을 둘러보니 보배를 기둥에 묶어둔 채로 여러 사람이 잠들어 있었다. 대신은 그들의 머리카락을 모두 한데 묶어 놓고 보배를 풀어서 꺼낸 후, 사다리를 내려와 달렸다. 그때 기둥 옆에서 감시하고 있던 무리들이 깨어나서

"도둑 잡아라!"

하고 소리치며 좇아오려 했다. 하지만 머리카락이 함께 묶여 있어서

"나의 머리카락을 당기지 말라!"

하고 서로 외치면서 함께 빙글빙글 돌았다.

왕이 잠에서 깨어나 말했다.

"너희들은 빨리 서둘러라, 나의 머리가 딱딱해졌다!"

또 왕은 여자들에게 불을 피우라고 했다. 여자들이 열심히 풀무질을 하자, 풀 모자에 불이 붙어 머리에 화상을 입었다. 왕이 화를 내면서 다른 여자들에게 돌 넣은 소매를 흔드니, 모두 머리가 찢어져서 도적을 좇지 못하고 머리를 잡고 일어섰다. 왕은 말 탄 병사에게 도적을 잡으라고 했지만, 술에 취한 두 다리가 담장을 칠뿐이었다.

그 대신은 보배를 자기 집으로 가져갔다가 다음날 아침에 왕에게 가져갔다. 왕은 분노하였다. 대신이 말했다.

“저는 당신의 명령으로 이 보배를 훔쳤습니다. 제가 사사로이 훔친 것이 아니었지요. 말씀을 바꾸지는 마십시오. 보배를 돌려드리겠습니다.”

그가 보배를 돌려준 뒤, 왕은 말했다.

“여러 가지로 나를 속인 것은 좋다. 하지만 내 머리에 딱딱하게 마른 위를 씌운 것은 어찌 하겠느냐? 나는 내 머리가 딱딱하게 굳었다고만 생각했다. 너의 그 행동은 충의(忠義)와는 거리가 먼 죄가 아니냐? 이 자를 재판에 데려가서 목을 잘라 죽여라.”

그러자 대신이 생각했다.

‘내가 비록 좋은 방법으로 보배를 훔쳤더라도, 왕에게 늘 트집을 잡혔을 거야.’

그래서 보배를 때려 부수니, 왕은 코에서 피를 흘리며 죽었다.

그 때 얼허 야붕가 왕이

“기이하구나!”

하고 말하니, 신이

“불행히도 왕의 입 밖으로 말소리가 흘러 나왔구나!”

라고 말하면서, 주머니를 풀고서는 가버렸다.

열세 번째 이야기

바라문[7]의 아들, 왕이 되다

그 후, 다시 전처럼 서르군 숲에 가서 신을 짊어지고 오는데, 신이 이야기를 시작했다.

옛날 변방 어느 지역에 한 학자의 아들이 살고 있었다. 어느 날 그는 자기 밭을 팔고, 결낭용 모직물 천을 나귀에 싣고 장에 팔러 나갔다. 길을 가다 보니 여러 명의 아이들이 쥐의 목에 노끈을 묶고는 물에 던지거나, 억지로 끌고 다니면서 놀고 있었다. 이것을 본 그는 쥐가 불쌍해서 말했다.

"얘들아, 쥐를 놓아주렴."

아이들이 대답했다.

"우리는 이렇게 노는 것이 즐거운걸요. 왜 놓아 주라는 거죠?"

그는 결낭용 천을 아이들에게 주고 쥐를 사서 놓아주었다.

그로부터 또 저만큼 가다 보니, 한 무리의 아이들이 원숭이 한 마리를 잡아다가, 죽을 지경에 이르도록 억지로 끌고 다니며 놀고 있었다.

"얘들아, 원숭이를 놓아주렴."

하고 말했지만 아이들은 말을 듣지 않았다. 그래서 그는 다시 결낭용

7 바라문 : 산스크리트어 '브라만(Brahman)'의 음차이다.

천 하나를 주고 원숭이를 사서 숲에 데려가 놓아주었다.

그로부터 저만치 가다 보니, 어떤 성 근처에서 아이들 여럿이 새끼 곰 한 마리를 잡아다가, 서로 바꿔 가며 올라타고 거리를 누비면서 놀고 있었다. 그는 새끼 곰이 불쌍해서 마지막 남은 결낭용 천까지 팔고, 새끼 곰을 사서 숲에 데려다가 놓아주었다.

결국 가지고 있던 천이 다 떨어졌다. 그는 나귀를 뒤따라가면서 생각했다.

'나는 이곳에 장사를 하러 왔는데, 장사는 다 끝나버렸군. 방법이 없구나. 이제 왕궁에 들어가 무엇이라도 훔쳐 오자.'

그는 왕의 창고로 들어가서, 한 보따리의 비단을 훔쳐 가지고 나왔다. 그것을 보고 부인이 소리 질렀다.

"저 사람이 무엇인가를 훔쳐내고 있어요!"

곧 이어 수많은 사람들이 몰려왔고, 학자의 아들은 금방 잡혀버렸다. 왕이 말했다.

"이놈을 나무 궤짝에 넣고 단단하게 못질하여 물에 던져라."

그는 단단한 나무 궤짝에 넣어졌고, 물속에 던져졌으나, 다행히 물결에 던져지는 바람에 물가로 나오게 되었다. 그 사람은 궤짝 속에서 답답해 죽을 지경에 이르렀는데, 그때 궤짝 바깥에서 무슨 기척이 났다. 궤짝이 조금 뚫려 있어서, 구멍을 낸 후에 보니까, 그가 천을 주고 사서 놓아주었던 쥐였다.

쥐가 말했다.

"마음을 편히 하여라. 내가 나의 두 친구를 데리고 오겠다."

쥐는 원숭이를 만나서 자초지종을 모두 말했다. 원숭이가 와서 궤짝의 구멍을 조금 더 크게 만들었다. 그러고 나서 곰이 다시 와서는 궤짝을 부수고 널빤지 위에 먹을 것과 마실 것을 구해 와서 먹여 주었다.

어느 날 밤, 곰이 바다 쪽을 보니 어떤 큰 빛이 보였다.

곰은

"저것을 보러가라."

면서 원숭이에게 보러 오라고 했다. 원숭이가 그 쪽으로 가서 보니, 생각대로 그것은 친다마니[8] 보배였다. 그것은 참새의 알처럼 생겼다. 그 사람이 그것을 보고서 소원을 빌며 말했다.

"이것이 정말로 보배라면, 나를 이 강의 저쪽으로 건너게 해 달라."

그러자 그는 정말로 강가 저편으로 건널 수 있었다.

그는 다시 소원을 빌며 말했다.

"이곳에 성을 세워라, 그 속에 용궁처럼 집과 누각을 세워라, 바깥에는 빙 둘러서 나무와 꽃이 살게 하라, 아름다운 물이 흐르게 하라, 그 안에 칠보재물을 채워라."

그가 잠들었다 깨어나서 보니, 자기가 빌었던 소원대로 모든 것이 이루어졌다.

그곳에서 그는 즐겁게 살았다. 그런데 어느 날 여러 상인들이 와서, 신기해면서 물어보았다.

"이 지역엔 공터 밖에 없었는데, 이 성은 누가 세운 것일까."

상인의 우두머리가 와서 성의 주인에게 묻자, 그는 자초지종을 모두 이야기 해주면서 보배를 보여줬다. 상인이 말하기를,

"당신은 온갖 것을 갖추었으니, 부자 중에 으뜸이로군요. 우리가 실어온 이 재물과 타고 온 짐승들을 모두 당신에게 주겠소. 그러니 이 보배를 우리에게 주시오."

라고 하므로, 바로 바꾸어 주었다. 그리고 그날 밤에는 비단 이불에서

---

8 친다마니 : 만주어 'cindamani'는 '여의주'라는 뜻의 산스크리트어에서 유래한 것으로 '마니보주(摩尼寶珠)' 또는 '마니주(摩尼珠)', '여의주(如意珠)'라고도 한다.

잤다. 다음 날 깨어나서 보니 성과 집과 관아, 재물, 가축이 모두 사라져 처음으로 돌아갔다.

거기서 슬퍼하고 있으니, 그의 세 친구가 와서 물었다.

"너는 어째서 이렇게 되었느냐?"

그 사람이 사연을 말해주었다. 그랬더니 세 친구가 말하기를,

"너는 일개 평범한 사람일 뿐이다. 보배를 누구에게 주었느냐?"

하고 묻고는 셋이서 보배를 가지러 갔다. 도착해서 보니, 그 상인은 부유하고 귀하게 살고 있었다.

그곳의 문으로 곰과 원숭이는 들어갈 수가 없어서, 그들은 쥐에게

"보배를 어디에 두었는지 보고와라."

하고는 보냈다. 쥐가 문 옆쪽으로 들어가서 보니, 상인이 잠들어 있었다. 뒤쪽 구들에 쌀을 쌓아놓고, 쌀 위에 살대 하나를 꽂았고, 그 끝에 보배를 매어놓았다. 그 옆에는 고양이 한 마리가 묶여 있었다. 쥐가 되돌아 와서 낱낱이 이야기하자 곰이 말했다.

"이제 방법이 없다. 돌아가자."

그러나 원숭이가 말하기를

"나에게 방법이 하나 있다. 쥐야, 네가 가서 그 상인의 머리털을 모두 쏠아 놓고 와라. 그러면 다음 날 고양이를 그의 곁에 묶어 둘 거다. 그때 가져오면 된다."

고 했다. 쥐가 가서 머리털을 모두 쏠아서 한 곳으로 모아 놓고 왔다. 다음 날 그 상인이 깨어나서 보니 머리털이 모두 쥐에 쏠려 있었다. 그는 크게 겁이 났지만

"나의 머리털을 쥐가 쏠았을 뿐이야, 별 일은 아니지."

하고 말하고는 다음날 밤에 잠자리에 들 적에, 고양이 두 마리를 데려와서 머리 옆에 매어 놓았다. 그날 밤에 곰과 원숭이가 문 바깥에 서서 쥐에게

"쥐야, 네가 가서 보배를 가져와라."

하고 보냈다. 쥐가 가서 보니, 보배 옆에 고양이가 없었다. 그래서 기뻐하면서 가져가려고 했는데, 살대 끝에 이르러서는 방법이 없었다. 되돌아와서 이야기를 하니, 곰이 말했다.

"이제 되돌아가자."

그러나 원숭이가 말하기를,

"이거는 아주 쉬워. 쥐가 가서 쌀을 파헤치면 살대가 떨어지지. 떨어진 다음에 보배를 굴려서 가져와."

하고 보냈다. 쥐가 가서 말한 대로 보배를 가지고 굴려서 가져오는데, 그가 들어간 구멍이 작아서 꺼낼 수가 없었다. 쥐가 나와서 말하기를,

"보배를 이 문의 안쪽으로 가져왔는데, 꺼낼 수가 없어."

라고 하니, 곰이 말했다.

"이제 여기서 더 이상의 방법이 없다. 되돌아가자."

그러나 원숭이가 말했다.

"나에게 방법이 하나 있다. 쥐의 꼬리에 노끈을 매고, 쥐야, 네가 보배를 네 발로 단단히 안아라. 내가 매어 놓은 노끈을 당기마."

쥐가 가서 보배를 끌어안고 나서, 쥐를 당기니 쥐가 보배를 끌어안은 채로 나왔다.

그러고 나서 쥐가

"힘들구나!"

하고 말했다. 원숭이가 곰에게 올라탔다. 쥐를 자기 귀에 넣고, 보배를 입에 물고 서둘러 오는데, 어떤 작은 강을 건너다가, 곰이 생각했다.

'이 원숭이, 쥐, 보배 전부 나의 몸에 타고 있어서, 내가 힘들어 죽겠구나.'

그래서 곰은

"힘들구나!"

하고 외쳤지만, 잠이 든 쥐는 듣지 못했다. 원숭이는 입에서 보배가 떨어질까 하여 대답하지 않았다. 그러자 곰이 화가 나서 말하기를,

"너희들 대답하지 않으면 내가 물에 던질 거다."

라고 하니, 그때 원숭이가

"하지 마!"

하고 소리를 질러서, 보배가 그만 물에 떨어지고 말았다. 강을 건너온 후에, 원숭이가 곰을 꾸짖었다.

"너, 말을 할 수 없었던 우리에게 왜 그런 거냐?"

곰이 대답했다.

"지금 이래봐야 소용없어. 물속에 빠뜨렸는데 어떻게 찾겠냐? 돌아가자."

하지만 쥐가 말하기를,

"내가 방법을 하나 생각해 보마. 가능한지 그렇지 않은지는 해보지 않고서야 어찌 알겠느냐? 너희 둘은 여기에 있어라."

하고 쥐가 강을 따라 가며, 놀란 것처럼,

"으악!"

하고 소리를 지르니, 물속의 생령이 자손을 내보내서 말하기를,

"쥐야, 너한테 무슨 급한 일이 있느냐?"

고 하니, 쥐가 대답하기를

"너희는 못 들었나? 우리는 이제 뭍에서도 살지 못하고, 물에서도 살지 못하게 되었다. 대군이 온다."

라고 하니, 모두가 대답하기를

"그렇다면 이제 어떻게 해야 하느냐?"

쥐가 말하기를

“다른 방법이 없다. 이 강의 가장자리에 산채를 하나 만들어라. 그 안에 살면 된다.”

하니, 모두 다 그 말에 따랐다. 그로부터 쥐는 산채 쌓는 일의 우두머리가 되었고, 모두 다 물속에서 돌을 날랐다. 한 뼘 정도 높이로 쌓으니, 두꺼비 한 마리가 보배를 굴려서 가져오면서 말한다.

“이것이 작지만 돌보다 무거우니 어찌된 일이지?”

쥐는 원숭이를 불러서

“보배가 이곳에 있다.”

고 하니, 원숭이가 기뻐하며,

“쥐야, 너 대단히 똑똑한 짐승이로구나.”

하고 보배를 가지고 입에 물고, 쥐를 곰의 귀에 눕히고, 곰 위에 올라탔다. 그렇게 브라만의 아들 곁으로 왔지만 그는 굶어서 죽을 지경에 놓여 있었다. 원숭이가 보배를 꺼내어 주자, 브라만의 아들이 말하기를,

“내게 큰 은덕을 준 친구들이로구나.”

라고 하면서 사례했다. 그는 보배를 꺼내서 소원을 빌면서 강을 건넜다. 다시 전과 같이 소원을 비니, 왕궁 같은 집에서 살게 되었고, 다시 큰 나라를 이루었다. 갖가지의 과일나무와 재물과 먹을 것이 있었다. 또 아름다운 소리로 지저귀는 새와 군사, 백성, 가축 모든 것이 있었다. 겨울이 되어도 춥지 않고, 여름이 되어도 덥지 않게, 그렇게 살다가 어느 날 친다마니 보배를 손에 쥐고 복을 빌며 말했다.

“정성과 마음을 다하는 친다마니 보배라면, 나에게 아내가 없으니, 천신(天神)의 딸을 아내로 삼을 수 있게 하라.”

그러자 어느 천신의 딸이 여러 신의 딸들을 거느리고 왔다. 그는 그녀를 부인으로 삼아 즐겁게 살아가면서 일백 명의 아들을 낳았다.

그 때 얼허 야붕가 왕이

"이다지도 복이 두터운 사람이 있을까!"

하고 말하니, 신이

"불행히도 왕의 입 밖으로 말소리가 흘러 나왔구나!"

라고 말하면서, 주머니를 풀고서는 가버렸다.

이때 선사(禪師)가 눈앞에 보였다. 선사가 말하기를,

"네가 복이 없는 것이 아니다. 세상 사람이 복이 없을 따름이다. 네가 신을 열 세 차례 짊어지고 갔으니, 이 세상의 사람 중에서 이제 너에게 맞설 만한 이가 없도다."

라고 하였다.[9]

9 이 부분의 내용은 이 글이 본래 13장의 이야기에서 끝났음을 말해주는 부분이다. 이후에 14편에서 21편에 이르기까지는 다시 끊임없이 신을 데려오고 신이 도망가는 이야기가 반복된다.

열네 번째 이야기

탐욕스러운 왕

그 후, 다시 전처럼 서르군 숲에 가서 신을 짊어지고 오는데, 신이 말했다.

"전에는 내가 여러 가지 이야기를 했다. 갈 길이 멀어서 걱정이로구나. 이제 네가 이야기를 하나 해라. 그렇지 않고, 내 이야기를 듣고 싶으면 머리를 위로 끄덕여 봐라."

왕이 머리를 위로 끄덕이자 신은 이야기를 시작했다.

옛날 어너트허라는 나라에 큰 산이 하나 있었다. 그 산 위의 어느 평평한 땅 한 가운데에 큰 나무가 한 그루 있었다. 그 나무의 잎은 수레바퀴만큼 커서, 한낮이 되면 하늘에서 오백 명의 선녀들이 내려 와 그 그늘에서 함께 놀았다. 그리고 그 산에는 큰 강이 흘렀다. 그 강의 수원(水源)에 맑고 큰 연못이 있었는데, 그 연못 앞에는 어떤 탐욕스러운 왕이 살고 있었다.

어느 날 그 왕이 연못을 따라 오리 사냥을 나갔다. 그때 선녀들의 그림자가 물속에 보였다. 왕이 그것을 보고 대신에게 말했다.

"저 어여쁜 여자들을 내게 보내라. 그렇지 않으면 여러 신하들을 법으로 다스리겠다."

한 신하가 대답했다.

"왕께서 보신 여자들은 이 산 위에 있는 큰 나무 위에서 함께 놀고 있는 하늘에서 내려온 선녀들입니다. 지금 보고 계신 것은 그녀들의 그림자입니다. 그림자를 어떻게 잡겠습니까."

왕은

"그렇다면 잡을 수 있는 사람을 찾아서 보내라. 그 사람에게 큰 관직을 내리겠다."

고 선포했다.

그 왕의 나라에는 그물을 던져서 날아가는 새를 잡는 사람이 살고 있었다. 그 사람이 이것을 듣고 왕의 앞으로 왔다.

"그 선녀를 제가 잡아서 보내 드리겠습니다. 왕께서는 제게 상을 내려 주시겠다는 것을 잊지 마십시오"

이렇게 말하고 떠났다. 그가 나무 근처에 도착함에 하늘의 선녀들이 이 사실을 알고 말하기를,

"이 세상 사람들은 참으로 어리석구나. 음악과 여색에 빠진 왕은 우리를 아내로 삼고자 하고, 또 죄 많은 사람은 우리를 잡아서 바치고 그 대가를 받으려 한다. 그 왕을 여러 사람들 앞에서 망신 주고, 또 죄 많은 사람은 역시 함께 죽이자."

고 했다. 그녀들은 자신의 몸과 똑같은 모양으로, 예쁜 종이 여자 아이를 만들어 칠 일 동안 생명이 있도록 마법을 걸어 그 나무 위에 놓고 갔다. 그 새 잡는 사람이 도착해서, 그물을 던져 종이로 만든 여자들을 잡았다. 그리고는

"하늘의 여자를 잡았다."

하고 왕에게 보냈다. 그러자 왕과 여러 대신들은 매우 신기해했다. 왕은 자신의 오백 명의 부인을 쫓아내고 선녀를 부인으로 삼았다. 새를 잡은

사람에게는 큰 상을 내렸다. 종이 여자는 일곱 번째 날 마법이 풀려서 왕의 이불 속에서 종이가 됐다. 왕이 그것을 보고, 매우 치욕스러워 하면서 말했다.

"이는 새 잡는 사람이 꾸민 계략이다."

왕은 새 잡는 사람을 잡아서 죽이라고 하였다.

그 때 얼허 야붕가 왕이

"자신이 지은 죄로 인해 죽었구나!"

하고 말하니,

"불행히도 왕의 입 밖으로 말소리가 흘러 나왔구나!"

라고 말하면서, 주머니를 풀고서는 가버렸다.

열다섯 번째 이야기

귀신을 물에 빠뜨리다.

그 후, 다시 전처럼 서르군 숲에 가서 신을 짊어지고 오는데, 신이 말했다.

"왕이여, 너는 말하지 마라. 내가 전에 말한 돼지 머리 무당의 이야기를 시작하겠다."

본래 그 왕의 나라에는 사란이라는 이름의 큰 도둑이 있었다. 왕은 그 도둑을 나라에 머물게 하지 말라고 명령하였다. 도둑이 그 소리를 듣고 말했다.

"왕이 나를 죽이려 하는군! 그에게 원한이 미치도록 해주자."

도둑은 땅과 가축을 전부 팔아서 금 백 냥을 얻었다. 그 후 왕의 부인이 시녀로 부리는 여자 아이를 만나 두 냥의 금을 쥐어 주고는, 그 여자 아이와 모의하여 왕의 영혼의 보배를 훔쳤다. 보배를 잃어버린 왕은 크게 앓았다. 이에 돼지 머리 무당을 데려오라고 하면서 사람을 보냈다. 그 무당이 집 위에 서서, 왕의 사신이 오는 것을 보고는,

'이는 필시 나를 부르러 오는 것이야.'

하고 생각하고는 두려워서 달아났다. 사신은 그의 집에 도착해서 무당

의 아내에게 물어 보았다. 아내는

"남편은 집을 나갔어요. 어디로 갔는지 모르겠군요."

라고 답했다. 그 사신은 무당이 달아난 곳을 알았다. 사신은 무당이 달아난 곳에서 나오게 한 후, 코끼리에 태우고 왕에게로 데리고 갔다.

그러자 사란이라는 큰 도둑이 생각했다.

'이 용한 무당이 반드시 나를 찾아낼 테지.'

하고는 보배를 왕이 드나드는 문 아래에 묻었다. 그리고

'무당에게는 살려달라고 간청하자.'

고 생각하면서 어느 무너진 담장 근처로 달아나서 누웠다.

그로부터 왕은 무당을 그의 곁에 두고서 말했다.

"무당 아버지, 당신은 나의 목숨을 위하여 점을 봐주시오."

무당은 가루를 쌓고 그곳에 돼지의 머리를 꽂고 왕의 곁에 앉았다. 그때 왕은 보배가 가까이 있었던 까닭에 크게 아프던 몸이 조금씩 낫게 되었는데, 무당은 속으로 생각했다.

'왕이 나를 데리고 올 때 보니, 소리도 내지 못하던데 ……. 이전에는 운이 좋아서 알아챘던 것을 말했으나, 지금은 전혀 모르겠어. 무엇이라 말할 수 있겠나? 내가 도리어 왕에게 죽을 지도 몰라. 그러니 목숨이라도 부지해야 한다.'

그래서 무당은 돼지 머리를 가지고 밖으로 나가서 바로 줄행랑을 쳤다. 그렇게 달려가다가 어느 부서진 담장 속에 들어와서 옷을 풀어 헤치고는 잠시 쉬기 위해 반듯하게 누웠다. 그때 달빛이 그의 배에 비취었다. 무당은 그저

"배에 달빛을 쏘였네. 오늘은 배불리 먹었으니, 아침에는 배가 찢어지겠구나."

라고 중얼거렸다.

도둑은 그가 자신에게 말한다고 생각하고는 무당에게 가서 무릎을 꿇고 절하면서 말했다.

"큰 무당이시여, 저의 목숨을 구해 주실 수 있나요? 왕이 날 죽이려고 하기에 제가 먼저 그에게 원한이 미치게 하자고 생각했지요. 그래서 보배를 훔쳐가지고 있었습니다. 하지만 당신이 온다는 소문을 듣고 당신이 두려운 나머지, 왕궁의 문 아래에 그것을 묻어두었습니다. 그러니 나를 죽이지는 마십시오."

무당은 이 말을 듣더니

"오냐!"

하고 답하고는, 기뻐하며 왕에게로 가서 그를 깨우며 말했다.

"당신의 영혼의 보배에 관해 점괘를 볼 때가 되었습니다. 여러 대신들을 모이게 하십시오. 가리켜 드리겠습니다."

그로부터 왕이 여러 대신들을 모아서 점을 봤다. 무당은 돼지 머리를 잡고

"이곳에 있나? 저곳에 있나?"

하면서 가리키더니 전부 '없다'고 하였다. 그러고 난 후에야, 왕의 문 옆에 와서

"이곳에 있나?"

하고 물으면서, 곧바로 그 밑을 파서 보배를 찾아냈다. 보배를 왕에게 가져다주니, 왕은 아픈 곳이 낫게 되었다. 여러 대신들도 모두 무당을 공경하며 절하였다. 왕은

"커다란 은혜를 베푼 아버지시여, 나의 목숨을 구했소! 자, 이제 무엇이 필요한가요? 전부 주겠소. 나의 지위를 가져오라고 한다면 그 또한 주도록 하지요."

하고 말했다. 무당은 속으로

'지난 일은 전부 운 좋게 알게 된 것이다. 이제부터 이처럼 큰 일이 생긴다면, 나는 아무 것도 맞추지 못해서 죽게 될 것이다.'

하고 생각하고는 그 어떤 것도 받지 않고 도망쳐서 집으로 왔다.

그 때, 얼허 야붕가 왕은 탄식을 참고, 입 밖에 아무 소리도 내지 않았다. 신이 말하기를

"왕이여, 네가 소리를 내지 않았구나! 내가 다시 전처럼 이야기 하나를 하겠다."

옛날 남쪽에 촉투라는 이름의 왕이 있었다. 그 나라에는 귀신들의 왕이 천 명의 귀신을 데리고 모두 호랑이로 둔갑해서 밤낮을 가리지 않고 사람들 앞에 나타났다. 귀신들은 사람들을 죽이기도 하고, 병들게도 했다. 왕은 이 큰 재앙을 멈추게 하려고, 다라니경을 외는 승려들을 데려와서 경을 외게 했지만, 그들 역시 귀신 때문에 병에 걸려 집으로 돌아갔다. 또한 왕의 부인인 비야이 얼던도 귀신 때문에 시름시름 앓게 되었다. 왕과 대신들은 의논하였다.

"돼지 머리 무당은 이 재난을 해결할 방법을 알겠지?"

그리하여 황상(皇上)에게 간청해 보자고 결정한 후, 갖가지 보배를 보내고 사신을 파견하였다. 이 사신은 황상에게로 가서 말했다.

"우리 왕의 부인이 앓고 있고, 여러 백성에게도 화가 미치고 있습니다. 다른 땅의 현자들을 데려와서 살펴보게 하였으나 해결하지 못하였습니다. 당신들의 용한 무당을 모시러 왔습니다. 황상이시여! 우리와 함께 사람을 무당에게 보내셔서, 우리 촉투 땅으로 보내 주실 수 있습니까?"

황상이 흔쾌히 허락했다.

"너희들은 촉투에서 온 사신들과 함께 무당에게 가 보거라."

황상은 네 명의 신하들을 함께 딸려 보냈다. 그 사신들이 무당의 집에 다다르자, 무당은 여러 사람이 자기 집으로 오는 것을 알아챘다. 가만히 살펴보니 이전에 왕이 보냈던 사신들이다. 무당은 그의 아내에게 말했다.

"아, 천 마리 귀신의 문제로 내게 청하러 오는구나. 예전에는 운이 좋아 보였는데, 그것을 촉투왕 사신에게 알렸나 보다. 이제 어찌해 볼 계책도 없는데 ……."

그러나 이미 사신들이 당도했다. 그리고는 촉투 왕의 부인이 앓고 있으며, 여러 백성들에게 근심이 되고 있다고 전부 알린 후에 무당을 받들어서 코끼리에 태우고는 데려갔다. 왕궁에 도착하여 무당을 안에 들이고, 부인 옆에 앉혔다. 무당은 가루를 쌓고서 그곳에 돼지 머리를 꽂고서 앉았다. 무당이 왔다는 소문을 천 명의 귀신들이 듣고, 어느 강가의 바위 위에 모였다. 귀신의 왕은 그의 여러 귀신들을 향해 말했다.

"너희들은 이곳에 있어라. 내가 가서 그 무당이 무엇을 하는지 봐야겠다."

그리고는 호랑이로 둔갑해서 성의 기슭으로 갔다. 부인은 심하게 앓던 병이 그 귀신들이 멀리 간 이후로 조금 낫게 되자 겨우 잠들 수 있었다. 그런데 무당은 속으로

'이 부인이 나를 데려올 적에 소리도 내지 않던데, 죽었는지 의심스럽다. 나는 지금이라도 달아나서 목숨을 부지하자.'

고 생각하고 있는데, 왕의 대신들이 수군댔다.

"부인의 병이 좋아져서 잠들었구나."

그런데 무당은 이 말을 자신을 죽이려 한다고 오해했다. 그는 돼지 머리를 가지고 도망쳐 가다가, 성 위로 올라가 아래로 뛰어내렸더니, 귀신 왕의 허리 위에 올라타고 있었다. 귀신들의 왕은 깜짝 놀라서 무섭게 달렸다. 무당 역시 그에게서 내릴 수가 없어서, 그 목의 털을 붙잡고 두 발로 단단

히 쥐고 있었다. 그렇게 가다가 어느 나무에 뱀이 기어가고 있었는데, 무당은 그의 손으로 그 나무를 붙잡고 급히 잡아당겨 손에 잡았다. 바위 위에 있는 귀신들이 그것을 보고서,

"그 용한 무당이 호랑이를 타고 백단(白檀) 나무 채찍에 뱀을 챗열로 삼아서 우리를 죽이러 온다!"

하고 두려워하며 전부 물에 뛰어들어 죽었다.

그 때 얼허 야붕가 왕이

"잘 되었구나!"

하고 말하니, 신이

"불행히도 왕의 입 밖으로 말소리가 흘러 나왔구나!"

라고 말하면서, 주머니를 풀고서는 가버렸다.

열여섯 번째 이야기

양과 염소로 코끼리를 물리치다

그 후, 다시 전처럼 서르군 숲에 가서 신을 짊어지고 오는데, 신이 말했다.

"전처럼 내가 이야기를 하나 하겠다."

신이 이야기를 시작했다.

옛날에 어구스컨치라는 이름의 왕이 있었다. 그 왕에게 다른 여러 나라의 작은 왕들이 원한을 품었다. 그들은 군대를 일으켜서 어구스컨치 왕과 싸우러 왔다. 이들에게는 크고 힘이 세며, 키가 크고 용맹한 코끼리 두 마리가 있었다. 그 코끼리의 코에 천 발 길이의 칼을 묶어서 어구스컨치 왕의 군대와 맞설 때 풀어 보냈는데, 코끼리가 코를 흔들면서 쳐들어오니, 어구스컨치 왕의 군대는 격파당한 채 도망쳤다.

어구스컨치 왕은 한탄하면서 큰 군사를 일으키고, 무당들, 다라니경 외는 사람들을 많이 모아서 싸워 보았으나, 그 두 코끼리를 물리칠 수 없었다. 왕의 군대는 격파 당했고, 백성들은 많이 죽었다. 왕은 군대의 대신들을 모아 놓고 말했다.

"우리나라는 지금 바깥의 작은 왕들에게 패배하기에 이르렀다. 터구스

부린 왕에게 용하다는 돼지머리 무당이 있다던데, 그를 데려오너라."

왕은 갖가지 보배를 실어 보내면서 사신을 파견하였다. 사신이 도착해서 커구스 부린 왕에게 간청했다.

"우리의 어구스컨치 왕에게 바깥 나라의 작은 왕들이 감히 군대를 거느리고 싸우러 왔습니다. 그들에게는 크고 힘센 코끼리가 두 마리가나 있습니다. 그를 물리칠 수 있는 방법이 없어, 당신들 나라의 용한 무당을 청하러 왔습니다."

왕은 예전에 보냈던 네 사람을 그 나라 사신들과 함께 보내며 말했다.

"어구스컨치 왕의 나라를 작은 왕들이 차지한다면, 그 전쟁이 우리나라에도 영향을 미칠 것이 분명하다. 돼지 머리 무당이 혹시 가지 않겠다고 해도, 반드시 데리고 가라."

그들이 무당의 집에 가서 왕의 말을 고하니, 무당은 밖으로 나가 부인에게 말했다.

"여보, 내가 전에 운 좋게 얻은 것들이 지금 보니 참으로 재앙이었구려. 가지 않겠다고 물리칠 수도 없으니, 그들은 나를 전쟁터로 반드시 데려갈 것이오. 내가 길을 따라 가다 고개 하나를 넘으면, 당신은 우리가 쌓아놓은 건초 더미에 불을 놓으시오. 그러면 내가 그들에게 집이 불탄다고 말하고 돌아오리다."

무당이 사신과 함께 코끼리를 타고 갈 때 사신에게 말했다.

"오늘 내 집에 반드시 일이 생긴다."

길을 나선지 얼마 되지 않아, 연기가 보였다. 무당은

"내 집에 불의 재앙이 내렸구나."

라고 말한 후 돌아와 보니, 빈 집 하나가 불타고 있었다. 그것을 보고 사신들이 무당을 더욱 신뢰하면서 절하여 받들었다. 그리고 코끼리에 태워 가려고 하자, 무당은 이제 죽었구나 하는 표정으로 부인을 바라보았다.

그러자 부인이 말했다.

"여보, 두려워 마세요. 행운이 있겠지요."

그로부터 왕에게 도착하자, 왕은 무당을 큰 예로 맞이하면서 왕궁으로 들어오게 했다. 무당은 예전처럼 밀가루를 쌓고 돼지의 머리를 꽂아 놓았다. 왕은 명했다.

"나에게 내일 큰 군사들이 싸우러 올 것이다. 그곳에 용맹한 코끼리 두 마리가 있으니, 그들을 물리칠 술법을 시작하도록 해라."

무당은 차라리 목을 매고 죽자는 생각으로 해가 저문 후, 돼지 머리를 가지고 양 떼 속에 누워 있었다. 그랬더니 한 숫양과 숫염소가 말하기를,

"사람들이 우리의 말을 알아들으면, 우릴 군대에 데려갈 텐데 말이야. 옛날 바구라라는 곳에서 우리가 쥐로 태어났었잖아. 그때 커다란 코끼리가 바닷물을 너무 많이 마시고는 모래에서 뒹굴다가 진창에서 빠져 나올 수가 없던 것을 우리 둘이 도와 줬었지. 여러 쥐들을 모이게 해서, 진창을 파헤쳐서 코끼리의 목숨을 구해줬는데, 지금 군대에 우리 둘이 가게 되면 그 코끼리가 우리를 보고 옛 은혜를 생각하여 그의 군대를 휘저어 물러나게 할지도 모르잖아."

하고 말했다. 무당이 이 말을 듣고 왕에게 왔더니, 여러 대신들이 묻는다.

"무당이시여. 당신은 어디에 갔었습니까?"

무당이 대답했다.

"점괘를 보러 갔었소. 당신네들 양의 무리에 저런 얼굴색의 숫염소 있을 테니, 그를 데러 오시오. 코끼리를 물리칠 술법을 시작합시다."

그러자 대신들은 숫양과 숫염소를 데려와 주었다.

이튿날 군대가 싸우러 오자, 양과 염소를 수레에 태우고 코끼리에 수레를 묶었다. 그리고 무당도 수레에 앉아서 군대를 맞으러 갔다. 적의 군대

가 싸우러 오는데, 코끼리가 앞서 오는 것을 보고 무당이 돼지 머리를 잡고 숫양과 염소의 머리를 때리면서 마주보고 가게 했더니, 두 마리의 코끼리가 말했다.

"이들이 원래 용한 무당이라며 데려왔구나. 양과 염소는 옛날부터 우리에게 큰 은혜를 베풀었다. 이들을 죽이면 안 된다. 은혜를 베풀자."

하고는 뒤돌아서 그의 군대를 휘젓더니 많이 죽였다.

그 때 얼허 야붕가 왕이

"만족스러웠겠구나!"

하고 말하니, 신이 주머니를 풀고서는 가버렸다.

열일곱 번째 이야기

머리 셋 달린 귀신을 죽이다

그 후, 다시 전처럼 서르군 숲에 가서 신을 짊어지고 오는데 신이 말했다.

"얼허 야붕가 왕이여! 나는 이미 여러 차례 이야기를 했다. 너도 이제 흥미로운 이야기 하나 해 보아라. 그렇지 않고, 다시 내 이야기를 듣고 싶으면 머리를 위로 끄덕여 봐라."

왕이 머리를 위로 끄덕이자, 신은 이야기를 시작했다.

옛날 어너트허라는 나라에 어느 왕의 친족이 살았는데, 그 이름은 암바 후숭거라 했다. 그곳에 그가 발라칸이라는 이름의 좋은 말을 타고 깨끗한 정원을 보러 돌아다니는데, 머리 셋 달린 귀신이 정원 안에서 과일을 먹고 있었다. 귀신은 암바 후숭거를 알아보고는 바로 달아나버렸다. 그가 허리칼을 잡고 말을 재촉하여 쫓아가니 귀신은 어떤 동굴 속으로 들어갔다. 그는 말을 나무에 묶어 둔 채 허리칼을 잡고 동굴 속으로 들어갔다. 그때 귀신은 암바 후숭거를 죽여서 그의 가죽을 벗겨 자기가 걸쳐 입고는, 후숭거의 몸으로 둔갑하여 말을 타고 그의 집으로 돌아 왔다.

그 사람에게는 아들 하나, 딸 하나가 있었다. 아들이 말에게 풀을 주는데, 말이 사람의 목소리로 말한다.

"주인님, 그 사람은 당신의 아버지가 아니에요. 머리 셋 달린 귀신이 당신의 아버지를 죽인 뒤 가죽을 걸쳐 입고 와서, 또 당신을 죽이려고 온 것이지요. 이제 방법을 찾아봐야 해요. 제 말을 믿지 못하시겠다면, 집에 가서 '아버지, 당신의 허리를 어루만지고 싶습니다.' 라고 해보세요. 그가 어루만지도록 하지 않으면 당신은 이렇게 말해요. '나의 아버지는 본래 허리를 어루만지게 하였습니다. 지금은 어찌하여 어루만지지 못하게 합니까?' 그러면 그가 허리를 어루만지게 할 거예요. 허리를 어루만질 때 당신 아버지의 허리에 꿰맨 흔적이 있다면, 당신은 내 말이 진실임을 바로 알게 되겠지요."

그 뒤에 집에 도착해서 말의 이야기대로 아버지의 허리를 어루만지며 보니 꿰맨 흔적이 있었다. 아들은 집을 나와서 말에게 말했다.

"이제 내 목숨을 구할 방법이 있을까?"

말은 답하기를,

"다른 방법은 없어요. 당신 아버지의 보배 거울을 가지고, 당신의 누님을 데리고서, 두 분은 저를 타고 달아나십시오."

라고 한다.

그로부터 남매가 말을 타고 도망치는데, 머리 셋 달린 귀신은 아이들의 어머니를 죽이고 아이들을 쫓아온다. 말이 아들에게 재빨리 말했다.

"어서, '보배의 거울아, 건널 수 없는 강이 되어라!'라고 말하면서 보배 거울을 던지세요."

말이 말한 대로 했더니, 정말 그대로 되었다. 귀신은 강을 건널 수 없어서 강 건너편 기슭에 남겨졌다. 남매가 강 이편 기슭에 이르러 말에서 내리니 해가 저물었다. 말이 말하기를,

"이제 저는 죽을 때가 되었어요."

하니, 그 남매가 말했다.

"부모님과 한번 헤어졌더니 그대로 돌아가셨어. 이제 아버지와 헤어졌던 것처럼 너와도 헤어지니 우리는 죽을 수밖에 없구나."

그러자 말은,

"이제 저는 곧 죽을 거예요. 제가 죽으면 반드시 제 가죽을 벗겨서 펼쳐 놓아두세요. 네 다리를 네 방향으로 놓아두시고, 머리는 중앙에, 두 귀와, 두 콩팥은 네 귀퉁이에 놓아두고서, 당신 남매는 가죽위에 앉아, '두 방향에 있는 여러 부처와 보살들이시여. 진실로 우리 남매를 불쌍히 여긴다면, 어떤 모습이든 우리가 생각한 대로 되도록 해주세요.' 하고 기도하세요."

하고 바로 죽었다. 남매는 말이 이야기한 대로, 그의 가죽을 그냥 놓아 둔 채 잠들었다. 다음 날 아침에 일어나서 살펴보니 말가죽이 사면을 둘러싼 성이 되었다. 말의 머리는 그 성 안의 대청이 되었다. 말의 귀는 두 마리의 매가 되었고, 말의 콩팥은 두 마리의 개가 되었다.

세월이 흘렀다. 남매는 평화롭고 편안하게 살고 있는데, 어느 날 누나가 말했다.

"나는 남편을 얻지 않고 살 테니, 너도 아내를 얻지 마라."

남동생은 누나의 결정에 따랐고, 만족하며 살았다. 그런데 어느 날 누나가 음탕한 마음이 들어서 성 밖으로 나오자마자, 남편을 구하러 이리 저리 다녔으나 구하지 못하였다. 그로부터 머리 셋 달린 귀신은 그 딸의 생각을 알아채고는, 아름다운 남자로 변해서 강 건너편에 서 있었다. 딸은 그를 보고는 참을 수 없는 마음에 그에게로 건너가서 정을 통하였다. 딸은

'내 남편과 함께 남동생을 내쫓고 이 성에서 우리가 주인이 되어 살자.'

하는 생각이 들었다. 그녀가 자신의 마음을 귀신에게 말하자 귀신은,

"그러면 너는 꾀를 내어 가짜로 아프다고 누워있어라. 의사와 무당을 데리고 와서 보이면, 너는 여전히 아프다고 말해라. 그러면 네 남동생이

누이의 병을 어떻게 하면 낫게 할 수 있을까 하고 묻겠지. 그때에 너는 강 건너편에 푸른 꽃과 노란 꽃이 있으니, 그것을 얻어다 끓여 마시면 병이 낫는다더라고 말해라. 내가 꽃을 만들어서 놓아두마. 네 동생이 꽃을 가지러 왔을 때 내가 숨어 있다가 죽이마."

하고 일러 주었다. 누나는 귀신이 정해준 말대로, '매우 아프다'며 자리에 드러누웠다. 그러나 동생이 의사와 무당에게 보여도 병은 나아지지 않았다. 이윽고 동생이 누나에게 물었다.

"이 병을 아느냐고 여러 사람에게 물어봐도 모른다고 한다. 이제 어떻게 하면 좋을까?"

누나가 말했다.

"나의 이 병에는 강 건너편에 있는 푸른 꽃과 노란 꽃을 가지고 와서 끓여 마시면 낫는단다."

그러자 동생은 매와 개를 데리고 강을 건너가 푸른 꽃과 노란 꽃을 가져오려고 하는데, 머리 셋 달린 귀신이 여러 귀신들을 데리고 와서 그 남자아이를 죽이려고 공격해 왔다. 그 때 매와 개를 놓았더니 머리 셋 달린 귀신과 여러 귀신들이 뿔뿔이 달아났다. 그 후 푸른 꽃과 노란 꽃을 가져와서 먹게 했더니 누나의 병이 나았다.

다음 날 또 누나가 귀신의 곁에 가니 귀신이,

"매와 개 때문에 견딜 수 없어서 도망쳤다."

고 한다. 딸은 물었다.

"그렇다면 매와 개로부터 남동생을 떼어놓을 방법은 없을까요?"

귀신이 또 말했다.

"이제 너는 가서 전처럼 아프다고 하면서 누워라. 동생이 약을 구해 오겠다고 하거든, 너는 강바닥에 푸른 알 하나와 노란 알 하나가 있는데, 그것을 구해서 먹으면 병이 나을 것이라고 말해라. 그러면 내가 알을 만들어 놓아두마."

그리하여 딸이 돌아와서는 아프다면서 자리에 누웠다. 남동생은 '누나가 전에 병에 걸렸을 때, 의사와 무당을 구해봤으나 별로 효험이 없었어. 누나가 가져오라고 한 약으로 나았지. 그러니 이제 또 누나에게 물어보자.'

라고 생각하고서 누나에게 물어보니, 누나는

"이 병에는 어떤 약도 듣질 않아. 다만 강바닥에 놓여 있는 노란 알과 푸른 알을 구해서 먹으면 좋아진단다."

그러자 동생은 매와 개를 데리고 강가로 나가 매와 개를 물속으로 들어가게 하니, 모두 가라앉아 죽어버렸다. 남자 아이는 생각했다.

'이 매와 개는 머리 셋 달린 귀신이 나를 죽이려 할 때에 구해 줬어. 이제 나는 친구가 없구나. 어떻게 살아야 하나.'

하고는 물에 뛰어들었다. 물속을 흐르고 흘러서 용왕의 집에 도착했다. 용왕이 아이를 보고 묻는다.

"너는 어떤 아이냐? 어디에서 왔느냐?"

그 아이는 자초지종을 모두 용왕께 아뢰었다. 용왕이 말하기를

"아이야, 너는 아직 모르는구나. 네 누나가 머리 셋 달린 귀신과 모의하여 그렇게 된 것이란다."

하고 말하며, 동정심을 견디지 못하여 아이를 보고 또 말하기를,

"아이야, 너는 내 딸을 데리고 가거라. 나는 너에게 바닷가에다 쇠로 성을 하나 지어주도록 하겠다. 너는 그곳에서 살도록 해라."

하더니, 갑자기 한 순간에 쇠로 성을 하나 세웠다. 그리고는 자기 딸을 아내로 주어 그곳에서 살게 했다. 그리하여 남자 아이는 그전보다 더 고귀하고 즐겁게 살아간다.

어느 날 귀신의 주인인 머리 아홉 달린 귀신[10]이 그의 아내에게 물었다.

"이것은 누구의 성이냐?"

아내가 대답하기를,

"내 동생이 용왕의 딸을 아내로 맞이하여, 이 성에서 살고 있어요."

하고 말하자, 귀신은 말했다.

"아, 본래 나의 원수였던 아이가 이제 이렇게 강해졌다니. 훗날에 문제가 될 거야. 이제 그를 성에서 내쫓자."

귀신은 군대를 모아 왔다. 그러자 용왕의 딸이 이것을 보고 말하기를

"우리 성으로 큰 군대가 하나 오고 있어요. 이제 어쩌면 좋나요?"

남편이 나와서 보니 원수의 귀신이었다.

"이 머리 셋 달린 귀신이 나를 죽이려고 왔구나."

그러자 아내가 말하기를

"당신에게 친구가 있나요? 만약 있다면 사람을 보내세요. 우리 두 사람이 어떻게 이 큰 군대를 물러나게 할 수 있겠습니까?"

그 이야기에 남편은 친한 친구를 생각해 내고, 귀신의 우두머리인 머리 아홉 달린 귀신에게 직접 가서 도와달라고 말하였다. 귀신의 우두머리가 말했다.

"머리 셋 달린 귀신뿐만 아니라 군대 모두가 귀신이니, 내 인장을 찍은 곳에는 공격하러 오지 않을 것이다. 이 머리 셋 달린 귀신이 감히 나의 친한 친구에게 공격하러 오다니!"

하고 그가 직접 가서 머리 셋 달린 귀신을 죽이고, 그의 군대를 용왕의 사위에게 주었다. 그 남자 아이는 두 성을 다스리고 그의 누나를 데려와서 대접하며 살았다. 그러나 누나는 그가 지은 나쁜 죄를 생각하고서 입에서

10 머리 아홉 달린 귀신 : 원문에는 '머리 아홉달린 귀신'으로 되어 있는데, 내용상 '머리 셋 달린 귀신'의 잘못으로 보인다.

피를 토하며 죽었다.

그 때 얼허 야붕가 왕이
"잘 되었구나!"
하고 말하니, 신이
"불행히도 왕의 입 밖으로 말소리가 흘러 나왔구나!"
라고 말하면서, 주머니를 풀고서는 가버렸다.

열여덟 번째 이야기

귀신에게 얼굴을 보여주고 쫓아내다

그 후, 다시 전처럼 서르군 숲에 가서 신을 짊어지고 오는데, 신이 말했다.

"얼허 야붕가 왕이여! 갈 곳이 멀고, 해가 길어 지쳤구나. 네가 이야기를 하나 해라. 할 이야기가 없으면 내가 이야기 하나 해보겠다."

왕이 아무 소리도 입 밖에 내지 않으니 신은 이야기를 시작했다.

옛날 우다야나의 남쪽에 할아버지와 할머니 부부가 살고 있었다. 그들에게는 아들 하나와 딸 하나가 있었다. 그들은 나무 과실을 구해 먹으며 살고 있었는데, 할머니가 죽고 난 이후, 할아버지는 또 아내를 얻어 살았다. 어느 날 그 아내가 말했다.

"당신은 부족한 과실을 내게는 조금 밖에 안 주면서, 두 아이들에게는 많이 주더군요. 두 아이를 계속 키우실 거면 나를 내쫓고, 나와 함께 살려면 두 아이를 내쫓으세요."

할아버지는 마음이 너무 괴로웠다. 그는 속으로

'이 아내를 내쫓는다면 다시는 아내를 얻을 데가 없겠지.'

생각하고는 두 아이에게 과실을 구해오라고 보낸 다음, 아내와 함께 고

향을 버리고 먼 곳으로 떠났다. 아이들이 되돌아오니 아버지와 어머니가 모두 없고 빈 집만 있었다.

그래서 아이들은 부모를 찾으러 길을 나섰다. 그 길에서 수정 염주를 얻었다. 또 길을 가다가 소라고둥 하나를 얻게 되었다. 다시 저만치 갔을 때는 길짐승의 꼬리털 하나를 얻었다. 다시 길을 가다가 어느 강에 다다라 모래 속에 감추어진 열쇠 하나를 얻었다. 그 강의 수원(水源)에 있는 한 절벽의 동굴에서 붉은 문이 하나 나타났다. 모래 속에서 얻은 열쇠로 문의 자물쇠를 열어 보니, 자물쇠가 바로 풀렸다. 문 안에는 만 명의 사람들이 있었다. 모든 사람들이 두 아이를 보고 말했다.

"오누이야, 너희는 어떻게 여기에 왔느냐? 어서 나가거라. 여기는 귀신의 우두머리가 다스리는 땅이야."

그러자 남자 아이는

"이 문을 안에서 잠가 놓았어요."

라고 말하고는 나가기를 거절했다. 잠시 후에 귀신의 주인이 와서 '문 열어라' 하고 외치니, 그 남자아이는 대답했다.

"네 동굴은 너보다 훨씬 위대하고, 고귀한 사람이 차지했다!"

귀신이

"나보다 강한 사람은 없다. 정말로 나보다 강하다면, 나의 목소리처럼 높이 외쳐라!"

하므로 남자 아이가 소라고둥을 불었다. 그러자 귀신의 주인이 생각하기를,

'이 귀하고 좋은 소리는 어디에서 왔을까?'

하고 일곱 걸음을 물러섰다. 귀신이 다시 말했다.

"진실로 나보다 고귀하다면, 내 입안의 이빨과 같이 크고 빛 좋은 이빨을 보여라!"

라고 하니, 그 남자 아이가 수정 염주를 보여주었다. 그러자 귀신이 생각하기를,

'나의 이빨보다 크고 또 좋구나.'

하고는 다시 일곱 걸음을 물러섰다. 귀신은 다시 말했다.

"네가 진실로 강하다면, 너의 머리카락을 나에게 보여라!"

남자아이는 들짐승의 꼬리를 보여주었다. 그러자 귀신이 생각하기를,

'나의 머리카락보다 고귀하구나!',

하면서 다시 일곱 걸음을 물러서서 말했다.

"네가 지금 진실로 나의 동굴을 빼앗을 만큼 강하다면, 너의 얼굴을 나에게 보여라. 내가 너의 모습을 보고 굴복하게 해봐라!"

남자 아이는 문틈으로 거울을 보여주었다. 거울에 귀신의 모습이 매우 두렵고 추하게 보여지자, 귀신은 자신의 모습인 줄도 모르고,

'이것이 그 작은 아이의 몸이라니 무섭구나!'

하면서 도망쳐 갔다.

그로부터 귀신의 우두머리는 길에서 여우 하나를 만났다. 여우가 안부를 묻자 자초지종을 모두 말하니 여우는,

"내가 곳곳을 돌아 다녔지만, 당신보다 강한 자는 없었어. 세상 사람은 꾀가 많으니 내가 한번 가서 보자."

하고 말하고는 동굴에 와서 보니, 귀신을 상대할 사람은 한 명도 없었다. 여우가 이 사실을 귀신의 주인에게 알리려고 동굴에서 나왔는데, 동굴 입구에 마유주가 놓여 있다. 여우가 이것을 마시자 머리가 어지러워졌다. 남자 아이가 놀러 갔다가 돌아오면서 동굴 입구에 있는 여우를 몰라보고 송아지라고 생각했다. 그의 손에 있던 붉은 방울 속에 돌을 집어넣은 후, 그 방울을 여우의 꼬리에 묶어 놓고 나서 사라졌다.

그날 밤 여우가 잠에서 깨서 몸을 흔들 때마다, 꼬리에 묶어 놓은 방울

속에 들어 있는 돌이 달그락 거렸다. 그 소리에 여우는

'갑옷을 입고, 무기를 든 병사가 온다.'

여기고 몹시 두려워하면서 도망쳤다. 비록 멀리 도망쳤지만 병사가 아직도 쫓아오는 것처럼 들렸다. 어느 강을 건널 때 방울이 젖어서 돌이 덜그럭 거리는 소리가 사라지자, 여우는 비로소 그곳에서 몸을 눕힌 채 쉬었다.

잠들었던 여우가 다시 깨서 몸을 떨치니, 멀리서 다시 또 달그락 달그락 크게 울리는 듯하였다. 여우는 두려워서 다시 전처럼 도망치다가 귀신의 주인이 있는 곳 근처에 이르렀다. 귀신의 주인이 보고서

'왜 이 여우가 두려움에 떨면서 도망쳐 왔을까?'

생각했다. 하지만 여우가 가까이 오자, 여우 꼬리에 묶인 방울 속에서 돌이 덜그럭 거리는 소리를 듣고는,

'여우 뒤에서 큰 군사가 쫓아오는구나!'

하는 생각에 물어 보지도 않고 도망쳐서 바다 저편으로 건너갔다.

이로부터 그 남자 아이와 여자 아이는 귀신의 주인이 머물던 동굴을 다스리면서, 모든 사람을 백성으로 삼고 왕이 되었다.

그때 그들의 부모는 가산을 모두 써버리고, 빌어먹고 다니다가 그 왕의 훌륭한 명성을 듣고는 걸식하기 위해 가까이 왔다. 왕은 아버지와 어머니를 알아보고는 맞이하여 들였다. 그리고 매우 존경하면서 살았는데, 계모는 자신의 나쁨을 생각하다가 심장이 찢어져서 죽었다.

그 때 얼허 야붕가 왕이

"그녀가 지은 죄로, 그녀가 죽었구나!"

하고 말하니, 신이 주머니를 풀고서 가버렸다.

열아홉 번째 이야기

부처가 괴팍한 할아버지를 인도하다

그 후, 다시 전처럼 서르군 숲에 가서 신을 짊어지고 오는데, 신이 말하였다.

옛날 어너트허 나라의 남쪽에 어느 심술궂은 부자 할아버지가 있었다. 그 할아버지는 라마 화상들을 보면 죽이고, 사원과 불상들을 보면 부수고 다녔다. 여래 부처가 하늘 위에서 보면서,

'이 죄 많은 사람을 없애지 않으면, 불법(佛法)이 쇠락하고, 어리석고 나쁜 사람들이 번성할 것이다. 그러니 이 사람을 없애자'

고 생각했다. 하루는 그 죄가 많은 노인이 가축을 살피러 간 후, 여래 부처가 그의 모습으로 변해서, 할아버지의 집으로 들어가 있었다. 그로부터 할아버지가 자기 집에 와서는 자신과 같은 모습을 하고 있는 부처를 보고 물었다.

"아니, 이게 어찌 된 일이냐? 내 집에 와 있는 당신은 어디에서 왔소?"

그러자 부처가 말했다.

"이 거지 할아버지를 내 집에 들이지 말고, 어서 내보내라."

할머니는 두 사람 중에서 누가 나의 남편인지 몰라서 어리둥절했다. 그

래서

"지금부터 당신들 두 사람은 밖으로 나가서, 집을 세 바퀴 돌고 오세요. 그랬다가 재빨리 집으로 와서 집안의 재물과 가축을 세어보세요. 누가 맞는지 한번 가려봅시다."

하고 말했다. 할아버지는

"흥, 가릴 테면 가려 보라지."

하면서, 집 밖에 있는 가축을 모두 세어서 말했다. 하지만 부처는 신의 헤아림으로, 그 집안의 재물을 족집게처럼 빠짐없이 세어서 말했다. 할머니는 부처를 가리키면서

"내 남편은 이분이오."

라고 한 후, 그녀의 남편을 때려서 쫓아버렸다. 죄를 많이 지은 심술궂은 할아버지는 멀리 쫓겨 갔다. 그가 근심에 싸여 길을 가는데, 부처가 한 학자로 변하여 그 할아버지 옆으로 가서 물었다.

"할아버지, 당신은 무슨 나쁜 죄를 지었길래 이리도 걱정하고 있소?"

할아버지는 자신이 이제까지 지은 죄를 모두 털어놓았다. 그러자 학자는

"지금 당신의 재물과 가축을 갖고 와 준다면, 그 사람의 말을 따르겠소, 따르지 않겠소?"

하고 물었다.

"그렇게 커다란 은혜를 베푼 사람의 말을 어길 도리가 있겠소?"

라고 할아버지가 답하자 학자는 말했다.

"그렇다면, 너는 이제 라마승 화상을 죽이지 마라. 그리고 사원과 불상을 부수지 말라. 계율을 지켜라. 그렇게만 한다면, 너는 영원히 편안하게 살리라!"

"나는 당신의 말을 따르면서, 어기지 않고 살겠습니다."

할아버지는 맹세했다. 그러자 학자로 변한 부처는

"자 그럼 이제 너는 항상 나의 말을 어기지 말라."

라고 하면서 하늘로 올라갔다.

할아버지는 자신의 나쁜 행동을 그만두고 부처를 공양하며 지냈다. 라마승들을 존경하면서 자기 집에 들여 경을 외게 했다.

그 때 얼허 야붕가 왕이

"그 할아버지, 처음에는 두렵게 하더니 나중에는 불법에 들었구나!"

하고 말하니, 신이 주머니를 풀고서는 가버렸다.

스무 번째 이야기

나쁜 마음을 지닌 사람이 따라하다 죽다

그 후, 다시 전처럼 서르군 숲에 가서 신을 짊어지고 오는데, 신이 이야기를 시작했다.

옛날에 터구스 촉토라는 이름을 가진 왕이 있었다. 그 나라에 가뭄이 들어 그 왕은 사람들을 모아놓고 우물을 파게 했으나, 물은 나오지 않았다. 다시 물 나올 만한 곳을 아는 이에게 땅을 보이고 우물을 팠으나 물은 나오지 않았다. 어느 연꽃이 피어있는 곳을 육십 발 깊이로 파보았으나, 역시 물은 나오지 않았다. 그렇게 왕은 땅을 파면서 용왕을 괴롭혔다.

그때 한 라마승이 나귀를 타고 돌아다녔는데, 어떤 도둑이 라마승을 붙잡고는 왕이 파놓은 우물에 던져 버린 후, 그의 나귀를 훔쳐갔다. 그런데 라마승은 우물에 떨어졌지만 별로 아프지 않았다. 한참 동안 우물 바닥에 엎드려 있던 라마승은 우물 가까이 사는 용왕이 와서 말하는 소리를 들었다.

"터구스 촉토 왕이 물을 얻으려고 우물을 여러 개 팠지. 그 바람에 우리는 성 서쪽에 있는 금 창고와 동쪽에 있는 은 창고를 지키지 못할까봐 마음이 불안해졌지. 이곳에서 육십 리 끝에 가서 우물을 파면 물이 나올 거야. 다른 곳에는 물이 없지. 왕의 병에는 바다 저쪽의 연꽃을 얻어다가 끓여 마시면 좋아질 것이고……. 하지만 이런 사실을 아는 사람이 없지."

용왕이 이렇게 말하는 것을 우물 바닥에 엎드려 있던 라마승은 확실하게 들었다. 왕은 비록 몸이 아팠지만, 백성을 걱정하여 한 사람을 보내어 육십 발 깊이로 판 우물에서 물이 나왔는지 가서 보고오라고 시켰다. 왕의 사신이 우물에 가서 보니, 물은 없고 바닥에 사람이 하나 있었다. 사신은 되돌아 와서 왕에게 고하였다.

"우물 바닥에 사람이 하나 있었습니다."

왕은 물었다.

"아니, 그처럼 깊은 우물에 사람이 어떻게 들어가게 되었느냐. 내 병을 치료해주려고, 부처님들이 변신하여 찾아온 것일까? 어서 빨리 궁으로 초대하여 데리고 오라."

그 후에 사신은 바로 우물로 가서 라마승을 꺼내고 왕이 아프다는 사실을 알려주니, 라마승이 말했다.

"저는 그 병에 대해 조금 알고 있지요."

그로부터 왕궁에 다다른 라마승에게 사람들 여럿이서 모두 절을 하고, 왕의 옆으로 들게 하였다. 왕은 두 손을 모으고 합장하면서 말했다.

"라마승이여! 나의 이 병을 낫게 할 수 있느냐?"

라마승은 말했다.

"저는 왕의 병을 조금은 낫게 할 수 있습니다. 저에게 재빠른 코끼리 두 마리를 데려다 주십시오. 저는 바다 건너에 있다는 연꽃을 가져와서 왕을 치료할 것입니다."

그러자 왕은 바로 코끼리 두 마리를 주었다. 라마승은 코끼리를 타고 연꽃을 가지고 와서 왕에게 마시게 하자 왕의 병은 금방 좋아졌다. 그래서 왕은 말했다.

"신성한 라마승이여! 나의 병을 치료했구나. 나의 이 큰 나라에는 물이 없어 대단히 곤경에 처해 있다. 지금 모든 백성들에게 물 있는 곳을 가리켜 줄 수 있는가?"

그러자 라마승은 물을 얻어오겠다면서, 성의 서쪽 육 십리 끝까지 갔다. 그곳에 도착하여 그는,

"지금 이곳에서 물이 나온다."

고 외쳤다. 우물을 파보니, 정말 흐리지 않고 맑은 물이 있었다. 충분히 많은 물이 흘러 넘쳤다. 왕과 신하들은 모두 놀라서 서 있는데 라마승이

"지금 가난하고 고생하는 모든 백성들이 편안히 살게 하기 위해 재화와 재산을 내도록 합시다. 나에게 필요한 것을 준비해 주시오."

라고 하니, 왕은 라마승에게 그가 필요하다는 것을 모두 준비해 주었다. 그 후로 라마승은 모든 사람들을 데리고, 성의 서쪽 금 창고, 동쪽 은 창고를 풀어서 모든 주민들에게 나누어 주고 남은 것은 큰 창고에 두었다. 왕은 많이 기뻐하면서 라마승에게 일곱 보배로 장식한 집을 지어 주었다.

라마승은 어느 날 그가 빠졌던 우물을 보러 홀로 길을 가고 있는데, 라마승을 우물에 던졌던 나쁜 도적과 맞닥뜨리게 되었다. 도적은

"야 이 거지 라마승아! 네 나귀를 가지고 가라."

고 말하며 나귀를 돌려줬다. 라마승은

"너는 내가 전에 비천했을 때 나를 무시했었다. 하지만 지금은 나를 그렇게 대할 수 없을 것이다. 나귀는 네가 그냥 갖도록 해라."

고 말하면서 다섯 냥의 은을 더 주었다. 도적은 물었다.

"당신 왜 이렇게 고귀해졌소?"

라마승은 그간의 자초지종을 모두 말해주었다. 그러자 그 사람이 말하기를,

"내가 우물에 던졌던 어리석은 라마승이, 죽지 않고 용왕의 말을 듣고

는 이렇게 부유하고 고귀해졌으니, 나 또한 귀하게 되리라.”

하고는 우물로 뛰어 들어갔다. 그러나 그는 우물에 떨어져서 뼈가 부러져서 죽었다.

그 때 얼허 야붕가 왕이
“그것 참 잘되었구나!”
하고 말하니, 신이 주머니를 풀고서는 가버렸다.

스물한 번째 이야기

지루허의 이야기

그 후, 다시 전처럼 서르군 숲에 가서 신을 짊어지고 오는데, 신이 이야기를 시작했다.

옛날 어느 강 입구에 얼리커, 부러, 지루허라는 이름의 세 형제가 살고 있었다. 잿빛 양 말고 다른 가축이 없었던 세 형제는 그 양이 매일 새끼를 낳으면 그 새끼를 먹고 살았다. 어느 날 지루허가 형제들에게

"이 양이 새끼 낳길 기다리며 사느니 그냥 죽여서 먹고 우리는 각자 살 길을 찾아 가자."

라고 말했다. 그들은 양을 잡아먹고 강 입구에 영혼의 나무를 한그루씩 심고서 헤어졌다.

그렇게 길을 찾아 가던 중 얼리커는 가축을 기르는 어느 노인을 만났다. 그 노인이 얼리커에게 말했다.

"저기 보이는 곳이 우리 집이다. 이 가축을 네게 맡길 테니 대소변을 보게 하지 말고, 데리고 갔다가 해 떨어지기 전에 되돌아오도록 해라."

하지만 얼리커는 가축이 소변을 보게 했고, 또 해가 다 진후에 데리고 왔다. 노인은 자기 말을 듣지 않았다고 화를 냈다. 그는 한 마리 큰 숫양을

얼리커에게 죽이라고 했으나, 얼리커는 큰 숫양을 잡을 수 없어서 새끼 양 한 마리를 잡아 죽였고, 물이 끓는 사이에 개가 양의 콩팥을 먹었다. 노인은

"이제 가축 옆에서 자라."

고 말하고는, 그날 밤 얼리커를 도끼로 쪼개서 죽였다.

부러 역시 그 노인의 손에 죽었다. 지루허가 고향으로 돌아와서 강 입구에 심어놓은 영혼의 나무를 살펴보니 두 형제의 나무는 말라 있었다. 지루허는 그 노인을 찾아가서 만났다. 노인은 지루허에게 가축을 맡겼고, 마찬가지로 가축들에게 대소변을 보게 하지 말고 해 떨어지기 전에 돌아오라고 했다. 지루허는 쇠꼬챙이로 여러 가축의 항문들을 모두 틀어막았다. 그리고 해가 떨어지기 전에 도착했다. 노인은 그를 의심하면서,

"오늘 저녁 양을 죽여라."

하고 시켰다. 지루허는 양을 잡으러 갔지만 양이 자꾸 도망가서 쫓기가 힘들었다. 그러자 지루허는 쇠몽둥이로 양의 다리를 두 토막으로 잘라 죽였다. 양의 앞가슴을 쪼개서 솥에 넣으려 할 때 양의 콩팥을 개가 빼앗으려 하자, 지루허는 개의 머리를 세게 쳐서 죽였다. 노인은 지루허를 가축 옆에서 자게 했다. 지루허는 잠깐 누워 있다가 옷 속에 나무를 넣어놓고 자신은 다른 곳으로 몸을 숨긴 후 잠들었다. 노인은 도끼를 갈아와서는 지루허에게 다가와 속삭였다.

"너는 이제 영원히 잠들거라!"

노인은 도끼로 옷 속의 나무를 쪼개어 언덕에서 밀어 떨어뜨렸다. 그는 기뻐하면서 집으로 돌아갔다.

그런데 다음날 지루허가 와서 불을 피우고 앉아 있었다. 할아버지는 이상해하면서 다가가 물었다.

"너는 분명 죽었는데 어떻게 왔느냐?"

지루허가 말했다.

"나를 본 염라대왕이 '죄 없는 사람을 어찌 죽였는가!'라고 하더니 놓아 주던데요."

노인은 지루허가 살아 돌아와서 괴로웠다. 그런데 노인의 아들이 소변을 보겠다고 했다. 그는 지루허를 불러서

"이 아이의 소변을 보게 해줘라."

하고 시켰다. 이때 지루허는 아이를 들고 가서 허벅지를 꼬집어 울게 했다. 아이가 울면서 소변을 보지 못하게 하자 노인이,

'배를 좀 쓰다듬어 주어라.'

하고 말했다. 이 말을 듣고 지루허는 아이 배를 갈라서[11] 지붕 위로 던져 버린 후 돌아왔다. 노인은

"아이는 어디에 있느냐?"

하고 물었다. 지루허가 대답했다.

"당신이 방금 배를 갈라서 던지라고 하기에 내가 아이 배를 갈라서 던졌어요."

노인은 원망하며 말했다.

"지루허, 가서 삽으로 땅을 파고 와라."

고 시켰다. 지루허는 가서 귀 모양[12]으로 땅을 파고 왔다. 노인이 물었다.

"지루허야, 땅을 팠느냐?"

지루허가

"네, 팠어요."

하고 답했다. 그러자 노인은 아이의 시체를 가지고 땅 파놓은 곳으로 가서 두리번거리며 물었다.

"지루허, 네가 판 땅이 어디인지 말해라."

---

11 배를 갈라서 : 만주어에서 '주무르다(secembi)'와 '가르다(secimbi)'는 발음이 비슷하다.

12 귀 모양 : 만주어에서 '삽'과 '귀'는 발음이 같다.

지루허는 귀처럼 작게 판 곳을 가리켜 주었다. 할아버지가 화를 내며 말했다.

"너에게 삽으로 파라고 하지 않았느냐? 너는 지금 가서 가래를 가지고 와라."

그런데 지루허가 나갔다가 돌아 와서 거짓으로 말했다.

"당신의 아내가 죽은 아들처럼 죽기를 바라세요? 아이를 얼른 버리고 오세요."

노인이

"너 가서 가래를 가지고 그 머리를 쪼개고, 가래를 갖고 오너라."

지루허는 집으로 가서 노인의 아내 머리를 쪼개서 죽인 후, 가래를 가지고 왔다. 노인이 땅을 파서 아들의 시체를 묻고 집으로 돌아오니 아내는 이미 죽어 있었다. 그래서 지루허에게 물었다.

"내 아내가 어떻게 된 것이냐?"

지루허가 대답하기를,

"당신이 방금 머리를 쪼개서 죽이라고 해서 제가 죽였어요."

하고 말했다. 노인은 괴로워하면서 지루허에게 가축을 지키러 가라고 보냈다. 그가 나간 뒤에

'이 놈이 내 아들과 아내를 죽인 것처럼 이제 날 죽일 테지. 얼른 도망쳐야겠다.'

고 생각했다. 그는 가죽 자루 한 포대에 우유와 기름을 가득 담아 두었다. 지루허가 돌아왔을 때 노인은 가죽 자루를 숨기고, 가축이 어떻게 되었는지 물어보지 않았다. 지루허가 생각하기를,

'흥, 이 노인이 내가 자길 죽일 거라고 의심하고 있군.'

하고 바로 알아챘다. 지루허는 노인이 밖으로 나가자 생각했다.

'이 노인이 우유와 기름 한 자루, 먹을 것을 챙겨 도망치려 하는구나.'

그래서 이날 밤 지루허는 우유와 기름을 쏟아버린 후, 자신이 대신 자루 속에 들어가 누웠다. 노인은 그날 밤에 자루를 지고 도망을 쳐서 다리를 하나 넘었다. 그리고 외쳤다.

"지루허, 나는 이제 너에게서 도망쳤다!"

그런데

"도망치려거든 도망쳐봐라!"

하는 소리가 들렸다. 노인은,

'집이 너무 가까워서 들리는 소리일거야.'

라고 생각하면서 다시 고개를 하나 넘어갔다.

"지루허, 이제 나는 너에게서 벗어났다!"

소리치는데 또 다시

"벗어나려거든 벗어나봐라!"

하는 소리가 들린다. 노인은,

'이놈이 나의 귀에 붙은 것 같다.'

하고 생각하면서, 두 귀를 자르고, 또 고개를 하나 넘어갔다. 그러고 나서 목을 축이고 앉아서

"이제 지루허를 떠났다."

하고 외치니,

"떠나려거든 떠나봐라!"

하는 소리가 들렸다. 노인은,

'이놈이 내 코에 붙었나.'

하면서 코를 자르고, 또 다시 고개를 하나 넘은 후에,

"이제 지루허로 부터 떠났다!"

고 하자 지루허는,

"떠나고 싶으면 떠나봐라"

하고 외치면서 자루에서 나왔다. 할아버지는 두려워하면서 도망을 쳤고, 어느 커다란 성 근처에 도착했다.

그 성의 주인인 바야슈랑 왕의 딸이 다른 아이들과 함께 놀면서 앉아 있었다. 그 때에 코와 귀가 없는 사람이 지나가다가 갈대밭에 들어오는 것을 딸이 보고서 기절하여 쓰러졌다. 그 후로 왕은 괴로운 마음으로 의사와 무당을 찾아 곳곳으로 사람을 보냈다. 그때 노인을 좇아 온 지루허가 어느 바위 위에 있었다. 두 마리 까마귀가 내려와 그곳에 고기를 다투어 먹으며 한 까마귀가 말하기를

"잘난 사람이 아플 때, 이런 고기를 얻어먹게 되지."

또 다른 까마귀가 말하기를,

"어떤 사람에게 이런 고기를 얻었느냐?"

하니 그 까마귀가

"바야슈랑 왕의 딸이 코와 눈 없는 사람이 무서워서 기절했어. 그래서 가축을 여럿 죽여서 치료하고 있더군, 거기서 얻었지."

고 말했다. 또 다른 까마귀가 묻기를

"그 딸을 어떻게 치료하면 낫게 될까?"

그 까마귀가 말하기를

"네가 그것을 뭐하려고 물어보냐? 이 고기나 배불리 먹자."

고 하였다.

또 다른 까마귀가 물었다.

"우리 둘의 말을 누가 알아들으려나?"

그러자 다른 편 까마귀가 말했다.

"이렇게 겁에 질려 기절한 사람은 연기에 그을린 양탄자를 물에 적셔서 심장 있는 곳을 두드려 주는 것이 좋아. 위로 갔던 심장이 아래로 가면서 낫게 된다고 하더라."

이것을 지루허가 들었다. 두 사람이 지나가다 어떤 사람이 말하길

"왕의 딸이 일어나려면 어찌해야 되는지 이 사람에게 물어보자."

면서 지루허에게 물어보았다.

"무슨 병이죠?"

하고 지루허가 물어 보자 두 사람은 왕의 딸이 기절한 자초지종을 모두 말했다. 지루허가 말하길

"그런 병은 내가 알아요."

하면서 왕에게 갔다. 왕은

"나에게는 사랑하는 딸이 하나 있다. 네가 힘껏 고쳐보아라."

하고 말하니, 지루허가 답했다.

"왕의 말씀대로 치료해 보겠습니다. 고칠 수 있을지 없을지는 모르겠지만요."

하지만 지루허는 그을린 양탄자를 적셔 심장을 두드렸고, 왕의 딸은 바로 좋아졌다.

지루허는

"공주의 병은 코와 귀 없는 괴물이 갈대숲에 들어온 것을 보고 기절한 것입니다. 그를 포위하고 불을 피워서 죽입시다."

라고 하면서 숲에 불을 놓았다. 그 노인은 불 놓은 것을 모르고서,

'지루허가 자루에서 나올 때, 들고 있던 돌을 왜 던지지 않았을까?'

생각하며 누워 있는데, 불길이 닿으니까 노인은 당황해서 마구 돌을 던졌다. 노인이 함부로 던진 돌에 지루허가 머리를 맞아 죽었다.

그 때 얼허 야붕가 왕이

"엉뚱한 데서 죽었구나!"

하고 말하니, 신이 주머니를 풀고서는 가버렸다.

언두리[神]가 들려주는

끝나지 않는 이야기

대 역

1

eiten de sain, jalan i niyalma be minggan se bahabure,
온갖 것 에 좋은 세상 의 사람 을 千 歲 얻게 할

lingdan oktoi enduri erdeni[1] be ganaha, enduri alaha
靈丹 藥의 神 erdeni 를 데리러 간, 신 알려준

julen, orin emu jergi ganaha, orin emu julen sere.
이야기, 20 1 번 데리러 간, 20 1 이야기 하겠다.

2

●[2]fucihi se de hūturi bubuhengge jalan i fulehe. ergengge se be iletu
부처 들 에게 福 주게 한 것 世上 의 근본. 살아 있는 것 들 을 명백히

obufi yargiyan i somishūn unenggi todolon[3] be sabubuha juweci tere
되게하고 진실 의 오묘한 진실한 전조 를 보여준 둘째 그

baksi de hengkilembi. tere adarame seci nag'anjuna baksi. sain elhe
선생 에게 머리를 조아린다. 그 누구인가 하면 nag'anjuna 선생. sain elhe

yabungga han[4] juwe nofi ferguwecuke acabun mergesei yaya acabun i
yabungga han 두 사람 신기한 영험 현자들의 모든 영험 으로

amtan be mujilen de tebufi hendure, donjire hūlarai teisuleme tuwabuha.
의미 를 마음 에 새기고서 말하기, 듣기, 읽기로 걸맞게 보게 하였다.

---

1 erdeni : 몽골어로 보석을 의미한다. 여기에서는 사람의 이름으로 쓰였으므로 고유명으로 보아 번역하지 않았다.

2 여기서부터는 새로운 이야기가 시작된다. 이 글의 맨 앞 단어 'fucihi'의 앞에는 뒤에 나오는 다른 이야기들과 달리 '●' 표시가 되어 있는 데 어떤 의미인지 분명하지 않다.

3 todolon : 'todolo'와 같다.

4 sain elhe yabungga : '선하고 평안함을 행하는 왕'이라는 의미이다.

tere eiten be sara gisun i fulehei juwan ilan fiyelen be tuwabuha.
그 온갖 것 을 비추는 말 의 근원의 10 3 章 을 보게 하였다.

duin hošonggo šumar alin julge enethe[5] bai dulimbade ahūn deo nadan
4 모난 šumar 산 옛 enethe 땅의 가운데에 형 제 일곱

3

fangga niyalma bihebi. tubaci asuru goro akū. emu han de juwe jui
술사 있었다. 거기에서 아주 멀지 않다. 한 han 에게 두 아들

bihebi. ahūn fangga niyalmai bade fa taciki seme genefi nadan aniya
있었다. 형이 술사의 곳에서 법 배우자 하고 가서 일곱 해

otolo majige hono tacihakū. tereci deo, ahūn de jeterengge beneme genefi
되도록 조금 도 배우지 못했다. 그로부터 동생, 형 에게 먹을 것 전해주러 가서

ucei jakaderi sabufi gūnime, fa tacici lalanji jani sefi, ahūn i
문의 틈으로 보고 생각하되, 법 배우기 만만하고 쉽구나 하고, 형 의

baru hendume. mini hūwai dolo tuwaha seme elerakū. emu sain morin bi, si
쪽 말하되 나의 정원 안 보았다 해도 흡족하지 않다. 한 좋은 말 있다. 너

tere be gaifi kutulefi, nadan fanggai ergi de ume uncara. gūwa
그것 을 가지고 끌고서 일곱 술사의 쪽 에 팔지 말라. 다른

emu bade uncafi, hūda gaifi jio sefi. i uthai emu sain morin ubaliyaka.
한 곳에 팔고, 값 가지고 오라 하고. 그 즉시 한 좋은 말 변신했다.

---

5 enethe : 몽골어로 'enetkek'라고 하며 인도를 지칭한다.

4

tereci ahūn deoi gisun i songkoi ojorakū, gūnime bi nadan aniya
그로부터 형, 동생의 말 의 대로 하지 않고 생각하되 나 일곱 해

otolo fe tacime majige bahanahakū. mini deo ere emu ferguwecuke
되도록 법 배우되 조금도 이해 못했다. 나의 동생 이 한 신기한

morin bahabi. ere morin be yaluha de ainambini seme gūnifi, morin be
말 얻었다. 이 말 을 탐 에 어떨까 하고 생각하고 말 을

yalufi hadala be tatarakū, fai hūsun i nadan fangga de isinaha manggi.
타고 굴레 를 당기지 않으니 법의 힘 으로 일곱 술사 에게 도달한 후

ahūn gūnime ubaci burulaci hokorakū, ere fangga niyalma de morin uncaki
형 생각하되 여기에서 달아나도 피할 수 없다, 이 술사 에게 말 팔자

seme, nadan fanggai baru hendume, ere mini deo i baha wesihun sain
하고 일곱 술사의 쪽 말하여, 이 나의 동생 의 얻은 귀한 좋은

morin be uncambi sehe manggi. tese tere kūbulika morin be ulhifi, ere
말 을 판다 한 후 그들 그 변신한 말 을 알아차리고, 이

5

gese fa taciha de, musei fa wasifi, fai ferguwecuke akū ombi
같은 법 배우매, 우리의 법 쇠락하고, 법의 신기함 없이 된다.

ere be udame gaifi waki seme gūnifi tere kūbulika morin de, gūnin de
이 를 사서 가지고 죽이자 하고 생각하고 그 변신한 말 에, 뜻대로

acabume hūda bufi gaiha. tereci nadan fangga, tere morin be farhūn
맞게 값 주어 가졌다. 그로부터 일곱 술사, 그 말 을 어두운

hūwa de dosimbufi hūwaitaha, wara erin de senggi labdu okini seme
정원 에 들게 해서 묶었다. 죽을 때 에 피 많이 나게 하자 하고

muke meleme gamara de, dulin oforo šan jafahabi. dulin bethe jafahabi.
물 마시러 데려감 에, 일부 코 귀 잡았다. 일부 발 잡았다.

dulin uncehen delun be jafahabi. akdulame birai dalin de gamame isinaha
일부 꼬리, 갈기 를 잡았다. 확실하게 강의 가 에 가져가서 다다른

manggi. morin gūnime mini ahūn, mini uju be esei gala de dosimbuha ni.
후 말 생각하되 나의 형, 나의 머리 를 이들의 손 에 들어가게 했구나.

6

te kūbulici ojoro emu ergengge jaka sabureo seme gūnime bisire de.
지금 변신하면 될 한 생명 보일까 하여 생각하고 있음 에

tere mukei dolo emu nimaha sabufi, uthai nimaha ofi kūbulika
그 물의 속 한 물고기 보고 즉시 물고기 돼서 변신했다.

tereci nadan fangga, nadan suksuhu ofi bašambi. tereci burulaci
그러자 일곱 술사, 일곱 갈매기 되어 쫓는다. 거기에서 달아나도

hokorakū ofi kuwecehe[6] ofi abka de deyehe. nadan fangga, nadan
피할 수 없어서 비둘기 되어 하늘 에 날아갔다. 일곱 술사 일곱

giyahūn ofi, alin tala duletele bošome sindarakū. dade julergi
매 되어, 산 들 지나도록 쫓아서 놓아주지 않는다. dade julergi

gebungge bade coktu alin i elhe jurgangga hadai dung de nag'acuna baksi
이름의 곳에 coktu 산 의 elhe jurgangga hada의 동굴 에 nag'acuna 선생

6 kuwecehe : 'kuwecihe'와 같다.

tehe bihebi. tede genefi ukaha bici. nadan giyahūn dung ni angga de
살고 있었다. 그에게 가서 도망쳐 있으니 일곱 매 동굴 의 입구 에

7

nadan lama ofi iliha. nag'acuna baksi gūnime ere kuwecehe be, nadan
일곱 라마승 되어 섰다. nag'acuna 선생 생각하되 이 비둘기 를 일곱

giyahūn bošome jihe ai turgun seme gūnifi, kuwecehe si uttu geleme
매 쫓아 왔다 무슨 까닭인가 하고 생각하고, 비둘기 너 이렇게 두려워하며

bošobuhangge ainu sehe manggi. tere kuwecehe da turgun be yooni alafi
쫓기는 것 왜냐 한 후 그 비둘기 자초지종 을 모두 아뢰고

tere dung ni angga de nadan lama bi. tese baksi gala de jafaha
그 동굴 의 입구 에 일곱 라마승 있다. 그들 선생 손 에 잡은

erihe be gaji sembi. tere fonde bi, erihei uju de dosiki. tere erihei
염주 를 가져오라 한다. 그 때에 나, 염주의 母珠 에 들어가자. 그 염주의

uju be, baksi angga de ašufi, gūwa erihe be maktame bu sehe manggi.
母珠 를 선생 입 에 머금고, 다른 염주 를 던져 주어라 한 뒤

tereci uthai nadan lama jifi, baksi gala de jafaha erihe be baire jakade.
그로부터 즉시 일곱 라마승 와서, 선생 손 에 쥔 염주 를 원할 적에,

8

baksi erihei uju be angga de ašufi, gūwa erihe be maktame buhe gaitai
선생 염주의 母珠 를 입 에 머금고, 다른 염주 를 던져 주었다.

andan de, tere erihe jeku ofi sarame tuheke. tereci nadan lama coko
갑자기 그 염주 낟알 되서 펼쳐져 떨어졌다. 그러자 일곱 라마승 닭

ofi tere jeku be congkime jeterede, baksi gūnime ere jeku jetere, sidende ere
되어 그 낟알 을 쪼아 먹음에, 선생 생각하되 이 낟알 먹을 사이에 이

niyalma genekini seme, erihi uju be angga ci tucibure jakade. uthai niyalma ofi
사람 가게하자 하고, 염주 母珠 를 입 에서 나가게 할 적에 곧 사람 되어서

emu mukšan jafafi nadan coko be tantame waha manggi nadan niyalmai giran oho.
한 곤장 잡고 일곱 닭 을 때려 죽인 뒤 일곱 사람의 시체 되었다.

tereci nag'anjuna baksi ambula mujilen jobome gasame hendume, bi sini emu
그로부터 nag'anjuna 선생 크게 마음 괴로워하고 원망하며 말하되 나 너의 한
niyalmai
사람의

ergen be guwebuki sehei ere nadan niyalmai ergen be lashalaha kai. mini ere weile
목숨 을 구하고자 하고서 이 일곱 사람의 목숨 을 끊어 버렸다. 나의 이 죄
enteheme
영원히

9

ehe oho sehe manggi. tere niyalma jabume, bi inu emu han niyalmai jui
악업 되었다 한 후 그 사람 대답하되, 나 또 한 han 사람의 아들

bihe. baksi mini ergen be guwebuhe. tese be bi waha. tesei
이었다. 선생 나의 목숨 을 구하였다. 그들 을 나 죽였다. 그들의

sui be toodame, baksi de baili isibure jalin. baksi gisun ai
죄 를 갚아 선생 에게 은혜 갚기 위하여 박시 말 무엇

oci urunakū mutebuki serede. nag'anjuna baksi hendume. tuttu
되든지 반드시 이루게 하자 함에 nag'anjuna 선생 말하되 그리

oci sergun weji[7] sere amba hutu i babi, tede emu enduri
되면 sergun weji 하는 큰 귀신 의 땅 있다, 거기에 한 신

combuli[8] ci fusihūn aisin, wesihun uyu banjihabi. uju de šanggiyan
허리 부터 아래로 금, 위로 터키석 났다. 머리에 흰

funiyehe šošohobi. tere be si mangga mujilen i ganame mutembio.
머리털 쪽지었다. 그 를 너 굳은 마음 으로 데리러갈 수 있느냐?

10

mutebufi gajiha de, bi tere be urebufi, ere jalan i niyalma be emte
할 수 있어서 데려옴 에, 나 그 를 훈련시켜 이 세상 의 사람 을 하나씩

minggan se bahabure, eiten de emu ferguwecuke enduri obumbihe sehe
천 세 누릴, 일체 에 한 신기한 신 되게 하겠다 한

manggi. tereci han i jui, gisun i songkoi oki seme akdulame hendume
후 그로부터 han 의 아들, 말 의 대로 되자 하고 굳게 말하며

minde jugūn de jetere jufeliyen, yaya baita be tacibu. baksi gisun i
나에게 길 에 먹을 乾糧, 모든 일 을 가르치라. 선생 말 의

songkoi mutebuki sehe manggi. baksi hendume, sini genere jugūn de hafirahūn
대로 이루게 하자 한 뒤, 선생 말하되 너의 갈 길 에 험난한

ehe ba bi. tede gelecuke ambasa hutu jaluka bi. tubade isinaha de hutu
어려운 곳 있다. 거기에 무서운 여러 큰 귀신 가득 있다. 그곳에 도착함 에 귀신

ilifi jimbi. si hala hala suwaha[9] sefi, emu dalhan ufa makta. tereci
서서 온다. 너 하라 하라 수와하 하고 한 덩이 가루 뿌려라. 거기에서

7 sergun weji : 'sergun'은 몽골어 'serigun'으로 '시원하다'는 의미이고, 'weji'는 '숲'이라는 의미이다.
8 combuli : 'comboli'와 같다.
9 hala hala suwaha : 불교 진언의 일종이다.

11

geli emu bira de dooha manggi, ajigesi(ajigasi) geren hutuse bi. tese ilifi
또 한 강 에 건넌 후 여러 작은 모든 귀신들이 있다. 그들 서서

jimbi. si hūlu hūlu suwaha[10] seme emu dalhan ufa makta. tereci geli
온다. 너 후루 후루 수와하 하며 한 덩이 가루 뿌려라. 거기에서 또

emu bira dooha de, geren asihata hutu bi. tere hutuse jici, dira pat[11]
한 강 건넘 에, 모든 여러 젊은 귀신 있다. 그 귀신들 오면, 디라 파트

sefi emu dalhan ufa makta. tuttu ohode, tere geren hutui dulimbaci, tere
하고 한 덩이 가루 뿌려라. 그리 되면 그 모든 귀신의 가운데에서 그

enduri wesihun burulafi, linggdan okto ci banjiha moo i dele tafafi
신 위쪽 도망가서 靈丹 藥 에서 난 나무 의 위 올라가서

tembi. tere fonde šanggiyan biyai adali, suhe be jafafi dan be sacire adali šerime
앉는다. 그 때에 흰 달 같은 도끼 를 잡고 丹 을 자를 것 처럼 위협하며

si fusihūn wasifi jio. si wasirakū oci moo be sacimbi se. tuttu
너 아래 내려 오너라. 너 내려오지않으면 나무 를 자른다 하라. 그리

12

ohode tere wasifi jimbi. si tere be tanggū hule tebure fulhū de
됨에 그 내려 온다. 너 그 를 100 홉 담는 주머니 에

tebufi, tanggū ursu futa be hūwaitafi, jeci wajirakū nimenggi ufa jeku be
담고, 100 겹 노끈 을 묶고, 먹어도 끝나지 않는 기름, 가루, 낟알 을

---

10 hūlu hūlu suwaha : 불교 진언의 일종이다.
11 dira pat : 불교 진언의 일종이다.

unufi inenggi dobori akū dulime, angga ci emu gisun tucirakū isinju
지고 낮 밤 없이 밤새워, 입구 에서 한 말 내지 말고 당도해라.

si han i jui mujangga, elhe jurgangga hadai dung de isinjiha dahame. sain
너 han 의 아들 과연 elhe jurgangga hada의 동굴 에 도착함 따르니. sain

jurgangga han seme gebu bufi jugūn jorifi jurambuha, tereci han jugūn
jurgangga han 하고 이름 주고 길 가리켜서 출발시켰다. 거기에서 han 길

jafafi baime genehei, joriha jugūn i gelecuke babe dulefi, lingdan okto
따라 찾아 가면서 가리킨 길 의 무서운 곳을 지나고, 영단 약

moo i jakade isinafi tuwaci. enduri moo i dele bi. han amba gisun i
나무 의 곁에 도착해서 보니 신 나무 의 아래 있다. han 큰 소리 로

13

hendume, mini sefu nag'anjuna g'arbi. ere šanggiyan biyai adali suhe, jeci
말하되 나의 스승 nag'anjuna g'arbi. 이 하얀 달의 처럼 도끼, 먹어도

wajirakū nimanggi, ufa tanggū hule tebure alha fulhū. tanggū ursu futa
끝나지 않는 기름, 가루 100 홉 담을 閃緞 주머니. 100 겹 노끈

unggihebi. bi sain elhe jurgangga han, si seci kumtu[12] oren i fayangga kai.
보내었다. 나 sain elhe jurgangga han, 너 하면 虛 넋 의 혼이니라.

fusihūn wasime jio. jici moo be sacirakū sehe manggi. tere enduri hendume,
아래로 내려오너라. 오면 나무 를 자르지 않겠다 한 후 그 신 말하되

moo be ume sacire, bi wasire seme wasika manggi. fulhū de tebufi futa
나무 를 자르지 말라. 나 내려오겠다 하고 내려온 후 주머니 에 넣고 노끈

12 kumtu : 'kumdu'와 같다.

hūwaitafi, fisa de unufi jidere de. tere enduri hendume, bai goro de si
묶고, 등 에 지고 옴 에 그 신 말하되 땅곳의 멀음 에 너

inu ališaha. bi inu ališambi. muse julen alaki. si alame ohode uju be
또한 괴로웠다. 나 또한 괴롭다. 우리 이야기 말하자. 너 말하게 됨에 머리 를

14

gehese[13]. mimbe ala seci, uju be oncohon gehese sehe manggi. han
끄덕여라. 나를 말하라 하면, 머리 를 젖혀 끄덕여라 한 뒤 han

oncohon gehešehe.
젖혀 끄덕이었다.

● bayan i jui julen uju
부자 의 아들 이야기 첫번째

tereci enduri hendume, julgei ibsan sere bade emu bayan niyalmai jui, emu
그로부터 신 말하되 옛날 ibsan 하는 땅에 한 부자의 아들 한

daifui jui, emu hūwajan i jui, emu guwa tuwara niyalmai jui, emu sele faksi jui,
의사의 아들, 한 화가 의 아들, 한 卦 보는 사람의 아들, 한 대장장이의 아들

emu moo faksi jui, tere ninggun nofi ama eme de haji juse bihebi. tese
한 목수의 아들, 그 여섯 사람 부 모 에게 사랑하는 자식들 있었다. 그들

gemu gūwa bade geneme, emu birai jaifiyan[14] de isinafi, tubade niyalma
모두 다른 곳에 가고 한 강의 강줄기가 모이는 곳 에 이르러, 그곳에서 사람

---

13 gehese- : 'gehešе-'와 같다.
14 jaifiyan : '강줄기가 모이는 곳'이라는 뜻의 'jaifan'과 같다.

toome emte
마다 각각

15

fayanggai moo ilibufi hendume, muse ninggun nofi, ninggun jugūn i fakcafi,
영혼의 나무 심고 말하되 우리 여섯 사람 여섯 길 로 헤어져서

banjire babe baiki. ninggun aniya oho manggi jifi ubade acaki. yaka
살 곳을 찾자. 6 년 된 후 와서 이곳에서 만나자. 누구

boljohon de isinjirakū ojoro, fayanggai moo olhoci genehe ici be baime geneki
기한 에 이르지 못하고 영혼의 나무 마르면, 간 방향 을 찾아 가자.

seme toktobuha. tereci bayan niyalmai jui genehei, emu bira de isinaci
하고 정했다. 그로부터 부자의 아들 가다가 한 강 에 도착하니

sakda mafa mama bi. mafa fonjime, ere jui si aibici jihe, aibide genembi,
늙은 할아버지 할머니 있다. 할아버지 묻되 이 아이 너 어디에서 왔느냐? 어디에 가느냐?

bayan i jui jabume, bi goro baci banjire babe baime jihe. mafa hendume,
부자 의 아들 대답하되 나 먼 곳에서 살 곳을 찾아 왔다. 할아버지 말하되

tuttu oci minde emu sargan jui bi, sinde sargan bufi ubade banjici antaka
그러면 나에게 한 딸 있다. 너에게 아내 주어서 이곳에 살면 어떠하냐?

16

seme hendufi, sargan jui be gajifi tuwabuha. bayan i jui gūnime, bi ama
하고 말하고, 딸 을 데려와 보여주었다. 부자 의 아들 생각하되 나 부

eme ci fakcafi ubade jihe. ere ferguwecuke enduri gese sargan jui be
모 에서 헤어져 여기에 왔다. 이 기이한 신 같은 여자 를

gaifi ubade banjiki seme gūnimbi. sargan jui geli, bayan i jui sain banjiha be
얻어 여기에서 살자" 하고 생각한다. 여자 또한 부자 의 아들 잘 생긴 것 을

safi, ishunde buyendufi boode dosika. tere yamji sarin sarilafi eigen sargan
보고 서로 좋아하며 집에 들어갔다. 그 밤 잔치 열고 夫婦

oho. tuttu banjirede, tere birai wargi de emu han bihebi. terei
됐다. 그렇게 사는데 그 강의 서쪽 에 한 han 있었다. 그의

gucuse juwari erin de muke de ebišeme jifi, tere fonde bayan i jui
친구들 여름 철 에 물 에 목욕하러 와서 그 때에 부자 의 아들

sargan muke de ebišeme genefi, eiten boobai be acabume araha. emu guifun
부인 물 에 목욕하러 가서 모든 보물 을 어울려 꾸몄다. 한 반지

17

muke de waliyabufi eyeme genehengge be tese bahafi, ere emu ferguwecuke jaka
물 에 잃어버려서 흘러 간 것 을 그들 찾아서 이 한 신기한 물건이다

seme han de benehe. han hendume, ere birai sekiyen de, ere guifun be etuhe
하고 han 에게 보냈다. han 말하되 이 강의 水源 에 이 반지 를 낀

hehe bidere. tere be baime gana seme takūraha. tese baime genefi, tere
여자 있으리라. 그 를 찾아 데려와라 하고 보냈다. 그들 찾으러 가서 그

hehe be sabufi ferguweme ere inu dere. tuwaha seme elerakū sefi, tere
여자 를 보고 신기해하며 이 맞느니라. 보았다 하여 만족하지 않는다 하고 그

hehe be han i jakade yabu seme, eigen sargan be gemu gajiha. han tuwafi, ere
여자 를 han 의 곁에 가라 하고, 남편 아내 를 모두 데려왔다. han 보고 이

yala enduri sargan jui dere. mini gūwa fujisa[15] indahūn ulgiyan i adali seme
진정 선녀이니라. 나의 다른 부인들 개 돼지 의 같다 하고

sargan gaifi haji banjimbi. tere hehe han de eterakū ofi dahame genehe
여자 취하여 사랑하며 살겠다. 그 여자 han 에게 거스를 수 없어서 복종해 간 것

18

dabala, bayan i jui ci hokoro mujilen akū bihebi. tere be han ulhifi,
뿐 부자 의 아들 에게서 헤어질 마음 없었다. 그것 을 han 깨닫고

ere bayan i jui be dayabu seme wara urse de afabuha. wara urse, bayan i
이 부자 의 아들 을 참살하라 하고 죽이는 사람들 에게 명령했다. 죽이는 사람들 부자 의

jui be holtome efiyembi[16] seme gamafi, emu birai jubki i hūcin de maktafi,
아들 을 속여서 논다 하고 데려가, 한 강의 모래톱 의 우물 에 던지고

amba deli wehei angga be dasifi sindaha. tereci boljohon i inenggi,
큰 너럭바위로 입구 를 덮어 놓았다. 그로부터 약속 의 날

gūwa gucuse gemu jifi, fayanggai moo be tuwaci, gūwaingge gemu banjihabi. bayan i
다른 친구들 모두 와서, 영혼의 나무 를 보니 다른 이 모두 살아 있었다. 부자 의

jui jihekū, terei fayanggai moo geli olgohobi[17]. tere sunja gucuse mujilen jobome,
아들 오지 않았고 그의 영혼의 나무 또 말라 있었다. 그 다섯 친구들 마음 걱정되어

terei genehe ici baime genefi baici baharakū ofi, guwa tuwara niyalmai jui de
그의 간 방향 찾아 가서 찾을 수 없어서 卦 보는 사람의 아들 에게

15 fujisa : 'fujin'의 복수 형태이다.
16 efiyembi : 'efimbi'와 같다.
17 olgombi : 'olhombi'와 같다.

19

tuwabuci, bayan i jui be emu amba wehei fejile gidabufi bi seme bahabuha bi.
보게 하니, 부자 의 아들 을 한 큰 돌의 아래 눌려 있다 하고 알게 되었다.

tubade genefi tere wehe be bahafi, wehe be tukiyeci eterakū bisirede,
그곳에 가서 그 돌 을 찾아서 돌 을 들어 낼 수 없는데

sele faksi jui, selei folho jafafi wehe be efulefi, hūcin ci tucibuhe manggi,
대장장이 아들 쇠 망치 잡고 돌 을 부수고 우물 에서 꺼낸 후

daifui jui okto omibufi weijubuhe. tereci bayan i jui uthai sain ofi, ishunde
의사의 아들 약 먹여서 살아나게 했다. 그로부터 부자 의 아들 곧 좋아져서 서로

fonjidufi, bucehe turgun be fonjiha manggi, bayan i jui da turgun be yooni alaha
묻고, 죽은 이유 를 물으니 부자 의 아들 자초지종 을 모두 말한

manggi, gucuse hendume, tere gese ferguwecuke hehe be, han ci ai argai
후 친구들 말하되 그 같이 기이한 여자 를 han 에서 무슨 방법으로
durime
빼앗아

gaimbi seme hebderede, moo faksi jui uthai emu yoose noho funghūwang
데려오느냐 하고 의논함에 목수 아들 곧 한 자물쇠 붙인 봉황새

20

araha ujui hadahan be forici wesihun deyembi. dergici foriha de
만들어 머리의 못 을 치면 위로 날아간다 위에서 침 에

fusihūn wasimbi. dalbabe foriha de tondo genembi. tere be hūwajan i jui
아래로 내려간다 옆에서 침 에 바로 간다. 그것 을 화가 의 아들

hacin hacin i okto acabufi saikan nirume iolehe. terei dolo bayan i jui
갖가지 약 지어서 아름답게 그리고 기름칠했다. 그의 안 부자 의 아들

dosifi abka de deyeme genefi, han i leosei dele šurdeme bisirede, han
들어가 하늘 에 날아 가서 han 의 누각 위 돌고 있는데, han

geren gucuse sabufi hendume, ere gese ferguwecuke gasha dade akū bihe.
여러 친구들 보고 말하되 이 같이 신기한 새 전에 없었다

fujin leosei ninggude tafufi, hacin hacin i jetere jeku be beneci acambi sehe
부인 누각의 위에 올라가 여러 가지 먹을 음식 을 주어야 한다 한

manggi, fujin hacin hacin i jeku be dagilafi, leosei ninggude tafuka manggi,
후 부인 여러가지 의 음식 을 준비하여 누각의 위에 올라간 후

21

tere mooi funghūwang, fujin i jakade jifi uce be neifi, fujin be sabufi,
그 나무의 봉황 부인 의 옆에 와서 문 을 열고 부인 을 보니,

bayan i jui, fujin ishunde takafi fujin hendume, simbe bahafi acarakū
부자 의 아들 부인 서로 알아보고, 부인 말하되 너를 만날 수 없다

seme gūniha bihekai, te acaha. ere gese enduri mooi funghūwang be si
하고 생각했었느니라. 지금 만났다. 이 같은 神 木의 봉황 을 너

aibide baha sehe manggi, turgun be yooni alafi, bayan i jui hendume, te si
어디에서 구했느냐 한 후 사연 을 모두 말하며 부자 의 아들 말하되 지금 너

han de fujin ofi banjimbio. tondo mujilen i minde sargan ombio. fujin hendume,
han 에게 부인 되서 살겠느냐 진실한 마음 으로 나에게 부인 되겠느냐 부인 말하되

bi han de ergelebufi fakcaha dere. simbe onggoho doro bio sefi funghūwang
나 han 에게 핍박받아서 헤어졌느니라. 당신을 잊었을 이유 있느냐 하고 봉황

ni dolo dosifi deyeme genehe. tereci han geren ambasa gasame, fergecuke[18]
의 안 들어가 날아 갔다. 그로부터 han 여러 대신들 원망하여, 신기한

22

gasha de jeterengge bene seme fujin be unggifi abka de gamaha seme nade
새 에게 먹을 것 보내라 하고 부인 을 보내서 하늘 에 데려갔다 하고 땅에

fuhešeme gasaha. tereci bayan i jui gucusei jakade isinjifi, neneme ini beye tucike.
구르며 원망했다. 그로부터 부자 의 아들 친구들의 곁에 도착하여, 먼저 그의 자신 나갔다.

amala fujin be tucibufi tuwaha manggi, tere gucuse mujilen aššafi tuwaha seme elerakū
뒤에 부인 을 나오게 하여 보여준 후 그 친구들 마음 흔들려 보았다 하여 만족하지 않으니,

tereci bayan i jui hendume suweni geren gucuse aisilafi mimbe weijubuhe. mini
그로부터 부자 의 아들 말하되 너희 여러 친구들 도와서 나를 살려주었다. 나의

sargan be inu arga deribufi baha. ere baili be meni eigen sargan beye dubentele
부인 을 또 계책 세워서 구했다. 이 은혜 를 우리 부부 평생

isibuki sehe manggi, tere guwa tuwara niyalma i jui ojorakū hendume, si bucefi
갚으마 한 후 그 卦 보는 사람 의 아들 안된다 말하며, 너 죽어서

giran hono abide bisire be sarkū bihe. bi guwa tuwafi baha. te mini ere
시체 아직 어디에 있는지 를 몰랐다 나 卦 보아서 찾았다. 지금 나의 이

18 fergecuke : 'ferguwecuke'와 같다.

23

baili de ere fujin be minde gaji. bi bahara giyan serede, sele faksi
은혜 에 이 부인 을 나에게 데려와라. 나 얻음 마땅하다 함에 대장장이

jui hendume, si guwa tuwafi bahacibe, tere amba wehe be tukiyeci
아들 말하되 너 卦 보아서 찾았지만 그 큰 돌 을 들어올리지

ojorakū bisirede, bi folho jafafi efulefi tucibuhe kai. tuttu
못하고 있음에 나 망치 잡고 부수어서 꺼냈느니라. 그래서

ofi ere fujin be mini bahara giyan. daifui jui hendume, si tucibuhe
이 부인 을 나의 갖음 마땅하다. 의사의 아들 말하되 너 꺼냈을

gojime, bucehe niyalma, fujin be gajici ombio. bi okto omibufi weijubuhe
뿐 죽은 사람 부인 을 가질 수 있느냐. 나 약 먹여서 살렸기

turgunde, bayan i jui fujin be gajiha. tuttu ofi mini bahara giyan serede,
때문에 부자 의 아들 부인 을 데려왔다. 그래서 나의 갖음 마땅하다. 함에

moo faksi jui hendume, si weijubucibe, fujin be gaijici ojorakū bihe. bi
목수의 아들 말하되 너 살렸지만, 부인 을 데려올 수 없었다. 나

24

moo i funghūwang ararakū bici, han de cooha geneci ojorakū, fujin be boo
나무 로 봉황 만들지 않았으면 han 에게 병사 보낼 수도 없었고 부인 을 집의

leoseci tucibuci ojorakū bihe bi mini funghūwang ni dolo tebufi
누각에서 나오게 할 수도 없었다. 나 나의 봉황 의 안에 앉게 해서

gajiha be dahame, fujin be mini bahara giyan serede, hūwajan i jui hendume,
데려왔으므로 부인 을 나의 갖음 마땅하다 함에 화가 의 아들 말하되

sini
너의

bai moo i funghūwang be, bi hacin hacin i oktoi nirurakū bici, tere fujin
천연의 나무 의 봉황 을 나 갖가지 약으로 그리지 않았다면 그 부인

tuwanjimbiheo. fujin tuwanjirakūci abide bahambihe. tuttū ofi fujin be mini
보러 왔겠느냐? 부인 보러오지 않았으면 어디에서 구할 것인가. 그래서 부인 을 나의

bahara giyan seme temšerede, tuttu oci geren i faitarame dendeki seme, tere
갖음 마땅하다 하고 다툼에 그러면 여럿 으로 잘라서 나누자 하고 그

fujin be waha sere, elhe yabungga han hendume, tere absi jilakan sere
부인 을 죽였다. 하니 elhe yabungga han 말하되 그 얼마나 불쌍하냐 할

25

jakade, enduri hendume, kesi akū han i angga ci jilgan tucike seme ukcafi genehe.
적에 신 말하되 운 없는 han 의 입 에서 소리 나왔다 하고 풀고 갔다.

● han amban juwe wakšan be waha jai julen
han 대신 두 두꺼비 를 죽인 두 번째 이야기

tereci geli nenehe songkoi sergun weji bade genefi, enduri be unufi jiderede.
그로부터 다시 전 대로 sergun weji 땅에 가서 신 을 업고 옴에

enduri hendume, akūci si emu julen ala. akūci bi emu julen
신 말하되 그렇지 않으면 너 한 이야기 말하라 그렇지 않으면 나 한 이야기

alara. si
말하리라. 너

alaci uju be geheše. mimbe ala seci uju be oncohon geheše. tereci
말하려면 머리 를 끄덕거리라. 나를 말하라 하면 머리 를 젖혀 끄덕여라. 그로부터
han
han

oncohon gehešehe manggi. enduri julen alame. julge irjana gebungge bade emu
젖혀 끄덕인 다음 신 이야기 말하되 옛날 irjana 이름의 땅에 한

amba hecen bihebi. tere hecen de emu han bi. emu birai sekiyen de emu amba
큰 성 있었다. 그 성 에 한 han 있다. 한 강의 수원 에 한 큰

26

omo bi. tubade juwe amba wakšan terei birai muke be sifi usin i bade
연못 있다. 그곳에 두 큰 두꺼비 그곳의 강의 물 을 막고 밭 의 땅에

eyeburakū. niyalma maktaha de eyebumbi. tuttu ofi aniya dari, han, irgen i niyalma,
흐르지 않게 한다. 사람 던짐 에 흐르게 한다. 그래서 해 마다 han 백성

amba ajigan gemu idu jafafi. juwe wakšan de, niyalma maktame muke be
큰 작은 모두 番 잡아서 두 두꺼비 에게 사람 던져서 물 을

baimbihebi. emu aniya han i idu isinjifi, han generakūci toktobuha fafun
원했다. 한 해 han 의 차례 이르러 han 가지 않으면 규정된 법

bifi nakaci ojirakū[19], geneci ama jui dabala, gūwa juse geli akū. han hendume,
있어 그만둘 수 없고 가면 아버지 아들 뿐 다른 아들 또 없다. han 말하되

bi sei baru oho. beyebe hairandarakū geneki. jui si doro fafun, bithei
나 나이 들었다. 자신을 아끼지 않고 가리라. 아들 너 도리 법 글의

kooli be dasame mukdembu sere jakade. jui jabume, han abkai adali amba
규칙 을 개선하여 번영시켜라 할 적에 아들 답하되 han 하늘의 같이 큰

---

19 ojirakū : 'ombi'의 미완료 부정형인 'ojorakū'와 같다.

27

doro fafun, bithei kooli be dasame mukdembuhe, geneci ombio. geren
도리 법 글의 규칙 을 개선하여 번영시켰다 가면 되겠는가 많은

fujin gaici juse banjimbikai. tere wakšan i hefelide, bi geneki seme marame
부인 취하면 아이들 태어나리라. 그 두꺼비 의 배에 나 가리라 하고 말리고

generede toktobuha manggi. geren irgen, gucuse mujilen efujeme fudehe. han i
가기로 정한 다음 많은 백성 친구들 슬퍼하며 보냈다. han 의

jui emgi ajigenci guculehe emu yadara niyalmai jui bihebi. tede han i jui
아들 함께 어려서부터 사귄 한 가난한 사람의 아들 있었다. 그에게 han 의 아들

genefi hendume. si sini ama emei gisun be gaime saikan banji. bi han i fafun
가서 말하되 너 너의 아버지 어머니의 말 을 따라 잘 살아라. 나 han 의 법

gurun i jalin, amai gisun be jurceci ojorakū ofi, wakšan i hefelide genembi serede.
나라 의 때문 아버지의 말 을 어기면 되지 않아서 두꺼비 의 배에 간다 함에

tere jui ambula gasame hendume, mimbe ajigenci han i jui si ujihe bihe. bi sini
그 아들 매우 탄식하며 말하되 나를 어려서부터 han 의 아들 너 돌보았다. 나 너의

28

fonde[20] geneki. han i jui si ume genere seci ojorakū generede. ejen be dahame
대신 가리라. han 의 아들 너 가지 말아라 해도 되지 않아서 감에 주인 을 따라

---

20 fonde : 'funde'와 같다.

genefi, omoi dalin de isinaha manggi. tere omoi suwayan nionggiyan[21] juwe
가서 연못의 기슭 에 다다른 다음 그 연못의 누런 푸른 두
wakšan i
두꺼비 의

gisurere be donjici, nionggiyan wakšan hendume, ere han i jui gucu juwe nofi
이야기 를 듣자니 푸른 두꺼비 말하되 이 han 의 아들 친구 두 사람

sara bihe bici, muse juwe nofi uju be mukšan i tantame wafi. simbe han i
알고 있었다면 우리 두 사람 머리 를 몽둥이 로 때려서 죽이고 너를 han 의

jui nunggere, mimbe gucu nunggehede. tere juwe nofi juruhe de aisin uyu tucimbi,
아들 삼키고 나를 친구 삼킴에 그 두 사람 토함 에 금 터키석 나온다.

ere omoi wakšan de niyalma bure baita inu nakambi. ubabe ese sarkū nikai sere
이 연못의 두꺼비 에게 사람 바치는 일 또한 그친다. 이것을 이들 모르느니라 할

jakade. han i jui ergengge jakai gisun be ulhime ofi. ejen gucu emte
적에 han 의 아들 생물의 말 을 이해할 수 있어서 주인 친구 하나씩
mukšan
몽둥이

29

jafafi, wakšan i uju be forime wafi emte nunggere jakade. baitalara
잡고 두꺼비 의 머리 를 쳐서 죽여 하나씩 삼킬 적에 소용 있을

erin de aisin uyu jurumbi. tereci gucu hendume, te muse juwe nofi
때 에 금 터키석 토한다. 그로부터 친구 말하되 지금 우리 두 사람

wakšan be waha. muke be eyebuhe. bade bedereme geneki serede. han i jui
두꺼비 를 죽였다. 물 을 흐르게 했다. 고향에 돌아 가자 함에 han 의 아들

21 nionggiyan : 'niowanggiyan'과 같다.

hendume,
말하되

bade genehe de bucehe niyalma weijufi jihe ganio sembi. gūwa emu goro
고향에 감 에 죽은 사람 살아나서 왔다 괴이하다 한다. 다른 한 먼
bade geneci
땅에 가면

sain sefi, emu dabahan[22] be dabame geneci. emu boode emu hehe, emu sargan jui
좋다 하고 한 고개 를 넘어 가니 한 집에 한 여자 한 딸

arki uncambi. arki udaki seci hūda gaji sembi. juwe nofi anggaci aisin
술 판다. 술 사자 하니 값 가져오라 한다. 두 사람 입에서 금

uyu be jurume gaifi buhe. tere hehe, sargan jui boode dosimbufi, arki labdu
터키석 을 토해 가지고 주었다. 그 여자 딸 방에 들게 하고 술 많이

30

omibufi soktoho manggi. jurure jakade aisin uyu labdu baha. tereci
되게 하여 취한 다음 토할 적에 금 터키석 많이 얻었다. 그로부터

soktohongge subufi, booci tucifi birai angga de isinaci. emu jugūn i
취한 사람 술 깨고 방에서 나와서 강의 입구 에 다다르니 한 길 의

dulimbade geren asihata temšendumbi. tubade genefi suwe ai temšembi seme
중간에 많은 젊은이들 서로 다툰다. 그곳에 가서 너희 어찌 다투느냐? 하고

fonjire jakade. tese hendume, be ubade yasa dalire emu ajige mahala baha
물을 적에 그들 말하되 우리 이곳에서 눈 가리는 한 작은 모자 얻었다.

bihe. terebe temšendumbi sehe manggi. ere mahala be ai de baitalambi seme
그것을 서로 다툰다. 한 다음 이 모자 를 어디 에 쓰느냐? 하고

---

22 dabahan : 'dabagan'과 같다.

fonjire de. tese alame, ere mahala be uju de etuhede, uthai abka,
들음 에 그들 아뢰되 이 모자 를 머리 에 씀에 바로 하늘

niyalma, hutu de saburakū ombi. han i jui hendume, tuttu oci suwe gemu
사람 귀신 에게 보이지 않게 된다. han 의 아들 말하되 그러면 너희 모두

31

goro genefi ebsi uruldume[23] jio. we uju de isinjici tede buki.
멀리 가서 이곳까지 달려서 오너라. 누가 처음 에 다다르면 그에게 주자

ere ajige mahala be, bi ubade jafafi ilire sehe manggi. tere asihatasa
이 작은 모자 를 나 이곳에서 쥐고 서있겠다. 한 다음 그 젊은이들

goro genefi uruldume jiderede. han i jui mahala eture jakade. tere geren
멀리 가서 달려 옴에 han 의 아들 모자 쓸 적에 그 모두

hendume, teike ubade bihengge absi genehe seme baici bahakū. juwe nofi
말하되 방금 이곳에 있던 사람 어디에 갔느냐? 하고 찾아도 찾지 못한다. 두 사람

tereci casi geneci geren hutuse isafi temšendume bisirede. han i jui
그로부터 저리로 가니 많은 귀신들 모여서 서로 다투고 있음에 han 의 아들

fonjime, suwe ai temšembi. hutuse jabume, ere ajige gūlha be temšendumbi.
묻되 너희 어찌 다투느냐? 귀신들 답하되 이 작은 신 을 서로 다툰다.

geli fonjime ere be aide baitalambi. hutuse jabume, ere gūlha be bethe de,
또 묻되 이것 을 어디에 쓰느냐? 귀신들 답하되 이 신 을 발 에

23 uruldume : 'uruldeme'와 같다.

32

etuhe de, yaya gūniha bade isinambi. han i jui hendume, tuttu oci
신음 에 모든 생각한 곳에 다다른다. han 의 아들 말하되 그러면

suwe goro genefi uruldume jio. we neneme isinjici tede buki. tese gemu genefi
너희 멀리 가서 달려 오너라. 누가 먼저 다다르면 그에게 주마. 그들 모두 가서

uruldume jidere onggolo. han i jui, gūlha be bethe de etufi, yasa dalire
달려서 오기 전에 han 의 아들 신 을 발 에 신고 눈 가리는

mahala be eture jakade. tere geren hutuse hendume, teike ubade bihengge
모자 를 쓸 적에 그 많은 귀신들 말하되 방금 이곳에 있던 사람

absi genehe seme baici bahakū. tereci juwe nofi emte garhan[24] gūlha etufi,
어디에 갔느냐? 하고 찾아도 찾을 수 없다. 그로부터 두 사람 각 한 짝 신 신고

hūturi baime hendume. ice han tebure soorin de, isinakini seme amgaha. jai
복 구하여 말하되 새 han 앉을 왕좌 에 이르게 하라 하고 잤다. 이튿날

cimari ilifi geneci, emu gurun i han akū ofi. soorin be sirara jalin
일어나서 가니 한 나라 의 han 죽어서 왕위 를 잇기 위해

33

temšendumbi. tubade genefi emu mooi oren i fejile[25], han i jui tehe. gucu
서로 다툰다. 그곳에 가서 한 나무의 위패 의 아래 han 의 아들 앉았다. 친구

geren i isaha bade genehe. isaha geren, han tere jalin temšendure de. dergi
여럿 의 모인 곳에 갔다. 모인 여럿 han 앉기 위해 서로 다툼 에 위의

24 garhan : 'gargan'과 같다.
25 oren : 'ūren'으로도 쓰인다.

genggiyen enduri sargan jui hendume, abka ci emu dalhan ufa maktambi. wei
총명한 신 딸 말하되 하늘 에서 한 덩이 가루 던진다. 누구의

uju de tuheci, tere niyalma han tekini seme maktara jakade. tere ufa moo i
머리 에 떨어지면 그 사람 han 앉게 하라 하고 던질 적에 그 가루 나무 의

oren i dele tuheke. tereci isaha geren, ere moo i oren be han obumbio
위패 의 위 떨어졌다. 그로부터 모인 여럿 이 나무 의 위패 를 han 되게 하느냐?

sere jakade. emu niyalma hendume, moo i fejile ai bisire be sara, tuwaci acambi
할 적에 한 사람 말하되 나무 의 아래 무엇 있는지 를 알겠느냐? 보아야 마땅하다.

seme tuwaci, yala han i jui biheni. isaha geren hendume, ere be adarame
하고 보니, 정말 han 의 아들 있느니라. 모인 여럿 말하되 이 를 어떻게

34

akdafi han tebumbi seme facaha. jai inenggi isaha geren i dolo, han i jui
믿고 han 앉게 하느냐? 하고 흩어졌다. 다음 날 모인 여럿 의 안에서 han 의 아들

aisin jurufi, ere gurun i han, bi ombi sehe. gucu geli uyu jurufi,
금 토하고 이 나라 의 han 나 된다 하였다. 친구 또한 터키석 토하고

ere gurun i amban, bi ombi sehe. tereci tere gurun de, tere juwe nofi
이 나라 의 대신 나 된다 하였다. 그로부터 그 나라 에 그 두 사람

han, amban oho. tere gurun i nenehe han i emu ambula hocikon sargan jui
han 대신 되었다. 그 나라 의 이전의 han 의 한 매우 아름다운 딸

bihebi. tere be han gaifi fujin obuha.
있었다. 그 를 han 취해서 부인 삼았다.

saikan den leose bihebi. tere fujin inenggi dari, inenggi dulin de tere
멋있는 높은 누각 있었다. 그 부인 날 마다 한낮 에 그

leose de genembi. emu inenggi tere amban gūnime, ere leose de ainu genembi.
누각 에 간다. 하루 그 대신 생각하되 이 누각 에 어째서 가는가?

35

tere leose i dolo ai biheni seme, emu inenggi tere fujin i genere de,
그 누각 의 안 무엇 있는가? 하고 하루 그 부인 의 감 에

ini beye yasa dalire ajige mahala etufi dahame geneci. duka ton i neime,
그의 자신 눈 가리는 작은 모자 쓰고 따라 가니 문 수 로 열고

tafukū ton i tafume leosei ninggude genehe. tubade fergecuke saikan
계단 수 로 올라 누각의 위에 갔다. 그곳에 기이한 멋있는

soorin. boconggo sujei den sektefi, hacin hacin i amtangga jetere omire jaka
왕좌 색색의 비단으로 높이 깔고 여러 가지 의 맛있는 먹을 마실 물건

dagilaha bi. tubade fujin ini etuhe miyamigan be halafi, ice sujei etuku
준비하였다. 그곳에 부인 그녀의 걸친 장식구 를 바꾸고 새 비단의 옷

etufi beyebe obofi, hiyan i jergi amtangga wa be ijufi, hiyan dabufi tehe.
입고 몸을 씻고 향 의 등 감미로운 향기 를 바르고 향 피우고 앉았다

tere amban abka, niyalma, hutu de saburakū ajige mahala etufi, tere fujin i
그 대신 하늘 사람 귀신 에게 보이지 않는 작은 모자 쓰고 그 부인 의

36

jakade bisirede. emu hocikon gasha giltaršame jimbi. fujin hiyan dabufi
곁에 있음에 한 아름다운 새 빛을 내며 온다. 부인 향 피우고

okdoko. tere gasha leosei ninggui, emu gincihiyan wehei dele doofi[26].
맞았다. 그 새 누각의 위의 한 빛나는 돌의 위에 내려앉아서

uju be gehešeme bisirede. gashai dorgici, abkai enduringge hocikon fergecuke
머리 를 끄덕거리며 있음에 새의 가운데에서 하늘의 성스러운 것 아름다운 기묘한

jui ofi tebeliyeme acafi, jiramin sektehe sujei sishei dele tehe. tereci
아이 되어 껴안고 인사하고 두터운 깐 비단의 자리의 위 앉았다. 그로부터

hacin hacin i amtangga jeku ulebume kundulembi. tere jui hendume, te sini ere
여러 가지의 맛있는 음식 먹이고 대접한다. 그 아이 말하되 지금 너의 이

gaiha eigen antaka. fujin hendume absi ojoro be sarkū. isiha niyalma,
결혼한 남편 어떠하냐? 부인 말하되 어찌 될지 를 모르겠다. 도달한 사람

erdemu akū bisirebe sara unde. tere jui hendume. si cimari erde geli jio
덕 없고 있음을 알지 못한다. 그 아이 말하되 너 내일 일찍 또 오너라

37

sefi urgunjeme genehe. tereci fujin miyamigan be leose i ninggude werifi,
하고 기뻐하며 갔다. 그로부터 부인 장신구 를 누각 의 위에 남겨놓고

han i jakade jihe. jai inenggi ineku leosei ninggude generede. amban geli dahame
han 의 곁에 왔다. 다음날 같은 누각의 위에 감에 대신 또 따라

genehe. tere enduri jui geli, cecike ofi jifi, ineku nenehe adali acafi fakcaha.
갔다. 그 신 아이 또 작은 새 되어 와서 원래대로 전 처럼 만나고 헤어졌다.

amban jifi han de alame, leosei dolo fujin inenggi dari genefi, enduri jui
대신 와서 han 에게 알리고 누각의 안 부인 날 마다 가서 신 아이

26 doofi : 'dofi'와 같다.

emgi efire[27] be yooni alafi, cimari geli cecike ofi jimbi. han si tere be tuwaname
함께 놂 을 전부 알리고 다음날 또 작은 새 되어 온다. han 너 그 를 보러가서

genefi, tere leosei fejile emu tuwa dabufi bisu. bi tere cecikei uncehen be
가서 그 누각의 아래 한 불 피우고 있어라. 나 그 작은 새의 꼬리 를

jafafi tuwa de maktara. tere šolo de si lohoi sacime wa seme hebdefi.
잡아서 불 에 던지겠다. 그 틈 에 너 허리칼로 베어 죽여라 하고 도모하고
jai
다음

38

inenggi fujin ineku songkoi generede. han dahame genefi, tuwa dabuha bade
날 부인 원래 대로 감에 han 따라 가서 불 피운 곳에서
tuwakiyame
지키며

bisirede. tere amban yasa dalire mahala etufi, dukai dele iliha bici,
있음에 그 대신 눈 가리는 모자 쓰고 문의 위 서 있으니

tere enduri jui, saikan giltaršame cecike ofi, ucei bokson i dele doofi
그 신 아이 멋있는 빛을 내며 작은 새 되어 문지방 의 위 내려앉아

bisirede. fujin ambula urgunjeme hetu tuwara sidende. tere amban uncehen be
있음에 부인 대단히 기뻐하며 곁눈질할 사이에 그 대신 꼬리 를

jafafi tuwa de maktaha. han lohoi saciki serede, fujin, han i gala be jafafi
잡아서 불 에 던졌다. han 허리칼로 자르고자 함에 부인 han 의 팔 을 잡고

sacibuhakū. tuwa de fucihiyalabufi deyeme genehe. fujin dolori gasame
자르지 못하게 하였다. 불 에 털 태우고 날아 갔다. 부인 속으로 슬퍼하며

27 efimbi : 'efiyembi'와 같다.

ara, absi
아아! 얼마나

jilakan seme mujilen elhe akū oho. jai cimari fujin nenehe songkoi
가여운가 하고 마음 편하지 않게 되었다. 이튿날 부인 전 대로

39

leose de generede, amban inu dahame geneci, fujin ineku doroi aliyaci
누각 에 감에 대신 또 따라서 가니 부인 같은 예로 기다려도

jiderakū ofi, ambula mujilen jobome, abkai baru tuwame bisirede. emu
오지 않아서 크게 걱정하며 하늘의 쪽 보고 있음에 한

boco ehe gasha genggedeme jifi, sakda ihan ofi bisirede. fujin tere be
색 나쁜 새 비틀거리며 와서 늙은 소 되어 있음에 부인 그 를

sabufi, yasai muke tuhebume songgoro de. tere enduri jui hendume,
보고 눈물 떨어뜨리며 움 에 그 신 아이 말하되

si ume songgoro. sini eigen ambula horonggo niyalma, bi mujakū bade
너 울지 말라. 너의 남편 대단히 위력 있는 사람이다. 나 여러 곳에

tuwa de fucihiyalabuha. ereci amasi sini ubade, bi jici ojorakū oho.
불 에 털이 태워졌다. 이로부터 뒤로 너의 여기에 나 올 수 없게 되었다.

fujin hendume, inenggidari jime muterakūci, emu biya de emgeri acaki sefi
부인 말하되 매일 올수 없으 면 한 달 에 한 번 만나자 하고

40

fakcaha. enduri jui abka de genehe. tereci fujin, ini han eigen be
헤어졌다. 신 아이 하늘 에 갔다. 그로부터 부인 그녀의 han 남편 을

erdemungge seme kunduleme banjimbi. amban hendume bi, han ci fakcafi emu udu
덕이 있다 하고 공경하며 산다. 대신 말하되 나 han 에서 떨어져 여러

inenggi bimbi seme hendufi, yasa dalire mahala etufi genehe. tereci emu
날 된다 하고 말하며 눈 가리는 모자 쓰고 갔다. 그로부터 한

miyoo de isinafi, duka be neifi tuwaci. tere miyoo be tuwakiyara emu
사당 에 이르러서 문 을 열고 보니 그 사당 을 지키는 한

niyalma, emu niruha hoošan be sektefi. niruhan[28] be dergici fusihūn foriha de
사람 한 그림 그린 종이 를 깔고 그림 을 위로부터 아래로 두드림 에
emu
한

eihen ubaliyafi, miyoo i šurdeme murame yabumbi. geli wesihun foriha de, miyoo
나귀 변해서 사당 의 돌며 울고 간다. 또 위 두드림 에 사당

tuwakiyara niyalma ombi. amban ferguweme tuwara de, tere niyalma niruhan be
지키는 사람 된다. 대신 기이하게 여겨 봄 에 그 사람 그림 을
uhufi
말아서

41

fucihi amala somifi genehe. tereci amban miyoo de dosifi, tere niruhan be
부처의 뒤에 숨기고 갔다. 그로부터 대신 사당 에 들어가서 그 그림 을

gaifi tucifi gūnime. tere nenehe baili akū arki uncara hehe sargan jui be,
가지고 나와서 생각하되 그 이전에 은정 없이 술 파는 여자 딸 을

karu gaiki seme genefi hendume, suweni juwe nofi, mende baili isibuha turgunde.
복수하자 하고 가서 말하되 너희 두 사람 우리에게 은정 베푼 까닭으로

28 niruhan : 'nirugan'과 같다.

karu baili buki seme jihe sefi, ilan jiha aisin buhe manggi. eme jui
보답 은혜 갚자 하고 왔다 하고 3 돈 금 준 다음 어미니 아이

urgunjeme hendume, sain niyalma si ere aisin be abide baha. amban hendume,
기뻐하며 말하되 좋은 사람 너 이 금 을 어디에서 얻었냐? 대신 말하되
minde
나에게

emu nirugan bi. foriha de aisin tucimbi seme alara jakade. eme jui hendume,
한 그림 있다 두드림 에 금 나온다 하고 알릴 적에 어머니 아이 말하되

tuttu oci meni juwe nofi, nirugan be foriha de aisin bahafi bayan ombio.
그러면 우리 두 사람 그림 을 두드림 에 금 얻어서 부자 되느냐?

42

amban hendume esi oci. tere juwe nofi nirugan be forire jakade. uthai juwe
대신 말하되 당연히 되니 그 두 사람 그림 을 두드릴 적에 곧 두

eihen ubaliyaka. tere juwe eihen be, han i hūwa de gajifi alban weilerede.
나귀 변했다. 그 두 나귀 를 han 의 뜰 에 데려와서 관가 일함에

boigon[29] wehe juwebuki seme gajifi, ilan aniya otolo boigon wehe juwerede.
흙 돌 운반하게 하자 하고 데리고 삼 년 되도록 흙 돌 운반함에
darin
상처

goifi niyaki senggi eyembi. han tere eihen i yasai muke eyere be sabufi,
입고 진물 피 흘린다. han 그 나귀 의 눈물 흘림 을 보고

amban i baru hendume, ere juwe eihen de ai sui bi, ume bucebure sehe
대신 의 쪽 말하되 이 두 나귀 에게 무슨 죄 있느냐? 죽게 하지 마라. 한

29 boigon : 'boihon'과 같다.

manggi.
다음

amban jabume, ere muse be soktobufi aisin uyu gaiha hehe, sargan jui kai
대신 답하되 이 우리 를 취하게 해서 금 터키석 취한 여자 딸이니라

seme, eihen be forire jakade. uthai tere eme jui ofi, niyaki senggi eyeme ergen
하고 나귀 를 두드릴 적에 곧 그 어머니 아이 되어 진물 피 흐르고 숨

43

heni bi sere jakade. tere elhe yabungga han hendume, absi jilakan sere jakade.
조금 있다 할 적에 그 얼허 야붕가 han 말하되 얼마나 가여운가. 할 적에

enduri hendume, kesi akū han i angga ci jilgan tucike seme ukcafi genehe.
신 말하되 운 없는 han 의 입 에서 소리 나왔다. 하고 풀고 갔다.

● tuhūldai[30] julen ilaci
tuhūldai 이야기 세번째

tereci geli nenehe songkoi genefi enduri be unufi jiderede. enduri hendume, bai
그로부터 또 전 대로 가서 신 을 업고 옴에 신 말하되 땅의

goro de šadame ališara de, muse julen alaki. han gisun tucikekū ofi enduri
멀음 에 지치고 괴로움 에 우리 이야기 하자. han 말 내지않게 되서 신

geli hendume si alaki seci uju be gehešе. mimbe ala seci oncohon geheše.
또 말하되 너 말하고자 하면 머리 를 끄덕여라. 나를 말하라 하면 젖혀 끄덕여라.

30 tuhūldai : 몽골어 'tugal-dai'로서 송아지의 호칭으로 쓰인다.

han oncohon gehešehe manggi. enduri hendume julge emu birai sekiyen de emu
han 젖혀 끄덕인 후 신 말하되 옛날 한 강의 水源 에 한

44

beye den niyalma bihebi. tede damu emu uniyen ihan dabala jai umai akū. emu
키 큰 사람 있었다. 그에게 다만 한 암소 뿐 또 결코 없었다. 한

inenggi uniyen ihan muhašan bairede. tere niyalma muhašan baici baharakū ofi,
날 암소 황소 원함에 그 사람 황소 찾아도 얻을 수 없어서

ambula jobome mini ere uniyen tukšan banjirakū oci, ayara nimenggi baharakū, bi
매우 근심하여 나의 이 암소 송아지 낳지 않게 되면 마유주 기름 얻지 못해서 나

kangkame yuyume bucembi seme gūnifi ede gūwa arga akū seme, i deduki seme
목말라 굶주려 죽는다 하고 생각하고 이에 다른 방법 없다 하고 그 자자 하고

uniyen be deduhe. tereci biya jalufi banjire erin de, ai bocoi tukšan banjiha
암소 를 잤다. 그로부터 달 차서 태어날 때 에 무슨 색의 송아지 태어났는가?

seme tuwaci niyalma i beye, ihan i uju, uncehen golmin banjiha bi. tereci ama
하고 보니 사람 의 몸 소 의 머리 꼬리 길게 생겼다. 그로부터 아버지

mujilen kenehunjeme ofi, beri niru jafafi gabtame waki serede, tukšan niyalmai
마음 의심하게 되서 활 화살 잡고 쏘아 죽이자 함에 송아지 사람의

45

gisun i hendume, ama mimbe ume wara. sini ujihe baili, hiyoošun be isibure.
말 로 말하되 아버지 나를 죽이지 마라. 네 기른 은혜 孝順 을 갚겠다.

sefi, uthai weji i baru genehe. tereci weji[31] de isinafi emu moo i dade
하고 즉시 숲 으로 갔다. 그로부터 숲 에 도달하니 한 나무 의 밑에

emu yacin niyalma bi. tuhūldai fonjime, si ainaha niyalma serede tere niyalma
한 鴉靑 사람 있다. tuhūldai 묻되 너 어떤 사람이냐? 함에 그 사람

jabume, weji de banjiha, yacin iduri serengge bi inu. femen sektehe,[32]
대답하되 숲 에 살던 鴉靑 iduri 하는 이 나다. 입술 덮은

tuhūldai si abici jihe. sini emgi guculeki seme hendufi, juwe nofi emgi
tuhūldai 너 어디에서 왔냐? 너의 함께 친구하자 하고 말하고 두 사람 함께

geneci, emu alin de isinafi, emu niowanggiyan niyalma tehebi. si we seme
가서 한 산 에 도달하니 한 푸른 사람 살고 있었다. 너 누구냐 하고

fonjici, tere niyalma jabume, alin de banjiha, niowanggiyan iduri serengge bi inu.
물으니 그 사람 대답하되 산 에 살던 푸른 iduri 하는 이 나다.

46

suweni emgi guculeki. sefi ilan nofi geneme, emu šehun talai dulimbade isinaci,
너희 함께 친구하자. 하고 세 사람 가서 한 광야의 가운데에 도달하니

emu erdemungge šanggiyan niyalma tehebi. si we seme fonjici, tere niyalma
한 덕있는 흰 사람 살았다. 너 누구냐 하고 물으니 그 사람
jabume,
대답하되

šanggiyan iduri serengge bi inu. geli guculeki seme, duin nofi emgi guculefi
흰 iduri 하는 이 나다. 또 친구하자 하고 네 사람 함께 친구하고

geneme, emu untuhun bira de isinaci, emu alin i hanci emu ajige boo bi. tere
가서 한 빈 강 에 도달하니 한 산 의 가까이 한 조그만 집 있다. 그

---

31 weji : '숲'이라는 뜻으로, 특히 만주 지역의 '밀림'을 뜻한다.

32 femen sektehe : '입술을 덮은'이라고 해석되는데 송아지가 두 살이 되면 젖을 물지 못하도록 코에 끼어 입술을 덮는 도구인 'sektehe'를 차고 있음을 의미한다.

boode dosifi tuwaci, jetere omire jaka jalu bi. hūwai dolo hainuk[33] ihan
집에 들어가서 보니 먹고 마실 것 가득 있다. 뜰의 안에 하이눅 소

ilihabi. tede ejen akū ofi tubade uthai tehe. tereci inenggi dari emu
머물고 있다. 그곳에 주인 없어서 그곳에 바로 살았다. 그로부터 매일 한

niyalma boo tuwakiyambi. ilan niyalma abalambi. emu inenggi weji de banjiha
사람 집 지킨다. 세 사람 사냥한다. 한 날 숲 에 살던

47

yacin iduri boo tuwakiyafi, arki ayara kūthūme yali bujume tehe bici. tule
鴉青 iduri 집 지키며 술 마유주 젓고 고기 삶으며 있었더니 밖에서

jilgan tucirede, we jihe seme tuwanaci. emu mama beye fangkala emu too bi,
소리 남에 누구 왔냐 하고 보니 한 할머니 키 작은 한 手太鼓 있다.
fisade
등에

aimika[34] unufi jihe. tere mama hendume, jui sini ere bujura yali, kūthūre
무엇 지고 왔다. 그 할머니 말하되 아이 네 이 삶는 고기 저은

ayara be majige ulebure biheo. yacin iduri, majige amtalabure jakade. bisire
마유주 를 조금 먹게 하겠느냐? 鴉青 iduri 조금 맛을 보게 할 적에 있던

jaka uthai akū oho. tereci yali ayara akū ofi, yerdeme ini aika
것 즉시 없이 됐다. 그로부터 고기 마유주 없어져서 부끄러워 그의 모든

jaka be gemu efulefi, morin i fatha bahafi, songko arafi booi šurdeme inde
것 을 모두 부수고 말 의 발 가지고 흔적 삼고 집 둘러싸고 그에게

33 hainuk : 황소와 야크의 잡종으로 몽골어에서는 'qayinug'이라고 한다.
34 aimika : 'aimaka'의 잘못으로 판단된다.

bisire niru be gabtafi tehe. tereci gurgu gabtame genehe gucuse isinjifi fonjime,
있는 화살 을 쏘고 머물렀다. 그로부터 짐승 쏘러 간 친구들 도착해서 묻되

48

ayara nimenggi yali abide bi serede. weji de banjiha yacin iduri hendume, teike
마유주 기름 고기 어디에 있냐? 함에 숲 에 살던 鴉青 iduri 말하되 방금

tanggū moringga niyalma jifi, boo be kafi ayara be durime gaifi, mimbe
백 말탄 사람 와서 집 을 포위하고 마유주 를 훔쳐 가지고 나를

aššaci ojirakū tantafi genehe. suwe tesei songko, gabtaha babe tuwa sehe
움직일 수 없게 묶고 갔다. 너희 그들의 흔적 쏜 곳을 보라 한

manggi, tese tucifi tuwaci morin i songko, niru gabtaha be tuwafi
후 그들 나와서 보니 말 의 흔적 활 쏨 을 보고

akdaha. jai inenggi alin de banjiha niowanggiyan iduri boo be tuwakiyame
믿었다. 다음날 산 에 살던 푸른 iduri 집 을 지키며

bisirede. nenehe songko ohobi. booi šurdeme baifi ihan i fatha bahafi,
있음에 전 대로 됐다. 집의 주위 찾아서 소 의 발 가지고

songko arafi ineku gisun i, ihan yaluha geren jifi durime gaifi mimbe
흔적 삼고 같은 말 로 소 탄 여럿 와서 훔쳐 가지고 나를

49

tantafi genehe sehe. ilaci inenggi šanggiyan iduri boo tuwakiyame teci ineku
묶고 갔다 했다. 셋째 날 흰 iduri 집 지키며 있는데 같은

songkoi gamaha manggi. booi šurdeme baifi losa i fatha bahafi songko arafi,
대로 다녀간 후 집의 주위 찾아서 노새 의 발 가지고 흔적 삼고

gucusei baru hendume, ilan tanggū loosa[35] yaluha geren jifi durime gaifi,
친구들 에게 말하되 3 백 노새 탄 여럿 와서 훔쳐 가지고

mimbe tantafi genehe seme holtoho. duici inenggi tuhūldai boode tefi,
나를 묶고 갔다 하고 속였다. 넷째 날 tuhūldai 집에 머물고

weihe be sehehun ofi, uncehen be lasihime ayara kūthūme, yali bujume tehe
이 를 세우고 꼬리 를 흔들며 마유주 저으며 고기 삶고 있었다.

bici. ineku nenehe mama jifi hendume, age enenggi si tehe bini. yali ayara
같은 이전 할머니 와서 말하되 형 오늘 너 있었느냐? 고기 마유주

angga isiki serede tuhūldai gūnime, nenehe ilan inenggi urunakū ere bihebi.
먼저 먹자 함에 tuhūldai 생각하되 이전 3 일 반드시 이것 있었다.

50

ede angga isibuhe de ebsi ojoro ba sarkū seme gūnifi. mama si yali
이에 먼저 먹게 함 에 어찌 될 바 모른다 하고 생각하고 할머니 너 고기

anggasire onggolo muke gana sefi, hunio i fere be secifi unggihe. tereci
맛보기 전 물 가져오너라 하고 물통 의 밑 을 뚫어서 보냈다. 그로부터

mama muke ganaha amala, ucei jakaderi tuwaci. tere mama emu toi
할머니 물 가지러간 후 문의 곁으로 보니 그 할머니 한 뼘의

gese beyebe, uthai abka de isinaha gese den ofi, hunio maktafi
처럼 몸을 즉시 하늘 에 도달한 처럼 높이 되서 통 던져서

waidaci muke eyeme toktorakū tereci mama unuha be doolame tuwaci,
퍼내니 물 흘러 담기지 않는다. 그로부터 할머니 진 것 을 쏟아 보니

35 loosas : 'losa', 'lose', 'lorin' 등으로 쓰이며 나귀를 나타낸다.

emu subei futa, emu selei weijun, emu selei folho bi. tereci tuhūldai
한 힘줄 한 쇠의 집게 한 쇠의 망치 있다. 그로부터 tuhūldai

emu olo futa, mooi weijun, emu mooi folho be hūlašame sindafi,
한 麻 줄 나무의 집게 한 나무의 망치 를 바꾸어 놓고

51

tereingge be gemu gaiha. mama jifi hendume, hunio i fere fondojofi
그것 을 모두 가졌다. 할머니 와서 말하되 통 의 바닥 뚫려서

muke toktorakū. te jeku angga isiki serede. tuhūldai buhekū. mama
물 담기지 않는다. 이제 음식 먼저 먹자 함에 tuhūldai 주지 않았다. 할머니

geli hendume, ere ulin miningge kai. te muse juwe nofi hūsun temšeki
또 말하되 이 물건 내것이니라. 이제 우리 두 사람 힘 다투자

sefi. olo futai tuhūldai be huthuci, olo futa ofi lasha genehe.
하고 麻 줄로 tuhūldai 를 묶으니 麻 줄 되서 끊어졌다.

tereci tuhūldai sube futai mama be huthure jakade, aššaci ojirakū ofi,
그로부터 tuhūldai 힘 줄로 할머니 를 묶을 적에 움직일 수 없게 되서

mama hendume, te si etehe. geli hitahūn i fatame mukteki sefi, mooi weijun
할머니 말하되 이제 너 이겼다. 또 손톱 으로 할퀴며 내기하자 하고 나무의 집게

jafafi, tuhūldai tunggen be hafiraci umai herserakū. tuhūldai mamai
잡고 tuhūldai 가슴 을 집어도 결코 거들떠보지 않는다. tuhūldai 할머니의

52

tunggen be selei weijun i hafirafi murime tatara jakade. mucen i gese yali
가슴 을 쇠의 집게 로 집어서 비틀어 당길 적에 솥 의 같은 살

fakcafi jidere jakade. mama ara seme hūlafi, asihan jui sini gala
찢어져서 올 적에 할머니 아아 하고 소리치고 젊은 아이 네 손

hūsungge nikai. te folhoi forime tuwaki seme, tunggen be mooi folho i
세구나. 이제 망치로 두들겨 보자 하고 가슴 을 나무 망치 로

forire de, faksa moksoci, tuhūldai hersehekū. tuhūldai geli selei
두들김 에 바로 부러져도 tuhūldai 거들떠 보지 않았다. tuhūldai 또 쇠의

folho be tuwa de šeringgiyefi, mama uju be tantara jakade, senggi eyeme
망치 를 불 에 달구어서 할머니 머리 를 칠 적에 피 흘리며

buruleme[36] genehe. tereci abalanaha ilan gucu isinjifi hendume, si emhun ališaha
도망쳐 갔다. 그로부터 사냥하러 간 세 친구 도달해서 말하되 너 홀로 고생했

kai.
구나.

tuhūldai hendume, suweni eheliyenggu giyoohotose[37] hahardame bahanarakū. bi tere
tuhūldai 말하되 너희 어리석은 거지들 사나이라고 할 수 없다. 나 그

53

mama be dahabuhe. te genefi terei giran be tuwaki seme, senggi eyehe be
할머니 를 굴복시켰다. 이제 가서 그의 시체 를 보자 하고 피 흐름 을

songkolome geneci, emu ambula gelecuke hadai dung bi. terei jakanaha babe
따라 가니 한 큰 무서운 바위의 동굴 있다. 그의 갈라진 곳을

tuwaci, juwan jakūn da šumin. dung ni dolo terei giran, jai aisin
보니 열 여덟 발 깊다. 동굴 의 안에 그의 시체 또 금

---

36 buruleme : 'burulame'와 같다.
37 giyoohotose : 'giyohosose'와 같다.

uyu boobai, uksin saca coohai agūra, ulin ulha wajirakū sabumbi.
터키석 보배 갑옷 투구 군의 무기 재물 가축 끊이지 않고 보인다.

tere be sabufi, tuhūldai hendume, suweni ilan nofi dosifi, tere ulin
그 를 보고 tuhūldai 말하되 너희 세 사람 들어가서 그 재물

ulha be futa de hūwaitafi tucibu. bi suwembe tantame gaiki. akū ci
가축 을 줄 에 묶어서 꺼내어라. 나 너희를 끌어당겨 가지자. 아니면

bi dosiki, suwe mimbe tatame gaisu. ilan gucu jabume, tere mama hutui
나 들어가자. 너희 나를 끌어당겨 가져라. 세 친구 대답하되 그 할머니 마귀

54

gese gelecuke bihe. be geleme dosime muterekū. si dosi. tereci tuhūldai
처럼 무서웠다. 우리 두려워 들어갈 수 없다. 너 들어가라. 그로부터 tuhūldai

futa jafame, dosifi ulin ulha be yooni tucibuhe manggi. ilan gucu ehe
줄 잡고 들어가 재물 가축 을 모두 꺼낸 후 세 친구 나쁜

mujilen jafafi hendume, ere be tantame gaici, ere ulin ulha be gemu i ejilembi.[38]
마음 먹고 말하되 이 를 끌어 가지면 이 재물 가축 을 모두 그 차지한다.

ere be tuciburakū ohode, ere ulin ulha be muse ejilembi seme tucibuhekū.
이 를 꺼내지 않음에 이 재물 가축 을 우리 차지한다 하고 꺼내지 않았다.

dung de waliyafi jihe. tereci tuhūldai gūnime, tese dule minde ehe mujilen
동굴 에 버리고 왔다. 그로부터 tuhūldai 생각하되 그들 역시 나에게 나쁜 마음

jafaha ni. te minde gucu akū. ere mamai giran be derki seme aika baime
생겼구나. 이제 나에게 친구 없다. 이 할머니의 시체 를 솟아라 하고 무언가 찾아

38 ejilembi : 'ejelembi'와 같다.

yabure de. ilan guilehe bahafi, tere dung ni dulimbade giran i jakade umbufi,
다님 에 세 살구 얻어서 그 동굴 의 가운데에 시체 의 곁에 묻고

55

muke hungkerefi hendume, tuhūldai bi bucere giyan akū oci amgafi getere
물 붓고 말하되 tuhūldai 나 죽을 이유 없으니 자고서 깨기

onggolo ere ilan guilehe dung ni anggaci tucime, ilan amba moo okini.
전에 이 세 살구 동굴 의 입구에서 나가 세 큰 나무 되게하자.

tuttu akūci bucekini seme hendufi amgaha. tere mama be cirume dedure
그렇지 않으면 죽게하자 하고 말하고 잤다. 그 할머니 를 베고 잘

jakade giran i nantuhūn sukdun beyede dosifi ududu aniya amgaha gaitai geteci,
적에 시체 의 더러운 기운 몸에 들어서 여러 해 자고 문득 깨니

guilehe moo hadai wesihun angga de isitala banjihabi. tereci urgunjeme moo be
살구 나무 바위의 위로 입구 에 이르도록 자라났다. 그로부터 기뻐하며 나무 를

jafafi wesihun tucike. neneme tehe boode genefi tuwaci umai akū. damu ini
잡고 위로 나갔다. 전에 살던 집에 가서 보니 아무도 없다. 다만 그의

selei beri niru bi. tere be jafafi geneci, ilan gucu, ilan boo arafi, emte
쇠의 활 화살 있다. 그 를 잡고 가니 세 친구 세 집 짓고 하나씩

56

sargan gaifi banjimbi. ilaci sargan de fonjime, suweni eigete aba. hehesi
처 데리고 산다. 셋째 처 에게 묻되 너희 남편들 어디있냐? 여자들

jabume,
대답하되

abalame genehe sehe manggi. tuhūldai niru solmifi[39] jidere de, hehesi geleme
사냥하러 갔다 하니 tuhūldai 화살 숨기고 옴 에 여자들 두려워

burulame genehe. tuhūldai selei nirui emgeri gabtara jakade, tere ilan gucu geleme
도망쳐 갔다. tuhūldai 쇠의 활로 한번 쏠 적에 그 세 친구 두려워

booci tucifi hendume, ere ilan boigon siningge okini, meni ilan nofi
집에서 나와 말하되 이 세 집 네 것 되게하자. 우리 세 사람

tucifi geneki. tuhūldai hendume, ilan gucu suweni weilehengge waka kai. bi
나와서 가자. tuhūlda 말하되 세 친구 너희 일한 것 나쁘니라. 나

mini ama de baili isibume genembi. suwe te saikan banji sefi genehe. jai inenggi
내 아버지 에게 은혜 갚으려 간다. 너희 이제 잘 살아라 하고 갔다. 다음 날

genere de, emu šeri ci emu hocikon jui muke gajifi genembi. tuhūldai
감 에 한 우물 에서 한 어여쁜 아이 물 가지고 간다. tuhūldai

57

terei songko de dosifi geneci, okson ton i emte ilha banjiha be
그의 흔적 에 들어서 가니 걸음 수 로 하나씩 꽃 피는 것 을

sabufi ferguweme dahame genehei, abka de isinaha. tereci abkai han tuhūldai be
보고 찬탄하여 따라 가서 하늘 에 이르렀다. 그로부터 하늘의 han tuhūldai 를

sabufi hendume, sini jihengge ambula sain. te gelhun akū kara hutu inenggidari
보고 말하되 네 온 것 매우 좋다. 지금 감히 검은 마귀 매일

minde afanjimbi. cimari erde šanggiyan muhašan, kara muhašan be casi bošombi.
나에게 싸우러 온다. 아침 일찍 흰 황소 검은 황소 를 저리 쫓는다.

---

39 solmifi : 'somifi'의 잘못이다.

yamji kara muhašan, šanggiyan muhašan be ebsi bošombi. šanggiyan muhašan miningge,
저녁 검은 황소 흰 황소 를 이리 쫓는다. 흰 황소 나의 것

kara muhašan hutu ningge. yamjishūn kara muhašan, museingge be ebsi bošome jiderede,
검은 황소 마귀 의 것. 해질녘 검은 황소 우리의 것 을 이리 쫓아 옴에

si sini selei niru be jalu tatafi, kara muhašan i šenggin be gabta sehe. tereci
너 네 쇠의 활 을 가득 당겨서 검은 황소 의 이마 를 쏘라 했다. 그로부터

58

tuhūldai kara muhašan i šenggin be goibure jakade, geren gemu buruleme genehe.
tuhūldai 검은 황소 의 이마 를 명중시킬 적에 여럿 모두 도망쳐 갔다.

abkai han ambula urgunjeme hendume, si ambula bailingga niyalma. meni ubade
하늘의 han 매우 기뻐하며 말하되 너 큰 은인. 우리 이곳에

enteheme te serede, tuhūldai ojorakū hendume, bi mini ama de baili isibume
영원히 있어라 함에 tuhūldai 되지 않아 말하되 나 나의 아버지 에게 은혜 갚으러

genembi serede. abkai han emu boobai bufi hendume, sini genere jugūn hutui
간다 함에 하늘의 han 한 보배 주고 말하되 네 가는 길 마귀의

duka de tunggalambi. tereci jailaci ojorakū. terei duka be fori. we seci,
문 에 마주친다. 그로부터 피할 수 없다. 그의 문 을 두들겨라. 누구냐 하면

bi daifu seme hendu. tere hutui han feye be tuwabuci, si feye be daifurambi
나 의사 하고 말하라. 그 마귀의 han 상처 를 보이면 너 상처 를 치료한다.

seme, nadan arfa be abkai baru maktafi šenggin de, hadaha niru be, fehi de
하고 일곱 귀리 를 하늘로 던지고 이마 에 붙은 화살 을 뇌 에

59

isitala dosi tokome wa sehe. tereci tuhūldai gisun i songkoi jugūn de
미치도록 안으로 찔러 죽여라 했다. 그로부터 tuhūldai 말 의 대로 길 에

dosifi genehei, hutui duka de isinafi duka be forire jakade. angga ci
들어가서 마귀의 문 에 도달해서 문 을 두들길 적에 입 에서

tuwa tucike hehe hutu jifi hendume, si ainaha niyalma tuhūldai jabume, bi daifu
불 나온 여자 마귀 와서 말하되 너 어떤 사람이냐? tuhūldai 대답하되 나 의사

niyalma sehe manggi. boode dosimbufi, hutui han ini feye be tuwabure jakade.
하니 집에 들어오게해서 마귀의 han 그의 상처 를 보일 적에

tuhūldai hendume, ere feye be daifurarengge ja sefi, niru be fehi de isitala
tuhūldai 말하되 이 상처 를 치료하는 것 쉽다 하고 활 을 뇌 에 이르도록

dosi tokofi den jilgan i hūlame, nadan arfa be wesihun maktara jakade, hutui
안으로 찌르고 큰 소리 로 소리치며 일곱 귀리 를 위로 던질 적에 마귀의

sargan hendume, ere niyalma be urunakū abka takūraha bi seme, selei mukšan i
처 말하되 이 사람 을 반드시 하늘 보냈다 하고 쇠의 몽둥이 로

60

forire jakade. tuhūldai dara mokcofi bucehe. terei fayangga nadan usiha ofi
두들길 적에 tuhūldai 허리 부러져서 죽었다. 그의 영혼 일곱 별 되서

genehe sere jakade. elhe yabungga han hendume, tere tuhūldai amai baili isibuha
떠났다 할 적에 elhe yabungga han 말하되 그 tuhūldai 아버지의 은혜 미치지

akūni seme henduhe manggi. enduri hendume kesi akū han i anggaci gisun tucike
못했구나 하고 말하니 신 말하되 운 없는 han 의 입에서 말 나왔다

sefi ukcafi genehe.
하고 풀고 갔다.

— ○ — ○ — ○ — ○ —

● ulgiyan i ujungga saman i duici julen
돼지 의 머리의 무당 의 네 번째 이야기

tereci geli nenehe songkoi genefi, enduri be unufi jidere de. enduri hendume,
그로부터 또 전 대로 가서 신 을 업고 옴 에 신 말하되

si emu julen ala. akūci bi emu julen alara. han jilgan tucikekū. enduri
너 한 이야기 말해라. 없으면 나 한 이야기 말하겠다. han 소리 내지 않았다. 신
geli
또

hendume, si alaki seci uju geheše. mimbe ala seci oncohon geheše serede,
말하되 너 말하고자 하면 머리 끄덕여라. 나를 말하라 하면 젖혀 끄덕여라 함에

61

han oncohon geheše manggi. enduri hendume, julgei emu birai sekiyen de
han 젖혀 끄덕인 후 신 말하되 옛날 한 강의 근원 에

ambula sebjengge ba bihebi. tubade emu eigen sargan bihebi. eigen umesi budun,
매우 즐거운 곳 있었다. 그 곳에 한 남편 아내 있었다. 남편 매우 뚱뚱한

inenggi dobori akū kemuni amhambi. emu inenggi sargan hendume baibi ainu
낮 밤 없이 늘 잔다. 한 날 아내 말하되 다만 어찌

uttu dedumbi. sini amaį werihe ulin ulha amba dulin wajiha. amhara be
이렇게 누워있는가? 너의 아버지의 남긴 재물 가축 크게 반 끝났다. 잠 을

nakafi, yaka bade genehede aika jaka bahara be adarame sara sehe manggi.
멈추고, 어느 곳에 감에 어떤 것 얻을지 를 어찌 알겠는가 한 후
eigen
남편

tere gisun be gaifi, emu inenggi šuntuhun i yabufi, emu feniyen hūlhai tataha
그 말 을 취해서 한 날 종일 가서 한 무리 도적의 머무른

bade isinafi emu indahūn, emu giyahūn, emu dobihi sukū, fulhū de tebuhe
곳에 다다라 한 개, 한 매, 한 여우 가죽, 포대 에 담긴

62

nimenggi waliyaha ba bahafi, tere be unufi gajifi booi tule sindaha. sargan
기름 버려진 곳 얻고, 그것 을 지고 가져와 집의 밖 놓았다. 아내

sabufi fonjime, ere fulhū nimenggi be abide baha. eigen jabume, sini gisun i
보고 묻되 이 포대 기름 을 어디에서 얻었는가? 남편 대답하되 너의 말 의

songkoi genefi hūlhai tataha bade baha. sargan hendume, haha niyalma baibi
대로 가서 도적의 머무는 곳에서 얻었다. 아내 묻되 남자 헛되이

tefi ai bahambi. emu inenggi genefi ere gese bahafi gajiha kai serede
앉아 어찌 얻었는가? 한 날 가서 이 처럼 얻어서 가져왔느니라 함에

eigen hendume, tuttu oci si enggemu hadala tohoma dagilafi, emu šanggiyan
남편 말하되 그렇다면 너 길마 굴레 말다래[40] 준비하고, 한 하얀

nerekū, emu šanggiyan mahala, emu morin, emu indahūn yooni baisu sehe manggi
망토, 한 하얀 모자, 한 말, 한 개 모두 구하라 한 후

sargan tere be yooni bahafi hendume, aika jaka gemu baha. te geneci acambi.
아내 그것 을 모두 얻고 말하되 모든 것 모두 얻었다. 지금 가면 마땅하다.

---

40 말다래 : 말을 탄 사람이 옷에 흙이 튀지 않게 하기 위하여 말의 안장 양쪽에 늘어뜨려 놓은 기구.

63

eigen šanggiyan mahala nereku etufi, jebele loho ashafi, morin yalufi indahūn be
남편 흰 모자 겉옷 입고, 화살통 허리칼 차고, 말 타고 개 를

kutulefi, genere ici be sarkū, balai geneme emu birai ergi de, emu šehun
끌고, 갈 방향 을 모르고 그냥 가서 한 강의 방향 에, 한 빈

tala de isinafi tuwaci, emu dobi be sabufi hendume, sucungga ucarabuhangge
들판 에 다다라서 보니, 한 여우 를 만나 말하되 처음 만나게 된 것

gucui uju sehebi. ere be wafi mahala araki seme bošome gamahai, dobi jurun de
친구의 머리 했다. 이것 을 죽여서 모자 만들자 하고 몰아서 잡으러 여우 굴 에

dosika. tereci morin ci ebufi, beri jebele nereku etuku be, gemu morin de hūwaitafi,
들어갔다. 그곳에서 말 에서 내려와, 활 화살통 겉옷 옷 을 모두 말 에 묶고

indahūn be morin i meifen de hūwaitafi, i nihušulefi[41] šanggiyan mahala be jurun
개 를 말 의 목덜미 에 메고, 그 벌거벗고 흰 모자 를 굴

angga be sifi, emu amba wehe be jafafi, dobi bisire teisu šerime tantara jakade.
입구 를 틀어막고, 한 큰 돌 을 잡고, 여우 있는 쪽 위협하여 때릴 적에

64

dobi geleme jurun ci tucifi, sihe šaggiyan mahala meifen de ulibufi feksime
여우 두려워하며 굴 에서 나와, 틀어막은 흰 모자 목 에 꿰여서 달려

41 nihušulefi : 'niohušulefi'와 같다.

genehe. tere be dahalame bošoci, indahūn be morin i meifen de hūwaitahangge
갔다. 그것 을 따라서 몰아가니 개 를 말 의 목덜미 에 메어둔 것

ofi, morin be kutulehei bošoho. tereci emu meifehe be dabaha manggi. emhun
되어, 말 을 끌고서 몰아갔다. 그곳에서 한 고개 를 넘은 후 홀로

tuwafi arga wajifi, tere birai wasihūn geneci. tere gurun de eiten be yongkiyaha
살펴보고 계획 끝내고, 그 강의 아래 가니 그 나라 에 일체 를 완성한

emu amba han bihebi. tere han i morin i heren de isinafi. emu muhaliyaha
한 큰 han 있었다. 그 han 의 말 의 마구간 에 다다라 한 더미

orhoi dolo dosifi, juwe yasai teile tucifi ukame deduha bici. tere han i
풀의 가운데 들어가 두 눈 만 내놓고 도망쳐 누워있으니 그 han 의

emu haji sargan jui bihebi. tere sargan jui, terei jakade sitefi, han i amba
한 예쁜 딸 있었다. 그 딸 그의 곁에서 소변보고서 han 의 큰

65

gurun be salire, emu uyu boobai be tubade waliyafi boode genehe. boobai be
나라 를 가치있는, 한 터키석 보물 을 그곳에 잃어버리고 집에 갔다. 보배 를

sabufi orhoi dorgici tucire be manggašame boobai be gaifi assara[42] ba akū
보고서 건초의 속에서 나옴 을 난처해하며 보물 을 가지고 숨길 곳 없다

seme gaihakū. tereci šun tuheme, emu uniyen ihan jifi, tere boobai dele
하며 취하지 않았다. 그곳에서 해 지고, 한 젖소 소 와서, 그 보물 위에

fajafi genehe. tereci emu aha hehe jifi, uniyen be bošome gamarade, tere
똥누고 갔다. 그곳에서 한 노비 여자 와서, 암소 를 몰아 감에 그

42 assara : 'asara'의 잘못이다.

fajan be boobai suwaliyame gaifi, emu fajaran[43] de latubufi sindaha. jai cimari,
똥 을 보물 섞어 가지고, 한 벽 에 붙여 놓았다. 이튿날

tere han i mujilen i gese cindamani[44] boobai, han i fayangga be, sargan jui
그 han 의 마음 의 같은 cindamani 보물, han 의 영혼 을, 딸
waliyabufi,
잃어버리게 되서

han, ambasa gemu baire jalin, fafun i amba tungken forifi geren be isabufi,
han, 대신들 모두 찾기 위해 법 의 큰 북 치고 모두 를 모이게 하여

66

samansa sara niyalma de fonjime yabure de, tere orhoi dolo deduhe niyalma
무당들 아는 사람 에게 묻고 다님 에 그 건초의 속에 누워있던 사람

beyebe dulin tucibufi bisire de, emu niyalma jifi fonjime, si aika sambio.
몸을 반 드러내고 있음 에 한 사람 와서 묻되 너 무엇 아느냐?

tere niyalma jabume, bi guwa tuwame majige bahanambi. tere niyalma hendume,
그 사람 대답하되, 나 卦 보아 조금 안다. 그 사람 말하되
tuttu
그렇다면

oci, meni han i fayanggai boobai waliyabufi, eiten sara niyalma be gemu
우리의 han 의 영혼의 보물 잃어버리게 되어서 모든 알 사람 을 모두
isabuha
모이게 했다

bi. si han i jakade yabu sere jakade, tere niyalma hendume, minde etuku akū.
너 han 의 곁에 가라 할 적에 그 사람 말하되 나에게 옷 없다.

---

43 fajaran : 'fajiran'과 같다.
44 cindamani : 불교에서 소원을 들어주는 마법의 보석으로 산스크리트어에서 유래하였다.

adarame genere sehe manggi. tere niyalma, han de genefi alame, musei morin i
어떻게 가겠는가 한 후 그 사람 han 에게 가서 고하되 우리의 말 의

heren i tule, emu beye niohušun guwa tuwara niyalma bi. etuku bici han i
마구간 의 밖 한 몸 벌거벗은 卦 보는 사람 있다. 옷 있으면 han 의
jakade
곁에

67

jiki sembi. han hendume, celmen i etuku etubufi, gajime jio sehe. takūraha
오고자 한다. han 말하되 絨 의 옷 입혀서 데려 오라 했다. 부리는

niyalma etuku etubufi, han i jakade gajifi hengkilebuhe. han fonjime, si guwa
사람 옷 입히고, han 의 곁에 데려와 절하게 했다. han 묻되, 너 卦

tuwara de ai baitalambi. tere niyalma jabume, mini guwa tuwarade emu amba
봄 에 무엇 사용하느냐? 그 사람 대답하되 나의 卦 봄에 한 큰

ulgiyan i uju, sunja hacin i girdan, emu hiyase ufa baitalambi sehe manggi.
돼지 의 머리, 다섯 종류 의 깃발, 한 되 밀가루 사용한다 한 후

tere be yooni gajiha manggi, emu mukšan i dubede ulgiyan i uju be etubufi
그것 을 모두 가져온 후 한 몽둥이 의 끝에 돼지 의 머리 를 씌우고

sunja hacin i girdan hūwaitafi, ufa muhaliyafi tede ilibufi, ilan inenggi
다섯 종류 의 깃발 묶고, 밀가루 쌓아서 그곳에 세우게 하고, 3 일
dubede
끝에

bahambi sehe. ilaci inenggi geren be isabufi, i emu jangci etufi, tere
얻는다 했다. 세번째 날 모두 를 모이게 하고, 그 한 모직 웃옷 입고, 그

68

ulgiyan i uju be jafafi giya de genefi tehe geren niyalma fiheme isafi
돼지 의 머리 를 잡고 거리 에 가고 살던 여러 사람 채워 모아

bisirede, ulgiyan i uju be jafafi, niyalma toome emtenggeri jorime ede
있음에 돼지 의 머리 를 잡고, 사람 마다 한번씩 가리키며 여기

bio, tede bio seme fonjifi, ese de gemu akū sehe manggi. tese gemu
있는가, 저기 있는가 하며 묻고, 이들 에게 모두 없다 한 후 그들 모두
urgunjehe.
기뻐했다.

tereci boobai niyalma de akū seme, geli ulan ulan i baihai, han i booi
그곳에서 보물 사람 에게 없다 하고, 다시 입에서 입으로 찾아서, han 의 집의

tulergi terkin i weheci wesihun, ulgiyan i ujui jorišame baimbi. tereci han
바깥 계단 의 돌에서 위쪽 돼지 의 머리로 가리키며 찾는다. 그곳에서 han

gucuse be gaifi baime yabure de, tere guwa tuwara niyalma, morin i heren i
친구들 을 데리고 찾으러 감 에 그 卦 보는 사람 말 의 마구간 의
fajaran de
벽 에

latubuha fajan de isinafi, ulgiyan i ujui fajan be jorime, erei dolo bi
묻힌 똥 에 이르러 돼지 의 머리로 똥 을 가리키며 이것의 가운데 있다

69

seme fajan be neire jakade, han i fayanggai boobai be, tere fajan i dolo
하고 똥 을 헤칠 적에, han 의 영혼의 보배 를 그 똥 의 가운데

baha. gurun gubci ambula urgunjeme, si ambula tondo niyalma nikai. baili
얻었다. 나라 모두 매우 기뻐하고, 너 매우 정직한 사람이구나. 은혜

isibuki seme boode dosimbufi ulgiyan i ujungga saman seme gebulehe. han
갚자 하고 집에 들여서 돼지 의 머리의 무당 하고 이름 주었다. han
hendume,
말하되

sinde baili isibuki sembi. si ai baitalambi. ulgiyan i ujungga saman hendume,
너에게 은혜 갚고자 한다. 너 무엇 필요하냐? 돼지 의 머리의 무당 말하되

minde enggemu hadala, emu morin, beri jebele, šanggiyan mahala, jafui nereku,
나에게 길마 굴레, 한 말, 활 화살통, 흰 모자, 울의 겉옷,
emu indahūn,
한 개

emu dobihi baitalambi sehe manggi. han hendume, ere mentuhun niyalma nikai
한 여우가죽 필요하다 한 후, han 말하되 이 어리석은 사람이구나
sefi,
하고

ambasai baru hendume, erei baitalarangge be baifi bu. jai geli ini gūnin de
대신들의 쪽 말하되 이의 필요한 것 을 얻어 주어라. 다시 또 그의 뜻 에

70

acabume bufi unggi sehe manggi. ambasa tere be yooni jalukiyafi yali nimenggi
맞추어 주어서 보내라 한 후 대신들 그것 을 모두 가득 채우고 고기 기름
be
을

juwe sufan de acifi unggihe. tereci ini boode isinaha manggi, ini sargan
두 코끼리 에 싣고 보냈다. 그로부터 그의 집에 다다른 후, 그의 아내

arki jafame okdofi hendume, haha niyalma ere gese yabuci sain kai seme
술 만들어 마시고 말하되 남자 이 처럼 가면 좋으니라 하고

boode dosika. dobori deduhe de sargan fonjime, ere yali nimenggi be abide
집에 들어갔다. 밤 잠 에 아내 묻되 이 고기 기름 을 어디서

baha. ulgiyan i ujungga saman i turgun be yooni alaha manggi, sargan hendume,
얻었냐? 돼지 의 머리의 무당 의 사연 을 모두 알린 후, 아내 말하되

si haha niyalma bime uttu budun oliha nikai. cimaha inenggi bi han de
너 남자 인데 이렇게 나약하고 겁 많으냐. 내일 나 han 에게

genefi alaki sefi. emu bithe arafi han i jakade genefi, han de gashan
가서 아뢰자 하고, 한 글 지어 han 의 곁에 가서, han 에게 슬픔

71

ambula ofi fayangga boobai waliyabuha bi. bi safi beyei gashan be bederebure
크게 되고 영혼 보배 잃어버리게 되었다. 나 알고 몸소 슬픔 을 물리치게 하기

jalin indahūn, dobihi gaiha. boobai baha urgun i doroi ai buki seci
위하여 개, 여우가죽 가져왔다. 보물의 얻은 기쁨 의 예로 무엇 주고자 하면

han i ciha dere seme, saman i bithe seme alibure jakade, han tuwafi hendume,
han 의 뜻이니라 하며 무당 의 글 하고 아뢸 적에 han 보고 말하되,

ere bithe unggihe giyan inu kai, tere be bi saha seme, ulin be ambula bufi
이 글 보낸 이유 옳다, 그것 을 나 알았다 하고 재화 를 많이 주어서

unggihe. tere eigen sargan jirgame banjimbi. tereci asuru goro akū emu bade,
보냈다. 그 남편 아내 즐겁게 산다. 그곳에서 매우 멀지 않은 한 곳에

emu han i ahūn deo nadata bihebi. tese ahūn deo i dolo, hehe akū ilan
한 han 의 형 동생 일곱 씩 있었다. 그들 형 동생 의 가운데, 여자 없는 세

deo, ahūnta ci fakcafi weji de geneci, emu hocikon sargan jui, emu eje ihan
동생, 형들 에서 헤어져 숲 에 가니, 한 어여쁜 딸, 한 불깐 소

72

bi, tere sargan jui de, han i juse fonjime, si abici jihe. sargan jui
있다. 그 딸 에게 han 의 아들들 묻되 너 어디에서 왔느냐? 딸

jabume, bi julergi bai cokto[45] han i sargan jui bihe. ere ihan be dahalahai
대답하되, 나 남쪽 땅의 cokto han 의 딸 이었다. 이 소 를 따라서

ubade isinjiha sembi. juse hendume, tuttu oci meni ahūn deo ilan nofi de
여기에 다다랐다 한다. 아들들 말하되, 그렇다면 우리 형 동생 세 명 에게

sargan akū, simbe gaiki seme sargan gaiha. tere dule eje ihan haha hutu,
아내 없다 너를 취하자 하며 결혼했다. 그 사실 불깐 소 남자 귀신,

sargan jui hehe hutu kūbuliha biheni. tereci sargan jui be, ahūn gaifi
딸 여자 귀신 변신했었다. 그로부터 딸 을 형 취하고

akū oho. jacin ahūn gaifi geli akū oho. ajige deo gaifi geli
죽었다. 두번째 형 취하고 또 죽었다. 작은 동생 취하고 또

ambula nimeme bisirede, geren ambasa hebdeme. nenehe juwe ahūn de udu
매우 아파하고 있음에 여러 대신들 의논하되 먼저 두 형 에게 비록

73

daifuraha seme tusa akū oho. tere be daifuraha seme tusa ojorongge
치료했다 해도 이득 없었다. 그 를 치료했다 하여 이득 되는 것

inu mangga. ubaci juwe dabahan i cala, emu ulgiyan i ujungga saman daljakū
또한 어렵다. 여기에서 두 고개 의 저쪽 한 돼지 의 머리의 무당 관계없이

tondo sere. tere be solici acambi seme, duin moringga niyalma be takūrafi,
용하다 한다. 그 를 초청하여야 한다 하고, 네 말 탄 사람 을 보내어

---

45 cokto : 몽골어에서는 'čogt'로 쓰며, '위엄이 있는'의 의미이다.

saman i jakade isinafi, nimere be alaha manggi. ulgiyan i ujungga saman hendume,
무당 의 곁에 다다라서 아픔 을 알린 후 돼지 의 머리의 샤먼 말하되

enenggi majige baita bi. ere dobori urebume tuwafi geneci ojoro, ojirakū be
오늘 조금 일 있다. 이 밤 깊이 생각해 보고 가면 될지 되지 않을지 를

cimari tuwaki sefi. tere dobori ini sargan i baru hebešere de, sargan hendume,
내일 보자 하고, 그 밤 그의 아내 의 쪽 의논함 에 아내 말하되

neneme yabuha weile gemu sain bihe. te baibi tere anggala, geli jabšara
앞서 간 일 모두 잘 되었다. 지금 단지 그보다 또한 행운 얻을지
be adarame
를 어찌

74

sambi, geneci acambi sehe. jai inenggi elcin i baru hendume, ere dobori tuwahangge
알겠는가 가야만 한다 했다. 다음 날 사신 의 쪽 말하되 이 밤 살펴본 것

gemu sain, te geneki seme emu morin yalufi, jangci etufi, hashū gala de emu
모두 좋다 지금 가자 하고 한 말 타고, 모직 웃옷 입고, 왼쪽 손 에 한

erihe jafafi, ici gala de sunja hacin i girdan hūwaitafi, mukšan i dubede ulgiyan i
염주 쥐고, 오른 손 에 다섯 종류 의 깃발 묶고, 몽둥이 의 끝에 돼지 의

uju etubufi genehe. han i boode hanci ome, tere haha hehe hutu, terei jidere
머리 씌우고 갔다. han 의 집에 가까이 되어 그 남자 여자 귀신, 그의 오는

algin be gorokici donjifi tuksiteme ofi gūnime, tere guwa tuwame bahanafi
소식 을 멀리서 듣고 불안하게 되어서 생각하되 그 卦 보고 알고서
jimbidere
오느니라.

seme bisirede. tere saman isinjifi, han i cirkui teisu ufa muhaliyafi, tede
하며 있음에 그 무당 다다라서, han 의 베개의 맞은편 밀가루 쌓고 그곳에

ulgiyan i uju be cokifi, tarni hūlambi seme bisirede, tere fujin han i nimere be
돼지 의 머리 를 꽂고, 경 읽는다 하고 있음에 그 부인 han 의 아픔 을

75

majige sulakan obume, mujilen jobome tule tucifi tehe de, han i beye sulakan ofi
조금 낫게 하고 마음 걱정하며 밖에 나가서 있음 에 han 의 몸 나아지게 되어

majige amgaha. tereci saman geleme, han i nimerengge ujen bihe. te jilgan
조금 잤다. 그로부터 무당 두려워하며, han 의 아픈 것 심해졌다. 지금 소리

tucirakū ergen yadaha ayoo seme, han seme hūlaci jilgan tucirakū. tereci
나지 않고 숨을 거둘라 하고 han 하고 부르니 소리 내지 않는다. 그로부터

saman ulgiyan i uju girdan be gaifi burulame, emu duka be dosici, han i kui
무당 돼지 의 머리 깃발 을 가지고 도망가서 한 문 을 들어가니 han 의 창고의

boo. tere ku tuwakiyaha urse hūlha be jafa serede, geli burulame jekui boode
집 그 창고 지키는 무리 도적 을 잡아라 함에 또 도망쳐 식량 집에

dosika. geli hūlha be jafa serede, geli ts'ang ni hanci isinaci, hūlha be
들어갔다. 또 도적 을 잡아라 함에 또 창고 의 가까이 다다르니 도적 을

jafa serede. tubaci burulame emu hūwai dolo fekure jakade, hainuk ihan de
잡아라 함에 그곳에서 도망쳐 한 정원의 가운데 뛰어넘을 적에 hainuk 소 에

76

yalunahabi. ulgiyan i uju be jafafi, ihan i uju be ilanggeri forire jakade.
탔다. 돼지 의 머리 를 잡고, 소 의 머리 를 세 번 칠 적에

tere ihan emu lamun su ofi, fujin i bisire duka de dosika. tere saman
그 소 한 남색 회오리바람 되서 부인 의 있는 문 에 들어갔다. 그 무당

genefi tuwaci, tere fujin juwe nofi gisurere be donjici, haha hutu hendume, tere
가서 보니, 그 부인 두 사람 말하는 것 을 들으니 남자 귀신 말하되 그

saman, mimbe hūwai dolo bisire be safi, mimbe ini gala de jafaha gelecuke agūrai
무당 나를 정원의 안 있음 을 알고, 나를 그의 팔 에 잡은 무서운 무기로

mini weihe be ilanggeri foriha, te ainara sehe manggi, fujin hendume mimbe geli
나의 뿔 을 세 번 두들겼다, 이제 어찌할까 한 후 부인 말하되 나를 또

saha dere. terei julergi geneci ojorakū. te generakūci tere han i harangga
알았으리라 그의 앞 가면 안된다. 지금 가지 않으면 그 han 의 소속

cooha, geren hehesi be isabufi moo muhaliyabufi, sini beyebe efule seci marara
군사, 여러 여자들 을 모이게 해서 나무 쌓게 하고, 너의 몸을 훼손하라 하면 피할

77

arga akū. beyebe efulehe manggi, suhe gidai sacirame tuwai dolo maktafi
방법 없다. 몸을 훼손한 후 도끼 창으로 난도질하여 불의 속 던지고

dejimbi[46]. terei amala mimbe gajifi sini songkoi obumbi seme gisurere be,
태운다. 그의 후 나를 데려와서 너의 처럼 되게 한다 하고 말함 을

tere saman donjifi, te ja oho nikai seme gūnifi, ulgiyan i uju be gaifi,
그 무당 듣고, 지금 쉽게 되었구나 하고 생각하고 돼지 의 머리 를 가지고,

han i jakade jifi, han i cirkui teisu, ufa de ulgiyan i uju be cokifi.
han 의 곁에 와서 han 의 베개의 맞은 편, 가루 에 돼지 의 머리 를 꽂고.

46 dejimbi : 'deijimbi'의 잘못이다.

sain gisun i hendume, han te antaka seme fonjici, han hendume, saman i
좋은 말 로 말하되 han 지금 어떠한가 하고 물으니, han 말하되, 무당 의
jihengge
온 것

tusa ofi nimerengge majige yebe ofi amgaha sehe. saman hendume, tuttu oci
이득 되어 아픈 것 조금 좋게 되어 잤다 했다. 무당 말하되, 그렇다면

sini ambasa de hendu. cimari erde sini harangga cooha, jai geren hehesi be
네 대신들 에게 말하라. 내일 아침 네 수하 군사, 또한 여러 여자들 을

78

isabufi moo be buktan sahafi. saman hendume, mini enggemu
모이게 하여 나무 를 무더기 쌓고. 무당 말하되 나의 길마

be hainuk ihan de toho seme tohobufi. tere ihan be
를 hainuk 소 에 지워라 하여 짓게 하고 그 소 를

yalufi, ulgiyan i be[47] uju be jafafi, isaha geren be
타고, 돼지 의 를 머리 를 잡고, 모인 모두 를

šurdeme jifi, enggemu gaisu seme gaibufi,[48]
돌고 와서, 길마 가져오라 하여 가져오게 하고

efule serede. tere ihan ambula gelecuke hutu ofi, tunggen i yali šoyofi, yasa
훼손하라 함에 그 소 매우 무서운 귀신 되서 가슴 의 살 오그라들고, 눈

ci senggi eyeme, dergi araha tunggen de isinaha bi. fejergi araha yasai sidende
에서 피 흘러 위쪽 만든 가슴 에 다다랐다. 아래 만든 눈의 사이에

47 be : 문맥상 불필요한 형태로 잘못로 판단된다.

48 78쪽의 첫째 줄에서 넷째 줄까지의 내용의 글씨체가 다른 부분과 확연히 구분이 된다. 아마 새로 전사하거나 추가하였을 가능성이 있다. 중국에서 간행된 『尸語故事』에서는 넷째 줄 마지막 부분에 'ulgiyan i ujui ihan i uju be forifi(돼지의 머리로 소의 머리를 가리키고)'라는 내용이 추가되어 있다.

isinaha bi. tere be loho gidai wafi tuwai dolo maktafi deijihe. jai geli
다다랐다. 그 를 칼 창으로 죽이고 불의 속 던져서 태웠다. 다시 또

79

fujin be gana serede, fujin be geren niyalma jafafi gajiha. saman ulgiyan i
부인 을 데려와라 함에 부인 을 모든 사람 잡아서 데려왔다. 무당 돼지 의

uju be nade tengkifi, sini beyebe efule sere jakade. tere fujin ambula gelecuke
머리 를 땅에 팽개치고, 너의 몸을 훼손하라 할 적에 그 부인 매우 두려워

hehe hutu ofi, juwe huhun bethe de isinafi argan golmin, yasa fulgiyan oho.
여자 귀신 되어, 두 젖 다리 에 다다르고 엄니 길어지고, 눈 붉게 되었다.

tere be geli loho gidai wafi tuwa de deijihe. terei ulgiyan i ujungga saman
그 를 또 칼 창으로 죽여서 불 에 태웠다. 그의 돼지 의 머리의 무당

morin yalufi han i booi baru genere de, jugūn i unduri geren niyalma ambula
말 몰고 han 의 집의 쪽 감 에 길 의 연도에 여러 사람 매우
gingguleme
공경하며

dorolome hengkilefi, aika jaka bure niyalma fik seme ilihabi. han i boode isinaha
예하며 절하고, 어떤 물건 줄 사람 가득 서있었다. han 의 집에 다다른

manggi. han ambula urgunjeme hendume, si te baili de ai baimbi serede.
후 han 매우 기뻐하며 말하되 너 지금 은혜 에 무엇 원하는가 함에
saman hendume,
무당 말하되

80

mini bade ihan i sanciha baitangga bihe. tere be bu sehe manggi, han ihan i
나의 곳에 소 의 코뚜레 유용하다. 그것 을 주라 한 후 han 소 의

sanciha be ihan fulhū bufi. jai geli yali nimenggi jeku be, nadan amba sufan de
코뚜레 를 소 포대 주고, 다시 또 고기 기름 먹거리 를, 일곱 큰 코끼리 에

acifi benebuhe. ini boode isinaha manggi, terei sargan arki gaifi okdome jifi,
싣고 보내게 했다. 그의 집에 다다른 후 그의 아내 술 가지고 마중나와 서서

aciha sufan be sabufi hendume, gelecuke haha serengge ere gesengge be kai
짐 실은 코끼리 를 보고 말하되 무서운 남자 하는 이 이 같은 이 를 이구나
seme boode
하며 집에

dosika. tere dobori sargan hendume, ere jaka be abide baha. eigen alame,
들어갔다. 그 밤 아내 말하되 이 물건 을 어디에서 얻었느냐? 남편 말하되
han i
han 의

nimehe be, jai haha hehe hutu be, tuwa de deijihe be yooni alaha manggi.
아픔 을 또 여자 남자 귀신 을 불 에 태움 을 모두 말한 후

sargan hendume, si ereci ambula gaji seci ombihe. enteke fergecuke amba
아내 말하되 당신 이보다 많이 가져오라 하면 되었다. 이런 이상한 큰
tusa
이익

81

arafi ulhai sanciha be ainambi. te bi cimari, han i jakade geneki seme,
만들고 가축의 코뚜레 를 어찌 하느냐? 지금 나 내일 han 의 곁에 가마 하고
saman i
무당 의

bithe. han i beyei gashan ambula be bahanafi. majige funcehengge be geterembure
글 han 의 몸의 불행 큼 을 이해하고, 조금 남은 것 을 제거하게 하기
jalin,
위하여

ihan i sanciha gajiha bihe. te baili isibuki seci, han i ciha dere, ere ulhai
소 의 코뚜레 가져왔다. 이제 은혜 갚고자 하면 han 의 뜻이니라, 이 가축의

sanciha be ainambi seme arafi alibuha manggi. han inu seme hendufi, saman i eigen
코뚜레 를 어찌하겠는가 하고 써서 고하게 한 후 han 옳다 하고 말하고 무당 의 남편

sargan, booi gubci be gemu, han i boode dosimbufi hendume, sini amba baili de karu
아내, 집의 전부 를 모두 han 의 집에 들게 하고 말하되 너의 큰 은혜 에 보답

tuttu komso mujangga. mini emu niyalmai bucehekū turgunde, doro fafun be uheleki
그렇게 적은 것 사실이다. 나의 한 사람의 죽지 않은 때문에 예 법 을 함께 하자

sefi. geli saman i sargan be ambula mergen hehe. muse juwe nofi uhei banjiki sere
하고 또 무당 의 아내 를 매우 현명한 여자. 우리 두 명 함께 살자 할

82

jakade, saman gisun dahaha manggi, tere elhe yabungga han hendume, tenteke hūturi
적에 무당 말 따른 후 그 elhe yabungga han 말하되 그렇게 복

jiramin haha hehe bini sere jakade enduri hendume, kesi akū han i
많은 남자 여자 이구나. 할 적에 신 말하되 운 없는 han 의

angga ci gisun tucike seme hendufi ukcafi genehe.
입 에서 말 나왔다 하며 말하고 풀고 갔다.

—○—○—○—○—

- šun elden i jui sunjaci julen[49]
  šun elden 의 아이 다섯째 이야기

tereci geli nenehe songkoi genefi enduri be unufi jiderede. enduri hendume, si
그로부터 또 전 대로 가서 神 을 업고 옴에 神 말하되 너

emu julen alaki seci uju geheše. mimbe ala seci oncohon geheše sehe
한 이야기 말하고자 하면 머리 끄덕여라 나를 말하라 하면 젖혀 끄덕여라 한
manggi.
후

oncohon gehešehe. enduri alame, julge emu enteheme jirgacun[50] sere bade. eiten be
젖혀 끄덕였다. 신 말하되 옛날 한 enteheme jirgacun 하는 땅에 eiten be

83

eldembure[51] gebungge han bihebi. terei fujin de šun i elden gebungge emu haha
eldembure 이름의 han 있었다. 그의 부인 에게 šun i elden 이름의 한 사내
jui
아이

banjiha. tere fujin akū oho manggi. amala gaiha fujin de, biyai elden[52] i gebungge
태어났다. 그 부인 죽은 후 후에 얻은 부인 에게 biyai elden 의 이름의

emu haha jui banjiha. fujin gūnime ere šun i elden i gebungge jui bihede. mini
한 사내 아이 태어났다. 부인 생각하되 이 šun i elden 의 이름의 아이 있음에 나의
ajige
작은

jui de han i soorin siraraku̅. ere be emu argai wafi, mini jui be han i
아이 에게 han 의 옥좌 이어지지 않는다. 이 를 한 방책으로 죽여서 나의 아이 를 han 의

soorin be sirabuki seme gūnifi. tereci arga deribufi, yasai muke tuhebume
옥좌 를 이어받게하자 하고 생각하고 그로부터 방책 세워, 눈의 물 떨어뜨리며

49 šun elden i jui : '햇빛의 아이들'이라는 의미로 인명으로 쓰였다.
50 enteheme jirgacun : '영원히 평안한'의 의미로 지명으로 쓰였다.
51 eiten be eldembure : '일체를 빛내는'이라는 의미로 인명으로 쓰였다.
52 biyai elden : '달빛'이라는 의미로 인명으로 쓰였다.

fuhešeme
뒹굴며

nimembi serede. han tere be sabufi hendume, haji sinde ai nimeku tušaha
아프다 함에 han 그 를 보고 말하되 사랑하는 너에게 무슨 병 났는가
sehe manggi.
한 후

fujin hendume, bi ama emei boode bisire fonde. ere gese nimeku majige bihe.
부인 말하되 나 부 모의 집에 있을 때에 이 같은 병 조금 있었다.
te tere
지금 그

84 [53]

gese akū nimerengge alici ojorakū. erde acara okto bahafi
같지 않게 아픈것 참을 수 없다. 일찍 맞는 약 구해

jekede uthai dulembi. okto be bahara mangga. te bi bucere
먹음에 곧 낫는다. 약 을 구하기 어렵다 지금 나 죽는것

ci guwere arbun akū sere jakade.
에서 벗어날 상황 아니다 할 적에

han hendume. ai hacin i okto bihe, si buceci, mini niyaman untuhun ombi.
han 말하되 무슨 종류 의 약 있었는가? 너 죽으면 나의 심장 비게 된다.
mini
나의

doro udu efujembi seme nakarakū, okto be baifi sini ergen be guwebuki sehe
道 설령 무너진다 해도 멈추지 않고 약 을 얻어 너의 목숨 을 구하겠다. 한

53 84쪽의 첫째 행에서 넷째 행까지의 글씨체가 다른 부분과 확연히 구분이 된다. 새로 전사하거나 추가하였을 가능성이 있다. 만문본은 모두 각 페이지에 7행씩 필사되어 있는데, 84페이지만 8행으로 되어 있다.

manggi. fujin hendume. juwe haha jui, yaya emken i niyaman be nimenggi de carufi
후 부인 말하되 두 사내 아이 어느 하나 의 심장 을 기름 에 튀겨서

jeke de dulembi. tuttu oci šun i elden i jui, han de haji necici ojorakū.
먹음 에 낫는다. 그러나 šun i elden 의 아이 han 에게 사랑하는이 범하지 못한다.

biyai elden i jui[54] geli minde banjihangge ofi, terei niyaman mini angga de ašure
biyai elden 의 아이 또 나에게 태어난 이 되어 그의 심장 나의 입 에 넣기

85

mangga. tuttu ofi bucure ci guwerakū sehe. han tere gisun de dosifi
어렵다. 그러 하니 죽음 에서 벗어나지 못한다 했다. han 그 말 에 들어가

hendume. si nimerengge mujakū ujen. sini gisun unenggi oci, šun i elden i
말하되 너 앓는것 대단히 심각하다. 너의 말 진실하다 하면 šun i elden 의

jui be waki seme angga aljaha. tereci biyai elden i jui, tere gisun be donjifi,
아이 를 죽이자 하고 허락했다. 그로부터 biyai elden 의 아이 그 말 을 듣고

ahūn i jakade genefi songgome hendume. ama eniye juwe nofi hebdeme, cimaha
형 의 곁에 가서 울며 말하되 아빠 엄마 두 사람 상의하되 내일

simbe waki sembi. ahūn hendume uttu oci, si ama eniye be hiyoošulame bisu.
너를 죽이고자 한다. 형 말하되 이러 하면 너 아빠 엄마 를 孝行하며 있어라.

te bi jailame genembi serede. deo gasame hendume, age si geneci, bi inu bici
지금 나 도망쳐 간다 함에 동생 한탄하며 말하되 형 너 가면 나 도 있지

ojorakū. si aibide geneci, bi dahame genembi seme gisureme toktofi. tere dobori
못한다. 너 어디에 가든 나 따라 간다 하고 말하여 결정하고 그 밤

54 biya i eldun i jui : '달빛의 아들'이라는 의미로 인명으로 쓰였다.

86

eniye de jeterengge gaji seki seci, eniye sererahū seme baihakū. fucihi de
엄마 에게 먹을것 가져오라 하자 하나 엄마 알아차릴까 하여 구하지 못했다. 부처 에게

doboho kataha efen be emu fulhū de tebufi, tofohon i yamji
바치는 마른 떡 을 한 자루 에 넣고 보름 의 밤

ahūn deo, hoton ci tucifi wesihun ukame genehe. alin bihan be dabame,
형 제 성 에서 나와 동쪽으로 도망쳐 갔다. 산 들 을 넘어

dobori inenggi akū genehei. emu muke akū bade isinafi. kataha efen geli
밤 낮 없이 가면서 한 물 없는 곳에 도착하니 마른 떡 도

wajiha. muke geli baharakū ofi. deo yabuci ojorakū deduhe. ahūn hendume,
떨어졌다. 물 도 얻지못하게 되어, 동생 가지 못하고 쓰러졌다. 형 말하되

si ubade bisu. bi muke baihanara, mini jidere sidende, si katunja seme hendufi.
너 이곳에 있어라. 나 물 구하러가겠다. 나의 올 사이에 너 참아라 하고 말하고

emu alin i baru muke baime geneci, muke bahakū amasi jifi, ahūn deo gemu
한 산 의 쪽 물 구하러 갔으나 물 구하지못하고 돌아 와서 형 제 모두

87

amcabufi tuheke. ahūn ilifi ambula gasafi, deo i giran i šurdeme wehe sahafi,
좇아 쓰러졌다. 형 일어나 매우 한탄하고 동생 의 시체 의 주변에 돌 쌓고

amaga jalan de emgi banjiki sehe. tereci juwe dabahan be dabame geneci emu
來 世 에 함께 살자 하였다. 그로부터 두 고개 를 지나 가니 한

hada bi. tere hada de fulgiyan duka bi. terei dolo dosici emu sakda
절벽 있다. 그 절벽 에 붉은 문 있다. 그의 안에 들어가니 한 늙은

lama bi. lama fonjime jilakan ere jui si aibici jihe. tere jui ini da
라마승 있다. 라마승 묻되 불쌍한 이 아이야 너 어디서 왔느냐? 그 아이 그의

turgun be yooni alaha manggi. lama hendume, si minde jui ofi ubade banji.
자초지종 을 모두 말한 후 라마승 말하되 너 나에게 아이 되어 이곳에 살아라.

muse juwe nofi, sini deo i giran de genefi tuwaki seme, muke jeterengge gaifi
우리 두 사람 너의 동생 의 시체 에 가서 보자 하고 물 먹을것 가지고

genehe. biyai elden i jui de muke majige omibure jakade aituha. tereci lama
갔다. biyai elden 의 아이 에게 물 조금 마시게할 적에 살아났다 그로부터 라마승

88

juwe nofi be, dung de gajifi ujime banjimbi. tere fonde tere bai gurun i han
두 사람 을 동굴 에 데려가 기르며 산다. 그 때에 그 곳의 나라 의 han

bihebi. gurun i usin de muke eyebure de. tere birai sekiyen de emu amba omo
있었다. 나라 의 밭 에 물 흐르게 함 에 그 강의 水原 에 한 큰 못

bi. tere omoi muduri be wecere jalin, tasha aniyai haha jui be omo de
있다. 그 못의 용 을 제사지내기 위해 범 띠의 사내 아이 를 못 에

maktambi. tere aniya, tasha aniyai haha jui be baharakū ofi, jugūn jugūn i
던진다. 그 해 범 띠의 사내 아이 를 얻지못하게 되어 길 길 로

baibuci geli bahakū. emu ulha tuwakiyaha niyalma hendume, ere birai sekiyen de, emu
찾았으나 또 얻지못했다. 한 가축 돌보던 사람 말하되 이 강의 水原 에 한

sakda lamai jakade, emu tasha aniyai haha jui bi. tere be bi ulga[55] tuwakiyame
늙은 라마승의 곁에 한 범 띠의 사내 아이 있다. 그 를 나 가축 돌보며

yabure de, sakda lamai jakade saha sere jakade. han donjifi, tere be gana
다님 에, 늙은 라마승의 곁에서 보았다 할 적에 han 듣고 그 를 데리러가라
seme
하고

89

ilan niyalma be takūraha. tese isinafi, lamai duka be forire de, lama tucifi
세 사람 을 파견했다. 그들 도착하여 라마승의 문 을 두드림 에 라마승 나와

fonjici. han i hesei sinde, tasha aniyai emu haha jui bi sere. mini amba gurun
물으니, han 의 칙지로 너에게 범 띠의 한 사내 아이 있다 하더라. 나의 큰 나라
i
의

jalin de baitalambi. si bufi unggi sehe manggi. lama hendume ere ai gisun.
위함 에 필요하다. 너 주어 보내라 한 후 라마승 말하되 이 무슨 말인가?
minde
나에게

ainaha jui seme dung de dosifi, duka yaksifi, juse be anggara de tebufi
무슨 아이인가 하고 동굴 에 들어가 문 잠그고 아이들 을 항아리 에 앉히고

angga be dasifi sindaha. tereci han i elcin se duka be efuleme dosifi
입구 를 닫아 놓았다. 그로부터 han 의 사신 들 문 을 부수고 들어와서

baici baharakū ofi, lamai baru hendume, sinde jui akū bime untuhuri
얻지 못하게 되자 라마승의 쪽 말하되 너에게 아이 없는데 공연히 수고롭게
jobobuha
하였다

seme, jafafi tantara de. šun elden i jui, kirici ojorakū ofi hendume, mini
하고 잡아 때림 에 šun elden 의 아이 참지 못하게 되어 말하되 나의

---

55 ulga : 'ulha'로도 쓰인다.

90

ama be ume tantara. bi ubade bi seme tucime jihe. tereci elcin se, jui be
아빠 를 때리지마라 나 여기에 있다 하고 나와서 왔다. 그로부터 사신 들 아이 를

jafafi gamara de. lama ambula songgome tutaha. tere jui be gaifi hoton i dolo
잡아 데려감 에 라마승 크게 울며 남겨졌다. 그 아이 를 데리고 성 의 안으로

jiderede. tere han i sargan jui sabufi. tere haha jui be alimbaharakū buyeme
옴에 그 han 의 딸 보고 그 사내 아이 를 견딜 수 없이 사랑하여

meifen be tebeliyefi fakcarakū. tere elcin se, tasha aniyai haha jui be maktara
목덜미 를 안고 떨어지지 않는다. 그 사신 들 범 띠의 사내 아이 를 던질

erin isika sehe manggi. han hendume hūdun makta sehe. gamaki seci, tere
때 가까워졌다 한 후 han 말하되 빨리 던져라 했다. 데려가려 하니 그

sargan
딸

jui hendume, ere be ume maktara. maktaci mimbe sasa makta seme sindarakū.
아이 말하되 이 를 던지지 마라. 던지려면 나를 함께 던져라 하고 놓지 않는다.

tere be
그 를

han donjifi hendume, ere jurgan akū sargan jui be sasa terei emgi makta sehe
han 듣고 말하되 이 도리 없는 딸 을 함께 그의 함께 던져라 한

91

manggi. šun i eldeni jui gasame hendume, bi tasha aniya ofi, muke de maktabumbi
후 šun i elden의 아이 한탄하며 말하되 나 범 띠 되서 물 에 던져지는

dere.
구나.

ere hocikon gege[56], mimbe buyeme mini jalinde bucembini seme hairame gūnimbi.
이 아름다운 공주 나를 사랑하여 나의 때문에 죽는구나 하고 애석하게 생각한다.
sargan
딸

jui geli mini ama, mimbe sargan jui seme maktaci maktakini. ere buyecuke haha
또 나의 아빠 나를 딸 하고 던지려면 던지게 해라. 이 사랑스러운 사내
jui be
아이 를

ainu maktambi seme, ishunde gosime gūnime genere de. tere omoi muduri han,
어찌 던지겠는가 하고 서로 사랑하고 생각하며 감 에 그 못의 용 han
tesei
그들의

gūnin be safi, tere juwe nofi be dalin de tucibufi, amba gurun de muke
마음 을 알고 그 두 사람 을 연못 에서 내보내고 대 국 에 물

eyebuhe. tere juwe nofi bedereme jidere de. šun i elden i jui hendume, gege si
흘려보냈다. 그 두 사람 돌아 옴 에 šun i elden 의 아이 말하되 공주 너

te boode gene. bi mini ama lamai jakade geneki. amala acafi ere jalan de
지금 집에 가라. 나 나의 아빠 라마승의 곁에 가겠다. 후에 만나 이 세상 에서
enteheme,
영원히

92

eigen sargan oki seme gashūfi fakcaha. šun i elden i jui, lamai dung de
부부 되자 하고 맹세하고 헤어졌다. šun i elden 의 아이 라마승의 동굴 에
isinafi
도착하여

---

56 gege : 만주어에서 '공주'를 의미한다.

duka be forifi, sini jui jihebi seme hūlaci, lama hendume, minde damu emu
문 을 두드리며 너의 아이 왔다 하고 소리치자 라마승 말하되 나에게 오직 한
jui bihe.
아이 있었다.

han durifi gamaha. te bi terei jalin gasahai bi sehe manggi. jui hendume, sini,
han 뺏어 데려갔다. 지금 나 그의 때문 한탄하며 있다. 한 후 아이 말하되 너의

tere jui bi inu. han muke de maktaci be[57]. muduri han mimbe jekekū tucibufi
그 아이 나 맞다. han 물 에 버렸더라도 용 han 나를 먹지않고 내보내

unggihe. ama ume gasara, duka nei serede. lama takafi duka neifi dosimbuha.
주었다. 아빠 한탄하지 마라. 문 열어라 함에 라마승 알아채고 문 열어 들게 하였다.

jui tuwaci lama umesi wasifi elekei bucehebi. tereci šun i elden i jui
아이 보니 라마승 매우 마르고 거의 죽어있었다. 그로부터 šun i elden 의 아이
muke de sun
물 에 우유

suwaliyafi, lamai beyebe obofi, sain gisun i tacihiyame gasara be nakabuha.
섞어 라마승의 몸을 씻기고 좋은 말 로 타일러 한탄함 을 멈추게 했다.
tereci tere
그로부터 그

93

sargan jui, han i boode isinaci, han geren ambasa bekterefi, hutui omo de
딸 han 의 집에 도착하니 han 여러 신하들 허둥대며, 귀신의 못 에

maktahangge tucifi jidere kooli akū bihe. ere gege tucifi jihengge fergecuke
던진 이 나와서 온 전례 없었다. 이 공주 나와서 온 것 신기하다

57 maktaci be : 'maktacibe'로서 연결어미 '-cibe'가 분철하여 쓰였다.

seme, šurdeme hengkileme mujakū ginggulehe. tere haha jui aba seme fonjici.
하며 둘러싸고 절하며 매우 공경하였다. 그 사내 아이 어디 있냐 하며 묻자
sargan
딸

jui hendume, tere inu bucehekū jihe. tere be gosiha turgunde bi inu bucehekū.
아이 말하되 그 도 죽지않고 왔다. 그 를 사랑한 까닭에 나 도 죽지않았다.

tere muduri be nomhon obufi, ereci amasi tasha aniyai haha jui be maktara baita
그 용 을 온화하게 만들어 이로부터 뒤로 범 띠의 사내 아이 를 던질 일

inu akū. muke inu ini cisui jimbi sehe manggi. geren gemu ere yala ambula fergecuke.
도 없다. 물 도 자연히 온다 한 후 여럿이 다 이 실로 매우 신기하다.

tere haha jui te abide bi. solifi gajiki seme, ambasa be takūrafi ganaha.
그 사내 아이 지금 어디에 있느냐? 청하여 데려오자 하고 대신들 을 파견하여 데리러갔다.
lama
라마승

94

juwe jui gemu jime, han i booi hanci oho manggi. han hendume, emu amba
두 아이 모두 와 han 의 집 가까이 된 후 han 말하되 한 큰
bailingga
은덕이 있는

jui seme, amba doroi okdofi hoton de dosimbufi, boobai besergen de tebufi. han
아이 하고 큰 禮로 맞아서 성 에 들게 하여 보배의 자리 에 앉히고 han

fonjime ere jui si ambula fergecuke. si ere lama de banjihangge. jui jabume
묻되 이 아이 너 매우 신기하다. 너 이 라마승 에게 태어난 이냐? 아이 대답하되
bi emu
나 한

han niyalmai jui, banirke eniyei wara de jailame ere lamai jakade jihe. ere
han 사람의 아이 계모의 죽임 에서 도망쳐 이 라마승의 곁에 왔다. 이
jui
아이

inu mini deo seme, da turgun be yooni alaha manggi. han ambula ferguweme
도 나의 동생이다 하고 자초지종 을 모두 아뢴 후 han 매우 기이하게여겨
hendume, uttu
말하되 이러

oci mini sargan jui be, sinde sargan bufi bayan wesihun obuki. si sini bade
하면 나의 딸 을 너에게 아내 주어 부귀롭게 하겠다. 너 너의 곳에
gene, simbe
가라 너를

benebure seme hendufi. han, fujin toloci wajirakū ulin bufi, duin hacin i cooha
보내겠다. 하고 말하고 han 부인 셀 수 없을 재물 주고 네 종류 의 군사
benebuhe.
보냈다.

95

tereci ini ama tehe hoton i hanci isinjifi. ama de niyalma takūrame, meni
그로부터 그의 아빠 살던 성 의 가까이 다다라서 아빠 에게 사람 파견하여 우리
ahūn
형

deo isinjimbi seme bithe benebuhe. ama eme, juse be ukaha seme, tutala aniya
제 도착한다 하고 글 보냈다. 아빠 엄마 아이들 을 도망쳤다 하여 그 많은 해

gasame booci tucirakū bihengge, gaitai jusei bithe isinjire jakade. mujilen
한탄하며 집에서 나오지않고 있던 것 돌연 아이들의 글 도착한 까닭에 마음
umesi selame
매우 평온해져

urgunjefi, amba doroi dorolome okdoko. ahūn deo mujakū wesihun ofi han i boode
기뻐하고 큰 禮로 禮하며 맞았다. 형 제 매우 귀하게 되어 han 의 방에
dosire
들어올

jakade. ehe mujilengge fujin, juwe jui be sabufi, ambula golofi anggaci senggi
적에 나쁜 마음의 부인 두 아이 를 보고 매우 놀라 입에서 피
fudame bucehe
토하며 죽었다

sere jakade. elhe yabungga han hendume, ini feliyehe ehe sui de, i bucehe nikai sehe
할 적에 elhe yabungga han 말하되 그의 행한 나쁜 죄 에 그 죽은 것이니라 한

manggi. enduri hendume, kesi akū han i anggaci jilgan tucike seme hendufi ukcafi
후 신 말하되 운 없는 han 의 입에서 소리 나왔다 하고 말하고 풀고
genehe.
갔다.

96

● endebuhe[58] gebungge niyalmai ningguci julen
endebuhe 이름의 사람의 여섯 번째 이야기

tereci geli enduri be da songkoi genefi unufi jidere de. enduri hendume,
그로부터 또 신 을 처음 대로 가서 짊어지고 옴 에 신 말하되,
bai goro,
땅의 멀고

inenggi golmin de si emu julen ala. akūci bi emu julen alara seci. han
날 긺 에 너 한 이야기 말해라. 아니면 나 한 이야기 말하겠다 하니 han

58 endebuhe : '과실, 실수'를 의미하며 몽골어에서는 'endeguu'로 발음한다.

jilgan tucikekū.
소리 내지 않았다.

enduri geli hendume, si alaki seci uju geheše. mimbe ala seci oncohon
신 또 말하되, 너 말하자 하면 머리 끄덕여라. 나를 말하라 하면 젖혀
geheše sere jakade.
끄덕여라 할 적에

oncohon gehešehe. enduri julen alame, julge handu usin i falan de yaya be
젖혀 끄덕였다. 신 이야기 말하되 옛날 논 의 마당 에서 일체 를
tuwarakū emu
돌보지 않는 한

ambaki niyalma bihebi. tere gurun i han jili banjifi hendume, si mujakū ambaki
거만한 사람 있었다. 그 나라 의 han 화 나서 말하되, 너 진실로 거만하다
sere. ubade
한다. 여기에서

ume tere, gūwa bade gene seme bošoho. tere niyalma tubade teci ojirakū
머무르지 말라. 다른 곳에 가라 하여 몰아내었다. 그 사람 거기에 머무르지 못하게
ofi genere de.
되어 감 에.

97

šun yamjime emu šehun tala de isinafi, talai dulimbade emu amba moo bi.
날 저물어서 한 빈 들판 에 도착하니, 들의 가운데에 한 큰 나무 있다.
mooi hanci
나무의 가까이

isinaci emu bucehe morin bi . tere morin i uju be faitame gaifi, jugūn de
도착하니 한 죽은 말 있다. 그 말 의 머리 를 잘라 가지고, 길 에서
jeki seme
먹자 하고

umiyesun be sufi hūwaitame gaifi, tere mooi dele tafafi tehe bici. farhūn
띠 를 풀어서 묶어 가지고, 그 나무의 위 올라서 앉아 있는데, 어두운
gerhen
어스름

oome[59], wargici geren hutuse uju de mahala etufi, gemu cohoro[60] morin yaluhabi.
지고, 서쪽에서 여러 귀신들 머리 에 모자 쓰고, 모두 황부루 말 탔다.
gemu tere
모두 그

mooi dade jifi ebuhe, geli emu feniyen hutu mahala etufi ashangga morin
나무의 밑에 와서 내렸다. 또 한 떼 귀신 모자 쓰고 날개 달린 말
yaluhabi
타고 있다.

geli tere mooi dade ebuhe. tere hutuse tere mooi dade, hacin hacini jeterengge
또 그 나무의 밑에서 내렸다. 그 귀신들 그 나무의 밑에 갖가지 먹을 것

dagilame bisirede. tere niyalma mooi ninggude morin i uju be, akdulame unuki
준비하고 있음에 그 사람 나무의 위에서 말 의 머리 를, 튼튼하게 하여 지자
seme cira hūwaitara de,
하고 단단히 맴 에

98

umiyesun lakcafi, morin i uju hutusei dulimbade tuheke manggi. geren hutuse
띠 끊어져 말 의 머리 귀신의 가운데에 떨어진 후 모든 귀신들
golofi
놀라서

jugūn jugūn i burulaha. abka gereke manggi, moo ci ebufi ubade isahangge
길 길 로 도망갔다. 하늘 동튼 후에, 나무 에서 내려와 여기에서 모은 것

---

59 oome : 'ome'로도 쓰인다.
60 cohoro : '황부루말'을 나타낸다.

ai
무엇

biheni seme tuwaci. emu aisin i moro de arki jalu bi. tere be bahafi omiha.
있었나 하며 보니, 한 금 의 그릇 에 술 가득히 있다. 그것 을 취하여 마셨다.

jai geli ufa yali baha. geli emu hūwašan i araha hiyase baha. tere be gemu
다시 또 밀가루, 고기 얻었다. 또 한 승려 의 만든 상자 얻었다. 그것 을 모두

gaifi, ere mini fengšen kai seme gūnifi generede. emu beri jebele ashaha
취하여, 이 나의 행운이니라 하며 생각하고 감에 한 활 화살통 맨

niyalma gala de agūra jafahabi. tere be acafi, si ere agūra be ainambi
사람 손 에 무기 잡았다. 그 를 만나서 너 이 무기 를 어떻게 하는가?

seme fonjire jakade. tere niyalma jabume, mini ere agūrai gebu, amasi jidere
하고 물을 적에 그 사람 대답하되 나의 이 무기의 이름 되돌아 올

agūra
무기

99

sembi. agūra si genefi batai niyalma de, mini gaibuha aika jaka be gaifi jio
한다. 무기 너 가서 적 사람 에게 나의 얻은 모든 물건 을 가지고 오라

sehede, agūra genefi tere bata be wafi ai ai jaka be gemu gajimbi sere
함에 무기 가서 그 적 을 죽이고 모든 종류 물건 을 모두 가진다 할

jakade.
적에

tere niyalma hendume, mini ere aisin i moro hūwašan i hiyase de hūlašaki sehe
그 사람 말하되, 나의 이 금 의 그릇 승려 의 상자 에 바꾸자 한

manggi, uthai hūlašaha. tere agūra be gala de jafafi hendume, agūra si
후 바로 바꾸었다. 그 무기 를 손 에 잡고 말하되, 무기 너

genefi tere be wafi, mini aisin i moro be gajime jio sere jakade. agūra
가서 그 를 죽이고 나의 금 의 그릇 을 가지고 와라 할 적에 무기

deyeme genefi, tere be wafi, aisin i moro be amasi gajiha. tereci casi geneci
날아 가서 그 를 죽이고, 금 의 사발 을 도로 가져왔다. 그로부터 저쪽 가니

emu niyalma selei fulhū be unufi jimbi. tere be acafi fonjime, si ere fulhū be
한 사람 쇠의 자루 를 짊어지고 온다. 그 를 만나서 묻되 너 이 자루 를

100

ainambi. tere niyalma jabume, bi ere selei fulhūbe jafafi, na be uyunggeri
무엇하느냐? 그 사람 대답하되, 나 이 쇠의 자루를 잡고 땅 을 아홉 번

forihade, uyun ursu hoton banjimbi sehe manggi. tuttu oci mini ere
두드림에 아홉 겹 성 생긴다 한 뒤 그렇다면 나의 이

moro de hūlašaki sere jakade, uthai hūlašaha. geli ineku agūra genefi aisin i
그릇 에 바꾸자 할 적에 즉시 바꾸었다. 또 전처럼 무기 가서 금 의

moro be gajime jio sere jakade. agūra genefi tere niyalma be wafi, aisin i
그릇 을 가져 오라 할 적에 무기 가서 그 사람 을 죽이고, 금 의

moro be gajiha. tereci casi genere de, emu niman i sukūbe gaifi yabure
그릇 을 가져왔다. 그로부터 저리 감 에, 한 산양 의 가죽을 가지고 가는

niyalma be acafi, si ere be ainambi seme fonjire jakade. tere niyalma
사람 을 만나서, 너 이것 을 무엇하느냐? 하고 물을 적에 그 사람

jabume,
대답하되

ere niman i sukū ferguwecuke. ere be emgeri isihiha de gūnin de acabume agambi.
이 산양 의 가죽 신기하다. 이것 을 한 번 흔듦 에 뜻 에 맞추어 비온다.

101

tuttu oci, mini ere aisin i moro de hūlašaki sehe manggi, uthai
그렇다면 나의 이 금 의 그릇 에 바꾸자 한 후 즉시

hūlašaha geli ineku agūra be si genefi aisin i moro be gajime jio sere
바꾸었다. 또 전처럼 무기 를 너 가서 금 의 그릇 을 가져 오라 할

jakade. agūra uthai genefi aisin i moro be gajiha.
적에 무기 즉시 가서 금 의 그릇 을 가져왔다.

tereci tutala boobai be bahafi gūnime, meni bai ojorakū han, mimbe
그로부터 많은 보배 를 얻고 생각하되, 우리의 고향의 살지 못하게 한 han 나를
gūwa bade
다른 곳에

bošoho. tere han de emgeri acaname tuwaki seme genefi, han i hoton i
몰아내었다. 그 han 에게 한번 만나러 가서 보자 하고 가서 han 의 성 의
hanci
가까이

isinafi, inenggi dulin kelfiyeme selei fulhū be jafafi, na be uyunggeri forire
도착해서 날 반 기울어서 쇠의 자루 를 잡고, 땅 을 아홉 번 두드릴

jakade. uyun ursu hoton oho. jai inenggi han hendume, ere dobori musei
적에 9 겹 성 되었다. 다음 날 han 말하되 이 밤 우리
hoton i
성 의

102

hanci mujakū emu amba den jaka sabuha. ai bihe. fujin si genefi tere be
가까이 매우 한 크고 높은 것 나타났다 무엇 있는가? 부인 너 가서 그것 을
tuwafi
보고

jio. fujin genefi tuwaci, uyun ursu selei hoton bi. fujin amasi jifi, han de
오라. 부인 가서 보니, 9 겹 쇠의 성 있다. 부인 돌아 와서 han 에게

alaha manggi. han jili banjifi hendume, tere emu ganiongga niyalma tuttu deribuhebi
고한 후 han 화 내고 말하되 그 한 이상한 사람 그렇게 시작하였다.

bi tereci emgi hūsun cendeki sefi. ini gurun de bisire yaha be gemu
나 거기에서 함께 힘 시험하자 하고. 그의 성 에 있는 숯 을 모두
isabufi,
모으게 해서

hoton i gese den sahafi. geren sele faksisa be gemu isabufi, teisu teisu
성 의 처럼 높이 쌓고 여러 대장장이들 을 모두 모이게 하여 각각

hija hujubure de tuwa yendehe. tere fonde ambaki niyalmai eniye emgi bihebi.
풀무 불게 함 에 불 일어났다. 그 때에 거만한 사람의 어머니 함께 있었다.

eme jakūci jalan i leose de bihebi. jui uyuci jalan i leosei dele
어머니 여덟 번째 겹 의 누각 에 있었다. 아들 아홉번째 겹 의 누각의 꼭대기
tehe bici,
머물러 있었는데,

103

hoton i dulimbaderi sele weme jimbi. eme hendume, jui te musei selei
성 의 중앙에서 쇠 녹아 온다. 어머니 묻되 아들 지금 우리의 쇠의

hoton de,
성 에

han i tuwai jobolon oho. muse emu jui yargiyan i bucembi. jui hendume,
han 의 불의 재앙 되었다. 우리의 한 아들 진실 로 죽는다. 아들 말하되
eniye si
어머니 당신

ume joboro. minde emu arga bi. selei hotoni ningguci, niman i sukū be isihire
걱정하지 말라. 나에게 한 계획 있다. 쇠의 성의 위에서 산양 의 가죽 을 흔들
jakade.
적에

aga ser seme agara jakade. tuwa amba dulin mukiyehe. geli hūsutuleme isihire
비 조금 내릴 적에 불 대부분 꺼졌다. 다시 힘써서 흔들

jakade. amba aga agafi bisan bisafi hoton i gese muhaliyaha yaha, sele faksisa
적에 큰 비 내려서 홍수 넘쳐서 성 처럼 쌓인 숯 대장장이들

gemu eyehe sere jakade. elhe yabungga han hendume, tere bai han ci, tere
모두 흘러갔다 할 적에 elhe yabungga han 말하되, 그 땅의 han 에서 그
niyalmai
사람의

hūsun gelecuke sehe manggi. enduri hendume, kesi akū han i angga ci jilgan
힘 놀랍구나 한 후 신 말하되, 운 없는 han 의 입 에서 소리
tucike
나왔다

104

seme ukcafi genehe.
하며 풀고 갔다.

○ ○ ○ ○

- gasha be eigen gaiha nadaci julen
  새 를 남편 얻은 일곱 번째 이야기

tereci geli nenehe songkoi ganafi[61], enduri be unufi jiderede. enduri hendume šun
그로부터 또 전 대로 가서 신 을 지고 옴에 신 말하되 해

halhūn, ba goro, te si emu julen ala. akūci bi emu julen alara sehe manggi,
덥고 곳 멀다. 이제 너 한 이야기 말하라. 아니면 나 한 이야기 하겠다 한 후

han oncohon gehešehe. enduri hendume, julgei emu ilgai[62] yafan bisire weji bade,
han 젖혀 끄덕였다 신 말하되 옛날 한 꽃의 정원 있는 숲 땅에

emu niyalma de ilan sargan jui bihebi. tere ilan sargan jui, inenggi dari
한 사람 에게 세 딸 있었다. 그 세 딸 날 마다

idu jafafi ihan tuwakiyambi. emu inenggi amba eyun tuwakiyame genefi amgaha
순서 잡고 소 돌보았다. 첫째 날 큰 언니 돌보러 가고 잠이 든

105

sidende ihan waliyabuha bi. tere ihan be baime geneci, emu hada de fulgiyan
사이에 소 없어졌다. 그 소 를 찾으러 가니 한 절벽 에 붉은

duka bi. tere duka be neifi dosici, geli emu aisin i duka bi. tere be
문 있다. 그 문 을 열고 들어가니 또 한 금 의 문 있다. 그 를

neifi dosici, geli emu šanggiyan duka bi. tere be neifi dosici, geli emu
열고 들어가니 또 한 흰 문 있다. 그 를 열고 들어가니 또 한

61 ganafi : 'genefi'의 잘못이다.
62 ilga : 'ilha'로도 쓰인다.

niowanggiyan duka bi. tere be neifi tuwaci, ambula ferguwecuke saikan booi
녹색 문 있다. 그 를 열고 보니 매우 기이한 아름다운 집의
dolo
안

aisin uyu, ulin nadan jaluka bi. geli emu šanggiyan gasha boobai besergen de
금 터키석 보물 가득 찼다. 또 한 흰 새 보배 자리 에

doohabi[63]. sargan jui waliyabuha ihan be fonjici. gasha hendume, si minde sargan
내려앉았다. 딸 없어진 소 를 물으니 새 말하되 너 나에게 아내

oki seci ihan be jorire. akūci jorirakū. sargan jui hendume, si udu
되자 하면 소 를 가리키겠다. 아니면 가리키지 않겠다. 딸 말하되 너 비록
wesihun
뛰어날

106

oci be gasha kai. mini ihan waliyaci waliyakini. bi sinde sargan oho doro bio
지라도 새이니라. 나의 소 없애려면 없애라. 나 너에게 아내 된 도리 있느냐

seme bedereme jihe. jai inenggi jacin non, ineku ihan be baime genehei, ineku
하며 돌아 왔다. 둘째 날 둘째 여동생 같은 소 를 찾으러 가고서 같은
tere
그

dung de dosifi ihan be fonjici, tere gasha ineku gisun i henduhe manggi.
동굴 에 들어가 소 를 물으니 그 새 같은 이야기 의 말한 후

sargan jui oho akū boode bederehe. ilaci inenggi fiyanggū non baime genefi,
딸 되지 않고 집에 돌아왔다. 셋째 날 막내 여동생 찾으러 가서

63 doohabi : 'dohabi'와 같다.

tere dung de dosifi ihan be fonjici, gasha ineku gisun i henduhe manggi. sargan
그 동굴 에 들어가 소 를 물으니 새 같은 이야기 의 말한 후 딸

jui hendume, jalan i niyalma guculere giyan inu. wesihun gasha si mimbe adarame
말하되 세상 의 사람 사귀는 이치 좋다. 뛰어난 새 너 나를 어째서
gaici
취하려

ombi. tuttu sehe seme ainara. bi sini sargan oki seme gajiha. tere fonde
하느냐? 그렇게 했다 해서 어찌하느냐? 나 너의 아내 되자 하고 가져왔다. 그 때에
emu
한

107

miyoo de geren isafi juwan ilan inenggi sebjeleme sarilambihebi. tere sargan jui
사원 에 군중 모이고 10 3 일 기뻐하며 연회를 열었다. 그 딸

tuwaname geneci, isaha geren i dolo, tere sargan jui ci wesihun hehe akū. hahai
보러 가니 모인 군중 의 안 그 딸 보다 뛰어난 여자 없다. 남자의

dolo niowanggiyan fulan[64] morin yaluha niyalmaci, wesihun haha akū. ilan jergi
중 녹색 fulan 말 탄 사람보다 뛰어난 남자 없다. 세 번

šurdeme tuwaci, tereci sain ningge akū. tereci tere sargan jui bedereme jihe
둘러 보니 그보다 좋은 사람 없다. 그로부터 그 딸 돌아서 온
manggi.
후

šanggiyan gasha fonjime, tere isaha haha hehei dolo ferguwecuke wesihun ningge
흰 새 묻되 그 모인 남자 여자의 안 기이한 훌륭한 사람

---

64 fulan : 말의 색깔을 나타내는데 단순한 붉은 색이 아니라 갈색과 혼합된 색깔을 나타낸다.

we.
누구냐?

sargan jui jabume, hahasi dolo niowanggiyan fulan morin yaluha niyalma ci
딸 대답하되 남자들 중 녹색 fulan 말 탄 사람 보다
tucirengge
뛰어난 이

akū. tere niyalma be bi takarakū. hehesi dolo minci wesihun be sarkū
없다 그 사람 을 나 모른다. 여자들 중 나보다 뛰어남 을 알지 못한다
sehe.
하였다.

108

tereci juwan emuci inenggi otolo kemuni isambi. juwan juwe ci inenggi, tere
그로부터 열 한 번째 날 되도록 여전히 모인다. 열 두 번째 날 그
sargan
딸

jui, isaha geren be šurdeme tuwaci, ini uksun i ahūn i boode jifi tehe de,
모인 군중 을 둘러 보니 그의 가족 의 형 의 집에 와서 있음 에

ahūn hendume, ere isaha haha hehei dolo wesihun ningge we.. sargan jui jabume,
형 말하되 이 모인 남자 여자의 중 뛰어난 사람 누구냐? 딸 대답하되

hahasi dolo niowanggiyan fulan morin yaluha niyalma. hehesi dolo minci
남자들 중 녹색 fulan 말 탄 사람. 여자들 중 나보다
tucirengge
뛰어난 이

akū. absi koro ere isarade, miyamifi jihengge asihasa de eigen sargan ci
없다. 얼마나 슬프냐? 이 모임에 꾸미고 온 이 젊은이들 에 남편 아내 보다

sebjen ningge, ereci cala akū. mini eigen gasha kai seme songgoho.
즐거운 사람 여기부터 저기까지 없다. 나의 남편 새구나 하며 울었다.
ahūn hendume,
형 말하되

si tuttu ume hendure. hehesi dolo sinci wesihun ningge akū mujangga. tere
너 그리 말하지 마라 여자들 중 너보다 뛰어난 사람 없음 사실이다. 그

109

niowanggiyan fulan morin yaluha niyalma, uthai sini eigen inu. cimari juwan ilaci
녹색 fulan 말 탄 사람 바로 너의 남편이다. 내일 열 세 번째

inenggi wajime sebjen sebjelembi. si tubade ume genere. genere arame tule tucifi
날 마치며 즐거움 즐긴다. 너 그곳에 가지 마라. 가는 척하며 밖 나와서

emu bade ukafi bisu. tere gasha, gashai beyebe sufi, niyalma ubaliyafi
한 곳에 도망쳐 있어라. 그 새 새의 몸을 벗고 사람 변해서

niowanggiyan fulan morin yalufi isaha bade genembi. genehe amala, terei
녹색 fulan 말 타고 모인 곳에 간다. 간 뒤 그의

sufi sindaha gashai beyebe tuwa de deiji. tuttu oho manggi. terei
벗어서 놓아둔 새의 몸을 불 에 태워라 그리 된 후 그의

bolho[65] wesihun beyebe bahafi guculembi kai seme tacibuha. tereci tere
깨끗하고 뛰어난 몸을 얻어서 사귀느니라 하고 가르쳐 주었다. 그로부터 그
sargan
딸

jui gisun i songkoi ukafi bisirede. tere gashai beyebe sufi sindafi,
말 의 대로 달아나서 있음에 그 새의 몸을 벗어서 놓아두고

65 bolho : 'bolgo'로도 쓰인다.

110

niowanggiyan fulan morin yalufi isaha bade genehe. tereci sargan jui tere
녹색 fulan 말 타고 모인 곳에 갔다. 그로부터 딸 그

gashai beyebe deijifi, tere be alimbaharakū buyeme hargašame tuwame bisirede.
새의 몸을 태우고 그 를 참을 수 없이 사랑하여 바라보고 있음에

šun tuheme isinjiha. eigen sargan uttu seme gisurefi. eigen hendume mini
해 떨어져 도착했다. 남편 아내 이렇게 저렇게 말하고 남편 말하되 나의

gashai beye aba. sargan jabume tuwa de dejihe kai. eigen absi koro
새의 몸 어디 있냐? 아내 대답하되 불 에 태웠느니라. 남편 얼마나 슬프냐?
sefi,
하고

tere emu fergecuke jaka bihe. si ainu uttu ondoho. tere gasha mini
그 한 기이한 것 있었다. 너 어찌 이리 함부로 행동하느냐? 그 새 나의

fayangga bihe sehe manggi. sargan hendume, te ainara. eigen hendume
영혼 있었다. 한 후 아내 말하되 이제 어찌하느냐? 남편 말하되
gūwa arga
다른 방법

akū. si musei tulergi duka de tefi, inenggi dobori akū emu agūra
없다. 너 우리의 바깥 문 에 앉아서 낮 밤 없이 한 巫具

111

jafafi lasihime te. aikabade tere agūrai lasihirengge lakcaha de, mimbe
잡고 흔들며 있어라. 만약 그 巫具의 흔드는 것 중단함 에 나를

hutu gamambi. tuttu lasihime nadan inenggi nadan dobori akūmbuha de.
귀신 데려간다. 그렇게 흔들며 일곱 날 일곱 밤 극진히 함 에

abka hutu de eljeci ombi. tereci sargan agūra jafafi, yasa nicurakū
하늘 귀신 에게 거스를 수 있다. 그로부터 아내 巫具 잡고 눈 감지 않고

ningguci inenggi oho manggi hamirakū ofi, yasa be orhoi telefi agūra
여섯 번째 날 된 후 참을 수 없어서 눈 을 풀로 벌리고 巫具

lasihihai amgaha bici, abkai hutu jifi eigen be gamaha. tereci tere hehe
흔들면서 잠드니 하늘의 귀신 와서 남편 을 데려갔다. 그로부터 그 여자

ambula gasame baime genefi, emu šehun tala de isinafi mujilen jobome, ainara,
매우 슬퍼하며 찾으러 가서 한 황량한 들판 에 도착해서 마음 걱정하며 어찌하느냐?

gashai
새의

beyengge, gashai beyengge seme den jilgan i songgome hūlame, baici baharakū
몸 새의 몸 하며 높은 목소리 로 울며 소리치며 찾으나 얻을 수 없

ofi
어서

112

bisirede. emu den alin i ningguci, tere gashai jilgan be donjiha. tubade isinaci
있음에 한 높은 산 의 여섯 번째 그 새의 소리 를 들었다. 그곳에 도착하니

geli alin i dade donjimbi. geli tubade geneci emu munggan i jakade, tere gasha
또 산기슭에서 듣는다. 또 그곳에 가니 한 언덕 의 옆에 그 새

niyalma ofi emu gargan i gūlha be jafafi sargan de acanjiha. sargan hendume,
사람 되서 한 짝 의 신발 을 잡고 아내 에게 만나러 왔다. 아내 말하되

simbe sabure jakade urgunjehe. eigen hendume, bi abkai muke juwere niyalma
너를 볼 적에 기뻤다. 남편 말하되 나 하늘의 물 운반하는 사람

ohobi.
되었다.

ere gūlha be manaha manggi nakambi. si boode genefi gashai oren ilibu. tere
이 신발 을 해진 후 끝난다. 너 집에 가서 새의 위패 세워라. 그
oren de,
위패 에

mini fayangga be hūla. tere fonde bi jici ombi seme hendufi. uthai hutu jifi
나의 영혼 을 불러라. 그 때에 나 올 수 있다 하고 말하고 즉시 귀신 와서

gamaha. tereci ini sargan boode jifi, dasame emu gashai oren arafi fayangga
데려갔다. 그로부터 그의 아내 집에 와서 다시 한 새의 위패 만들고 영혼
be
을

113

hūlara jakade. eigen gasha ofi jifi, sargan i uju de dooha sehe manggi.
부를 적에 남편 새 되어 와서 아내 의 머리 에 앉았다. 한 후

elhe yabungga han, tere hehe urgunjehe dere sehe manggi. enduri hendume, kesi
elhe yabungga han 그 여자 기쁘리라 한 후 신 말하되 운

akū han i angga ci gisun tucike seme ukcafi genehe.
없는 han 의 입 에서 말 나왔다 하며 풀고 갔다.

● mujan hūwajan i jakūci julen
목수 화가 의 여덟째 이야기

tereci geli nenehe songkoi genefi, enduri be unufi jiderede. enduri hendume, si
그로부터 또 전 대로 가서 신 을 업고 옴에 신 말하되 너
emu
한

julen ala. akūci bi emu julen alara sehe manggi. oncohon gehešehe.
이야기 말하라. 아니면 나 한 이야기 말하겠다 한 후 젖혀 끄덕였다.
enduri julen
신 이야기

alame, julgei emu buyecuke[66] sere bade, gubci be eldembure han[67] bihebi. tere
말하되 옛날의 한 buyecuke 하는 땅에 gubci be eldembure han 있었다. 그
han
han

114

akū oho manggi. jui eiten be wembure[68] gebungge han ofi soorin be sirafi
죽은 후 아들 eiten be wembure 이름의 han 되어 왕위 를 계승하고
doro be
정사 를

dasambi. terei juwe amban, emken nirure faksi, emken moo faksi bihebi. tere
다스린다. 그의 두 대신 하나 화가 하나 목수 있었다. 그

juwe amban ishunde kimun jafafi, nirure faksi han i jakade jifi hendume, mini
두 대신 서로 원한 맺혀서 화가 han 의 곁에 와서 말하되 나의

tolhin[69] de, sini han ama tenteke sain bade banjiha bi. tubaci mimbe jio sehe
꿈 에 너의 父王 저런 좋은 땅에 살아 있다. 거기서 나를 오라 했다.

bihe. bi geneci han ama mujakū wesihun ofi banjimbi. sini han amai hesei bithe
나 가니 父王 대단히 귀하게 되어 산다. 너의 父王의 칙지

66 buyecuke : '사랑스러운'이라는 의미로 지명으로 쓰였다.
67 gubci be eldembure : '누리를 빛내는'이라는 의미로 인명으로 쓰였다.
68 eiten be wembure : '일체를 교화하는'이라는 의미로 인명으로 쓰였다.
69 tolhin : 'tolgin'과 같다.

seme buhe. neifi tuwaci bithei gisun. eiten be wembure jui de henduhe. bi
하며 건넸다. 열어서 보니 글의 말 eiten be wembure 아들 에게 말하였다. 나

tubade bucefi abkai bade banjiha, baitalara jaka be yongkiyahabi, ubade emu
그곳에서 죽어 하늘의 땅에서 살았다 쓸 물건 을 갖추었다 이곳에 한
miyoo
사원

115

arambi, moo faksi baharakū, mini mujan be unggi. jidere arga be, ere nirure
짓는다 목수 구할 수 없다 나의 목수 를 보내라. 오는 방법 을 이 화가

faksi jorikini sehebi. tereci han, mini ama unenggi ere gese oci sain kai
안내하게 하자 했다. 그로부터 han 나의 부친 진실로 이 같이 되면 좋으니라
sefi,
하고

mujan be jio seme ganabuha. mujan jihe manggi, han mujan i baru hendume,
목수 를 오라 하여 데리러 가게 하였다. 목수 온 후 han 목수 의 쪽 말하되
mini han
나의 父王

ama abkai bade banjifi, emu miyoo arambi sere. terei jalin simbe jio sehebi
하늘의 땅에서 살고 한 사원 짓는다 한다. 그의 때문 너를 오라 하였다.
seme
하고

hesei bithe tuwabuha. mujan bithe tuwafi dolo gūnime, uttu geli doro bio.
칙지의 글 보였다. 목수 글 보고 속 생각하되, 이러한 또 방법 있는가?

ere hūwajan i ehe mujilen i deribuhengge seme gūnifi, han i baru hendume,
이 화가 의 나쁜 마음 으로 생긴 것이다 하고 생각하고 han 의 쪽 말하되

abkai bade
하늘의 땅에

adarame genembi. tereci han, hūwajan be gajifi fonjici. hūwajan hendume, mujan
어떻게 가는가? 그로부터 han 화가 를 데려와 물으니 화가 말하되 목수
de
에게

116

ini agūra be yoni[70] jafabumbi, moo de nimenggi fusufi sahambi mujan terei
그의 도구 를 모두 쥐게 한다. 나무 에 기름 뿌려 쌓는다. 목수 그의

dele tembi, eiten kumun deribume tuwa dabufi, tuwai šanggiyan i morin be
위 앉는다 모든 음악 시작하게하고 불 피우고 불의 연기 의 말 을
mujan yalufi
목수 타고

jikini sehe. mujan hendume, ai oci, hesei songkoi oki. bi genere, te
오게 하자 했다. 목수 말하되 어찌 하면 칙지의 대로 되겠나? 나 가겠다. 이제
mini booi
나의 집의

hanciki yafan de moo sahafi tubaci geneki. nadan inenggi oki seme boljoho.
근처 뜰 에 나무 쌓고 거기에서 가자. 7 일 되자 하고 약속했다.
tereci
그로부터

mujan ini boode jifi sargan i baru hendume. hūwajan ehe mujilen jafafi, enteke
목수 그의 집에 와서 아내 의 쪽 말하되 화가 나쁜 마음 품고 이러한
weile
일

70 yoni : 'yooni'로도 쓰인다.

deribuhebi. bi nadaci inenggi geneki seme angga aljaha. te emu arga deribuki
일으켰다. 나 7번째 날 가겠다 하고 허락했다. 이제 한 계획 시작하자
seme, booi
하고 집의

dorgici na be fetefi, hanciki yafan i dolo angga tucibuhe. angga be wehei dasifi ·
안에서 땅 을 파고 근처 뜰 의 가운데 입구 나게 했다. 입구 를 돌로 닫고

117

oilo boigon seshehe. tereci nadan inenggi oho manggi. han hendume. mujan,
표면 흙 털어버렸다. 그로부터 7 일 된 후 han 말하되 목수
ama
父王

han i jakade genere inenggi oho. muse ere falan i irgen i niyalma tome emte
의 곁에 갈 날 되었다. 우리 이 마을 의 백성 의 사람 마다 각 한
unun i moo ·
짐 의 나무

emte tampin nimenggi gaifi jio sehe. gemu jihe manggi, mujan i yafan i
각 한 항아리 기름 가지고 오라 하였다. 전부 온 후 목수 의 뜰 의
dulimbade moo be
중앙에 나무 를

ilan hošonggo arame den sahafi, terei ninggunde[71] mujan ini agūra be jafafi tehe.
3 각 만들어 높이 쌓고 그의 위에 목수 그의 도구 를 잡고 앉았다

emu ujan ci tuwa dabume, kumun deribume tuwa dafi šanggiyan mukdeke.
한 끝 에서 불 피우고 음악 시작하여 불 타고 연기 올랐다.
tereci mujan ini
그로부터 목수 그의

71 ninggunde : 'ninggude'와 같다.

agūra be gaifi, fetehe sangga de dosifi ini boode jihe. tereci hūwajan hendume,
도구 를 쥐고 팠던 굴 에 들어가 그의 집에 왔다. 그로부터 화가 말하되
mujan
목수

šanggiyan i dolo genembi dere seme simhun i wesihun jorimbi. isaha geren
연기 의 속 갔느리라 하고 손가락 으로 위 가리킨다. 모인 무리
akdafi urgunjeme,
믿고 기뻐하며

118

mujan han i jakade, abkai bade genehe sehe. emu biya otolo mujan niyalma de
목수 han 의 곁에 하늘의 땅에 갔다 하였다 한 달 되도록 목수 사람 에게

sabuburakū. inenggi dari beyebe sun i obome der seme šanggiyan obuha.
보이지 않는다. 날 마다 몸을 우유 로 씻고 눈처럼 하얗게 하였다.
tereci šanggiyan,
그로부터 하얀

suje etuku etufi, geli argai acabume emu bithe arafi, eiten be wembure han i
비단 옷 입고 또 대책 강구하여 한 글 지어 eiten be wembure han 의

jakade jifi, sini han amai unggihe bithe seme tucibufi buhe. bithe be neifi
곁에 와서 너의 부왕의 보낸 글 하며 내어서 주었다. 글 을 열어

tuwaci, bithei gisun saiyun[72]. han i doro be bithei wembume dasahangge sain.
보니 글의 말 좋으냐? han 의 도리 를 글로 교화하여 다스린 것 좋다.

ubade mujan jifi moo[73] ilibufi hūsun buhe. erei karu tubade šangna. te ere
이곳에 목수 와서 사당 세워 힘 주었다. 이의 보답 그곳에서 포상하라. 이제 이

---

72 saiyun : ‘saiyūn’과 같다.
73 moo : ‘miyoo’의 잘못이다.

miyoo de emu hūwajan baitalambi. mini tubai hūwajan be ere šolo de unggi.
사원 에 한 화가 필요하다. 나의 그곳의 화가 를 이 기회 에 보내라

119

ubade jidere arga nenehe songkoi jikini sehebi. tereci han mujan be tuwafi
그곳에서 올 방책 전 대로 오게하라 하였다. 그로부터 han 목수 를 보고

hendume, uttu abkai baci amasi jihe. mini han ama urgunjeheo. mujan abka de
말하되 이리 하늘의 땅에서 돌아 왔느냐. 나의 父王 기뻐하였더냐. 목수 하늘 에

isinaha arame gingguleme alara jakade. han ambula urgunjeme labdu šangnaha. han
도착한 척하며 공손하게 아뢸 적에 han 대단히 기뻐하며 크게 보상하였다. han

geli
다시

hūwajan be jio seme gajifi, hūwajan jifi mujan be tuwaci, beye der seme šanggiyan,
화가 를 오라 하여 데려와 화가 와서 목수 를 살펴보니 몸 눈처럼 하얀

sujei etuku etufi, eiten boobai miyamifi jihe be tuwafi, ere yargiyan i isinafi
비단의 옷 입고 여러 보배로 꾸미고 옴 을 보고 이 진실 로 도착해서

jihe bikai seme gūnimbi. tereci han, amai unggihe bithe be tuwabufi, hūwajan
왔구나 하고 생각한다. 그로부터 han, 아버지의 보낸 글 을 보이고 화가

i
의

genere turgun be alaha. hūwajan gūnime, te yargiyan i šanggiyan morin be
갈 이유 를 말했다. 화가 생각하되 이제 진실 로 흰 말 을

yalume isinafi
타고 도착해서

120

jimbini seme gūnifi, nadaci inenggi geneki seme angga aljaha. genere arga be
오는구나 하며 생각하고 일곱째 날 가겠다 하고 허락했다. 갈 방법 을

adarame genembi seme fonjici, mujan i songkoi gene sehe. nadaci inenggi oho
어떻게 가느냐 하고 물으니 목수 의 처럼 가라 하였다. 7번째 날 된
manggi.
후

geren niyalma moo nimenggi isabufi. emu usin i dulimbade, moo be ilan hošonggo
여러 사람 나무 기름 모으게 하고 한 밭 의 중앙에 나무 를 3 각

arame sahafi. terei ninggude hūwajan ini nirure de baitalara jaka be gaifi tehe
만들어 쌓고 그 위에 화가 그의 그림 에 필요한 물건 을 쥐고 앉은

manggi. emu ujan ci tuwa dabuha. tuwa mukdeme kumun deribume, hūwajan
후 한 끝 에서 불 피웠다. 불 오르고 음악 시작하여 화가
dosorakū ofi
견디지 못하고서

ebsi casi fekuceme hūlaci, kumun i jilgan de gidabufi donjirakū ofi, yaha fulenggi
이리 저리 날뛰며 외치니, 음악 의 소리 에 가려져 들리지 않게 되고 숯 재

oho sere jakade. elhe yabungga han hendume. ini ehe arga de, inde tuheke
되었다 할 적에 elhe yabungga han 말하되 그의 나쁜 방책 에 여기에 떨어졌다.
sehe
한

121

manggi. enduri hendume, kesi akū han i anggaci gisun tucike seme ukcafi genehe.
후 신 말하되 운 없는 han 의 입에서 말 나왔다 하고 풀고 갔다.

○ ○ ○ ○

● hehe niyaman be gajifi, han be weijubuhe uyuci julen
여자 심장 을 가져와서 han 을 살려낸 아홉 번째 이야기

tereci geli nenehe songkoi genefi enduri be unufi jidere de enduri julen alame,
그로부터 또 전 대로 가서 신 을 업고 옴 에 신 이야기 말하되

emu hibsu elgin[74] i bade, genggiyen i acabure han[75] bihebi. tede wesihun sain
한 벌꿀 풍부한 땅에 genggiyen i acabure han 있었다. 그에게 귀하고 잘
banjiha
생긴

jui bihebi. tere han ama akūha manggi. jui amai soorin be sirafi, geli
아들 있다. 그 han 아버지 죽은 후 아이 아버지의 지위 를 계승해서 또
emu han i
한 han 의

sargan jui be sargan gaiha. tere sargan de acarakū ofi, emu bai niyalmai hocikon
딸 을 처로 취했다. 그 처 에게 맞지 않아서 한 곳의 사람의 아름다운

sargan jui de kemuni latuhabi. tere han akū ojoro de, latuha sargan jui beye de
딸 에게 항상 사통하였다. 그 han 죽음 에 사통한 딸 임신해서

122

bifi biya hamika bihe. han akū oho manggi. han i fayangga dobori biyai
달 거의 되었다. han 죽은 후 han 의 혼 밤 달의

elden de, tere sargan jui duka de genefi, duka foriha manggi. sargan jui duka
빛 에 그 여자 문 에 가서 문 두드린 후 여자 문

---

74 elgin : 'elgiyen'으로도 쓰인다.
75 genggiyen i acabure han : '밝음으로 맞이하는 왕'이라는 의미이다.

neifi dengjan tukiyefi tuwaci, inde latuha han inu. sargan jui ambula urgunjefi
열고 등잔 들고 보니 저에게 사통한 han 이다. 여자 매우 기뻐서

gala be jafafi boode dosimbufi, nure omibuha manggi. han tere sargan jui be, ini
손 을 잡고 집에 들게 해서 술 마시게 한 후 han 그 여자 를 그의

boode gamame hanci isinjiha manggi. tungken dure bileri fulgiyere jilgan be
집에 데려가 가까이 도착한 후 북 두드리고 태평소 부는 소리 를
donjifi,
듣고

sargan jui fonjime ainaha kumun ni. han hendume, si sarkūn, bi bucehe. ere
여자 묻되 무슨 음악이냐? han 말하되 너 무르는구나, 나 죽었다. 이
mini
나의

giran de juktere jilgan. ere sini beye de bisire sargan jui be, sufan i kūwaran
시체 를 제사하는 소리이다. 이 너의 임신한 딸 을 코끼리 의 우리
de
에서

123

banjifi. mini eniye de bufi giyan giyan i iletu ala. mini eniye, sargan juwe
낳아서 나의 어머니 에게 주고 상세하고 명백하게 말하라. 나의 어머니 처 두
nofi,
사람

emu boobai waliyabufi eherehebi. tere boobai mini besergen i fejile umbuha bi.
한 보물 잃게 되서 사이가 나쁘다. 그 보물 나의 침대 의 아래 묻혀 있다.
tere be
그것 을

tucibufi mini sargan de bufi ini dancan de unggi. mini eniye suweni juwe nofi,
꺼내서 나의 아내 에게 주어서 그의 친정 에 보내라. 나의 어머니 너희 두 사람

jui be ujime, mini soorin be sirabu seme hendufi edun ofi genehe. tere
아이 를 길러 나의 지위 를 계승하게 하라 하고 말하고서 바람 되어 갔다. 그
sargan jui
여자

ambula gasame farafi tuheke. aituha manggi, ambula songome wajifi. tereci
매우 슬퍼하며 기절해 쓰러졌다. 깬 후 심하게 울며 마치고 그로부터
sufan i
코끼리 의

kūwaran de genefi, tere dobori emu haha jui banjiha. jai cimari sufan tuwakiyara
우리 에 가서 그 밤 한 남자 아이 낳았다. 다음 새벽 코끼리 지키는
niyalma
사람

sabufi hendume absi koro. ainaha niyalma ubade jifi banjiha ni, sufan i
보고서 말하되 얼마나 슬픈가? 무슨 사람 이곳에 와서 낳았느냐? 코끼리 의
kūwaran
우리

124

nantuhūraha kai. tere hehe hendume hūwanggiyarakū. si genefi, han i eniye be
더러워졌구나! 그 여자 말하되 관계없다. 너 가서 han 의 어머니 를
ubade
이곳에

jio se. emu fergecuke gisun bi. tere niyalma genefi fujin de alaha manggi.
오라 하라. 한 기이한 말 있다. 그 사람 가서 부인 에게 전한 후
fujin uthai
부인 바로

jihe. tere hehe turgun be giyan giyan i alaha manggi. fujin enen akū ofi, tere
왔다. 그 여자 사유 를 낱낱이 말한 후 부인 후손 없어서 그

jui be fergecuke seme boode gamafi gosime ujimbi. tere hehe han i umbuha
아이 를 기이하다 하고 집에 데려가서 사랑하며 키운다. 그 여자 han 의 묻은
boobai be
보배 를

bahafi tucibuhe manggi. umesi akdaha. tere boobai be han i sargan de bufi,
얻어서 낸 후 매우 믿었다. 그 보물 을 han 의 처 에게 주어서
dancan de
친정 에

unggihe. tereci fujin tere hehe doro be ejilefi[76] dasambi. tere han i fayangga,
보냈다. 그로부터 부인 그 여자 정권 을 장악하고 다스린다. 그 han 의 혼
biya
달

dari tofohon i dobori, tere hehei emgi dedumbi, abka gereme akū ombi. tere
마다 15일 의 밤 그 여자와 함께 잔다 하늘 밝아 사라진다. 그

125

hehe tere be, fujin de alaha manggi. fujin hendume, unenggi tuttu oci, si emu
여자 그것 을 부인 에게 말한 후 부인 말하되 진실로 그러하면 너 하나

temgetu gaifi tuta. tereci emu dobori jihe be, temgetu gaifi fujin de
증거 잡아서 남겨라. 그로부터 한 밤 옴 을 증거 잡아 부인 에게

tuwabuha. fujin hendume, te si meni eme jui be acabume tuwa. tere hehe
보였다. 부인 말하되 지금 너 우리 母子 를 만나게 하여 보아라. 그 여자
tofohon i
15 의

dobori, han i fayangga jihe manggi. han i baru hendume, ere tofohon i dobori
밤 han 의 혼 온 후 han 에게 말하되 이 15 의 밤

76 ejilefi : 'ejelefi'와 같다.

emgeri
한번

jiderengge udu sain bicibe, enteheme guculerakū ofi mini mujilen jobombi. han
온 것 비록 좋지만 영원히 사귈 수 없어서 나의 마음 괴롭다. han
hendume
말하되

sini mujilen mangga oci enteheme guculeci ombihe. hehe niyalma de mangga
너의 마음 강하면 영원히 사귈 수 있다. 여인 에게 강한
mujilen akū
마음 없어서

ofi muterakū. hehe hendume mangga mujilen be bi sara. ere beye han i emgi
할 수 없다. 여자 말하되 강한 마음 을 나 알겠다. 이 몸 han 의 함께
enteheme
영원히

126

guculere oci yali meijehe, giranggi fakcaha seme nakarakū akūmbuki. han
사귈 수 있다면 살 찢어지고, 뼈 부서진다 해도 멈추지 않고 최선을 다하자. han
hendume,
말하되

ishun biyai tofohon i dobori, biyai tucire erin de wesihun gene. emu bai dubede
다음 달 15 의 밤 달의 나올 때 에 동쪽으로 가라. 한 땅의 끝에

isinaha manggi. emu selei beye sakda niyalma, wembuhe sele be omime kangkaha
도착한 후 한 쇠의 몸 늙은 사람, 녹은 철 을 마시며 목마르다
sembi.
한다.

tede emu kukuri arki bu. tereci casi genehe manggi. juwe buka honin ishunde
그에게 한 주전자 술 주라. 그로부터 저리 간 후 두 숫 양 서로
šukišambi,
싸운다.

tede emte efen bu. tereci casi genehede, geren agūra jafaha niyalma be
그에게 하나씩 떡 주어라. 그로부터 저리 감에 여러 무기 잡은 사람 을
acambi. tese de
만난다. 그들 에게

emte farsi yali bu. tereci casi genehede emu gelecuke senggi fusuha farhūn boo bi.
각 한 조각 고기 주라. 그로부터 저리 감에 한 무서운 피 뿜는 어두운 방 있다.

terei dolo selei agūra jafaha emu niyalma bi. terei duka de juwe hutu soncoho
그의 안 강철의 무기 잡은 한 사람 있다. 그의 문 에 두 귀신 변발
de
에

127

senggi latufi bi. tese de emte dalgan senggi bu. tereci booi dolo dosika
피 붙어 있다. 그들 에게 각 한 덩이 피 주어라. 그로부터 방의 안 들어간
manggi,
후

jakūn tarni hūlara niyalma šurdeme tecehebi. tesei jakade uyun niyalmai niyaman bi.
8 경 읊는 사람 둘러 앉았다. 그들의 곁 아홉 사람의 심장 있다

jakūn fe niyaman, mimbe gama sembi. emu ice niyaman mimbe ume gamara
8 오랜 심장 나를 가져가라 한다. 한 새 심장 나를 가져가지 마라.
sembi.
한다.

si gelerakū hatarakū ice niyaman be jafafi amasi tuwarakū burlame[77]
너 두려워말고 싫어하지 말고 새 심장 을 잡고 뒤로 보지 말고 도망쳐
jihede. ere
옴에 이

jalan de enteheme emgi banjici ombikai. tere hehe giyan giyan i gemu ejefi,
세상 에서 영원히 함께 살 수 있다. 그 여인 낱낱이 모두 기억하고

tofohon i dobori biya tucime uthai yaya de ulhiburakū, mangga mujilen jafafi
15 의 밤 달 나오자 바로 모두 에게 알아채지 못하게, 굳은 마음 잡고
wesihun
동으로

geneme, babade bume genehei isinaha manggi. tere ice niyaman mimbe gamara
가서 곳곳에 주고 가면서 도착한 후 그 새 심장 나를 가져가라
secibe jurcerakū
하지만 주저하지 않고

128

jafafi burlame tucike. tarni hūlara niyalma bošome niyaman be hūlha gamambi,
잡고 도망쳐 나갔다. 경 읊는 사람 쫓으며 심장 을 훔쳐 가져간다.
dukai
문지기

niyalma jafa seci. dukai niyalma ere mende senggi buhe bihe seme tucibufi
사람 잡아라 하니 문지기 이 우리에게 피 주었다 하고 나가게 해서
unggihe.
보냈다.

tereci geren agūra jafaha niyalma be jafa seci, ere mende yali buhe bihe
그로부터 여러 무기 잡은 사람 을 잡아라 하니 이 우리에게 고기 주었다

---

77 burlame : 'burulame'로도 쓰인다.

seme tucibufi
하고 나가게 해서

unggihe. tereci juwe buka honin be jafa seci, ere mende efen buhe bihe
보냈다. 그로부터 두 수컷 양 을 잡아라 하니 이 우리에게 떡 주었다
seme tucibufi
하고 나가게 해서

unggihe. tereci selei niyalma be jafa seci, ere minde arki buhe bihe seme
보냈다. 그로부터 강철의 사람 을 잡아라 하니 이 나에게 술 주었다 하고
tucibufi
나가게 해서

unggihe. tereci tere hehe boode isinjifi dosifi tuwaci. han eiten hacin i
보냈다. 그로부터 그 여자 집에 도착해서 들어가서 보니. han 모든 종류 로
miyamime
화장하고

tehebi. ishunde tebeliyeme acaha. tereci jirgame banjiha sere jakade elhe
앉아있다. 서로 껴안고 만났다. 그로부터 편히 지냈다 할 적에 elhe
yabungga
yabungga

129

han, tere hehe ambula urgunjehe dere sehe manggi. enduri hendume, kesi akū
han 그 여자 매우 좋아했으니라 한 후 신 말하되 운 없는

han i angga ci gisun tucike seme ukcafi genehe.
han 의 입 에서 말 나왔다 하고 풀고 갔다.

● gucu de oforo ilenggu kajabuha hehei juwaci julen
친구 에게 코 혀 물린 여자의 열번째 이야기

tereci geli nenehe songkoi genefi, enduri be unufi jidere de. enduri julen
그로부터 또 전 대로 가서 신 을 업고 옴 에 신 이야기
alame, julge
말하되 옛날

emu ilga yafan i hanci ahūn deo juwe nofi bihebi. ahūn i sargan ehe mujilengge
한 꽃 정원 의 가까이 형 동생 두 사람 있었다. 형 의 아내 나쁜 마음
bihebi. tere
가졌다. 그

niyalma ulhiyen ulhiyen i bayaka manggi. gašan i niyalma be isabufi sarilara
사람 점점 부자된 후 마을 의 사람 을 모이게 하여 잔치함
de. deo gūnime,
에 동생 생각하되

ahūn mimbe udu gosirakū bicibe, ere sarin de henjimbi dere seme gūnici
형 나를 이렇게 사랑하지 않지만 이 잔치 에 초대하리라 하고 생각하되
henjihekū. jai inenggi
초청하러 오지 않았다. 다음 날

130

sarilara de geli henjimbi seme aliyaci geli henjihekū. ilaci inenggi arki
잔치함 에 또 초대한다 하고 기다리니 또 초대하러 오지 않았다. 셋째 날 술
omime
마시며

wajime usafi, tere dobori sarin de isaha geren niyalma gemu soktofi
마치고 실망하고 그 밤 잔치 에 모인 여러 사람 모두 취해서

maktabuhabi.
움직이지 못했다

deo ahūn i booi ulin be hūlhanaki seme genefi, ulin sindaha booi fajiran i
동생 형 의 집의 재물 을 훔치러 가자 하고 가서 재물 놓은 방의 벽 의

jakade ukafi bici, geren gemu deduhebi. ahūn i sargan ini soktoho eigen be
곁에 피하여 있으니 여럿 모두 잤다. 형 의 아내 그의 취한 남편 을
yarume
이끌어

gajifi, ulin sindaha boode dedubuhe. i eigen i jakade majige dedufi, eigen amgaha
가지고 재물 놓은 방에서 자게 하였다 그 남편 의 곁에서 잠시 자고 남편 잔

manggi. sargan ilifi hacin hacin i jeku nure be gamame genehe. deo dahalame
후 아내 일어나 가지 가지 의 음식 술 을 가지고 갔다. 동생 좇아서
genefi tuwaci,
가서 보니

tere hehe gašan i amargi alin de niyalmai giran bihebi. tubade isinaci emu neciken
그 여자 마을 의 뒤쪽 산 에 사람의 시체 있었다. 그곳에 이르르니 한 평평한

131

bade šanggiyan wehei besergen bi. terei dele emu hutu bi. deo gūnime ere
곳에 하얀 돌의 침상 있다. 그의 위 한 귀신 있다. 동생 생각하되 이

dule hutu de latuha binikai seme, beye sabuburakū, gurgu gasha de
원래 귀신 에게 사통했느니라 하고 몸 보이지 않게 하고 금수 에게
waburakū[78] seme
죽임을 당하지 않으랴 하고

78 waburakū : 문맥상 'waburahū'의 잘못으로 판단된다.

hūlaha manggi. hehe donjifi sujume jiderede. tere hutu hehei gebu be gebuleme
외친 후 여자 듣고 달려 옴에 그 귀신 여자의 이름 을 부르고
hūlame
외치며

songgome sujume jifi tebeliyehe manggi. deo geli goro ilifi tuwaci. tere hehe
울며 달려 와서 안은 후 동생 또 멀리 일어나서 보니 그 여자
ini
그의

gamaha jaka be hutui juleri tukiyehe. hutu jeki seci angga juwaci ojorakū ofi,
가져간 물건 을 귀신의 앞에 올렸다. 귀신 먹자 해도 입 벌릴 수 없어서

hehe saifi jafafi, tere hutui weihe be jakarabufi, jeterengge be hehe ini angga de
여자 씹어서 잡고 그 귀신의 이빨 을 벌리고 먹을 것 을 여자 그의 입 에

ašufi, ilenggu dubei hutu de ulebure de. saifi mokcofi weihe kamcire de.
머금고 혀 끝으로 귀신 에게 먹임 에 씹어서 양단하고 이빨 다물게함 에
hehe oforo
여자 코

132

ilenggu kengse hutu i angga de tutaha. tereci hehe senggi eyeme, ini gamaha
혀 감히 귀신 의 입 에 남겼다. 그로부터 여자 피 흘리며 그의 가져온

tetun be jafafi bedereme jidere de. eše neneme jifi da bade ukaha bici.
그릇 을 집어서 돌아서 옴 에 시동생 앞서 와서 처음 장소에 도망쳐 있으니
tere hehe
그 여자

jifi, eigen be getebufi den jilgan i sureme hendume, ere gese eigen be sarkū,
와서 남편 을 깨워서 큰 소리 로 부르며 말하되 이 같은 남편 을 모른다.

erei
이의

gisun be dahambi sehei, oforo ilenggu gemu erei weihe de kajabuha. hehe niyalma
말 을 따른다 하면서 코 혀 모두 이의 이빨 에 물렸다. 여인
de geli
에게 또

oforo ilenggu akū banjici ombio. eigen hendume, si balai ume hendure. sini
코 혀 없이 살 수 있느냐? 남편 말하되 너 함부로 말하지 말라. 너의

arga jali jaci ambula oho. cimari han de habšaki seme jamaraha. tereci deo
간계 몹시 많이 되었다. 내일 han 에게 호소하자 하고 떠들었다. 그로부터 동생
hūlhara be
훔치기 를

nakafi ini boode jihe. tere hehe cimari erde ilifi, han i jakade genefi habšame
그만두고 그의 집에 왔다. 그 여자 다음날 아침 일어나 han 의 곁에 가서 호소하며
hendume,
말하되

133

ere dobori mini eigen kooli akū enteke weile araha. adarame beideci han i
이 밤 나의 남편 이유 없이 이렇게 죄 지었다. 어떻게 재판하면 han 의
ciha
뜻이냐

sehe manggi. eigen be ganafi fonjici, tere hehe yargiyan i adali giyan giyan i
한 후 남편 을 데리고 가서 물으니 그 여자 진실 의 처럼 낱낱이
alambi. eigen
고한다. 남편

jabume bi oron akū sembi. tereci han hendume, si kooli akū weile araha
대답하되 나 전혀 없다 한다. 그로부터 han 말하되 너 이유 없이 죄 지었다

seme wa sefi
하고 죽여라 하고

fafun i moo de lakiyaha. tereci deo donjifi, ahūn i jakade jifi hendume,
법 의 나무 에 걸었다. 그로부터 동생 듣고 형 의 곁에 와서 말하되
sinde ai
너에게 무슨

weile bifi uttu lakiyahabi. ahūn giyan giyan i alaha manggi. deo han i jakade
죄 있어서 이렇게 매달렸는가? 형 낱낱이 말한 후 동생 han 의 곁에
jifi
와서

alame. han ejen donjire biheo sefi hendume. mini ahūn i weile tašan. mimbe
고하되 han 主 들음 있는가 하고 말하되 나의 형 의 죄 거짓이다. 나를
akdarakū oci,
믿을 수 없으면

eigen sargan be gemu gaju, bi yargiyan be alara. tereci haha hehe be
남편 아내 를 모두 데려오라. 나 진실 을 말하마. 그로부터 남자 여자 를
gajifi angga acabuci,
데리고 와서 대질하니

134

deo hendume, ere hehe hutu de latufi, oforo ilenggu be kajabuha. han
동생 말하되 이 여자 귀신 에게 사통해서 코 혀 를 깨물렸다. han
akdarakū oci,
믿을 수 없으면

niyalma takūrafi hutui anggai dolo, ere hehe oforo ilenggu saiha ujan ci senggi
사람 보내서 귀신의 입의 안 이 여자 코 혀 씹은 가장자리 에서 피

eyehe be tuwanabucina seme henduhe manggi. han niyalma takūrafi tuwanabuci
흐름 을 보러 가게 하세요 하고 말한 후 han 사람 보내서 보러 가게 하니
yargiyan
진실

ofi, eigen be sindafi, sargan be ineku moo de lakiyafi waha sere jakade. elhe
되서 남편 을 놓아주고 아내 를 같은 나무 에 매달아 죽였다 할 적에 elhe
yabungga
yabungga

han hendume, ini buyeme baiha jobolon kai sehe manggi. enduri hendume,
han 말하되 그녀의 하고자 한 것 부른 우환이로다 한 후 神 말하되
kesi akū han i
운 없는 han 의

angga ci jilgan tucike seme ukcafi genehe.
입 에서 소리 나왔다 하고 풀고 갔다

—— ○ —— ○ —— ○ —— ○ ——

● guwan in pusa be juktehe mafai juwan emuci julen
觀 音 菩薩 을 제사지낸 할아버지의 열 한번째 이야기

135

tereci geli nenehe songkoi enduri be unufi jidere de. enduri hendume, julesi
그로부터 또 전 대로 신 을 업고 옴 에 신 말하되 옛날

emu birai dalin i jugūn i salja de emu guwan in pusai miyoo bihebi. terei hanci
한 강의 가 의 길 의 갈림길 에 한 觀 音 菩薩의 사당 있었다. 그의 근처

emu ajige boo arafi, emu mafa mama tehebi. tere mafa mama de emu
한 작은 집 짓고, 한 할아버지, 할머니 살았다. 그 할아버지 할머니 에게 한

sargan jui bi.
딸 있다.

tereci emu inenggi emu yadara niyalma guweisei jalu tubihe tebuhe. tebufi uncame,
그로부터 한 날 한 가난한 사람 궤짝의 가득 과일 담았다. 담고 팔며
tere
그

mafa booi hanci jifi deduhe. dobori donjici mafa mamai baru hendume
할아버지 집의 근처 와서 잤다. 밤에 들으니 할아버지 할머니의 쪽 말하되
muse juwe sakdaha
우리 둘 늙었다.

musei ere sargan jui be eigen de buci sain dere. mama hendume, sini ere gisun
우리의 이 딸 을 남편 에게 주면 좋으리라. 할머니 말하되 너의 이 말
inu. emu
맞다. 한

sain hojihon be baifi, musei asaraha emu boobai fudeme buki seme hebešehe.
좋은 사위 를 얻어서, 우리의 간직한 한 보배 보내어 주자 하고 상의하였다.
geli ere guwan in
또 이 觀 音

136

pusai genggiyen i juleri gingguleme jalbarime, ere sargan jui be we de buci
菩薩의 현명함 의 앞에 공경스럽게 기원하여, 이 딸 을 누구 에게 주면
sain seme tuwabuki.
좋냐 하고 보게 하자.

tere gisun be yadara niyalma donjifi gūnime, te šolo baha sefi miyoo i duka
이 말 을 가난한 사람 듣고 생각하되 지금 기회 얻었다 하고 사당 의 문
be neifi guwan
을 열고 觀

in pusai beyei amala somime dedufi bisirede. mafa mama sargan jui ilan nofi
音 菩薩의 몸의 뒤에 숨어서 누워 있음에 할아버지, 할머니, 딸 세 사람
miyoo de
사당 에

jifi, hiyan dabufi hengkilefi. mama jalbarime hendume. guwan in pusa mini ere
와서 향 피우고 절하고 할머니 기원하며 말하되 觀 音 菩薩, 나의 이
sargan jui be,
딸 을

guse obuci saiyun, jalan i niyalma de buci saiyun. aikabade niyalma de
비구니 되게 하면 좋으냐, 세상 의 사람 에게 주면 좋으냐? 만약 사람 에게
bu seci we de
주라 하면, 누구 에게

bure. iletu sain i jorire biheo. akūci tolhin tolhimbure[79] biheo sehe manggi. tere
주느냐? 명백히 잘 점지하겠느냐? 아니면 꿈 꾸게 하겠느냐? 한 후 그

yadara niyalma guwan in pusa ofi hendume, sini ere sargan jui be jalan i niyalma
가난한 사람 觀 音 菩薩 되서 말하되 너의 이 딸 을 세상 의 사람
de bu.
에게 주어라.

137

cimari erde sini duka de emu niyalma jimbi, tede uthai bu, si ambula tusa
내일 아침 너의 문 에 한 사람 온다. 그에게 바로 주어라. 너 큰 이익

bahambi sehe manggi. mafa mama urgunjeme hengkilefi genehe. tere niyalma
얻는다 한 후 할아버지 할머니 기뻐하여 절하고 갔다. 그 사람
cimari erde
아침 일찍

---

79 tolhin tolhimbure : ‘tolgin tolgimbure’와 같다.

ilifi mafai duka de genefi duka jorire jakade. mafa tucifi tuwafi, amasi
일어나 할머니의 문 에 가서 문 지켜볼 적에 할아버지 나와서 보고 되돌아
boode
방에

dosifi mamai baru hendume, guwan in pusa i joriha niyalma jihebi kai.
들어와서 할머니의 쪽 말하되 觀 音 菩薩 의 점지해준 사람 왔느니라.
mama hendume
할머니 말하되

dosimbucina seme dosimbufi, hacin i dagilafi ulebufi, sargan jui be bufi
들어오게 하려무나. 하여 들어오게 하고, 갖가지 차려서 먹이고, 딸 을 주고
emu uyu
한 터키석

fudeme bufi narhūšame henduhe, tere niyalma gisun bahafi, sargan jui be gaifi
선물하여 주고 상세하게 말했다. 그 사람 말 얻어서 딸 을 데리고
guweise be
궤짝 을

unufi genehe. ini boode hanci isiname dolo gūnime, mafa mama be argai
짊어지고 갔다. 그의 집 가까이 다다라 속 생각하되 할아버지 할머니 를 꾀로
dahabufi,
순종케 하고,

138

sargan jui be gajiha. te re[80] sargan jui be guweise de tebufi yonggan de,
딸 을 데려왔다. 그 딸 을 궤짝 에 담아서 모래 에
umbume
묻어

80 te re : 'tere'를 잘못 표기하여 'te re'와 같은 형태가 되었다.

sindafi, emu arga deribuki seme sargan jui, uyu be yooni guweise de tebufi
놓고, 한 계책 세우자 하고 딸 터키석 을 모두 궤짝 에 담고
yonggan de
모래 에

umbuha. i ini boode genefi, gašan i niyalmai baru hendume, bi daci hūturi
묻었다. 그 그의 집에 가서 마을 의 사람의 쪽 말하되 나 본래부터 복
baiha
구했다

seme tusa akū. te ekšeme ging hūlame hūturi baimbi seme jeterengge dagilafi
해도 이익 없다. 지금 서둘러 경 읽어 복 구한다 하고 먹을 것 차려 놓고

ging hūlabuha. jai inenggi geli hūturi baire bithe seme hūlabure de, tere
경 읽게 했다. 다음 날 다시 복 구하는 글 하고 읽게 함 에 그

inenggi emu han niyalmai jui, beri niru jafafi, emu tasha be kutulefi juwe gucu be
날 한 han 사람 아들 활 화살 들고 한 호랑이 를 끌고 두 친구 를

gaifi, tere sargan jui be umbuha bade isinafi umbuha munggan be gabtara jakade.
데리고, 그 딸 을 묻은 곳에 이르러서 묻은 언덕 을 쏠 적에

139

guweise goiha. guweise be neifi tuwaci, emu hocikon sargan jui bi. tere
궤짝 맞추었다. 궤짝 을 열고 보니 한 아름다운 여자 있다. 그

sargan jui de fonjime, gege si ainaha sargan jui. sargan jui jabume bi muduri
여자 에게 묻되 아가씨 너 어떤 여자인가? 여자 대답하되 나 용

han i sargan jui. han i jui hendume, bi simbe sargan gaiki yabu serede. sargan jui
han 의 딸이다. han 의 아들 말하되 나 너를 아내 삼자 가자 함에 여자

marame hendume, ere guweise de emu jaka sinda sehe manggi. han i jui
거절하며 말하되 이 궤짝 에 한 물건 놓아라 한 후 han 의 아들
tasha be
호랑이 를

guweisei dolo sindafi, fe an i umbufi, sargan jui be gamame genehe. tereci tere
궤짝의 속 넣고 예전처럼 묻고 여자 를 데리고 갔다. 그로부터 그
yadara
가난한

niyalma hūturi baime wajifi dolo gūnime, te genefi sargan jui be wafi, uyu
사람 복 구하기 마치고 속 생각하되 지금 가서 딸 을 죽이고, 터키석
be gajifi
을 가지고

ulin ulha udafi bayan banjiki seme, umbuha guweise be tucibufi unufi boode
재물, 가축 사서 부유하게 살자 하고, 묻어놓은 궤짝 을 꺼내서 짊어지고 집에
gajifi
가지고와서

140

gašan i niyalmai baru hendume, mini hūturi baiha yamji aikabade mini boode
마을 의 사람의 쪽 말하되 나의 복 구한 밤 만일 나의 집에

jilgan tucici, suwe tuwaki seme ume jidere sehe manggi. tereci sargan jui be
소리 나면, 너희 보자 하고 오지 말라. 한 후 그로부터 여자 를
tucirahū
나올까

seme, uce fa be yaksifi, sishe sektefi guweise be neifi jio sere jakade. tasha
하여 지게 창 을 닫아걸고, 요 깔고 궤짝 을 열고 오라 할 적에 호랑이

tucifi, yadara niyalmai emgi jafunure jilgan be, adaki booi niyalma donjifi
나와서 가난한 사람의 함께 서로 씨름하는 소리 를 이웃 집의 사람 듣고
hendume, ere
말하되 이

yadara niyalmai hūturi baimbi sehei. elemangga jobolon oho nikai seme injeme
가난한 사람의 복 구한다 하며서 오히려 재앙 되느니라 하고 웃으며
jihekū.
오지 않았다.

jai cimari genefi tuwaci. tere booi jakade, emu tasha angga bethe de senggi latufi
다음날 가서 보니 그 방의 곁에 한 호랑이 입 발 에 피 묻히고
bi.
있다.

tere niyalma giranggi yali farsi farsi ohobi. tereci tere han tere sargan jui be
그 사람 뼈 살 조각조각 되었다. 그로부터 그 han 그 여자 를

141

fujin obufi, ilan haha jui banjiha. emu inenggi geren ambasa gisureme, musei
부인 삼고, 세 아들 낳았다. 한 날 모든 대신들 말하되 우리의

ere han buya mujilen i ama eme akū, sargan jui be fujin obuha. ere juse de
이 han 부족한 생각 으로 아빠 엄마 없은 여자 를 부인 삼았다. 이 아이들 에게

nakcu akū, we be nakcu sembi. tere gisun be fujin donjifi mujilen jobome, ini
외삼촌 없다. 누구 를 외삼촌 하느냐? 이 말 을 부인 듣고 마음 괴로워, 그의

ama emei boode geneki seme, tofohon i dobori booci tucifi genehe. jai inenggi
아빠 엄마의 집에 가자 하고 15 의 밤 집에서 나와서 갔다. 다음 날

dulinde boode isinafi tuwaci, dade usin akū bade geren niyalma usin tarimbi.
중에 집에 이르러서 보니 본래 밭 없던 곳에 여러 사람 밭 경작한다.

terei dorgici emu asihan niyalma hacin hacin i jetere omirengge dagilambi.
그곳의 안쪽에서 한 어린 사람 가지 가지 로 먹을 마실 것 차린다.
tubade
그곳에

isinafi tere niyalma fonjime, gege si abici jihe. sargan jui hendume,
들어가서 그 사람 묻되 아가씨 당신 어디에서 왔느냐? 여자 대답하되
bi goro baci
나 먼 곳에서

142

jihe. ere alin i dade mini ama eniye tehe bihe. te saiyun seme tuwaname
왔다. 이 산 의 밑에 나의 아버지, 어머니 살고 있었다. 지금 좋으냐 하고 가보러
genembi.
간다.

tere niyalma jabume, si terei sargan jui oci, bi inu terei jui kai. emu eyun
이 사람 대답하되 당신 그의 딸이라면 나 또 그의 아들이니라. 한 누나
bi
있다.

seme hendumbihe. dule si nikai. te ubade te seme hendufi, dagilaha jaka
하고 대답하였다. 진정 너로구나. 이제 여기에 앉아라 하고 말하고, 차려놓은 것
be ulebufi
을 먹이고

wajiha manggi. emgi geneme alin i dade isinafi tuwaci, fe booi oron de, han
마친 후 함께 가서 산 의 밑에 이르러 보니 옛 집의 자리 에 han
niyalmai boo
사람의 집

yamun i adali arahabi. cinggilakū i jilgan be donjifi, ere boo weingge seme fonjire
官衙 의 처럼 지어졌다. 방울 의 소리 를 듣고 이 집 누구것 하여 물을

jakade.
적에

tere haha jui jabume, ere boo museingge, sini genehe amala araha sehe manggi.
그 아들 대답하되 이 집 우리의 것, 네 간 뒤 지었다 한 후
hūwai
뜰의

dolo dosifi tuwaci, morin loosai heren ulin ulha jalu bi. boode dosifi tuwaci
안 들어가서 보니 말 노새의 마구간 재물 가축 가득 있다. 집에 들어가서 보니

143

ama eme sain sishe sektefi tehebi. sargan jui ama eme saiyun seme
아버지 어머니 좋은 요 깔고 앉았다. 딸 아버지 어머니 잘 있었냐 하고
fonjici. meni
물으니 우리

mafa mamai bucere onggolo acanjihangge ambula sain seme, da turgun be
할아버지 할머니의 죽기 전 만나러 온 것 매우 좋다 하고 본래 연유 를
giyan giyan i alaha.
낱낱이 알려주었다.

sargan jui hendume mimbe emu han niyalma sargan gaihabi. terei ambasa mini
딸 말하되 나를 한 han 사람 아내 삼았다. 그의 대신들 나의
juse de
아이들 에게

nakcu akū seme basumbi. mafa hendume tuttu oci, han ambasa be solifi
외삼촌 없다 하고 비웃는다. 할아버지 말하되 그렇다면, han 대신들 을 청해서
gajiki seme
데려오자 하고

gisurefi, niyalma takūrafi han geren ambasa be solime gajifi amba doroi dorolome,
말하고, 사람 보내서 han 모든 대신들 을 청하여 데려와서 큰 예로 대접하고

eiten jaka bufi urgunjebure jakade. han hendume, mini sargan de ama akū sehe bihe
온갖 물건 주고 기뻐하게 할 적에 han 말하되 나의 아내 에게 아빠 없다 했었다.

mini amha dule uttu wesihun nikai seme, fujin be werifi genehe. tereci fujin
나의 장인 원래 이렇게 귀했구나 하고 부인 을 남겨두고 갔다. 그로부터 부인
fakcame
이별하여

144

jenderakū, kiduha jongko be gisureme ududu inenggi oho manggi. emu dobori
견디지 못하고 그리움 일어남 을 말하되 몇 날 된 뒤 한 밤

amhafi geteci, emu wehei ninggude deduhebi, ere ai biheni. ama eniyei
자고서 깨니 한 돌의 위에 누워있었다. 이것 어찌 된거냐? 아버지 어머니
emgi dedure de,
함께 누움 에

sujei sishe sektefi deduhe bihekai. ere ainu uttu oho seme uju tukiyefi
비단의 요 깔고 누워있었느니라. 이 어찌 이리 되었느냐 하고 머리 들고

tuwaci umai akū. ini fe ajige boo tuhekebi. mujilen ambula jobome guwan
보니 아무것도 없다. 그의 옛 작은 집 무너져있다. 마음 크게 걱정하며 觀
in pusai
音 菩薩의

miyoo de genefi tuwaci, miyoo geli tuhekebi. fujin dolori gūnime, ere eiten
사당 에 가서 보니 사당 역시 무너져 있다. 부인 속으로 생각하되 이 모든
jaka be
것 을

guwan in pusai enduri fai ilibuhangge nikai seme gūnifi boode genehe. boode
觀 音 菩薩의 신 법으로 일으킨 것이니라 하고 생각하고 집에 갔다. 집에

isinjire de
이르름 에

geren ambasa goro okdofi boode dosimbuha. tereci han fujin enteheme haji
모든 대신들 멀리 맞이하고 집에 들게 했다. 그로부터 han 부인 영원히 화목하고
jirgame
평안하게

145

banjimbi sere jakade. elhe yabungga han, tenteke hūturi jirami[81] hehe bini sehe
지낸다 할 적에 elhe yabungga han 저렇듯 복 두터운 여자 있느냐? 한

manggi. enduri hendume, kesi akū han i angga ci jilgan tucike seme ukcafi genehe.
후 신 말하되 운 없는 han 의 입 에서 소리 나왔다 하며 풀고 갔다.

ehe mujilengge[82] han i juwan juweci julen
ehe mujilengge han 의 열 둘째 이야기

tereci geli nenehe songkoi genefi enduri be unufi jidere de enduri julen
그로부터 또 전 대로 가서 신 을 업고 옴 에 신 이야기

alame julgei emu ehe mujilengge han de emu ulhisu amban bihebi emu inenggi
말하되 옛날 한 ehe mujilengge han 에게 한 지혜로운 대신 있었다. 하루
han
han

tere amban i baru hendume, minde emu boobai bi si hūlhame mutehe de, sinde
그 대신 의 쪽 말하되 나에게 한 보배 있다. 너 훔칠 수 있음 에 너에게

81 jirami : 'jiramin'과 같다.
82 ehe mujilengge : '나쁜 마음의'라는 의미이다.

ambula šangnara. hūlhame muterakū ci[83], bi sini booi gubci be gemu gaifi, sini
크게 상 주마. 훔칠 수 없으면 나 너의 집의 전부 를 모두 취하고 너의
juwe
두

146

yasa be uhūre. amban jabume ere gisun giyan de acarakū seme, jurgangga
눈 을 도려내겠다. 대신 대답하되 이 말은 이치 에 맞지 않다 하고 정의로운
gisun i
말 로

ududu jergi tafulaci, han gisun gaijarakū oho manggi. amban hendume unenggi
몇 번 설득해도 han 말 받아들이지 않게 된 후 대신 말하되 진실로

uttu oso seci, bi urunakū tofohon i dobori hūlhambi sehe. tereci han boobai be
이리 하라 하면 나 반드시 15일 의 밤 훔친다 했다. 그로부터 한 보배 를

tura de hūwaitafi duka uce be akdulafi, geren niyalma be tuwakiyabuha. tere
기둥 에 묶어두고 門戶 를 지키게 하고 여러 사람 을 감시하게 했다 그
amban hatan
대신 독한

arki gamafi morin yaluha. duka tuwakiyaha geren niyalma de soktotolo omibuha.
술 가지고 말 탔다. 문 감시하는 여러 사람들 에게 취할 때까지 마시게 했다.
tereci emu
그로부터 한

honin i kataha guwejihe, ilan dalhan[84] wehe gaifi han i hūwai hanci geneci,
양 의 딱딱하게 마른 위 세 덩이 돌 가지고 han 의 뜰의 가까이 가니
tuwakiyara geren
감시하는 여러

---

83 ci : 연철하여야 한다.
84 dalhan : 'dalgan'과 같다.

moringga niyalma gemu amgacahabi. amban gūnime te šolo baha seme, tese be
말 탄 사람 모두 잠들었다. 대신 생각하되 지금 틈 얻었다 하고 그들 을
gemu morin ci
모두 말 에서

147

ebubufi fu de yalubufi sindaha. tereci wan sindafi tafame dosifi tuwaci,
내리게 해서 담장 에 타게 하여 두었다. 그로부터 사다리 두고 올라가 들어가서 살펴보니
jun de ilan
아궁이 에 세

sargan juse tuwa dabuhai amhahabi. tuwai hanci tehe sargan jui uju de orhoi
여자들 불 피우고 졸았다. 불의 근처 앉은 여자 머리 에 풀의

mahala etubuhe. han i jakade genefi, ilan wehe be han i ulhi dolo sindafi tuwaci,
모자 씌웠다. han 의 곁에 가서 세 돌 을 han 의 소매 속 두고 살펴보니

han amgahabi. han i uju de kataha guwejihe be etubufi tuwaci. boobai be
han 잠들었다. han 의 머리 에 딱딱하게 말린 위 를 씌우고 보니 보배 를
tura de
기둥 에

hūwaitafi geren niyalma šurdeme amgahabi. tesei funiyehe be gemu holbofi.
묶어두고 여러 사람 둘러싸고 잠들었다. 그들의 머리카락 을 모두 묶고
boobai be sume
보배 를 풀어

gaifi wan be ebume sujure de. turai jakade tuwakiyaha geren niyalma getefi,
가지고 사다리 를 내려와 달림 에 기둥의 곁에서 감시했던 여러 사람 깨어서
hūlha be
도적 을

jafa seme hūlame amcaki seci. funiyehe holbohongge ofi, ishunde mini
잡아라 하고 소리치며 쫓고자 하는데, 머리카락 묶은 것 되어 서로 나의

funiyehe be ume
머리카락 을

148

tatara seme forgošondumbi. han getefi hendume suwe hūdun bošo. mini
당기지 마라 하며 서로 돈다. han 깨어서 말하되 너희 빨리 서둘러라. 나의
uju katahabi
머리 딱딱해졌다

sembi. sargan juse be tuwa dabu seci, tuwa fulgiyere de, orhoi mahala tuwa de
한다. 여자들 을 불 피워라 하니, 불 피움 에 풀의 모자 불 에
dafi
붙어

uju halaha. han jili banjifi, gūwa sargan juse be wehe tebuhe, ulhi lasihire
머리 화상입었다. han 화 내고 다른 여자들 을 돌 넣은 소매 흔들
jakade,
적에

gemu uju hūwajafi hūlha be bošorakū, uju jafafi ilihabi. moringga cooha be
모두 머리 찢어져서 도적 을 쫓아가지 못하고 머리 잡고 일어섰다. 말 탄 병사 를

hūlha be jafa seci, soktohoi juwe bethei fu be feshelembi. tere amban boobai be
도적 을 잡아라 하니, 취해서 두 다리로 담장 을 차댄다. 그 대신 보배 를

ini boode gamafi. jai cimari han i jakade gamaha manggi. han jili banjihabi. amban
그의 집에 가져와 다음날 han 의 곁에 가져간 후 han 화 내었다. 대신

hendume, bi han i hesei hūlhaha. mini cisui hūlhahangge waka. gisun be
말하되 나 han 의 칙명으로 훔쳤다. 나의 사사로움으로 훔친 것 아니다. 말 을
ume ubaliyara,
바꾸지 마라.

149

boobai be bure sefi buhe manggi. han hendume gūwa yaya hacin i eitereci inu
보배 를 주겠다 하고 준 후 han 말하되 다른 갖가지로 속이니 좋다
okini.
하자.

mini uju de kataha guwejihe etubuhengge ai serengge. bi mini uju katahabi
내 머리 에 딱딱하게 마른 胃 씌운 것 어찌 할 것인가? 나 내 머리 딱딱해
dere
졌구나.

seme gūniha kai. sini tere jurgan akū weile wakao. ere be fafun i bade gamafi
하고 생각하였느니라. 너의 그 義 없는 죄 아니냐? 이 를 법률 의 곳에 데려가서
meifen be
목 을

faitame wa sehe manggi. tere amban gūnime, bi udu sain jurgan i yabuha
잘라 죽여라 한 후 그 대신 생각하되 나 비록 좋은 방법 으로 행했다
seme, han de
해도 han 에게

sain ojorakū seme, tere boobai be tantame hūwalara jakade. han i oforo ci
잘 되지 않았다 하고 그 보배 를 때려 부술 적에 han 의 코 에서
senggi tucime
피 나오며

bucehe sere jakade. elhe yabungga han fergecuke sehe manggi. enduri hendume,
죽었다 할 적에 elhe yabungga han 기이하다 한 후 신 말하되
kesi akū
운 없는

han i angga ci jilgan tucike seme ukcafi genehe.
han 의 입 에서 소리 나왔다 하고 풀고 갔다.

150

biramani[85] jui han oho juwan ilaci julen
비라만의 아들 han 된 열 셋째 이야기

tereci geli nenehe songkoi genefi, enduri be unufi jidere de. enduri hendume
그로부터 또 전 대로 가서 신 을 업고 옴 에 신 말하되
julgei emu
옛날 한

jecen i bade emu baksi niyalmai jui bihebi. tere emu inenggi, ini usin be uncafi,
변방 의 땅에 한 선생 사람의 아들 있었다. 그 한 날 그의 밭 을 팔고
ilan
세

daliyan i funiyesun gaifi eihen de acifi hūdašame genehe. genere jugūn de geren
걸낭 의 모직물 가지고 나귀 에 싣고 팔러 갔다. 가는 길 에 여러
juse
아이들

singgeri be jafafi meifen de futa hūwaitafi, muke de maktafi ušatame efiyembi.
쥐 를 잡아서 목 에 끈 묶고 물 에 던지고 끌고 다니며 놀고 있다.
tere be
그것 을

sabufi gosime hendume ere be sindacina. juse hendume be, ere be efiyembi kai,
보고 불쌍하여 말하되 이것 을 놓아주려무나. 아이들 말하되 우리 이것 을 즐기느니라.
ainu
왜

sindambi sehe manggi. emu daliyan i funiyesun bume udafi sindaha. tereci
놓아주느냐? 한 후 한 걸낭 의 모직물 주고 사서 놓아주었다. 그로부터
casi geneci
저만큼 가니

85 biramani : 몽골어에서 'biraman'은 산스크리트어의 'brahman'을 나타낸다.

151

geli emu feniyen i juse, emu monio be jafafi ušatame efiyehei bucere isikabi.
또 한 무리 의 아이들 한 원숭이 를 잡고 끌고 다니며 놀아서 죽기에 이르렀다.

tere be sinda seci ojorakū oci, geli emu daliyan i funiyesun bume udame gaifi,
이것 을 놓아주라 해도 되지 않아서, 또 한 걸낭 의 모직물 주고 사서 가지고

weji de gamafi sindaha. tereci casi generede. emu hoton i hanci, geren juse emu
숲 에 데려가 놓아주었다. 그로부터 저만큼 감에 한 성 의 근처 여러 아이들 한

lefui deberen be jafafi halanjame yalufi yabure de. tere be sabufi gosime, wajima
곰의 새끼 를 잡고 교대로 타고 감 에 그것 을 보고 불쌍해서 마지막

daliyan i funiyesun bume udame gaifi, weji de gamafi sindaha. tereci funiyesun wajifi,
걸낭 의 모직물 주고 사 가지고, 숲 에 데려가서 놓아주었다. 그로부터 모직물 끝나서

eihen be dalime yabure de gūnime, bi ubade hūdašame jihe bihe. te hūda umesi wajiha.
나귀 를 뒤따라 감 에 생각하되 나 이곳에 장사하러 왔다. 지금 장사 완전히 끝났다.

arga akū oho. te han i boode aika hūlhaki seme genefi. han i ku ci emu bafun[86] i
방법 없게 되었다. 지금 han 의 집에서 무엇 훔치자 하여 가서 han 의 창고 에서 한 보따리 의

86 bafun : 'bofun', 'bofu' 등으로 쓰인다.

152

suje gaifi tucire de, fujin sabufi hendume, tere niyalma ai hūlhafi gamambi seme
비단 가지고 나옴 에, 부인 보고 말하되 저 사람 무엇 훔쳐서 가져간다 하고

hūlara jakade. geren niyalma jifi uthai jafaha. han hendume, ere be emu moo
소리지를 적에 모든 사람 와서 곧 잡았다. han 말하되 이 를 한 나무
guweise de
궤짝 에

tebufi akdulame hadafi muke de makta sehe manggi. akdun guweise de tebufi
넣고 단단하게 못질하고 물 에 던져라 한 후 튼튼한 궤짝 에 넣어서
muke de
물 에

maktaha. tere mukei boljon de maktabufi dalin de tucike. tere niyalma fancame
던졌다. 그것 물의 물결 에 던져져서 물가 에 나왔다. 그 사람 답답하여
bucere isika
죽기 이른

manggi. donjici guweisei tule asuki bi. guweise majige fondojoho manggi. tuwaci
후 들어보니 궤짝 바깥 기척 있다. 궤짝 조금 뚫린 후 보니
ini udafi
그의 사서

sindaha singgeri inu. singgeri hendume mujilen be sulakan sinda. bi mini juwe
놓아준 쥐이다. 쥐 말하되 마음 을 편히 놓아라. 나 나의 두
gucu be ganafi
친구 를 데리고

gajiki seme genefi, monio be acafi turgun be yoni alaha manggi. monio jifi
데려오마. 하고 가서 원숭이 를 만나서 까닭 을 모두 말한 후 원숭이 와서
guweisei
궤짝의

153

sangga be ambaka obuha. tereci lefu geli jifi guweise be hūwalafi.
구멍 을 조금 더 크게 만들었다. 그로부터 곰 다시 와서 궤짝 을 부수고
undehen i dele
널판지 의 위에

tebufi jetere omirengge baifi ujimbi. emu dobori lefu mederi baru tuwaci, emu
놓고 먹고 마실 것 구해서 먹인다. 한 밤 곰 바다 쪽 보니 한

amba elden sabumbi. tere be tuwana seme, monio be tuwanabuha. monio
큰 빛 보인다. 그것 을 보러가라 하고 원숭이 를 보러가게 하였다. 원숭이
genefi tuwaci,
가서 보니

gūnin de acabure cindamuni[87] boobai. cecikei umhan i gese bi. tere be gajifi tere
뜻대로 되는 cindamuni의 보배 참새의 알 의 처럼 있다. 그것 을 가지고 그

niyalma de buhe manggi. tere niyalma hūturi baime hendume, ere unenggi
사람 에게 준 후 그 사람 복 빌며 말하되 이것 진정
boobai oci, mimbe
보배라면 나를

ere birai cala doobu sehe manggi. uthai doobuha. geli hūturi baime hendume,
이 강의 저편 건너게 하라 한 후 곧 건너게 했다. 다시 복 빌며 말하되
ubade emu
이곳에 한

hoton ilibu, terei dolo muduri han i booi adali, boo leose ilibu,
성 세우게 하라. 그것의 속 용 han 의 집의 같이 집 누각 세우게 하라.
tulergi de šurdeme
바깥 에 둘러서

87 cindamuni : 'cindamani'와 같다.

154

moo ilga banjibu, sain muke eyebu. terei dolo ulin nadan jalukiya sefi
나무 꽃 살게 하라. 아름다운 물 흐르게 하라. 그곳의 속 재물 일곱 채워라 하고
amgaha.
잠들었다.

getefi tuwaci, ini gisurehe songkoi yoni bi. tere bade jirgame banjire de.
깨어나고 보니 그의 말한 대로 모두 있다. 그 곳에 즐기며 삶 에
emu inenggi
한 날

geren hūdai niyalma jifi, ferguweme hendume. ere uba untuhun ba bihe. ere
여러 상인 와서 신기하여 묻되 이 곳 빈 곳 이었다. 이
hoton be we ilibuha
성 을 누가 세웠냐

ni seme, hūdai niyalmai da jifi, hoton i ejen de fonjire jakade. ini da turgun
하고 상인의 우두머리 와서 성 의 주인 에게 물을 적에 그의 자초지종
be yoni
을 모두

alafi, boobai be tuwabuha manggi. hūdai niyalma hendume, si eiten hacin be
알리고, 보배 를 보게 한 후 상인 말하되 너 모든 종류 를
yongkiyaha
갖춘

bayani uju ohobi. meni ere aciha ulin, yaluha ulha be gemu sinde bure. ere
부자의 으뜸 되었다. 우리의 이 실은 재물 탄 짐승 을 모두 너에게 주겠다. 이
boobai be
보배 를

mende gaji sere jakade. uthai, hūlašame buhe. tere yamji sujei sishe de
우리에게 가져오라 할 적에 곧 바꾸어 주었다. 그 밤 비단의 요 에
deduhe. jai cimari
누웠다. 다음 날

155

getefi tuwaci. hoton boo yamun ulin ulga gemu akū. da songkoi oho. tereci
깨어나서 보니 성 집 관아 재물 가축 모두 없다. 원래 대로 되었다. 그로부터

gasame bisirede. ini ilan gucu jifi fonjime, si ainu uttu oho. tere niyalma
슬퍼하고 있음에 그의 세 친구 와서 묻되 너 어째서 이렇게 되었냐? 그 사람

turgun be alaha manggi. ilan gucu hendume, si emu budun niyalma nikai, boobai
까닭 을 알린 후 세 친구 말하되 너 한 평범한 사람이니라. 보배
be we de
를 누구 에게

buhe seme fonjifi, ilan nofi ganame genehe. isinafi tuwaci, tere hūdai niyalma
주었냐 하고 묻고 세 사람 가지러 갔다. 도착해서 보니 그 상인
bayan wesihun
부유하고 귀하게

ohobi. terei duka be lefu, monio dosici ojorakū ofi. singgeri be boobai abide
되었다. 그곳의 문 을 곰 원숭이 들어갈 수 없어서 쥐 를 보배 어디에
sindahabi
두었는지

tuwana seme unggihe. singgeri dukai jakaderi dosifi tuwaci, hūdai niyalma
보러가라 하고 보냈다. 쥐 문의 옆쪽으로 들어가서 보니 상인
amhahabi.
잠자고 있다.

amargi nahan de bele muhaliyafi, belei ninggude emu cikten cokifi, terei dubede
뒤쪽 구들 에 쌀 쌓아놓고 쌀의 위에 한 살대 꽂고 그의 끝에
boobai be
보배 를

156

hūwaitaha bi. terei jakade emu kesike hūwaitaha bi. singgeri amasi jifi giyan giyan i
매어놓았다. 그의 옆에 한 고양이 묶여있다. 쥐 돌아 와서 낱낱이

alaha manggi. lefu hendume te arga akū bedereki. monio hendume minde emu
알린 후 곰 말하되 이제 방법 없다 돌아가자. 원숭이 말하되 나에게 한
arga bi
방법 있다.

singgeri si genefi, tere hūdai niyalma i funiyehe be gemu kajafi jio. jai inenggi
쥐 너 가서 그 상인 의 머리털 을 모두 뜯어먹고 와라. 다음 날
kesike be
고양이 를

ini jakade hūwaitambi. tere fonde gaici ombi sehe manggi. singgeri genefi funiyehe
그의 곁에 매어둔다. 그 때에 가져가면 된다 한 후 쥐 가서 머리털
be
을

gemu kajafi, emu bade bargiyame sindafi jihe. jai cimari tere hūdai niyalma getefi
모두 뜯어먹고 한 곳에 모아서 놓고 왔다. 다음 날 그 상인 깨어나서
tuwaci
보니

funiyehe gemu kajabuha bi. ambula geleme mini ere funiyehe be singgeri kajaha
머리털 모두 뜯어먹혔다. 크게 두려워 나의 이 머리털 을 쥐 뜯어먹은
dabala gūwa
뿐 다른 일

waka seme hendufi, jai yamji dedure de. juwe kesike be gajifi, uju jakade
아니다 하고 말하고 또 밤 누움 에 두 고양이 를 가져와서 머리 옆에
hūwaitafi sindaha
매어 놓았다.

157

tere dobori lefu monio dukai tule ilifi, singgeri si genefi boobai be
그날 밤 곰 원숭이 문의 바깥 서서 쥐 너 가서 보배 를

gaju seme unggihe. singgeri genefi tuwaci, boobai jakade kesike akū be safi
가져와라 하고 보냈다. 쥐 가서 보니 보배의 옆에 고양이 없음 을 알고

urgunjeme gaiki seci, cikten i dubede isinafi arga akū amasi jifi alaha
기뻐하며 가져가고자 해도 살대 의 끝에 이르러서 방법 없어 되돌아 와서 말한

manggi. lefu hendume te bedereki. monio hendume ere umesi ja. singgeri genefi
후 곰 말하되 이제 되돌아가자. 원숭이 말하되 이것 아주 쉽다. 쥐 가서

bele be feterehe de cikten tuhenjimbi. tuheke manggi boobai be fuhešebume gaju
쌀 을 파헤침 에 살대 떨어진다. 떨어진 후 보배 를 구르게 하여 가져와라.

seme unggihe. singgeri genefi henduhe songkoi, boobai be gaifi fuhešebume gajifi,
하고 보냈다. 쥐 가서 말한 대로 보배 를 가지고 구르게 하여 가져와서

ini dosika sangga ajige ofi tucibuci ojorakū. singgeri tucifi hendume, boobai be
그의 들어간 구멍 작아서 꺼낼 수 없다. 쥐 나와서 말하되 보배 를

158

ere dukai dolo gajihabi, tucibuci ojorakū. lefu hendume te ede umai arga
이 문의 안 가져왔다. 꺼낼 수 없다. 곰 말하되 이제 여기에 완전히 방법

akū bedereki. monio hendume minde emu arga bi. singgeri uncehen de futa
없다 되돌아가자. 원숭이 말하되 나에게 한 방법 있다. 쥐 꼬리 에 노끈

hūwaitafi, singgeri si boobai be duin bethei fita tebeliye. bi hūwaitaha futa be
매고 쥐 너 보배 를 4 발로 단단히 안아라. 나 매놓은 노끈 을

tantaki. singgeri genefi boobai be tebeliyefi tatara jakade. singgeri boobai be
당기자. 쥐 가서 보배 를 끌어안고 당길 적에 쥐 보배 를
tebeliyehei.
끌어안은 채

tucibure. tereci singgeri šadaha sembi. monio lefu de yaluha. singgeri be ini
나온다. 그로부터 쥐 지쳤다 한다. 원숭이 곰 에게 탔다. 쥐 를 그의
šan de
귀 에

dedubufi, boobai be angga de ašufi ekšeme jidere de. emu ajige bira be doore de
넣고 보배 를 입 에 물고 서둘러 옴 에 한 작은 강 을 건넘 에
lefu
곰

gūnime. ere monio singgeri boobai gemu mini biya de bi. mini hūsun labdu seme
생각하되 이 원숭이 쥐 보배 모두 나의 몸 에 있다. 나의 힘 많다 하고

159

gūnifi šadaha sere jakade. singgeri amgafi donjihakū. monio angga ci boobai
생각하고 지쳤다 할 적에 쥐 잠들어서 듣지 못했다. 원숭이 입 에서 보배

tuherahū seme jabuhakū. tereci lefu jili banjifi hendume, suwe karu
떨어뜨릴까 하여 대답하지 않았다. 그로부터 곰 화 나서 말하되 너희 대답하지
jaburakū ci
않으면

bi muke de maktambi sere de. monio ume seme jilgan tucire jakade. boobai muke de
나 물 에 던진다 함 에 원숭이 마라 하고 소리 낼 적에 보배 물 에

tuheke, bira dooha manggi, monio, lefu be jabcame hendume, si ojirakū ulga
떨어졌다. 강 건넌 후 원숭이 곰 을 꾸짖어 말하되 너 할 수 없는 짐승

de ainara
에게 어찌하리오.

lefu hendume, te gisurehe seme tusa akū. mukei dolo abide bahambi bedereki.
곰 대답하되 지금 말했다 하여 이익 없다. 물의 속 어디에서 찾겠냐 돌아가자.
singgeri
쥐

hendume, bi emu arga deribume tuwaki. mutere muterakū be ainambahafi sara.
말하되 나 한 방법 내어 보자. 할수 있는지 할 수 없는지를 어찌 알겠느냐.
suweni juwe nofi
너희 두 놈

ubade bisu sefi. singgeri birai dalirame goloho adali ar seme hūlara de. mukei
여기에 있어라 하고. 쥐 강의 따라서 놀란 처럼 아르 하고 소리침 에, 물의
dorgi
속

160

ergenggele[88] enen tucifi hendume. singgeri sinde ai ekšere baita bi. singgeri
생명 자손 내보내 말하되 쥐 너에게 무슨 급한 일 있냐? 쥐
jabume
대답하되

suwe donjihakūn. muse te olhon de inu banjici ojirakū, muke de inu banjici ojirakū
너희 못 들었냐? 우리 이제 뭍 에 도 살 수 없고 물 에 도 살 수 없다.

emu amba cooha jimbi sere jakade. geren hendume tuttu oci te ainambi.
한 대군 온다 할 적에 모두 대답하되 그렇다면 이제 어찌 하느냐?
singgeri hendume
쥐 말하되

---

88 ergenggele : 'ergengge'와 같다.

gūwa arga akū. ere birai dalin de emu šancin araki. terei dolo banjici ombi sehe
다른 방법 없다. 이 강의 가 에 한 산채 짓자. 그의 안 살면 된다 한

manggi. geren gemu gisun dahaha. tereci singgeri sahara da ofi, geren gemu
후 모두 다 말 따랐다. 그로부터 쥐 쌓는 우두머리 되서 모두 다
mukei dorgi
물의 속에서

wehe be juwembi. emu toi gese sahaha manggi. emu wakšan boobai be fuhešebume
돌 을 나른다. 한 뼘의 같이 쌓은 후 한 두꺼비 보배 를 굴려서
gajifi hendume,
가져와서 말하되

ere ajige bime wehe ci ujen ai bihe sembi. singgeri monio be hūlafi, boobai
이것 작다 그리고 돌 보다 무겁다 무엇이냐 한다. 쥐 원숭이 를 불러서 보배
ubade bi
이곳에 있다

161

sehe manggi. monio urgunjeme, singgeri si ambula bodohonggo sefi, boobai be
한 후 원숭이 기뻐하며 쥐 너 대단히 똑똑한 것 하고 보배 를
gaifi
가지고

angga de ašufi, singgeri be šan de dedubufi, lefu de yalufi, biramani jui jakade
입 에 물고 쥐 를 귀 에 눕히고, 곰 에 올라타고, biraman의 아들 곁에

jifi tuwaci, omihon ofi bucere isikabi. monio boobai be tucibufi buhe manggi.
와서 보니, 굶게 되서 죽기 이르렀다. 원숭이 보배 를 꺼내서 준 후

biramani jui hendume, amba bailingga gucuse seme baniha buhe. tereci boobai be
biraman의 아들 말하되 매우 은혜로운 친구들 하고 사례하였다. 그로부터 보배 를

tucibufi gaifi hūturi baime bira dooha. geli nenehe songkoi hūturi baire jakade.
꺼내서 가져가서 복 빌며 강 건넜다. 또 전 대로 복 구할 적에

han niyalmai boo yamun i adali banjiha, geli amba gurun oho. hacin hacin i tubihe moo,
han 사람의 집 관청 의 처럼 살았다. 다시 큰 나라 되었다. 가지 가지 의 과일 나무,

usin jeku bi. geli donjici amtangga jilgan i guwendere gasha, cooha irgen, ulha yoni bi.
재물 음식 있다. 또 들으니 감미로운 소리 로 우는 새 군사 백성 가축 모두 있다.

162

tuweri sehe seme šahūrun akū. juwari sehe seme halhūn akū tuttu banjirede
겨울 해도 춥지 않다. 여름 해도 덥지 않다 그렇게 삶에

emu inenggi cindamun i boobai be gala de jafafi hūturi baime hendume. unenggi
한 날 cindamun 의 보배 를 손 에 잡고 복 빌며 말하되 진정

mujilen be elebure cindamani boobai oci, minde sargan akū, abkai enduri sargan jui be
마음 을 만족시키는 cindaman의 보배라면 나에게 아내 없다. 하늘의 신 딸 을

minde sargan obu sehe manggi. emu abkai sargan jui geren enduri sargan juse be
나에게 아내 삼게하라 한 후 한 하늘의 딸 여러 신의 딸들 을

dahabufi jihe. tere be fujin obufi jirgame banjire de. emu tanggū haha juse banjiha
거느리고 왔다. 그 를 부인 삼고 안락하게 살아감 에 일 백 아들 낳았다.

sere jakade. elhe yabungga han hendume, tenteke hūturi jirami niyalma binikai
할 적에 elhe yabungga han 말하되 그렇게 복 두터운 사람 있느냐

sehe manggi.
한 후

enduri ukcafi genere de, te sain sehe. tere mudan de baksi juleri yasa de
신 풀고 감 에 이제 좋다 하였다. 그 소리 에 선생 앞에 눈 에
sabume isinjiha
보여 다다라

163

bihebi. baksi hendume, sini erdemu muterakūngge waka. jalan i niyalma de hūturi
있었다. 선생 말하되 너의 복 없는 것 아니다. 세상 의 사람 에게 복

akū ofi kai. si enduri be juwan ilan mudan unufi yaburengge, ere jalan i niyalma
없어서 이니라. 너 신 을 열 세 번 업고 간 것 이 세상 의 사람

sinde tehererengge akū sehe.
너에게 상응하는 이 없다 했다.

● buyen de amuran han i juwan duici julen
욕망 에 빠진 han 의 열 네번째 이야기

tereci geli nenehe songkoi genefi enduri be unufi jiderede enduri hendume
그로부터 또 전 대로 가서 신 을 업고 옴에 신 말하되
neneme geren
전(前)의 여러

julen be bi alaha. bai goro de ališambi. te si emu julen ala. akūci mimbe
이야기 를 나 말했다. 땅의 멀음 에 걱정이다. 지금 너 한 이야기 하라. 아니면 나를
ala
말하라

seci oncohon geheše sehe manggi. han oncohon gehešehe. enduri alame, julgei
하면 젖혀 끄덕여라 한 후 han 젖혀 끄덕였다. 신 말하되 옛날
enethe
enethe

164

gurun i bade emu amba alin bi. tere alin ninggude, emu necin bai dulimbade
나라 의 곳에 한 큰 산 있다. 그 산 위에 한 평평한 땅의 가운데
emu
한

amba moo bi. tere moo i abdaha sejen muheren i gese amban. tere abdaha de abkai
큰 나무 있다. 그 나무 의 잎 수레 바퀴 같이 크다. 그 잎 에 하늘의

sunja tanggū sargan juse, inenggi dulinde jifi sebderide eficembi. tere alin ci emu amba
5 100 여자들 한낮에 와서 그늘에서 함께 논다 그 산 에서 한 큰

bira eyehebi. tere birai sekiyen de emu genggiyen amba omo bi. tere omoi
강 흘렀다. 그 강의 수원 에 한 맑은 큰 연못 있다. 그 연못의
jakade, emu
곁에 한

buyen de amuran han bihebi. emu inenggi tere han, omoi dalirame niyehe gabtame
욕망 에 빠진 han 살았다. 한 날 그 han 연못의 따라 오리 잡으러
yabure de,
감 에

abkai sargan jusei helmen mukei dolo sabumbi. han tere be sabufi, ambasai baru
하늘의 여자들의 그림자 물의 속 보인다. han 그것 을 보고서 대신들의 쪽
hendume,
말하되

ere gese hocikon sargan juse be minde benju. benjirakū oci geren ambasa be
이 같은 예쁜 여자들 을 나에게 보내라. 보내지 않으면 여러 신하들 을

fafun i gamambi sehe
법 으로 처벌한다 한

165

manggi. emu amban jabume, han ere sargan juse serengge, ere alin i dele emu
후 한 신하 대답하되 han 이 여자들 한 것은 이 산 의 위 한
amba moo bi.
큰 나무 있다.

tere mooi dele abkai sargan juse eficembi. saburengge terei helmen kai. tere be
그 나무의 위 하늘의 여자들 함께 논다. 본 것 그의 그림자이니라. 그것 을

adarame jafaci ombi. han geli hendume tuttu oci, yaya emu niyalma bahafi
어떻게 잡을 수 있느냐? han 또 말하되 그렇다면 어느 한 사람 얻어서
benjihede,
보냄에

tere niyalma de amba hafan bure seme gisun selgiyehe. tere han i gurun de,
그 사람 에게 큰 관직 주겠다 하고 말 선포했다. 그 han 의 나라 에
deyere gasha be
나는 새 를

asu maktame jafara emu niyalma bihebi. tere niyalma donjifi, han i jakade jifi,
그물 던져 잡는 한 사람 있었다. 그 사람 듣고 han 의 곁에 와서
tere
그

sargan jui be bi jafafi benjire. minde šagnara wesimbure be, han sa sefi
여자 를 나 잡아서 보내주겠다. 나에게 포상하고 승진시킴 을 han 알라 하고
genehe. moo de
갔다. 나무 에

hanci isiname, abkai sargan juse sabufi hendume, ai, ere jalan de niyalma dule
가까이 도착하니 하늘의 여자들 알고서 말하되 아! 이 세상 에 사람 진정

umesi mentuhun
매우 멍청하구나.

166

nikai. jilgan buyen de amuran han muse be sargan gaiki serede. ere sui isika
음악 여색 에 빠진 han 우리 를 아내 취하고자 함에 이 죄 지은
niyalma
사람

muse be jafafi buki, basa gaiki seme jihebi kai. ini han be geren i juleri
우리들 을 잡아서 주자. 품삯 받자 하고 왔느니라. 그의 han 을 여럿 의 앞에서
yertebuki.
부끄럽게 하자.

ere sui isika niyalma be ineku wakini seme, ini beyei adali hoošan i hocikon
이 죄 지은 사람 을 같이 죽이자 하고 그의 몸의 처럼 종이 로 예쁜
sargan jui
여자

arafi, nadan inenggi dolo ergen bisire fa maktafi. tere mooi ninggude sindafi
만들어서, 7 일 안 생명 있는 법 걸어서 그 나무의 위에 놓고
genehe. tere gasha
갔다. 그 새

butara niyalma isinafi, tere hoošan i araha sargan jui be asu maktame jafafi,
잡는 사람 도착해서 그 종이 로 만든 여자 에게 망 던져 잡고서
abkai sargan
하늘의 여자

jui be jafaha seme. han de benjihe manggi. han, geren ambasa ambula ferguweme.
를 잡았다 하고 han 에게 보낸 후 han 여러 대신들 매우 경탄하여
han ini sunja
han 그의 5

tanggū fujin be bošofi, tere be fujin obuha. gasha butara niyalma de ambula
100 부인 을 쫓아내고 그 를 부인 삼았다. 새 잡는 사람 에게 큰
šangnaha. tere
상 주었다. 그

167

sargan jui nadaci inenggi fa wajifi, han i jibehun i dolo hoošan ofi bi.
여자 일곱번째 날 마법 끝나서 han 의 이불 의 속 종이 되서 있다.
tere be
그것 을

han sabufi ambula yertefi, ere gasha butara niyalmai holtoho arga seme,
han 보고서 크게 부끄러워서 이 새 잡는 사람 속인 계략이라 하며
gasha butara
새 잡는

niyalma be waha sere jakade. elhe yabungga han hendume, ini weilehe sui de
사람 을 죽였다 할 적에 elhe yabungga han 말하되 그의 지은 죄 에
bucehe nikai
죽었구나!

sehe manggi. enduri hendume, kesi akū han i angga ci jilgan tucike sefi genehe.
한 후 신 말하되 운 없는 han 의 입 에서 소리 나왔다 하고 갔다.

● hutui han be muke de tuhebuhe tofohoci julen[89]
귀신의 han 을 물 에 빠뜨린 열다섯째 이야기

tereci geli nenehe songkoi genefi, enduri be unufi jidere de. enduri hendume.
그로부터 또 전 대로 가서 신 을 업고 옴 에 신 말하되

89 열다섯 번째 이야기는 샤먼이 주인공으로 등장하는 두 개의 삽화(揷話)로 구성되어 있다. 첫 번째는 도둑이 훔쳐간 한(han)의 보물을 찾는 이야기이고, 두 번째는 괴물의 한(han)을 물리치는 이야기이다. 열다섯 번째 이야기의 제목은 두 개의 삽화 가운데에 후자의 이야기를 참조한 것이다.

han si jilgan ume
han 너 소리

tucire. bi neneme alaha ulgiyan i ujungga saman i julen alara. ineku
내지 마라. 나 전에 말한 돼지 의 머리의 무당 의 이야기 말하겠다. 본래
tere han i gurun de saran[90]
그 han 의 나라 에 saran

168

gebungge ambula hūlhatu niyalma bihebi. tere han, tere hūlhatu niyalma be gurun de ume
이름의 큰 도둑 놈 있었다. 그 han 그 도둑 놈 을 나라 에

bibure seme gisun selgiyehe. tere niyalma donjifi hendume. ere han mimbe
머물게 하지 말라 하고 말 명령하였다 그 사람 듣고 말하되 이 han 나를
wambikai. imbe neneme
죽이려는구나. 저를 먼저

koro isibuki seme boihon ulha be gemu uncafi, tanggū yan aisin gaiha. tereci
원한 미치게 하자 하고 토지 가축 을 전부 팔아서 百 兩 金 얻었다. 그로부터
han i
han 의

fujin i takūršara sargan jui be acafi emu udu yan aisin bufi sargan jui de hebe
부인 의 부리는 여자 를 만나서 여러 兩 金 주고 여자 에게 모의

acafi han i fayanggai boobai be hūlhame gaiha. tereci han boobai waliyabufi
하여 han 의 영혼의 보배 를 훔쳐 가졌다. 그로부터 han 보배 잃게 되어
ambula nimembi.
크게 아프다.

---

90 saran : 몽골어에서 'saran'은 '달'을 의미하는데 몽골에서는 밤에 아이들이 물 기르러 간 아이가 늦게 돌아오면 '달'이 잡아간다고 말한다. 따라서 '달' 도둑놈이라고 하며 아이들에게 겁을 준다.

ineku ulgiyan i ujungga saman be gana seme niyalma takūraha. tere saman
본래 돼지 의 머리의 무당 을 데려오라 하고 사람 보냈다. 그 무당
booi ninggude ilifi·
집의 위에 서서

han i elcin jidere be sabufi ere urunakū mimbe henjimbi seme ukaha. elcin
han 의 사신 옴 을 보고 이 반드시 나를 초대하러 온다 하고 달아났다. 사신
isinjifi saman i
도착하여 무당 의

169

sargan de fonjici. sargan jabume tucifi genehe absi genehe be sarkū. tere elcin
아내 에게 물으니 아내 대답하되 나갔다 어디 갔음 을 모른다. 그 사신

saman i ukaha be saha bihebi. ukaha baci tucibufi. emu sufan de yalubufi
무당 의 달아났음 을 알았다. 도망친 곳에서 나오게 해서 한 코끼리 에 타게 하고
han i jakade
han 의 곁에

gajire de. saran hūlhatu gūnime. ere tondo saman urunakū mimbe bahanambi seme
데려옴에 saran 도둑 생각하되 이 용한 무당 반드시 나를 알아낸다 하고
boobai be
보배 를

han i dukai fejile umbuha. saman de ergen guwebure be baiki seme emu efujehe
han 의 문의 아래 묻었다. 무당 에게 목숨 사면함 을 청하자 하고 한 무너진
fui dalbade
담장의 가에

ukame deduhe. tereci han, saman be ini jakade dosimbufi hendume. saman ama
달아나 누웠다. 그로부터 han 무당 을 그의 곁에 들이고 말하되 무당 아버지
si mini ergen i
너 나의 목숨 의

jalin tuwa sehe manggi. saman ufa muhaliyafi, ulgiyan i uju be tede cokifi
위하여 보라 한 후 무당 가루 쌓고 돼지 의 머리 를 저곳에 꽂고
han i jakade tehe.
han 의 곁에 앉았다

tereci han i ambula nimerengge, boobai hanci ojoro jakade. majige sulakan ofi
그로부터 han 의 크게 아픈 것은 보배 가까이 될 적에 조금 안정 되어
amgaha. tere
잤다 그

170

saman dolori gūnime ere han mimbe jidere jakade.[91] jilgan tucirakū ohobi
무당 속으로 생각하되 이 han 나를 데려올 적에 소리 나오지 않게 되었다.
neneme jabšan de
전에 행운 에

sabuha be alaha te umai sarkū ai be alara, elemangga bi bucembi, ergen
알게 됨 을 말했다 지금 전혀 모른다. 무엇을 아뢰겠나? 오히려 나 죽는다. 목숨
guweki seme
모면하자 하고

ulgiyan i uju be gaifi tucifi uthai burulaha. sujume genehei emu efujehe fui
돼지 의 머리를 잡고 나가서 바로 달아났다. 달려 가면서 한 부서진 담장의
dolo
속

dosifi, etuku sufi ergeme oncohon dedufi bisire de. biyai elden ini hefelide
들어가서 옷 풀고 쉬며 반듯이 누워 있음 에 달의 빛 그의 배에
fosoko.
비췄다

91 이 이야기의 주인공인 샤먼은 네 번째 이야기에 이어서 재등장한 것이다. 이 장면은 네 번째 이야기에 있었던 사건을 회상하는 것이다. 그때의 한(han)은 숨이 넘어갈 듯하여 소리도 내지 못하였고 샤먼은 한(han)의 생명을 구하지 못할 것 같아 달아났는데, 그 달아나는 과정에서 요행으로 한(han)을 구할 방도를 알게 된다. 자세한 것은 네 번째 이야기를 참조.

tere saman hendume. hefeli de biyai elden goiha, enenggi ebitele jeke, cimari
그 무당 말하되 배 에 달의 빛 쏘였다. 오늘 부르도록 먹었다. 아침
hefeli hūwajambi
배 찢어지리라.

dere sere jakade. hūlhatu niyalma ini beyebe hendumbi seme ilifi, saman de
할 적에 도둑 놈 그의 자신을 말한다 하고 일어나서 무당 에게
niyakūrafi hengkileme
무릎을 꿇고 절하며

hendume. amba saman mini ergen be guwebure biheo. ere han mimbe waki serede.
말하되 큰 무당 나의 목숨 을 사면해주겠는가? 이 han 나를 죽이려 함에
bi koro isibuki
나 원한 미치게 하고자

171

seme, boobai be hūlhame gaiha bihe. simbe jidere jakade, sinde geleme han i
하여 보배 를 훔쳐 가졌다. 너를 올 적에 너에게 두려워 han 의
dukai fejile
문의 아래

umbuhabi. mimbe ume wara sehe manggi. saman je seme urgunjefi, amasi han
묻었다. 나를 죽이지 마라. 한 후 무당 오냐 하고 기뻐하고 뒤로 han
i jakade jifi,
의 곁에 와서

han be getebufi hendume. sini fayanggai boobai be guwa tuwara erin oho. geren
han 을 깨우고 말하되 너의 영혼의 보배 를 卦 볼 때 됐다. 여러
ambasa be isabu
대신들 을 모이게 하라

jorifi bure. tereci han geren ambasa be isabufi guwa tuwabure de. saman
가리켜 주겠다. 그로부터 han 여러 대신들 을 모아서 卦 보게 함 에 무당

ulgiyen i uju be
돼지 의 머리 를

jafafi ubade bio, tubade bio seme jorišaci gemu akū sembi. tereci han i
잡고 이곳에 있나 저곳에 있나 하고 가리키니 모두 없다 한다. 그로부터 han 의
dukai jakade jifi,
문의 곁에 와서

ubade bio seme fonjici uthai feteme tucibuhe. boobai be han de gajifi buhe
이곳에 있나 하고 묻고 즉시 파서 찾아냈다. 보배 를 han 에게 가져가 준
manggi. han i nimerengge
후 han 의 아픈 것

sain oho geren ambasa gemu gingguleme hengkilembi. han hendume, amba
좋은 되었다. 여러 대신들 전부 존경하며 절한다. han 말하되 큰
bailingga ama mini ergen be
은혜로운 아버지 나의 목숨 을

172

guwebuhe. te ai baitalambi gemu bure. mini doro be gaji seci inu bure
구해주었다. 이제 무엇 필요한가 전부 주겠다. 나의 지위 를 가져오라 하면 또 주겠다.
sehe
한

manggi. saman dolori gūnime duleke weilen gemu jabšan de sabuhangge. ereci
후 무당 속으로 생각하되 지나간 일 전부 행운 에 알게 된 것이다. 이로부터
amasi ere
뒤로 이

gese amba weile ohode sarkūi bucembi seme yaya jaka gaihakū burulame boode
같이 큰 일 됨에 몰라서 죽는다 하고 모든 것 취하지 않고 달아나서 집에
jihe sere
왔다 할

jakade. elhe yabungga han kirifi jilgan tucikekū. enduri hendume. han si
적에 elhe yabungga han 참고서 소리 내지 않았다. 신 말하되 han 너
jilgan tucirakū
소리 내지 않았구나.

nikai. bi geli nenehe adali emu julen alara sefi. julge julergi ergide coktu
나 또 전 처럼 한 이야기 말하겠다 하고 옛 남 쪽에 coktu
gebungge
이름의

han bihebi. tere gurun de hutui han, minggan hutu be gajime jifi, gemu tasha
han 있었다. 그 나라 에 귀신의 han 千 귀신 을 데리고 와서 모두 호랑이
ubaliyafi
변신하고

inenggi dobori akū niyalma de sabubumbi. niyalma bucerengge bucehe,
낮 밤 없이 사람 에게 나타난다. 사람 죽을 자 죽었다.
nimeterengge nimetembi tereci
일제히 앓는 자 앓는다. 그로부터

173

han ere ehe ganio be nakabuki seme geren tarni hūlara niyalma be gajifi hūlabuci,
han 이 악한 재난 을 멈추게 하자 하고 여러 경 읽는 사람 을 데려와 읽게 하니
tese de
그들 에게

geli sabubume ofi nimetere boode genehe. tereci han i biyai elden gebungge
또 나타나게 되서 아픔에 집에 갔다. 그로부터 han 의 biyai elden 이름의
fujin
부인

nimembi. han geren ambasa hebdeme, ere ganio be ulgiyan i ujungga saman urunakū
앓는다. han 여러 대신들 의논하되 이 재난 을 돼지 의 머리의 무당 반드시

sambi.
안다.

tereci ejen han de baiki seme, hacin hacin i boobai beneme elcin takūraha.
그로부터 皇 上 에게 간청하자 하고 가지 가지 의 보배 보내고 사신 파견하였다.
tere elcin se
그 사신 들

amba han de isinafi, han i baru hendume. meni han i fujin nimembi. geren
큰 han 에게 다다라서 han 의 쪽 말하되 우리의 han 의 부인 앓는다. 여러
irgen de geli
백성 에게 다시

jobolon ohobi. gūwa bai sara urse be gamafi tuwabuci mutehekū. tuttu ofi
禍 되었다. 다른 땅의 아는 무리들 을 데려와 살펴보게 하니 하지 못했다. 그래서
suweni
너희의

tondo saman be solinjihabi. han meni emgi niyalma takūrafi unggire biheo. tereci
용한 무당 을 초대하러 왔다. han 우리의 함께 사람 파견하여 보내겠는가? 그로부터
han tesei
han 그의

174

emgi saman be urunakū gene seme duin niyalma be takūraha. tere elcin se saman
함께 무당 을 반드시 가라 하고 네 사람 을 보냈다. 그 사신 들 무당
i boode
의 집에

isinara de. saman geren niyalmai jidere be sabufi tuwaci. han i neneme takūraha
다다름 에 무당 여러 사람의 옴 을 알고 보니 han 의 앞서 보냈던
duin
네

niyalma inu. saman ini sargan i baru hendume. ere emu minggan weilei jalin
사람이다. 무당 그의 아내 의 쪽 말하되 이 1 천 일의 때문
henjimbi bi
청하러 온다. 나

neneme jabšan de sabuhangge be alaha. te ainara arga akū seme gisurere de.
전의 행운 에 보였던 것 을 알렸다. 이제 어찌할 계책 없다. 하고 말함 에
elcin se
사신 들

isinjifi, coktu han i fujin i nimere be, geren irgen de jobolon oho be gemu
다다라서 coktu han 의 부인 의 아픔 을, 여러 백성 에게 근심 되었음 을 전부
alafi, saman be
알리고 무당 을

emu sufan de tukiyeme yalubufi gamahai, han i boode isinjiha manggi. dosimbufi
한 코끼리 에 받들어 태우고 데려갔다. han 의 집에 다다른 후에 들이고
fujin i jakade
부인 의 곁에

tebuhe. saman ufa muhaliyafi ulgiyan i uju be tede cokifi tehe saman i
앉게 했다. 무당 가루 쌓고 돼지 의 머리 를 그곳에 꽂고 앉았다. 무당 의
jihe algin be
온 소문 을

175

minggan hutuse donjifi, emu birai dalin i hadai ninggude isaha. hutui han ini
천 귀신들 듣고 한 강의 가 의 바위의 위에 모였다. 귀신의 han 그의

geren hutusei baru hendume. suwe ubade bisu. bi genefi tere saman aisembi
여러 귀신들의 쪽 말하되 너희 이곳에 있어라. 나 가서 그 무당 무엇하는지
tuwaki
보겠다

seme, tasha ubaliyafi hoton i dade ukame iliha. tere fujin i labdu nimerengge
하고 호랑이 변신해 성 의 기슭에 달아나 멈추었다. 그 부인 의 심하게 아픈 것

hutuse goro genere jakade. majige sulakan ofi amgaha. saman dolo gūnime, ere
귀신들 멀리 갈 적에 조금 낫게 되서 잤다. 무당 속 생각하되 이

fujin mimbe jidere jakade. jilgan tucirakū oho bucembi aise. bi te burulame
부인 나를 데려올 적에 소리 내지 않음에 죽으리라. 나 이제 달아나
ergen guweki
목숨 사면하자.

seme bisirede. han i ambasa šušunjame gisureme, fujin i nimerengge yebe ofi
하고 있음에 han 의 대신들 수근대며 말하되 부인 의 아픈 것 나아져서
amhahabi seme
잠들었다 하고

gisurere be. saman imbe waki sembi seme, ulgiyan i uju be gaifi burulame
이야기함 을 무당 그를 죽이려 한다 하고 돼지 의 머리 를 가지고 도망쳐
genefi hoton i
가서 성 의

176

dele tafafi fusihūn fekure jakade hutui han i darade yalunaha. hutui han golofi
위로 올라가 아래로 뛸 적에 귀신의 han 의 허리에 타고 갔다. 귀신의 han 놀라서

emdubei feksimbi. saman inu ebuci ojirakū, meifen i funiyehe be jafafi, juwe
오로지 달린다. 무당 또 내릴 수 없어서 목 의 털 을 잡고 두
bethei fita
발로 단단히

hafirafi genere de. emu moo de meihe hayahabi. saman ini galai tere moo be
죄고 감 에 한 나무 에 뱀 사렸다. 무당 그의 손으로 그 나무 를

jafafi uksa
잡고 갑자기

tatame gaiha. hadai ninggude bisire geren hutuse sabufi hendume. tere tondo
잡아당겨 가졌다. 바위의 위에 있는 여러 귀신들 보고서 말하되 그 용한
saman tasha
무당 호랑이

yalufi cindan[92] mooi šusiha, meihe be suihe sindafi, muse be wame jimbi seme
타고 cindan 나무의 채찍 뱀 을 챗열[93] 삼고 우리 를 죽이러 온다 하고
golofi, gemu
두려워 전부

muke de fekume bucehe sere jakade. elhe yabungga han sanggū sehei manggi.
물 에 뛰어 죽었다 할 적에 elhe yabungga han 잘 됐다 한 후
enduri hendume.
신 말하되

kesi akū han i angga ci jilgan tucike seme ukcafi genehe.
운 없는 han 의 입 에서 소리 나왔다 하고 풀고 갔다.

177

● honin niman sufan be bederebuhe juwan ningguci julen
양 염소 코끼리 를 물리친 열 여섯번째 이야기

tereci geli nenehe songkoi genefi enduri be unufi jidere de enduri hendume bi
그로부터 또 전 대로 가서 신 을 짊어지고 옴 에 신 말하되 나
nenehe adali
전 처럼

92 cindan : 'jandan'은 박달나무를 의미한다.
93 챗열 : 채찍 등의 끝에 달려서 늘어진 끈.

emu julen alara sefi alame julgei emu eguskenci gebungge han bihebi. tere
한 이야기 말하겠다. 하고 아뢰되 옛 한 eguskenci 이름의 han 있었다. 그
han de
han 에게

gūwa geren goloi buya han se kimun jafafi cooha ilifi eguskenci han de
다른 여러 곳의 작은 han 들 원한 맺혀서 군대 일으켜 eguskenci han 에게
afanjiha. esede
싸우러 왔다. 이들에게

juwe amba hūsungge wesihun doksin sufan bihebi. tere sufan i oforo de minggan
두 큰 힘센 키큰 난폭한 코끼리 있었다. 그 코끼리 의 코 에 천
da loho
발 칼

hūwaitafi eguskenci han i cooha okdoko manggi sindafi unggire jakade sufan i
묶고 eguskenci han 의 군대 대적한 후 풀어서 보낼 적에 코끼리 의
oforo lasihime
코 흔들며

dosire jakade eguskenci han i cooha gidabufi burulaha. eguskenci han geli
쳐들어올 적에 eguskenci han 의 군대 격파당하여 도망쳤다. eguskenci han 또
gasame amba cooha
한탄하며 大 軍

178

ilibufi saman sa tarni hūlara niyalma be ambula isabufi afaci tere juwe
일으켜 무당 들 경 읽는 사람 을 많이 모이게 하고 싸워도 그 두
sufan be
코끼리를

bederebume mutehekū, gidabufi ambula wabuha. han coohai ambasa be isabufi
물리칠 수 없어서 격파당해 많이 죽었다. han 군대의 대신들 을 모이게 하고

gisureme
말하되

musei doro de tulergi buya han se de gaibure isika. tegus burin han de
우리의 체제 에 밖의 작은 han 들 에게 패배하기에 이르렀다. tegus burin han 에게
ulgiyan i
돼지 의

ujungga mangga saman bihe. tere be gana seme hacin hacin i boobai beneme
머리의 능력있는 무당 있었다. 그 를 데려오라 하고 갖가지 의 보배 보내며
elcin takūraha.
사신 파견했다.

elcin isinafi tere han i baru hendume mini eguskenci han de tulergi buya han
사신 도착해서 그 han 의 쪽 말하되 내 eguskenci han 에게 밖의 작은 han
se
들

cooha gaifi afanjihabi. tede bisirengge amba hūsungge juwe sufan bi. tere
군대 거느리고 싸우러 왔다. 그에게 있는 큰 힘센 두 코끼리 있다. 그
be bederebure
를 물리칠

arga akū ofi suweni tondo saman be baihanjiha sehe manggi han neneme takūraha
방법 없어서 너희 용한 무당 을 초청하러 왔다 한 후 han 전에 보낸
duin
네

179

niyalma be tesei emgi unggire de hendume ere han i doro be tese de gaibuha
사람 을 그들의 함께 보냄 에 말하되 이 han 의 체제 를 그들 에게 가져가게
de
함에

tere dain musei ubade inu isinjimbi. saman aikabade mararahū, urunakū gene
그 전쟁 우리 이곳에 도 미친다. 무당 혹시 거스를라 반드시 가라
se
하라

seme takūraha tese saman i boode genefi han i gisun be alaha manggi saman
하고 보냈다. 그들 무당 의 집에 가서 han 의 말 을 알린 후 무당
tule
밖으로

genefi sargan i baru hendume mini neneme jabšahangge te dule jobolon oho.
가서 부인 에게 말하되 내 전에 얻은 것 이제 진실로 재난 됐다.
maraci
거절하면

ojorakū. urunakū gamambi. bi geneme emu dabahan[94] dabaha manggi si musei
안된다. 반드시 데려간다. 나 가서 한 고개 넘은 후 너 우리의
muhaliyaha orho be
쌓은 풀 을

tuwa sinda. bi tese de boo dambi seme bedereme jidere seme hendufi elcin I
불 놓아라. 나 그들 에게 집 탄다 하고 돌아 오겠다 하고 말하고 사신과
emgi sufan yalufi
함께 코끼리 타고

genere de elcin de alame enenggi mini boode urunakū baita tucimbi seme hendufi
감 에 사신 에게 말하되 오늘 내 집에 반드시 일 생긴다말 하고 말하고
majige yabuha
조금 가고

---

94 dabahan : 'dabagan'과 같다.

180

bici šanggiyan sabumbi. saman hendume mini boode tuwai jobolon oho nikai sefi
있으니 연기 보인다. 무당 말하되 내 집에 불의 재앙 있느니라 하고

jici emu untuhun boo tuwa dahabi. tere be sabufi elcin se umesi akdafi
오니 한 빈 집 불 타고 있었다. 그 를 보고 사신 들 매우 믿고서
henggkileme
절하며

tukiyeme sufan de yalubuci gamara de saman bucere erin isinjiha seme amasi
받들어 코끼리 에 태우고 데려감 에 무당 죽을 때 이르렀다 하고 뒤로
sargan i
부인 의

baru tuwarade sargan hendume si ume gelere jabšan sakini sehe. tereci han
쪽 봄에 부인 말하되 너 두려워 마라 행운 알게하자 했다. 그로부터 han
i jakade
의 곁에

isinjiha manggi amba doroi okdobufi boode dosimbuha. saman ineku ufa
도착한 후 큰 예로 맞게 하고 집에 들어오게 했다. 무당 전처럼 밀가루
muhaliyafi
쌓고

ulgiyan i uju be cokifi tehe manggi han hendume mende cimari emu amba cooha
돼지 의 머리 를 꽂아서 놓은 후 han 말하되 나에게 내일 한 大 軍
afanjimbi.
싸우러 온다.

tede juwe doksin sufan bi. tere be bederebure fa deribu sere jakade
그곳에 두 난폭한 코끼리 있다. 그 를 물리칠 술법 시작하게하라 할 적에
saman fasime buceki
무당 목메어 죽자

181

seme gūnifi yamjiha manggi ulgiyan i uju be gaifi geren honin i feniyen de
하고 생각하고 저문 후 돼지 의 머리 를 가지고 여러 양 의 무리 에게
deduhe
누워있으니

bici emu buka honin buka niman hendume niyalma musei gisun be ulhire
한 숫 양 숫 염소 말하되 사람 우리의 말 을 이해하면

bici muse be cooha de gamaha de. julgei bagula gebungge bade muse singgeri ofi
우리 를 군대 에 데려감 에 옛날 bagula 이름의 곳에 우리 쥐 돼서

banjiha bihe. tere juwe sufan mederi muke be mujakū labdu omifi yonggan de
태어났다. 그 두 코끼리 바다 물 을 매우 많이 마시고 모래 에서
fuhešembi
뒹군다

sehei lifahan de lifafi tucici ojorakū be muse juwe nofi gosime geren singgeri
하고서 진창 에 빠져서 나올 수 없음 을 우리 두 사람 도와서 여러 쥐

se be isabufi lifahan be feteme ergen be tucibuhe bihe. tere cooha de muse
들 을 모이게 하고 진창 을 파서 목숨 을 구해냈다. 그 군대 에 우리
juwe nofi
두 사람

genehe de tere sufan muse be sabufi nenehe baili be gūnime ini cooha be
감 에 그 코끼리 우리 를 보고 이전 은혜 를 생각하여 그의 군대 를
lasihime
휘저어

182

bederebumbi kai seme gisurere be saman donjifi han i jakade jici geren ambasa
물리치리라 하고 말함 을 무당 듣고 han 의 곁에 오니 여러 대신들

fonjime
묻되

saman si abide genehe bihe. saman jabume bi guwa tuwame genehe bihe. suweni
무당 너 어디에 갔었냐? 무당 대답하되 나 卦 보러 갔었다. 너희
honin i feniyen de
양 의 무리 에게

tenteke boco buka niman bi. tere be gajime jio. sufan be bederebure fa deribuki
저런 색 숫 염소 있다. 그 를 데려 오라. 코끼리 를 물리칠 술법 시작하자
sehe
한

manggi buka honin niman be gaijifi buhe. jai cimari cooha afanjiha manggi honin
후 숫 양 염소 를 데려와서 주었다. 이튿날 군대 싸우러 온 후 양
niman be
염소 를

sejen de tebufi sufan tohofi saman i geli sejen de tefi dain be okdome
수레 에 태우고 코끼리 수레 메고 무당 의 또 수레 에 앉아서 군대 를 맞으러
genehe. batai
갔다. 적의

cooha afanjiha be sufan juleri jidere be sabufi saman ulgiyan i uju be jafafi
군대 싸우러 옴 을 코끼리 앞으로 옴 을 보고 무당 돼지 의 머리 를 잡고
buka honin niman i
숫 양 염소 의

uju be tantame ishun genere de juwe sufan sabufi hendume ese be dule tondo
머리 를 때리며 마주 감 에 두 코끼리 보고 말하되 이들 을 원래 용한
saman seme
무당 하고

183

gajiha nikai. ere honin niman julge mende amba baili isibuha bihe. ere be te
데려왔느니라. 이 양 염소 옛날 우리에게 큰 은혜 베풀었다. 이 를 이제
waci
죽이면

ojorakū. baili isabuki seme amasi ini cooha be lasihime labdu waha sere jakade
안 된다. 은혜 베풀자 하고 뒤로 그의 군대 를 휘저어 많이 죽였다 할 적에

elhe yabungga han senggū[95] sere jakade enduri ukcafi genehe.
elhe yabungga han 만족한다 할 적에 신 풀고 갔다.

---

han i hūncihin ilan ujungga hutu be waha juwan nadaci julen
han 의 친족 세 머리의 귀신 을 죽인 열 일곱 번째 이야기

tereci geli nenehe songkoi genefi, enduri be unufi jidere de. enduri hendume.
그로부터 또 전 대로 가서 신 을 업고 옴 에 신 말하되
elhe yabungga
elhe yabungga

han, neneme geren julen be bi alaha. si te emu amtangga julen ala, geli
han 전에 여러 이야기 를 나 말했다. 너 이제 한 재미있는 이야기 말하라. 또
mimbe ala seci uju
나를 말하라 하면 머리

oncohon gehešе sere jakade. han oncohon gehesehe. enduri hendume, julgei
젖혀 끄덕여라 할 적에 han 젖혀 끄덕였다. 신 말하되 옛날
enethe gurun
enethe 나라

95 senggū : 'sanggū'와 같다.

184

bade emu han niyalmai hūncihin bihebi. gebu be amba hūsungge[96] sembi. tede
땅에 한 han 사람의 친족 있었다. 이름 을 amba hūsungge 한다. 그곳에
emu balakan
한 balakan

gebungge sain morin bolho yafan be tuwaname geneci, ilan ujungga hutu yafan i
이름의 좋은 말 깨끗한 정원 을 보러가며 가니 세 머리의 귀신 정원 의
dolo tubihe
안 과일

jeme bi. tere niyalma be sabufi hutu uthai burulaha. loho jafafi bošome
먹으며 있다. 그 사람 을 알아보고 귀신 즉시 달아났다. 허리칼 잡고 쫒아
geneci, hutu
가니 귀신

emu dung de dosika. tere niyalma morin be moo de hūwaitafi, loho jafafi dung
한 동굴 에 들어갔다. 그 사람 말 을 나무 에 묶고 허리칼 잡고 동굴
de
에

dosika manggi. tere hutu, amba hūsungge niyalma be wafi, sukū be fuyefi, ini
들어간 후 그 귀신 amba hūsungge 사람 을 죽이고 가죽 을 벗겨서 그의
beyede
몸에

etufi, tere niyalmai beye ofi, morin be yalufi terei boode jihe manggi. tere niyalma
걸치고 그 사람의 몸 되서 말 을 타고 그의 집에 온 후 그 사람
de emu
에게 한

haha jui, emu sargan jui bihebi. haha jui morin de orho benere de, morin niyalmai
아들 한 딸 있었다. 아들 말 에게 풀 줄 에 말 사람의

96 amba hūsungge : '크고 힘 센'이라는 의미이다.

jilgan i
목소리 로

185

hendume, agu, ere sini ama waka. ilan ujungga hutu. sini ama be wafi sukū
말하되 형 이 너의 아버지 아니다. 세 머리의 귀신 너의 아버지 를 죽이고 가죽
be
을

etufi, geli suwembe waki seme jihebi. te arga baisu, minde akdarakū oci
걸치고 또 당신을 죽이자 하여 왔다. 지금 방법 찾아라. 나에게 믿을 수 없으면
boode
집에

dosifi, ama sini dara be bišuki se, tere ojirakū oci, si hendu, mini
도착해서 아버지 너의 허리 를 어루만지자 해라. 그 안 된다 하면 너 말하라. 나의
ama daci
아버지 본래

dara be bišubumbihe. te ainu bišuburakū se, tuttu ohode tere
허리 를 어루만지게 했다. 지금 어찌 어루만지게 하지 않느냐 해라. 그렇게 함에 그
bišubumbi, bišuha de
어루만지게 한다. 어루만짐 에

sini amai sukū dara de ifihabi, si uthai sambi. tereci boode dosifi, morin i
너의 아버지의 가죽 허리 에 꿰맸다. 너 즉시 안다. 그로부터 집에 들어가서 말 의
gisun i
말 의

songkoi bišume tuwaci ifiha babi. jui tucime jifi morin i baru hendume.
대로 어루만지며 보니 바느질한 곳 있다. 아들 나와 와서 말 의 쪽 말하되
te ergen guwere
이제 목숨 구할

arga bio. morin hendume. gūwa arga akū, sini amai boobai buleku, jai sini
방법 있느냐? 말 말하되 다른 방법 없다. 너의 아버지의 보배의 거울 다음 너의
gege be gaifi
누나 를 데리고

186

juwe nofi minde yalufi burula sembi. tereci eyun deo, morin yalufi burulara de.
두 사람 나에게 타고 달아나라 한다. 그로부터 누나 동생 말 타고 달아남 에

ilan ujungga hutu jusei eme be wafi, juse be amcame jidere de. morin
세 머리의 귀신 아이들의 어머니 를 죽이고 아이들 을 좇아서 옮 에 말
hendume, boobai
말하되 보배의

buleku be dooci ojorakū bira oso seme makta sere jakade. morin i gisun i
거울 을 건너지 못하는 강 되라 하고 던져라 할 적에 말 의 말 로
maktaci,
던지니

yala gisun i songkoi oho. hutu dooci ojirakū ofi, birai cargi dalin de tutaha.
정말 말 의 대로 되었다. 귀신 건너지 못하게 되고 강의 건너편 가 에 남겨두었다.
eyun
누나

deo birai ebergi dalin de ebufi bisire de. šun tuheme morin hendume. te mini
동생 강의 이편 기슭 에 내리고 있음 에 해 지며 말 말하되 이제 나의
bucere erin
죽을 때

isinjihabi sere jakade. tere eyun deo hendume. ama eme ci emgeri fakcame
이르렀다 말할 적에 그 누나 동생 말하되 아버지 어머니 로부터 한번 헤어져
wajiha. te ama
끝났다. 이제 아버지

adali, sinci geli fakcaha de bucere dabala sehe manggi. morin hendume te
같이 너로부터 또 헤어짐 에 죽을 뿐이다 한 후 말 말하되 이제
bi bucere yargiyan.
나 죽는 것 사실이다.

187

yargiyan i mimbe bucehe manggi. sukū be fuyefi sarafi sinda, duin bethe be
진실 로 나를 죽은 후 가죽 을 벗겨서 펼치고 놓아두라. 네 다리 를
duin
네

dere de sinda, uju be dulimbade, juwe šan, juwe bosho be duin hošo de
방향 에 놓아두라. 머리 를 중앙에 두 귀 두 콩팥 을 네 귀퉁이 에
sindafi,
놓아두고

suweni eyun deo, sukūi dele tefi uttu jalbarime hendu. juwe ergide bisire
너희의 누나 동생 가죽의 위 앉아서 이렇게 빌며 말하라. 두 쪽에 있는
geren
여러

fucihi pusa se unenggi gosici, ubade aika jaka meni gūnin de acabume banjibu
부처 보살 들 진정 불쌍하면 여기에 어떤 것 우리의 뜻대로 태어나게 하라

seme jalbari sefi, uthai bucehe. tereci morin i gisun i songkoi sindafi. amhafi
하고 빌어라 하고서 곧 죽었다. 그로부터 말 의 말 의 대로 놓아두고 자고
jai
다음

cimari getefi tuwaci. sukū duin hošonggo hoton ohobi, uju tere boo yamun ohobi,
아침 깨고 보니 가죽 네 사각 성 되었다. 머리 그 집 관아 되었다.

šan juwe giyahūn ohobi, bosho juwe indahūn ohobi, tereci eyun deo elhe
귀 두 매 되었다. 콩팥 두 개 되었다. 그로부터 누나 동생 평화로운
taifin i
태평하게

188

banjime bisirede. eyun hendume bi eigen gaijarakū banjiki. si sargan ume gaijara
살고 있음에 누나 말하되 나 남편 얻지 않고 살겠다. 너 아내 얻지 마라.
sehe
한

manggi. deo gisun dahafi jirgame banjire de. eyun hayan mujilen i eigen baime,
후 동생 말 따르고 만족하며 삶 에 누나 음란한 마음 의 남편 구하러
hoton ci
성 에서

tucime jaka amasi julesi yabuci bahakū. tereci imbe bošoho hutu,
나와서 주변 뒤로 앞으로 다녀도 구하지 못했다. 그로부터 그를 내쫓은 귀신
sargan jui gūnin be
딸 생각 을

ulhifi. birai bajila emu hocikon haha jui ofi ilihabi. sargan jui tere be sabufi,
알고 강의 건너편 한 아름다운 남자 되서 서있었다. 딸 그 를 보고
mujilen be
마음 을

ilibuci ojirakū ofi genefi latuha. sargan jui gūnime mini eigen i emgi emu arga
멈출 수 없어서 가서 사통했다. 딸 생각하되 나의 남편 의 함께 한 방법
deribufi, mini
내어서 나의

deo be bošofi, ere hoton de meni eigen sargan ejen ofi banjiki seme, ini tere
동생 을 내쫓고 이 성 에 우리의 남편 아내 주인 되서 살자 하고 그의 그

gūnin be eigen de
마음 을 남편 에게

alaha manggi. hutu hendume, tuttu oci si holtome arga deribume nimembi seme
말한 후 귀신 말하되 그러면 너 속이고 꾀 내되 아프다 하고
dedu. daifu saman be
누워라. 의사 무당 을

189

gajifi tuwabuci, si kemuni nimembi seme hendu. tuttu oho manggi. sini deo
데려와서 보게 하면 너 여전히 아프다 하고 말하라. 그렇게 된 후 너의 동생
ere nimeku
이 병

adarame ohode sain ombi seme fonjimbi. si birai cargi lamun ilha, emu suwayan
어떻게 함에 좋게 되느냐? 하고 묻는다. 너 강의 건너편 푸른 꽃 한 노란
ilha bi
꽃 있다

sere. tere be bahafi, fuifufi omiha de, nimeku dulembi seme hendu. tere fonde
하더라. 그것 을 얻어서 끓여서 마심 에 병 낫는다 하고 말하라. 그 때에
bi ilha banjibufi
나 꽃 만들어서

sindaki. sini deo ilha gajiha manggi. bi ukame tefi waki. tereci gisun
놓자. 너의 동생 꽃 가지러온 후 나 숨어 있다가 죽이자. 그로부터 말
toktobume genefi,
확정하게 하고 가서

gisun i songkoi ambula nimembi seme deduhe. deo daifu saman de tuwabuci
말 의 대로 매우 아프다 하고 누웠다. 동생 의사 무당 에게 보여도
ojirakū. emu inenggi deo
되지 않았다. 한 날 동생

eyun de fonjime, ere nimeku be geren sara niyalma de fonjici ojirakū sembi. te
누나 에 묻되 이 병 을 여러 아는 사람 에게 물어도 안 된다 한다. 이제
ainara. eyun hendume mini
어떻게 하느냐? 누나 말하되 나의

ere nimeku de, birai cargi lamun ilha, suwayan ilha be gajifi fuifufi omiha de
이 병 에 강의 건너편 푸른 꽃 노란 꽃 을 가져와서 끓여서 마심 에
sain ombi sehe manggi.
좋게 된다 말한 후

190

deo giyahūn, indahūn be gamame bira doome genefi, lamun ilha, suwayan ilga,
동생 매 개 를 데리고 강 건너 가서 푸른 꽃 노란 꽃
be gaiki serede. ilan
을 가져오고자 함에 세

ujungga hutu, geren hutuse be gaifi, tere haha jui be waki seme afame
머리의 귀신 여러 귀신들 을 데리고 그 아들 를 죽이자 하며 공격하여
jiderede. giyahūn,
옴에 매

indahūn be sindara jakade. ilan ujungga hutu, geren hutuse jugūn jugūn i burulaha
개 를 놓을 적에 세 머리의 귀신 여러 귀신들 길 길 로 달아난
manggi.
후

lamun suwayan ilha be gajifi omibure jakade, eyun i nimerengge sain oho.
푸른 노란 꽃 을 가져와서 먹게 할 적에 누나 의 아픈 것 좋게 되었다.
jai inenggi eyun
다음 날 누나

geli hutui jakade genehe manggi. hutu hendume, giyahūn indahūn de hamirakū ofi
또 귀신의 옆에 간 후 귀신 말하되 매 개 에게 견딜 수 없어서

burulaha. sargan
달아났다. 딸

jui hendume tuttu oci, giyahūn indahūn ci faksalara arga akūn. hutu hendume,
말하되 그렇다면 매 개 에서 떨어뜨릴 방법 없느냐? 귀신 말하되
te si genefi
이제 너 가서

nenehe songkoi nimembi seme dedu. okto baime ohode, si birai ferede emu lamun
전 대로 아프다 하고 누워라. 약 구하게 됨에 너 강의 바닥에 한 푸른
umhan, emu
알 한

191

suwayan umhan bi, tere be bahafi jeke de, mini nimeku dulembi seme hendu.
노란 알 있다. 그것 을 구해서 먹음 에 나의 병 낫는다 하고 말해라.
tere fonde bi
그 때에 나

umhan banjibufi sindara sehe. sargan jui amasi jifi nimembi seme deduhe. deo
알 만들어서 두겠다 했다. 딸 뒤로 와서 아프다 하며 누웠다. 동생
gūnime,
생각하되

gegei nenehe nimeku de, daifu saman baici tusa oho akū, ini joriha okto de
누나의 이전 병 에 의사 무당 구했으나 이득 됨 없다. 그의 가리킨 약 에
duleke
나왔다.

bihe. te geli inde fonjiki seme fonjici. eyun hendume ere nimeku de yaya ojirakū.
이제 또 그에게 묻자 하고 물으니 누나 말하되 이 병 에 모두 되지 않는다.
bira de bisire
강 에 있는

suwayan lamun umhan bahafi jeke de sain ombi sehe manggi. deo giyahūn indahūn
노란 푸른 알 구해서 먹음 에 좋게 된다 한 후 동생 매 개
be gaifi, birai
를 데리고 강의

cikin de genefi, giyahūn indahūn be dosimbure jakade. gemu irume bucehe. haha
물가 에 가서 매 개 를 들어가게 할 적에 모두 가라앉아 죽었다. 남자
jui gūnime
생각하되

ere giyahūn indahūn, ilan ujungga hutu mimbe wara de guwebuhe bihe. te bi
이 매 개 세 머리의 귀신 나를 죽임 에 구해주었다. 이제 나
gucu akū adarame
친구 없다 어떻게

192

banjimbi seme muke de fekuhe. eyeme genehei, muduri han i boode isinaha
사느냐 하고 물 에 뛰어들었다. 흘러 가서 용 han 의 집에 도착한
manggi. muduri
후 용

han sabufi fonjime, si ainaha jui abici jihe. tere jui da turgun be yoni alaha
han 보고 묻되 너 어떤 아이 어디서 왔냐? 그 아이 자초지종 을 모두 아뢴
manggi.
후

muduri han hendume. ere jui si sarkū nikai, sini eyun ilan ujungga hutu de
용 han 말하되 이 아이 너 모르는구나. 너의 누나 세 머리의 귀신 에게
hebe acahabi
의논하였다

seme hendufi. alimbaharakū gosime tuwafi geli hendume. ere jui si, mini sargan jui
하고 말하고서 참을 수 없이 동정하며 보고서 또 말하되 이 아이 너 나의 딸

be gaisu.
을 데려가라.

bi mederi dalinde emu selei hoton arafi bure. si tubade te sefi, gaitai
나 바다 경계에 한 쇠의 성 만들어서 주겠다. 너 그곳에서 살아라. 하고 갑자기
andande emu selei
순식간에 한 쇠의

hoton ilibuha. sargan jui be bufi tubade tebuhe. tere neneheci wesihun jirgame
성 세웠다. 딸 을 주고 그곳에 살게 했다. 그 전보다 귀하고 안락하게
banjimbi. emu
산다. 어느

inenggi hutui ejen uyun[97] ujungga hutu, ini sargan i baru fonjime ere wei hoton.
날 귀신의 주인 아홉 머리의 귀신 그의 아내 의 쪽 묻되 이 누구의 성이냐?
sargan hendume mini
아내 말하되 나의

193

deo, muduri han i sargan jui be sargan gaifi, ere hoton de tehebi seme alaha
동생 용 han 의 딸 을 아내 취하고 이 성 에 살고 있다 하고 말한
manggi. hutu
후 귀신

hendume ere daci mini kimungga niyalma, te uttu etuhun ohobi. amaga
말하되 이 본래부터 나의 원수 사람 이제 이렇게 강하게 되었다. 훗
inenggi jobolon
날 문제

ombi. ere be te hoton ci bošoki seme, cooha isabufi jiderede. muduri han i
된다. 이 를 이제 성 에서 내쫓자 하고 군대 모아서 옴에 용 han 의
sargan jui
딸

97 uyun : 내용상으로 볼때, 'ilan'의 잘못으로 보인다.

sabufi hendume. muse de emu amba cooha jimbi, te ainambi. eigen tucifi
보고 말하되 우리 에게 한 큰 군대 온다. 이제 어찌하느냐? 남편 나와서
tuwaci, kimungge
보니 원수

hutu be takafi hendume. ere ilan ujungga hutu kai, mimbe waki seme jihebi.
귀신 을 알아보고 말하되 이 세 머리의 귀신이구나. 나를 죽이자 하고 왔다.
sargan hendume. sinde
아내 말하되 너에게

niyaman hūncihin bio, bici niyalma takūra. muse juwe nofi ere cooha be
친족 있느냐 있으면 사람 보내라. 우리 두 사람 이 군대 를
adarame bederebume mutembi.
어떻게 물러나게 할 수 있느냐?

tere gisun de eigen anda be gūninafi, ini beye genefi alaha manggi. hutui ejen
그 말 에 남편 친구 를 생각하고 그의 자신 가서 말한 후 귀신의 주인
hendume, ere
말하되 이

194

ilan ujungga hutui anggala, gubci hutu seme mini doron gidaha bade
세 머리의 귀신 뿐만 아니라 모든 귀신 하고 나의 인장 찍은 곳에
necinjirakū kai.
공격하러 오지 않느니라.

ere ilan ujungga hutu, ai gelhun akū mini anda de necinjimbi sefi. ini
이 세 머리의 귀신 어찌 감히 나의 친구 에게 공격하러 오느냐? 하고 그의
beye genefi,
자신 가서

ilan ujungga hutu be wafi, terei cooha be, han i hojihon de buhe. tere haha
세 머리의 귀신 을 죽이고 그의 군대 를 han 의 사위 에게 주었다. 그 아들

jui juwe
두

hoton ejilefi, ini eyun be gajifi kunduleme banjire de. eyun ini araha ehe
성 다스리고 그의 누나 를 데려와서 대접하며 삶 에 누나 그의 지은 나쁜
weile be
죄 를

gūnihai anggaci senggi tucime bucehe sere jakade. elhe yabungga han sanggū
생각하고서 입에서 피 내며 죽었다 할 적에 elhe yabungga han 잘됐다
sehe.
하였다.

enduri hendume. kesi akū han i angga ci gisun tucike seme ukcafi genehe.
신 말하되 운 없는 han 의 입 에서 말 나왔다 하며 풀고 갔다.

● hutui ejen ini dere be tuwabufi imbe bošoho juwan jakūci julen
귀신의 우두머리 그의 얼굴 을 보이고 그를 몰아낸 열 여덟째 이야기

195

tereci geli nenehe songkoi genefi, enduri be unufi jidere de. enduri hendume,
그로부터 또 전 대로 가서 신 을 업고 옴 에 신 말하되
elhe
elhe

yabungga han bai goro, inenggi golmin de šadaha. si emu julen ala, akūci bi
yabungga han 땅의 멀다, 날 길 에 지쳤다. 너 한 이야기 말하라, 없으면 나
emu julen
한 이야기

alara sehe. han jilgan tucikekū. enduri julen alame julge udayana bai
말하겠다 하였다. han 소리 내지 않았다. 신 이야기 말하되 옛날 udayana 땅의
julergi ergi de,
남 쪽 에

emu mafa mama eigen sargan bihebi. tede emu haha jui, emu sargan jui
한 할아버지 할머니 夫 婦 있었다. 그에게 한 아들 한 딸
bihebi, moo tubihe be
있었다. 나무 과실 을

baime jeme banjimbihe. mama akūha manggi. amala geli emu sargan gaifi banjimbi.
구해 먹으며 살았다. 엄마 죽은 후 이후 또 한 아내 얻어 살았다.
emu inenggi sargan
한 날 아내

hendume. si majige baha tubihe be juwe juse de labdu bumbi, minde komso bumbi.
말하되 너 조금 얻은 과실 을 두 아이들 에게 많이 준다. 나에게 조금 준다.
juwe jui be ujiki
두 아이 를 키우고자

seci, mimbe bošo. mini emgi banjiki seci, juwe juse be bošo sere jakade.
하면 나를 내쫓아라. 나의 함께 살고자 하면 두 아이 를 내쫓아라 할 적에
mafa mujilen ambula jobome
할아버지 마음 매우 괴로워

196

dolori gūnime, ere sargan be hokoho de, jai sargan bahara ba akū seme gūnifi,
속으로 생각하되 이 아내 를 버림 에 다시 아내 얻을 곳 없다. 하고 생각하고
juwe juse be
두 아이 를

tubihe baime unggifi, sargan i emgi tataha babe waliyafi goro bade genehe. juse
과실 구하러 보내고 아내 의 함께 머문 곳을 버리고 먼 곳에 갔다. 아이들

amasi bedereme
뒤로 돌아

jici ama eme gemu akū, booi oron bi. tereci juse baime yabure de,
오니 아빠 엄마 모두 없다. 집의 빈자리 있다. 그로부터 아이들 찾으러 감 에
jugūn de emu sui jing ni erihe
길 에 한 水 晶 의 염주

baha. tereci casi genere de, emu hūya buren baha. geli casi genere de, emu
얻었다. 그로부터 저쪽 감 에 한 소라 고둥 얻었다. 또 저쪽 감 에 한
buleku baha.
거울 얻었다.

gurgui uncehen i sika baha. geli casi genere de emu bira de isinafi, yonggan
길짐승의 꼬리 의 말총 얻었다. 또 저쪽 감 에 한 강 에 다다라서 모래
de gidabuha emu
에 감춰진 한

anakū baha. tere birai sekiyen de emu hūda[98] i dung de emu fulgiyan duka bi.
열쇠 얻었다. 그 강의 근원 에 한 절벽 의 동굴 에 한 붉은 문 있다.
tere dukai
그 문의

yose[99] be, ini baha anakūi aname tuwaci, uthai uksa genehe. dosici tuwaci tumen
자물쇠 를 그의 얻은 열쇠로 밀어 보니 곧 갑자기 들어갔다. 들어가 보니 萬
niyalma tehebi.
사람 머물렀다.

197

tere geren niyalma juwe nofi be sabufi hendume, age gege suwe ubade ainu jihe.
그 모든 사람 두 사람 을 보고 말하되 형 누이 너희 여기에 어찌 왔느냐?
hasa
빨리

---

98 hūda : 'hada(절벽)'의 잘못으로 판단된다.
99 yose : 'yoose'로도 쓰인다.

tucifi gene. ere hutui ejen i ba kai sehe manggi. haha jui marame hendume, ere
나가서 가라. 이 귀신의 주인 의 땅이다 한 후 아들 거절하며 말하되 이

duka be dergici yaksifi tehe. tereci hutui ejen jifi duka su seme hūlara
문 을 안에서 잠그고 머물었다. 그로부터 귀신의 주인 와서 문 열어라 하고 외침
de. tere
에 그

haha jui jabume, sini dung be sinci amba wesihun niyalma ejelehebi. hutu
아들 대답하되 너의 동굴 을 너보다 크고 고귀한 사람 점령하였다. 귀신
hendume, ubade
대답하되 여기에

minci etuhun niyalma akū bihekai. unenggi minci wesihun oci, mini jilgan i gese den
나보다 센 사람 없었느니라. 진실로 나보다 세다 하면 나의 소리 의 같이 높은
jilgan i
소리 로

hūla serede. haha jui hūya buren fulgiyere jakade. hutui ejen gūnime, ere
외쳐라 함에 아들 소라 고둥 불 적에 귀신의 주인 생각하되 이
wesihun sain jilgan
귀하고 좋은 소리

abici jihe seme nadan okson bederehe. hutu geli hendume, unenggi minci wesihun
어디서 왔냐 하고 일곱 걸음 물러섰다. 귀신 또 말하되 진실로 나보다 귀하다
oci, mini
하면 나의

198

anggai weihei gese amba bime, boco saikan weihe tuwabu serede. tere haha jui
입의 치아의 같이 크고 색 좋은 치아 보여라 함에 그 아들

sui jing ni erihe be tuwabure jakade. hutu gūnime ere mini weihe ci amba bime
水 晶 의 염주 를 보일 적에 귀신 생각하되 이 나의 치아 보다 크고

boco
색

geli saikan seme, geli nadan okson bederehe. hutu geli hendume, si unenggi mangga
또 좋다 하고 또 일곱 걸음 물러섰다. 귀신 또 말하되 너 진실로 강하다
oci,
하면

sini funiyehe be minde tuwabu serede. haha jui bihan[100] i gurgui uncehen be,
너의 머리카락 을 나에게 보여라 함에 아들 들 의 짐승의 꼬리 를
dukai jakaderi
문의 틈으로

tuwabure jakade. hutu gūnime ere mini funiyehe ci wesihun seme, geli nadan
보일 적에 귀신 생각하되 이 나의 머리카락 보다 귀하다 하고 또 일곱
okson bederefi
걸음 물러서고

hendume, si te unenggi mini dung be durime mangga oci. sini dere be minde
말하되 너 지금 진실로 나의 동굴 을 빼앗기 강하다 하면 너의 얼굴 을 나에게
tuwabu, bi sini
보여라. 나 너의

arbun be tuwafi anabuki sehe manggi. haha jui dukai jakaderi buleku be tuwabuha.
모습 을 보고 물러나자 한 후 아들 문의 틈으로 거울 을 보였다.
buleku de
거울 에

199

ini helmen ambula gelecuke ersun ofi, ini helmen be sarkū, ajige jui beye seme
그의 그림자 매우 두렵고 추해서 그의 그림자 를 모르고 작은 아이 몸이다 하고

100 bihan : 'bigan'으로도 쓰인다.

geleme
두려워하며

burulame genehe. tereci jugūn de emu dobi acafi fonjime. hutui ejen turgun
도망 갔다. 그로부터 길 에서 한 여우 만나서 묻되 귀신의 주인 사연
be yoni
을 모두

alaha manggi. dobi hendume, bi baba be šurdeme yabuha, sinci manggangge
말한 후 여우 말하되 나 곳곳 을 돌아 다녔다. 너보다 강한 이
akū bihe. jalan
없었다. 세상

i niyalma arga mangga, bi genefi tuwaki seme hendufi, dung de jifi tuwaci.
의 사람 꾀 강하다. 나 가서 보겠다 하고 말하고 동굴 에 와서 보니
hutui ejen de
귀신의 주인 에게

teherere niyalma emkeci akū. dobi, hutui ejen de alaki seme dung ci tucifi
상대할 사람 하나도 없다. 여우 귀신의 주인 에게 알리자 하고 동굴 에서 나와서
jidere de.
옴 에

dung ni angga de ayara sindaha bihebi. dobi bahafi omire jakade, uju liyelifi[101]
동굴 의 입구 에 마유주 놓였다. 여우 얻어 마실 적에 머리 어지러워서
amgaha
자고

bici, emu haha jui efime genefi amasi jidere de, dung ni angga de dobi be
있으니 한 아들 놀러 가서 돌아 옴 에 동굴 의 입구 에서 여우 를
sabufi takarakū
보고 모르고

101 liyelifi : 'liyeliyefi'와 같다.

200

tukšan seme gūnifi, ini gala de emu fulgiyan fukai dolo wehe sindafi jafaha
송아지 하고 생각하고 그의 손 에 한 붉은 방울의 속 돌 찔러두고 잡고
bihebi.
있었다

tere fuka be dobi i uncehen de hūwaitafi genehe. tere dobori dobi getefi beyebe
그 방울 을 여우 의 꼬리 에 묶고서 갔다. 그 밤 여우 깨서 몸을

isihire jakade. uncehen de hūwaitaha fukai dorgi wehe kūwatar seme guwere be,
떨칠 적에 꼬리 에 맨 방울의 안쪽 돌 달그락 하고 울림 을
uksin
갑옷

etuhe agūra jafaha cooha jimbi seme ambula geleme burulaha. udu goro burulaci be
입은 무기 잡은 병사 온다 하고 매우 두려워하며 도망쳤다. 비록 멀리 도망쳤지만

amcame jidere adali donjimbi. emu bira doore de, fuka ebefi wehei guwendere jilgan
쫓아 오는 처럼 들린다. 한 강 건넘 에 방울 젖어서 돌의 울리는 소리

akū ojoro jakade. dobi tubade ergeme deduhei amgaha, getefi beye be isihire jakade.
없게 될 적에 여우 그곳에서 쉬며 누운채 잤다. 깨서 몸 을 떨칠 적에
fuka
방울

olgofi geli kūwatar seme guwere de, gelefi nenehe adali burulaha. hutui ejen de
말라서 또 달그락 하고 울림 에 두려워서 전 처럼 도망쳤다. 귀신의 주인 에게
hanci oho
가까이 된

201

manggi. hutui ejen gūnime, ere ainu gelehe adali burulame jimbi seme bisirede.
후 귀신의 주인 생각하되 이 왜 두려운 처럼 도망쳐 오느냐 하고 있음에
hanci
근처

isinjime uncehen de hūwaitaha fukai dolo wehei jilgan be donjifi, erei amargi ci
다다라 꼬리 에 묶인 방울의 속에 돌의 소리 를 듣고 이의 뒤 에서
amba
대

cooha bošome jimbi aise seme gūnifi, dacilahakū burulame mederi cala genehe.
군 쫓아 오리라 하고 생각하고 묻지않고 도망쳐 바다 저편 갔다.
tere hutui
그 귀신의

dung be, tere haha jui, sargan jui ejelefi, geren niyalma be irgen obufi, i han
동굴 을 그 아들 딸 점령하고 모든 사람 을 백성 삼고 그 han
ofi banjimbi.
되어 산다.

tere fonde ini ama eme booi aika jaka wajifi, giohame yabuhai tere han i sain
그 때에 그의 아빠 엄마 집의 모든 것 소비하고 걸식하며 다니다가 그 han 의 좋은
algin be
명성 을

donjifi, giohame hanci isinjiha manggi. han ama eme be takafi, okdome dosimbufi
듣고 걸식하러 가까이 도착한 후 han 아빠 엄마 를 알아보고 맞이하여 들이고
ambula
매우

kunduleme banjirede. banirke eme ini ehe be gūnihai, niyaman hūwajafi bucuhe
존경하며 삶에 계 모 그의 나쁨 을 생각하다가 심장 찢어져 죽었다
sere jakade. elhe
할 적에 elhe

202

yabungga han hendume, ini araha sui de i bucehe nikai sehe manggi. enduri
yabungga han 말하되 그의 지은 죄 에 그 죽었구나 한 후 신
ukafi genehe.
도망쳐 갔다.

● fucihi fudasihūn mafa be, sain jurgan de dosimbuha juwan uyuci julen.
부처 괴팍한 할아버지 를 좋은 길 에 들어가게 한 열 아홉번째 이야기

tereci geli nenehe songkoi genefi, enduri be unufi jiderede. enduri julen
그로부터 또 전 대로 가서 신 을 짊어지고 옴에. 신 이야기
alame, julge
말하되, 옛날

enethe gurun i julergi ergi de emu fudasihūn yabungga bayan mafa bihebi.
enethe 나라 의 남 쪽 에 한 괴팍하게 행동하는 부자 할아버지 있었다.
tere mafa,
그 할아버지

lama hoošan[102] se be sabuha de wame, miyoo oren be sabuha de efuleme
라마 화상 들 을 봄 에 죽이고, 사원 像 을 봄 에 부수고
yabumbi. tere fonde
다닌다. 그 때에

ulai fucihi abkai dergi ci safi gūnime, ere sui isika niyalma be eberemburakū ci,
여래 부처 하늘의 위 에서 보고 생각하되 이 죄 지은 사람 을 쇠하게 하지 않으면
fucihi
佛

jurgan wasimbi. mentuhun ehe urse yendembi. ere be eberebuki seme
法 쇠락한다. 어리석은 나쁜 사람들 번성한다. 이 를 쇠하게 하자 하고

102 hoošan : 'hūwašan', 'hoošang'과 같다.

bisirede. emu inenggi tere
있을 적에 한 날 그

203

sui isika mafa ulha tuwame genehe amala, ulai fucihi terei beye ofi jime,
죄 지은 할아버지 가축 보러 간 뒤 여래 부처 그의 몸 되어 와서,
ini
그의

boode dosifi tehe. tereci mafa ini boode jifi hendume, ere mini boode
집에 들어가서 있었다. 그로부터 할아버지 그의 집에 와서 말하되 이 나의 집에
jihengge
온 이

ainaha mafa abici jihe. fucihi hendume ere giohoto mafa, mini
어찌 된거냐 할아버지 어디에서 왔느냐? 부처 말하되 이 거지 할아버지 나의
boode ume dosire,
집에 들지 말라.

hasa tucibu sehe manggi. mama gūnime ere juwe ya mini eigen inu.
급히 나가게 하라 한 후 할머니 생각하되 이 둘 누가 나의 남편 맞는가?
te suweni juwe nofi
지금 너희 두 명

tucifi, boo be ilanggeri šurdefi jio. tereci hūdun jifi boode dosifi hendume,
나가서 집 을 세 번 돌고 오라. 그로부터 빨리 와서 집에 들어와서 말하되
te muse
지금 우리의

juwe nofi, boigon i ulin ulga be tolome maktaki sehe manggi. mafa maktaci
두 명 집안 의 재물 가축 을 세어 판단하자 한 후 할아버지 판단하려면
maktaki
판단하자

seme, ini tule bisire ulga be gemu tolome alaha. fucihi enduri bodohon i
하며 그의 밖에 있는 가축 을 모두 세어 말하였다. 부처 신 헤아림 으로
terei booi
그의 집의

204

dorgi ulin be hitahūn i gese enderakū tolome alaha manggi. mama mini mafa
안 재물 을 손톱 의 처럼 잘못 없이 세어 말한 후 할머니 나의 할아버지
ere inu
여기 있다.

seme, ini mafa be tantame bošoho. sui isika mafa goro genefi jobome
하고, 그녀의 할아버지 를 때리며 쫓아냈다. 죄 지은 할아버지 멀리 가서 걱정하며
yaburede.
다님에

fucihi emu bandi ofi, tere mafai jakade genefi fonjime. mafa si ai ehe
부처 한 학자 되어, 그 할아버지의 옆에 가서 묻되. 할아버지 너 무슨 나쁜
weile be yabuha
죄 를 행한

turgun de uttu jobombi. mafa ini araha sui be yoni alaha manggi. bandi
까닭 에 이리 걱정하느냐? 할아버지 그의 지은 죄 를 모두 말한 후 학자
hendume, te
말하되 지금

sini boigon ulha be gaifi buhe de, tere niyalmai gisun be gaimbio akūn. mafa
너의 재물 가축 을 가져와 줌 에 그 사람의 말 을 취하겠는가 아닌가? 할아버지
hendume,
말하되.

tenteke amba baili isibuha niyalmai gisun be jurcehe doro bio sehe manggi.
그런 큰 은혜 준 사람의 말 을 어길 도리 있는가? 한 후

bandi hendume
학자 말하되

tuttu oci, si te lama hūwašan be wara be naka. miyoo oren be ume efulehe.
그리 되면, 너 이제 라마 화상 을 죽임 을 멈추어라. 사원 像 을 부수지 말라,
macihi be jukte,
계율 을 지켜라.

205

tuttu ohode si enteheme jirgame banjimbi sehe manggi. mafa hendume, bi sini
그리 됨에 너 영원히 편안하게 산다 한 후 할아버지 말하되, 나 너의

gisun be gaifi jurcerakū banjiki seme gashūha. bandi hendume. si te sini
말 을 취해서 어기지 않고 살겠다 하고 맹세하였다. 학자 말하되, 너 이제 너의
boode genefi,
집에 가서

atanggi bicibe, mini gisun be ume jurcere sefi abka de tafuka. mafa ini
언제든지 나의 말 을 어기지 말라 하고 하늘 에 올라갔다. 할아버지 그의
boode jifi,
집에 와서

ehe yabure be nakafi, fucihi be jukteme, lama se be kunduleme, ini boode
나쁜 행함 을 멈추고 부처 를 공양하며 라마승 들 을 존경하여, 그의 집에
solime gajifi
초대하여 데려와서

ging ni bithe hūlabuha sere jakade. elhe yabungga han hendume, tere mafa
경 의 글 읽게 했다 할 적에. elhe yabungga han 말하되, 그 할아버지
neneme geleci be,
앞서 두려웠는데

amala fucihi jurgan de dosika nikai sehe manggi. enduri ukcafi genehe.
뒤에 불 법 에 들었구나 한 후 신 풀고 갔다.

● ehe mujilengge niyalma alhūdame bucehe orin ci julen
나쁜 마음의 사람 모방하여 죽은 20 번째 이야기

206

tereci geli nenehe songkoi genefi, enduri be unufi jiderede. enduri julen
그로부터 또 전 대로 가서 신 을 짊어지고 옴에 신 이야기
alame,
말하되,

julge tegus cokto[103] gebungge han bihebi. tere gurun i bade muke haji ofi.
옛날 tegus cokto 이름의 han 있었다. 그 나라 의 땅에 물 귀하게 되어.
tere han
그 han

geren be isabufi hūcin fetebuci muke tucirakū. geli muke tucire babe,
모두 를 모이게 하여 우물 파게 하였으나 물 나오지 않았다. 다시 물 나올 곳을
takara niyalma de
아는 사람 에게

tuwabufi feteci muke tucirakū. emu šu ilha bisire bade ninju da i feteci
보이고 팠는데 물 나오지 않는다. 한 연꽃 있는 곳에 60 발 로 팠는데
geli tucikekū.
또한 나오지 않았다.

tuttu fetere be, muduri, han be ambula nimekulebuhe. tere fonde emu lama eihen
그렇게 파기 를, 용 han 을 많이 아프게 했다. 그 때에 한 라마승 나귀
yalufi
타고

103 tegus cokto : 몽골어 'tögüs čog-to(위대한, 위엄있는)'의 음차이다.

jugūn de dosifi yabure de. emu hūlhatu niyalma jafafi lama be han i fetebuhe
길 에 들어와서 다님 에, 한 도둑 사람 잡아서 라마승 을 han 의 파게한
ninju da i
60 발 의

hūcin de maktafi, eihen be gamaha. tere lama hūcin de tuhecibe umai nimehekū.
우물 에 던지고 나귀 를 가져갔다. 그 라마승 우물 에 떨어져도 결코 아프지 않았다.
hūcin i
우물 의

207

fere de deduhe bici. terei hanci geren muduri han isinjifi gisureme, ere
바닥 에 누워 있으니 그의 가까이 여러 용 han 이르러 말하되, 이
tegus cokto
tegus cokto

han muke tucikini seme, geren hūcin i feteme musei hoton i wargi aisin
han 물 나오게 하자 하여, 여러 우물 의 파서 우리의 성 의 서쪽 금
i ku. dergi
의 창고. 동쪽

menggun i ku ere juwe ku be baharahū seme imbe nimekulebuhe bihe. ere
은 의 창고 이 두 창고 를 지킬 수 없을까 하여 그를 아프게 하였다. 이
hoton i wargi hošoci
성 의 서쪽 지역

ninju bai dubede hūcin fetehe manggi muke tucimbi. gūwa bade muke akū. han
60 리의 끝에 우물 판 후 물 나온다. 다른 곳에 물 없다. han
i nimeku de
의 병 에

mederi cargi šu ilga[104] be gajifi fuifufi omiha de sain ombi. ere be sara niyalma
바다 저쪽 연꽃 을 취하여 끓여서 마심 에 좋게 된다. 이 를 아는 사람

akū seme gisurere be. tere lama yargiyalame donjifi hūcin i fere de bisirede.
없다 하며 말함 을 그 라마승 확실하게 듣고 우물 의 바닥 에 있음에
tere han
그 han

udu nimeci be[105], irgen i jalin jobome emu niyalma takūrafi, tere ninju da i
비록 아팠으나, 백성 의 때문 걱정하여 한 사람 파견하여, 그 60 발 로
fetehe
판

208

hūcin de muke tucike bio tuwana seme unggihe. tere niyalma genefi tuwaci
우물 에 물 나왔는가 가서 보라 하고 보냈다. 그 사람 가서 보니
muke
물

akū, fere de emu niyalma bi. tere niyalma amasi jifi, han de alame muke akū,
없고 바닥 에 한 사람이 있다. 그 사람 되돌아 와서, han 에게 고하되 물 없고

fere de emu niyalma bi. han hendume, tere gese šumin hūcin de niyalma adarame
바닥 에 한 사람 있다. han 묻되 그 같은 깊은 우물 에 사람 어찌
dosici
들어가게

ombi. mini nimeku be dulembure jalin, fucihi se kūbulifi jihe ayu[106], hūdun
되었는가. 나의 병 을 치료하게 하기 위하여, 부처 들 변신하여 왔을까 빨리
solifi
초대하여

---

104 ilga : 'ilha'로도 쓰인다.
105 nimeci be : 'nimecibe'와 같이 연철하여야 한다.
106 ayu : 'ayoo'와 같다.

gaju sehe manggi. tere niyalma uthai genefi, lama be hūcin ci tucibufi,
데려오라 한 후 그 사람 곧 가서, 라마승 을 우물 에서 꺼내어서
han i nimere be
han 의 아픔 을

alaha manggi. lama hendume bi majige majige bahanambi sembi. tereci han i
알린 후 라마승 말하되 나 약간 약간 안다 한다. 그로부터 han 의
boode isinjiha
집에 다다른

manggi. geren gemu hengkilefi han i jakade dosimbuha. han juwe gala be
후 여럿 모두 절하며 han 의 옆에 들게 하였다. han 두 손 을
giogin arafi
합장하고

209

hendume, lama mini ere nimeku be tusa arara biheo. lama hendume, bi han
말하되 라마승 나의 이 병 을 이롭게 할 수 있느냐? 라마승 말하되 나 han
i nimeku de
의 병 에

majige tusa araci ombi. minde juwe hūdun sufan gaji, bi mederi be doome
약간 이롭게 할 수 있다. 나에게 두 빠른 코끼리 데려와라. 나 바다 를 건너
genefi
가서

šu ilha gajifi, han be daifurambi sehe manggi. uthai juwe sufan buhe. tere
연꽃 가져와서 han 을 치료한다 한 후 곧 두 코끼리 주었다. 그

sufan be lama yalufi, šu ilha gajifi han de omibure jakade nimeku uthai
코끼리 를 라마승 타고, 연꽃 가져와서 han 에게 마시게 함에 병 곧
sain
좋게

oho. tereci han hendume, enduringge lama mini nimeku be dulembuhe. mini
되었다. 그로부터 han 말하되, 신성한 라마승 나의 병 을 치료했다. 나의
ere amba
이 큰

gurun, muke baharakū ofi umesi oitobuha bi. te geren irgen de muke
나라 물 얻을 수 없게 되어 대단히 곤경하게 되었다. 지금 모든 백성 에게 물
jorifi bure
가리켜 줄

biheo sehe manggi. lama hendume, muke bahambi sefi. hoton i wargi hošoi
수 있는가? 한 후 라마승 말하되 물 얻는다 하고 성 의 서쪽 방향의
baru genefi, ninju
쪽 가서 60

210

dai dubede isinaha manggi. te ubaci muke tucimbi ubade fete sehe manggi.
리의 끝에 다다른 후 지금 이곳에서 물 나온다 여기에 파라 한 후

feteme tuwaci yala duranggi akū genggiyen muke bi mujakū tucime eyehe.
파서 보니 진실로 흐리지 않고 맑은 물 있다. 많이 나와서 흘렀다.
geren
모두

gemu elefi, han ambasa gemu ferguweme bisirede. lama hendume, te geren
다 충분하여 han 신하들 모두 놀라서 있음에 라마승 말하되 지금 모든
yadara joboro
가난한 고생하는

irgen i jirgara jalin, ulin nadan tucibuki. mini baitalara jaka be dagila
백성 의 편안히 살기 위해, 재화, 재산 내게 하자. 나의 소용되는 것 을 준비하라
sere jakade.
할 적에

lamai baitalara jaka be yoni dagilafi buhe. tereci lama geren niyalma be
라마승 필요한 것 들 모두 준비하여 주었다. 그로부터 라마승 여러 사람 을
gaifi,
데리고,

hoton i wargi derei aisin i ku, dergi derei menggun i ku be tucibufi geren
성 의 서 쪽의 금 의 창고, 동 쪽의 은 의 창고 를 풀어서 여러
irgen de
백성 에게

salame bufi, funcehengge be amba ku obuha. han ambula urgunjeme, lama de
나누어 주고 남은 것 을 큰 창고 두었다. han 많이 기뻐하고 라마승 에게
nadan boobai
일곱 보배로

211

yangselame boo arafi buhe. lama emu inenggi imbe tuhebuhe hūcin be
꾸며 집 지어 주었다. 라마승 한 날 그를 떨어지게 한 우물 을
tuwaname
보러 가서

emhun geneci. lama be hūcin de maktaha ehe mujilengge hūlha, lama be acafi
홀로 가는데 라마승 을 우물 에 던진 나쁜 마음의 도적 라마승 을 만나서
hendume,
말하되

giohoto lama sini eihen be gaisu seme buhe manggi. lama hendume, si neneme
거지 라마승 너의 나귀 를 가져라 하며 준 후 라마승 말하되 너 전에
mini
나의

fusihūn i fonde gidašaha te tuttu ume ojoro, eihen be si kemuni gaisu sefi,
비천한 의 때에 무시하였다. 지금 그렇게 하지 말라, 나귀 를 너 여전히 가져라 하고

geli sunja yan aisin buhe. tere niyalma hendume, si adarame uttu wesihun oho.
또 5 냥 은 주었다. 그 사람 말하되 너 어찌 이렇게 귀하게 되었느냐.

lama da turgun be yoni[107] alaha manggi. tere niyalma hendume, mini hūcin de
라마승 자초지종 을 모두 말한 후 그 사람 말하되 나의 우물 에
maktaha
던진

ehelinggu lama bucehekū muduri han i gisun be donjifi uttu bayan wesihun
어리석은 라마승 죽지 않고 용 han 의 말 을 듣고 이렇게 부유하고 귀하게
oho bade.
된 바에

212

bi geli wesihun ombi dere seme hendufi. tereci hūcin de fekume tuhere jakade,
나 또 귀하게 되리라 하고 말하고 그로부터 우물 에 뛰어서 떨어질 적에

giranggi meijefi bucehe sere jakade. elhe yabunggfa han sanggū sehe manggi. enduri
뼈 부러져서 죽었다. 할 적에 elhe yabunggfa han 잘되었다. 한 후 신
ukcafi
풀고

genehe.
갔다.

● jiruhe[108] i julen orin emuci julen
jiruhe 의 이야기 스물 한번째 이야기

107 yoni : 'yooni'로도 쓰인다.
108 jiruhe : 몽골어 'jiruke-n(심장)'을 의미한다.

tereci geli nenehe songkoi genefi, enduri be unufi jiderede. enduri julen alame
그로부터 또 전 대로 가서 신 을 업고 옴에 신 이야기 말하되
emu birai
한 강의

angga de elike, bure, jiruhe[109] gebungge ahūn deo ilan niyalma bihebi. damu emu
입구 에 elike, bure, jiruhe 이름의 형 제 세 사람이 있었다. 오직 한
boro honin dabala,
갈색 양 뿐

gūwa ulha akū. tere honin inenggi dari deberen banjimbi. tere deberen be jeme
다른 가축 없다. 그 양 매일 새끼 낳는다. 그 새끼 를 먹으며
banjimbihebi.
살았다.

213

emu inenggi jiruhe hendume, erei deberen be tuwakiyame banjire anggala. beyebe
한 날 jiruhe 말하되 이의 새끼 를 지키며 살기 보다 몸을
wame jefi jugūn
죽여 먹어서 길

jugūn i fakcaki sefi, uthai wafi jeke. birai angga de fayanggai moo be emte
길 로 헤어지자 하고 바로 죽여서 먹었다. 강의 입구 에 영혼의 나무 를 하나씩
umbufi, fakcafi
묻고서 헤어져서

genehe. tereci elike genehei emu ulga be tuwakiyaha mafa be acaha. mafa
갔다. 그로부터 elike 가고서 한 동물 을 지키던 노인 을 만났다. 노인

hendume, mini boo tere saburengge inu. ere ulga be sinde afabumbi. siteburakū,
말하되 나의 집 거기 보이는 것 이다. 이 가축 을 너에게 맡긴다. 소변보게 하지 말고

109 elike, bure, jiruhe : 몽공어에서 차용한 것으로 'elike'는 'eligen(간)', 'bure'는 'bögere(신장)', 'jiruhe'는 'jiruke-n(심장)'을 의미한다.

fajaburakū
대변보게 하지 말고

šun tuhere onggolo gajime isinju seme hendufi genehe. tereci elike sitebufi
해 떨어지기 전 데리고 도착해라 하며 말하고 갔다. 그로부터 elike 소변보게 하고
fajabufi,
대변보게 하고

šun tuheke manggi isinjiha. mafa ini gisun be jurcehe seme jili banjiha. emu
해 떨어진 뒤 도착했다. 노인은 그의 말 을 어겼다 하여 화 냈다. 한
irgen[110] honin
거세한 양

wa sehe manggi. irgen honin amcaburakū ofi, elike emu deberen jafafi waha.
죽여라 한 후 거세한 양 쫓게 하지 않아서 elike 한 새끼 잡아서 죽였다.
bujure sidende
끓을 사이에

214

buksu be indahūn jeke. te ulhai jakade dedu sefi, ulhai jakade dedubuhe. tere
엉덩이 를 개 먹었다. 지금 가축의 옆에 자라 하고 곧 옆에 자게 했다. 그

dobori mafa suhe be jafame genefi, elikebe suheleme waha. bure geli tere
밤 노인 도끼 를 잡고 가서 elike를 도끼로 쪼개어 죽였다. bure 또 그
gese genefi,
처럼 가서

ineku mafa de wabuha. tereci jiruhe amasi jifi umbuha moo be tuwaci.
같은 노인 에게 죽음을 당했다. 그로부터 jiruhe 되돌아 와서 묻은 나무 를 보니
juwe ahūn i
두 형 의

110 irgen : 'irge'와 같다.

moo olgoho be sabufi. ineku tere mafa be baime genefi acaha. mafa ulga be
나무 말라있음 을 알고 같은 그 노인 을 찾아 가서 만났다. 노인 가축 을
afabufi,
맡기고서

nenehe songkoi hendufi genehe. jiruhe ini selei šolon jafafi, geren ulgai fajuhū
전 대로 말하고서 갔다. jiruhe 그의 철의 꼬챙이 잡고서 여러 가축의 항문
be emte
을 각각

geli tokofi, šun tuhere onggolo isinjiha. mafa kenehunjeme, tere yamji honin wa
또 막고서 해 떨어지기 전 도착했다. 노인 의심하며 그 저녁 양 죽여라
sere jakade.
할 적에

jiruhe honin jafame geneci, honin burlame amcaburakū ofi, jiruhe selei mukšan i
jiruhe 양 잡아서 가니 양 달아나며 쫓지 못하게 되어 jiruhe 쇠의 곤장 으로
honin i bethe be
양 의 다리 를

215

mokso forifi waha. kenggeri be efulefi mucen de sindara sindende[111], buksu
양단으로 잘라서 죽였다. 앞가슴 을 해체해서 솥 에 넣을 사이에 엉덩이
be indahūn
를 개

durire jakade. jiruhe indahūn i uju be faksa tantafi waha. tereci mafa, jiruhe
빼앗을 적에 jiruhe 개 의 머리 를 미친듯이 쳐서 죽였다. 그로부터 노인 jiruhe
be ulgai
를 가축의

111 sindende : 'sidende'와 같다.

jakade dedubuhe manggi. jiruhe majige dedufi, ini etuku dolo moo hūsime sindafi,
옆에 자게 한 후 jiruhe 조금 자고 그의 옷 안에 나무 싸서 두고
ini beye
그의 자신

ukame deduhe. mafa suhe be lekeme jifi, jiruhe si te dedu seme moo be suhelefi,
피해서 잤다. 노인 도끼 를 갈고 와서 jiruhe 너 지금 자라 하고 나무 를 쪼개서
ekcin de
강언덕 에서

aname tuhebufi, urgunjeme ini boode genehe. jai cimari jiruhe jifi tuwa dabume
밀어 떨어뜨리고 기뻐하며 그의 집에 갔다. 이튿날 jiruhe 와서 불 붙이며
tehe manggi.
앉은 후

mafa genefi ferguweme hendume, simbe waha kai si adarame jihe. jiruhe hendume,
노인 가서 이상해하며 말하되 너를 죽였느니라. 너 어떻게 왔냐? jiruhe 말하되
mimbe ilmun
나를 염라대왕

han, sui akū niyalma be ainu waha seme sindafi unggihe sehe manggi. mafa mujilen
죄 없는 사람 을 어찌 죽였냐 하며 놓아 보냈다. 한 후 노인 마음
jobome
괴로워

216

bisirede. mafai jui siteki sembi. mafa jiruhe be hūlafi, ere jui be sitebu
있음에 노인의 아들 소변보고자 한다. 노인 jiruhe 를 불러서 이 아이 를 소변보게 하라
sere jakade
할 적에

jiruhe jui be tukiyeme gamafi suksaha be fatame songgobufi, jui songgome
jiruhe 아이 를 업고 데려가서 넓적다리 를 꼬집으며 울게 해서 아이 울며

siterakū
소변보지 않게

sehe manggi. mafa hendume hefeli be secefi waliya[112] sere jakade. jiruhe jui
한 후 노인 말하되 배 를 주물러 버려라 할 적에 jiruhe 아이
hefeli be
배 를

secefi booi ninggude maktafi jihe. mafa jui aba sehe manggi. jiruhe hendume,
갈라서 집의 위에 던지고 왔다. 노인 아이 어디있냐 한 후 jiruhe 말하되
si teike
너 방금

hefeli be secefi waliya sere jakade. bi secefi waliyaha sehe manggi. mafa gasame
배 를 갈라서 던지라 할 적에 나 갈라서 던졌다 한 후 노인 원망하며
hendume,
말하되

jiruhe si genefi šan[113] deri na fetefi jio sere jakade. jiruhe genefi šan i gese na
jiruhe 너 가서 가래삽 으로 땅 파고 와라 할 적에 jiruhe 가서 귀 의 처럼 땅
fetefi
파서

jihe. mafa fonjime si na feteheo. jiruhe fetehe sehe. tereci jui giran be gamame
왔다. 노인 묻되 너 땅 팠냐? jiruhe 팠다 했다. 그로부터 아이 시체 를 가지고
genefi,
가서

---

112 secefi waliya : 『청문총휘(淸文總彙)』에 'secembi'는 'secimbi'와 같다고 되어 있으나, 문맥상으로 맞지 않는다. 지용하이(李英海) 교수는 『尸語故事』(2002)에서 'secembi'를 문맥상의 의미로서 '주무르다'는 뜻으로 보고 있으며, 'waliyambi'는 '몸안의 것을 밖으로 배축하다(버리다)'는 뜻으로 보고 있다. 여기에서는 이를 따랐다.

113 šan : 'šan'은 '귀'라는 뜻과 함께 '가래삽'이라는 뜻도 있다.

217

jiruhe sini fetehe na aba serede. jiruhe šan i gese fetehe babe jorifi buhe.
jiruhe 네 판 땅 어디있냐? 함에 jiruhe 귀 의 같은 판 곳을 가리켜 주었다

mafa hendume, simbe šan deri fete seme henduhe akūn. si te genefi coo
노인이 말하되 너를 가래삽 으로 파라 하고 말하지 않았느냐? 너 지금 가서 삽
gajime jio
갖고 오라

seme takūraha. jiruhe genefi amasi jifi holtome hendume, sini sargan, bucehe jui
하고 보냈다. jiruhe 가서 되돌아 와서 속여 말하되 너의 아내 죽은 아들
sasa
함께

buceki sembio, waliyafi jio sembi. mafa hendume, si genefi coo jafafi, terei uju[114]
죽고자 하느냐 버리고 오라 한다. 노인 말하되 너 가서 삽 잡고서 그의 母珠
be
를

hūwalafi coo gajime jio. jiruhe genefi, hehei uju be hūwalame wafi coo gaifi
쪼개고 삽 갖고 오라. jiruhe 가서 여자의 머리 를 쪼개 죽이고 삽 가지고
jihe.
왔다.

mafa na fetefi jui giran be umbufi, boode jici sargan bucehebi. jiruhe de fonjime,
노인 땅 파서 아들 시체 를 묻고 집에 오니 아내 죽었다. jiruhe 에게 묻되
ere
이

hehe ainaha. jiruhe hendume, si teike uju hūwalame wa sere jakade, bi
여자 어찌 된거냐? jiruhe 말하되 너 방금 머리 쪼개서 죽여라 할 적에 나
waha sehe manggi.
죽였다 한 후

114 uju : 'uju'는 '머리'라는 뜻과 염주의 '모주(母珠)'라는 뜻도 함께 가지고 있다. 여기서는 '모주'로 보았다.

218

mafa mujilen jobome, jiruhe ulga tuwakiyame gene seme unggifi, genehe amala mafa
노인 마음 괴로워 jiruhe 가축 지키러 가라 하고 보내서 간 뒤 노인
gūnime, ere
생각하되 이

mini jui, mama be waha. te mimbe geli wambi, burlame geneki seme gūnifi,
나의 아들 아내 를 죽었다. 지금 나를 또 죽인다 도망쳐 가자 하고 생각하고
emu sukūi fulhū de
한 가죽의 자루 에

kūru nimenggi jalu tebufi, jiruhe jidere de fulhū be somifi sindaha. ulga be
치즈 기름 가득 담아서 jiruhe 옴 에 자루 를 숨겨서 두었다. 가축 을

fonjirakū bisirede. jiruhe gūnime, ere mafa minde kenehunjembi aise seme, mafa
묻지 않고 있음에 jiruhe 생각하되 이 노인 나를 의심하느니라 하고 노인
be tucike
을 나간

amala seoleme tuwaci, emu fulhū kūru nimenggi bahafi. jiruhe gūnime, ere mafa
후 생각하며 보니 한 자루 치즈 기름 발견하고서 jiruhe 생각하되 이 노인
ere be kunusun[115]
이 를 식량

arafi burlame geneki sembi. tere yamji kūru nimenggi be doolafi, ini beye fulhū
만들어서 도망하여 가자 한다. 이 밤 치즈 기름 을 붓고 그의 자신 자루
de
에

dosifi deduhe. mafa tere dobori fulhū be unufi burlame[116] genefi, emu mudun dabaha
들어가 누웠다. 노인 그 밤 자루 를 지고 도망쳐 가서 한 다리 넘은
manggi.
후

115 kunusun : 'kunesun'으로도 쓰인다.
116 burlame : 'burulame'로도 쓰인다.

219

mafa hendume, jiruhe si te hokoho sere jakade. hokoci hokombi dere seme jilgan
노인 말하되 jiruhe 너 지금 떠났다 할 적에 떠나려면 떠나거라 하고 소리

donjimbi. mafa gūnime boo hanci ofi donjimbi aise seme, geli emu dabahan dabaha
들린다. 노인 생각하되 집 가까이 되서 들리느니라. 하고 또 한 고개 넘은
manggi.
후

te jiruhe ci hokoho serede. geli hokoci hokombi dere seme jilgan donjimbi.
이제 jiruhe 에서 떠났다 함에 또 떠나려면 떠나라 하고 소리 들린다.
mafa
노인

ere mini šan de singgehebi aise seme juwe šan be faitafi geneme, geli emu dabahan
이 나의 귀 에 침투했느니라 하고 두 귀 를 자르고서 가고 또 한 고개
dabaha
넘은

manggi. ergeme tefi hendume, te jiruhe ci hokoho sere de. hokoci hokombi
후 쉬며 앉아서 말하되 이제 jiruhe 에서 떠났다 함 에 떠나려면 떠나라
dere seme donjimbi.
하고 들린다.

mafa oforo de singgeheo seme oforo be faitafi geneme, geli emu dabahan dabaha
노인 코 에 침투했는가 하고 코 를 자르고서 가고 또 한 고개 넘은
manggi. te
후 이제

jiruhe ci hokoho serede. jiruhe hokoci hokombi seme fulhū ci tucire jakade.
jiruhe 에서 떠났다 함에 jiruhe 떠나려면 떠나라 하며 자루 에서 나올 적에
mafa geleme
노인 두려워

220

burulahai, emu amba hoton i hanci isinaha manggi. tere hoton i ejen bayashūlang[117]
도망가니 한 큰 성 의 근처 도착한 후 그 성 의 주인 bayashūlang
gebungge
이름의

han i sargan jui eficeme tehe bade. oforo šan akū niyalma hishame genefi
han 의 딸 함께 놀며 앉은 곳에 코 귀 없는 사람 스쳐지나 가서
ulhū de
갈대 에

dosire be, sargan jui sabufi farame tuheke. tereci han mujilen jobome, daifu
들어오니 딸 보고서 혼절하며 쓰러졌다. 그로부터 han 마음 괴로워 의사
saman baime
무당 찾아

jugūn jugūn i niyalma takūraha. tere fonde jiruhe, mafa be dahame jifi, emu
길 길 로 사람 보냈다. 그 때에 jiruhe 노인 을 따라 와서 한
hadai dele
바위의 위에

tehe bici. juwe gaha doofi yali temšendume jetere de. emu gaha hendume
있었더니 두 까마귀 내려와서 고기 서로 다투며 먹음 에 한 까마귀 말하되
sain niyalma
좋은 사람

nimehe de, ere gese yali bahafi jembini. geli emu gaha hendume, wei nimere
아픔 에 이 같은 고기 얻어서 먹는다. 또 한 까마귀 말하되 누구의 아픔
de ere gese yali
에 이 같은 고기

baha seme fonjiha manggi. bayashūlang han i sargan jui, oforo šan akū
얻었느냐 하고 물은 후 bayashūlang han 의 딸 코 귀 없는

117 bayashūlang : 'bayasgulang'은 몽골어로 '기쁨, 만족'의 의미로 쓰인다.

niyalma de geleme
사람 에 두려워

221

faraka bi. tere be geren ulga wafi daifurambi, tubade baha sehe manggi. geli
기절했다. 그 를 여러 가축 죽여서 치료한다 거기에서 얻었다 한 후 또
emu
한

gaha fonjime, tere sargan jui be adarame daifuraha de sain ombi. geli emu gaha
까마귀 묻되 그 딸 을 어떻게 치료함 에 좋게 되느냐? 또 한 까마귀

hendume, si tere be aiseme fonjimbi, ere yali be ebitele jeki. tere emu gaha
말하되 너 그 를 왜 묻느냐 이 고기 를 부르도록 먹자 그 한 까마귀
geli
또

fonjime, muse juwe nofi gisun be we ulhimbi alacina sehe manggi. geli emu
묻되 우리 두 사람 말 을 누가 아느냐? 말하려무나. 한 후 또 한
gaha alame
까마귀 말하되

ere gese geleme faraka niyalma be, šanggiyan de fongsoho jafu be muke de
이 같이 두려워 기절한 사람 에게 연기 에 그을린 양탄자 를 물 에
usihibufi,
적셔

niyaman i tubabe foriha de wesihun jihe niyaman, fusihūn genefi sain ombi seme
심장 의 거기를 두들김 에 위로 갔던 심장 아래로 가서 좋게 된다. 하고
gisurere be,
말함 을

jiruhe donjifi bisirede. juwe niyalma duleme genere de, emu niyalma hendume,
jiruhe 듣고서 있음에 두 사람 지나 감 에 한 사람 말하되

ai oci ere
무엇이든지 이

222

niyalma de fonjiki seme fonjire jakade. jiruhe ai nimeku bi seme fonjiha manggi.
사람 에게 묻자 하고 물을 적에 jiruhe 무슨 병 있느냐 하고 물은 후
juwe niyalma
두 사람

tere turgun be yoni alaha. jiruhe hendume, tere gese nimeku be bi sambi seme
그 원인 을 전부 말했다. jiruhe 말하되 그 같은 병 을 나 안다 하고
han i jakade
han 의 곁에

jihe. han hendume, mini emu haji sargan jui bihe, si kiceme daifura. jiruhe
왔다. han 말하되 나의 한 사랑스런 딸 있다 너 힘써 고쳐라. jiruhe
hendume, han i
말하되 han 의

hese be dahame daifurame tuwaki, mutere muterakū be ainambahafi sara
지시 를 따라 치료해 보자 가능한지 가능하지 않은지 를 어찌하여 알겠냐?
seme genefi. fongsoho
하고 가서 그을린

jafu be usihibufi niyaman be forire jakade. sargan jui uthai sain oho. jiruhe
양탄자 를 적셔서 심장 을 두드릴 적에 딸 즉시 좋아 졌다. jiruhe
hendume,
말하되

ere gegei nimehengge, oforo šan akū hutu ulhū de dosire be sabufi
이 아가씨의 아픈 것 코 귀 없는 귀신 갈대 에 들어감 을 보고서
faraka bihebi.
혼절했다.

tere be kame tuwa sindame waki seme tuwa sindaha. tere mafa tuwa sindaha
그 를 둘러싸고 불 놓아 죽이자 하고 불 놓았다. 그 노인 불 놓음

be sarkū
을 모른다.

223

dolo gūnime, jiruhe fulhū ci tucire de, ere jafaha wehe be ainu fahahakū
속으로 생각하되 jiruhe 자루 에서 나옴 에 이 잡았던 돌 을 왜 던지지 않았느냐

seme
하고

gūnime deduhe bici tuwa isinjire jakade. mafa hafirabufi balai maktaha. maktaha
생각하고 누웠으나 불 다다를 적에 노인 당황해서 함부로 던졌다. 던진

wehe de
돌 에

jiruhei uju goifi bucehe sere jakade. elhe yabungga han hendume, mujakū bade
jiruhe의 머리 맞아서 죽었다 할 적에 elhe yabungga han 말하되 참혹한 곳에서

bucehe
죽었다.

sehe manggi. enduri ukcafi genehe sere.
한 후 신 풀고서 갔다 한다.

언두리[神]가 들려주는

끝나지 않는 이야기

원 문

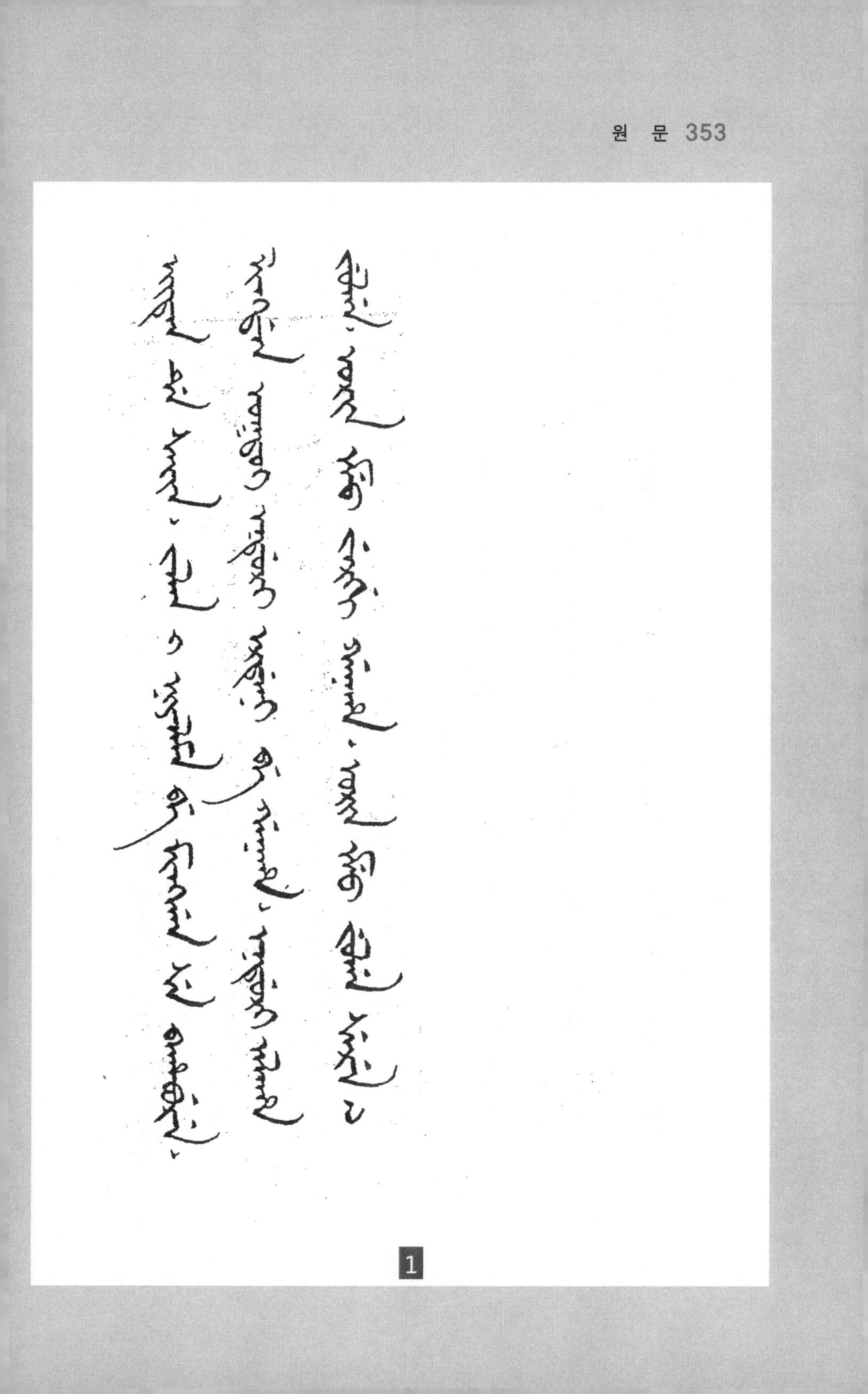

1

2

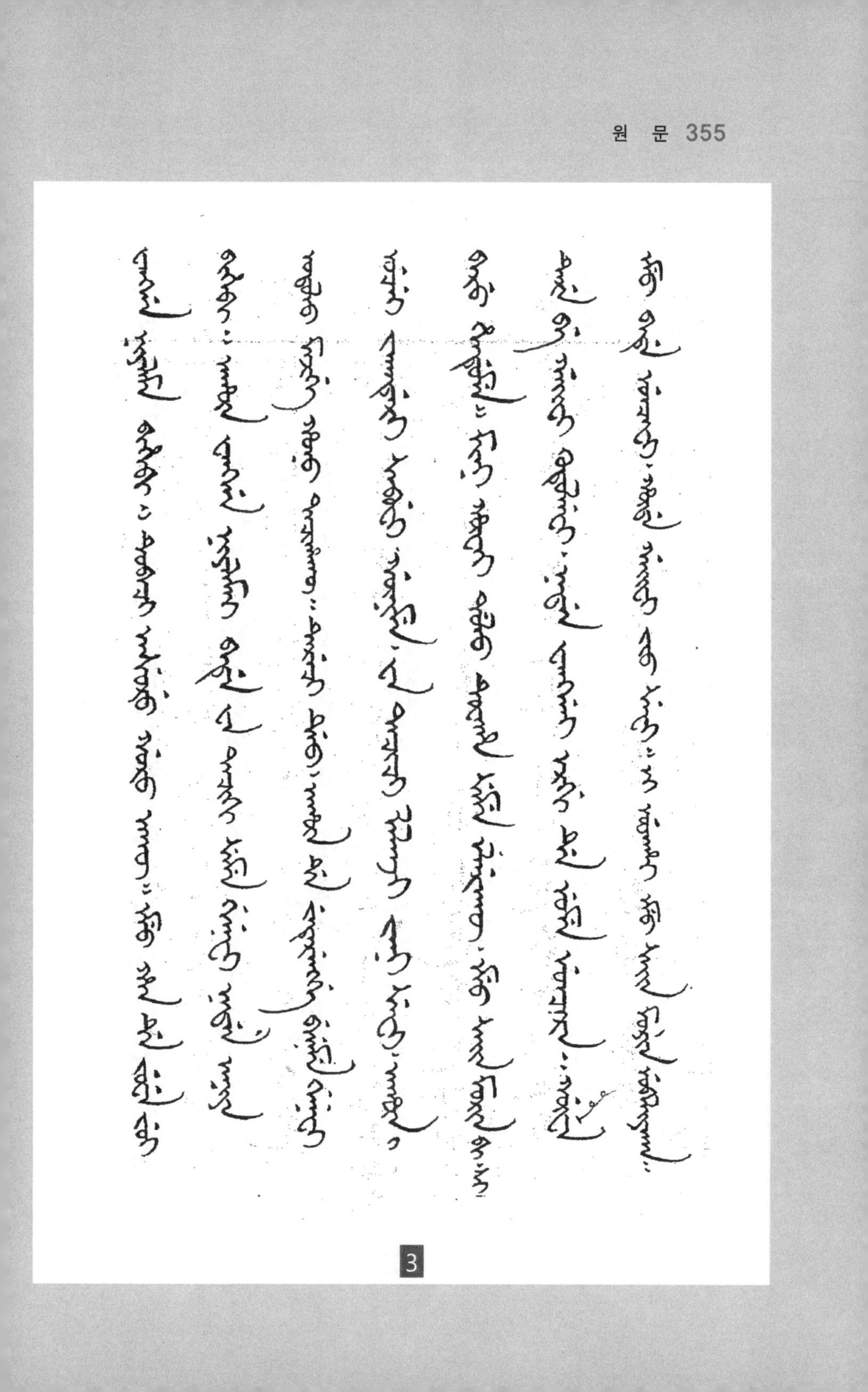

3

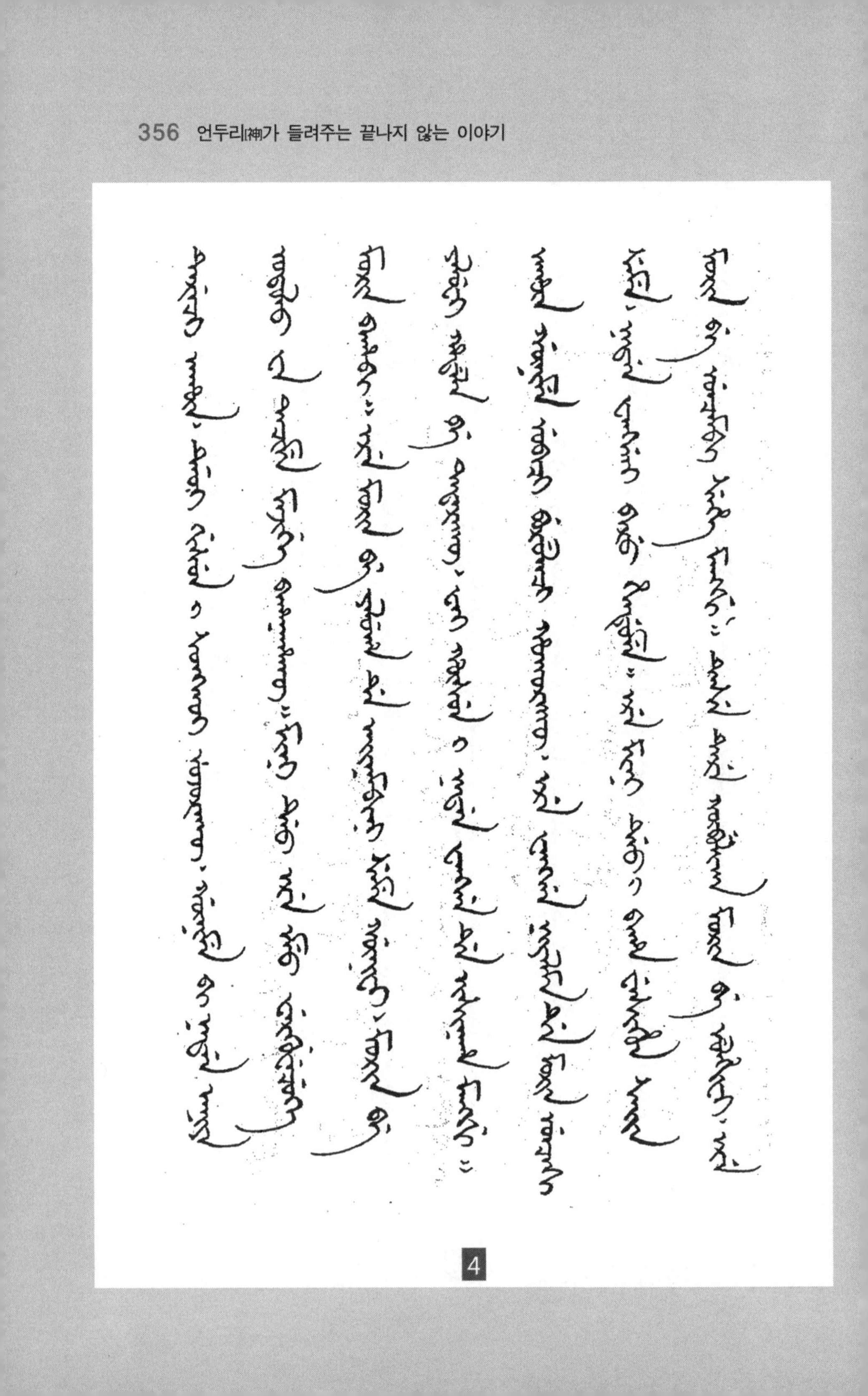

4

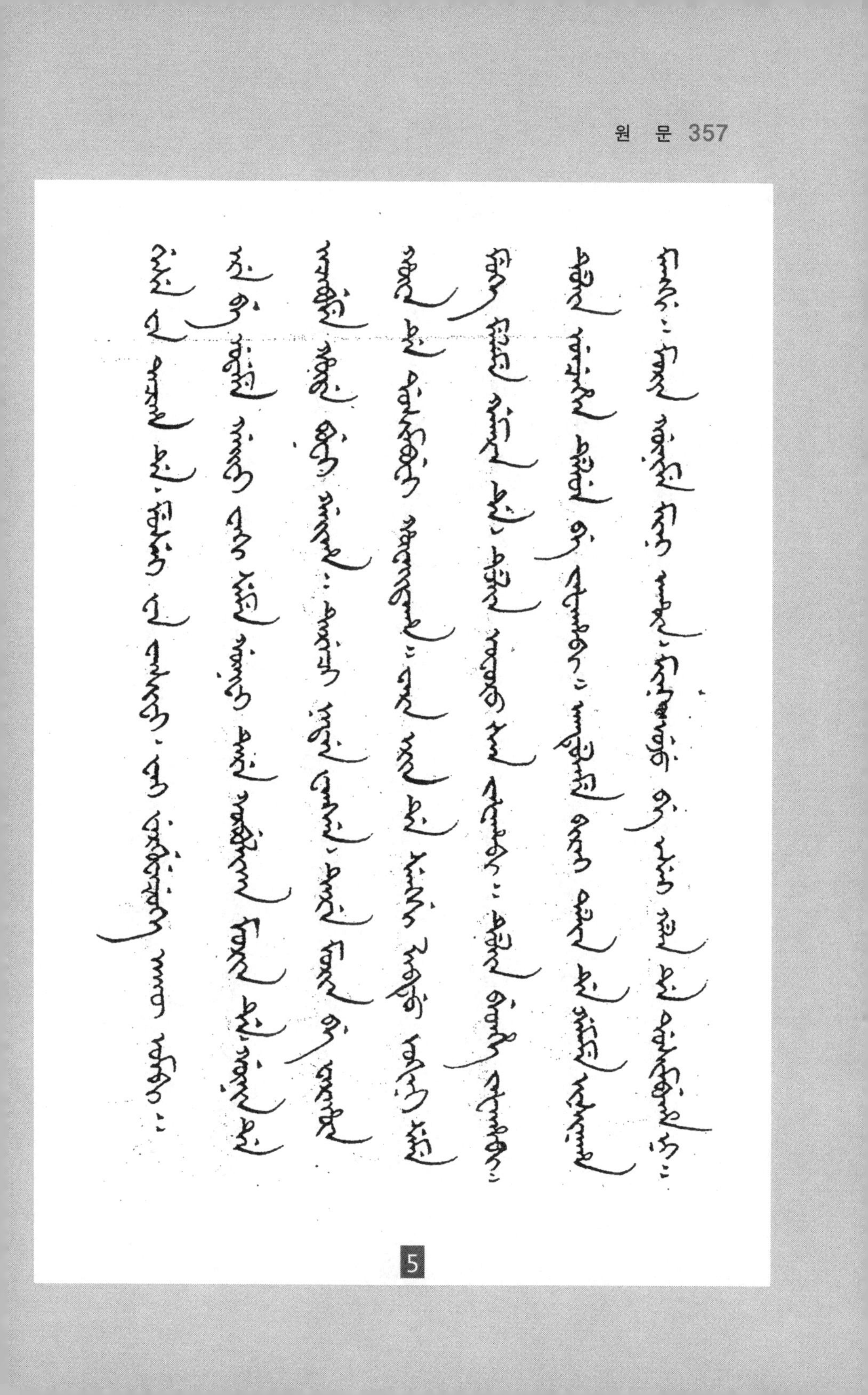

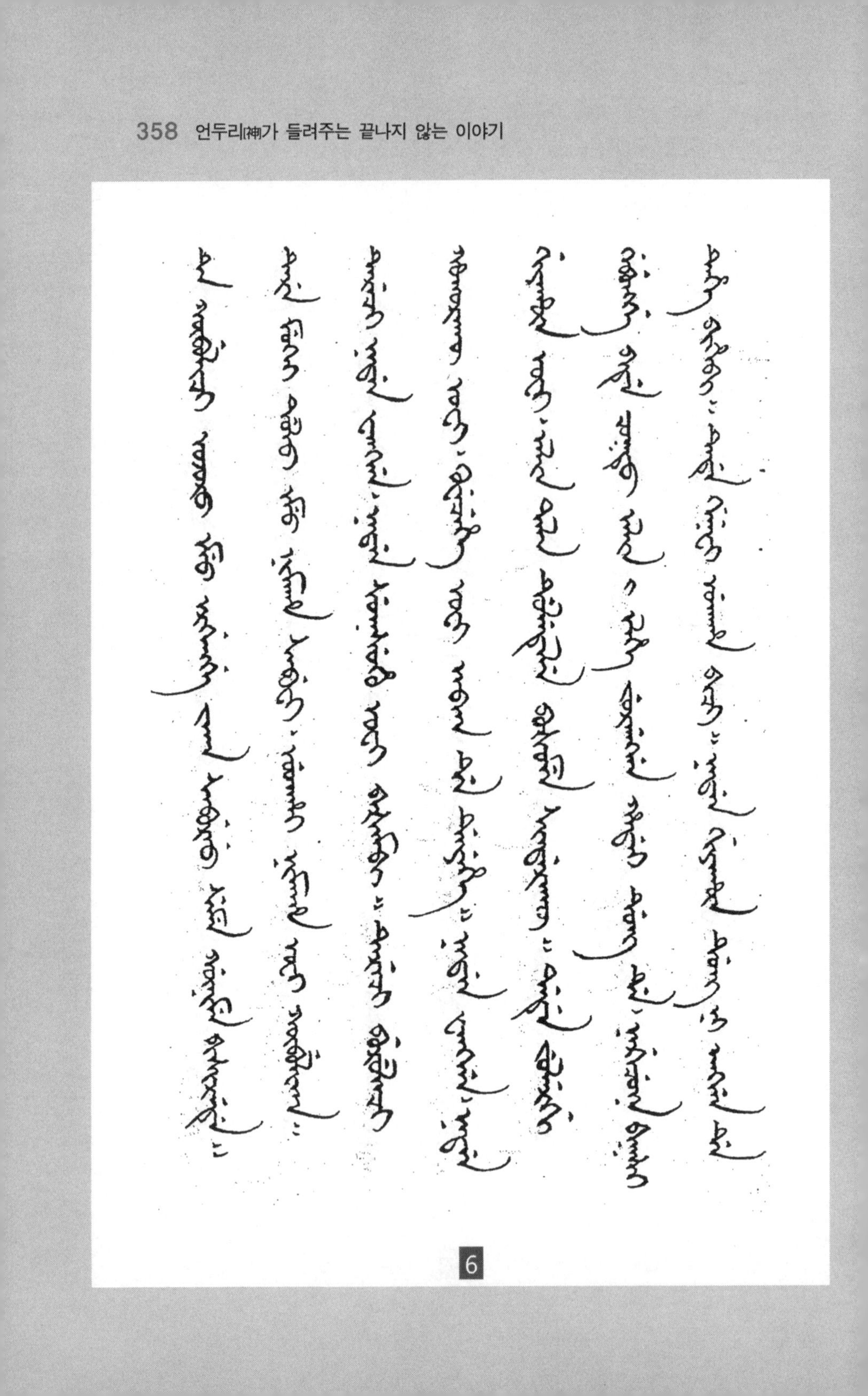

6

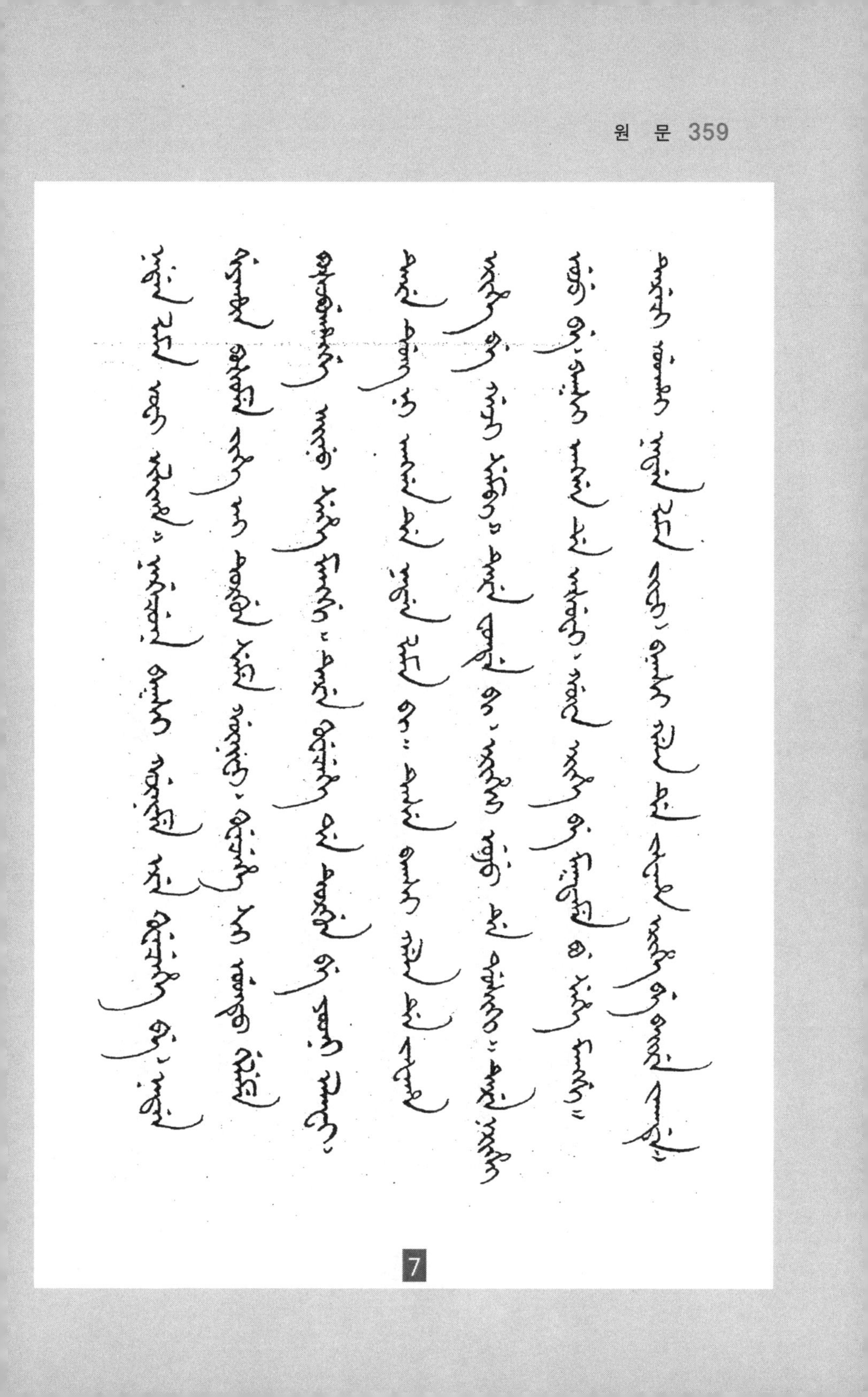

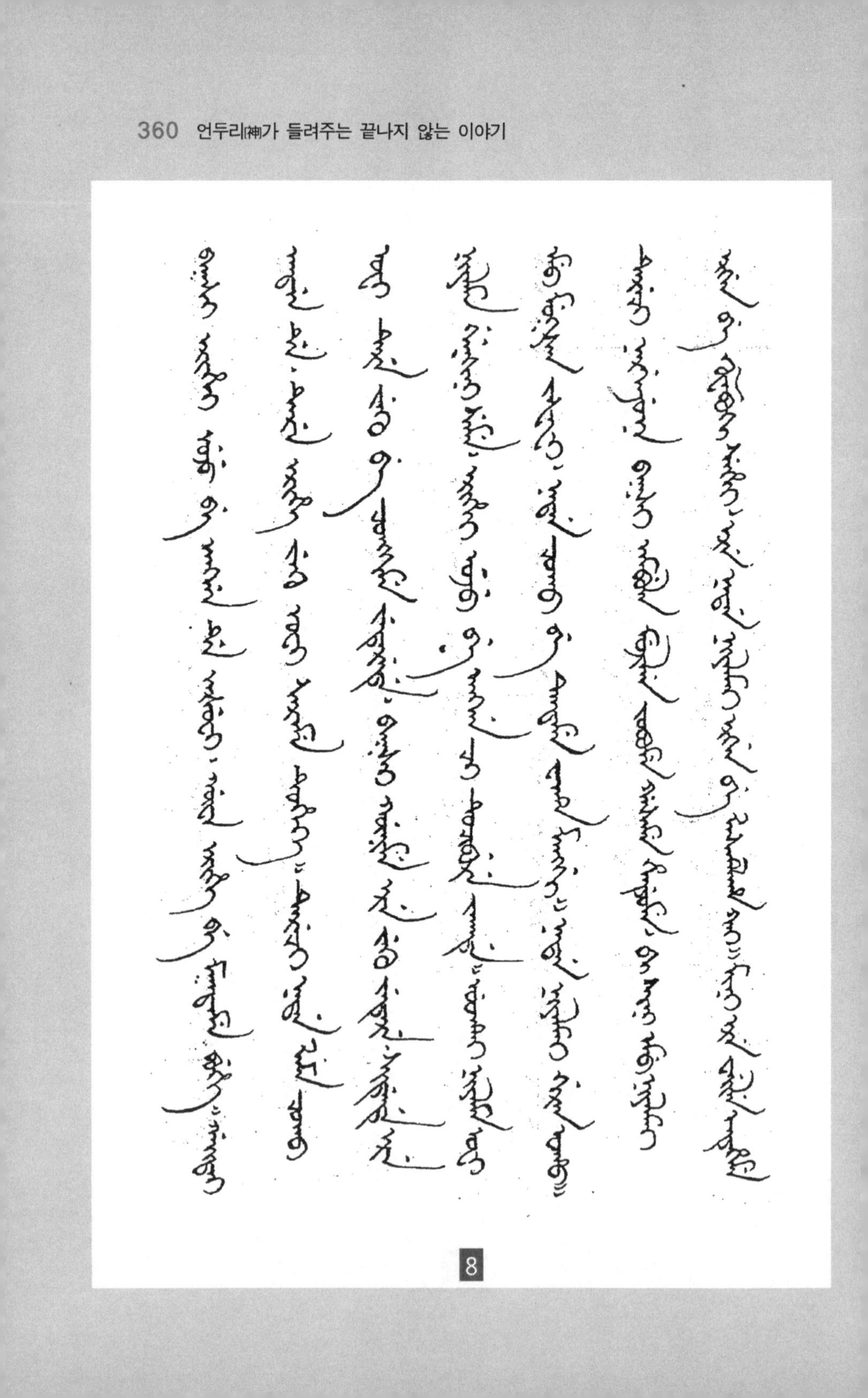

8

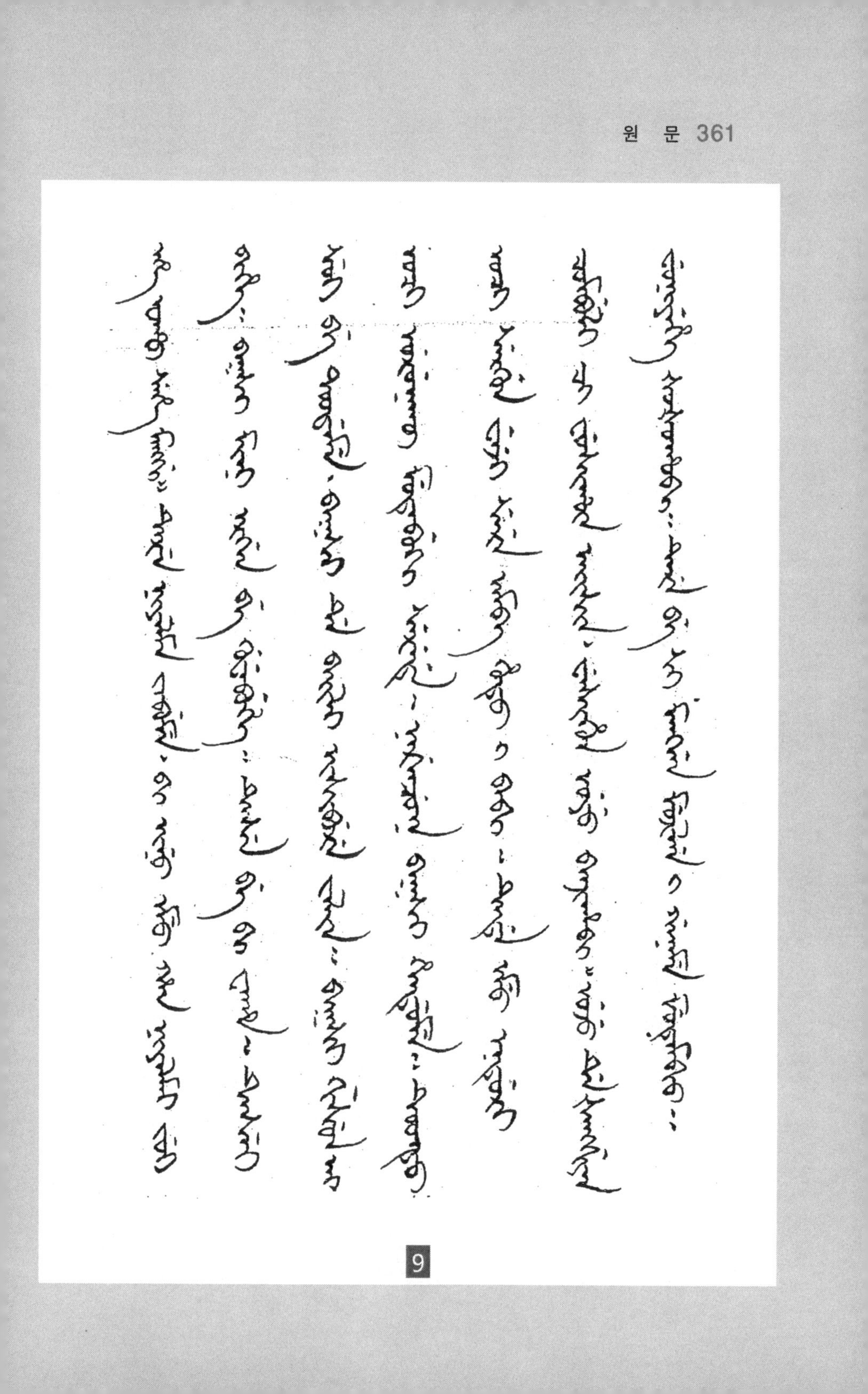

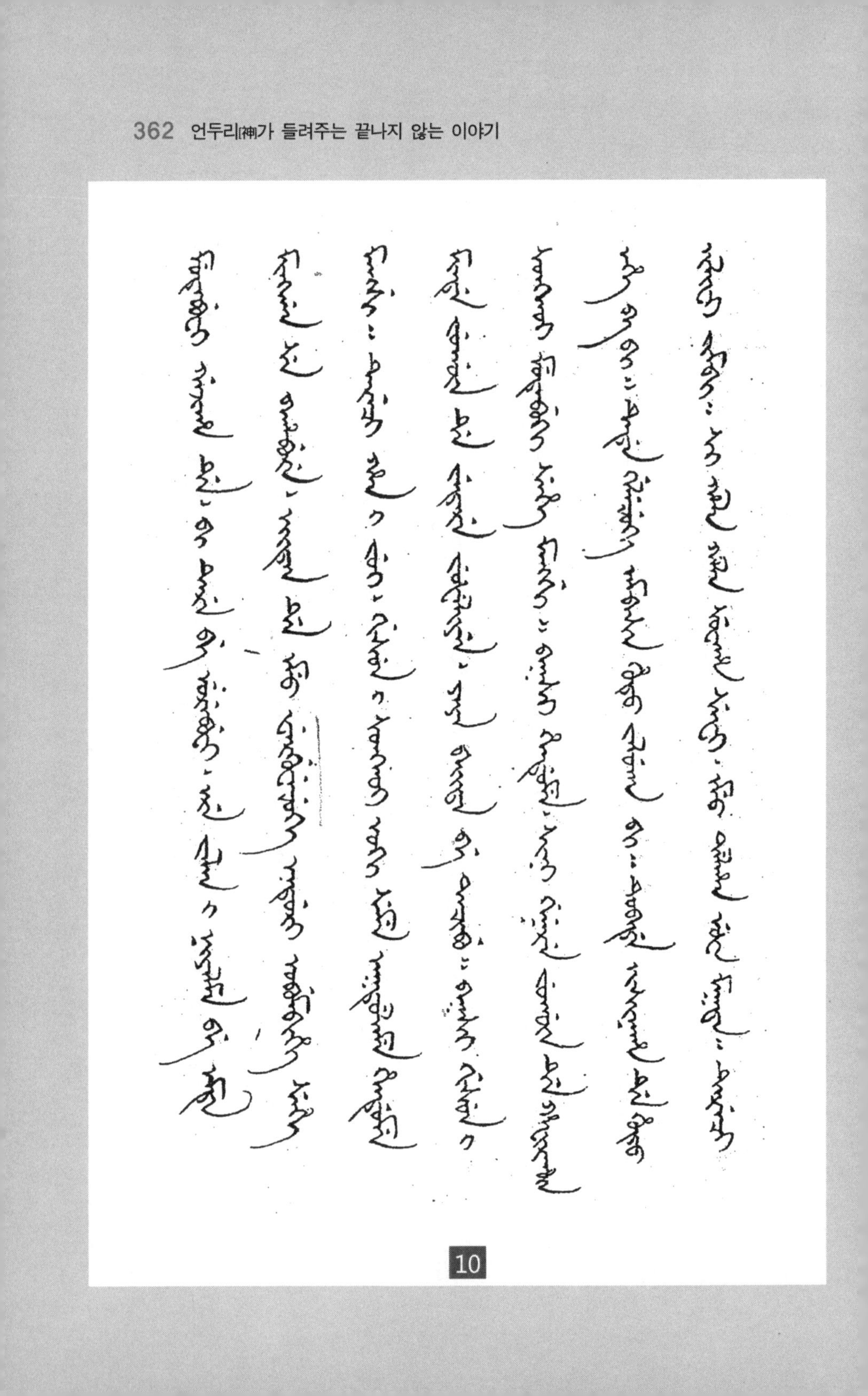

10

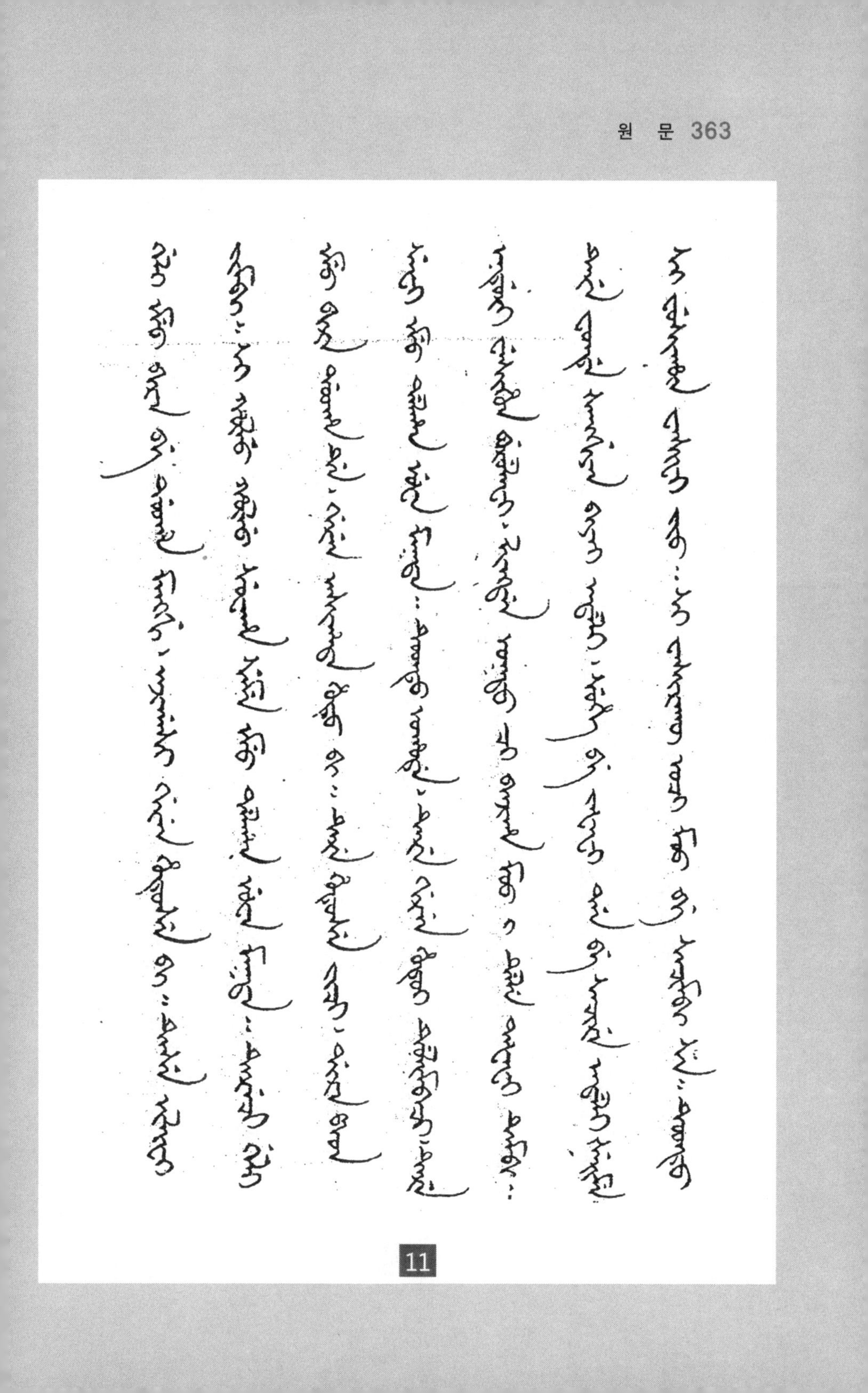

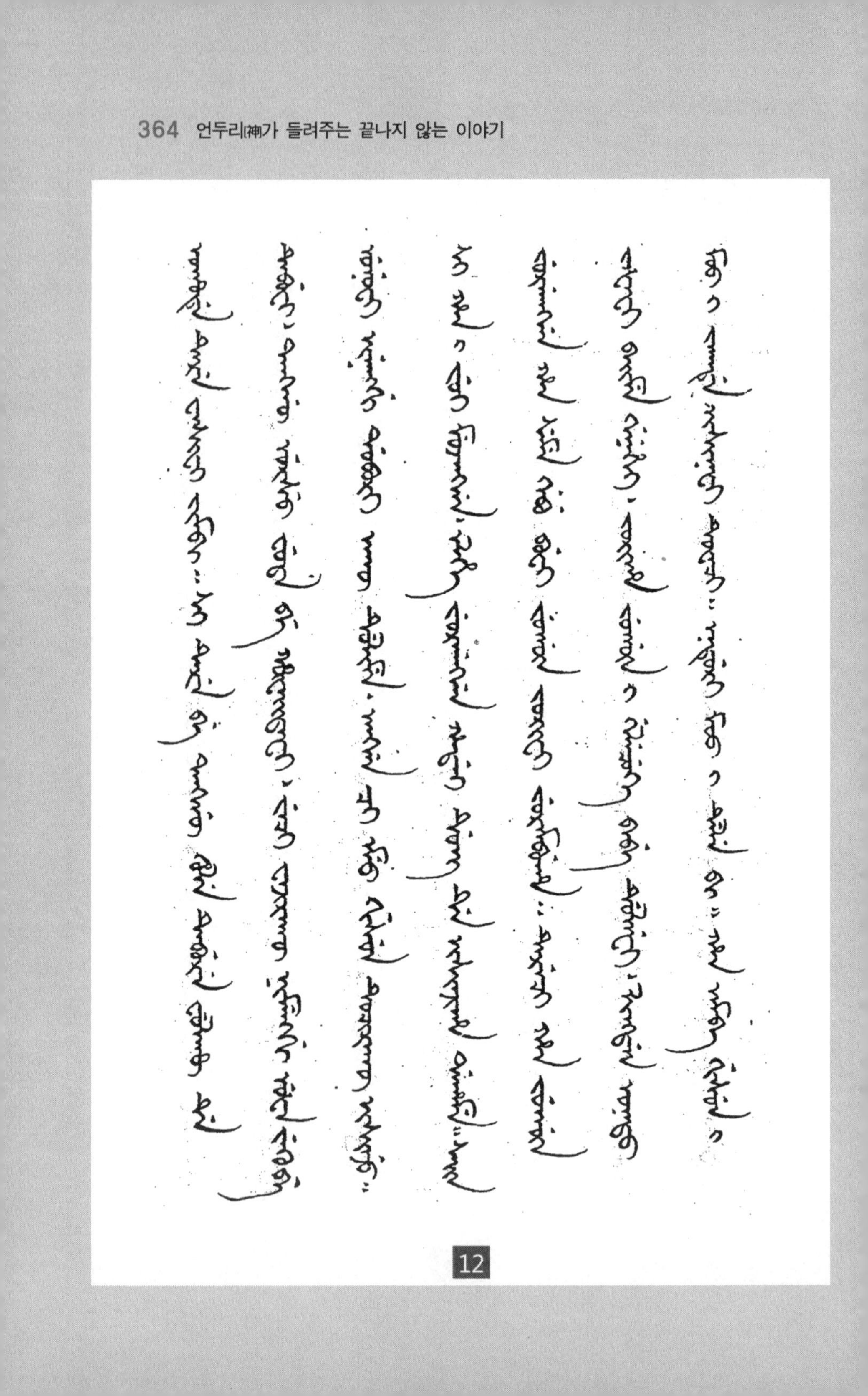

12

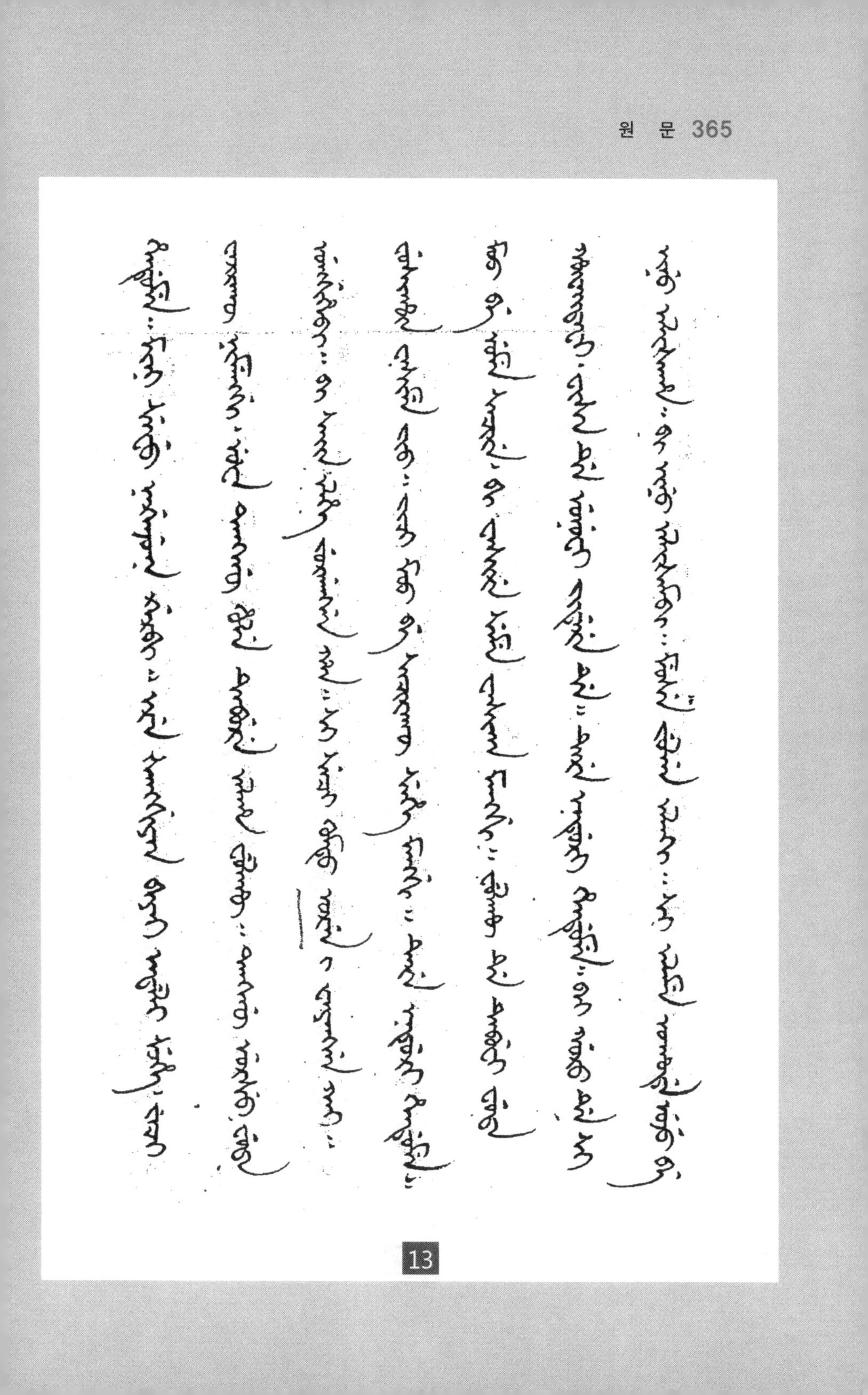

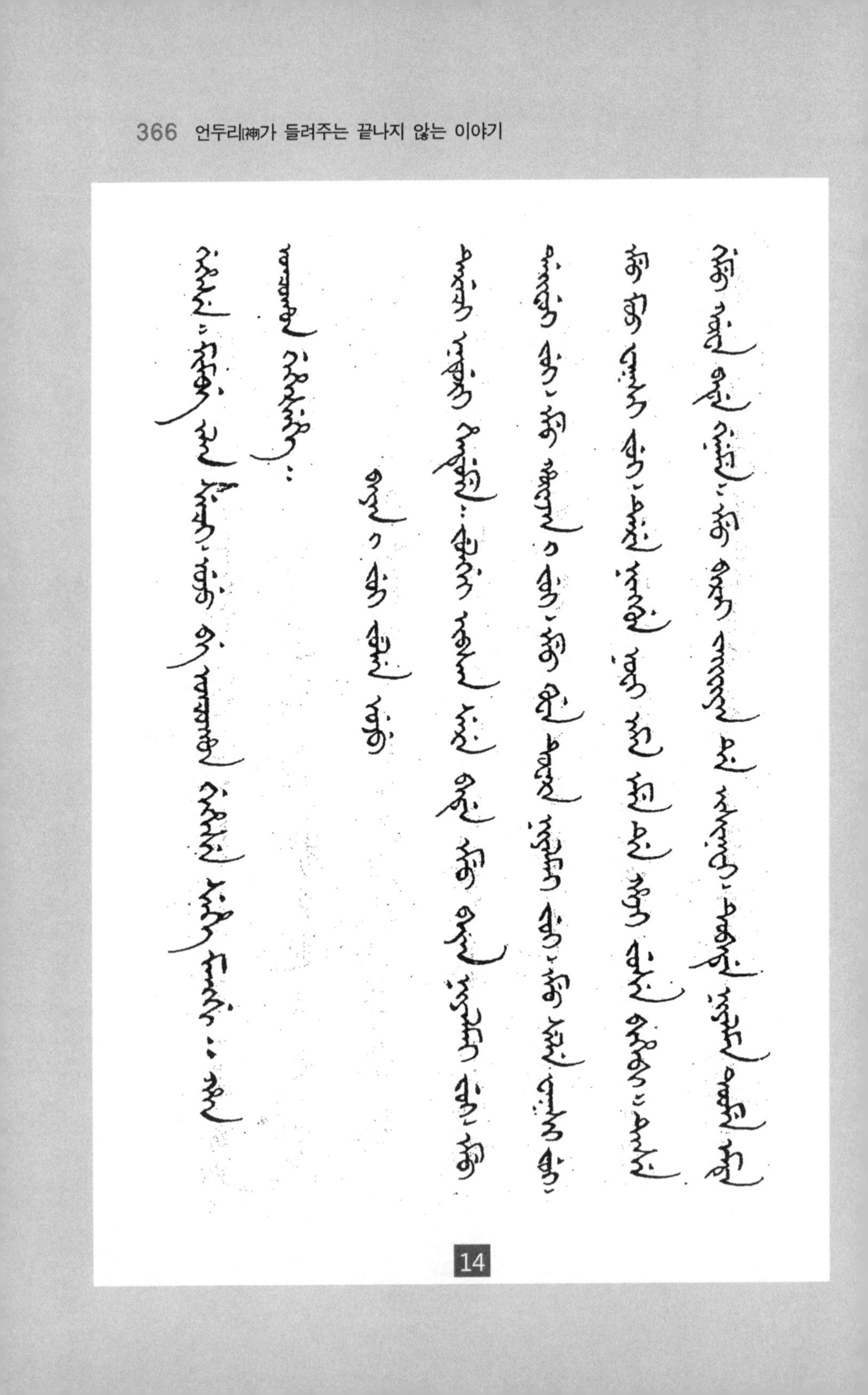

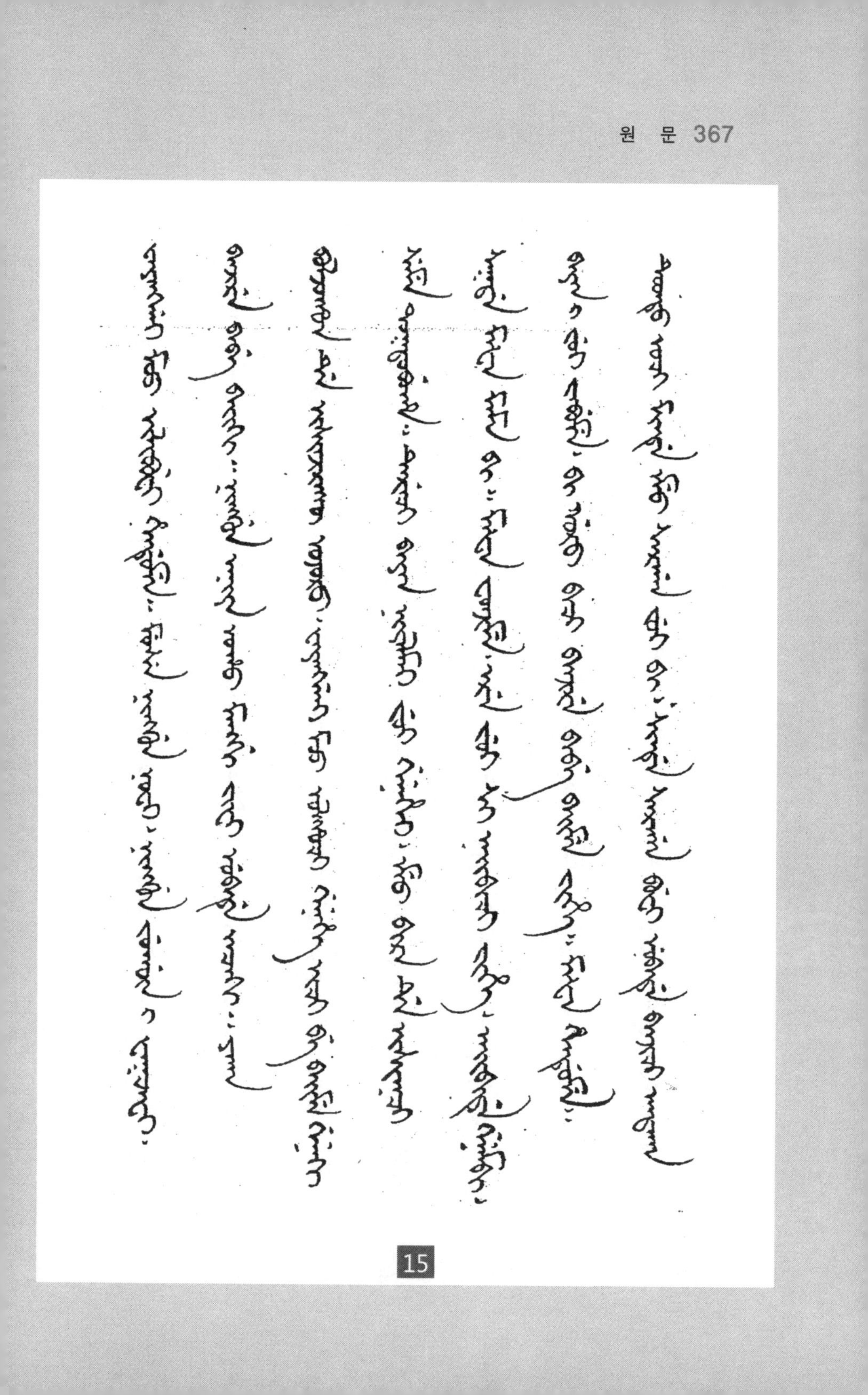

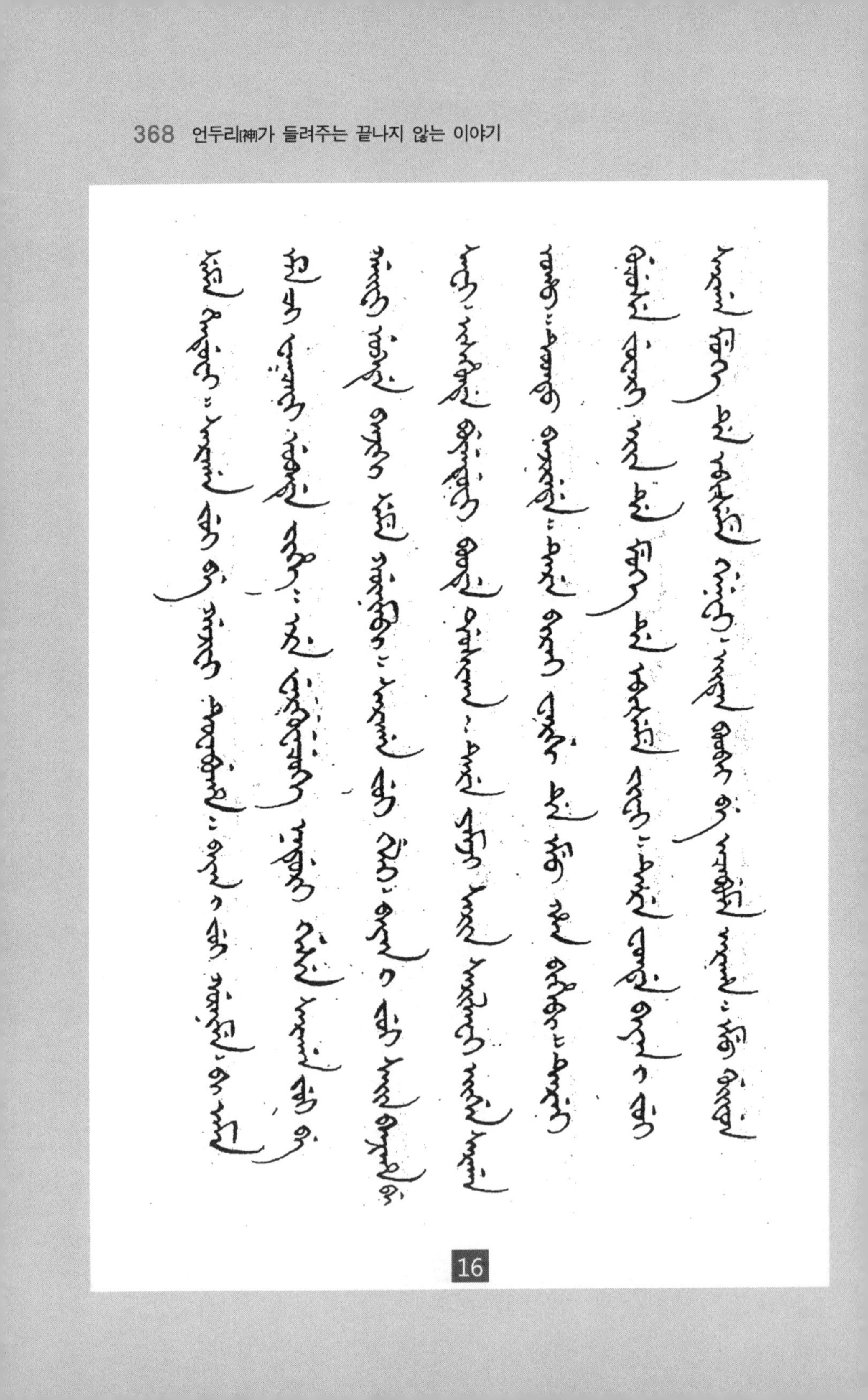

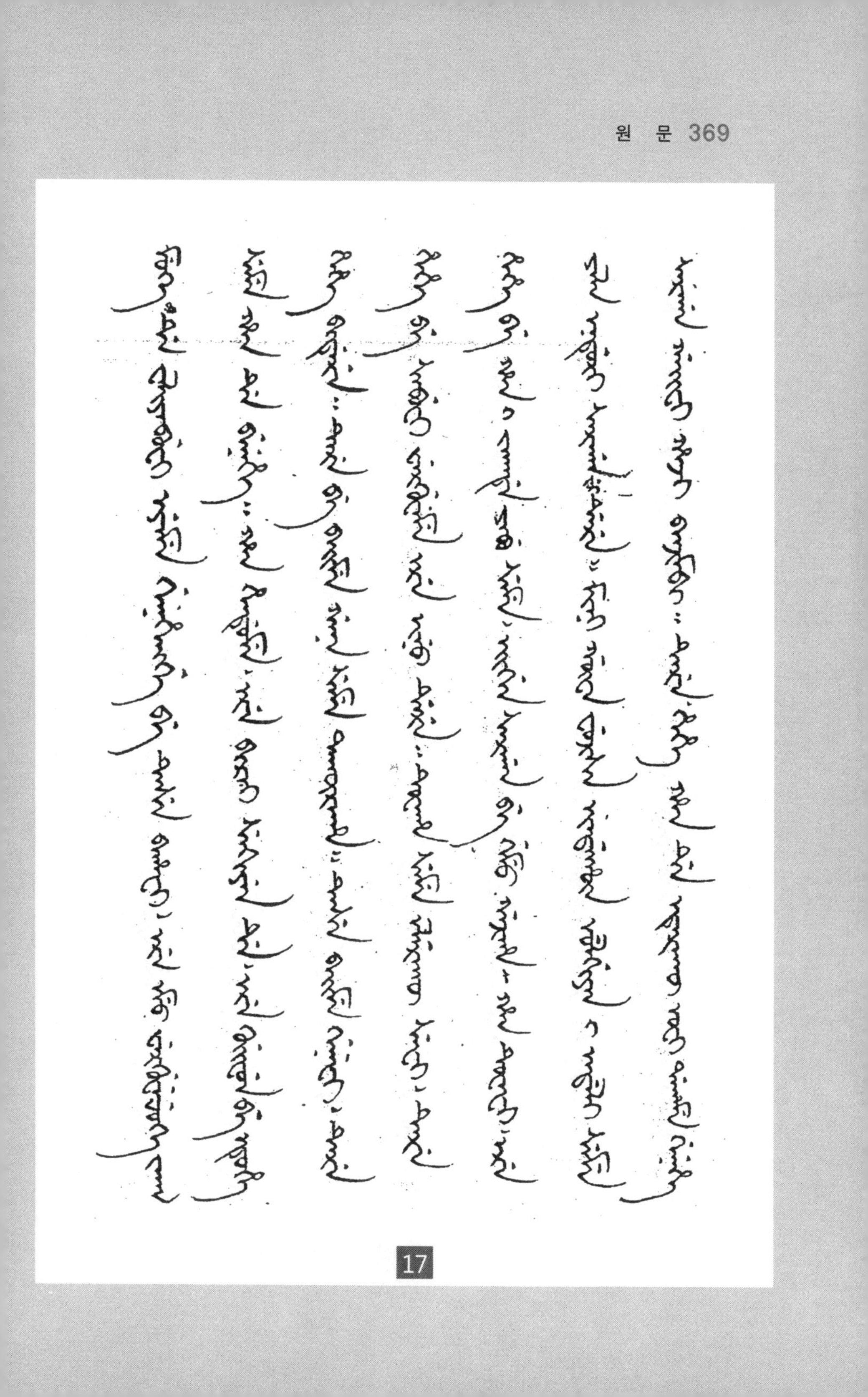

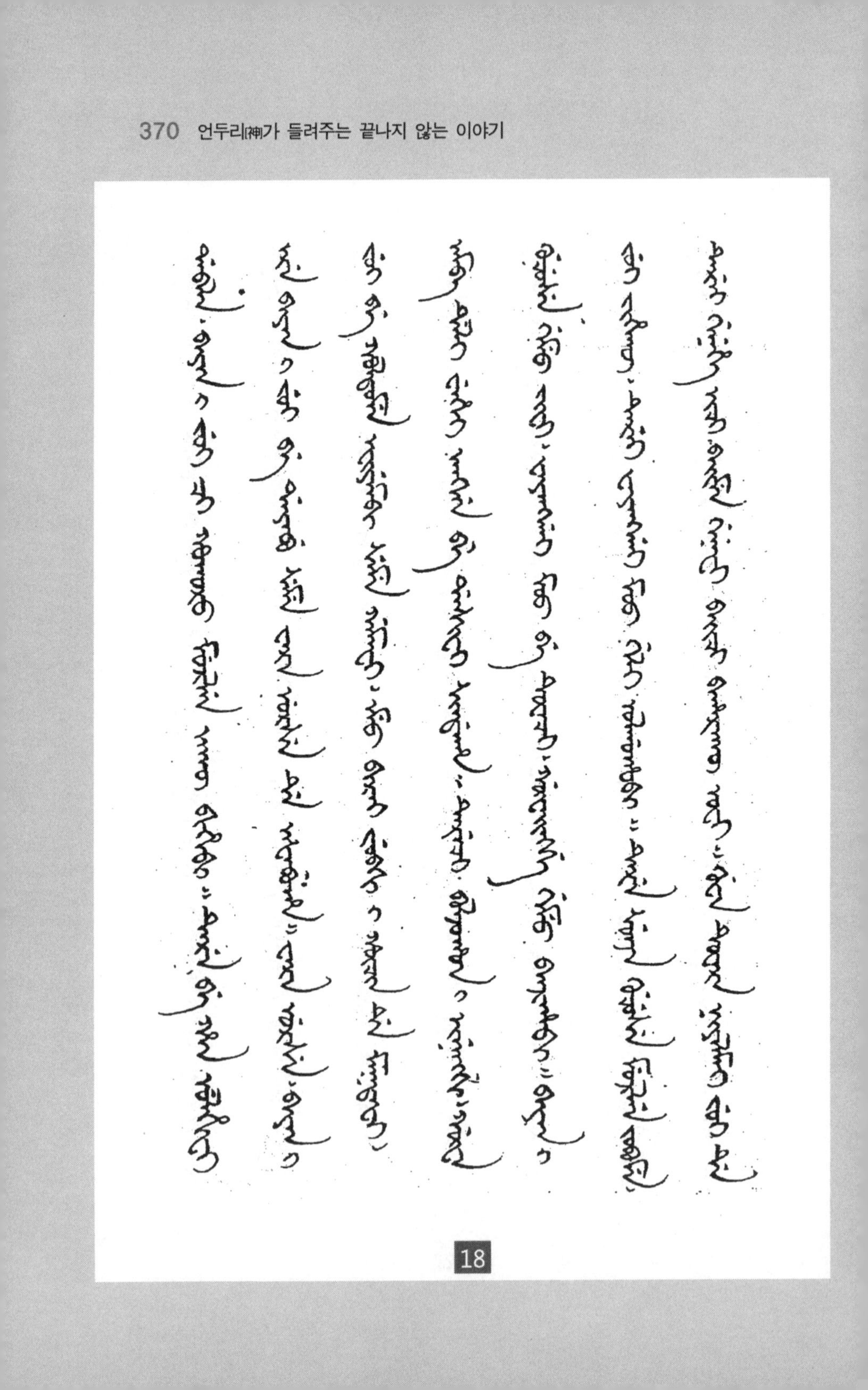

18

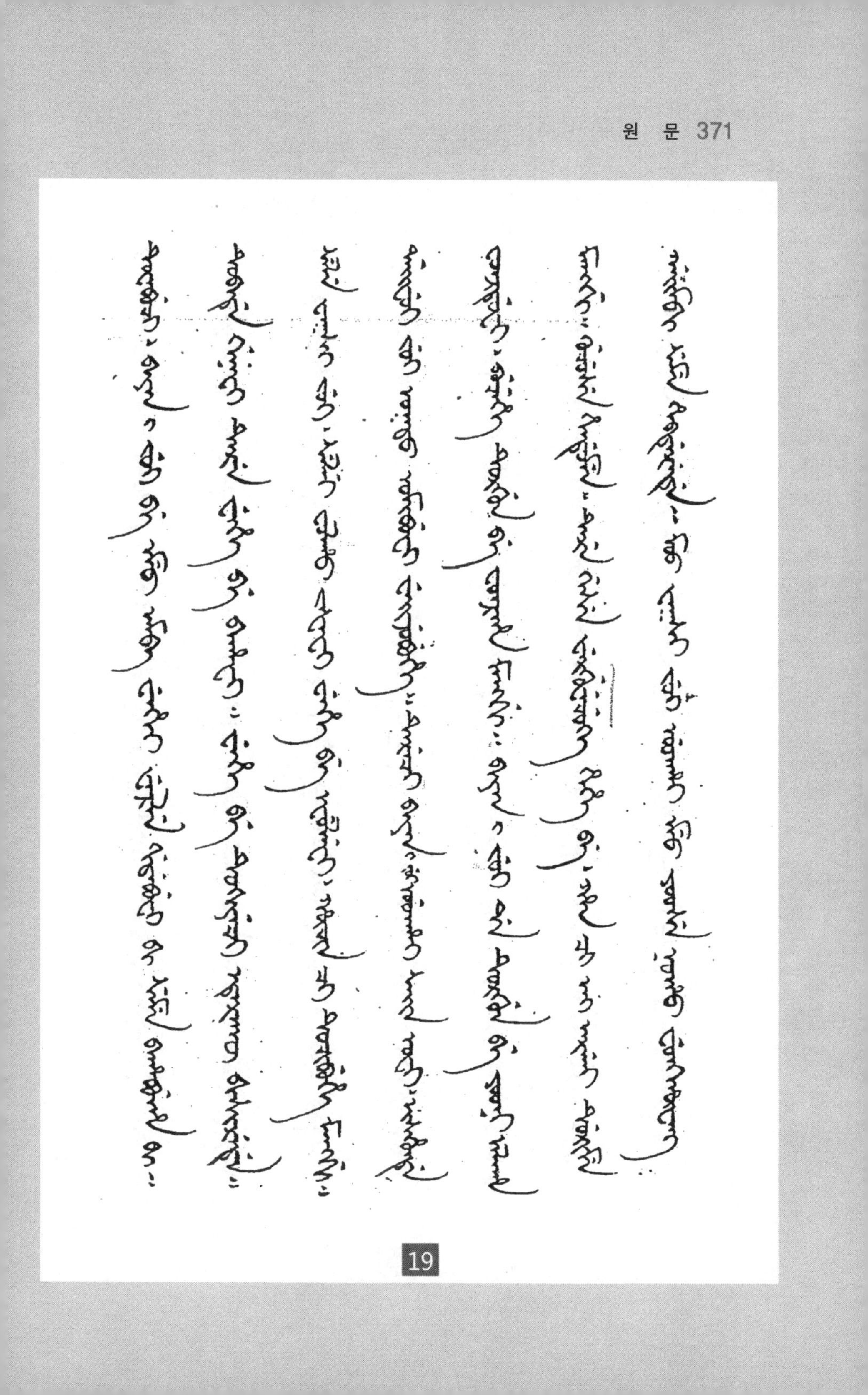

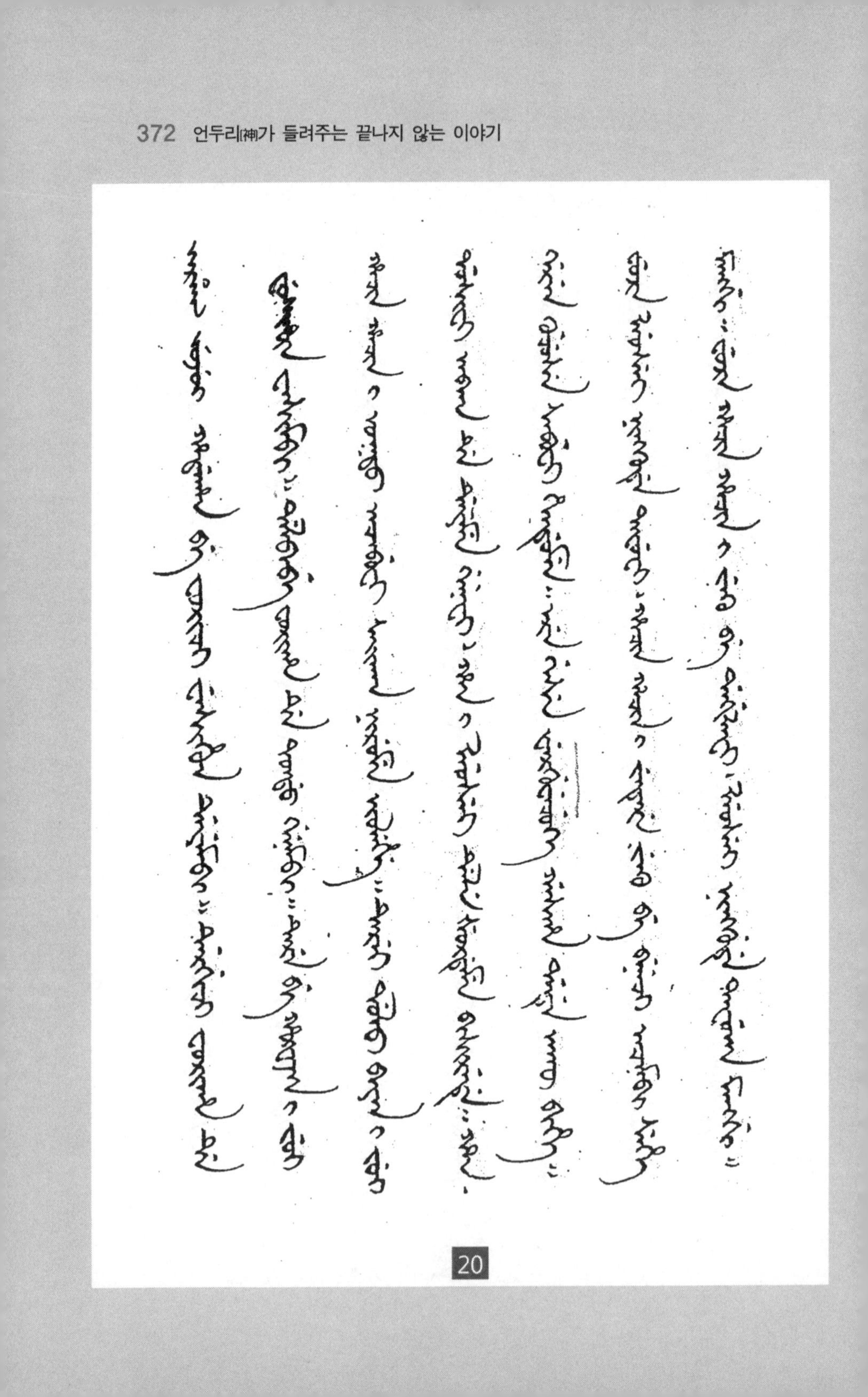

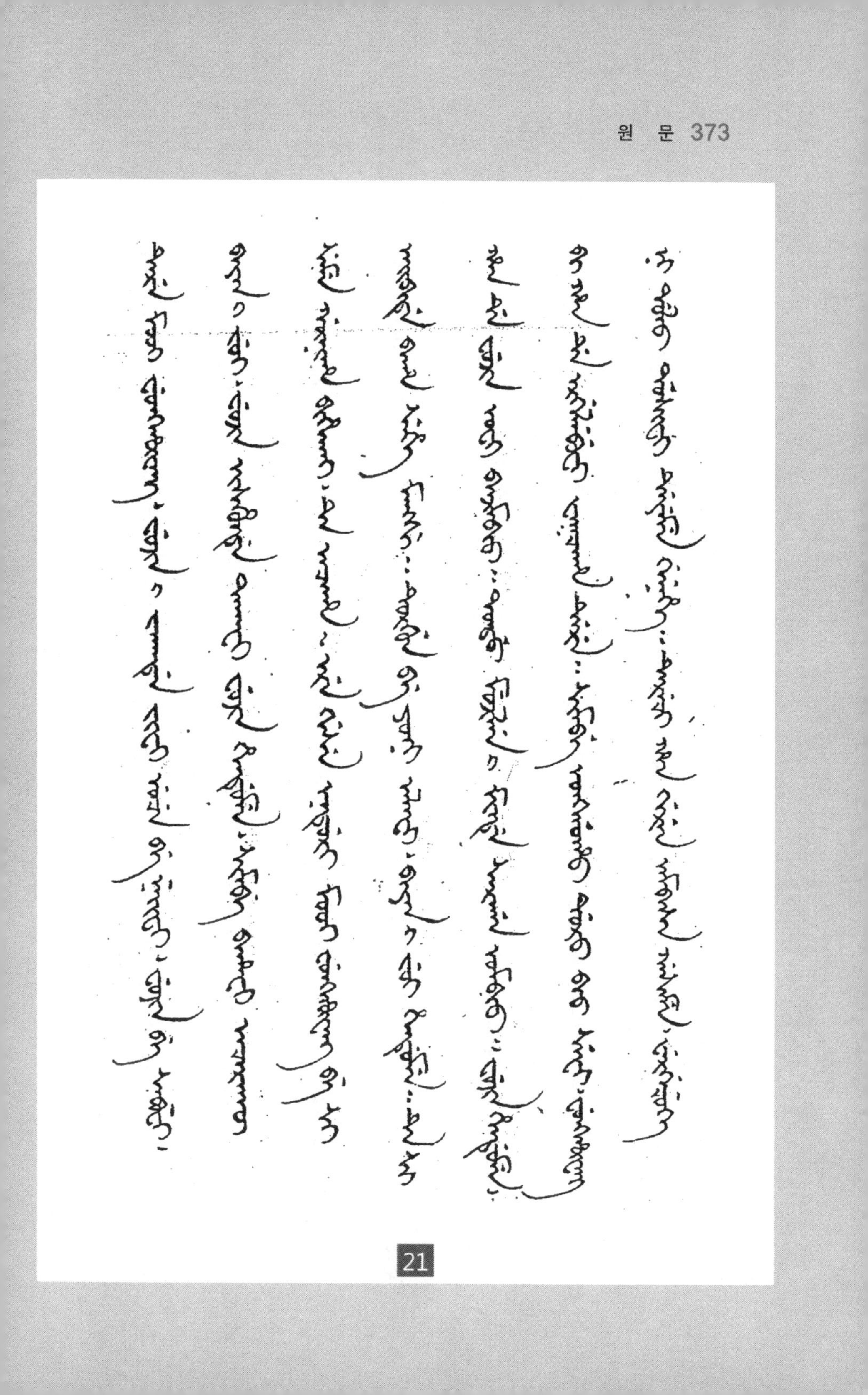

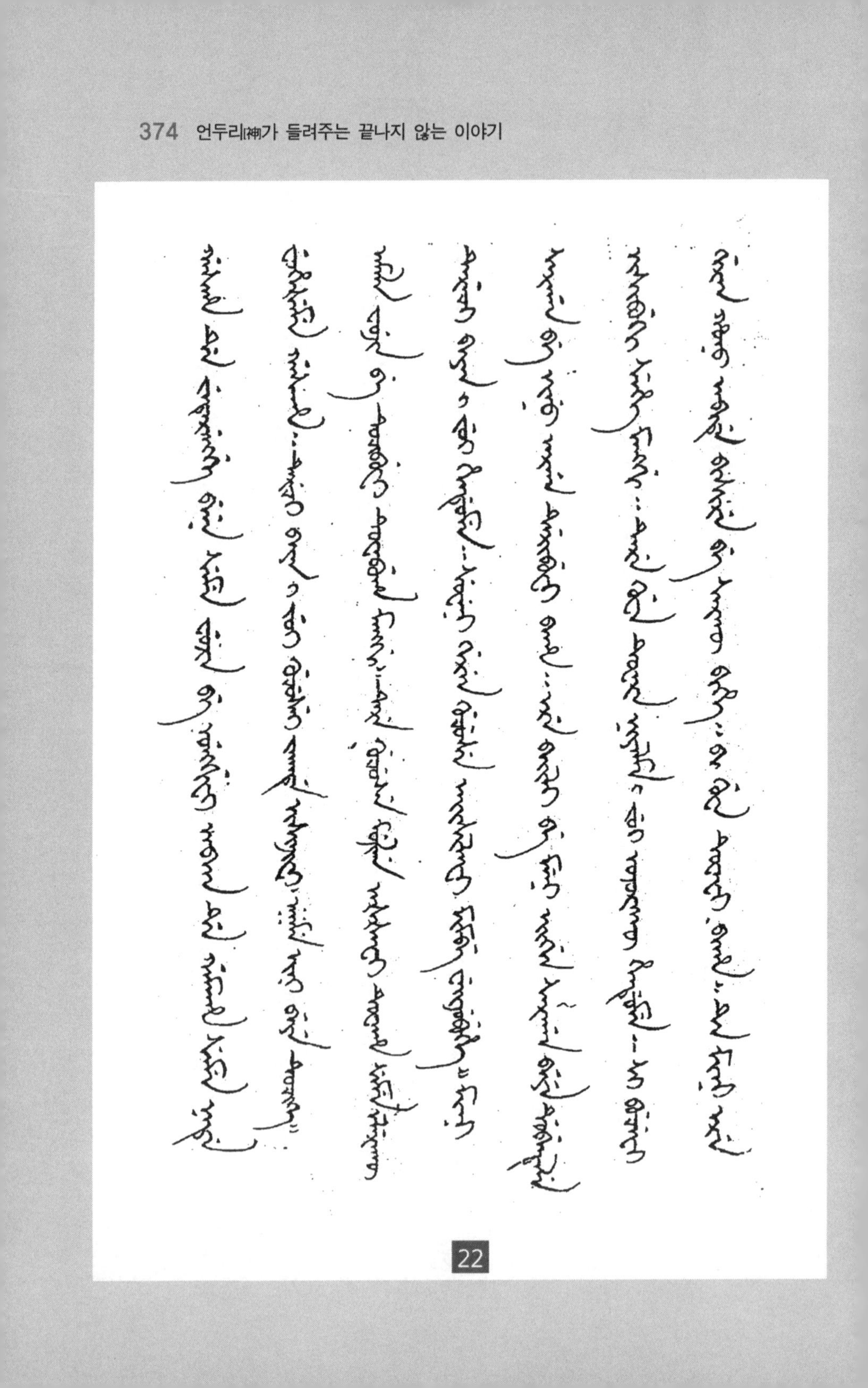

22

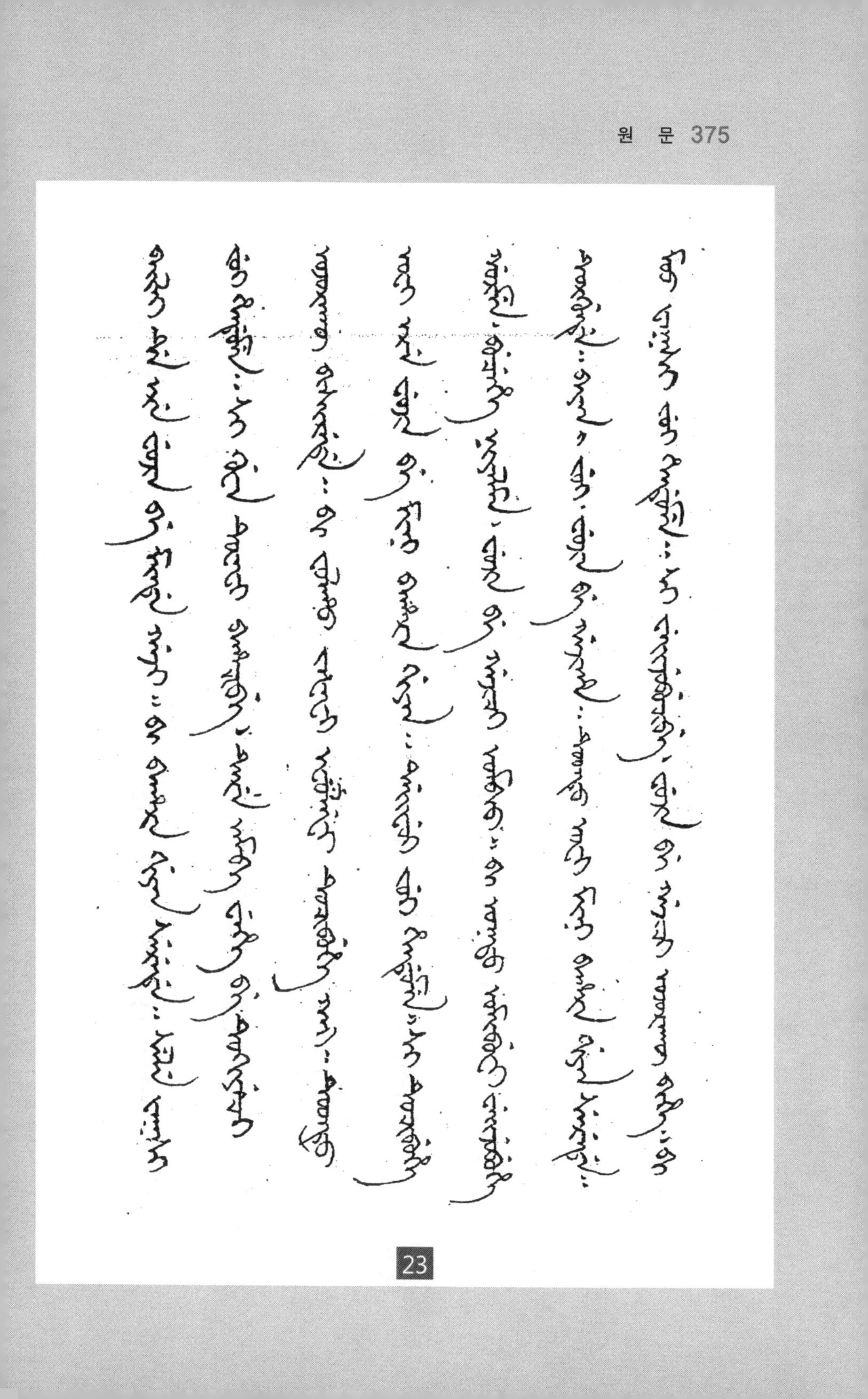

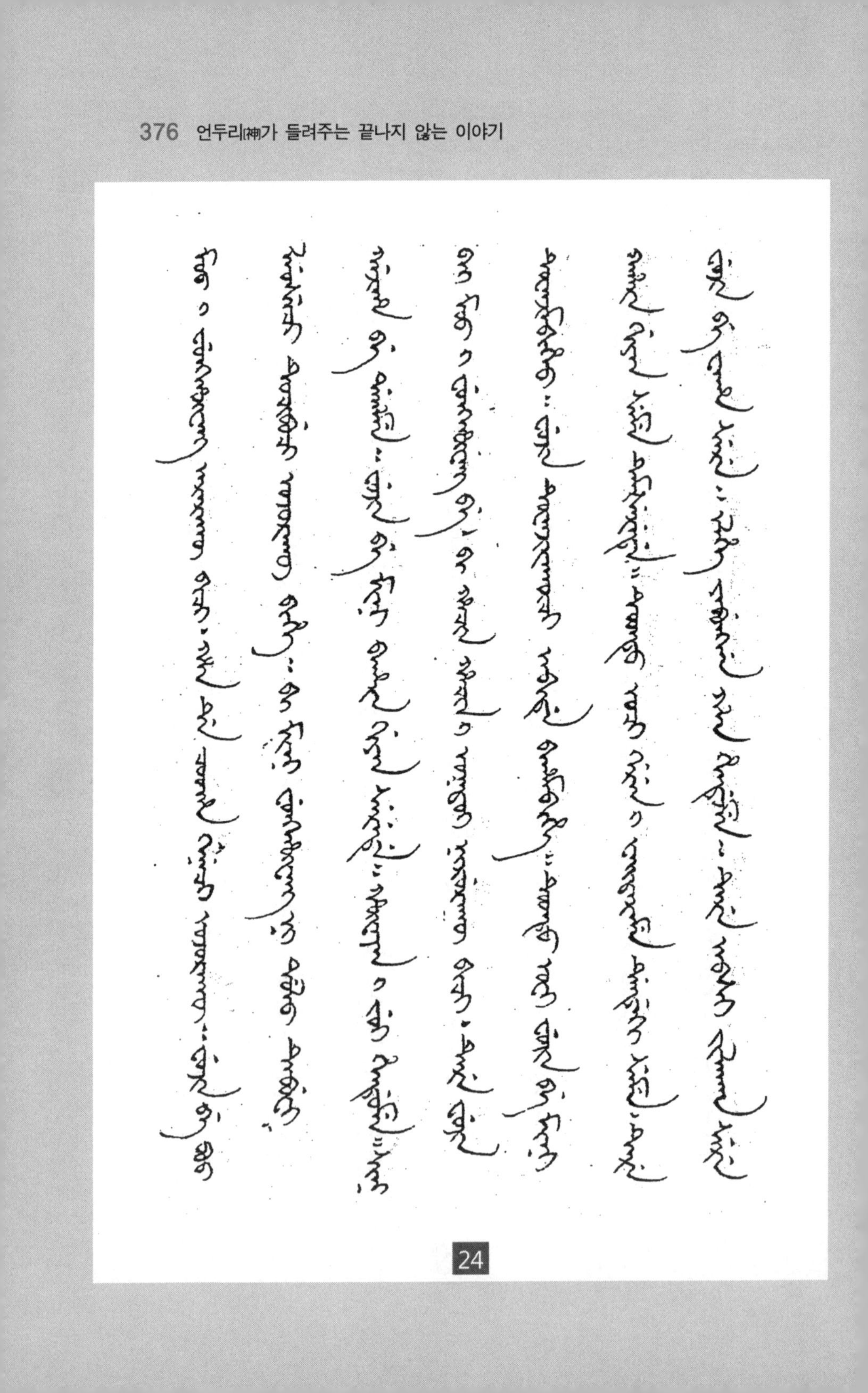

[illegible]

24

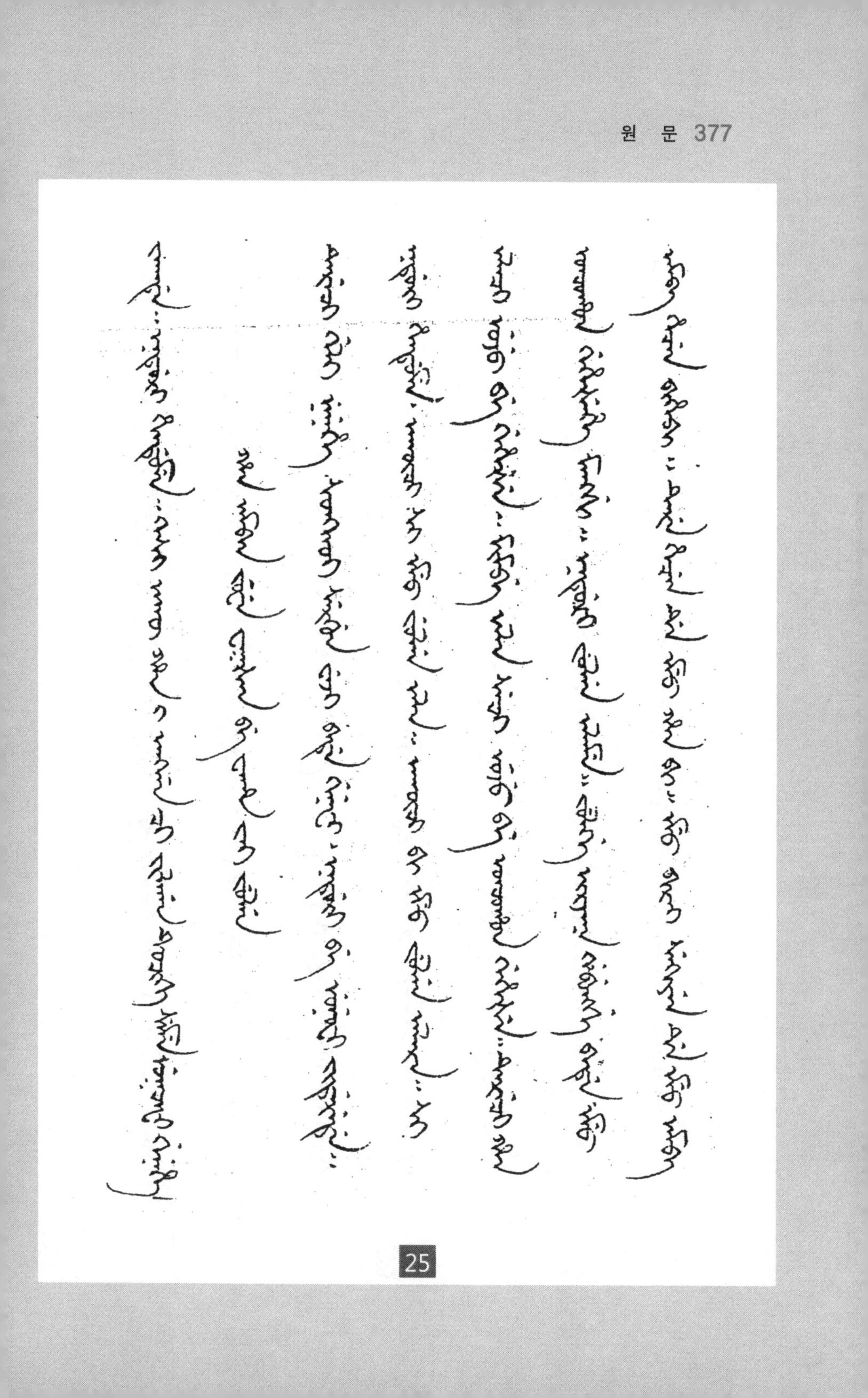

[illegible]

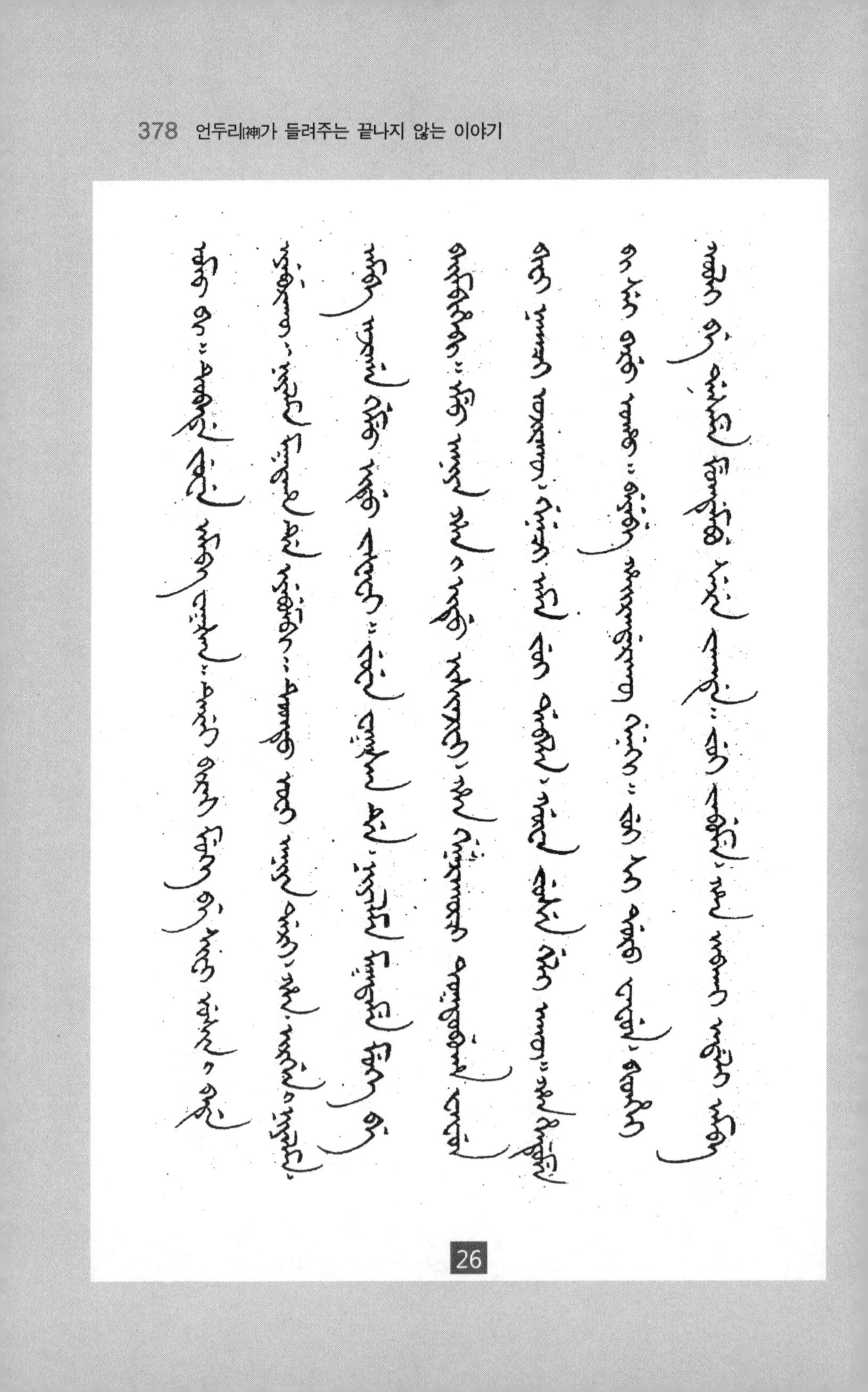

26

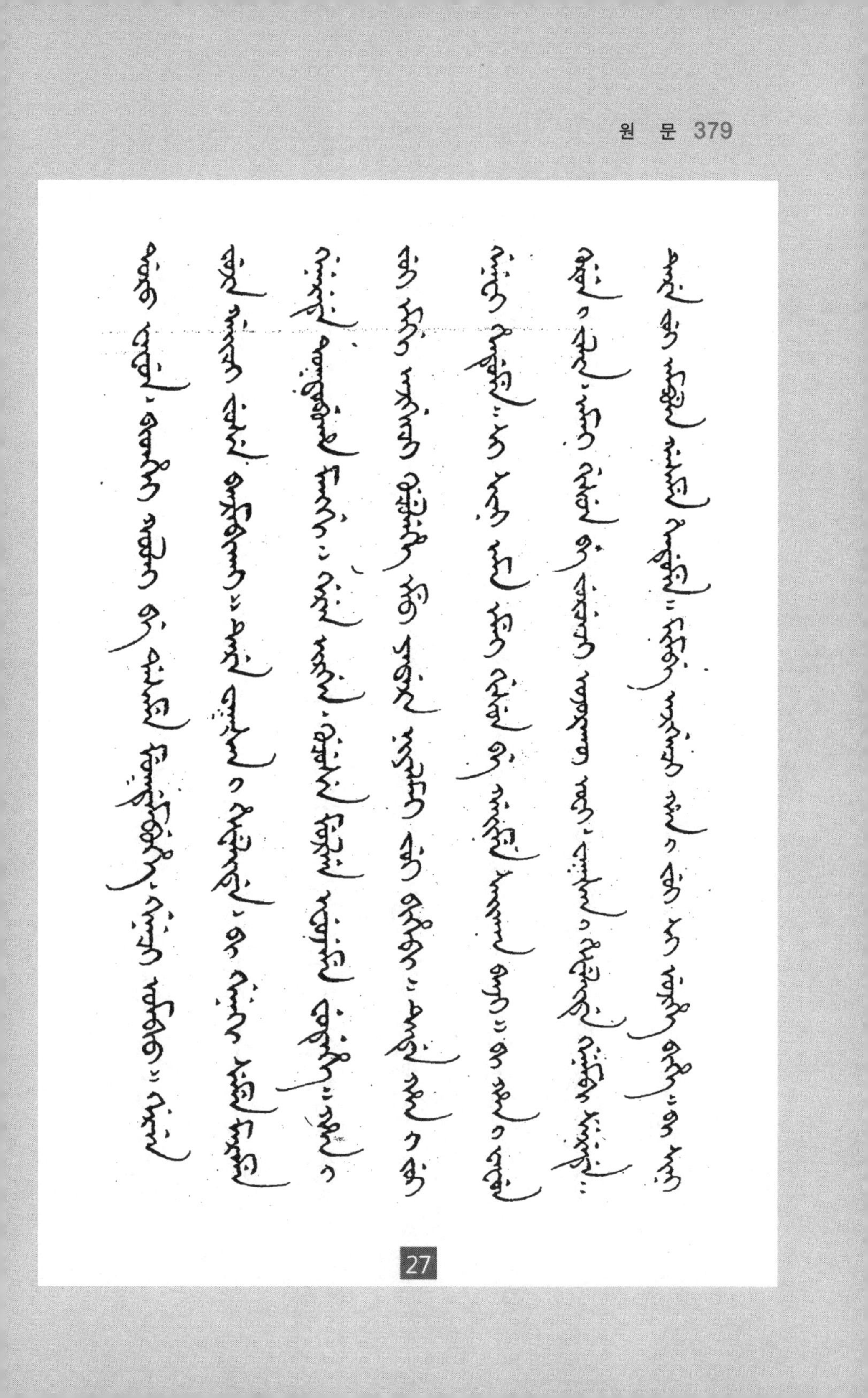

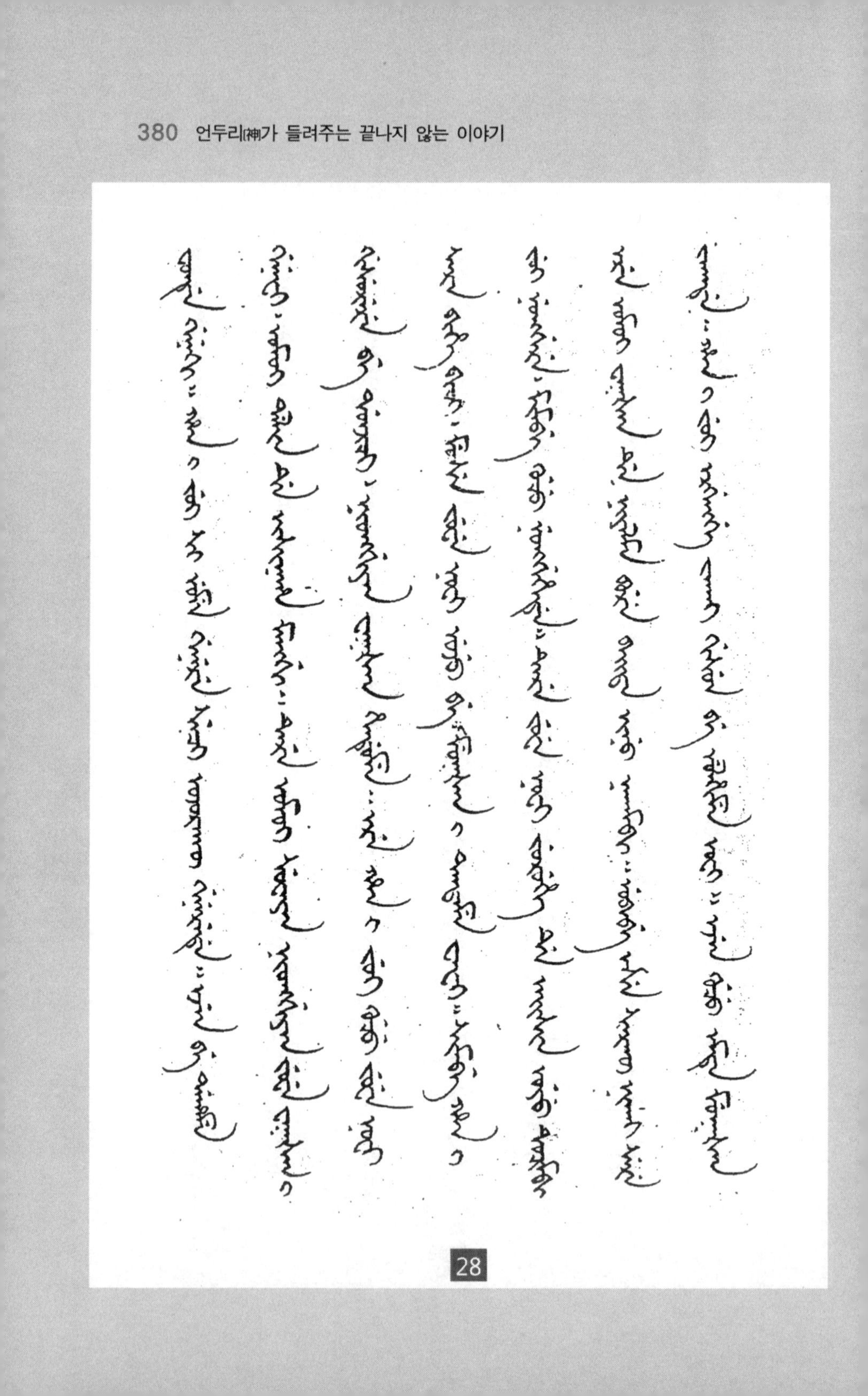

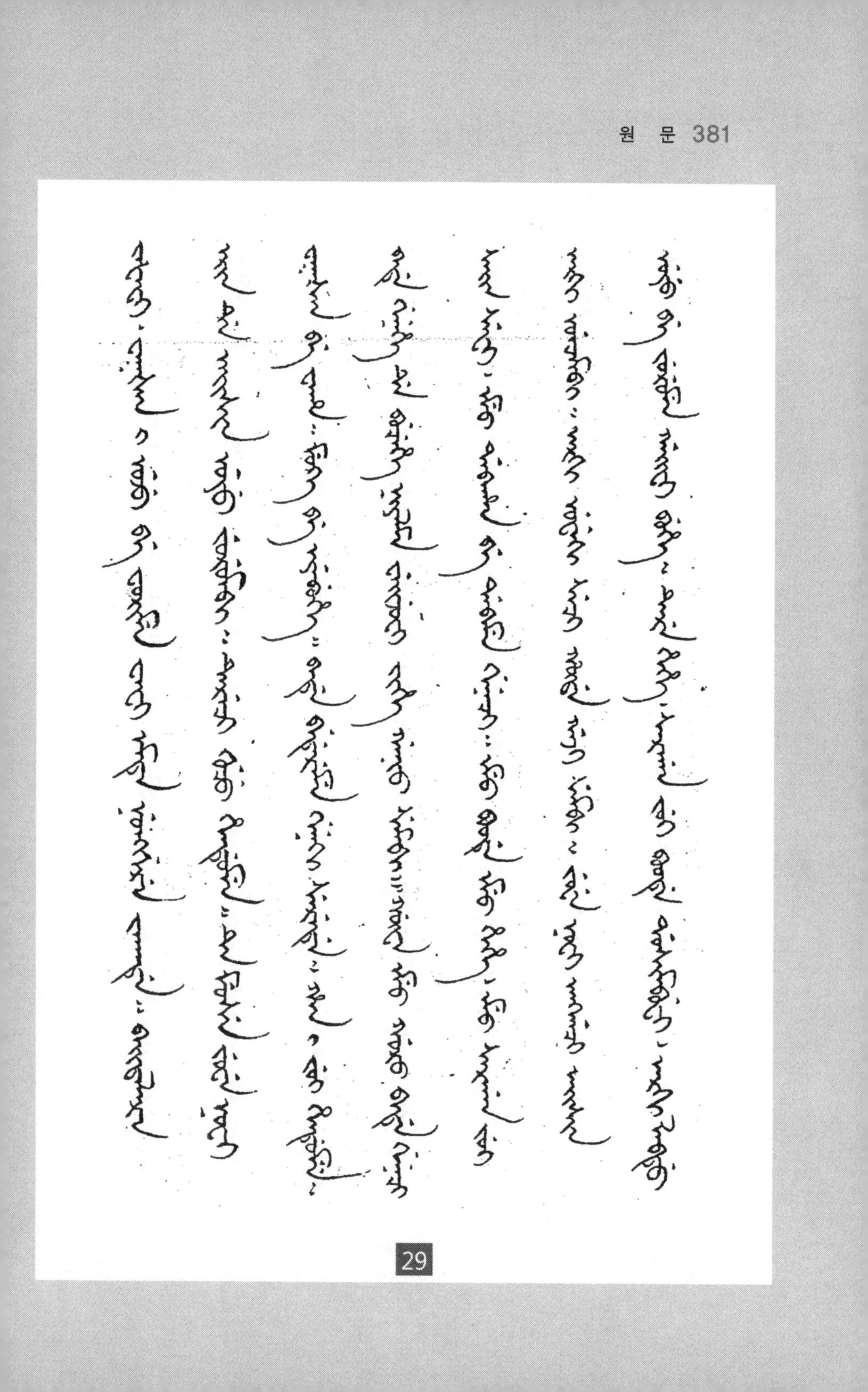

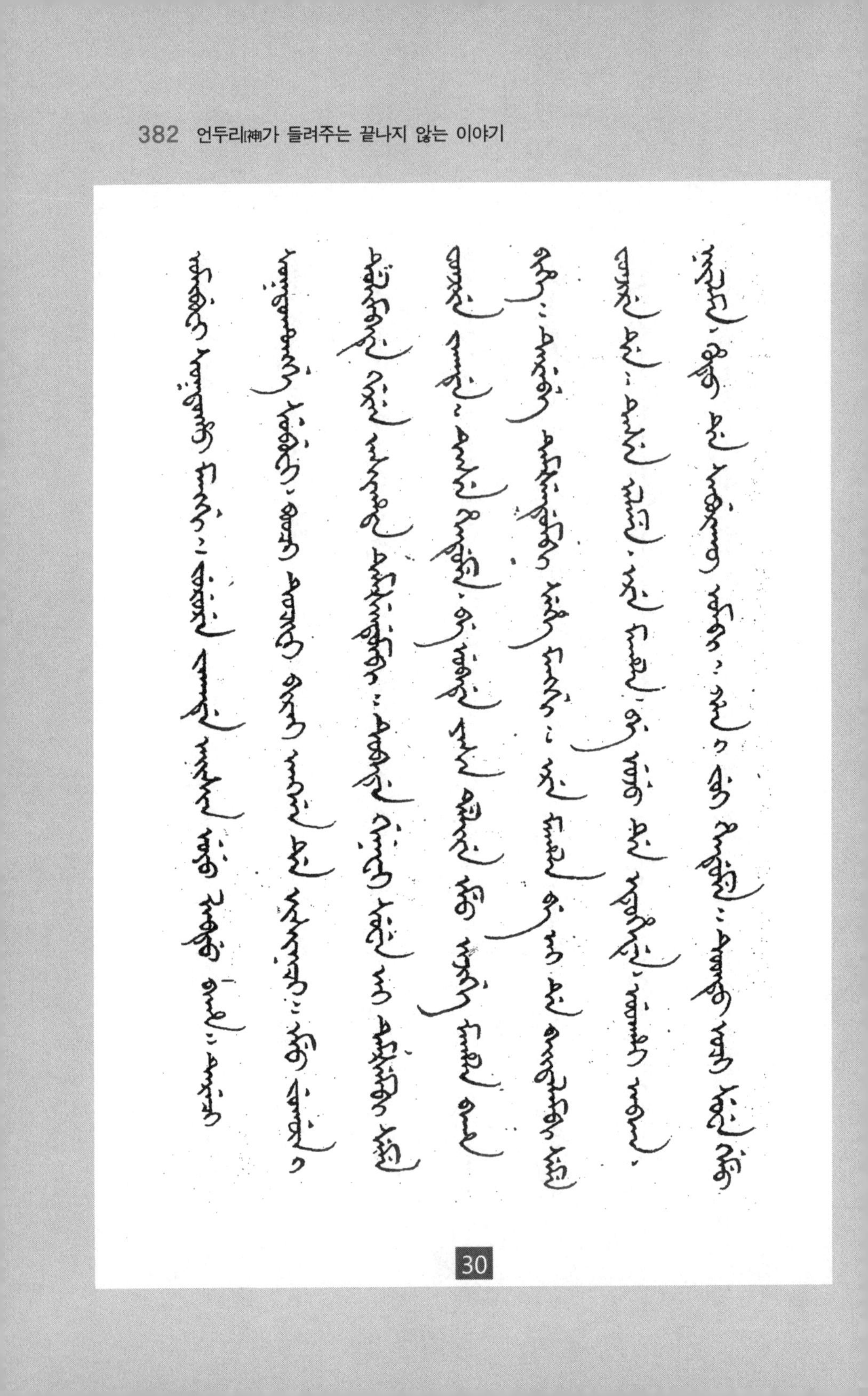

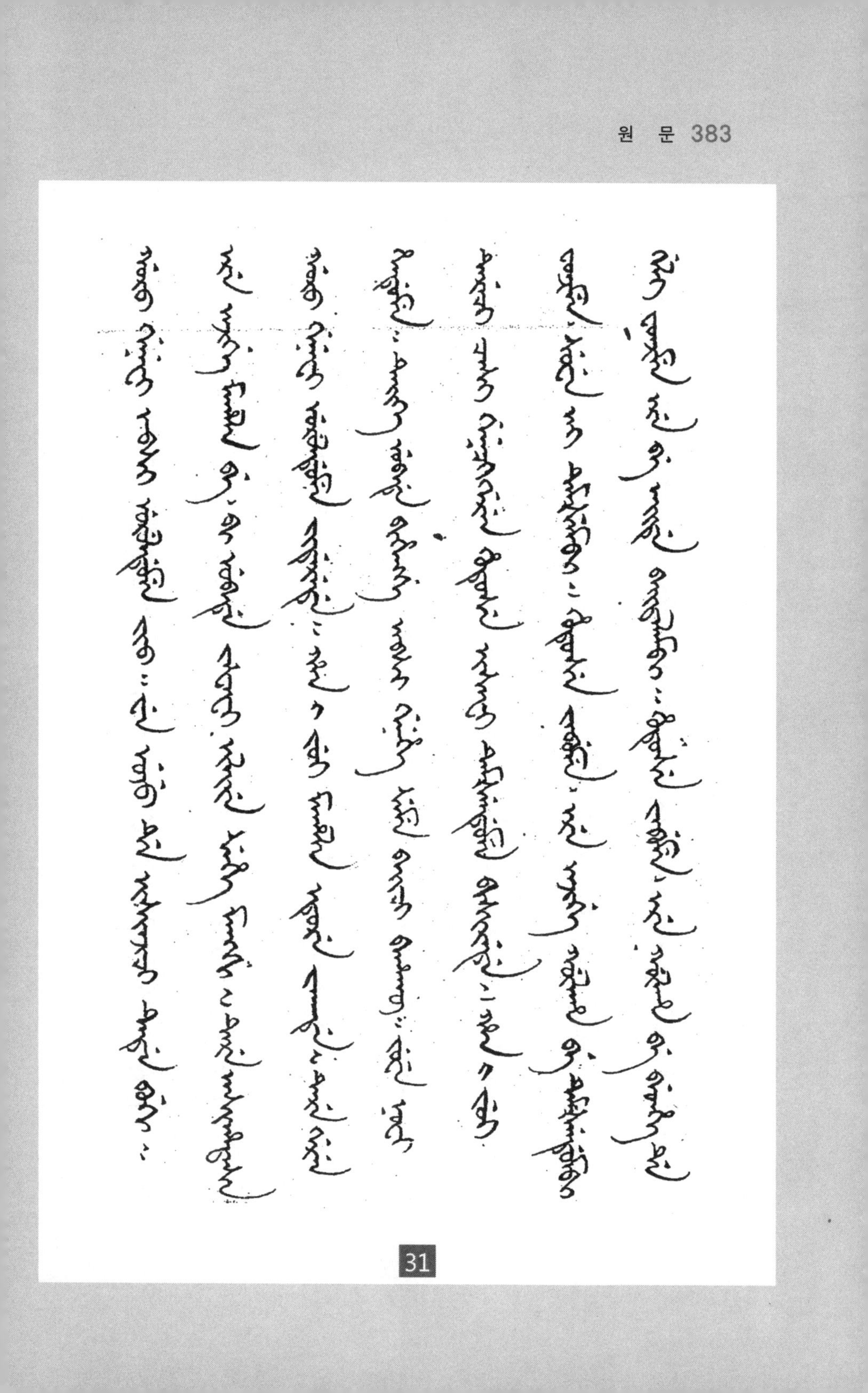

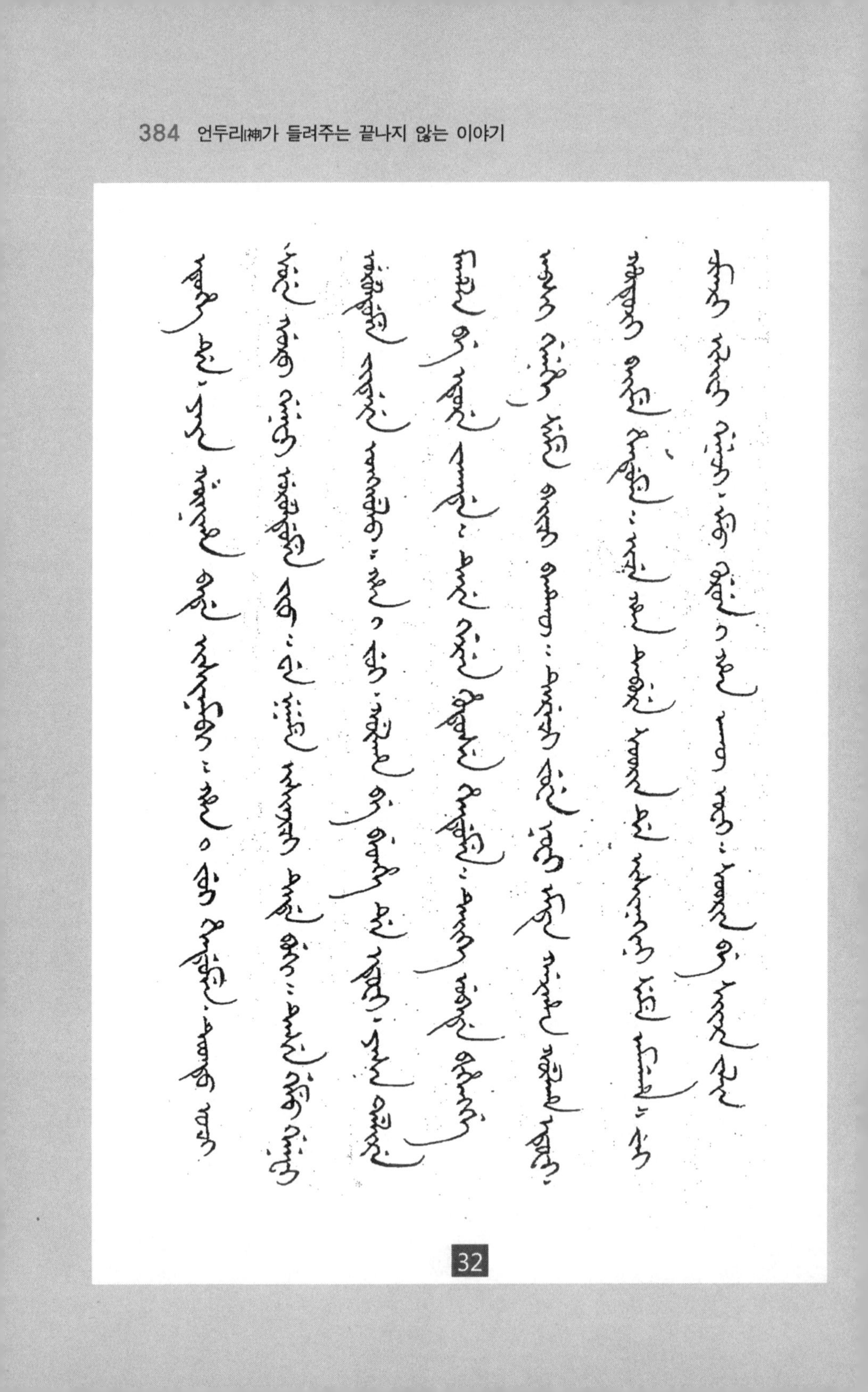

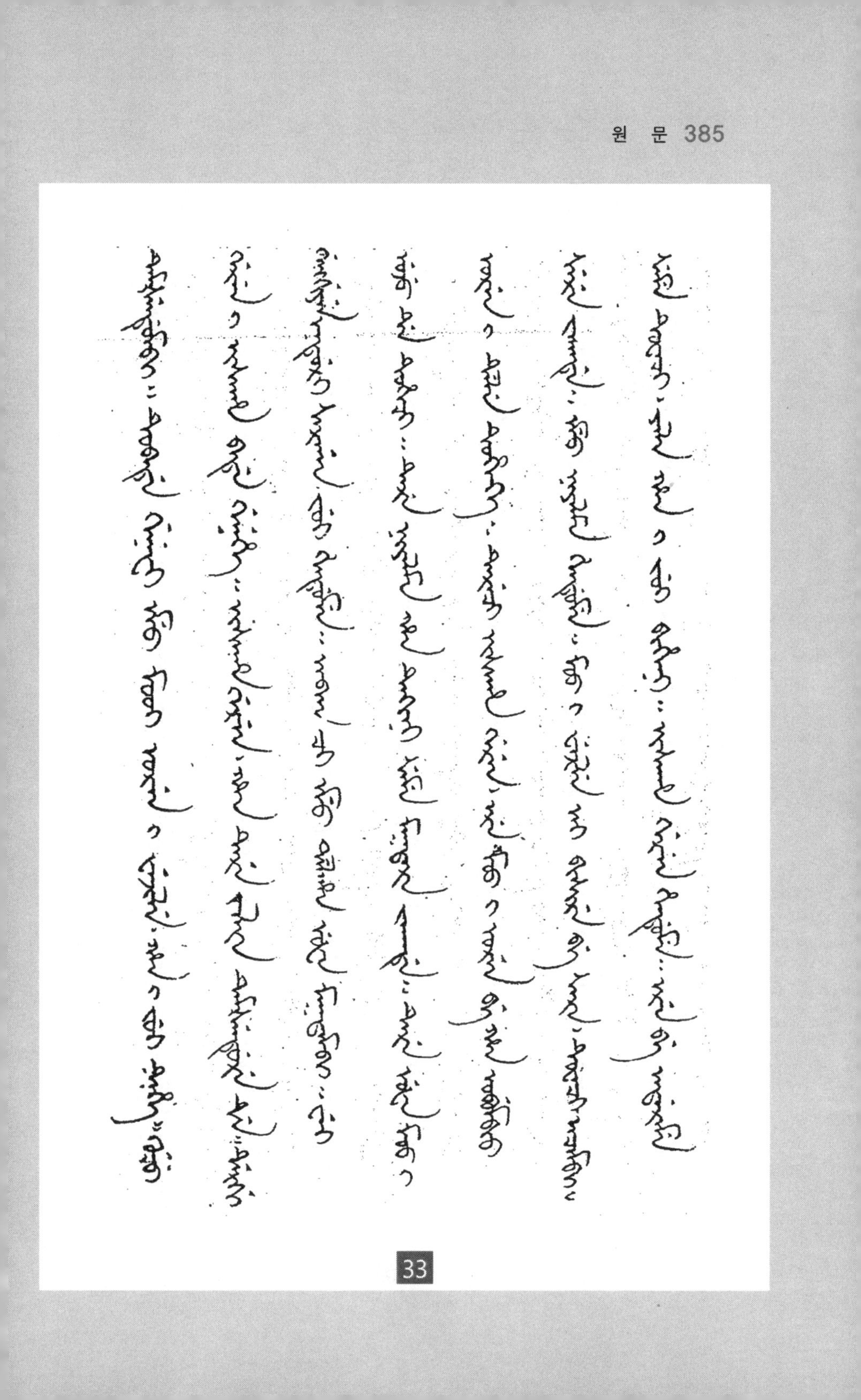

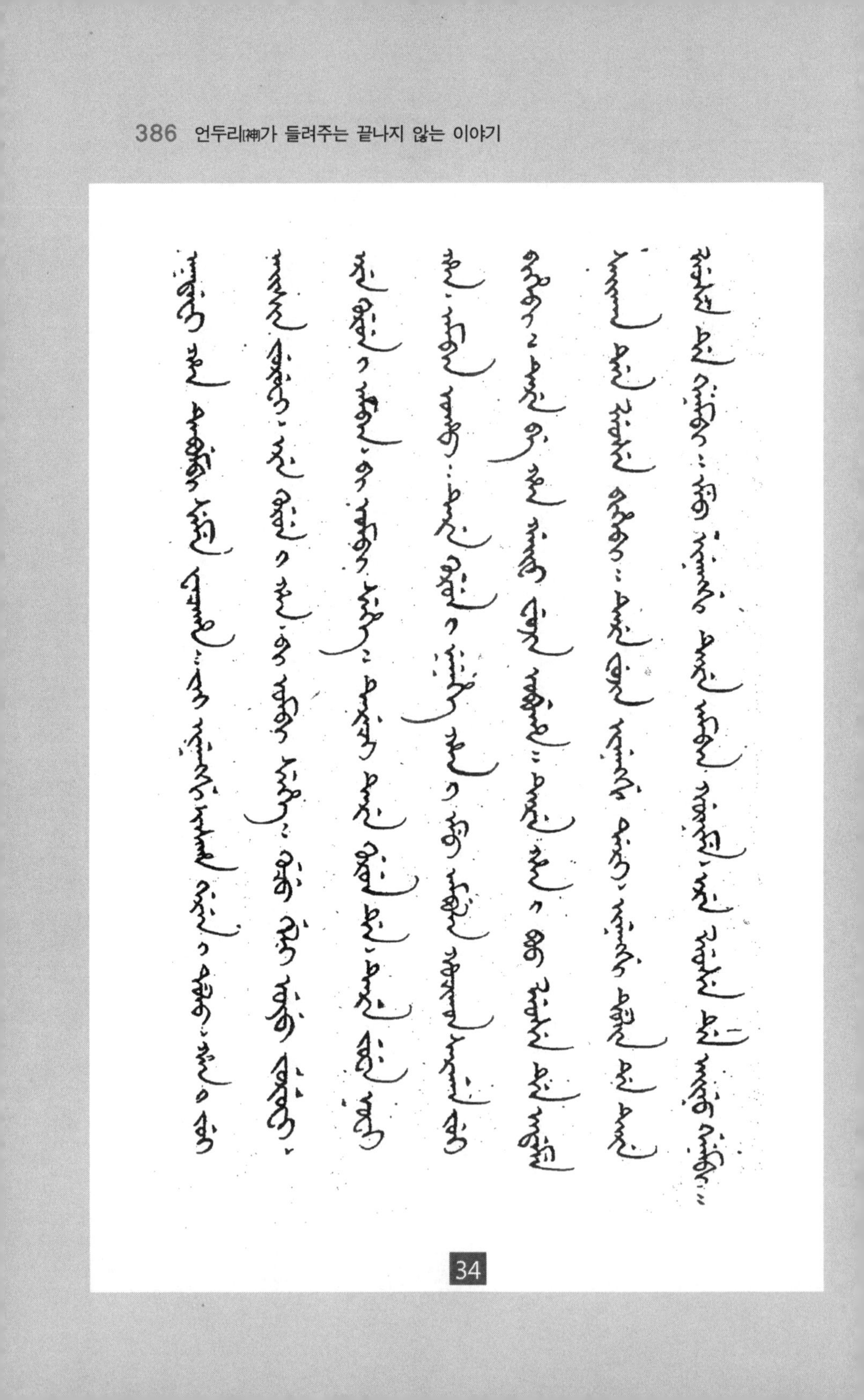

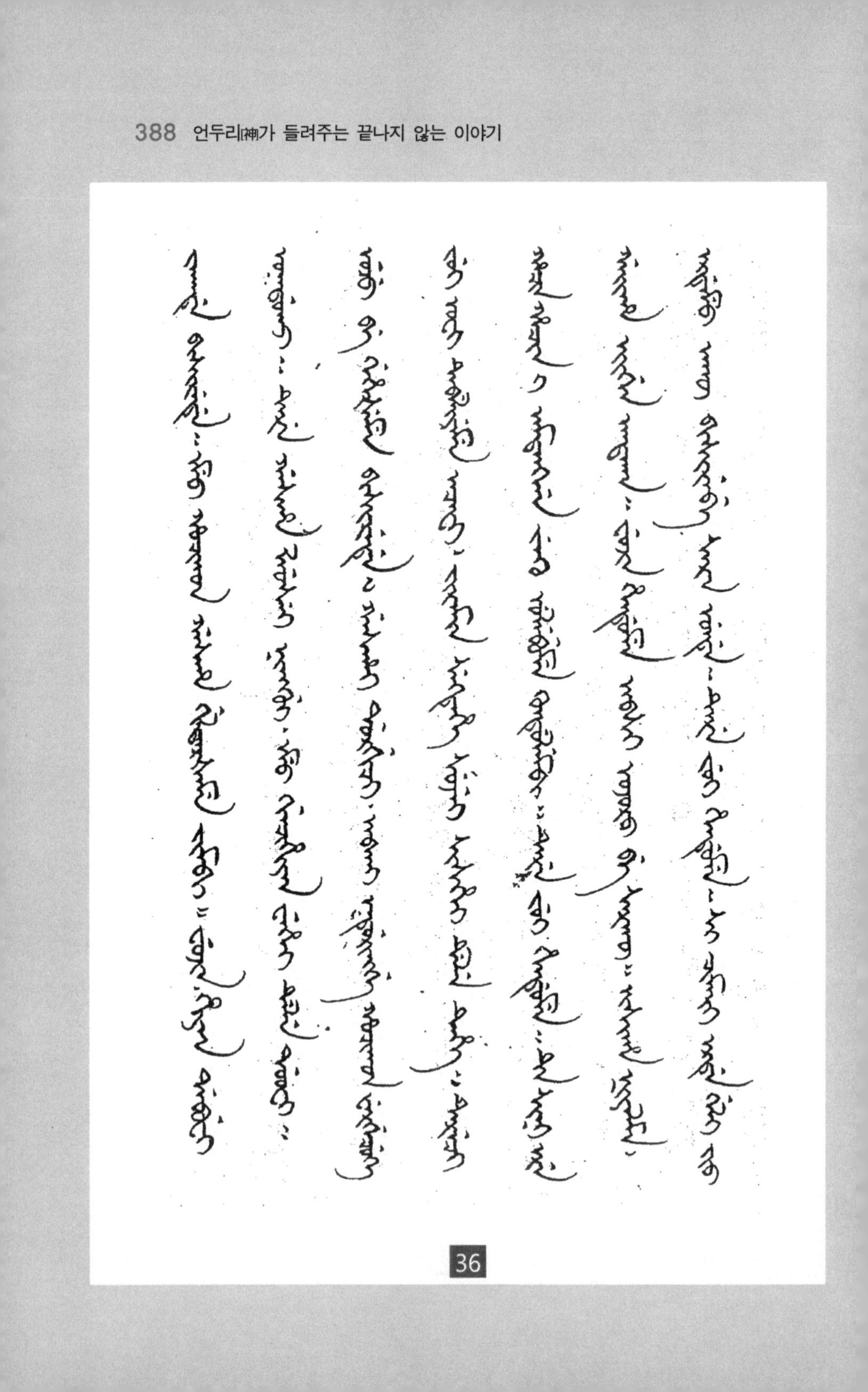

[illegible]

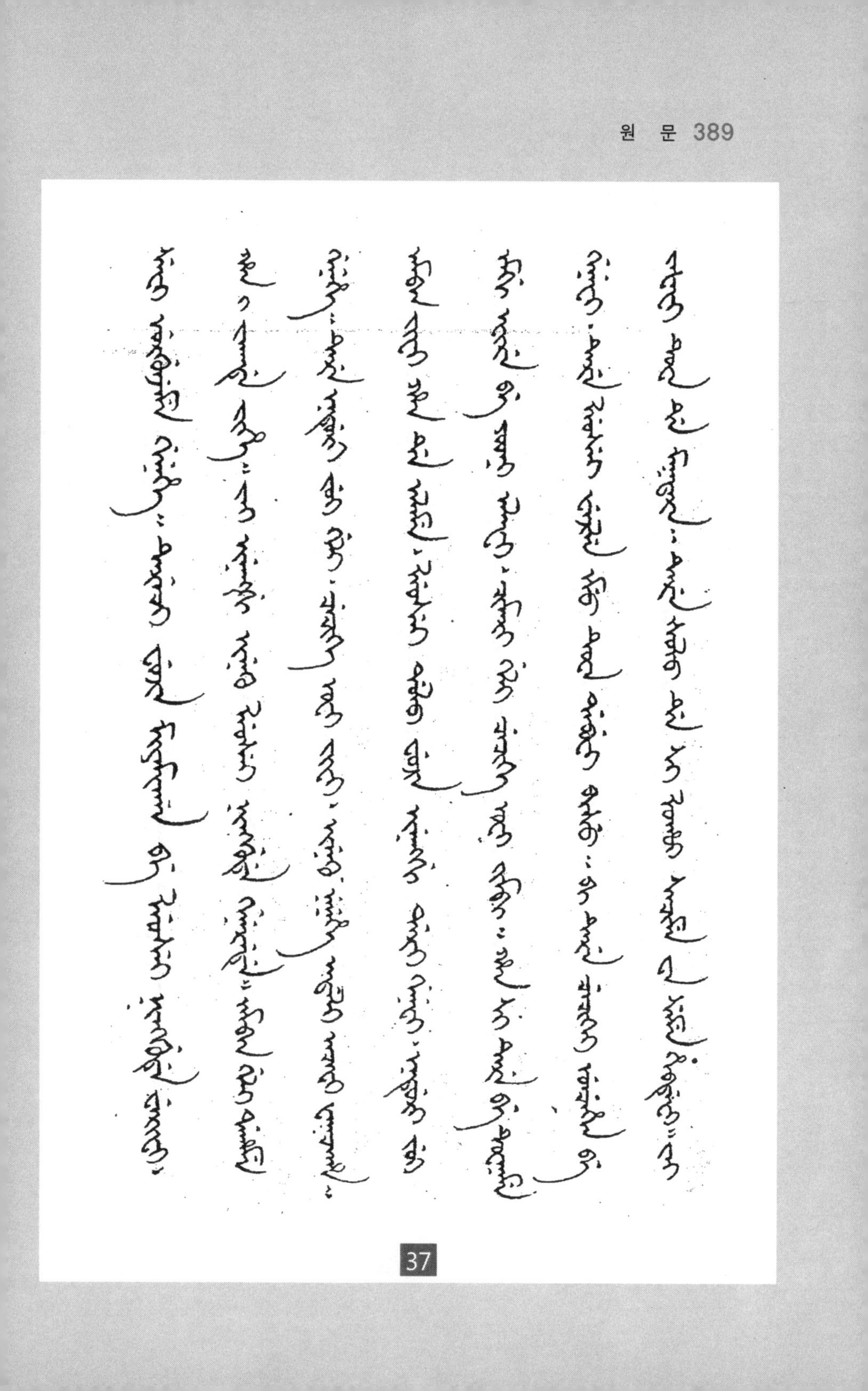

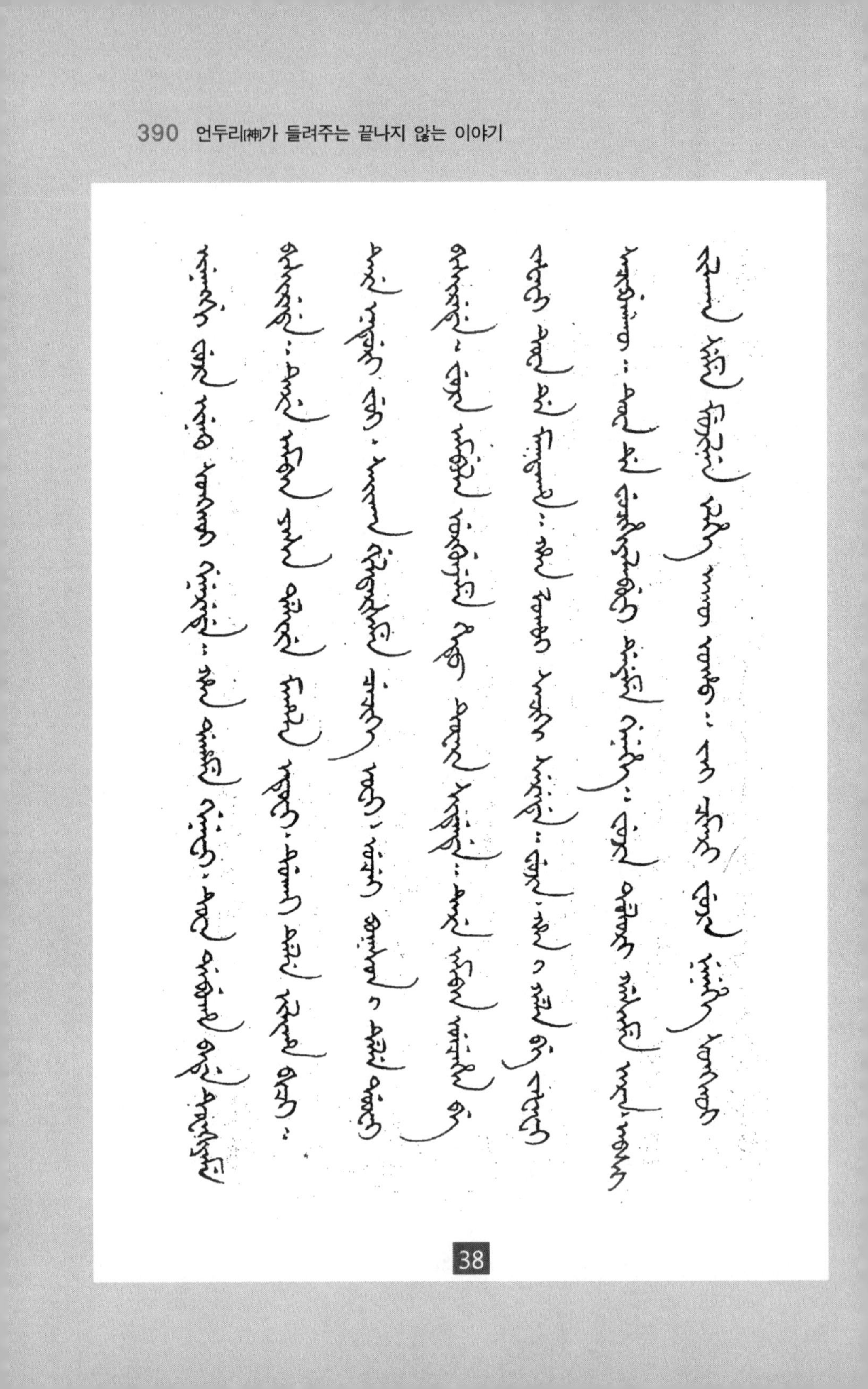

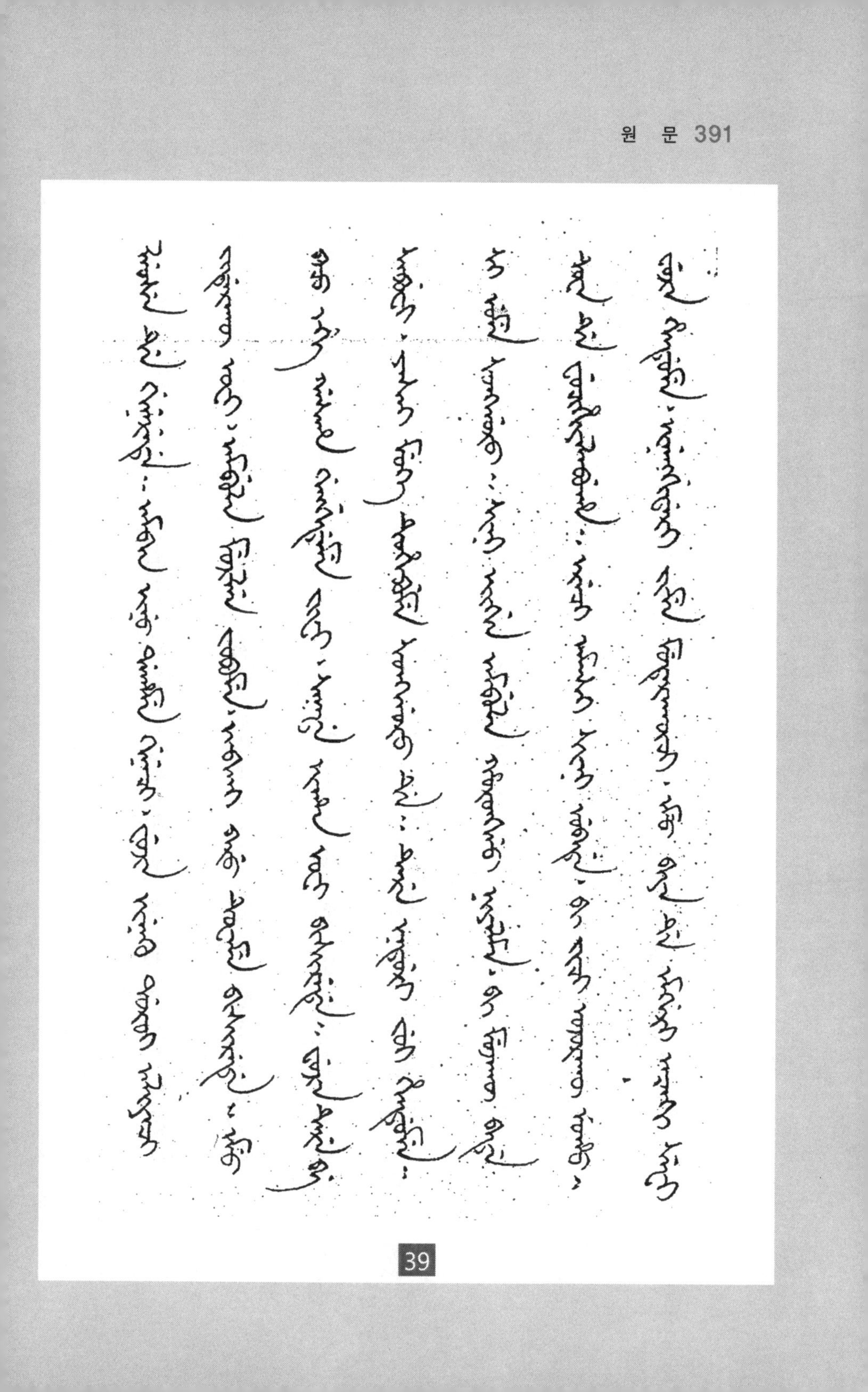

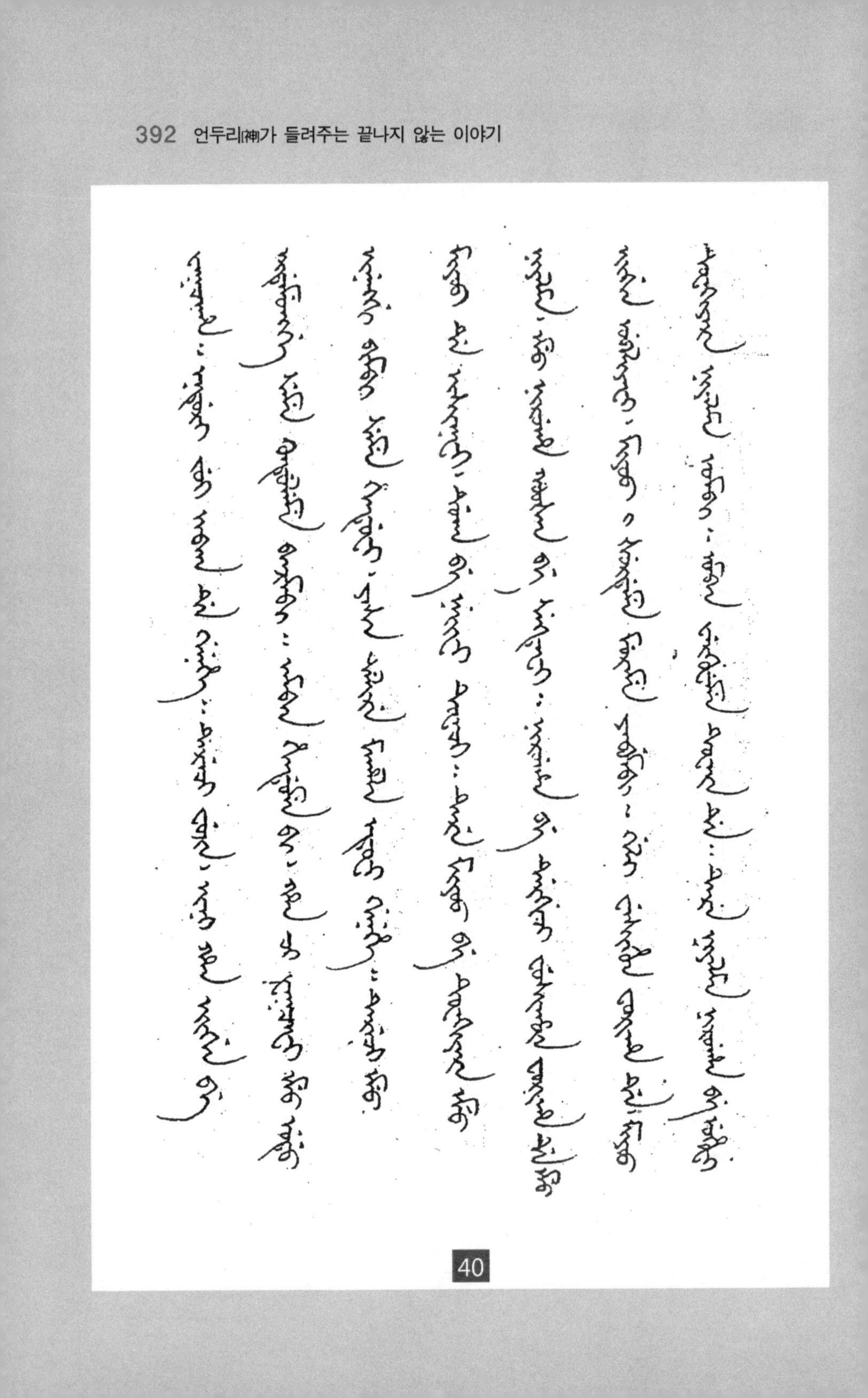

[illegible]

40

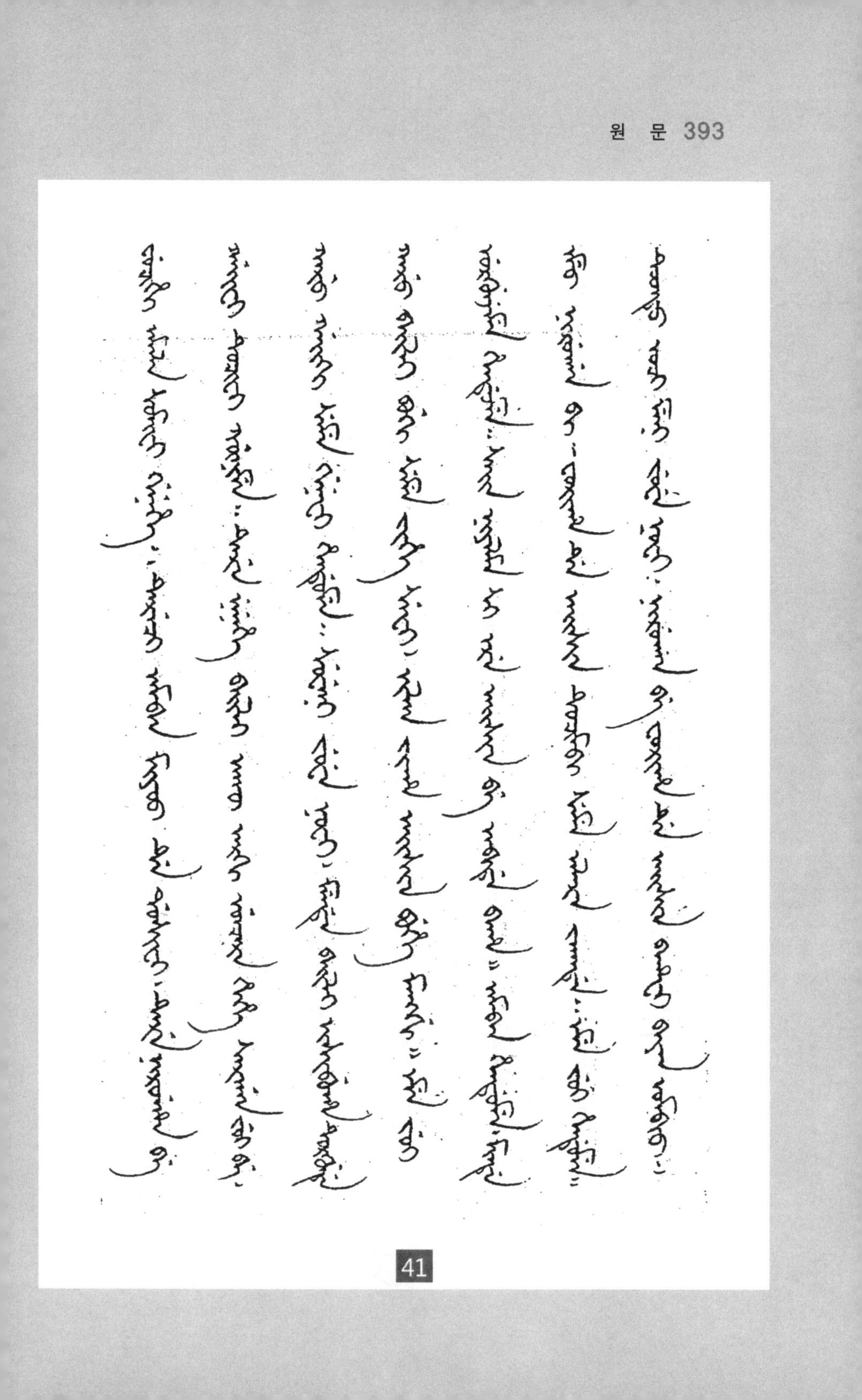

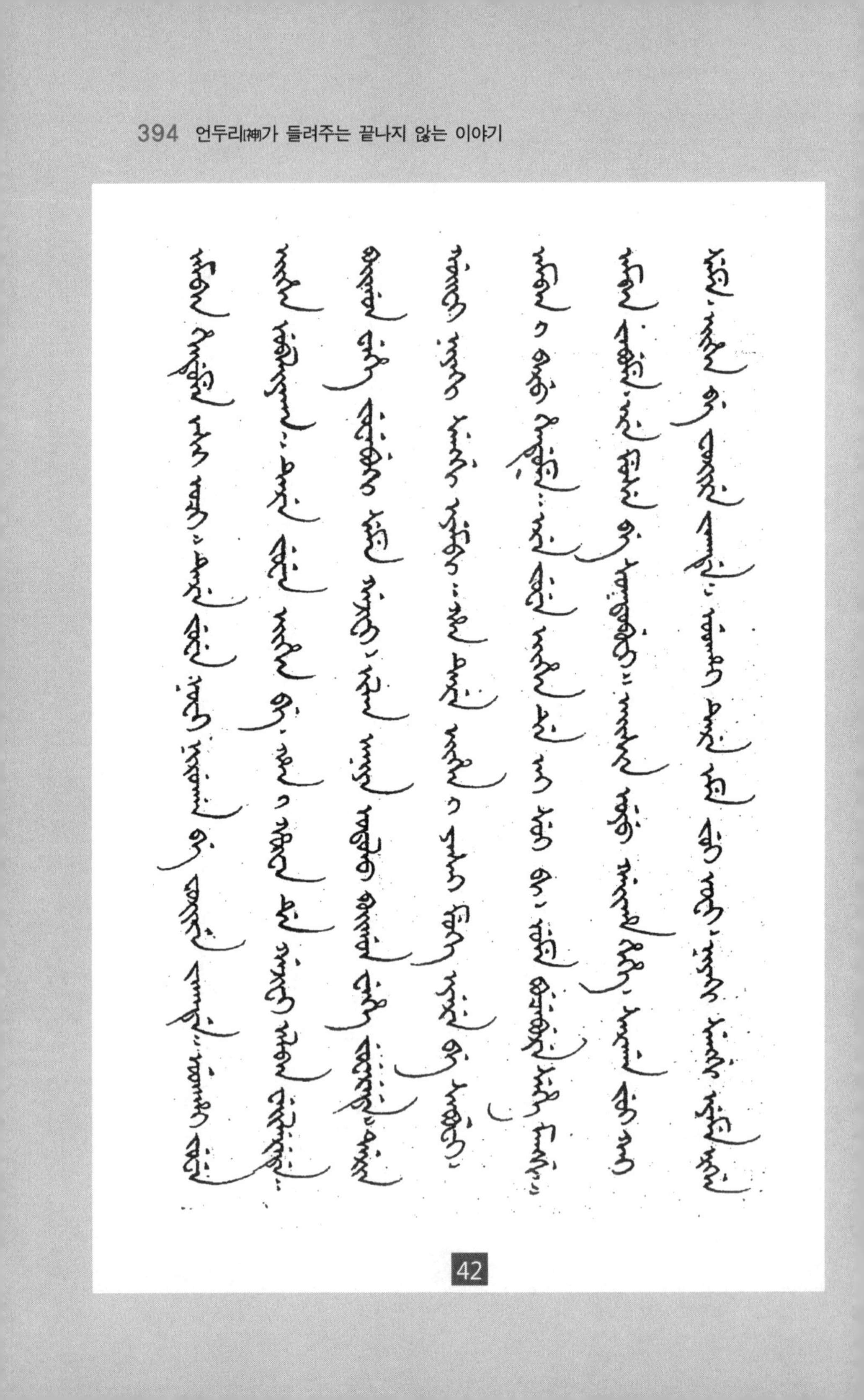

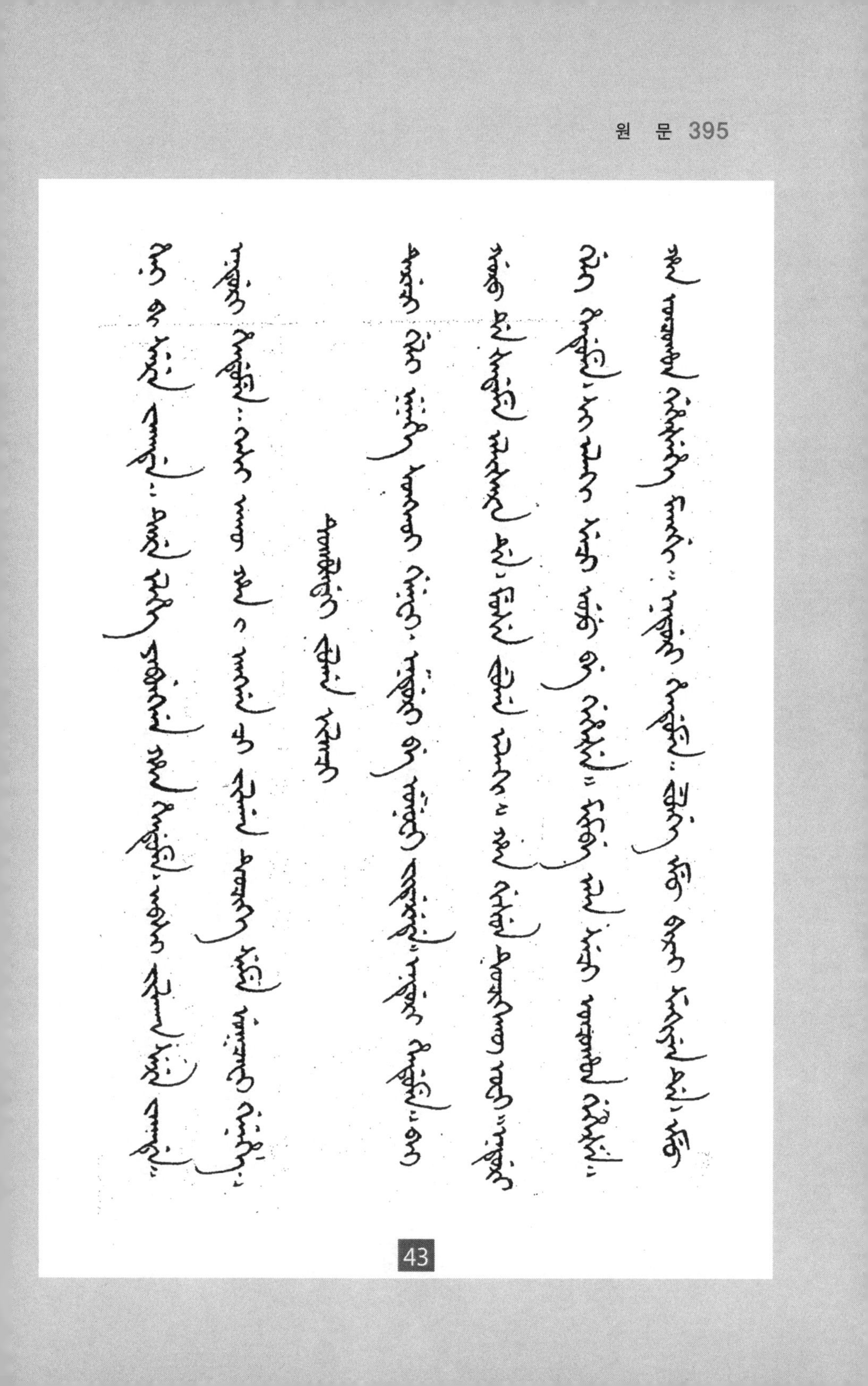

[illegible]

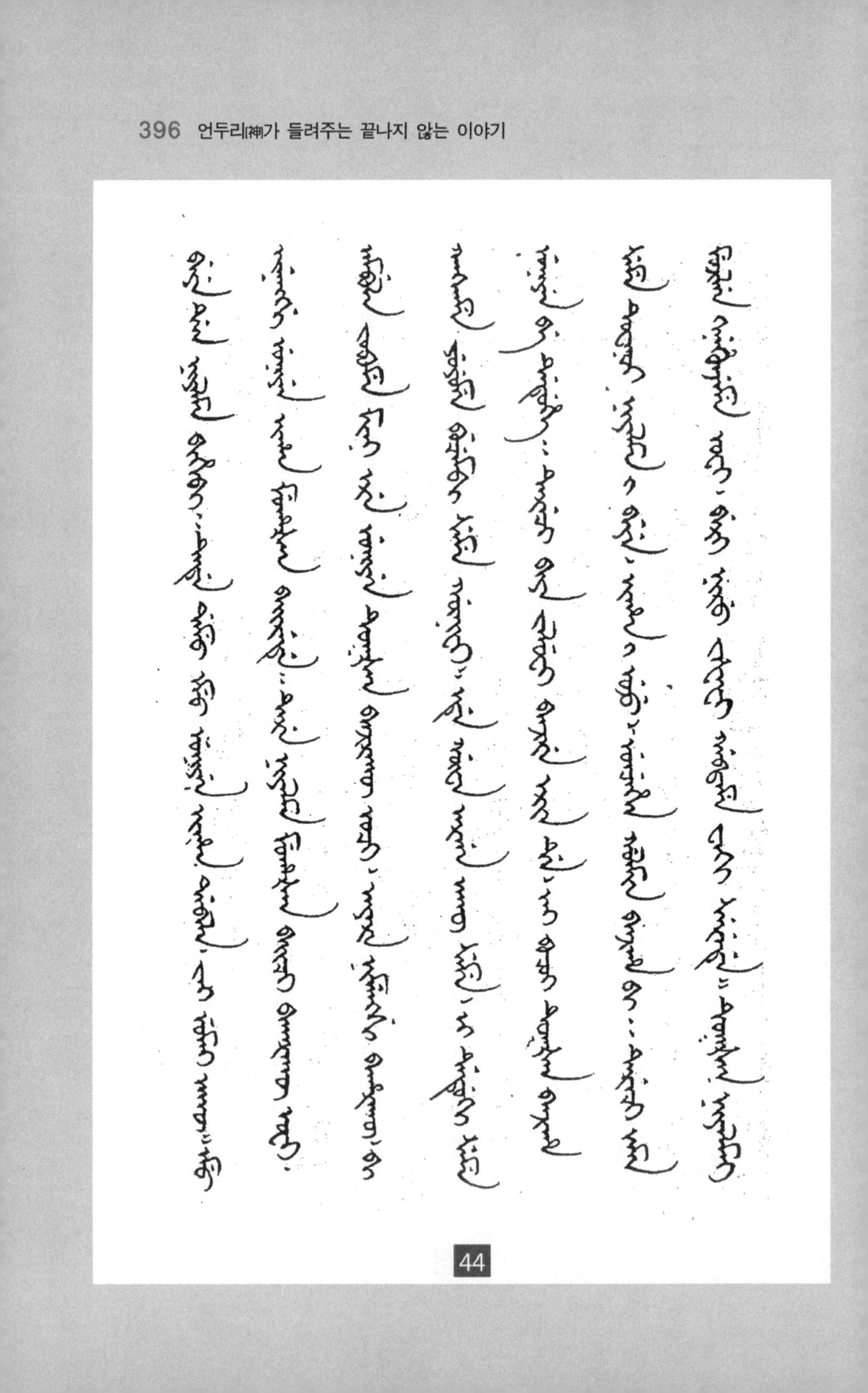

44

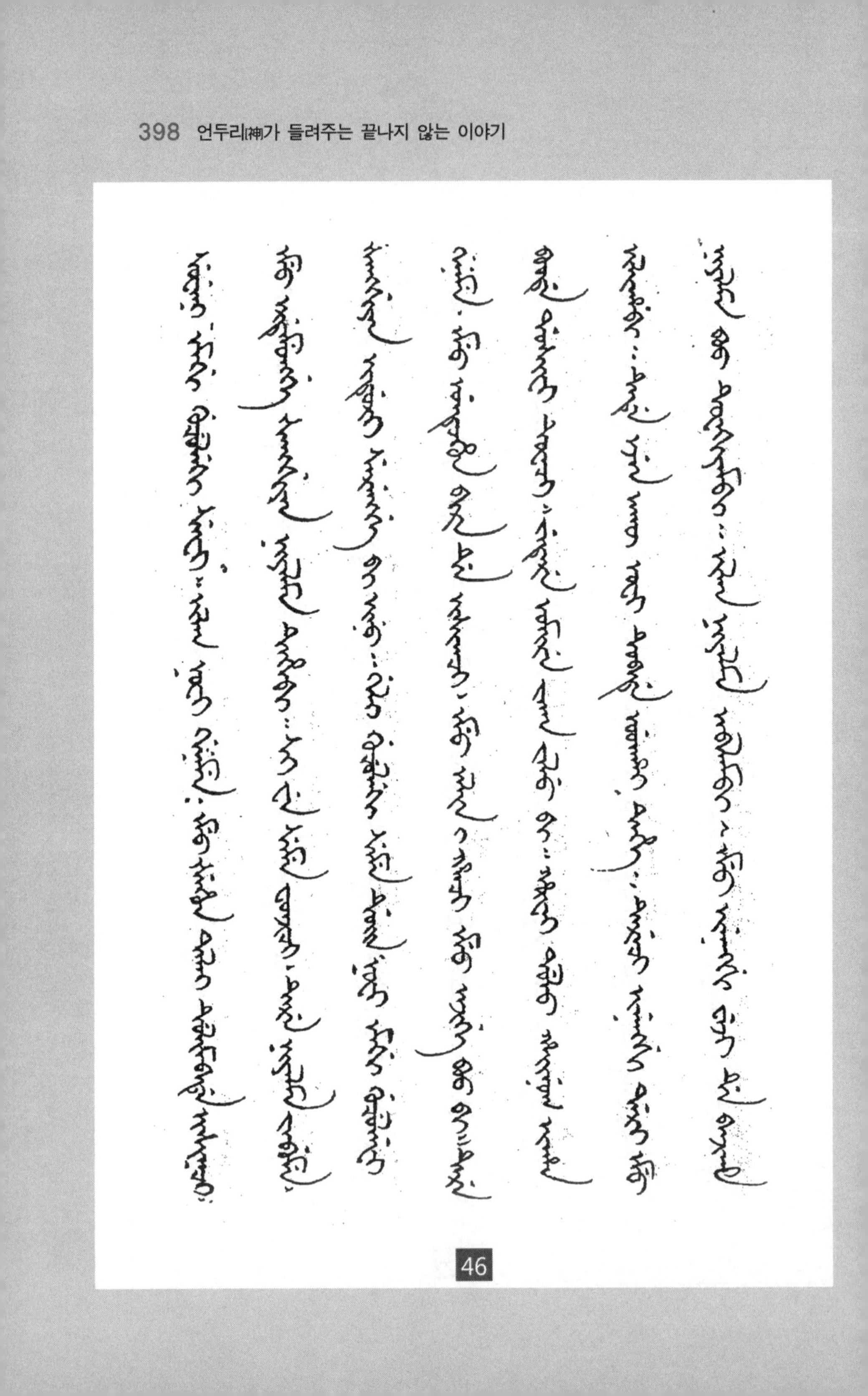

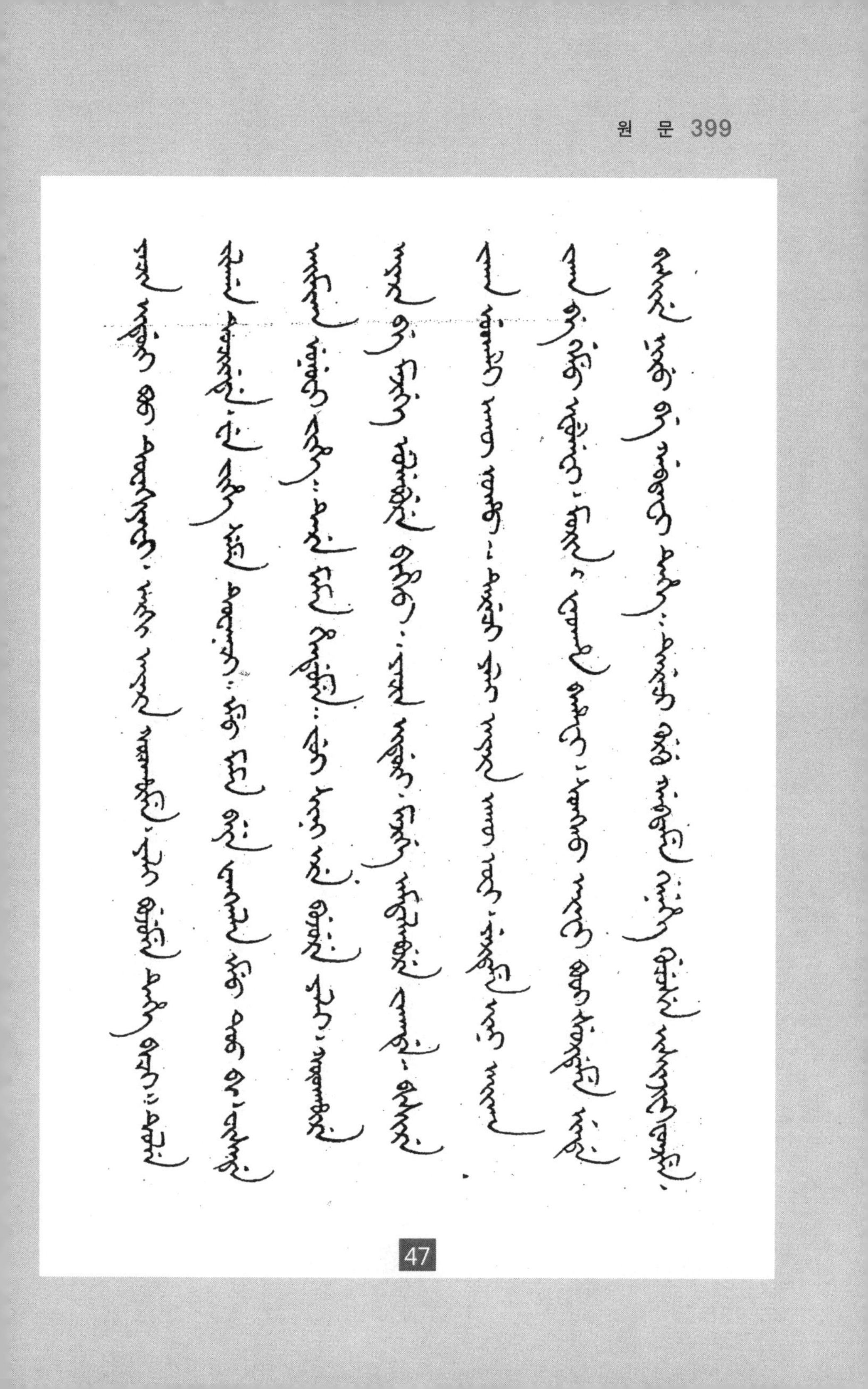

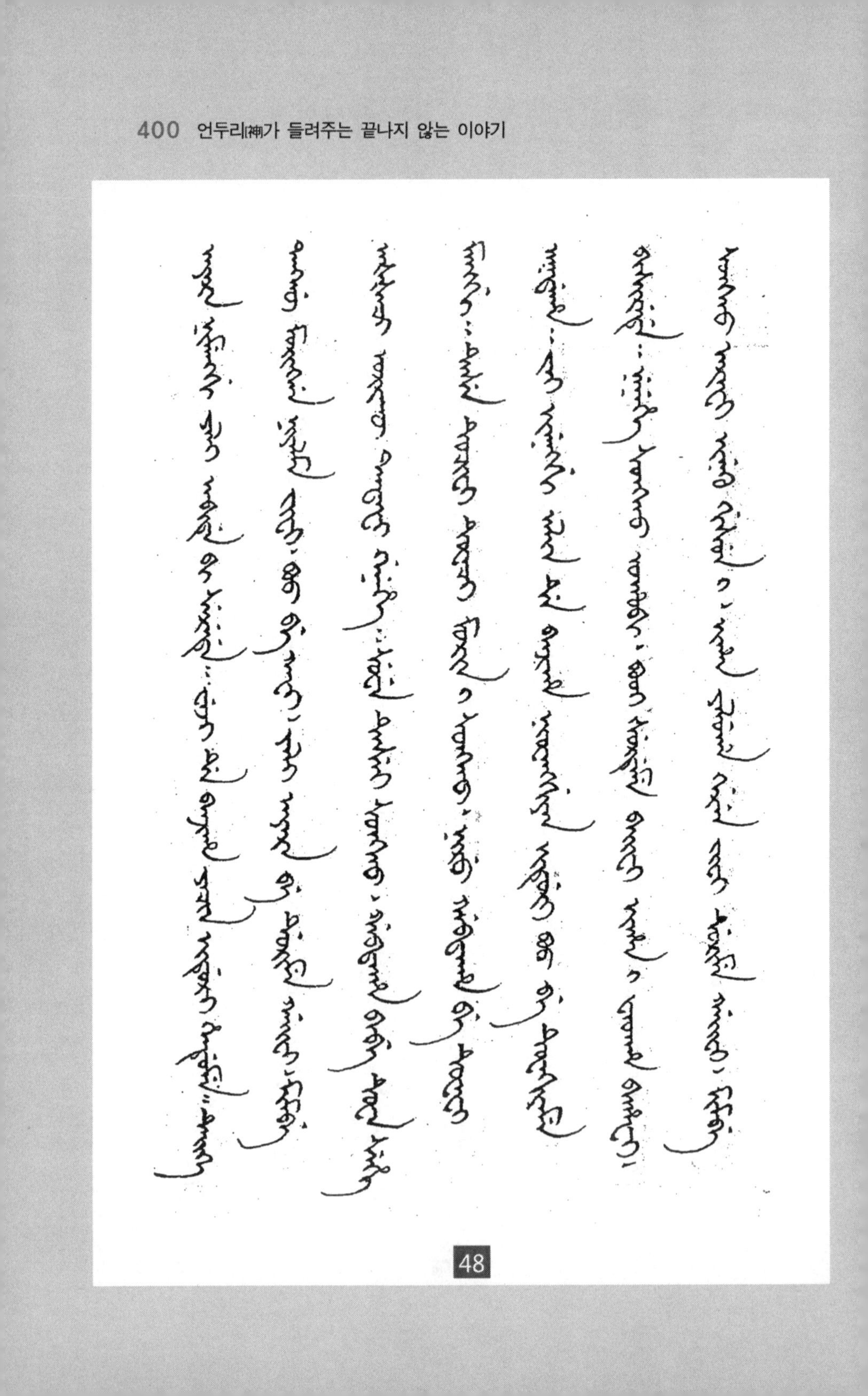

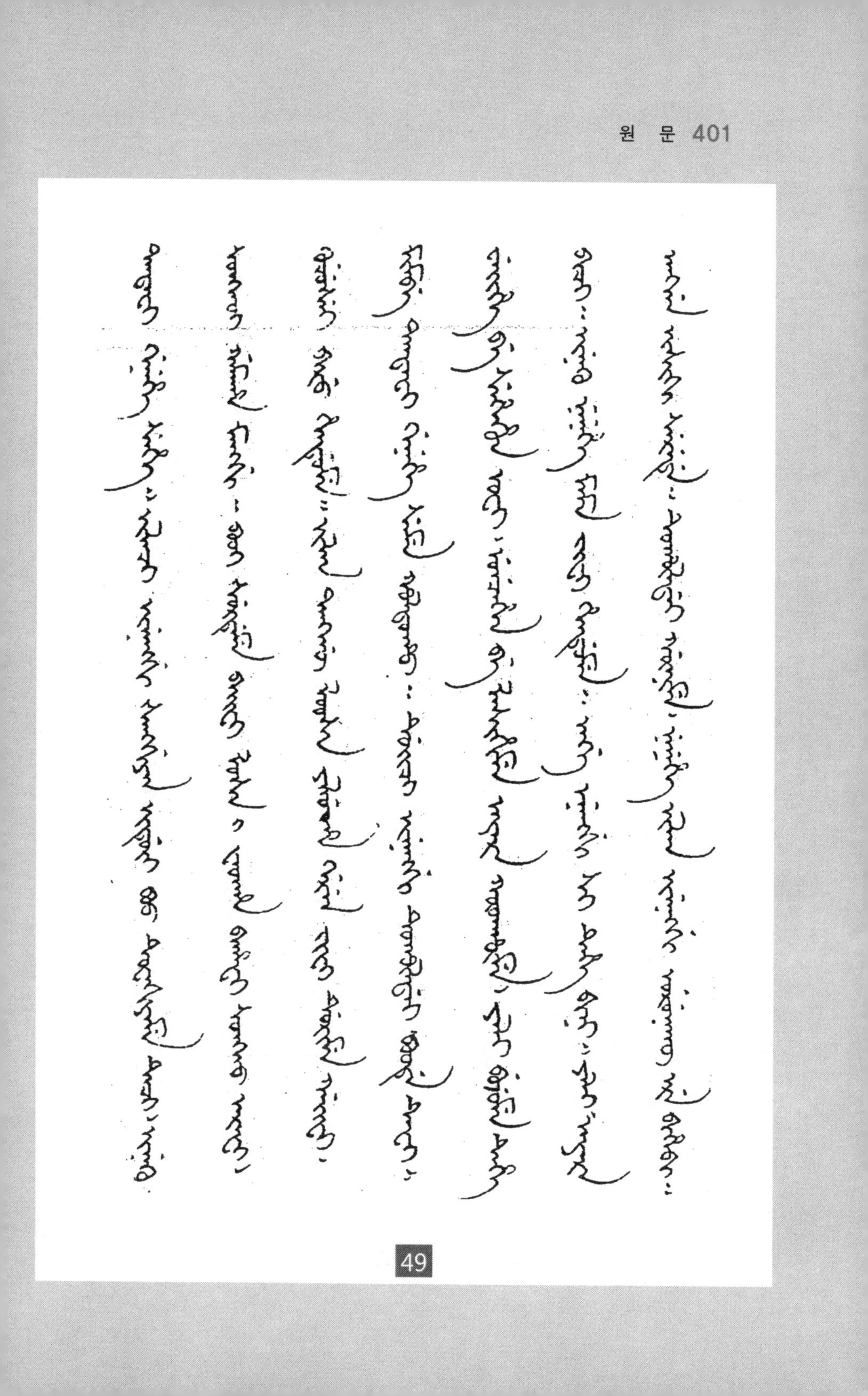

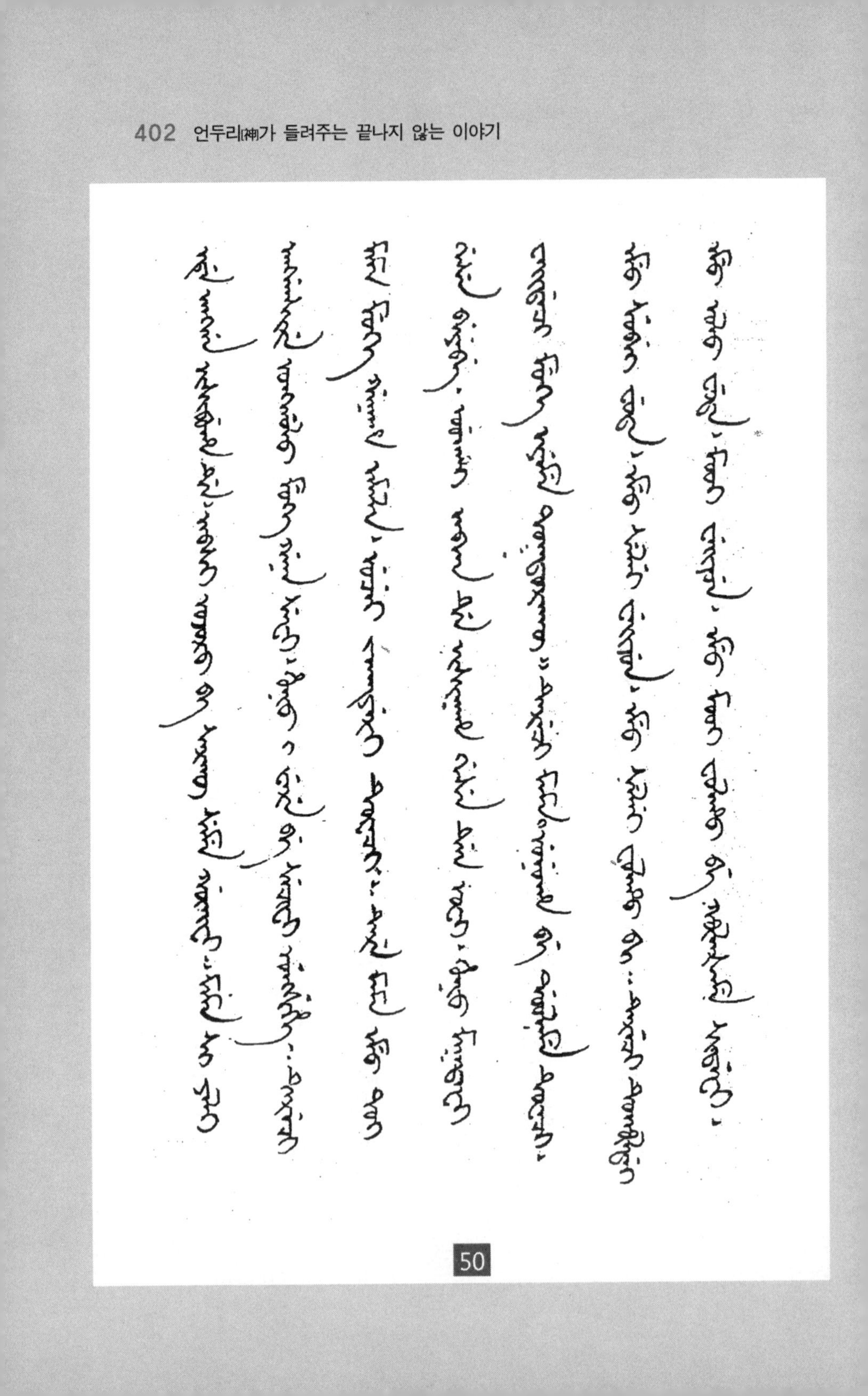

50

51

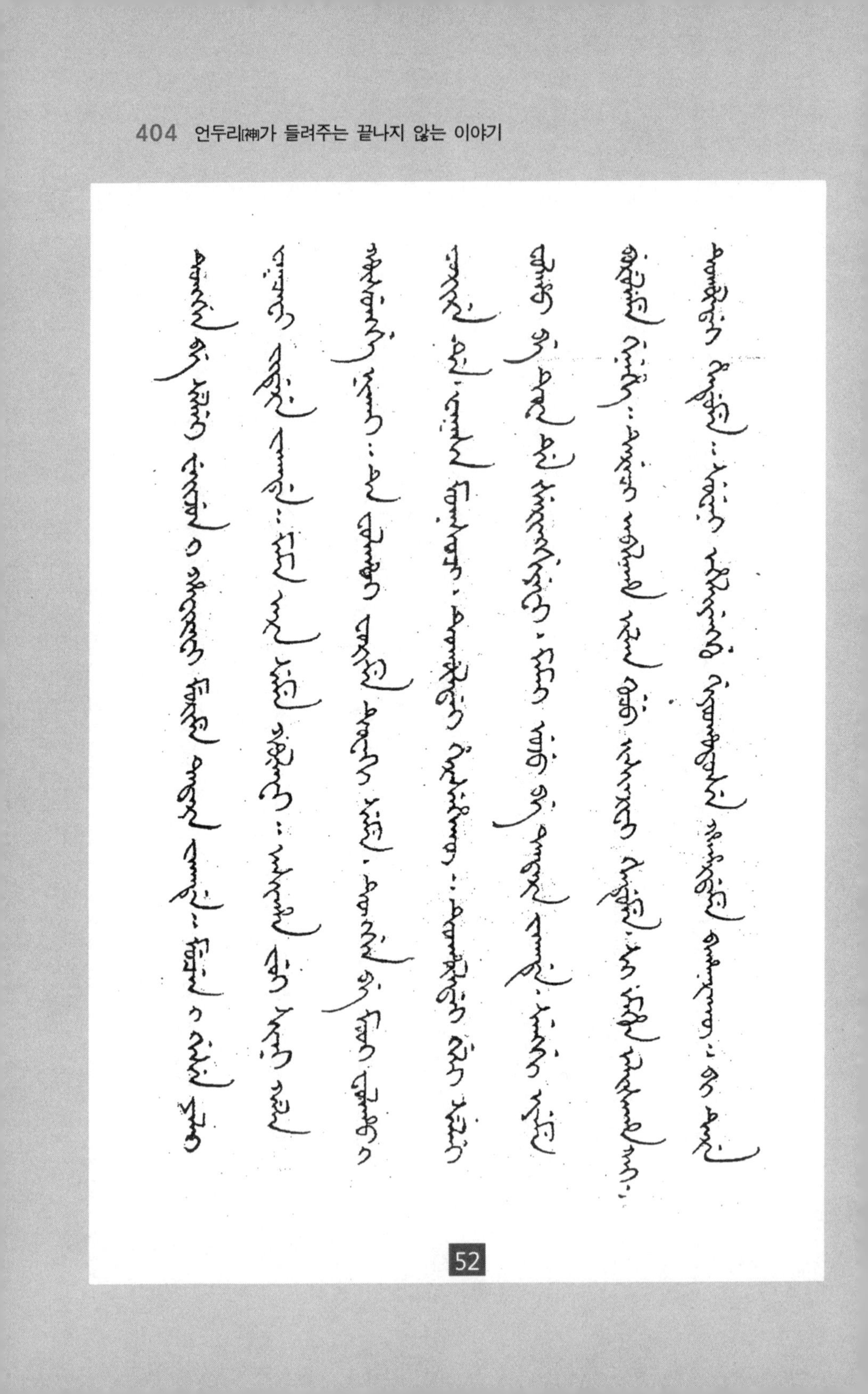

52

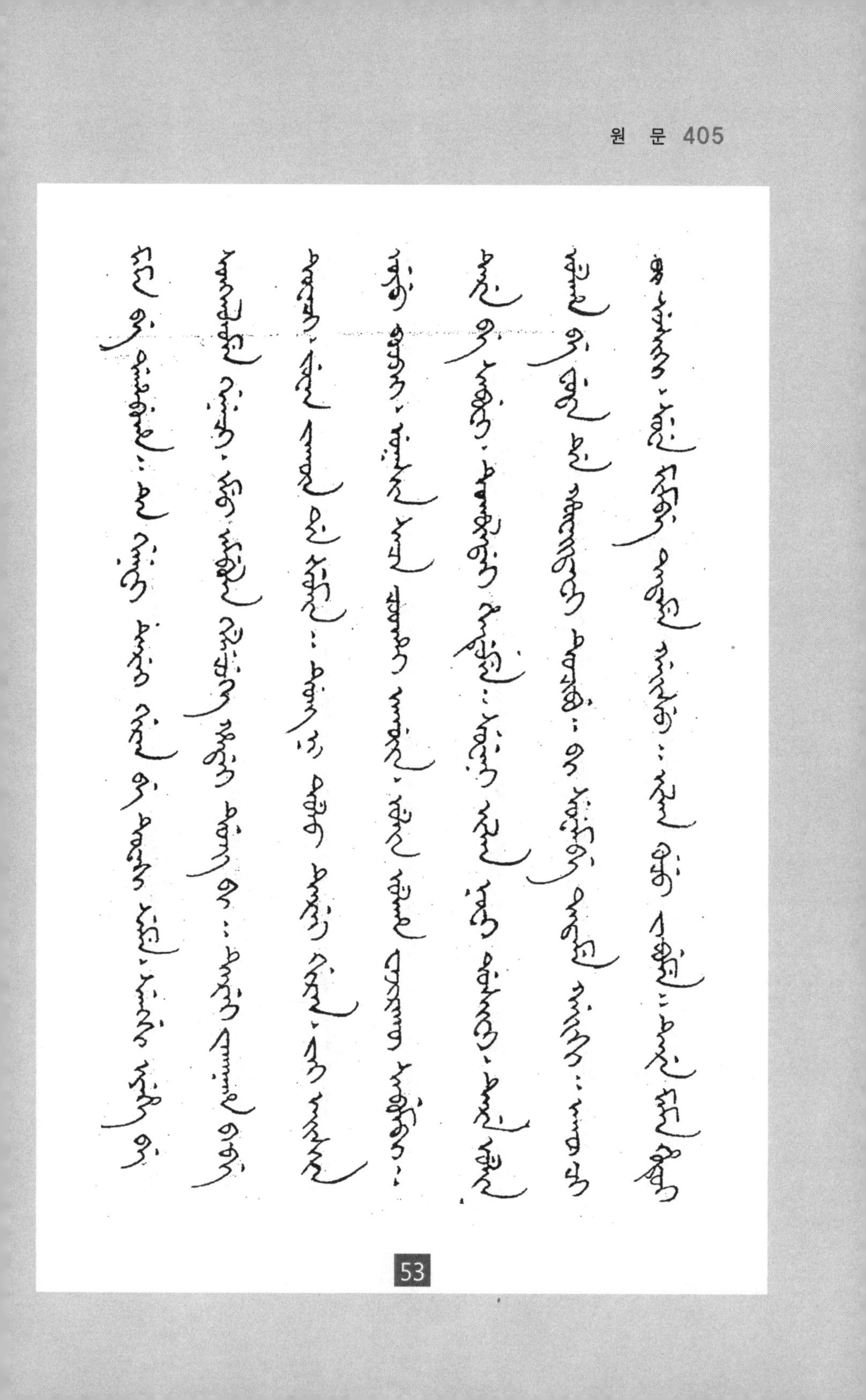

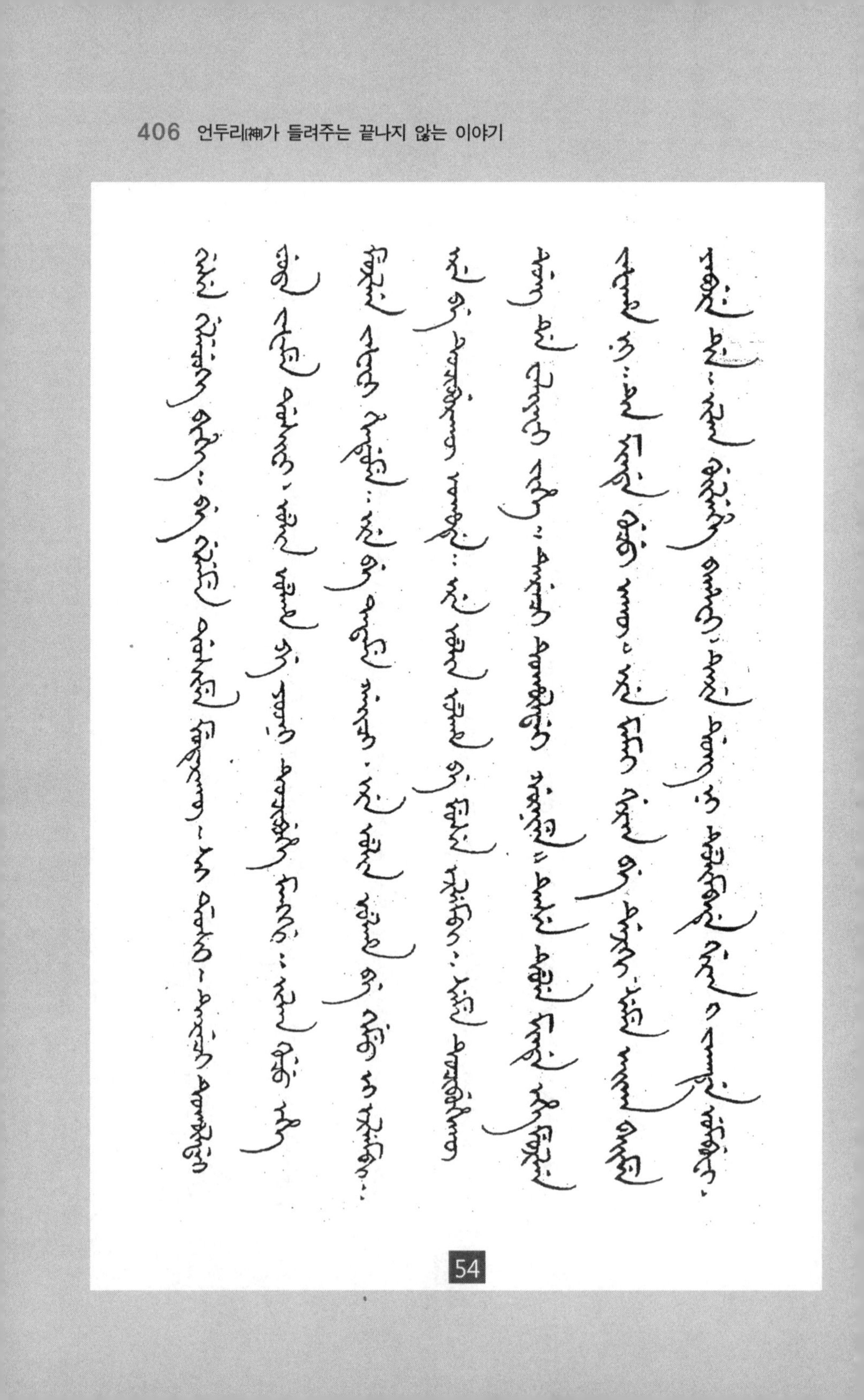

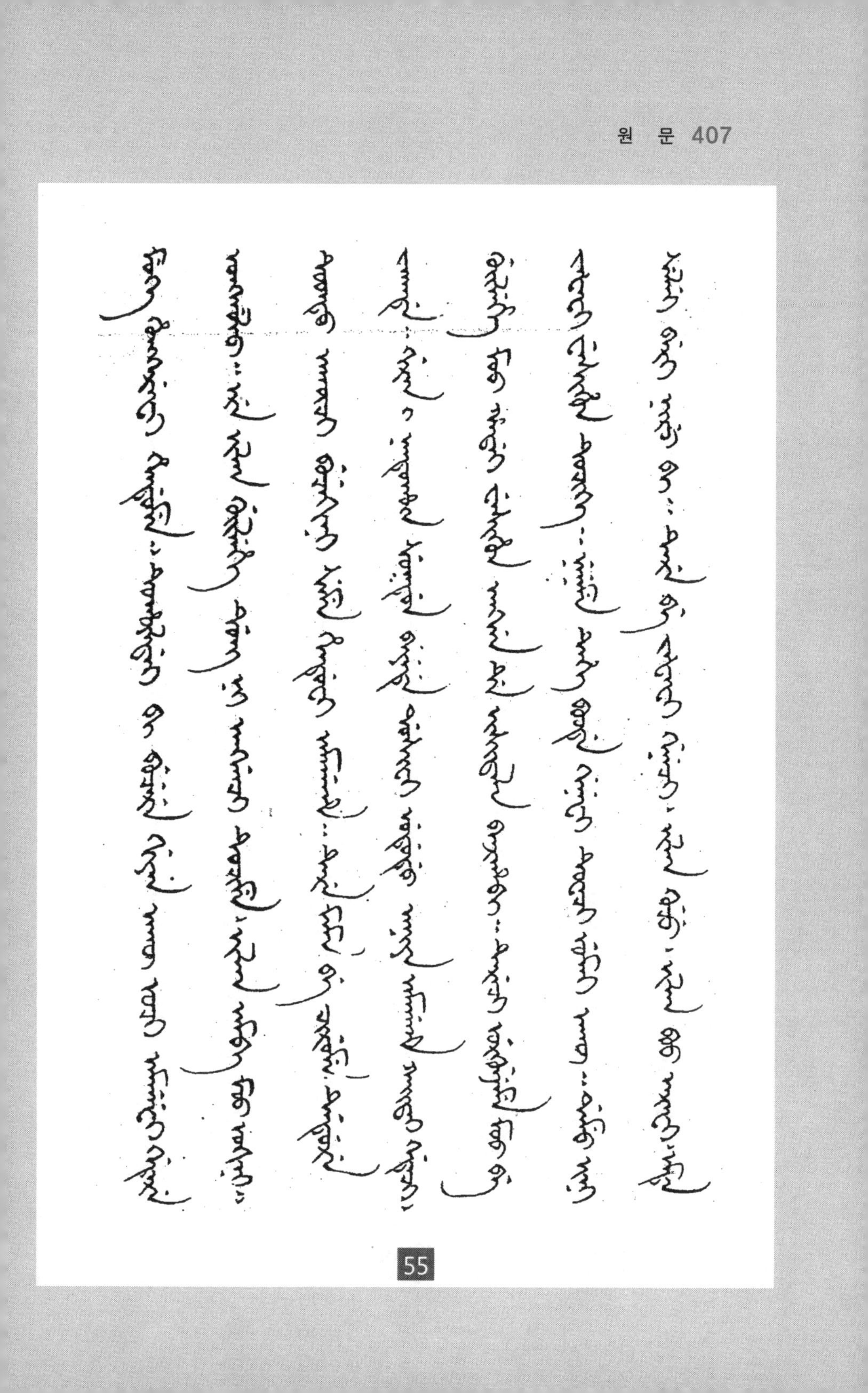

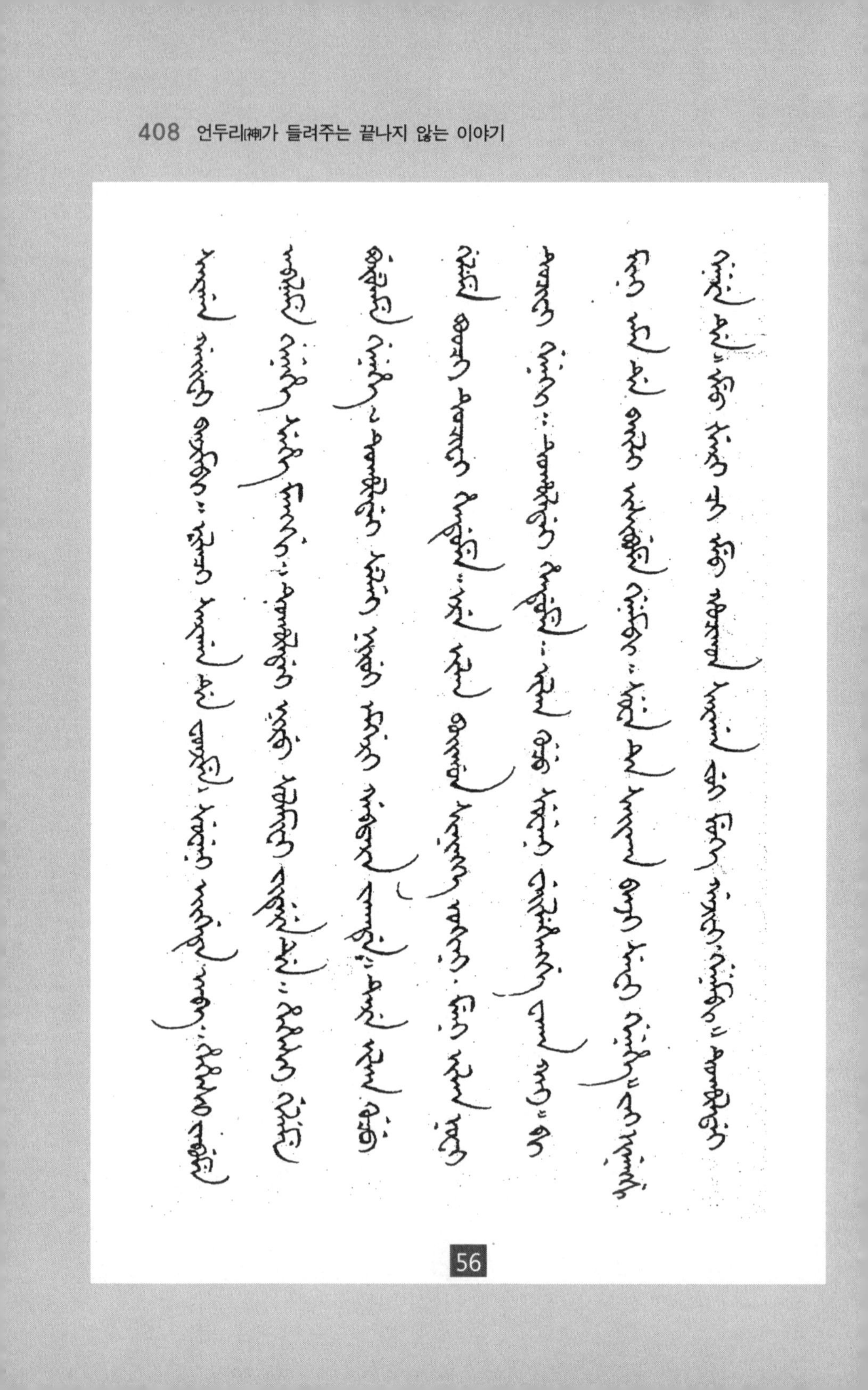

56

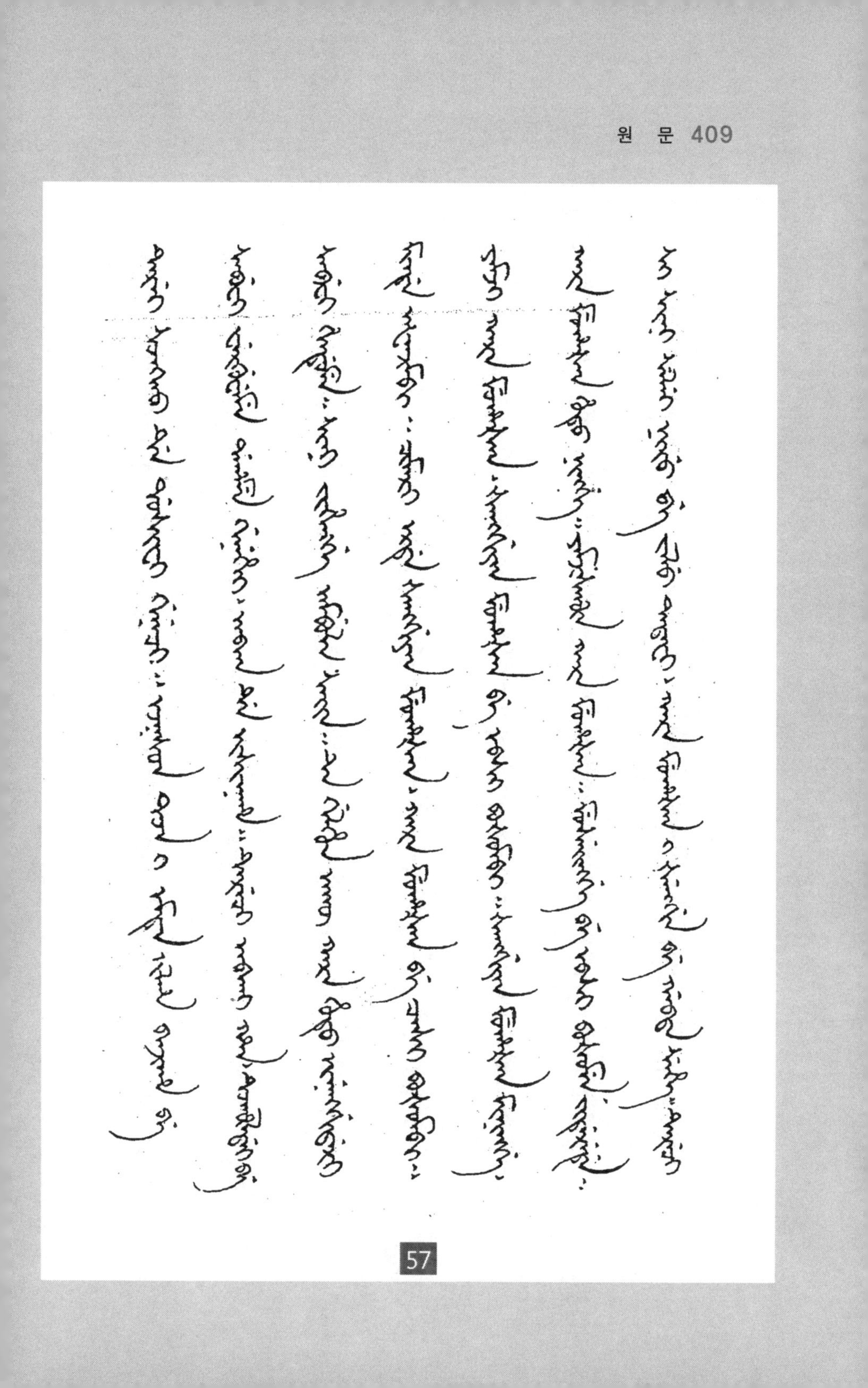

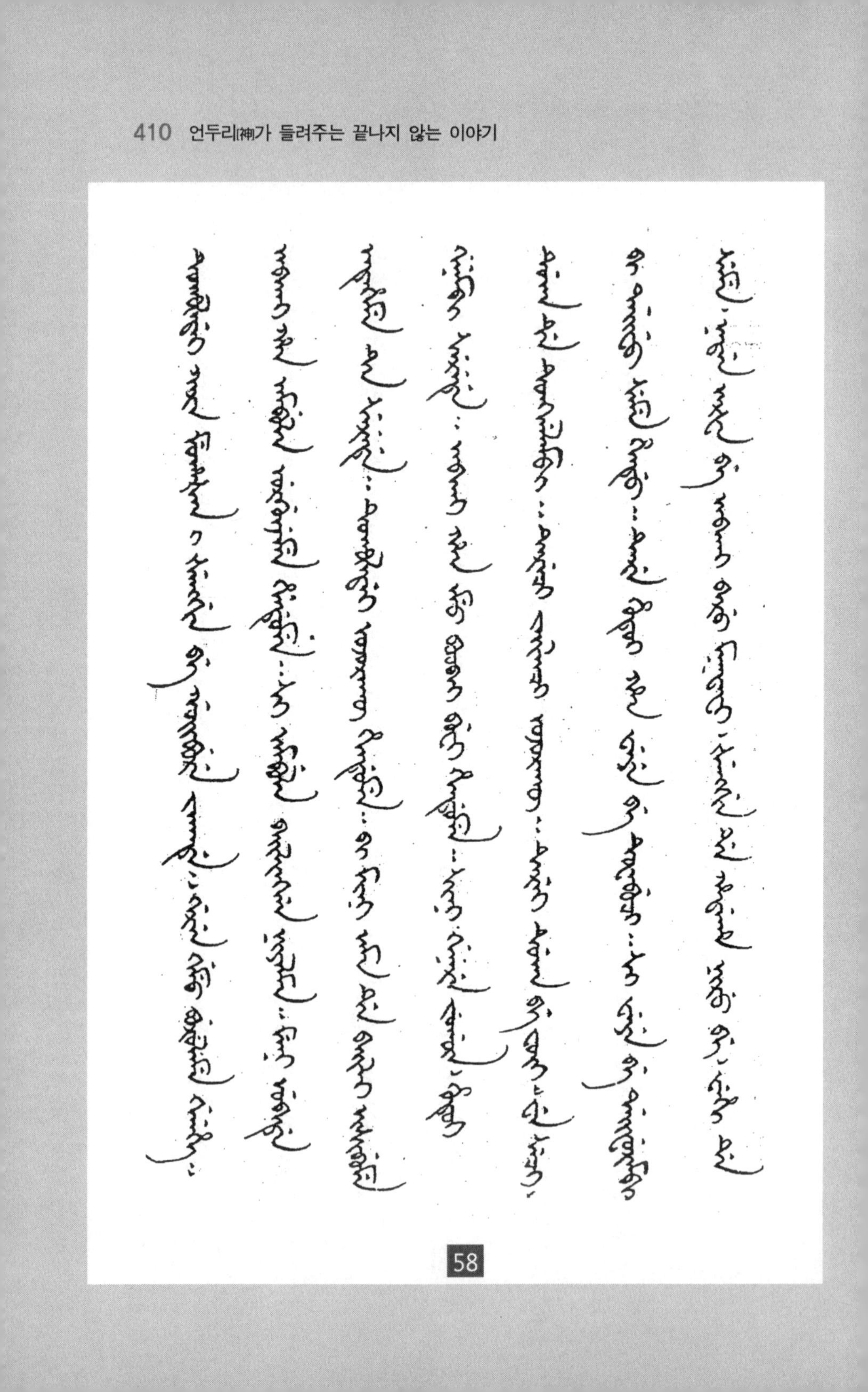

58

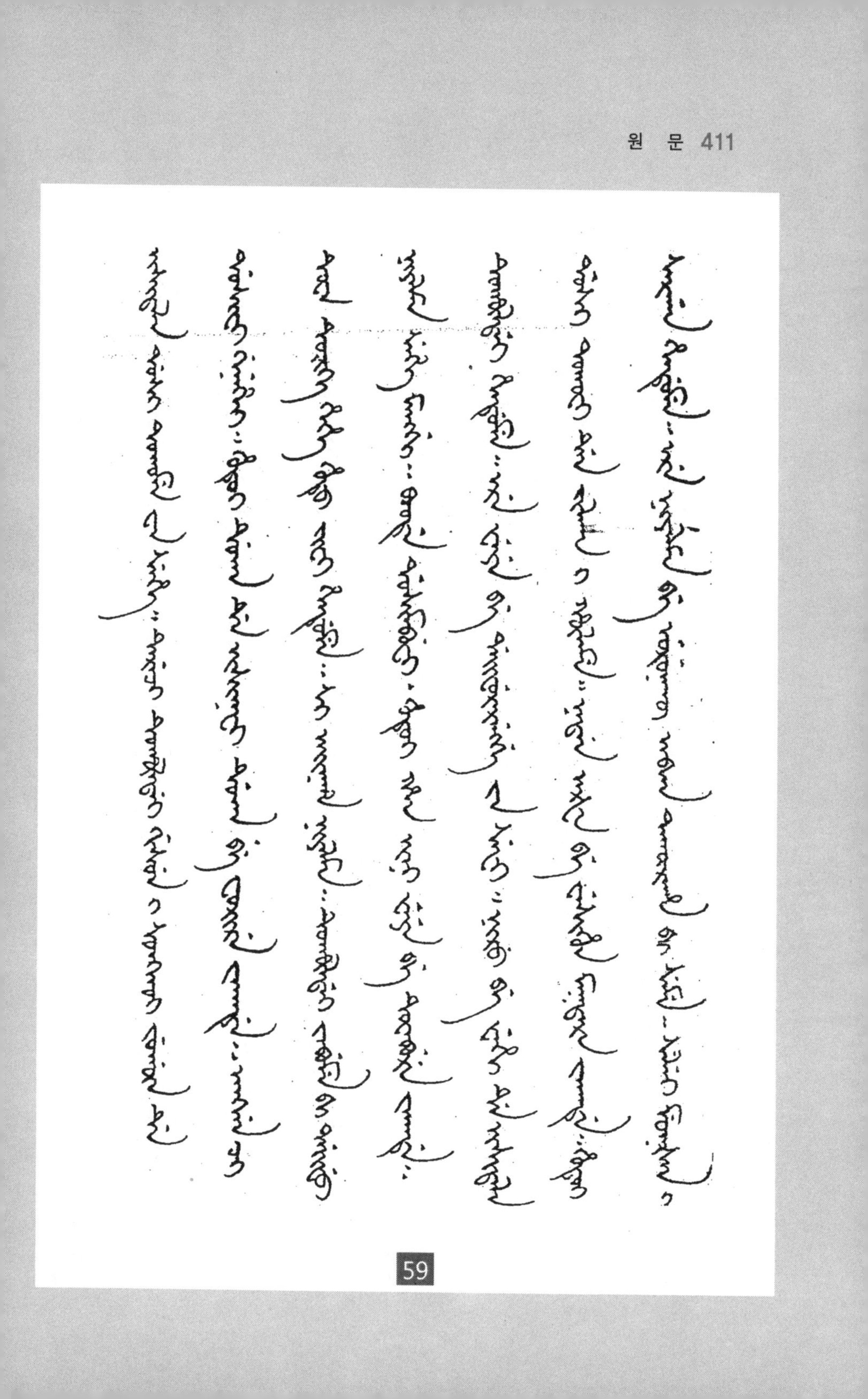

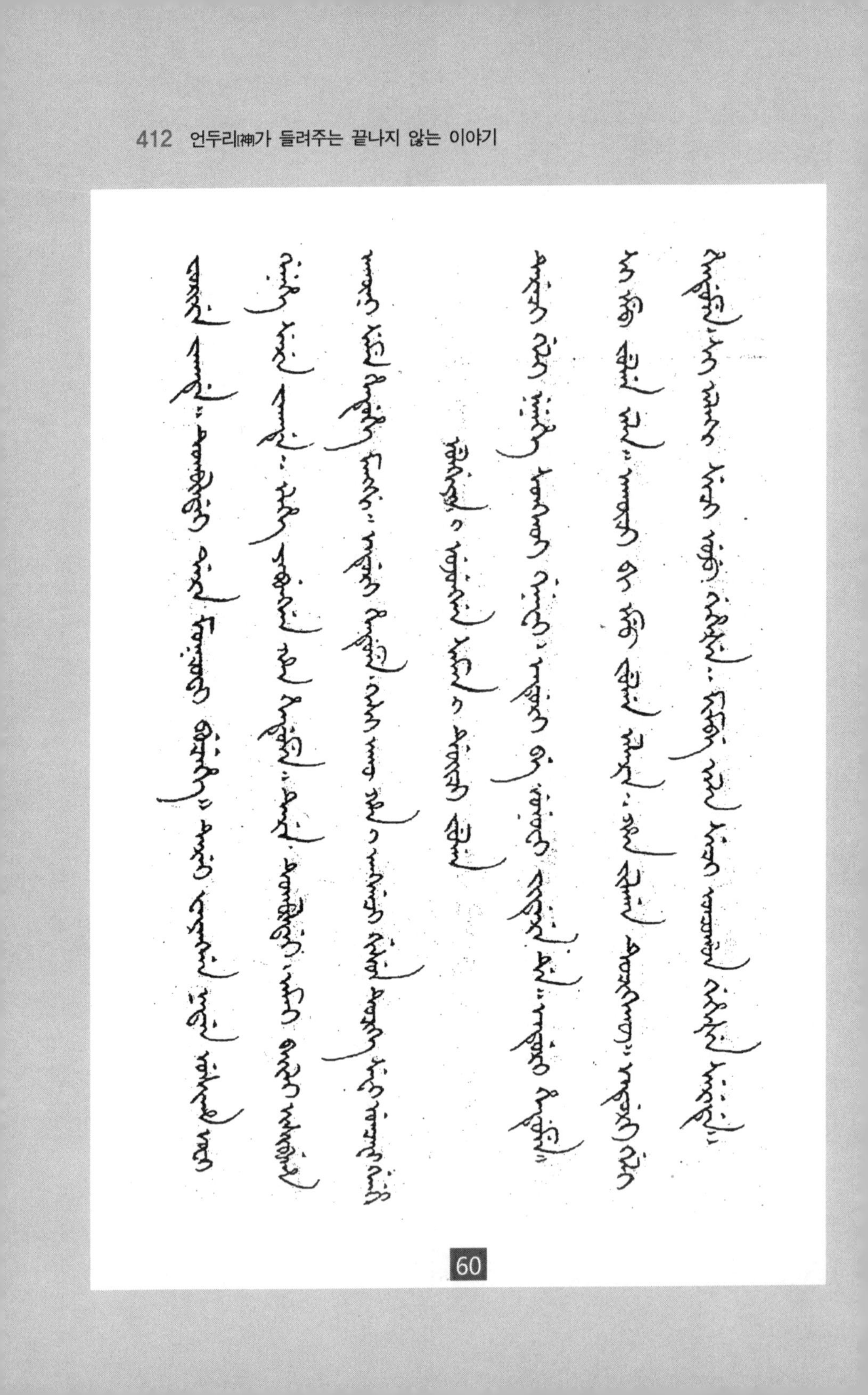

60

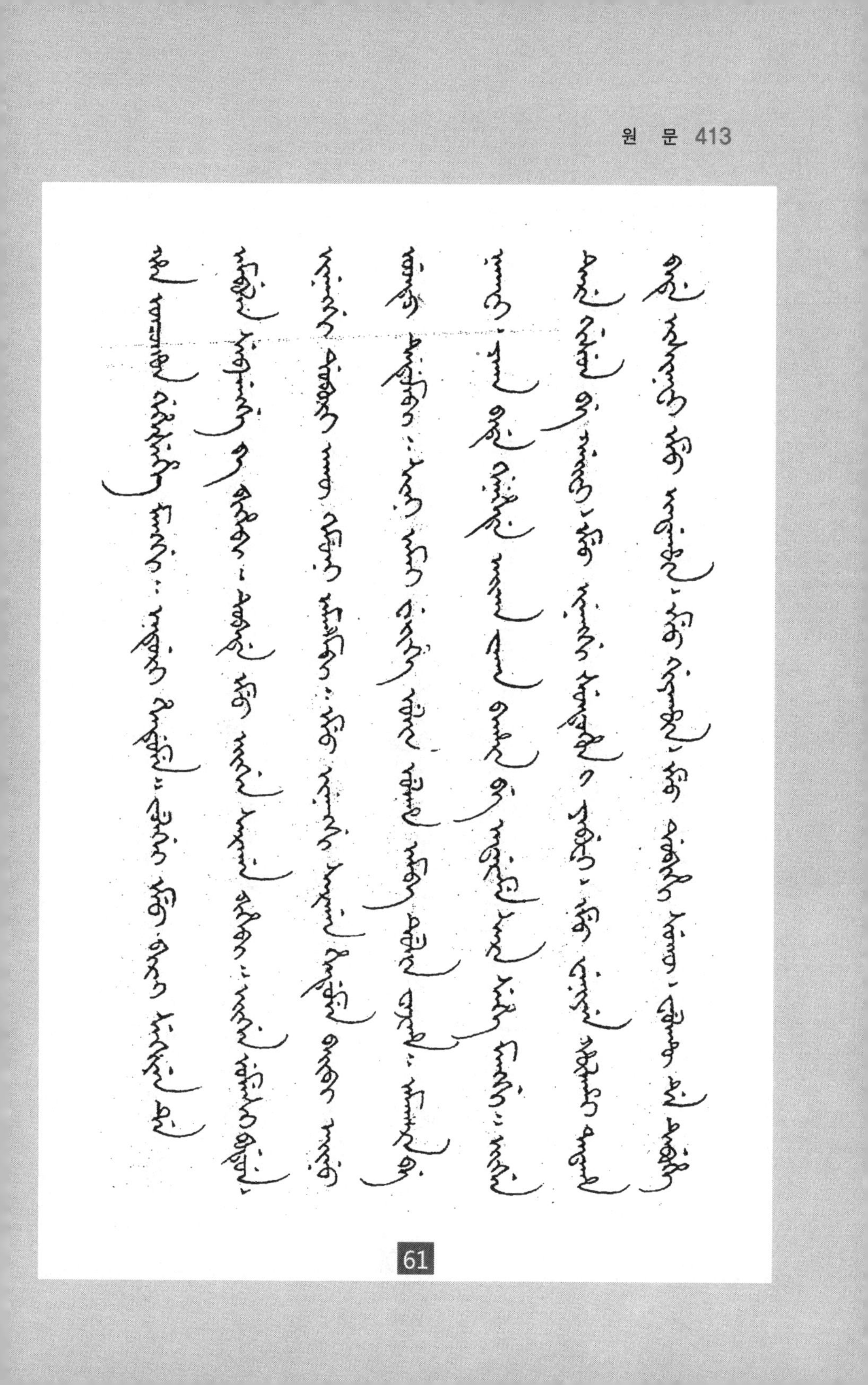

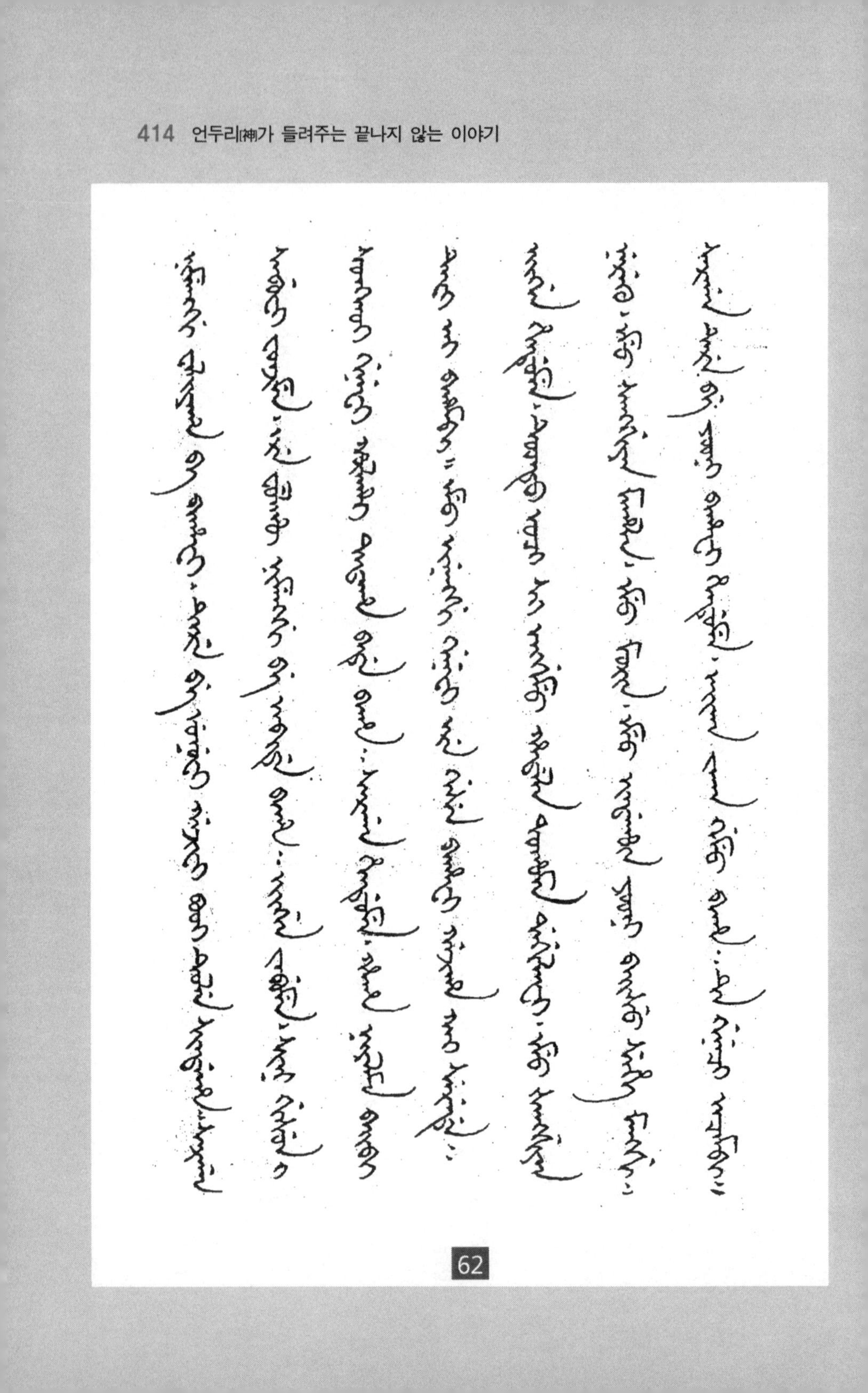

[illegible]

62

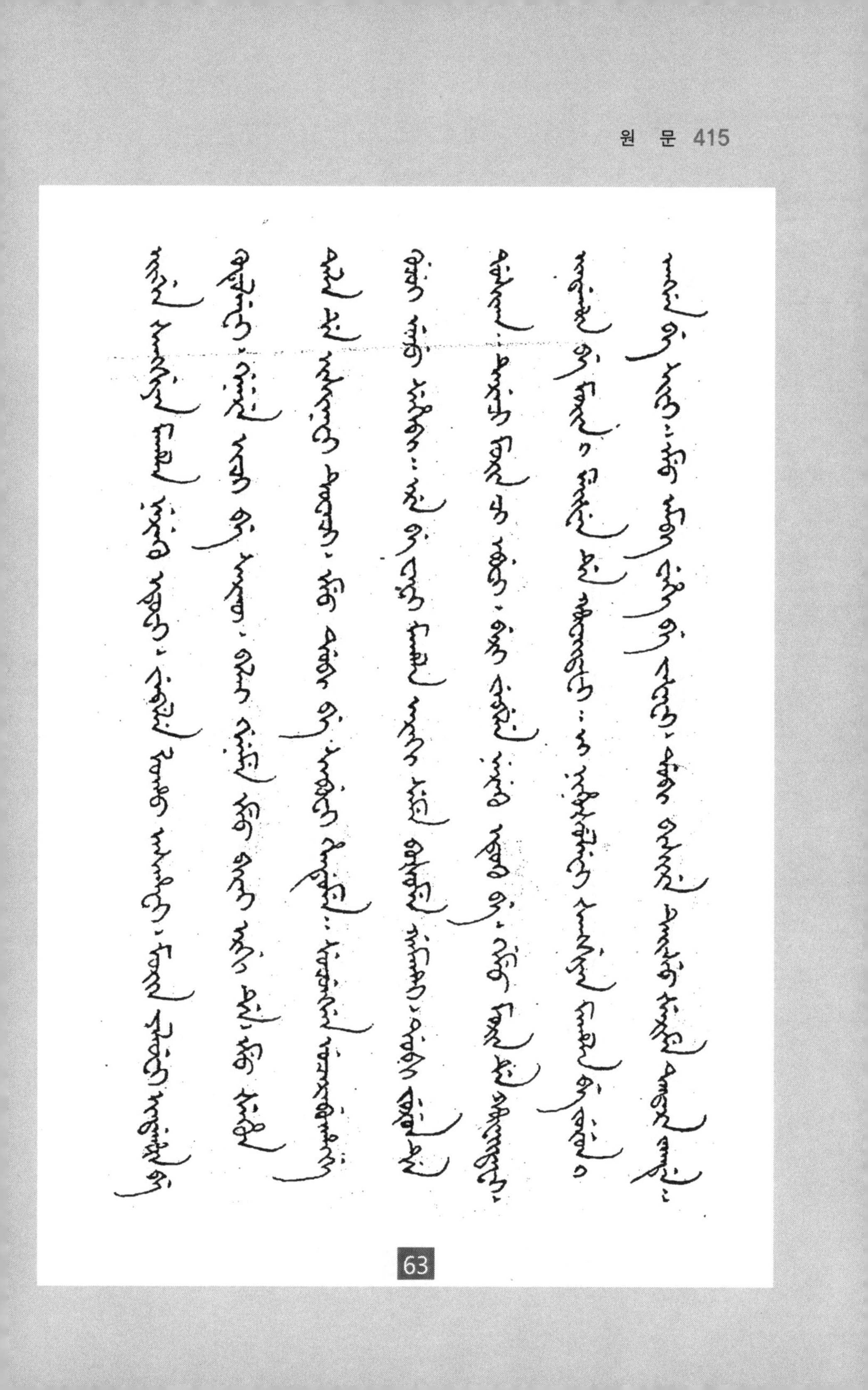

64

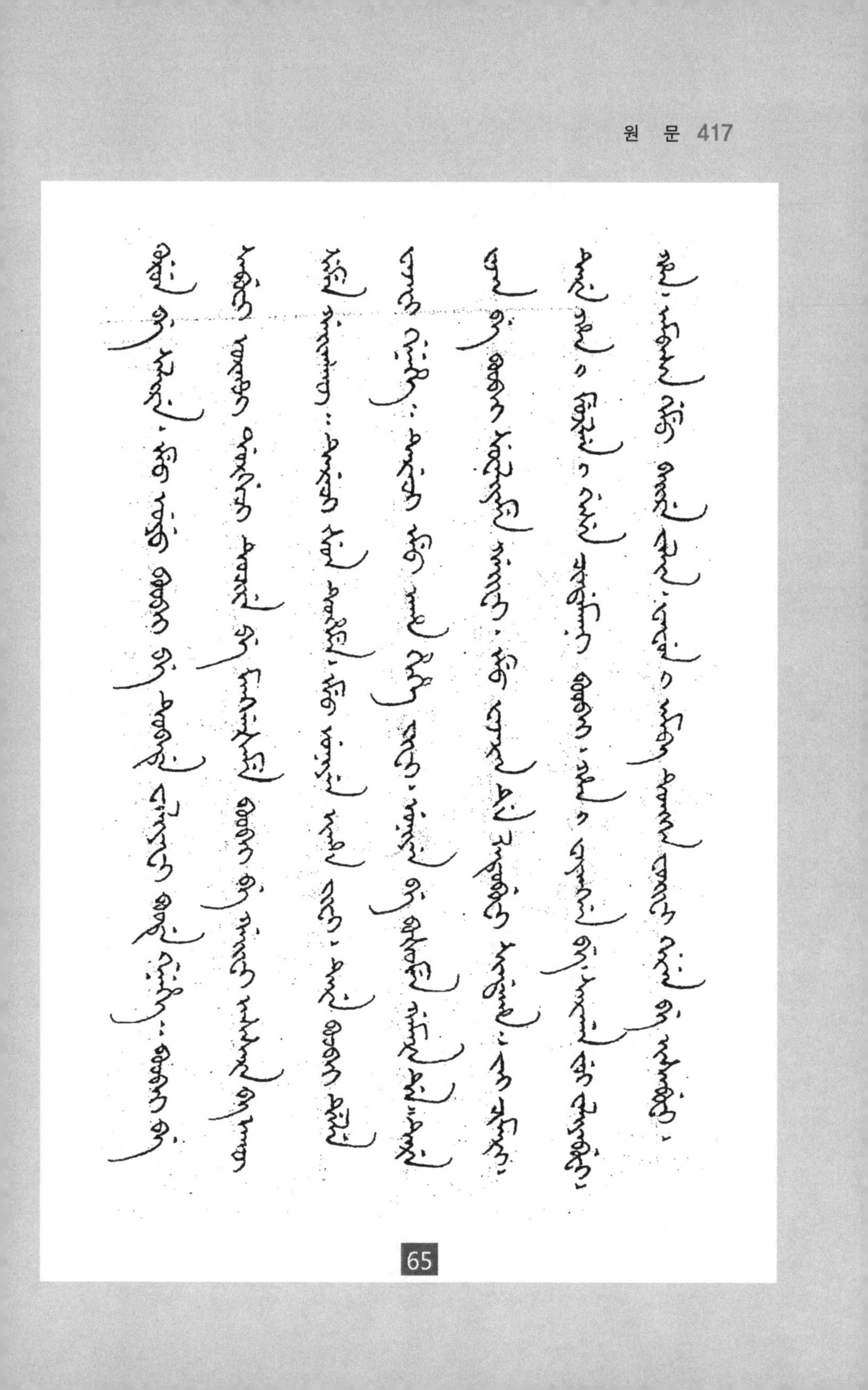

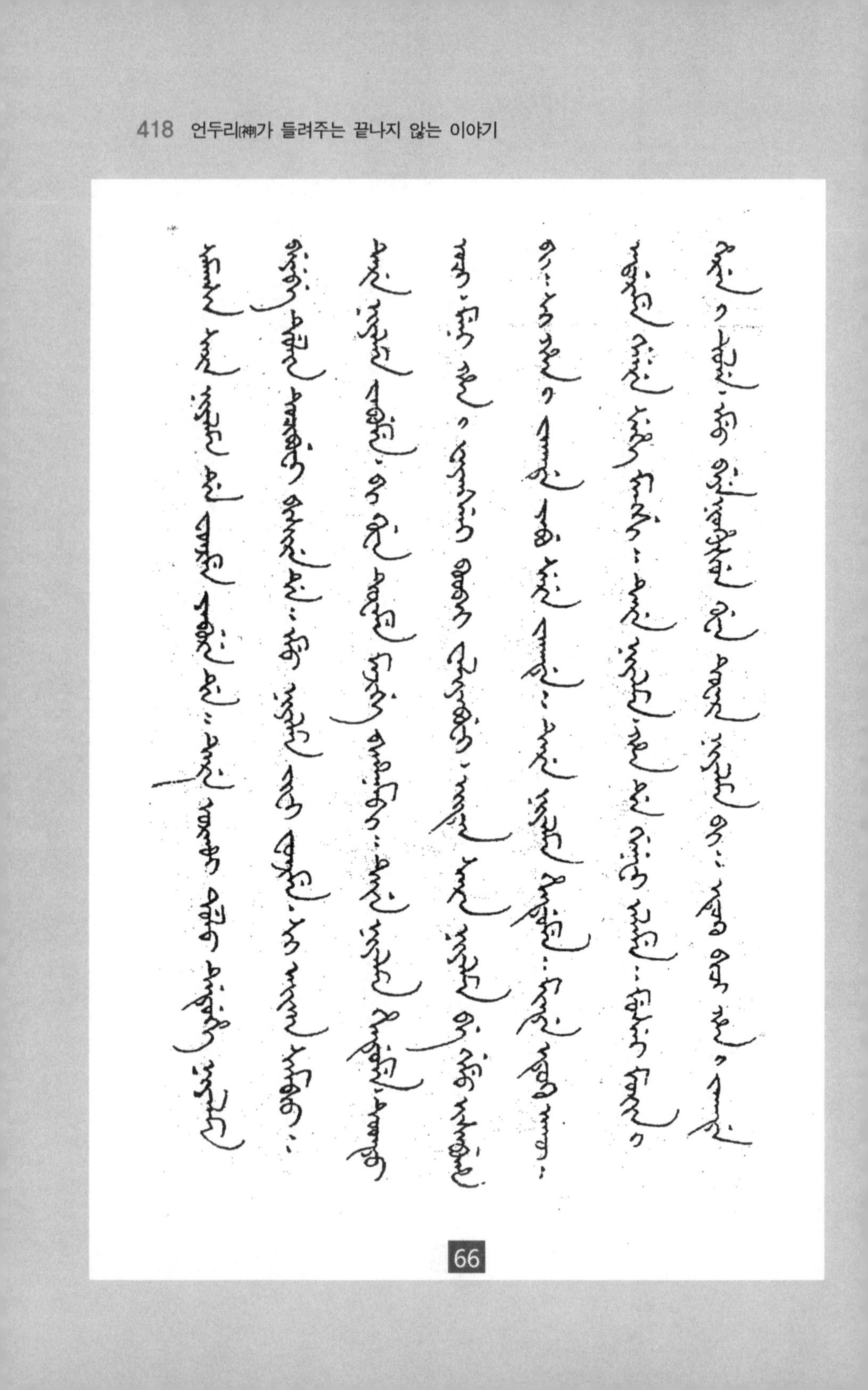

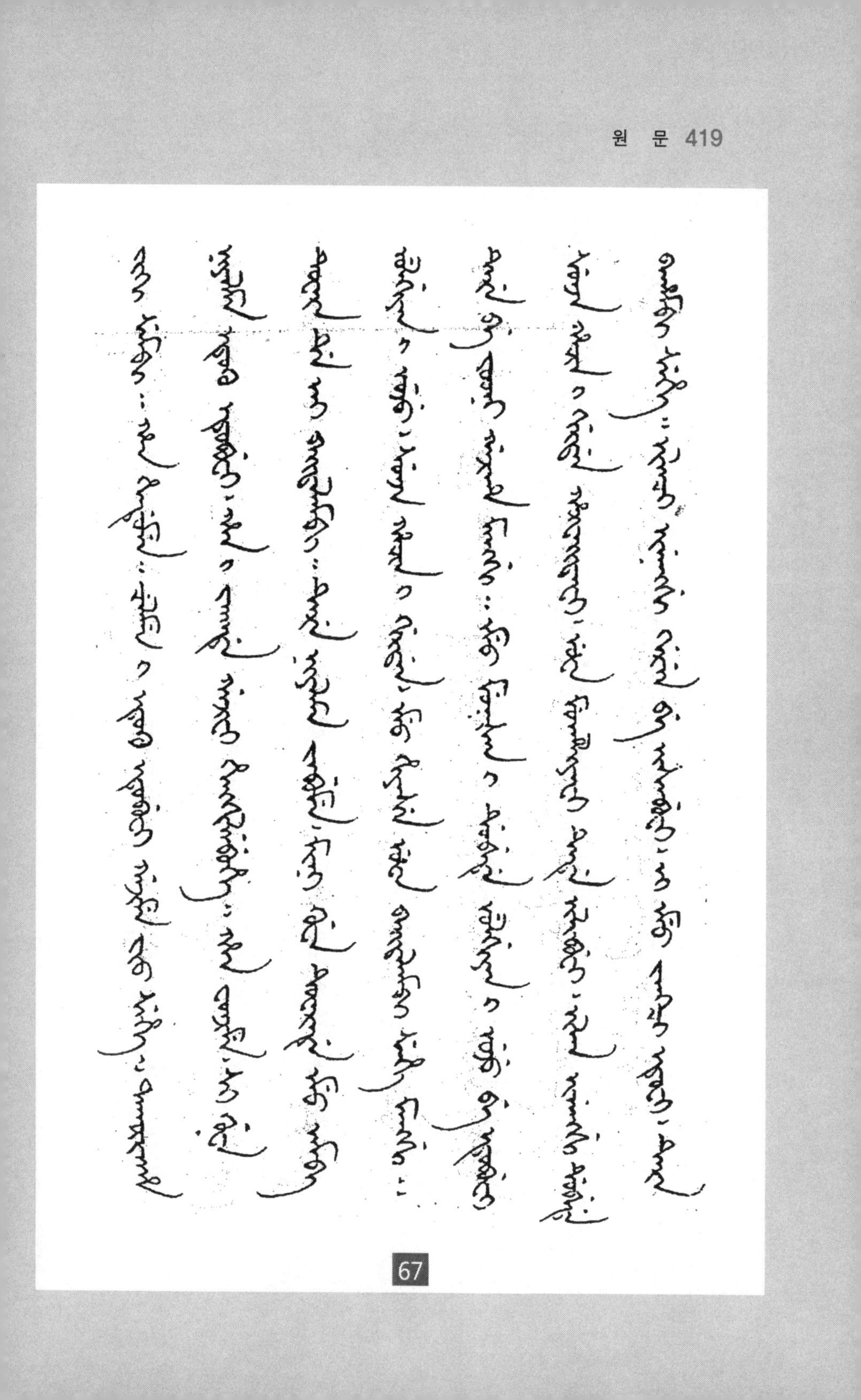

67

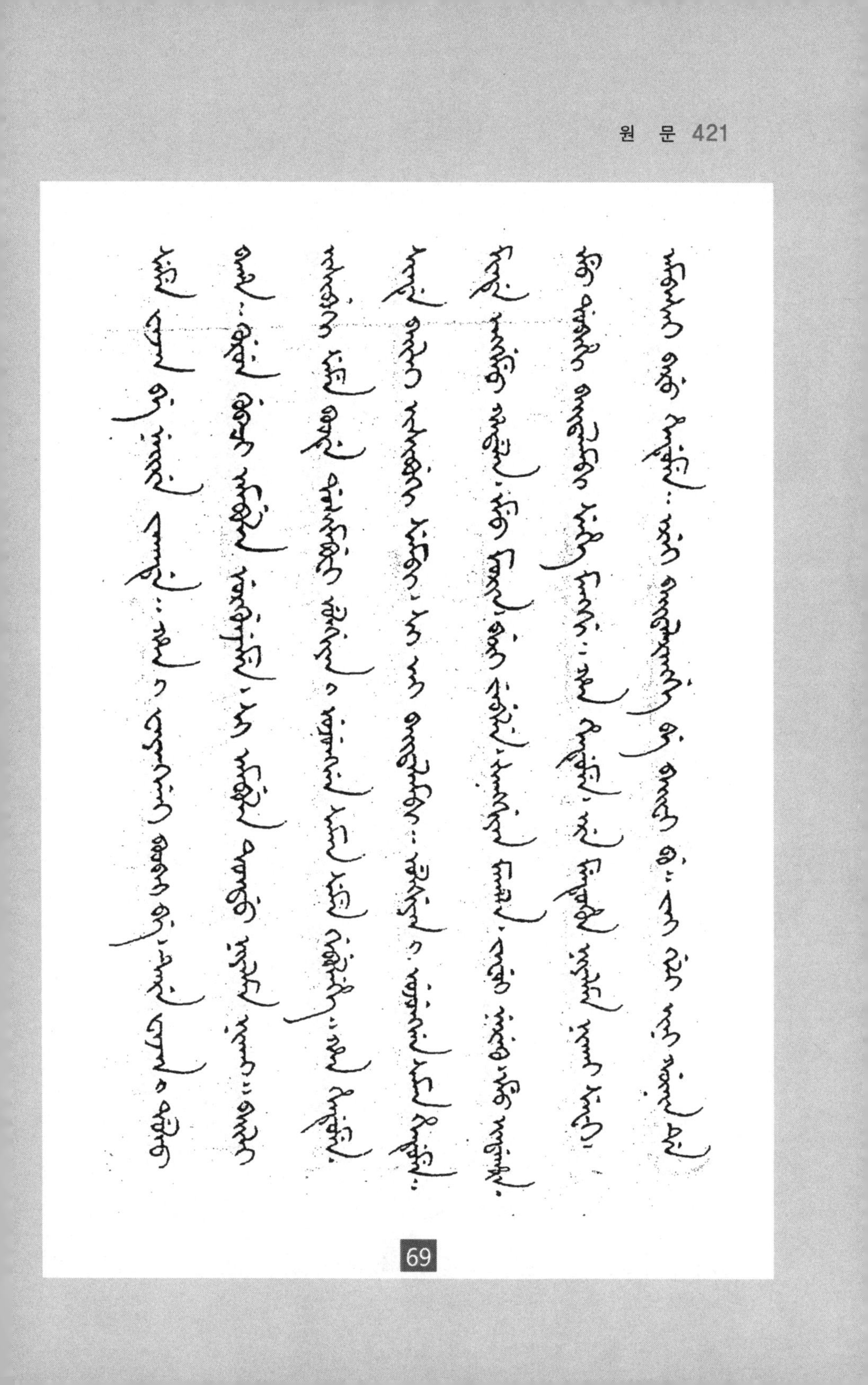

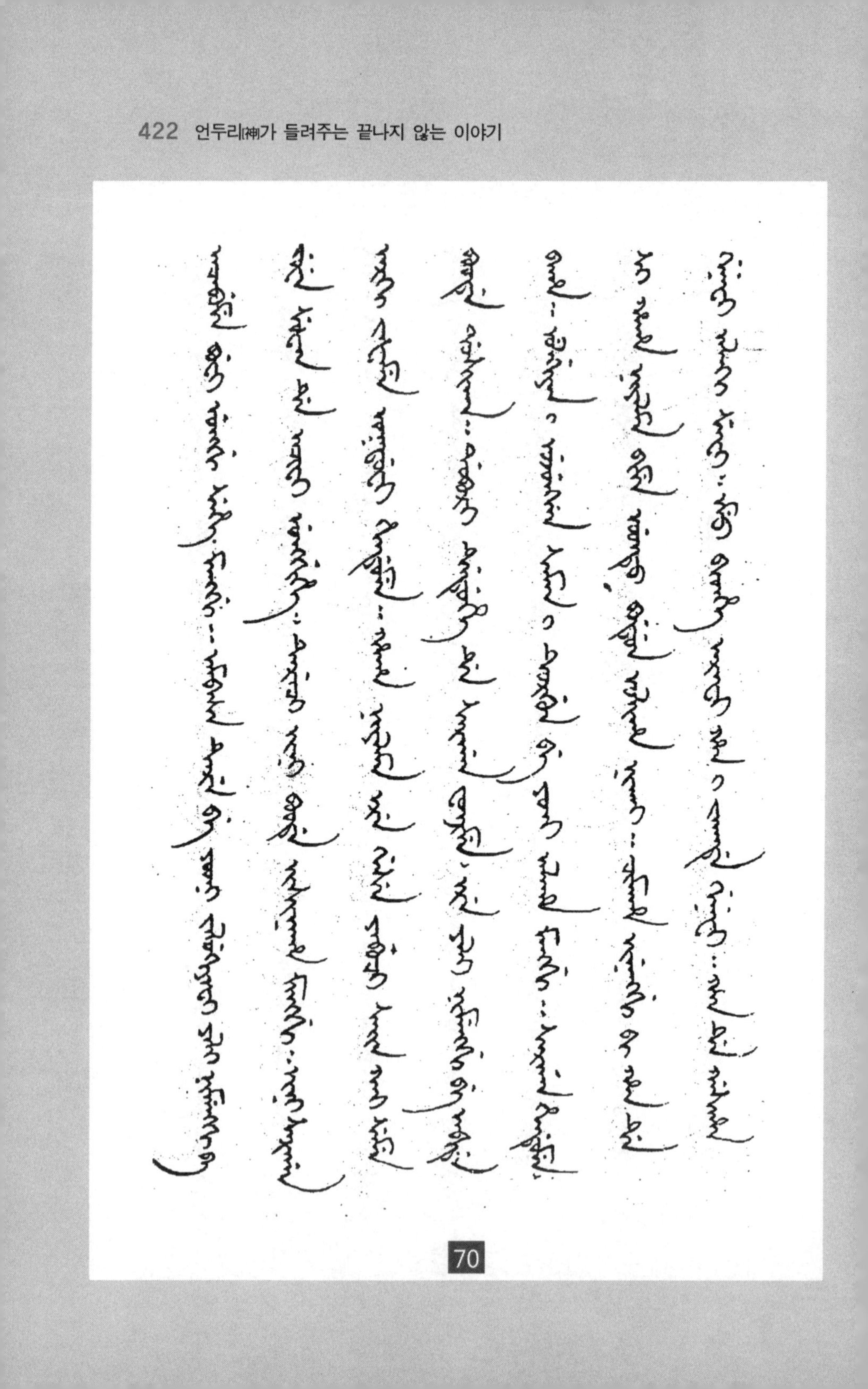

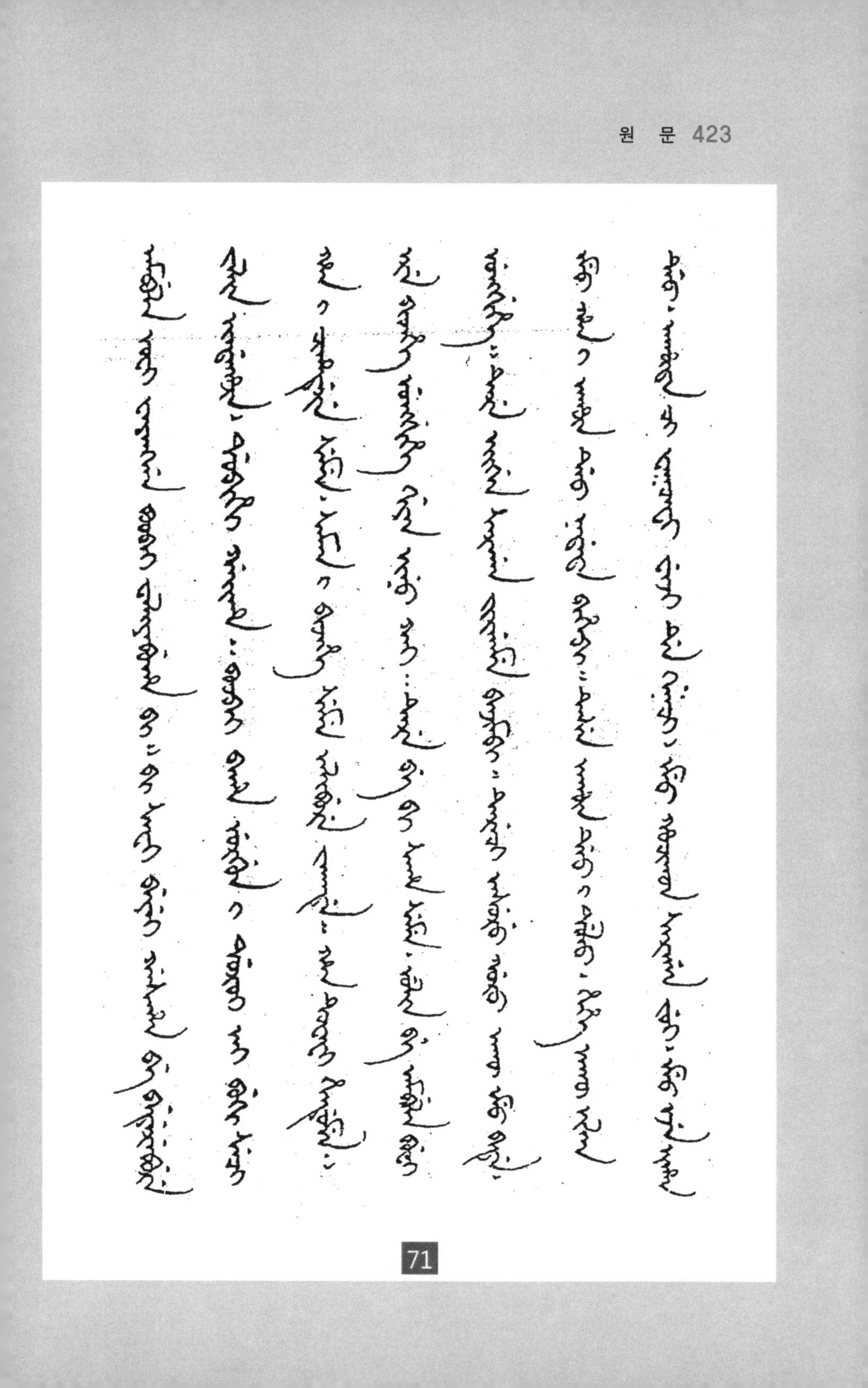

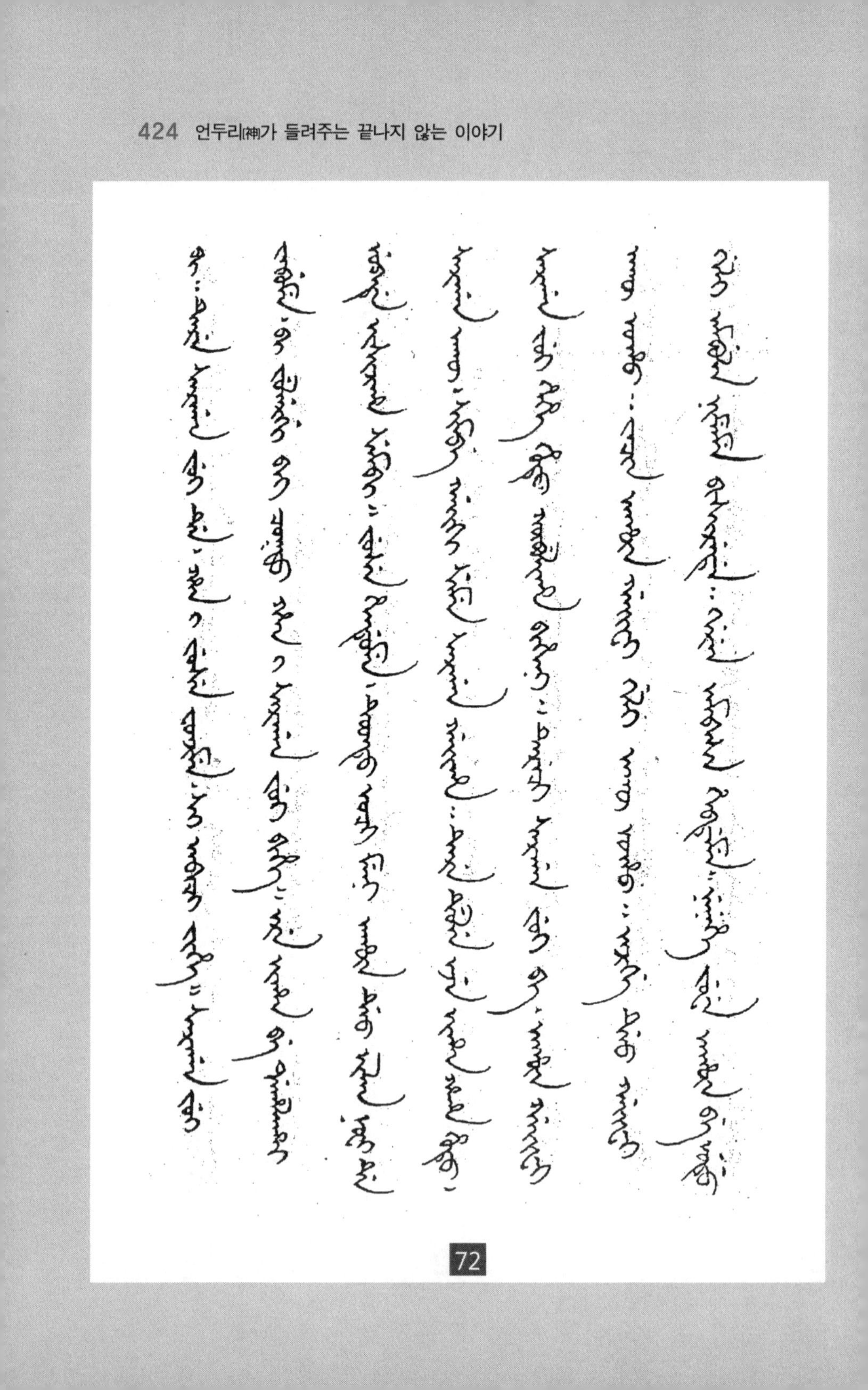

72

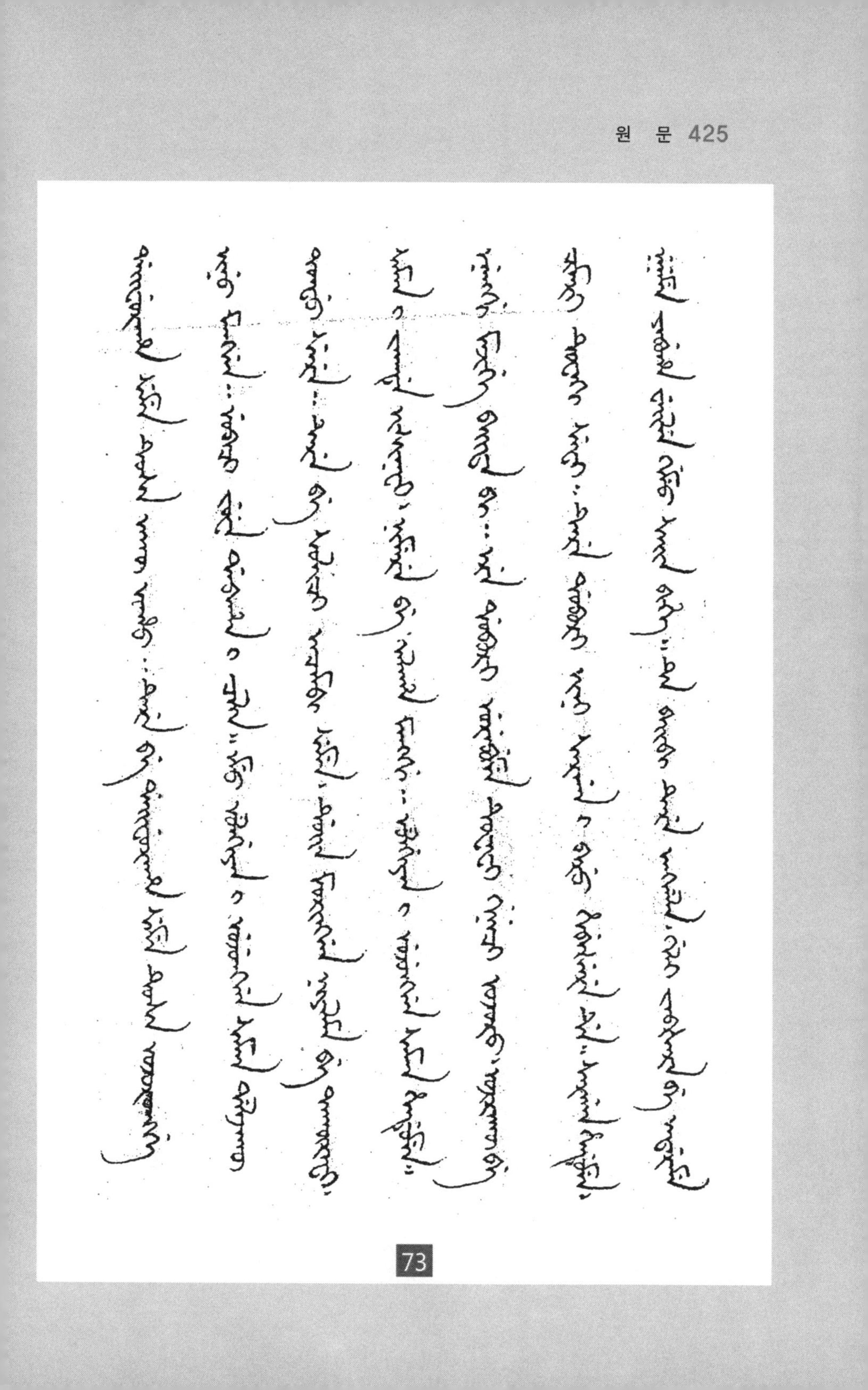

[illegible]

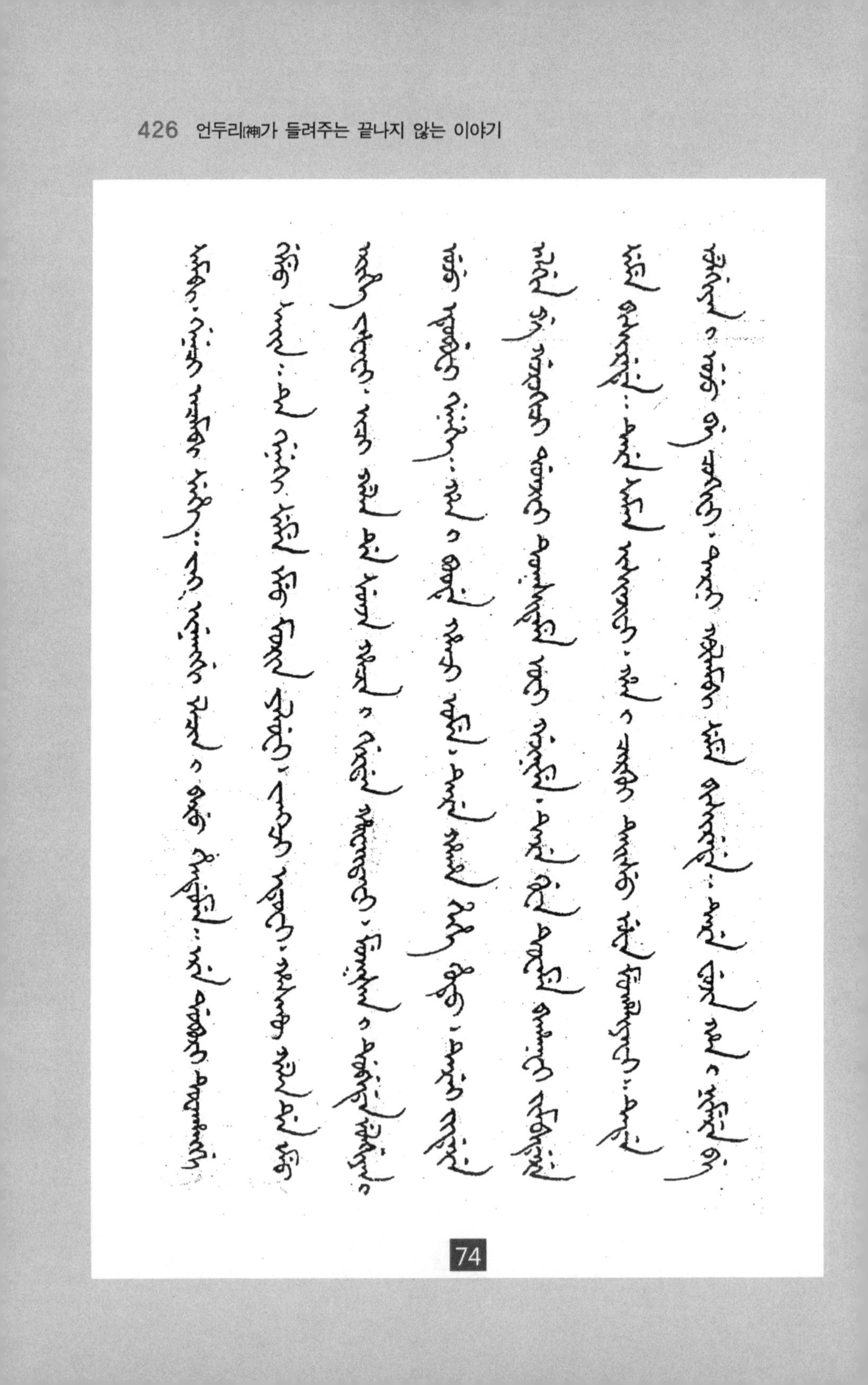

74

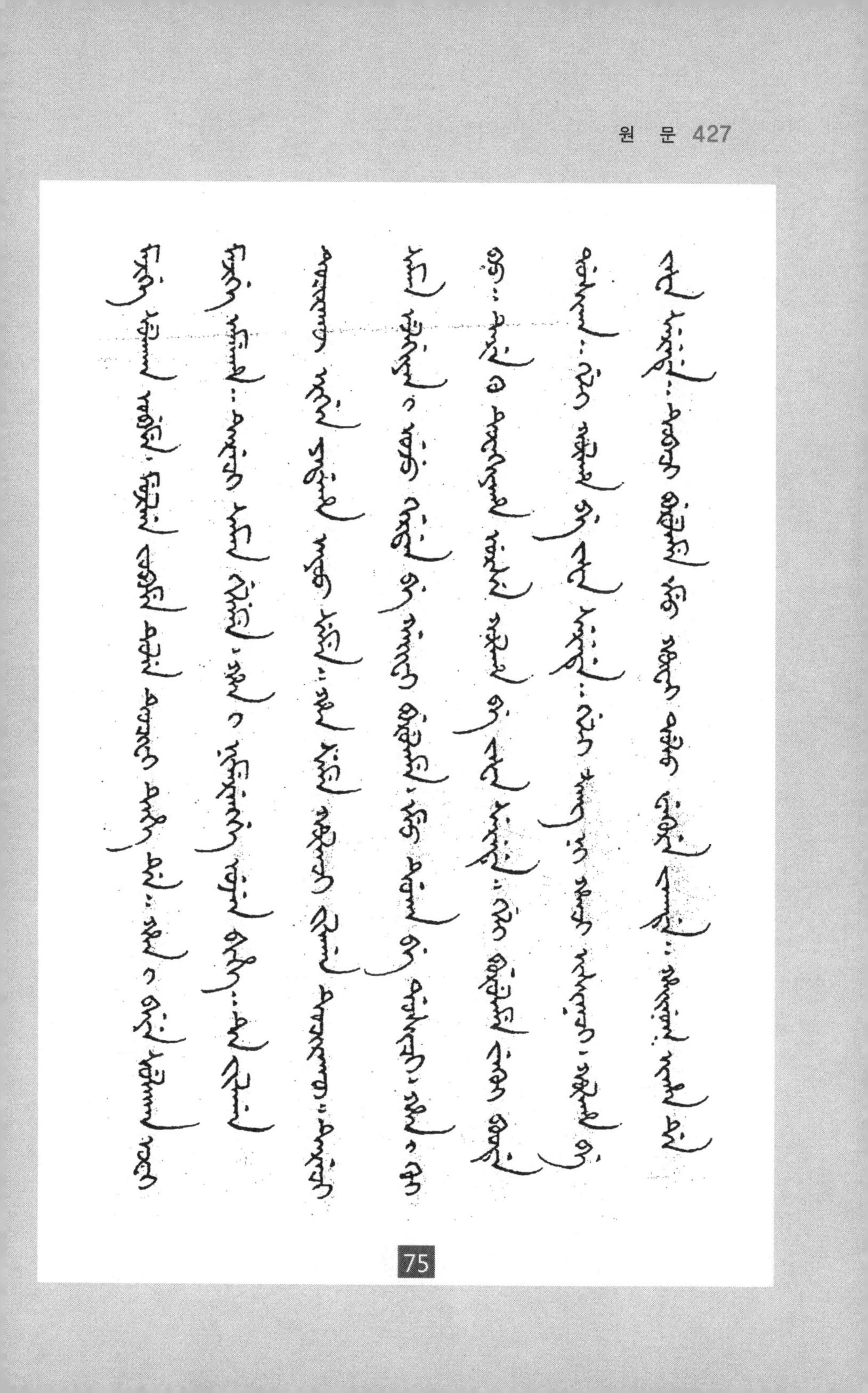

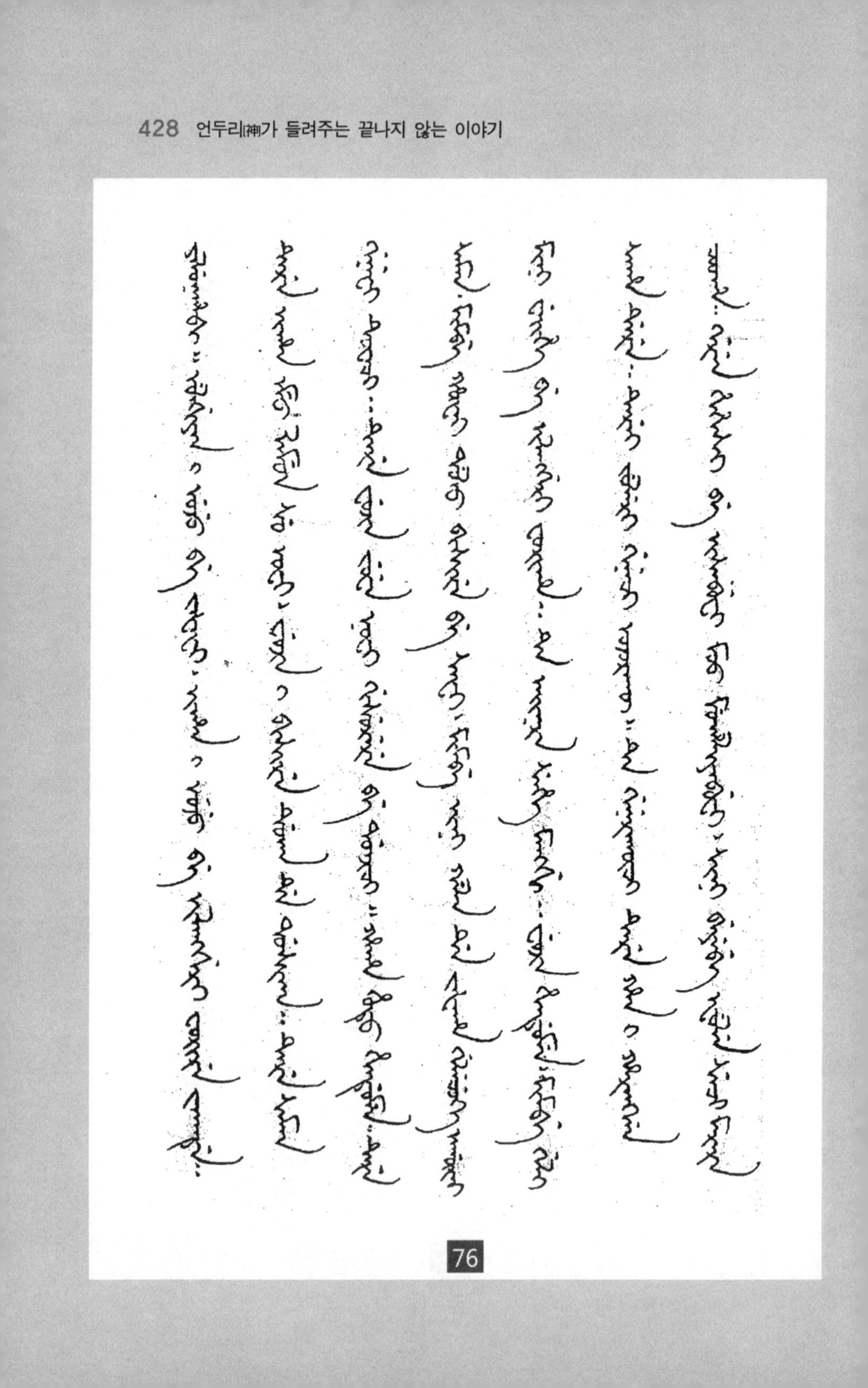

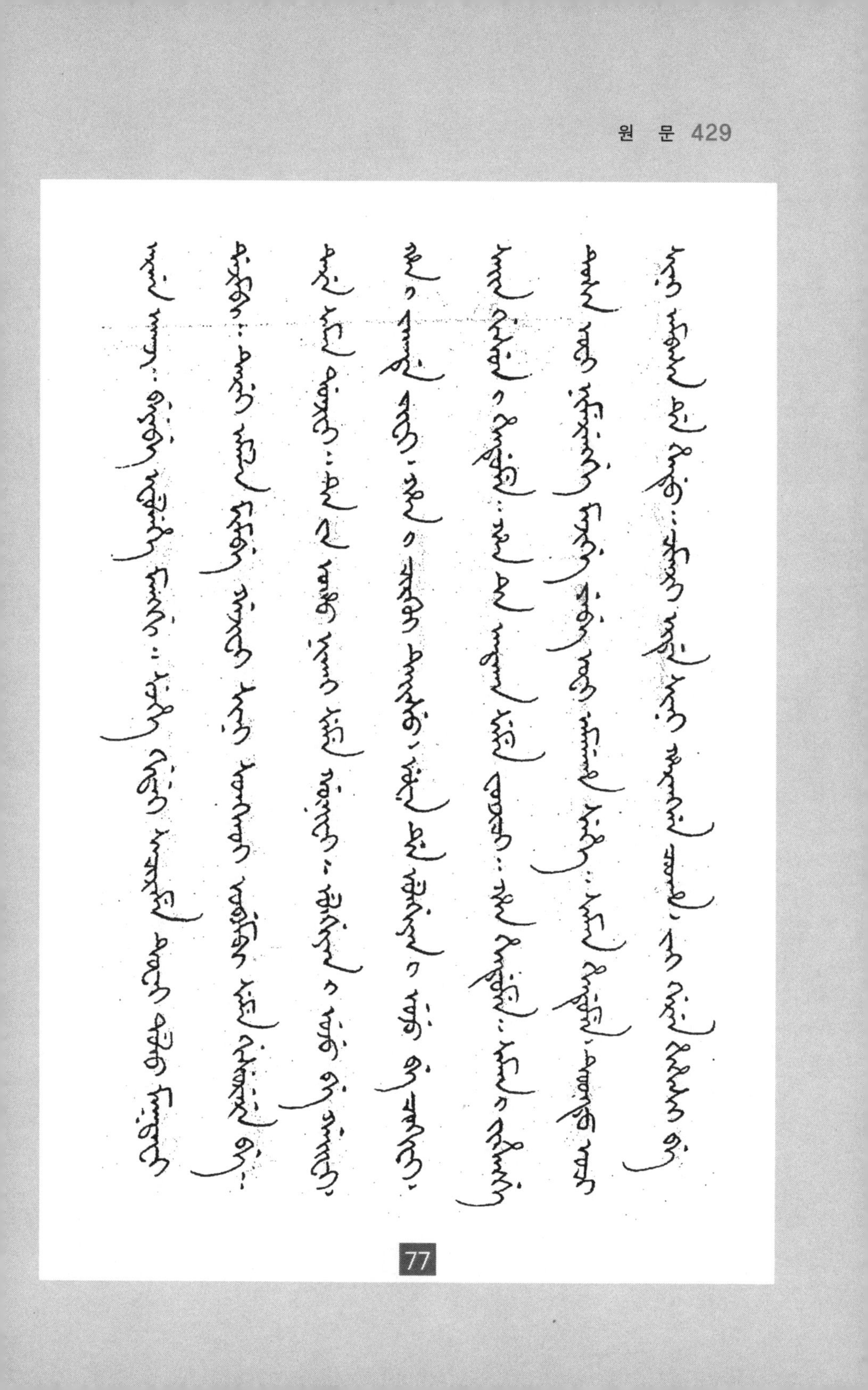

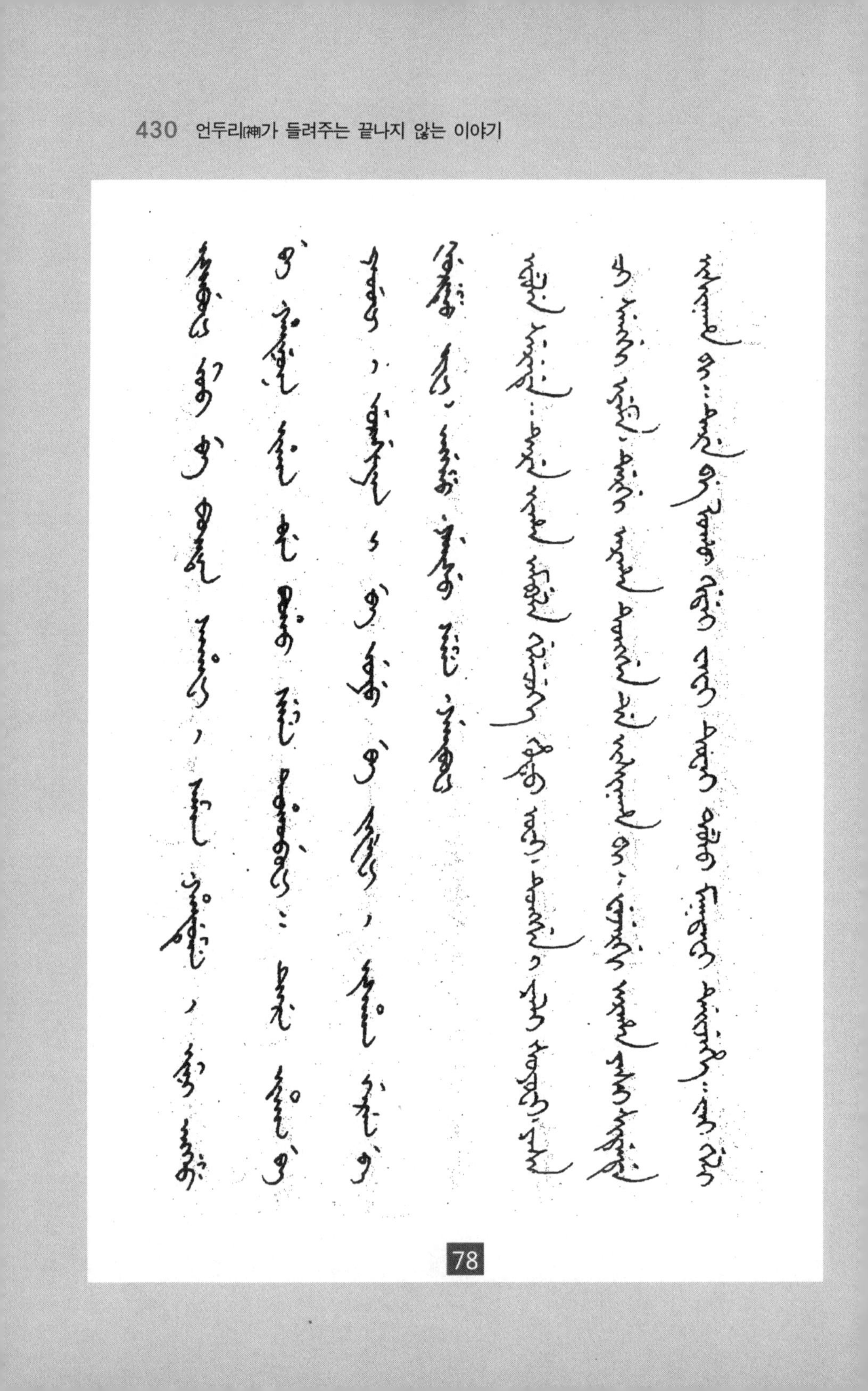

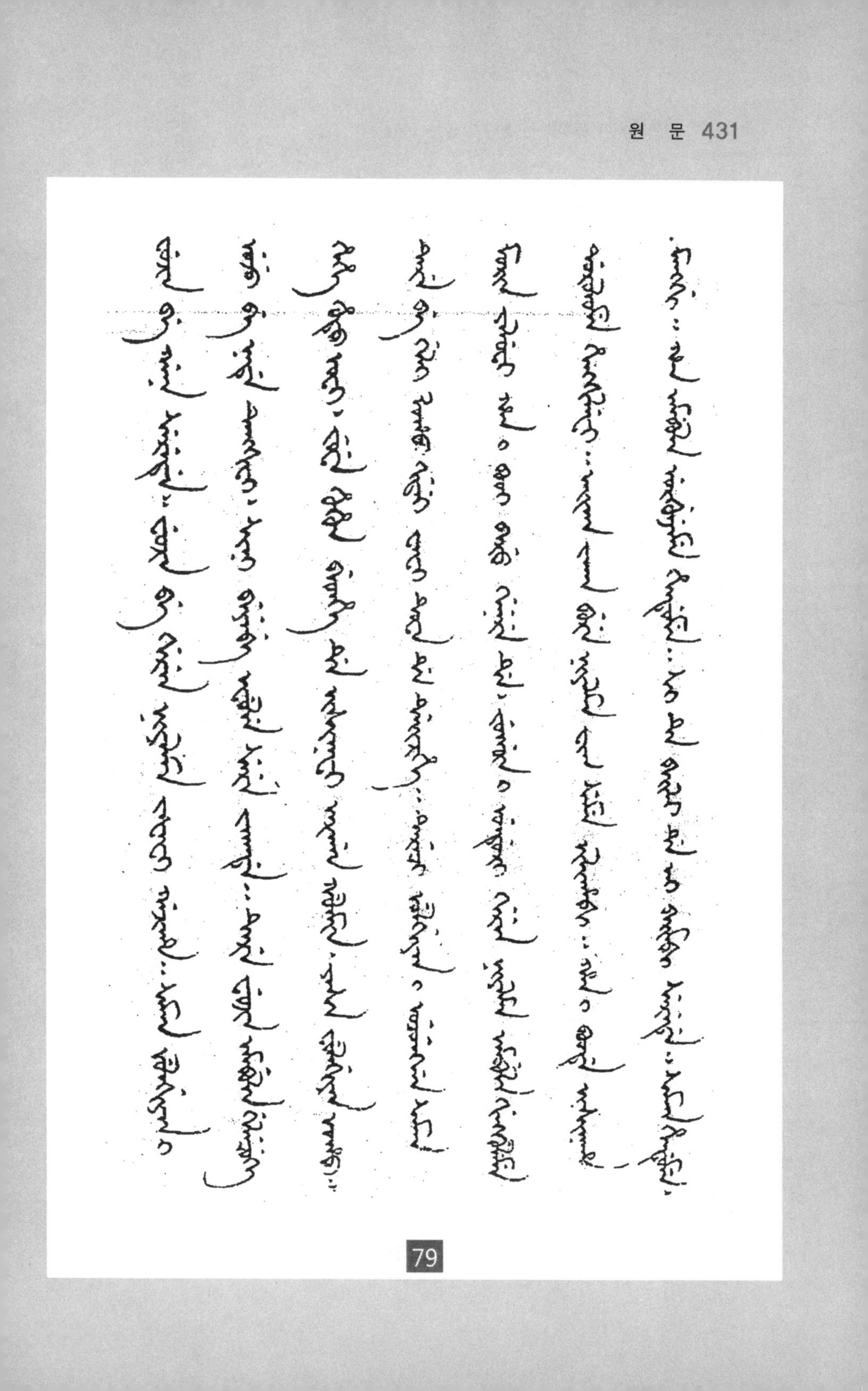

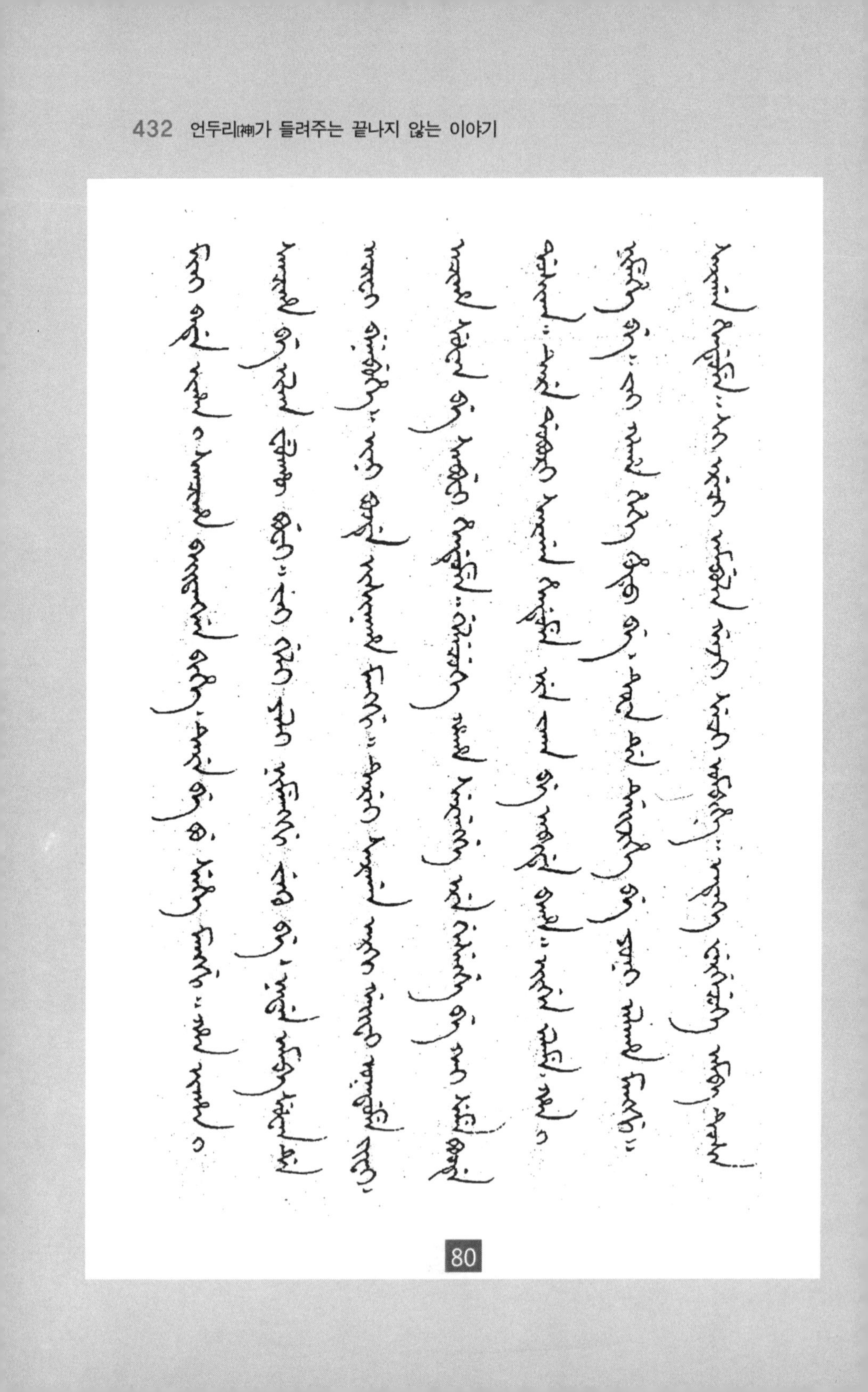

80

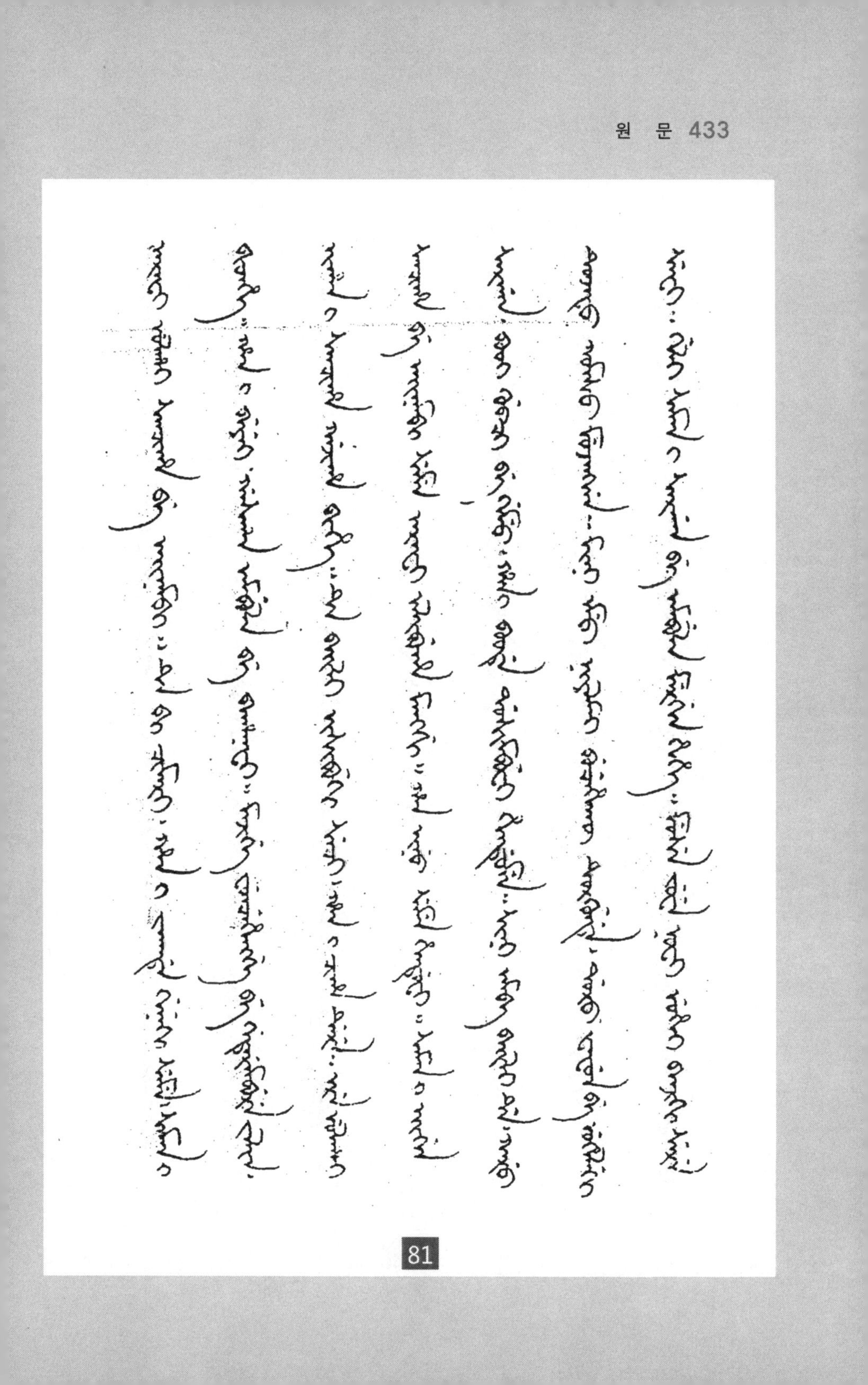

[illegible]

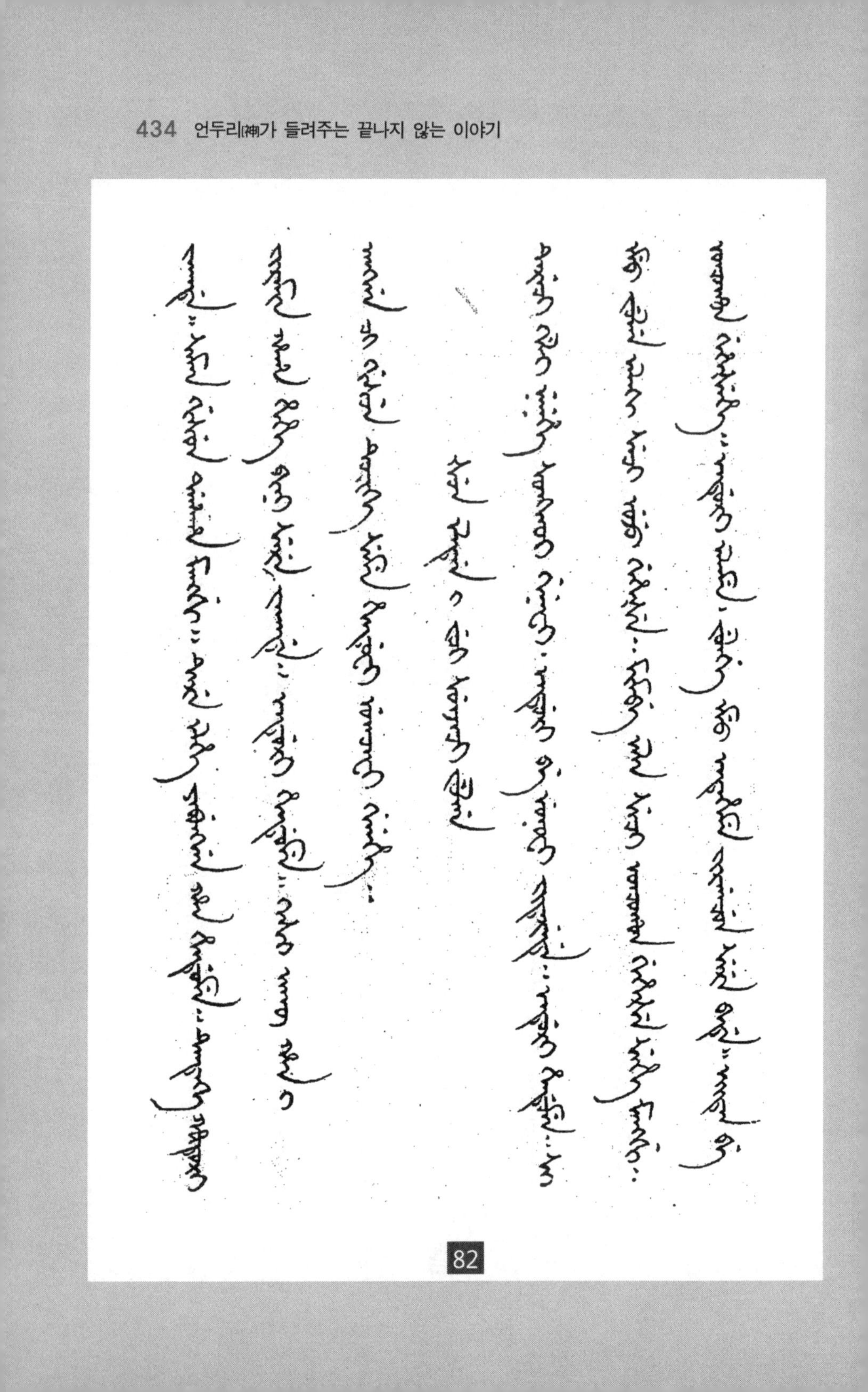

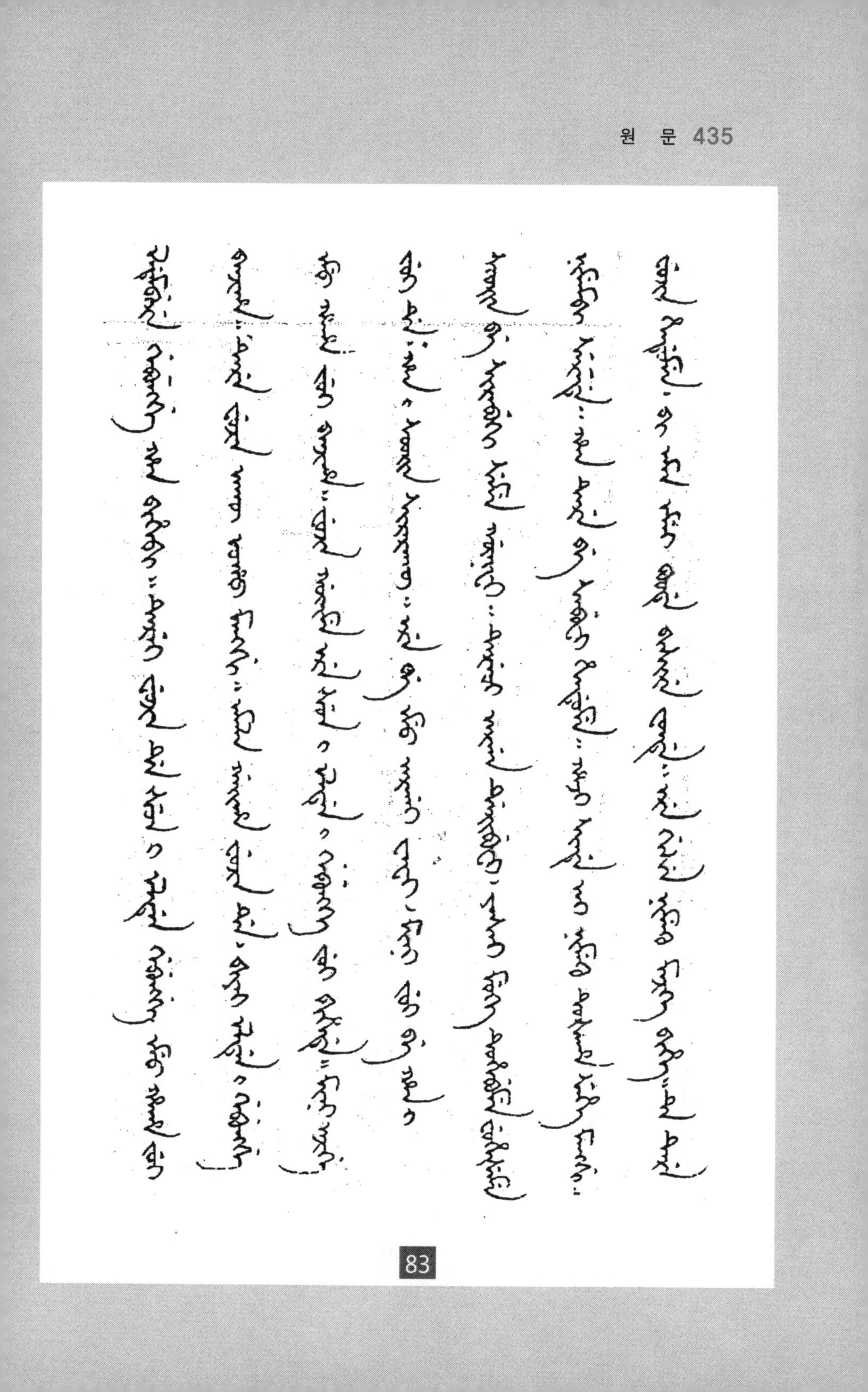

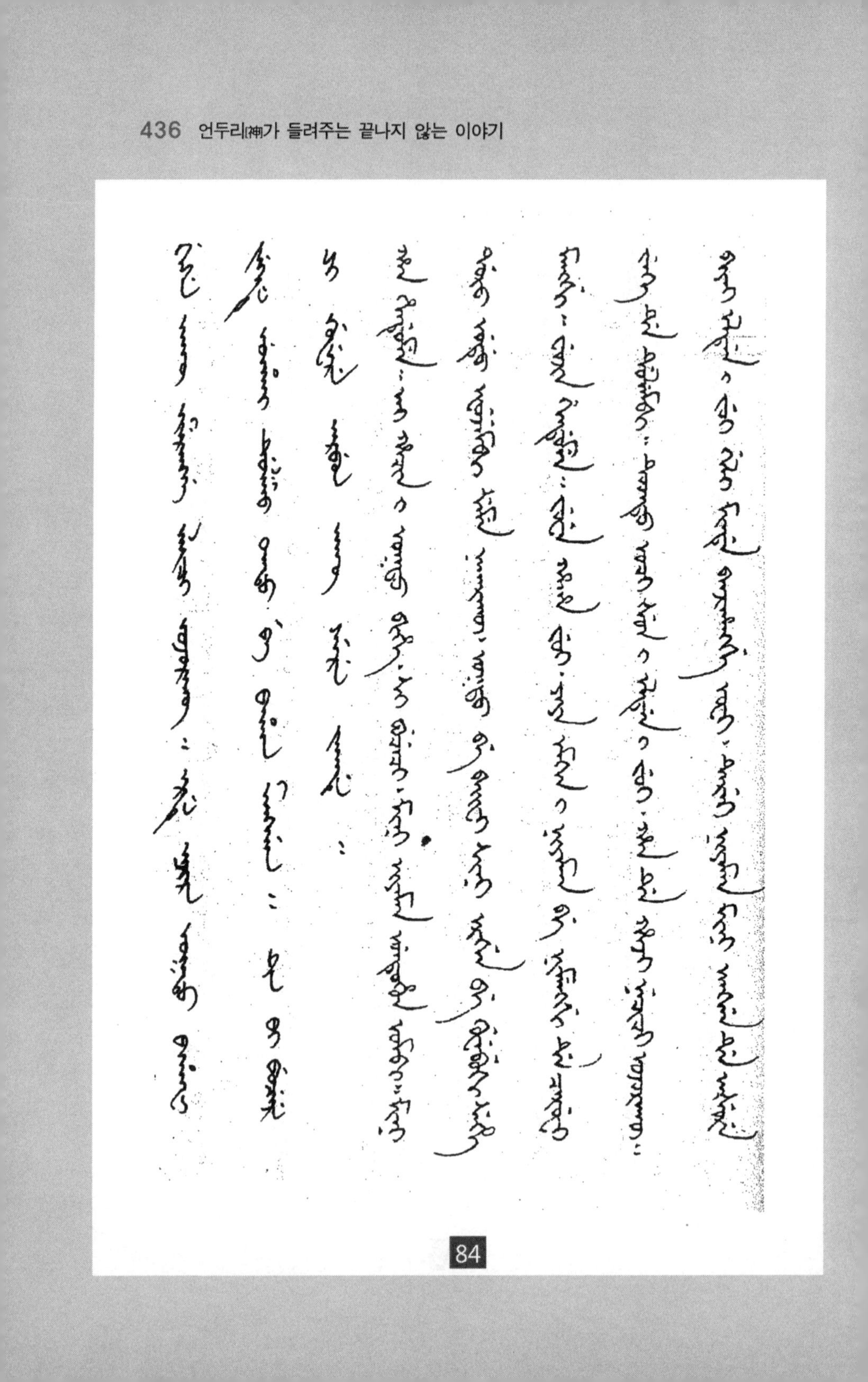

[illegible]

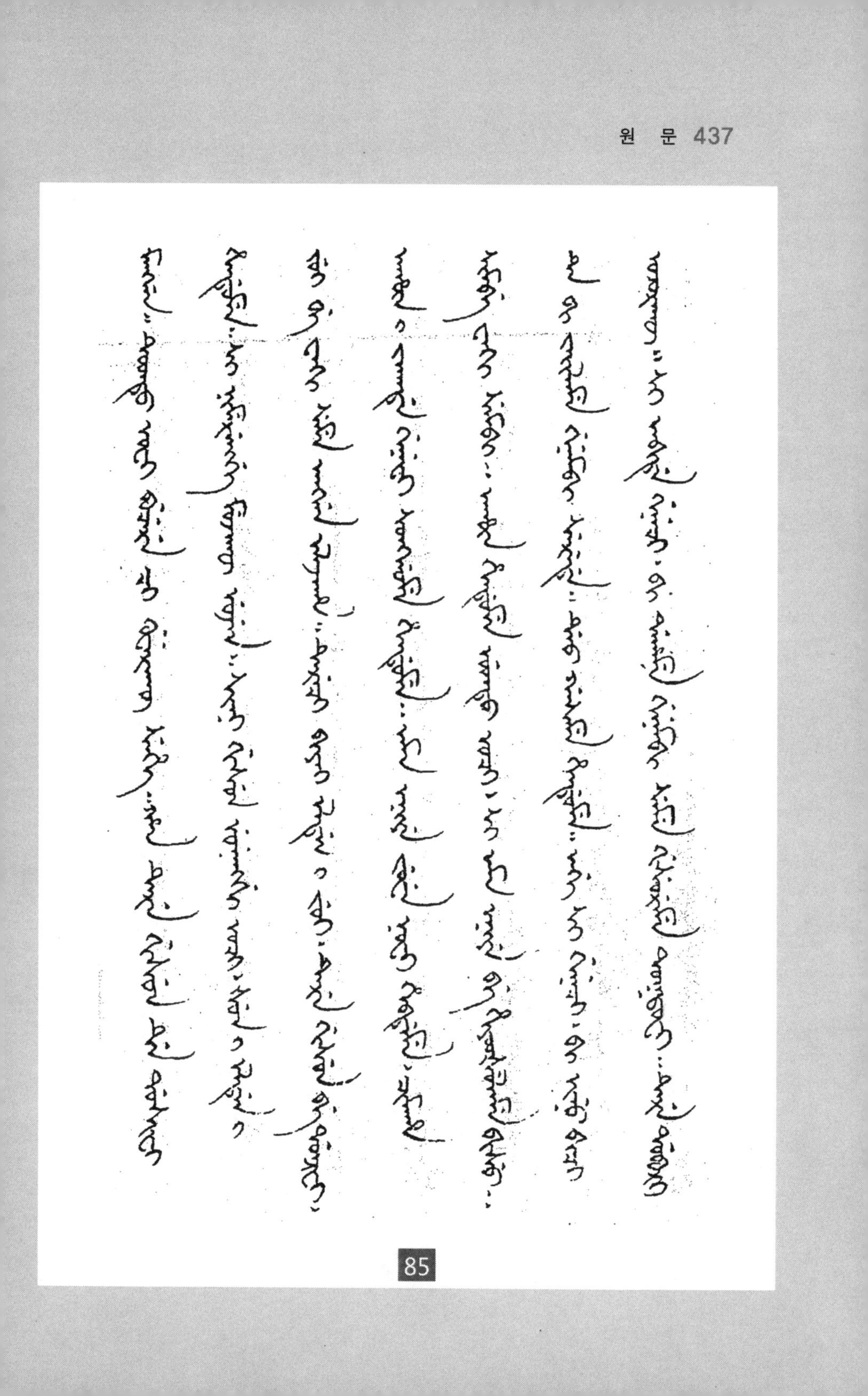

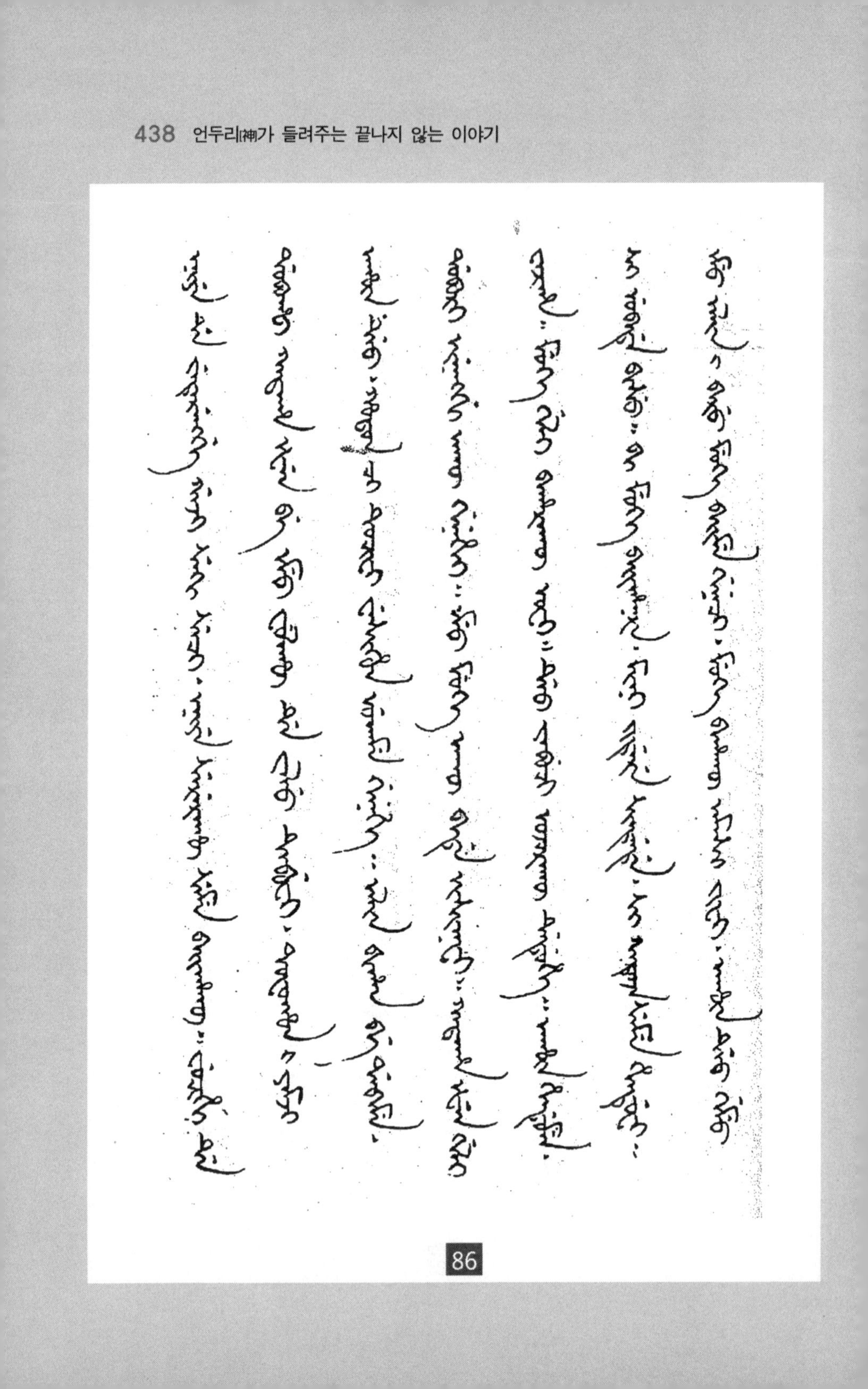

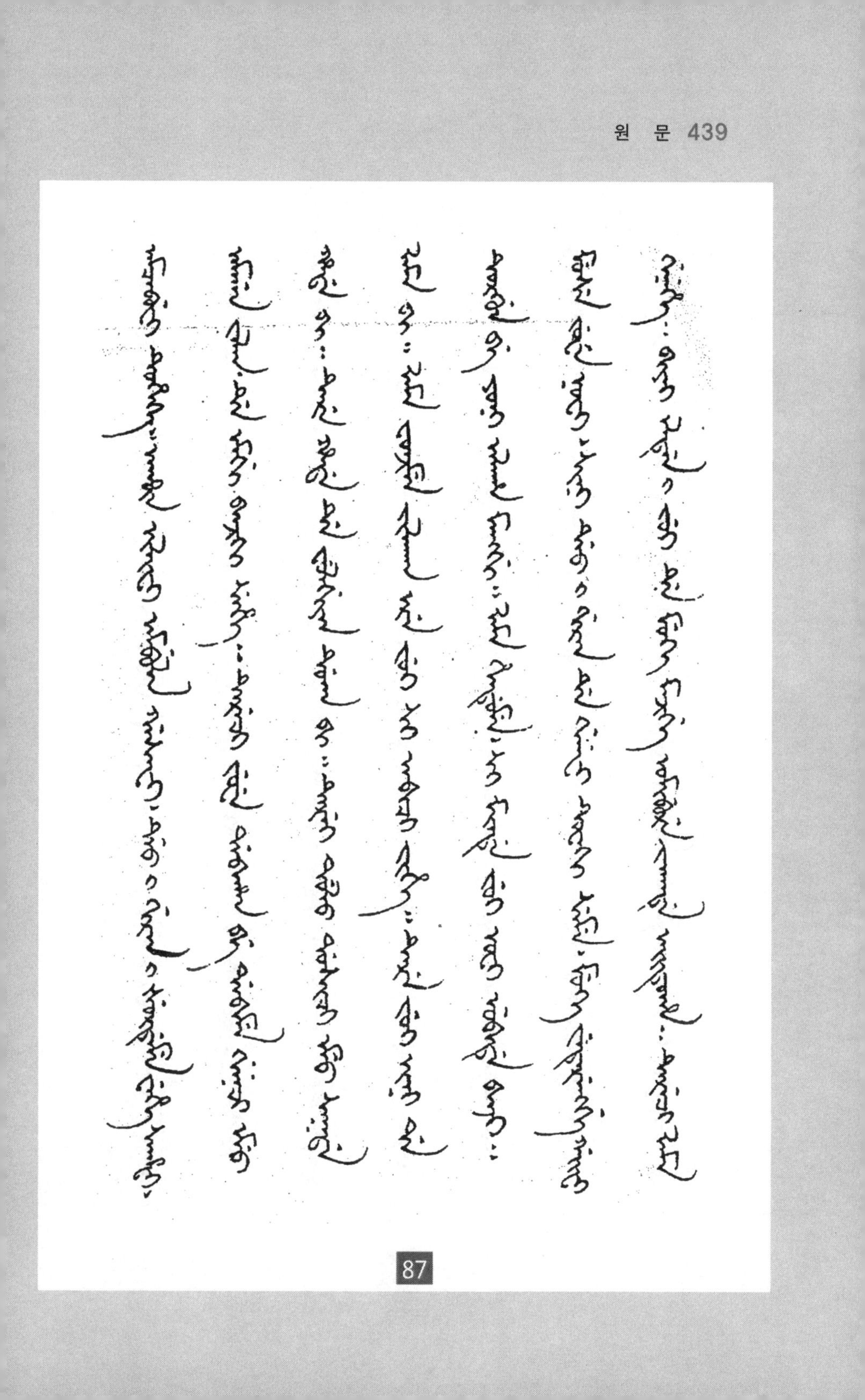

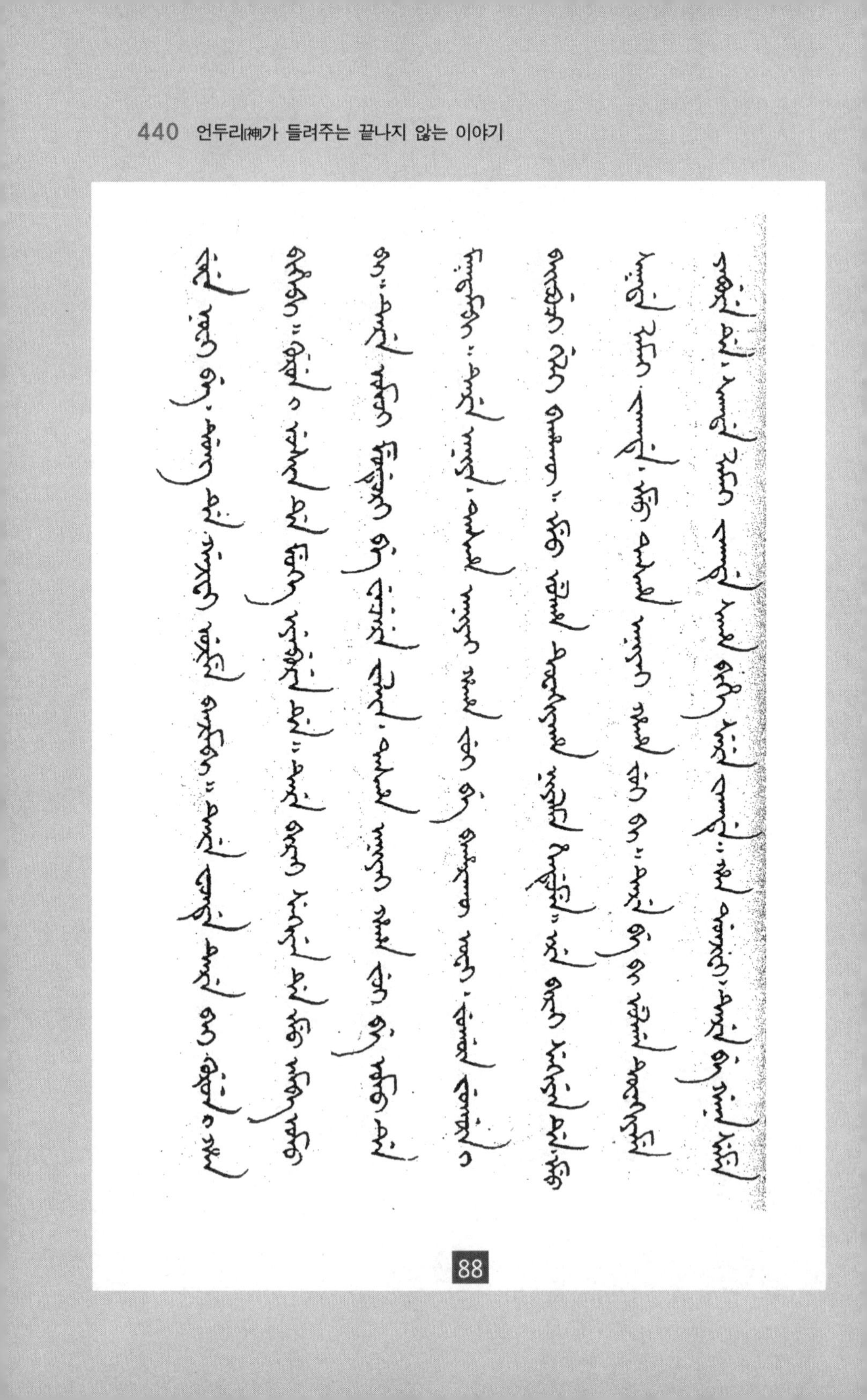

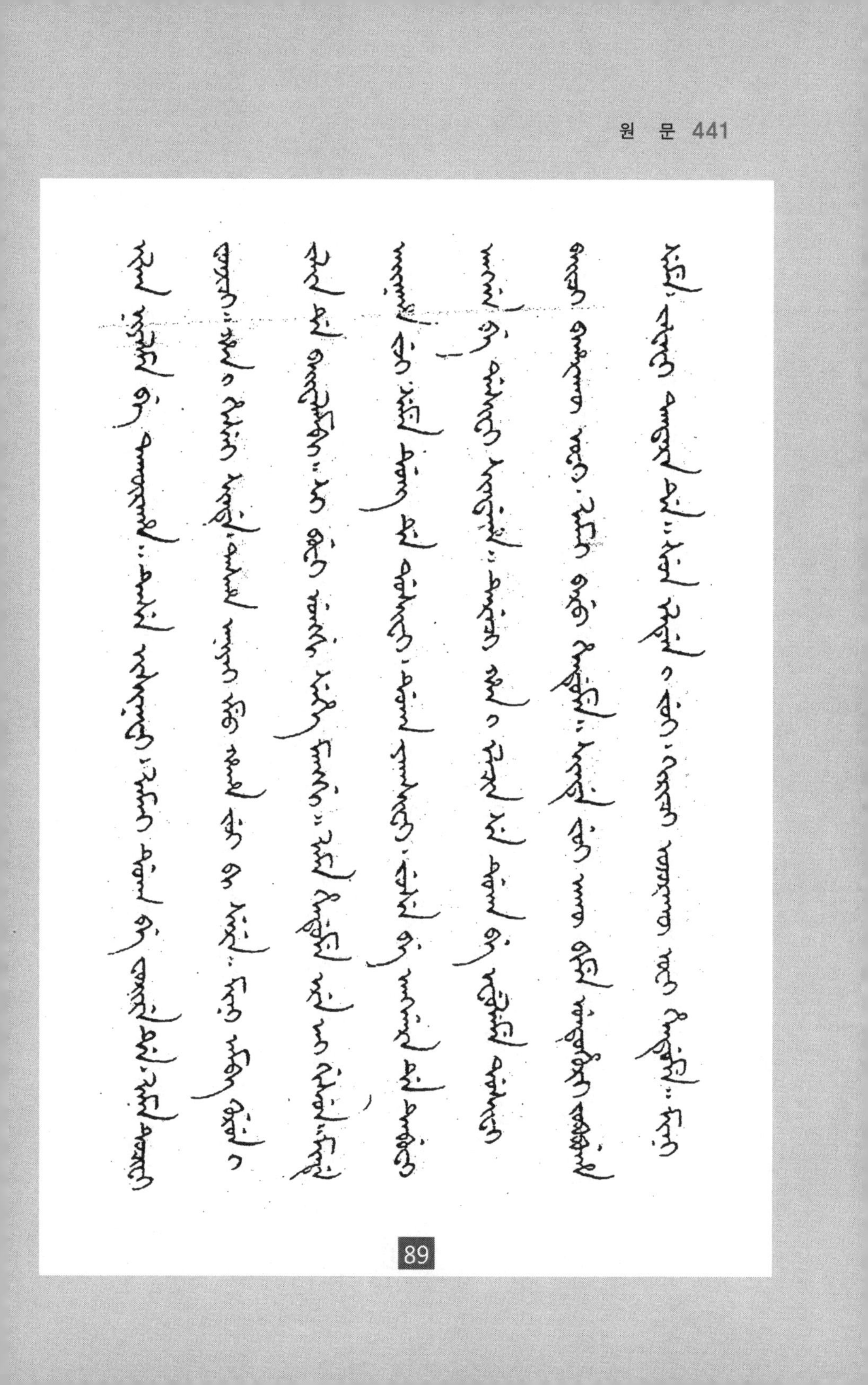

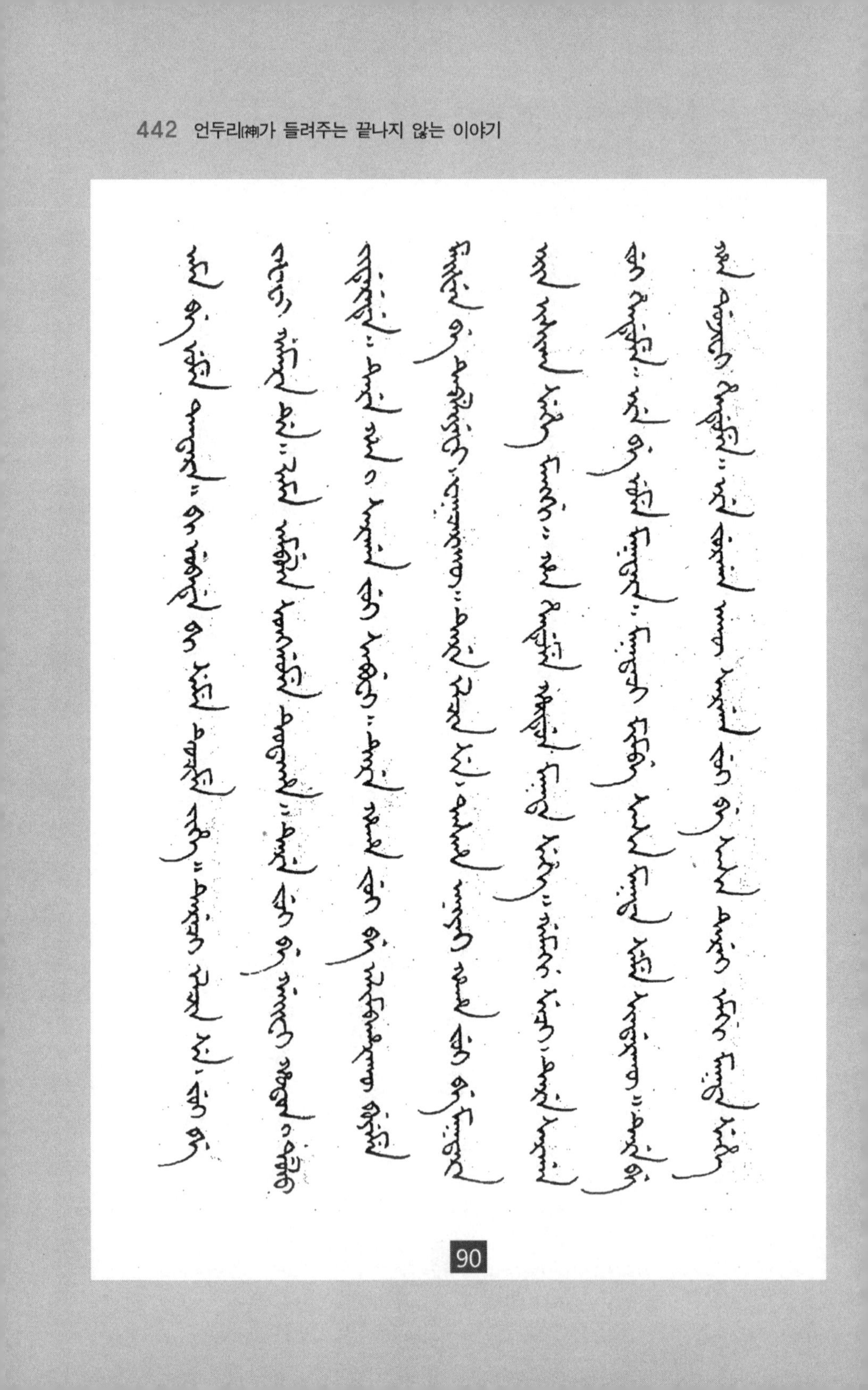

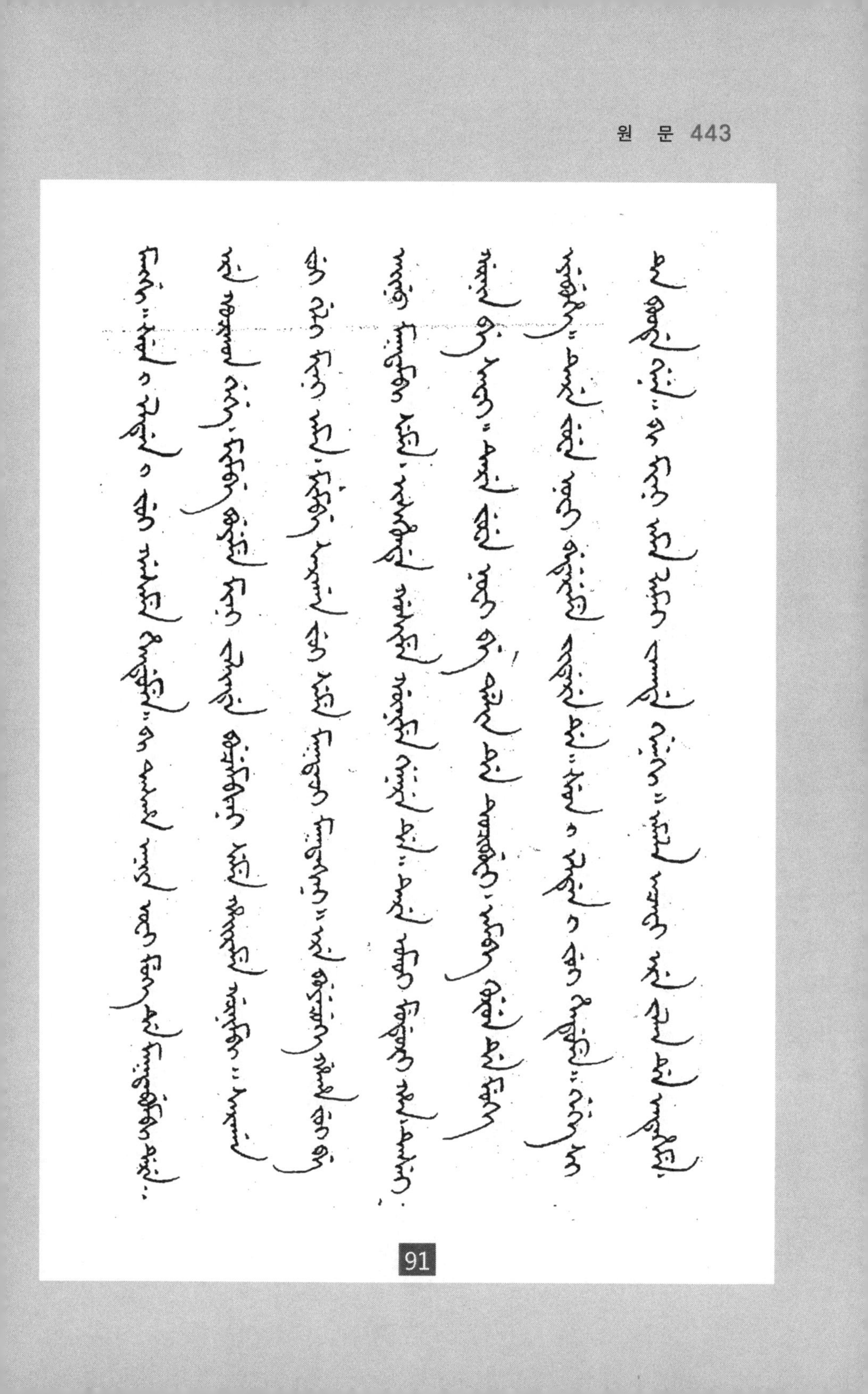

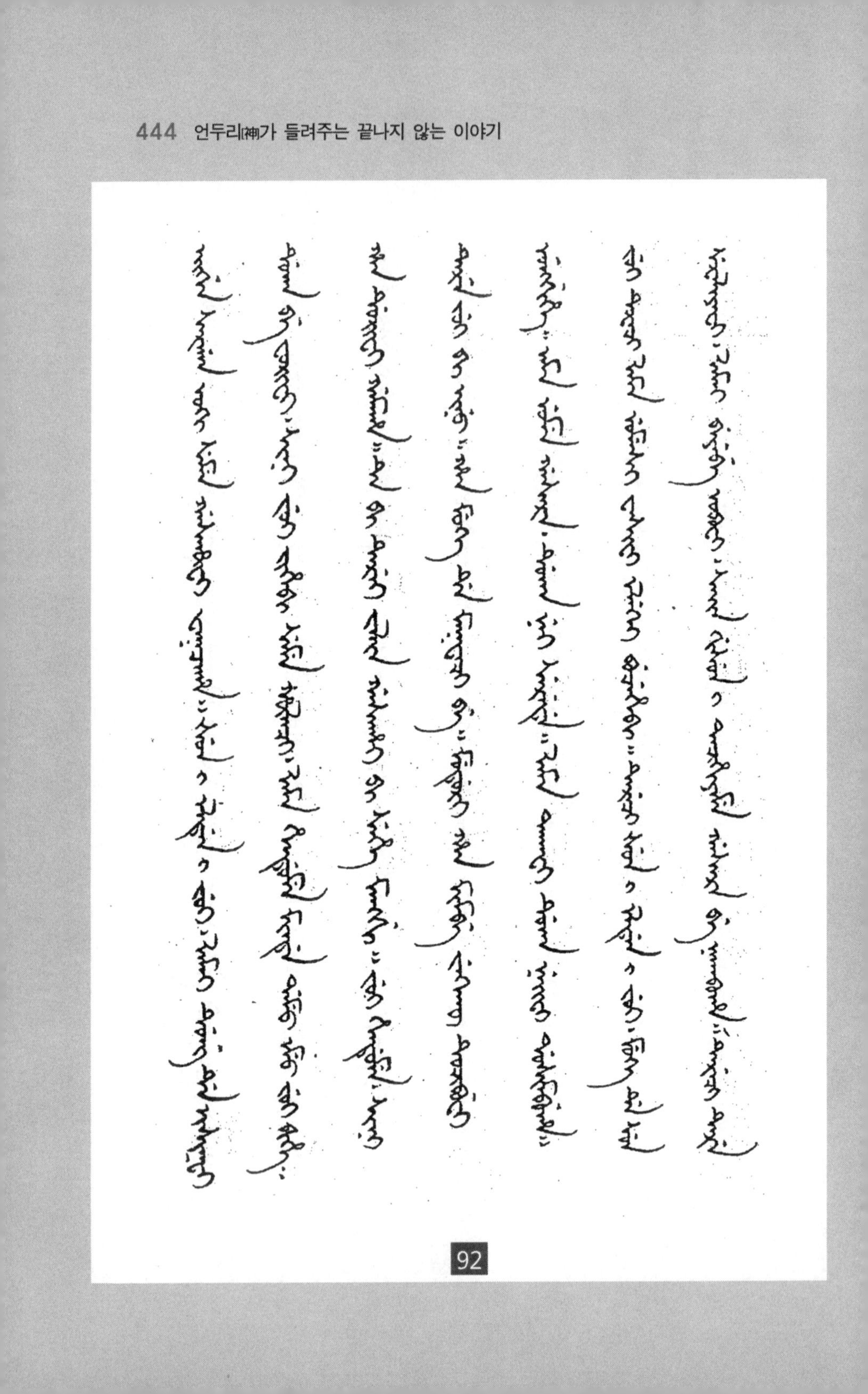

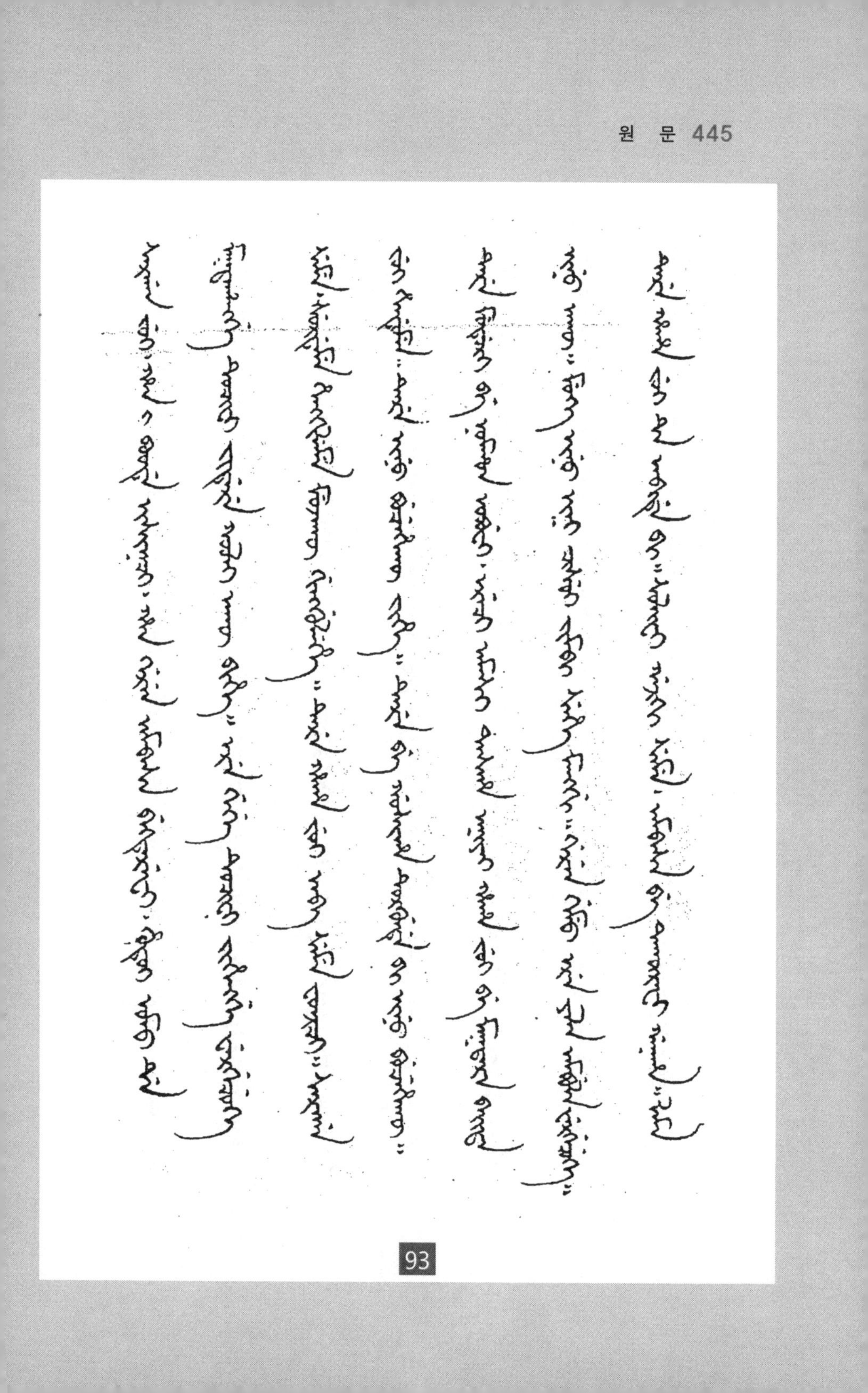

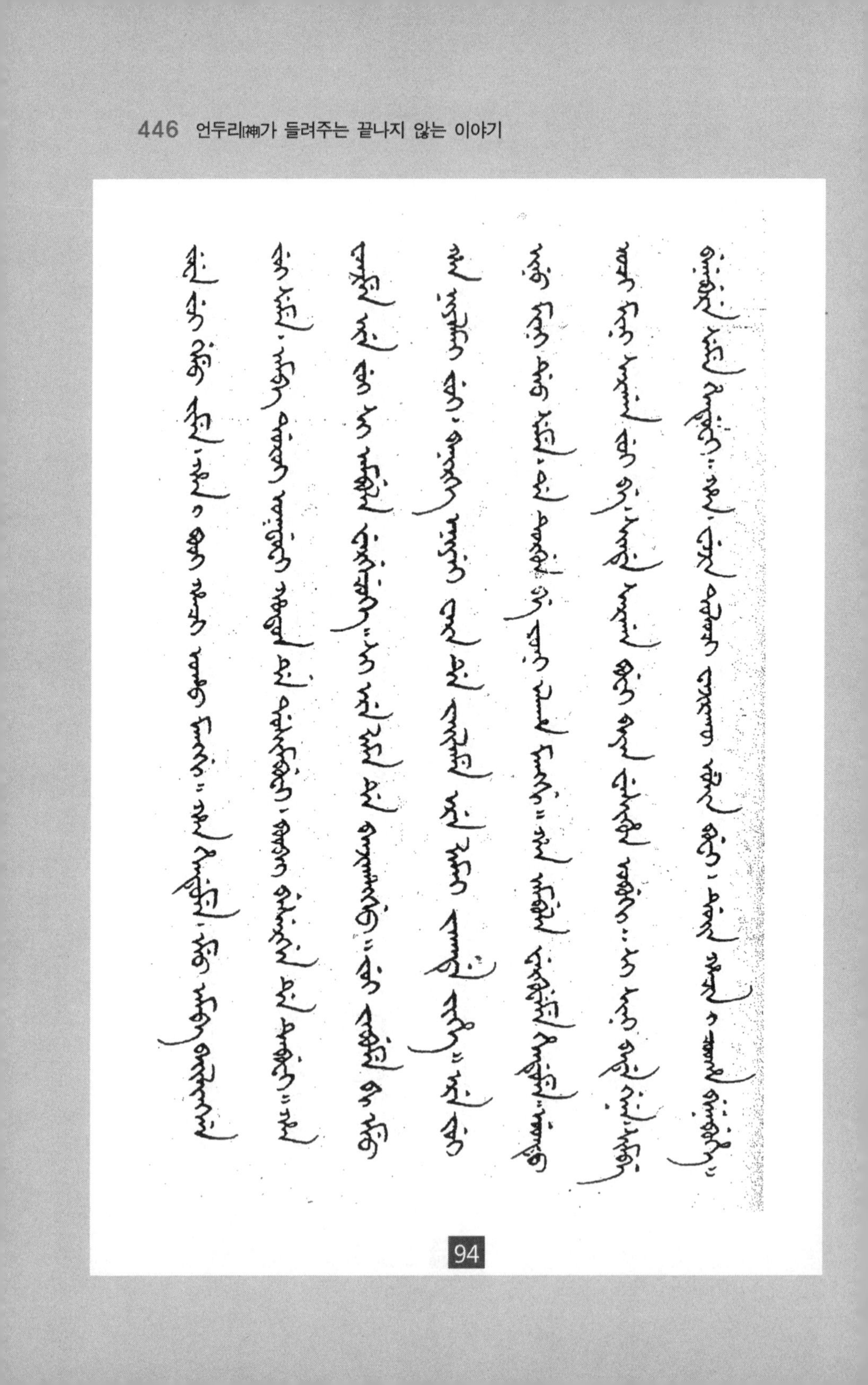

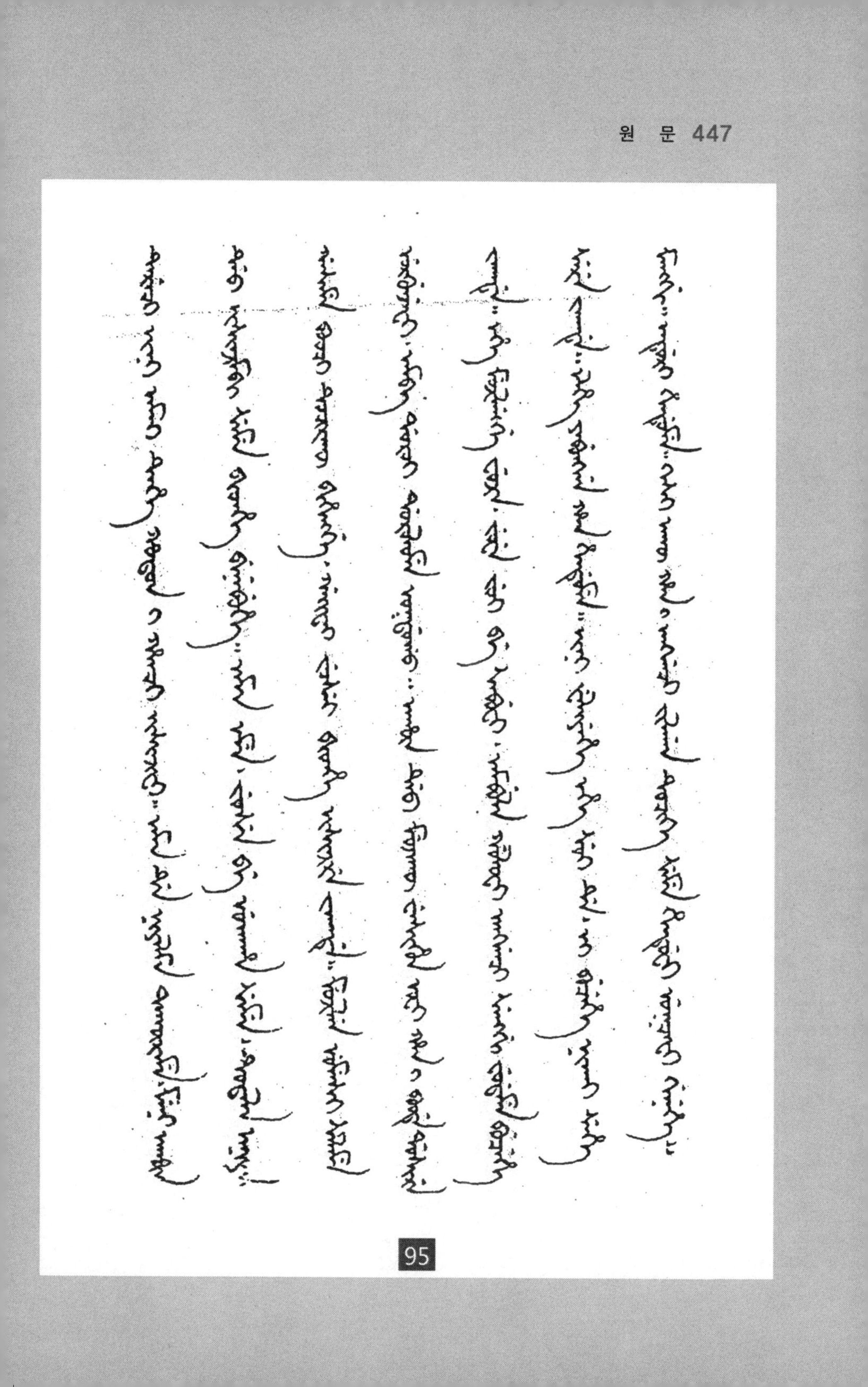

95

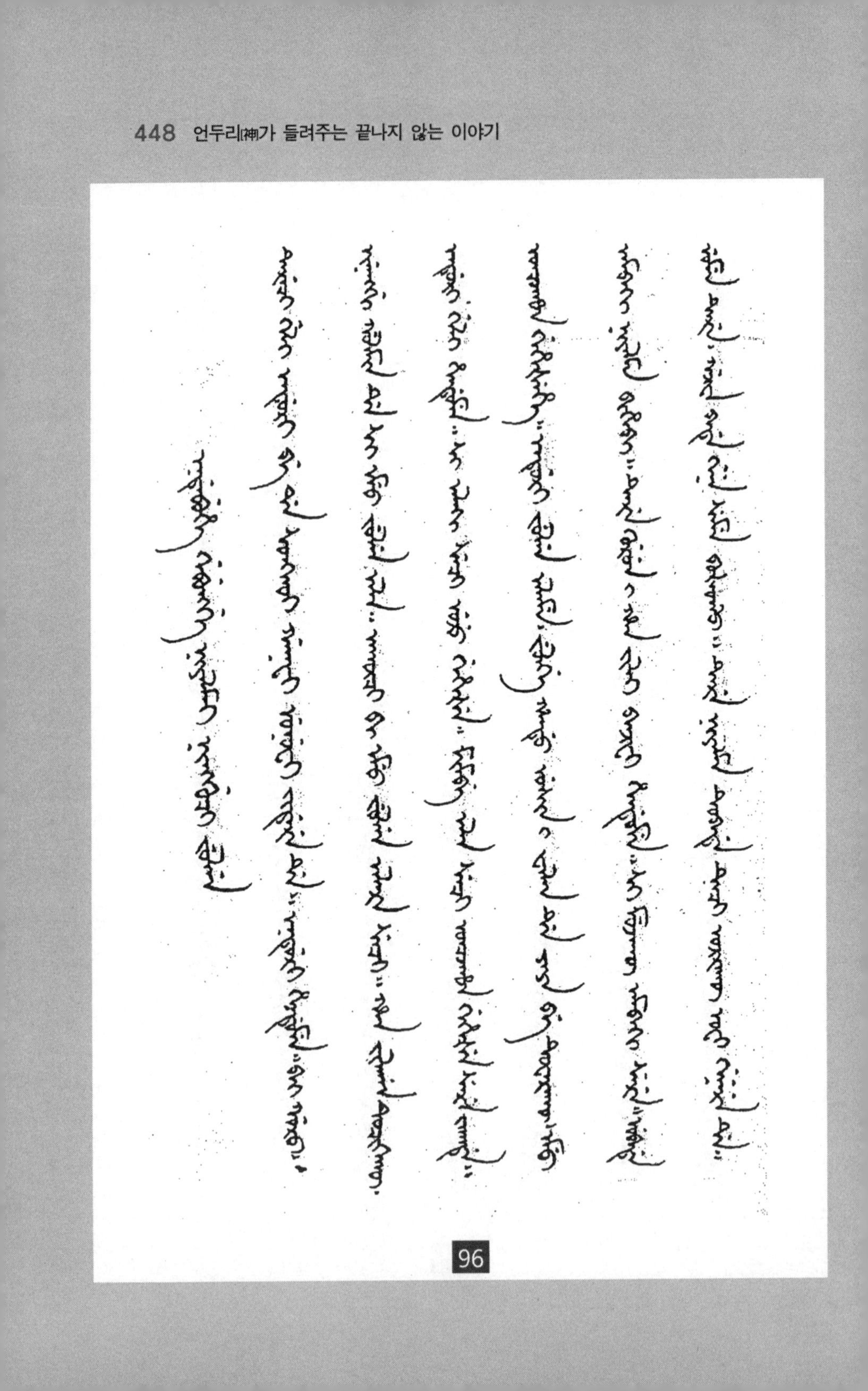

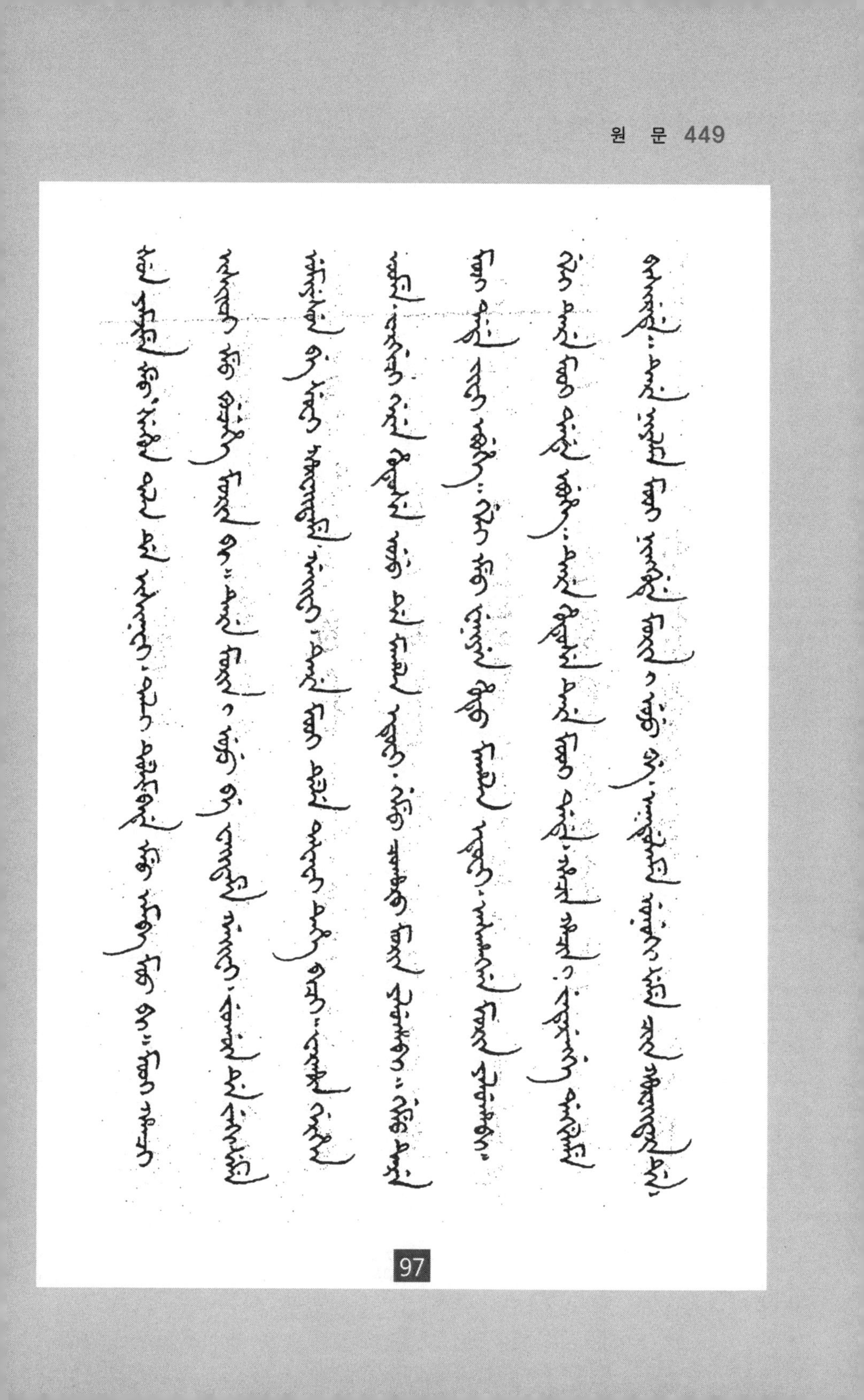

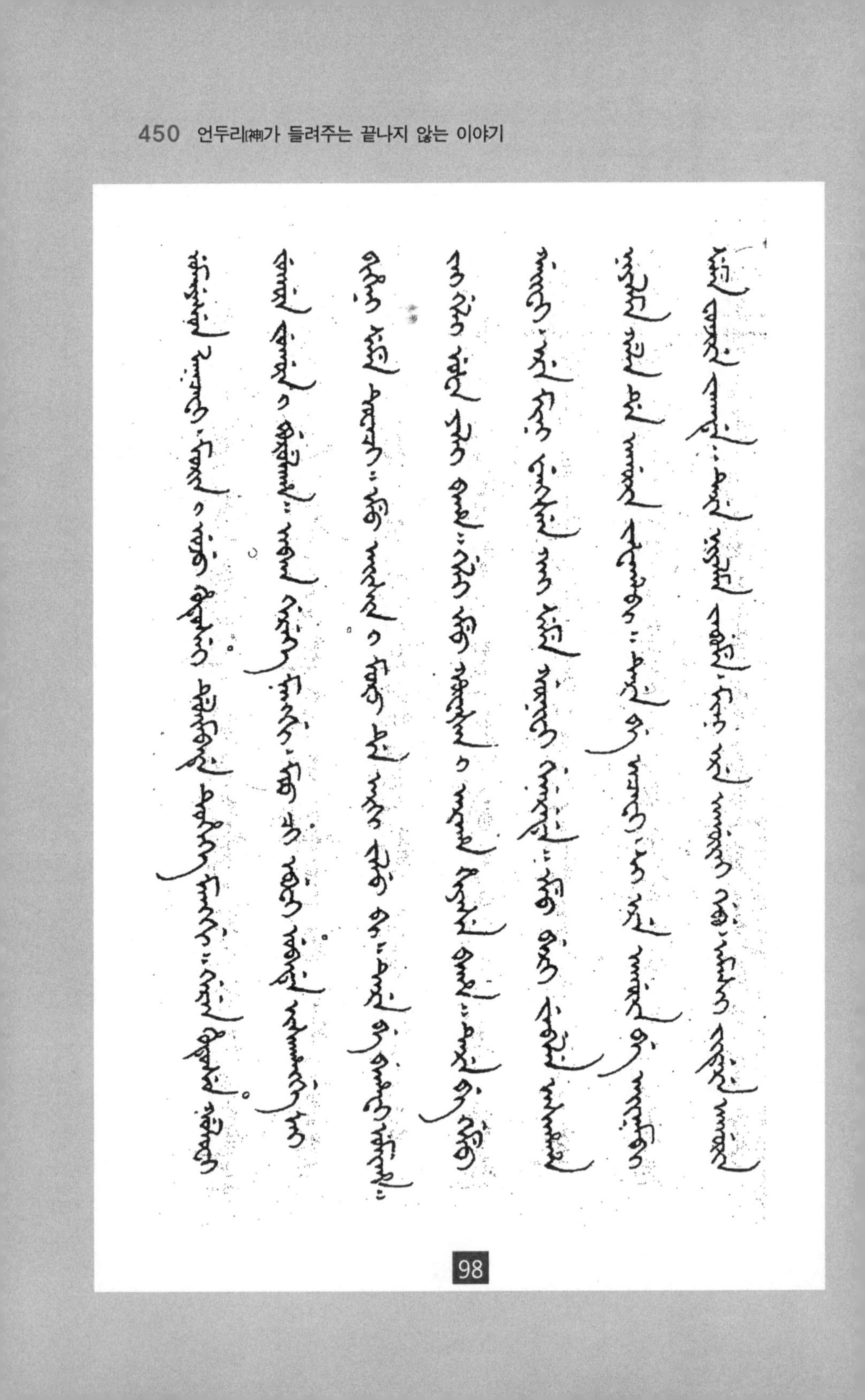

98

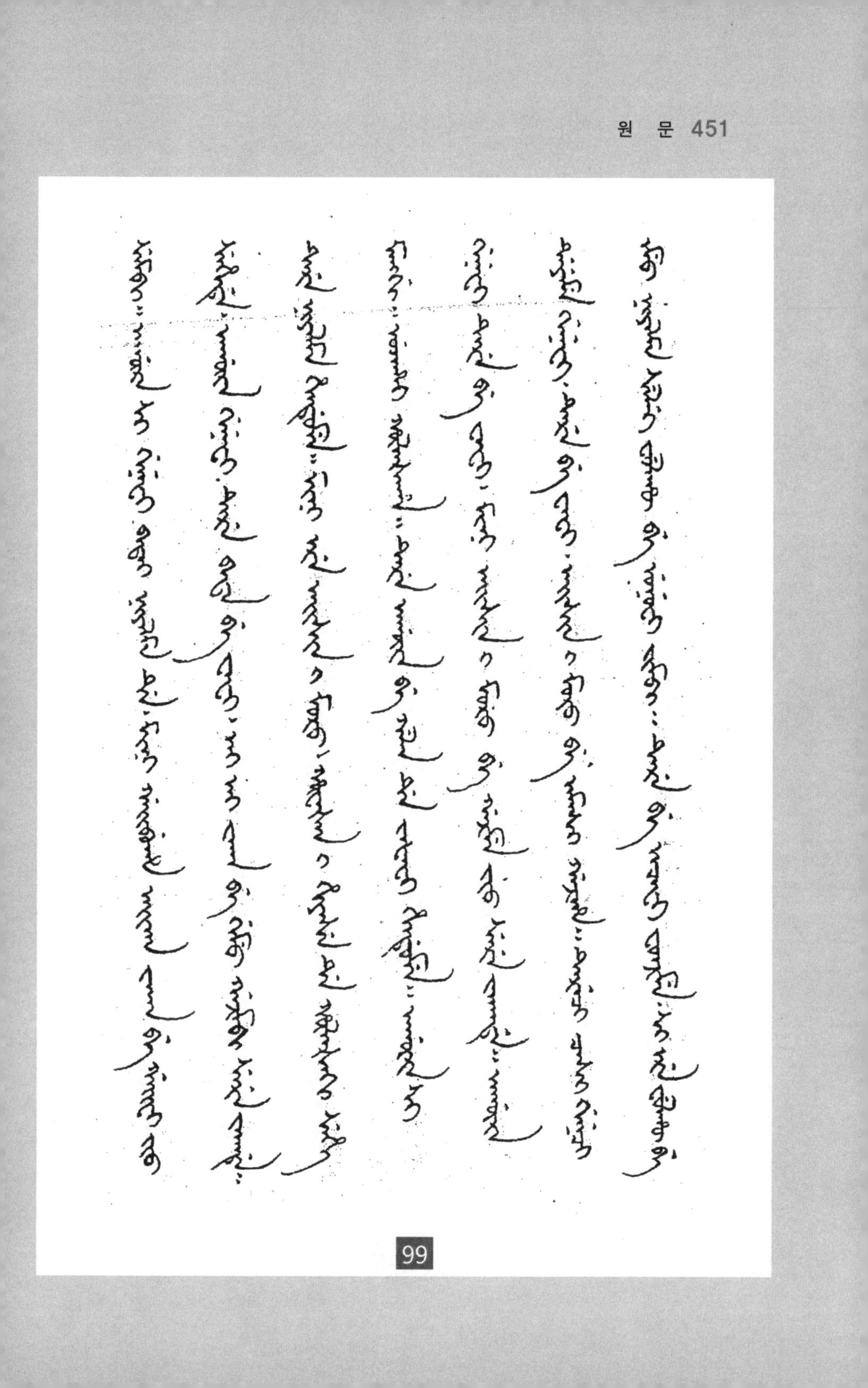

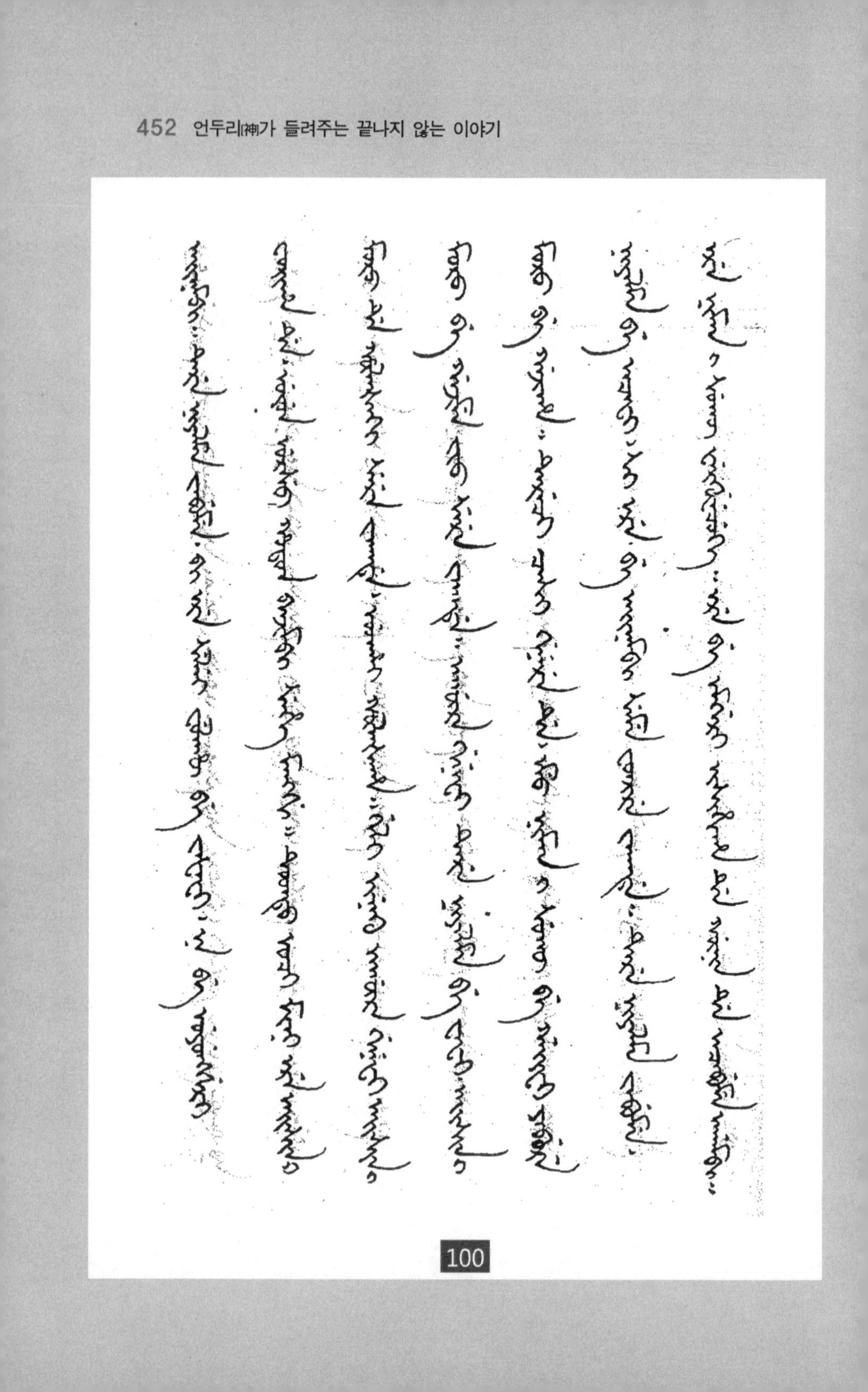

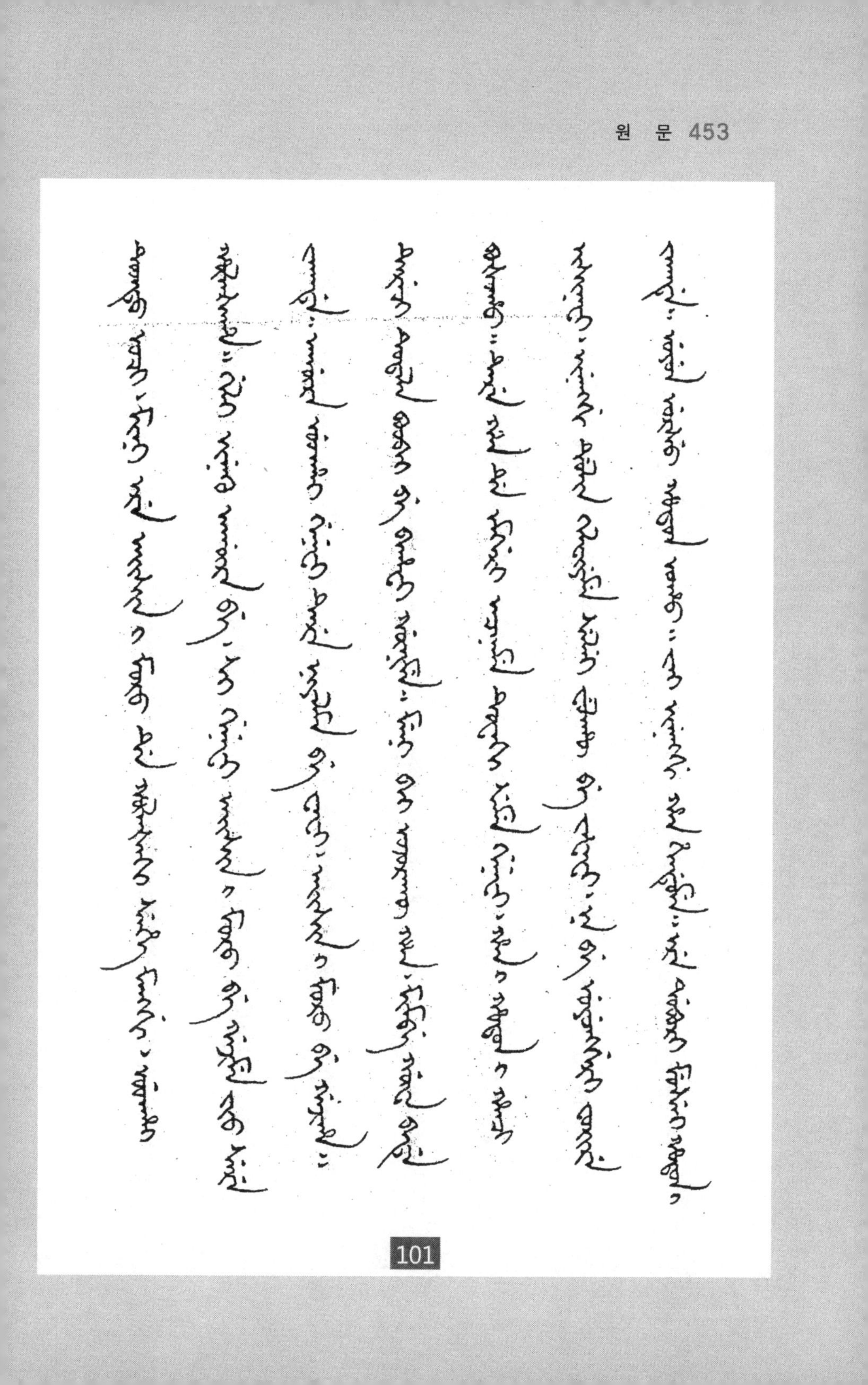

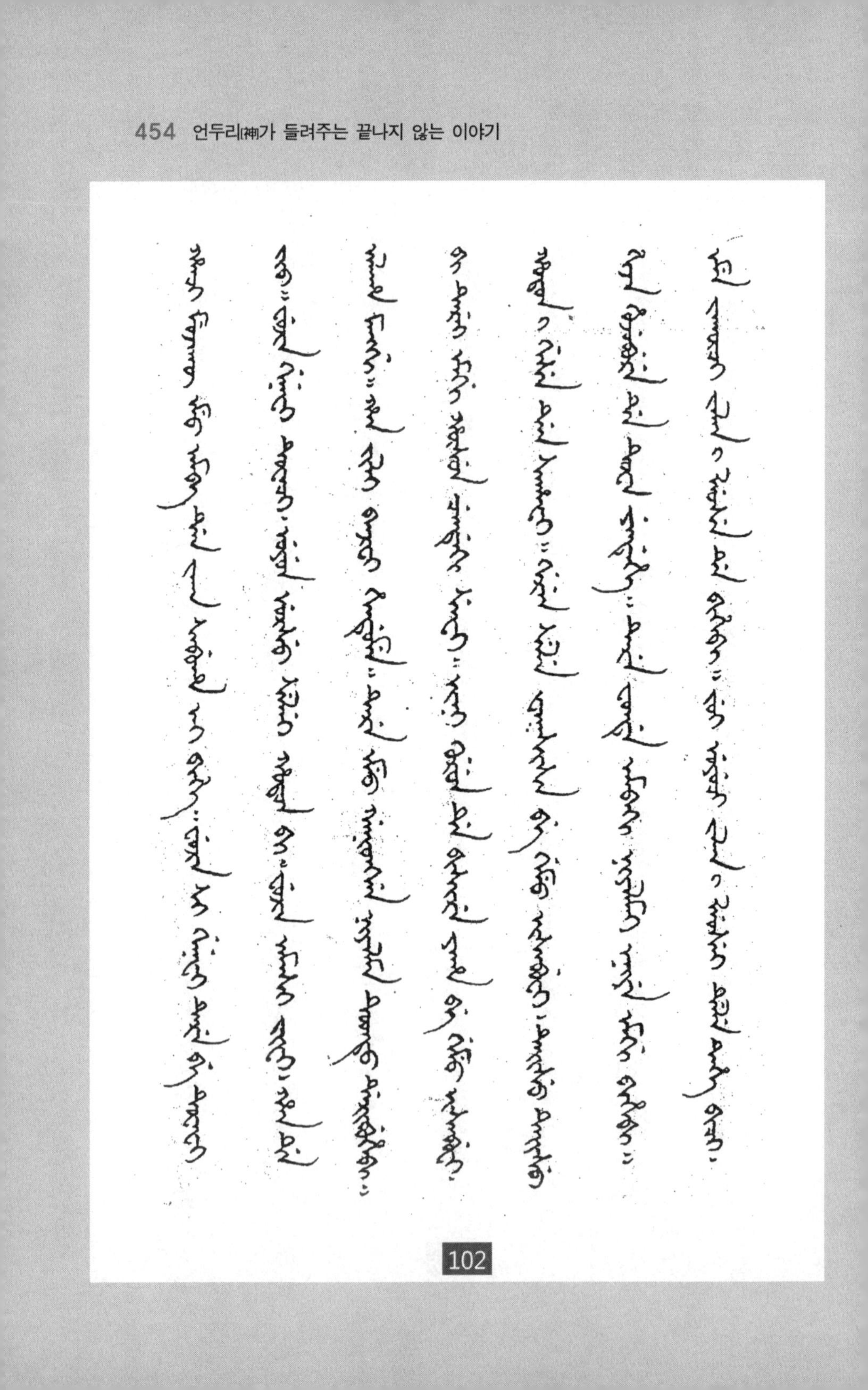

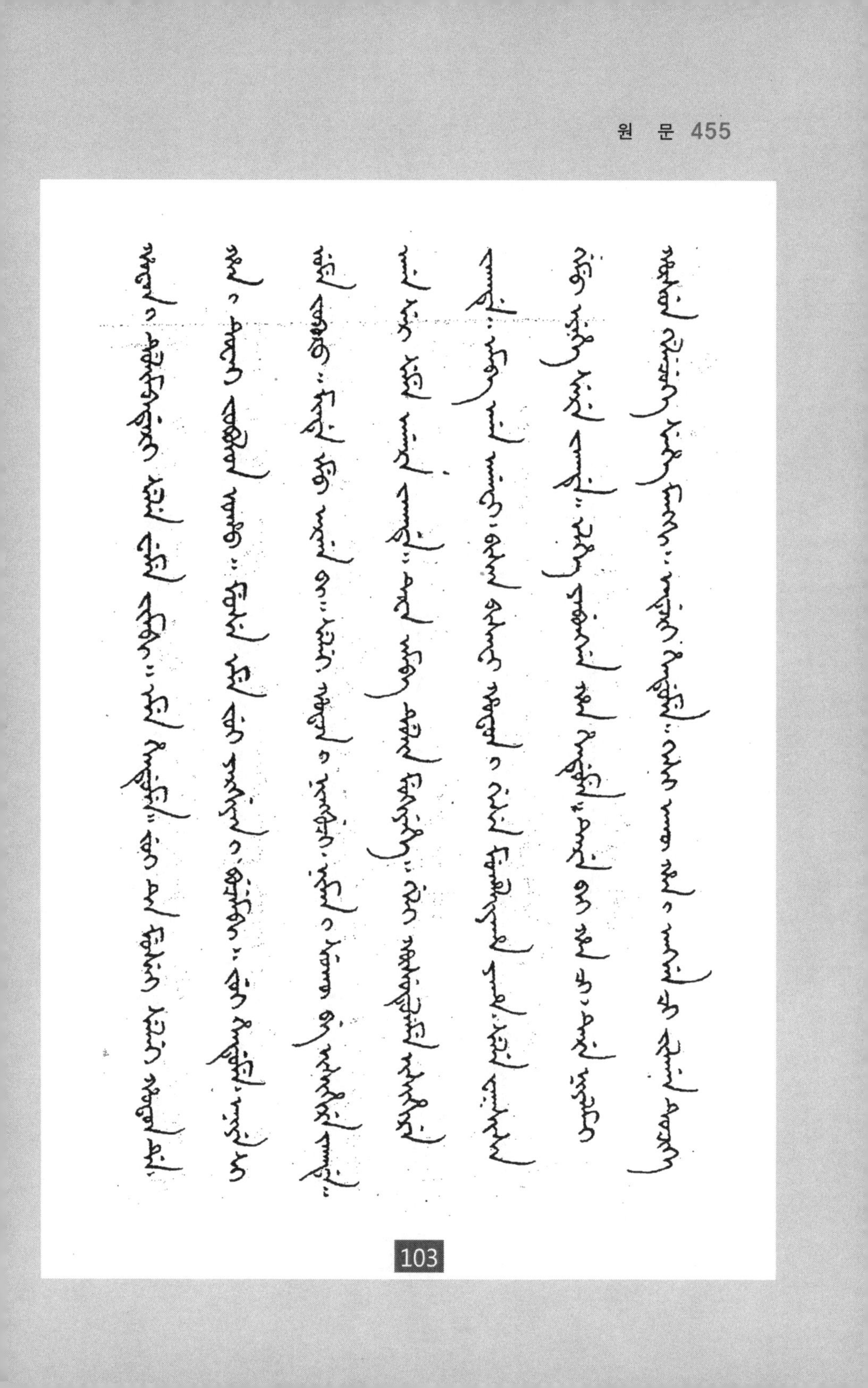

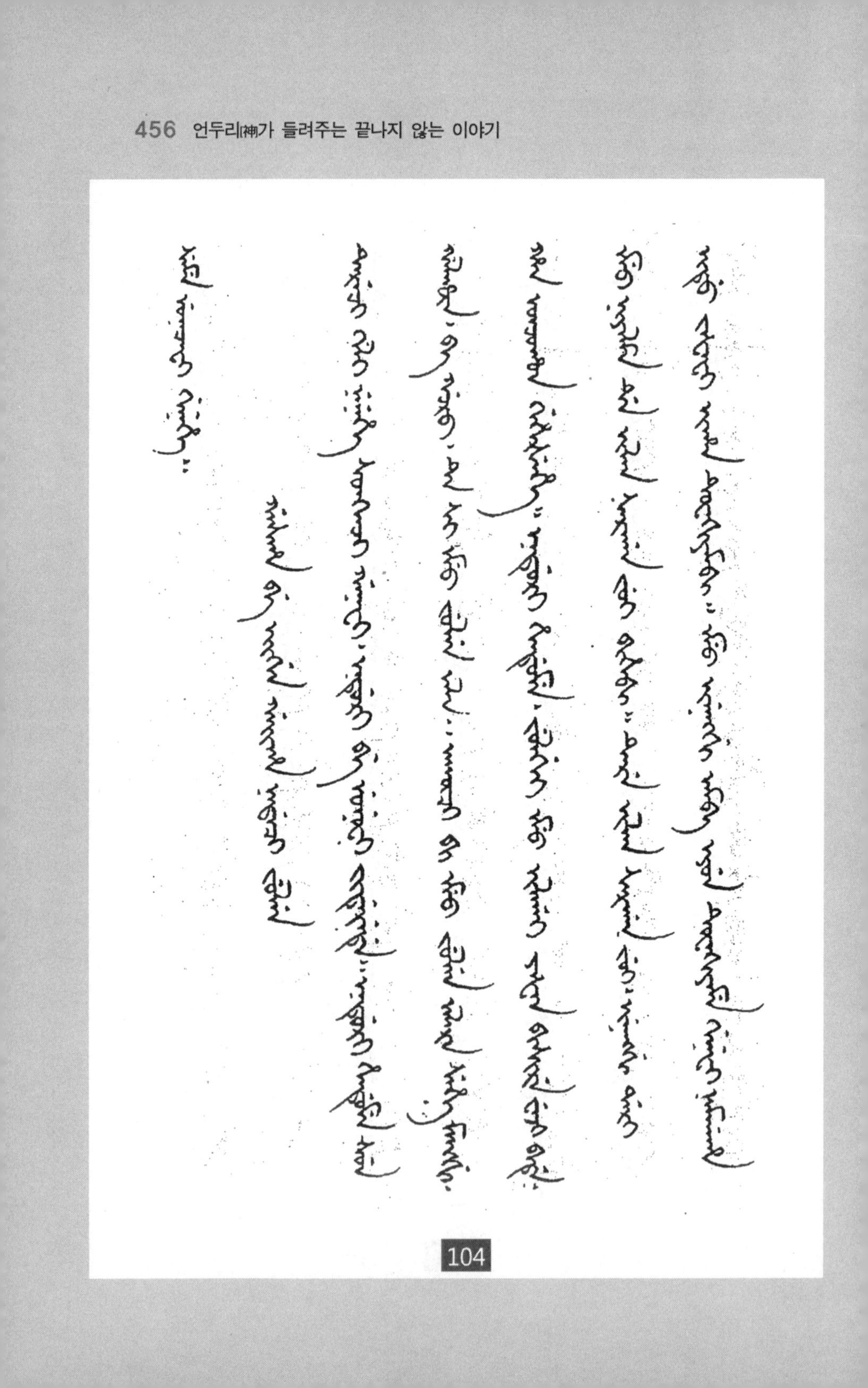

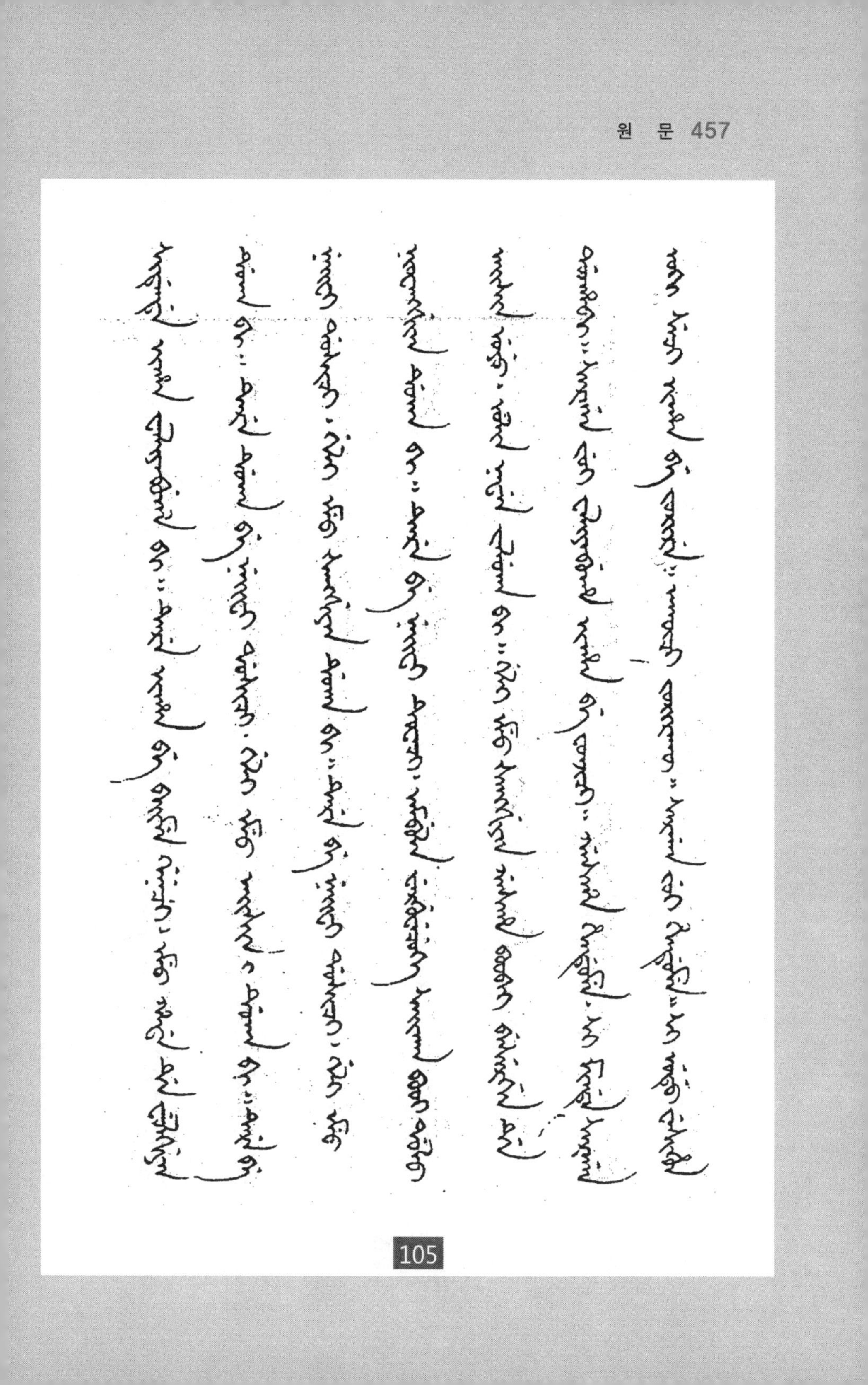

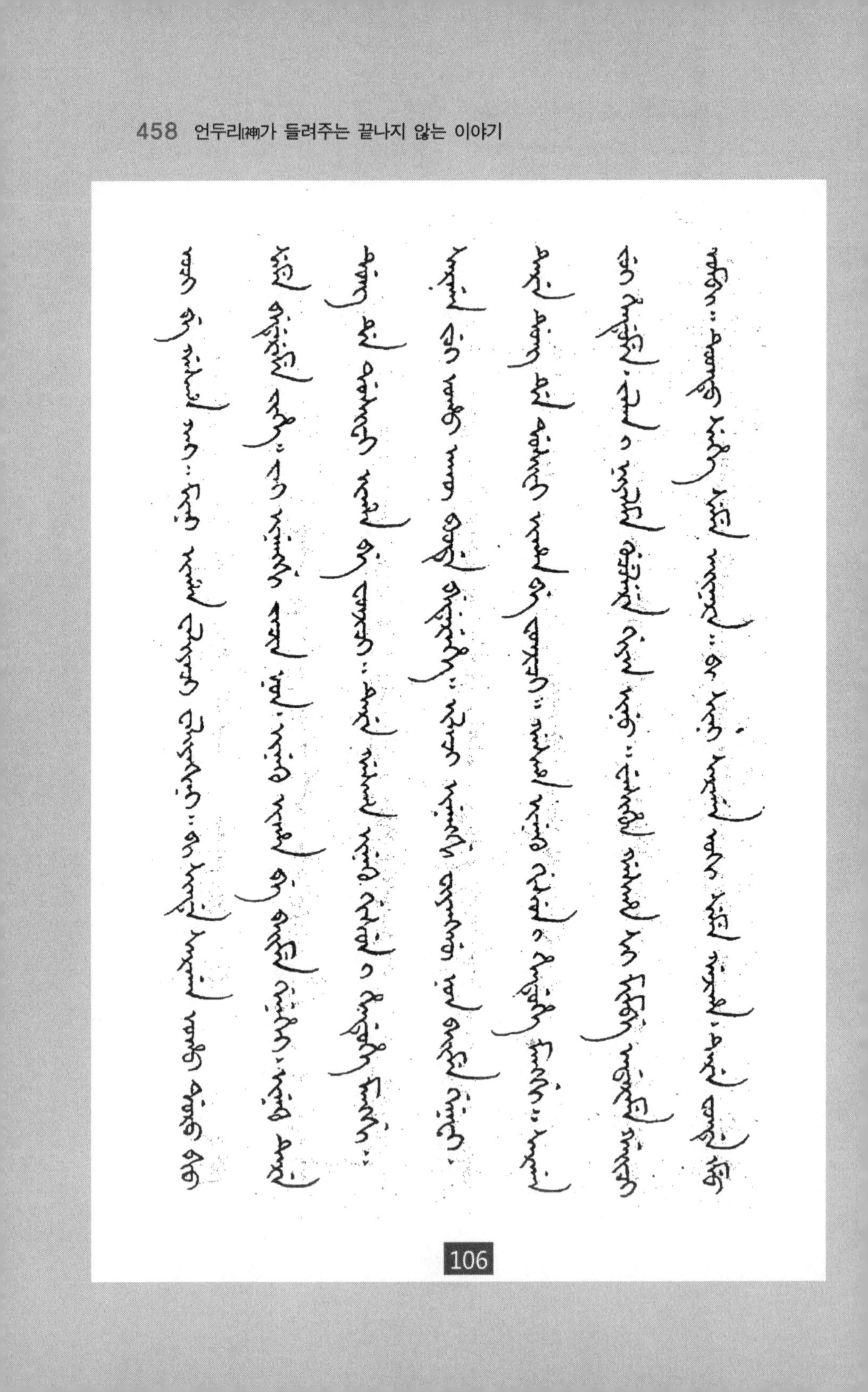

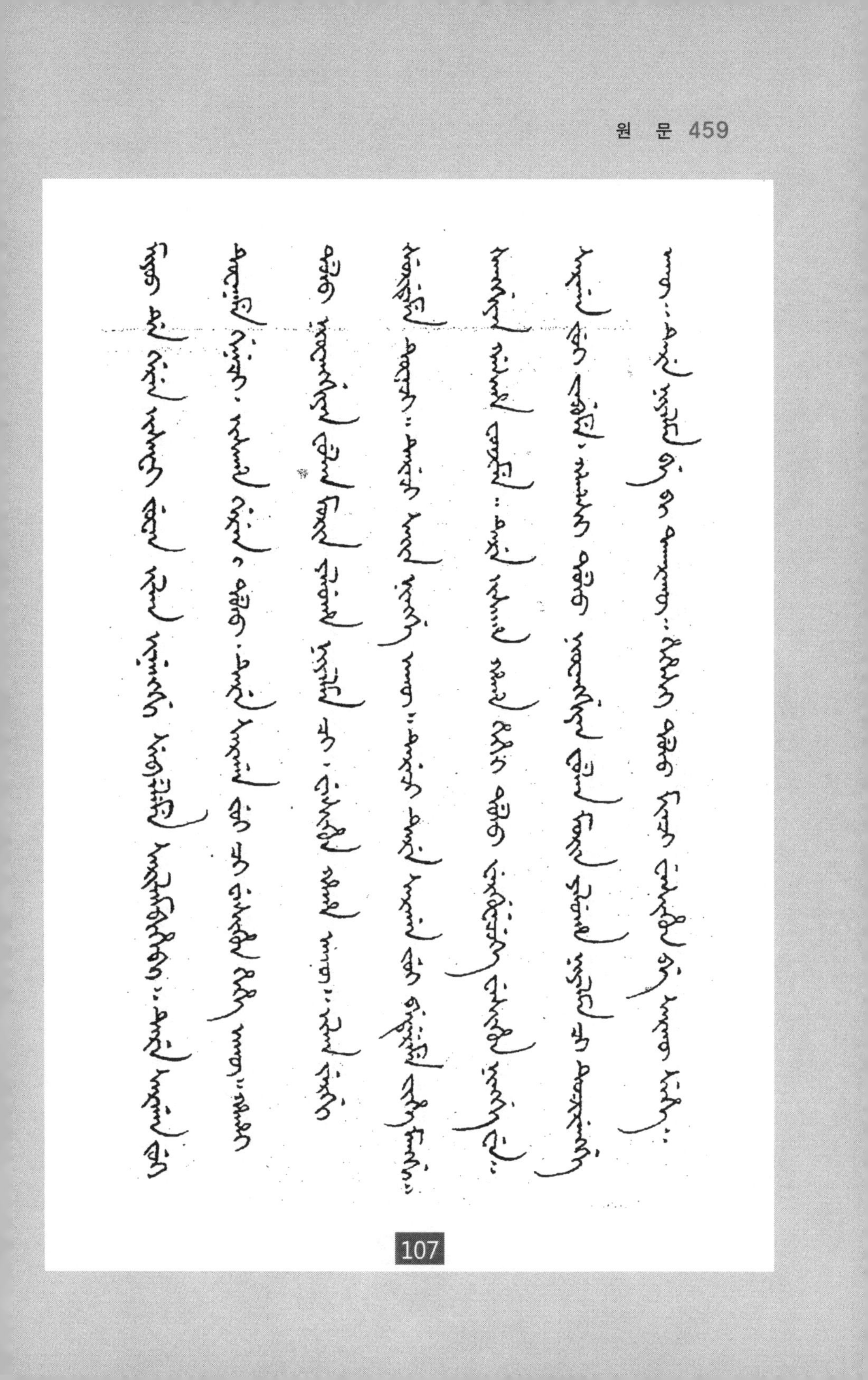

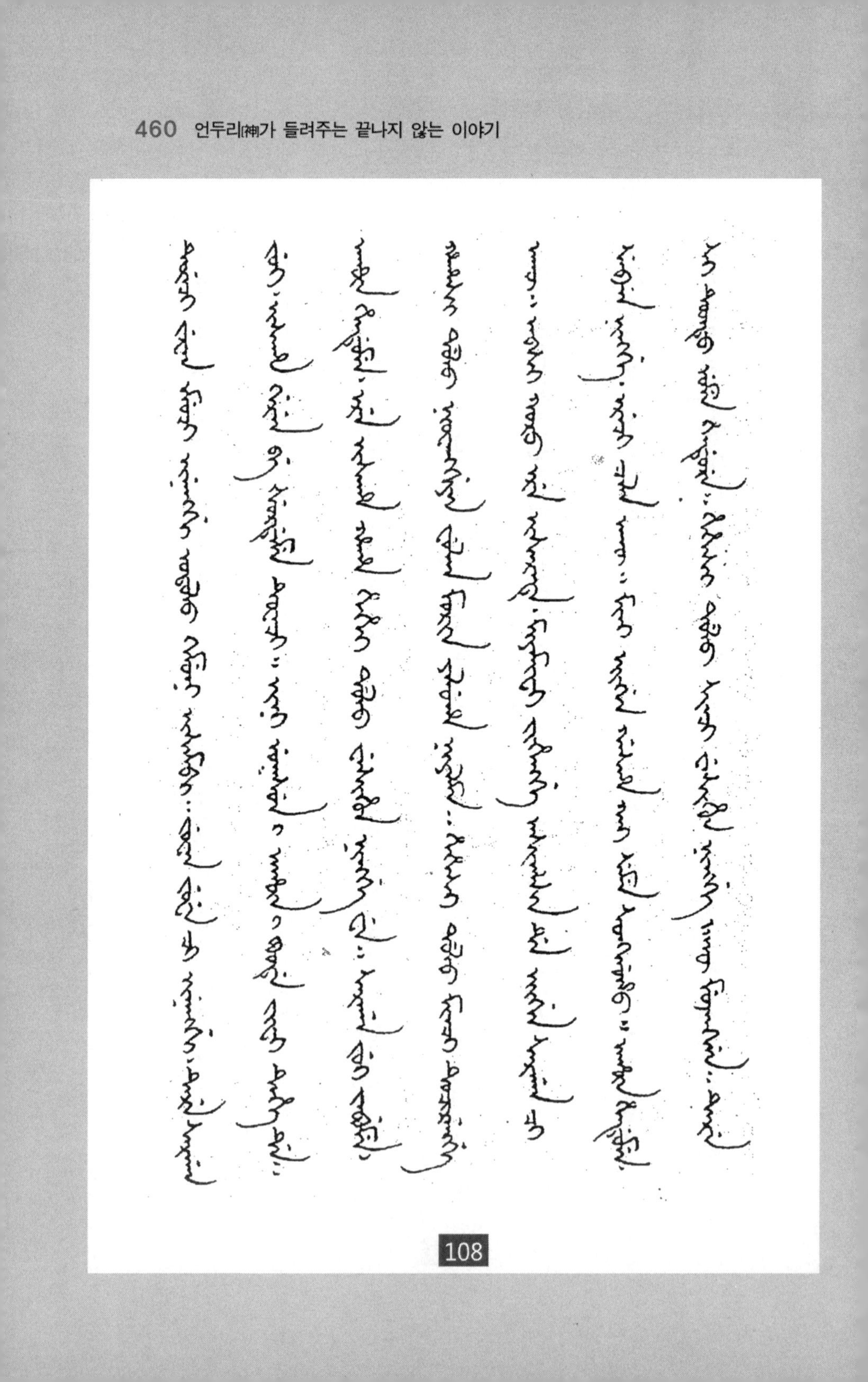

108

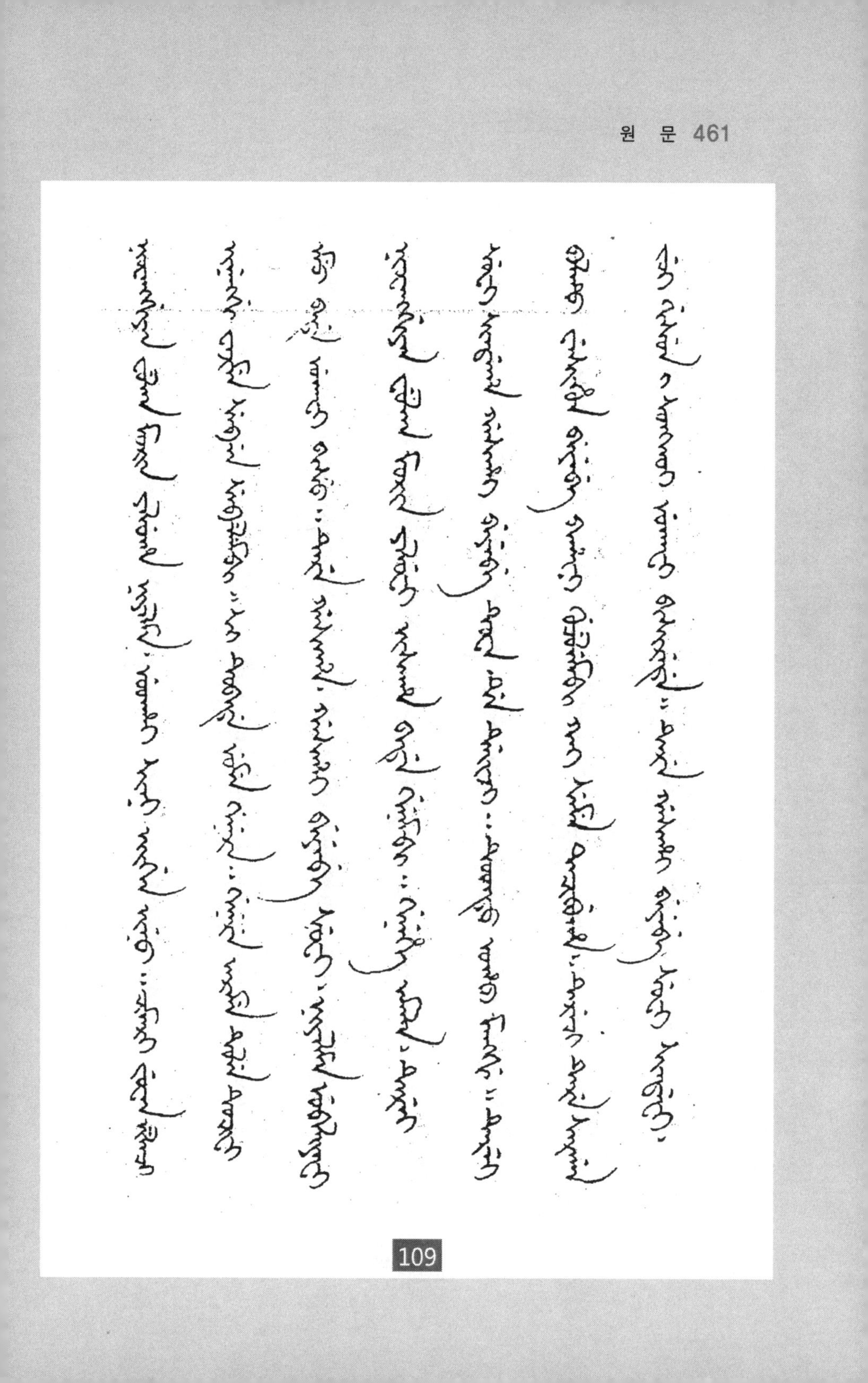

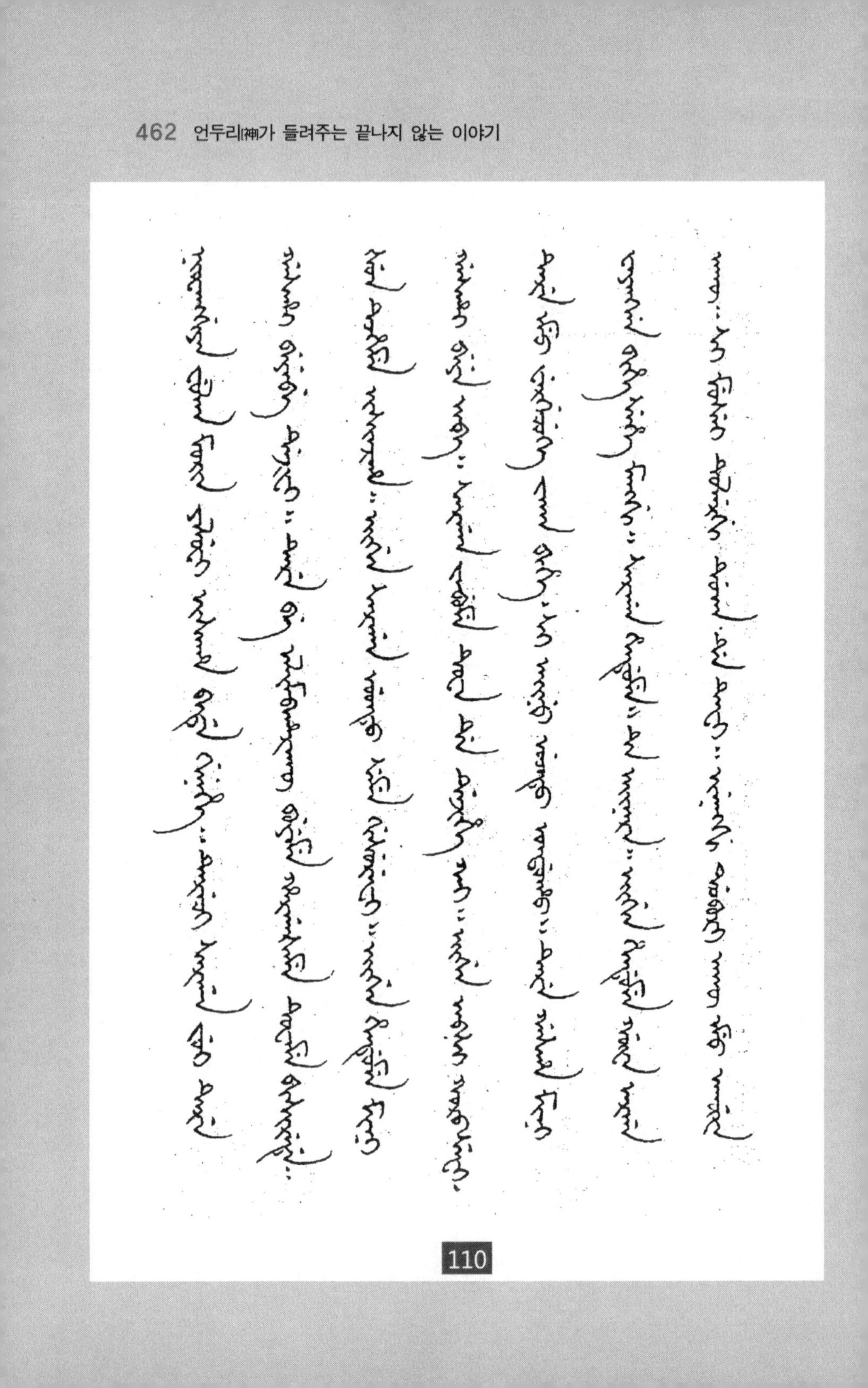

110

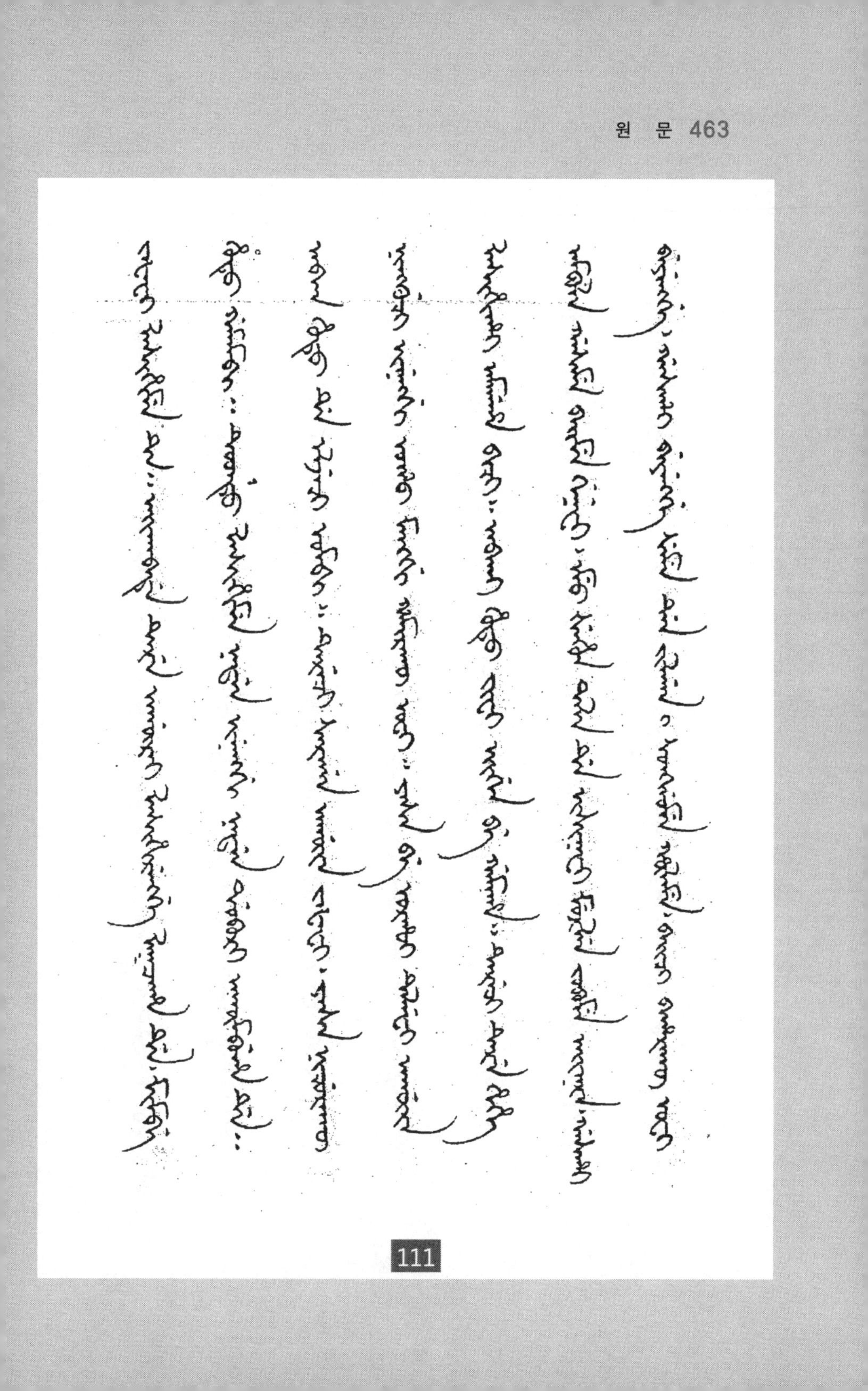

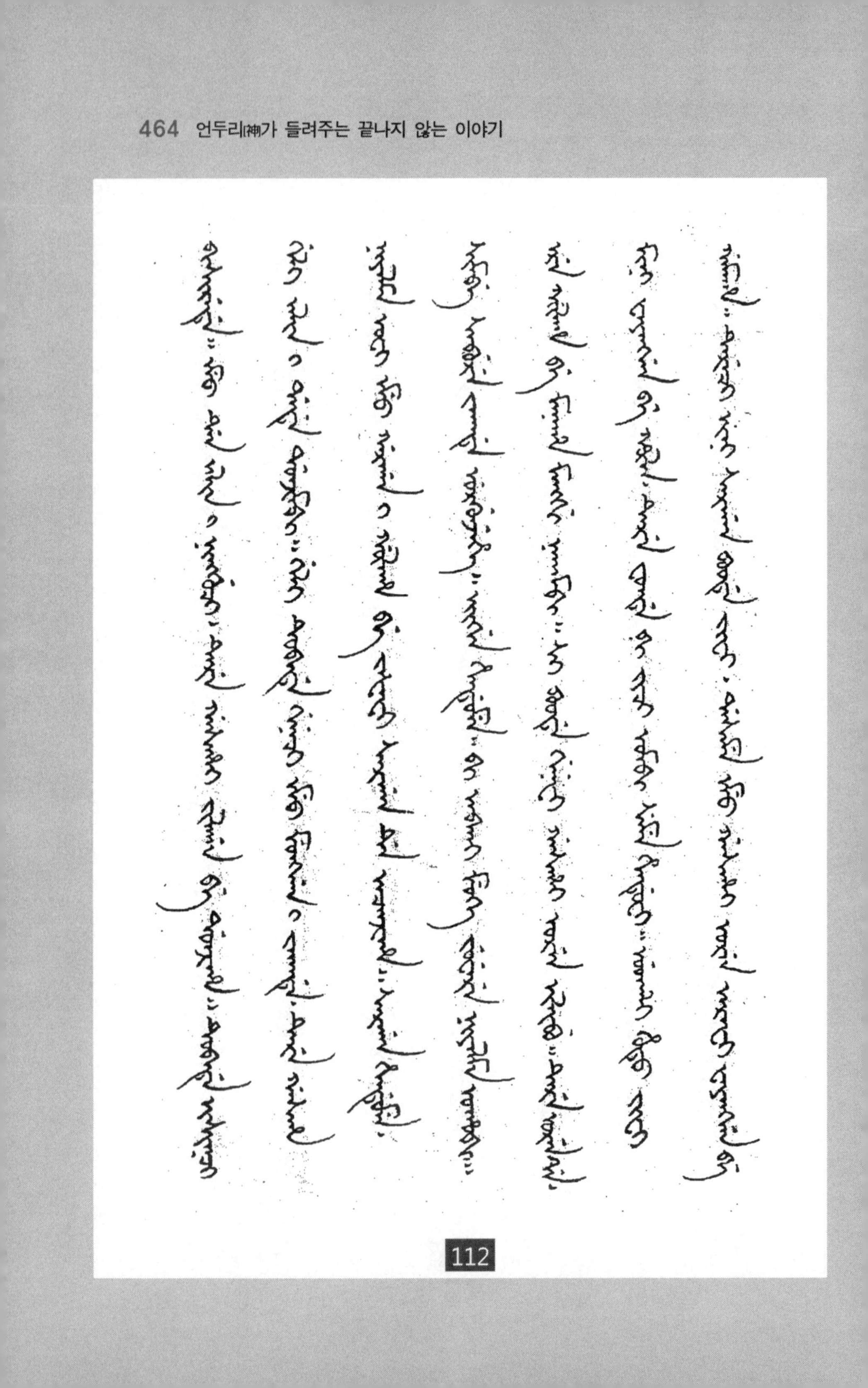

112

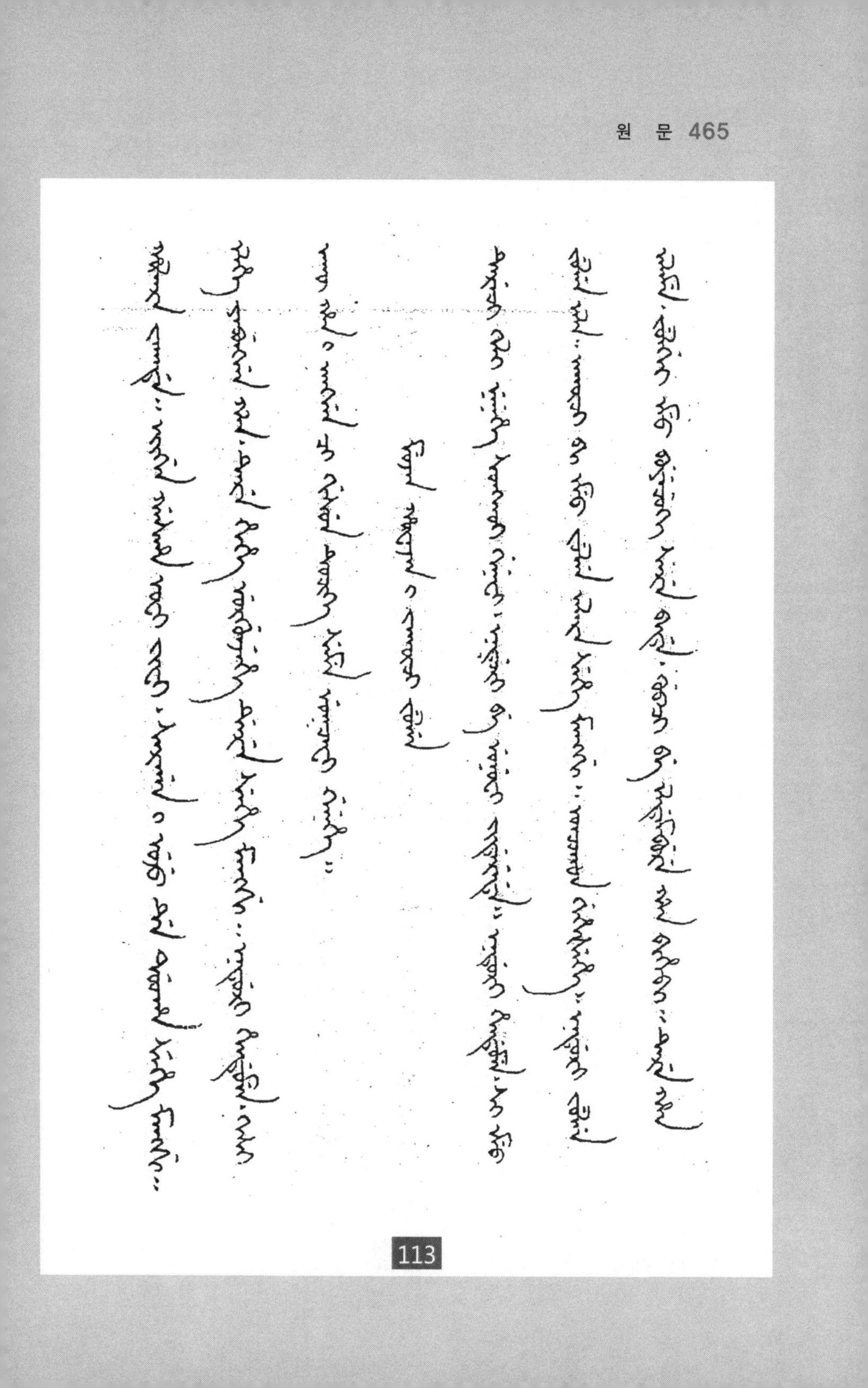

[illegible]

114

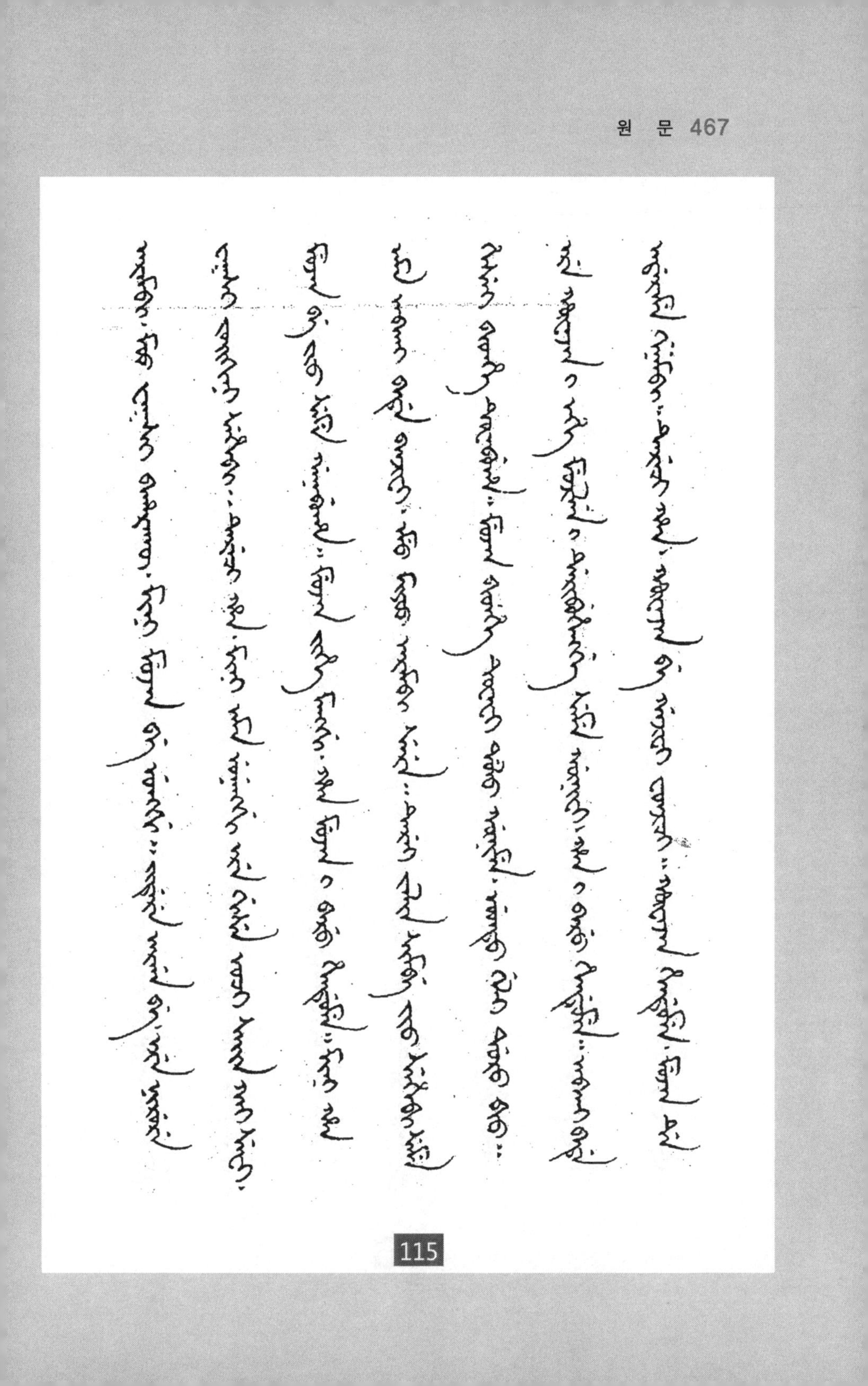

115

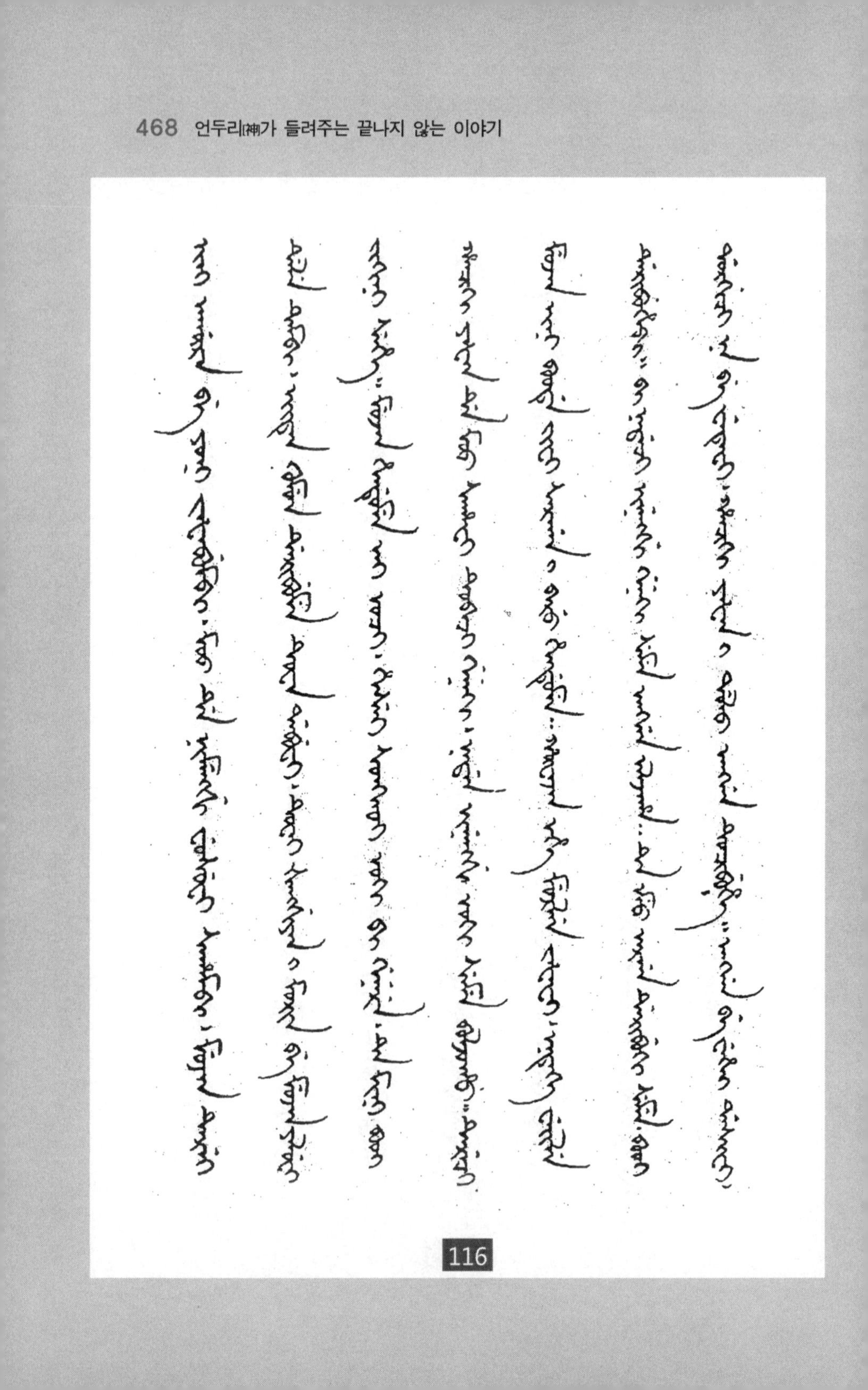

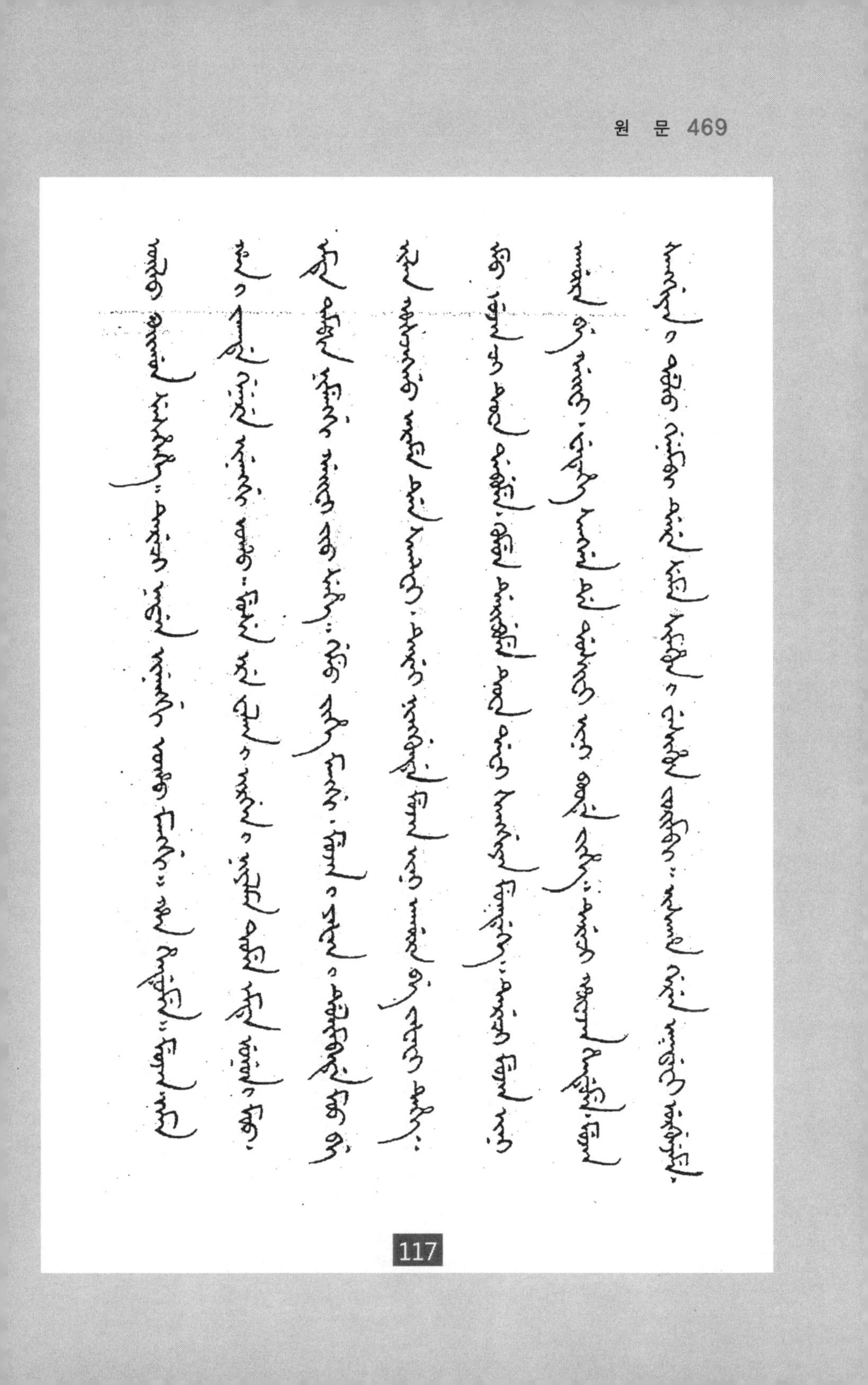

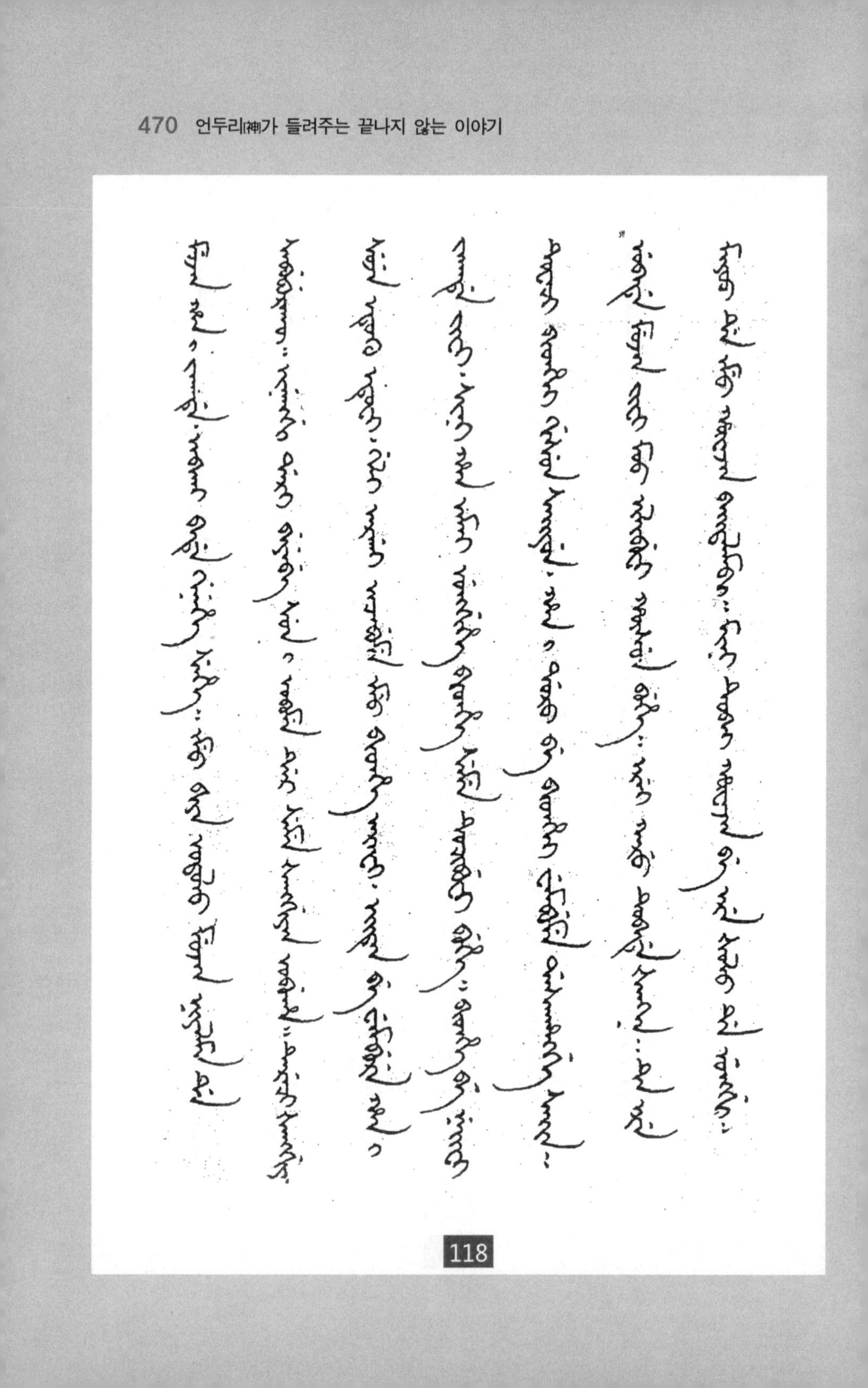

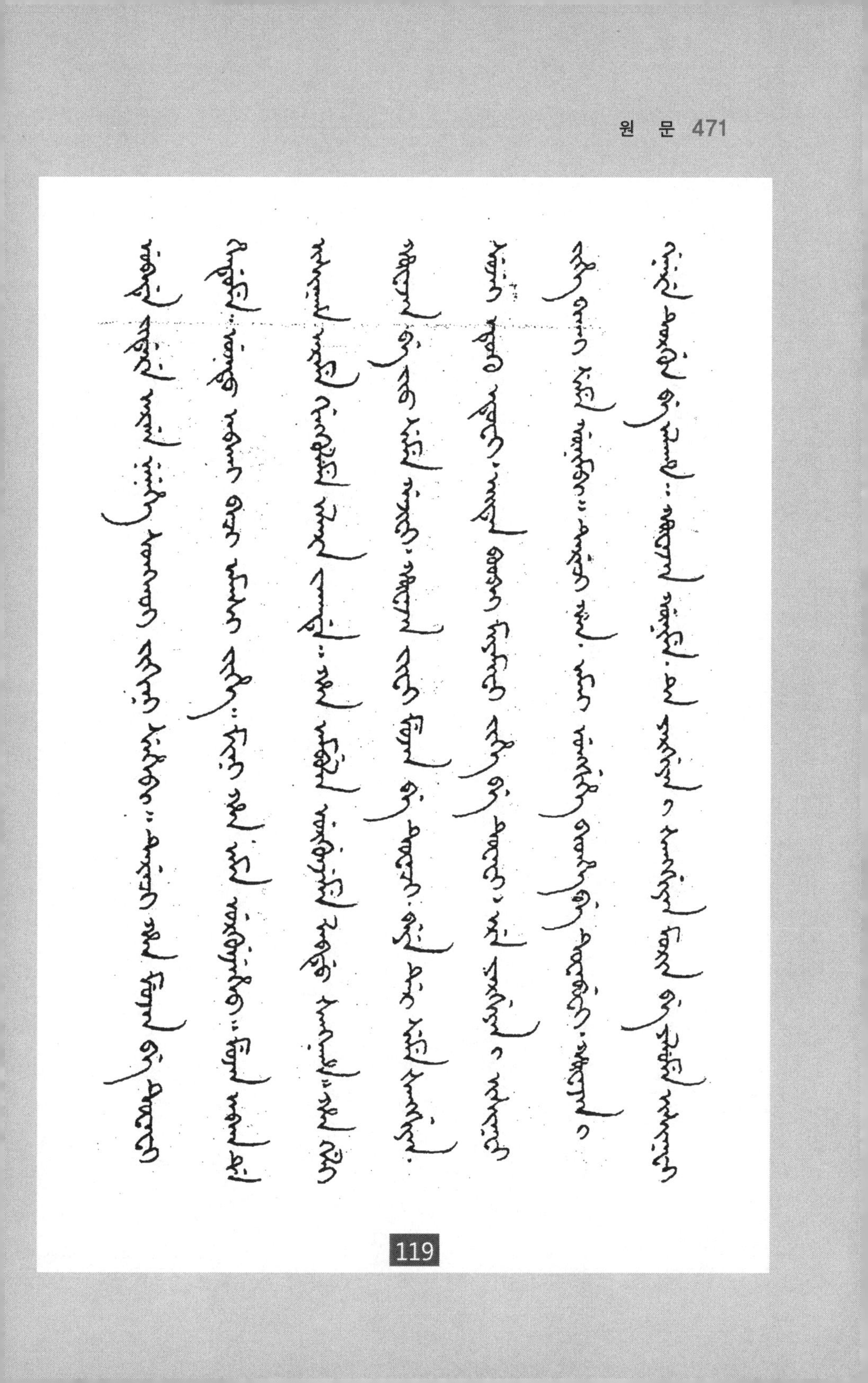

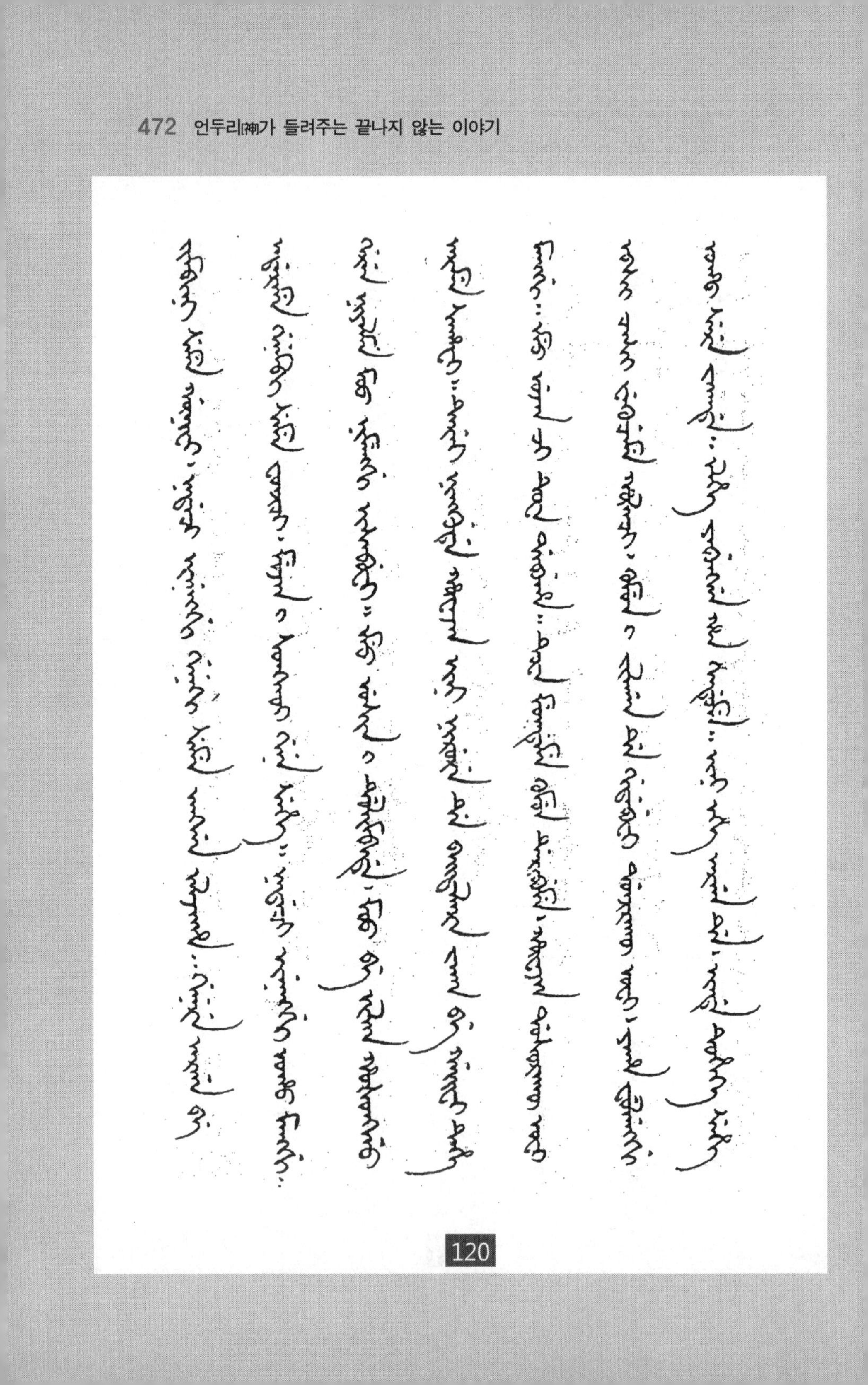

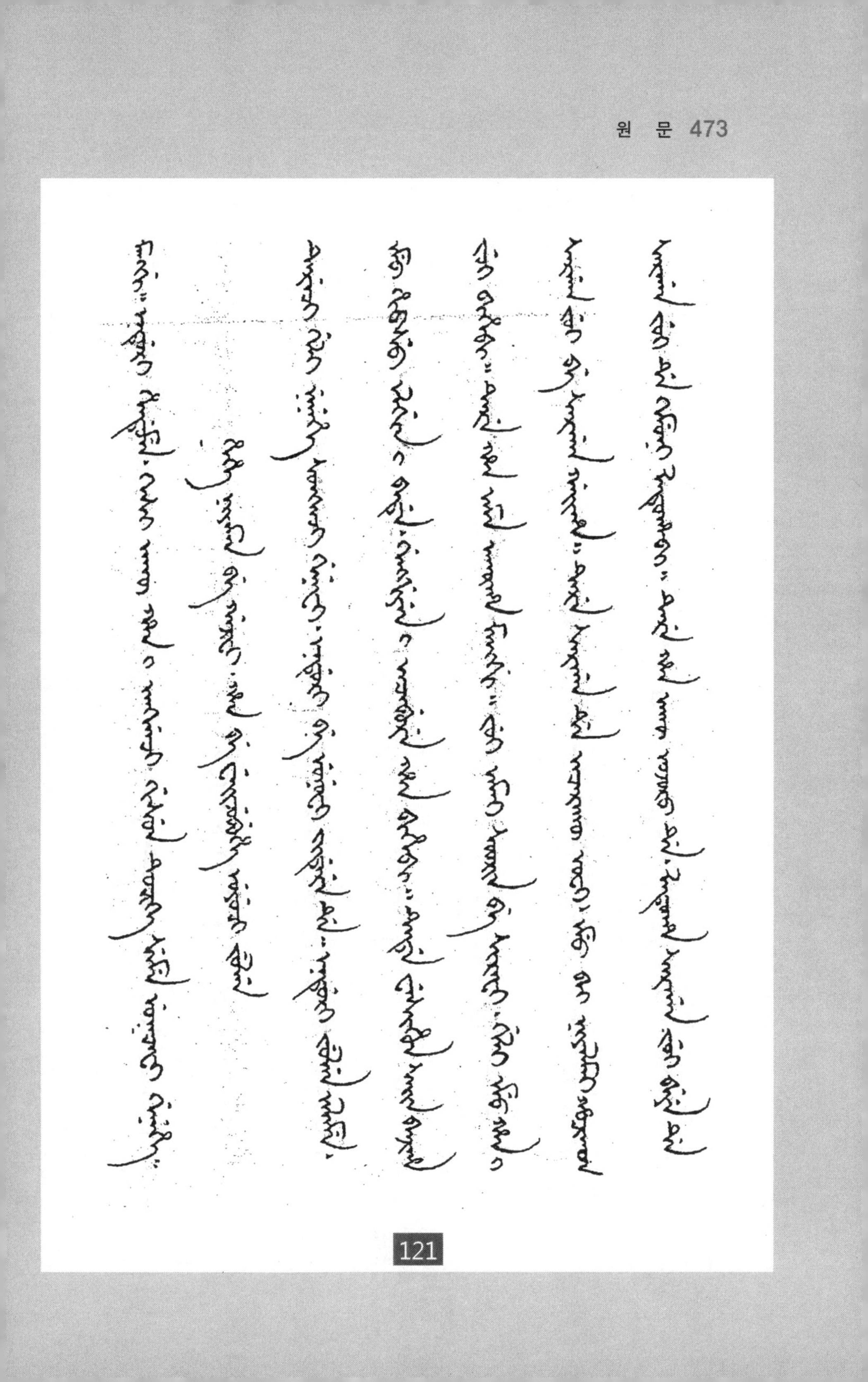

[illegible]

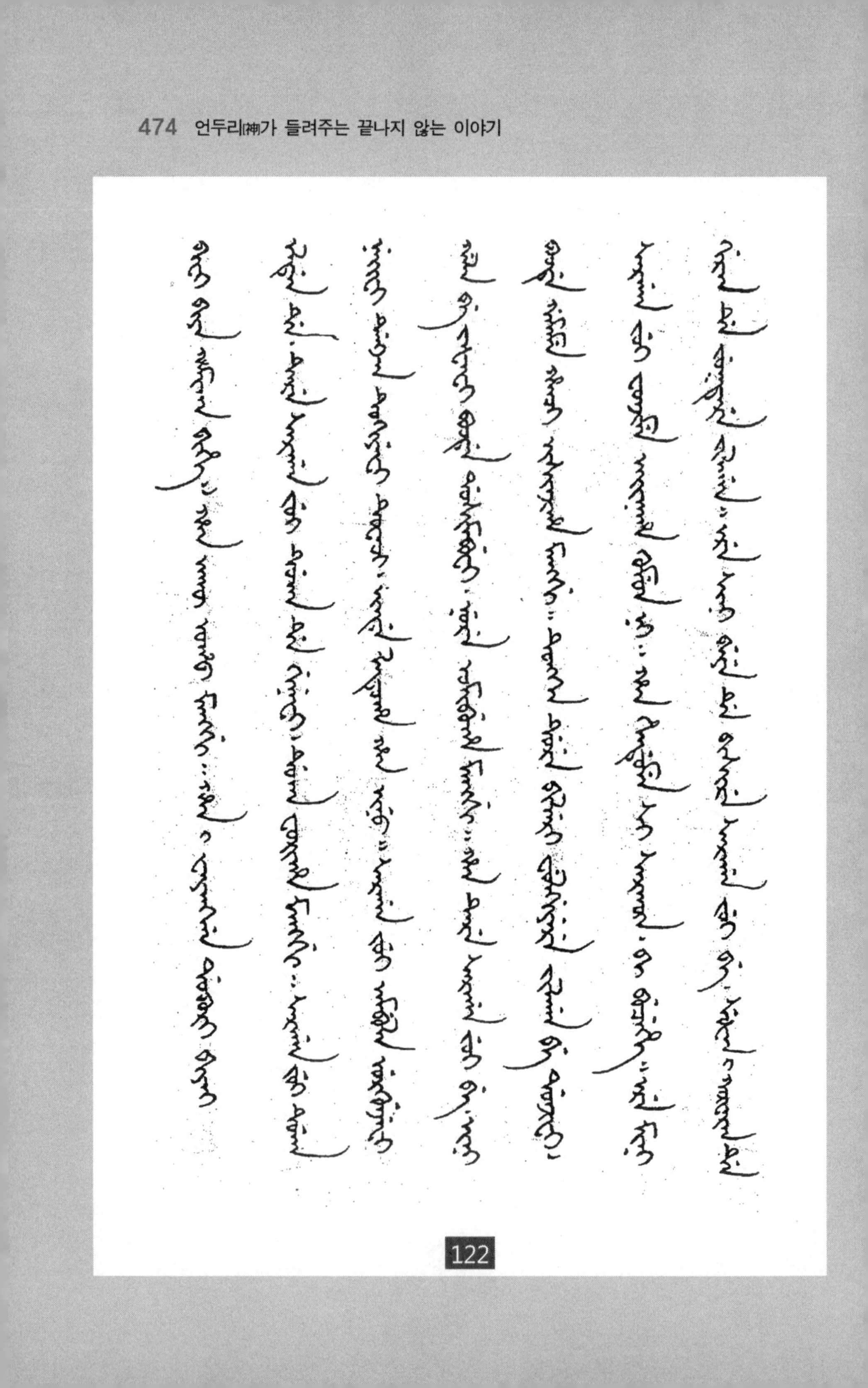

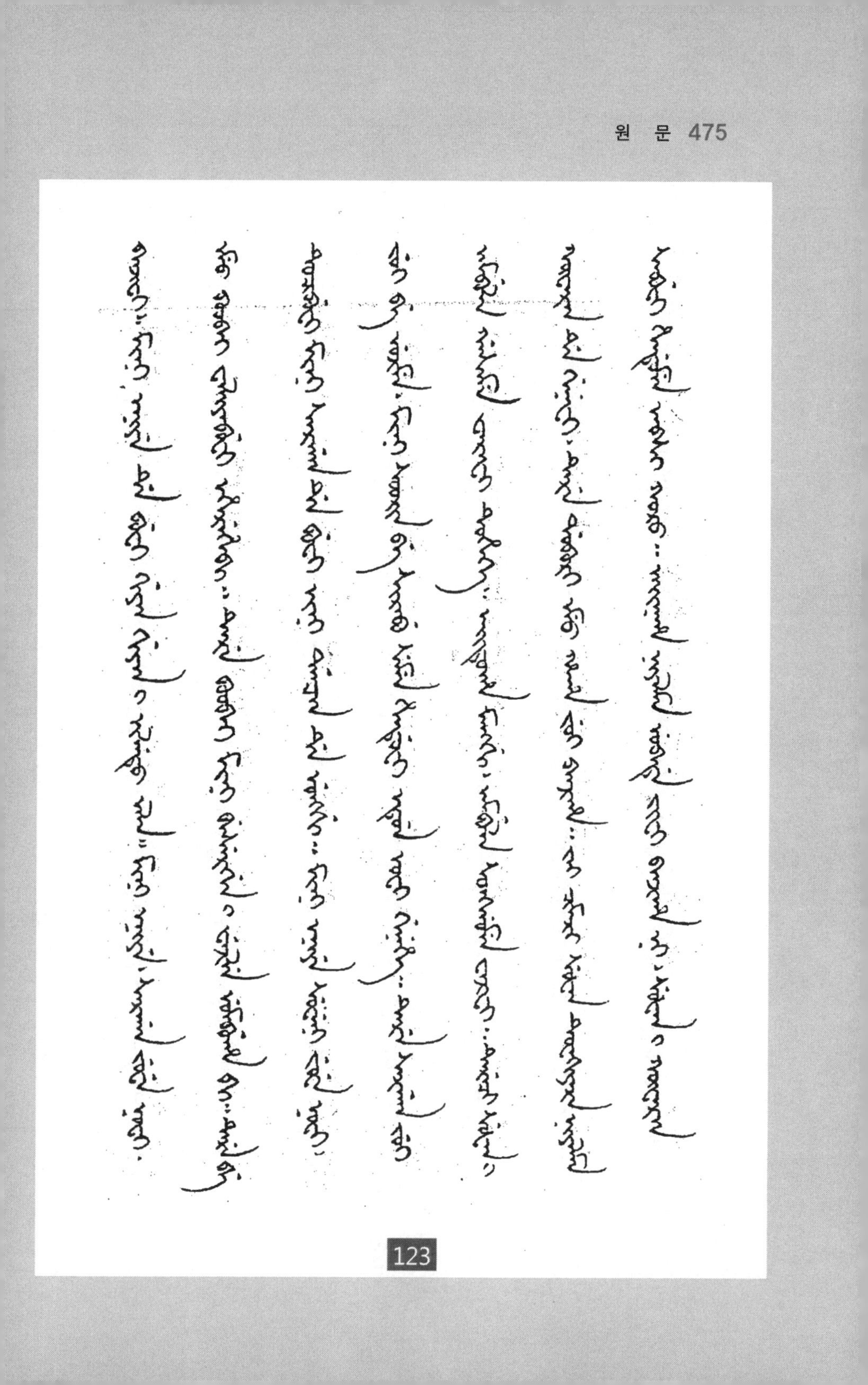

[illegible]

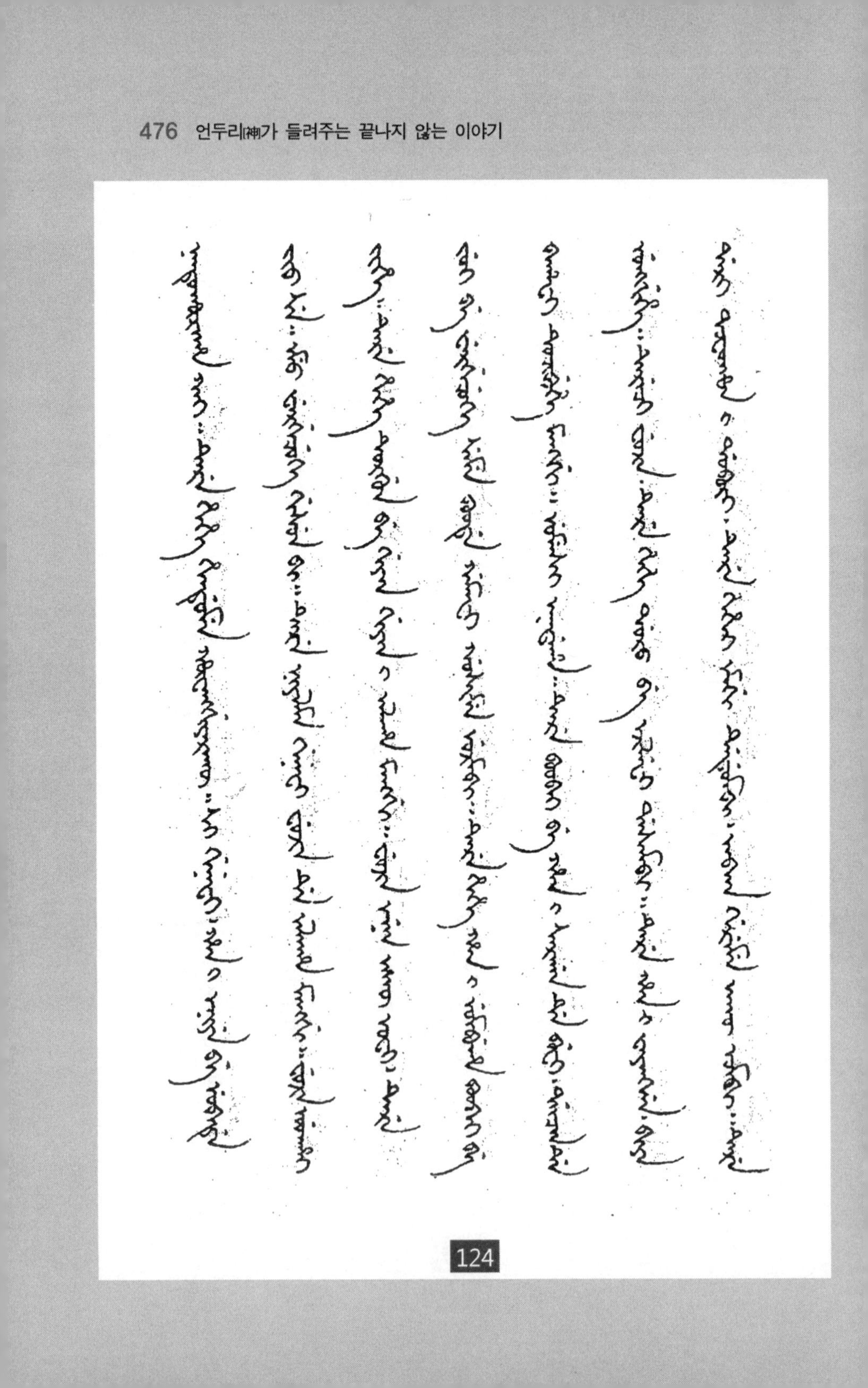

124

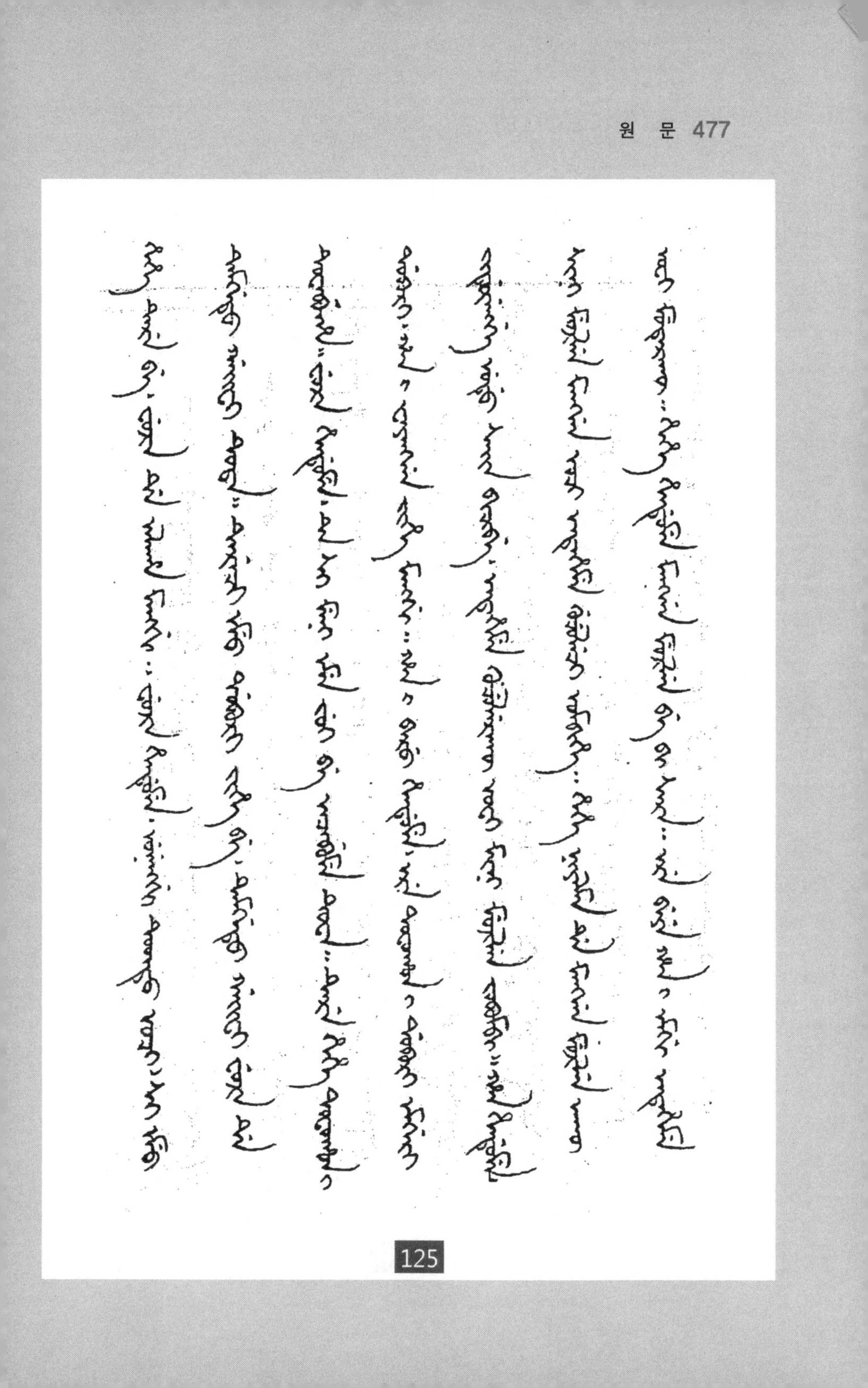

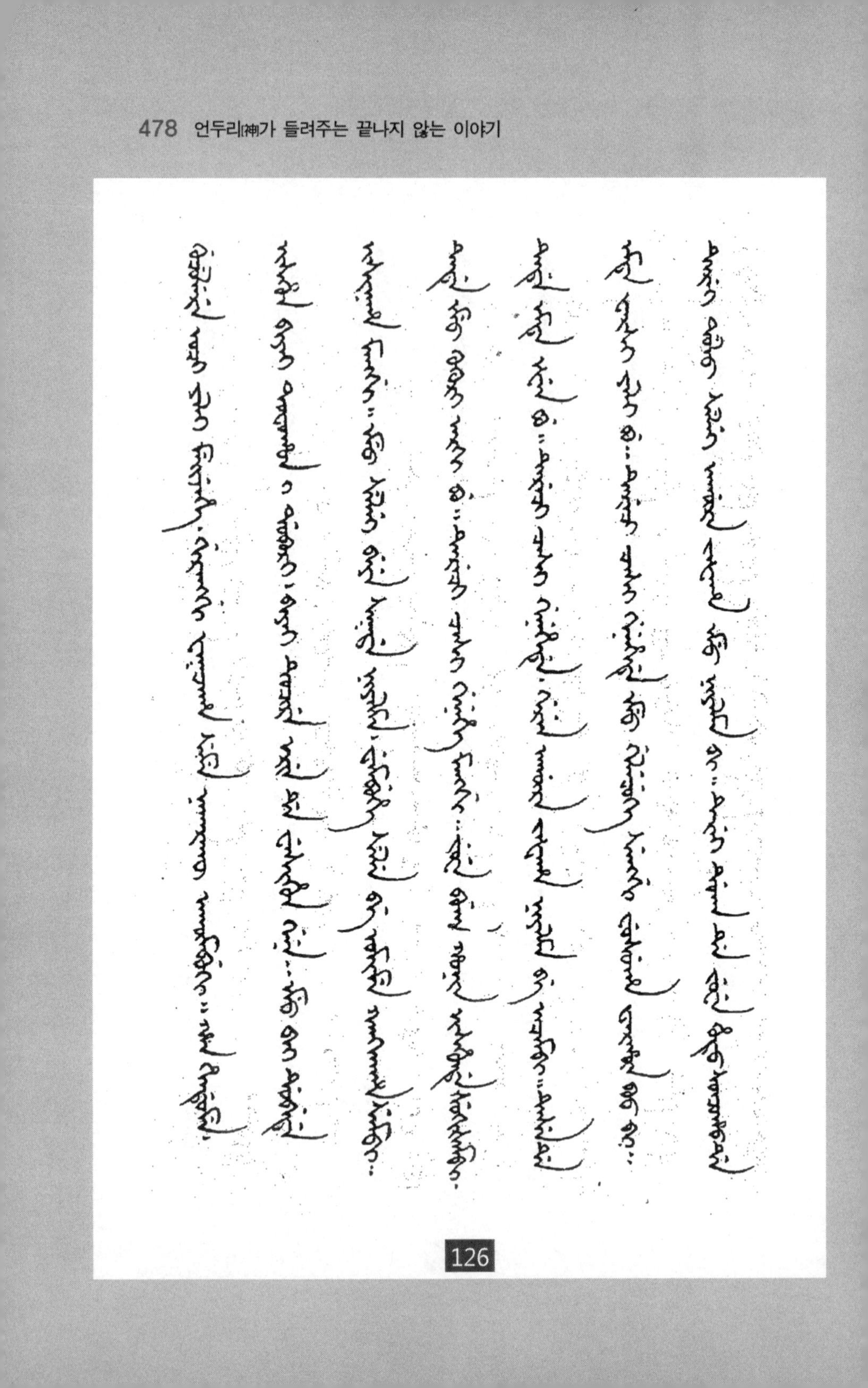

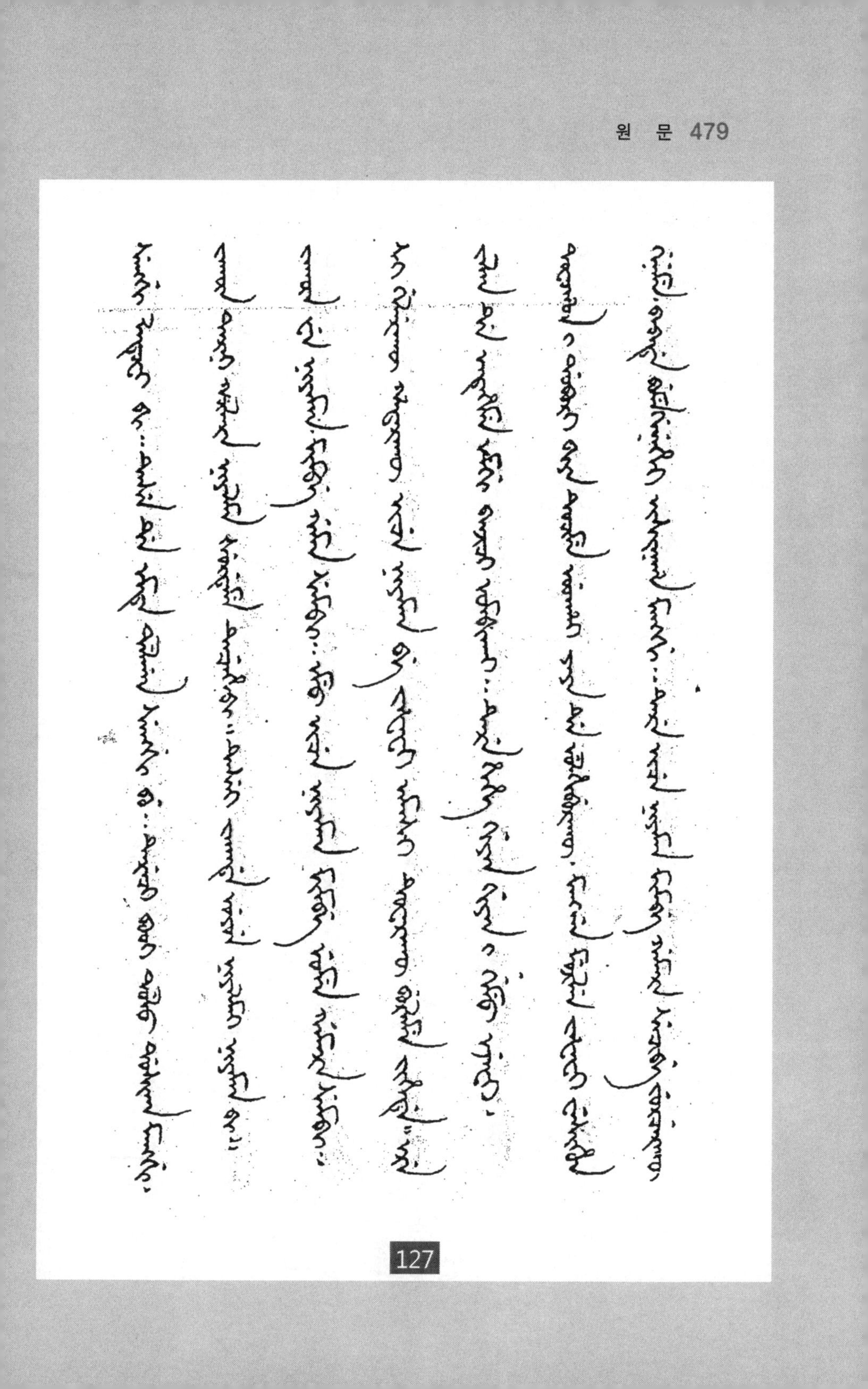

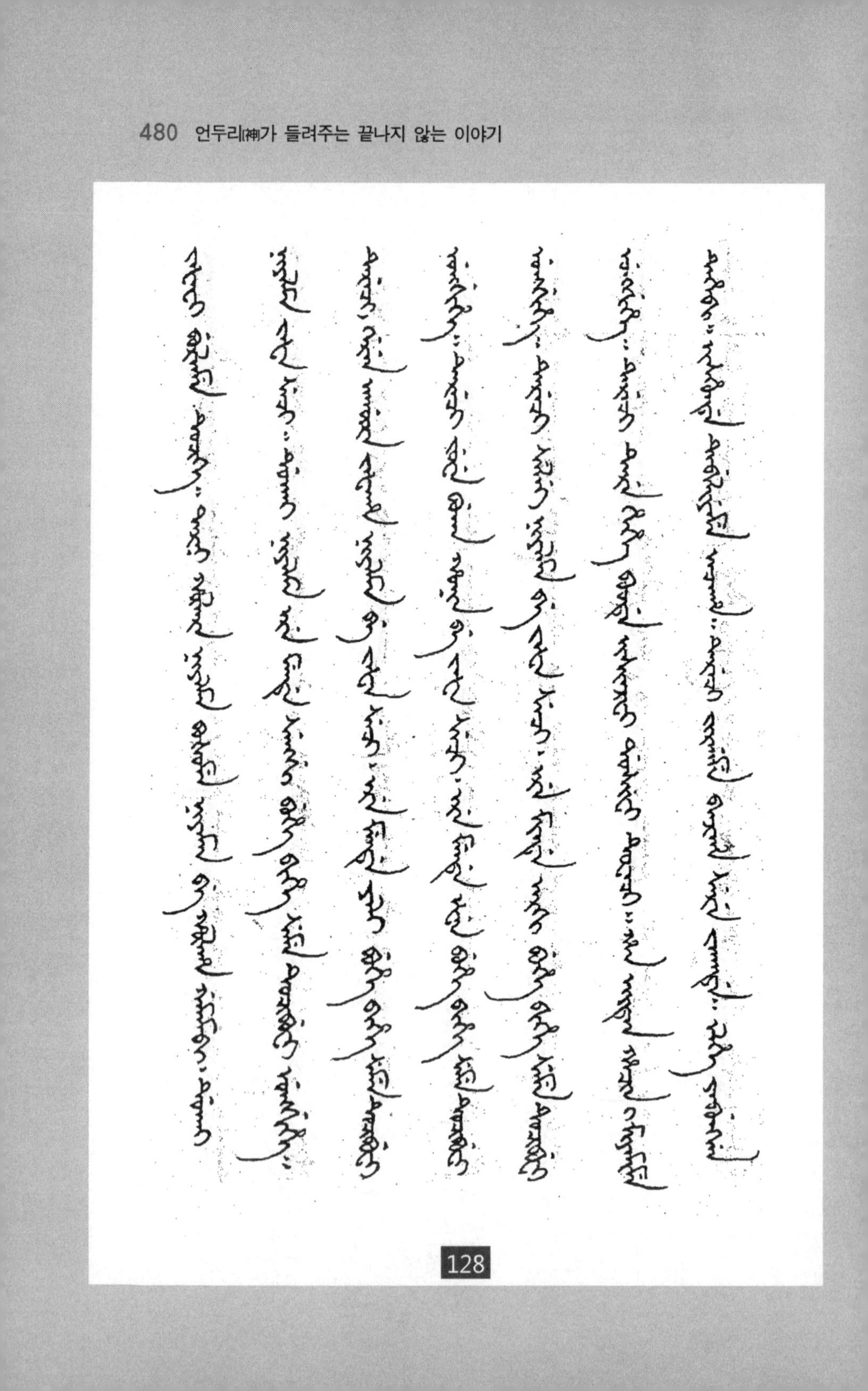

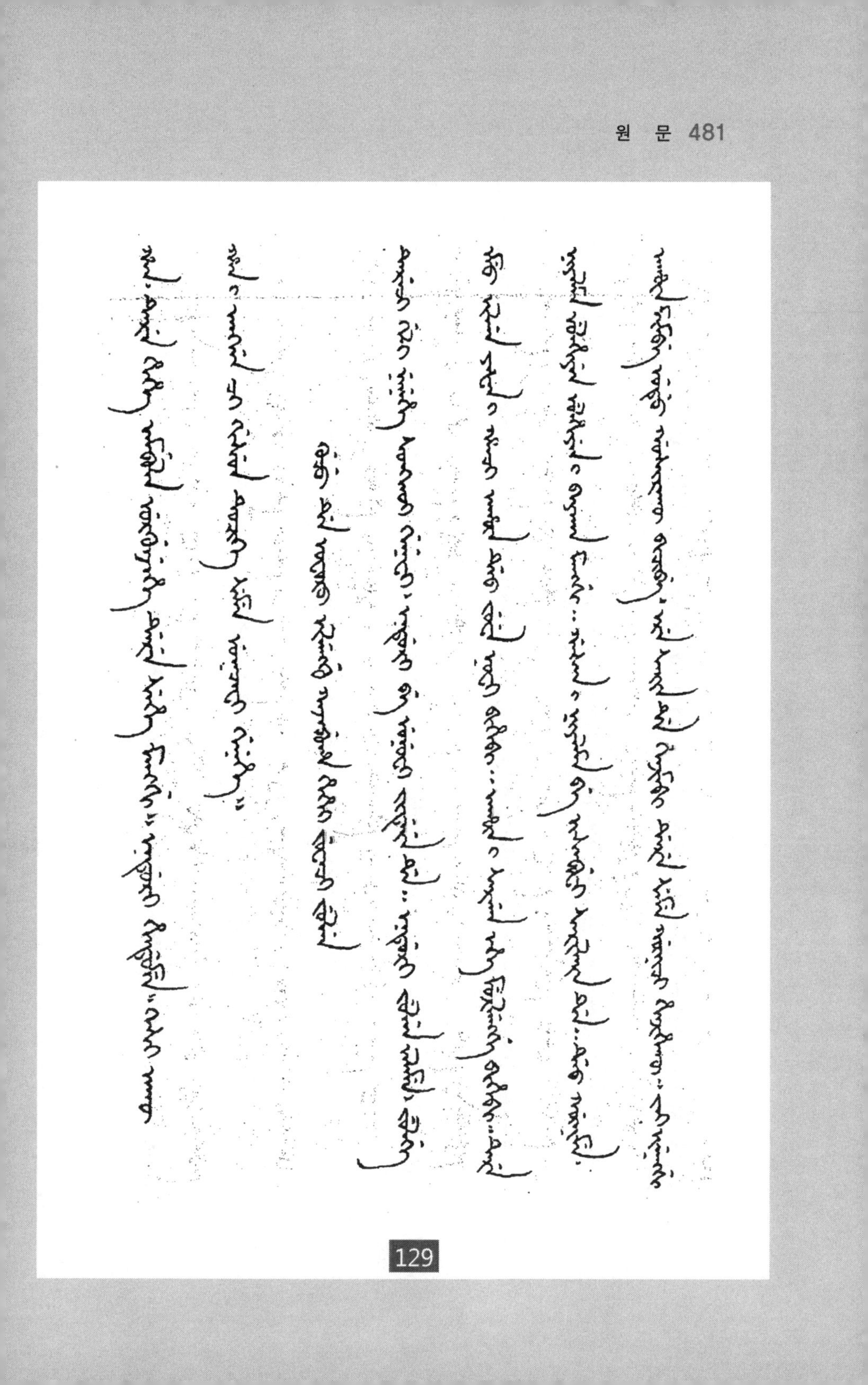

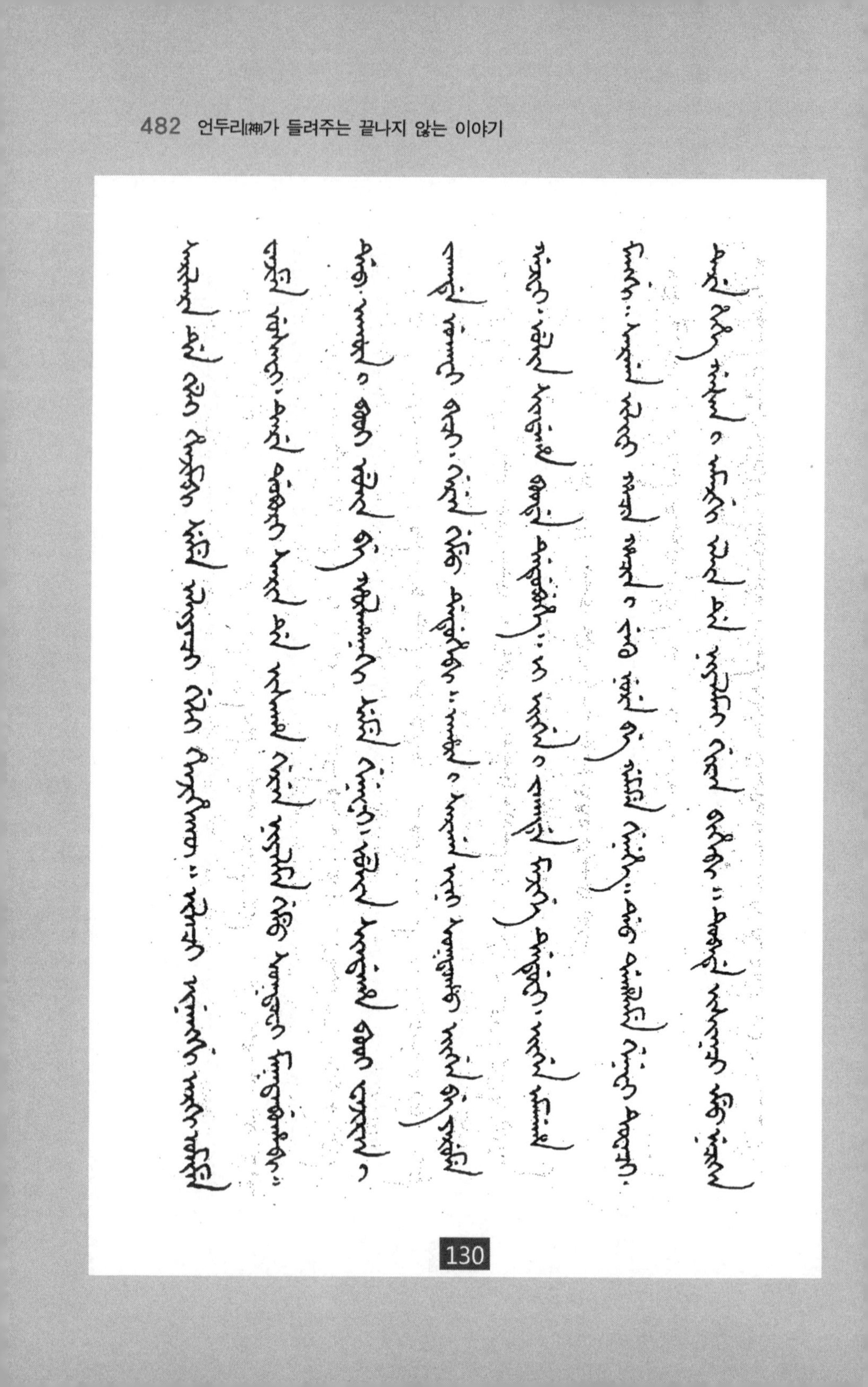

[illegible]

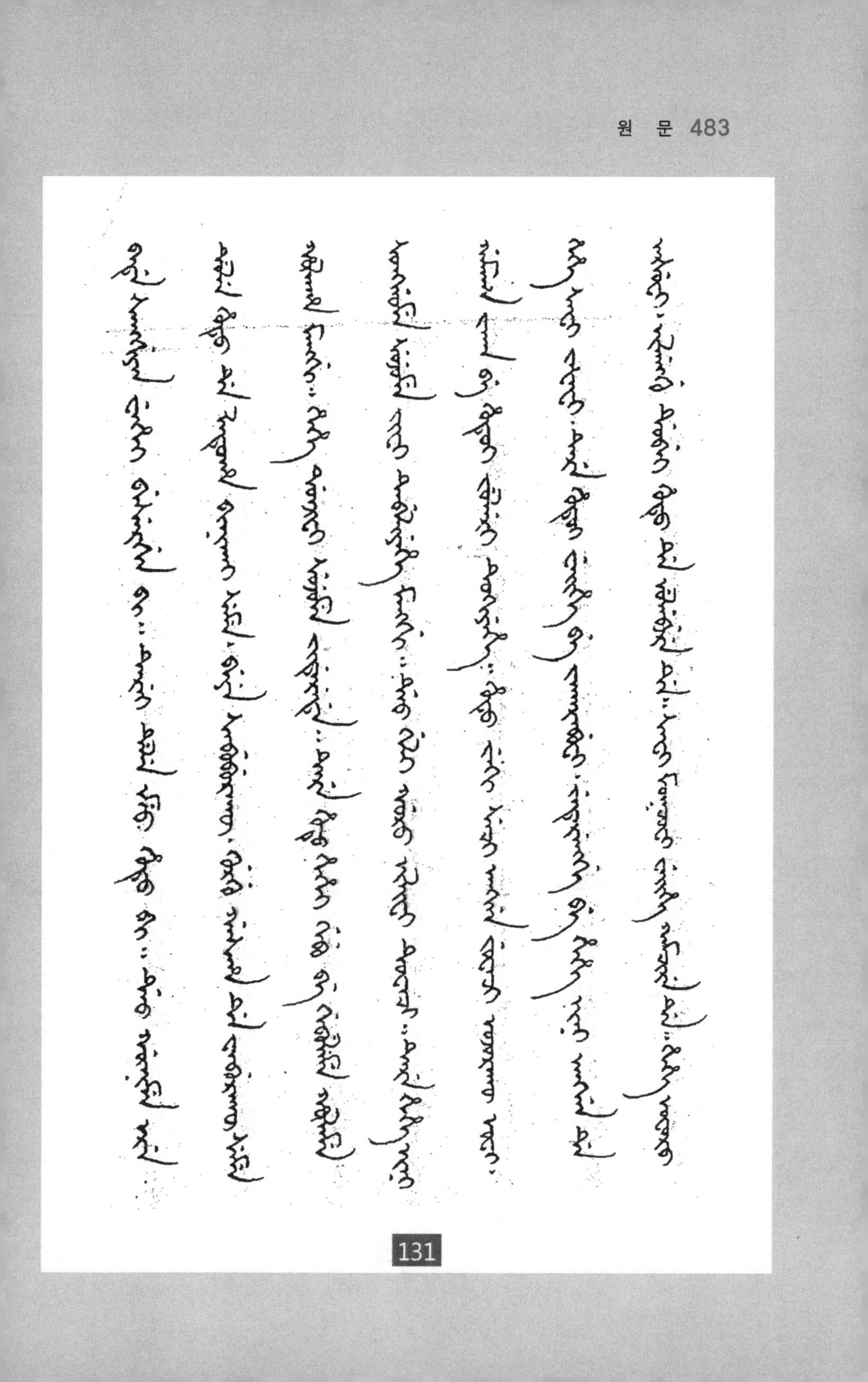

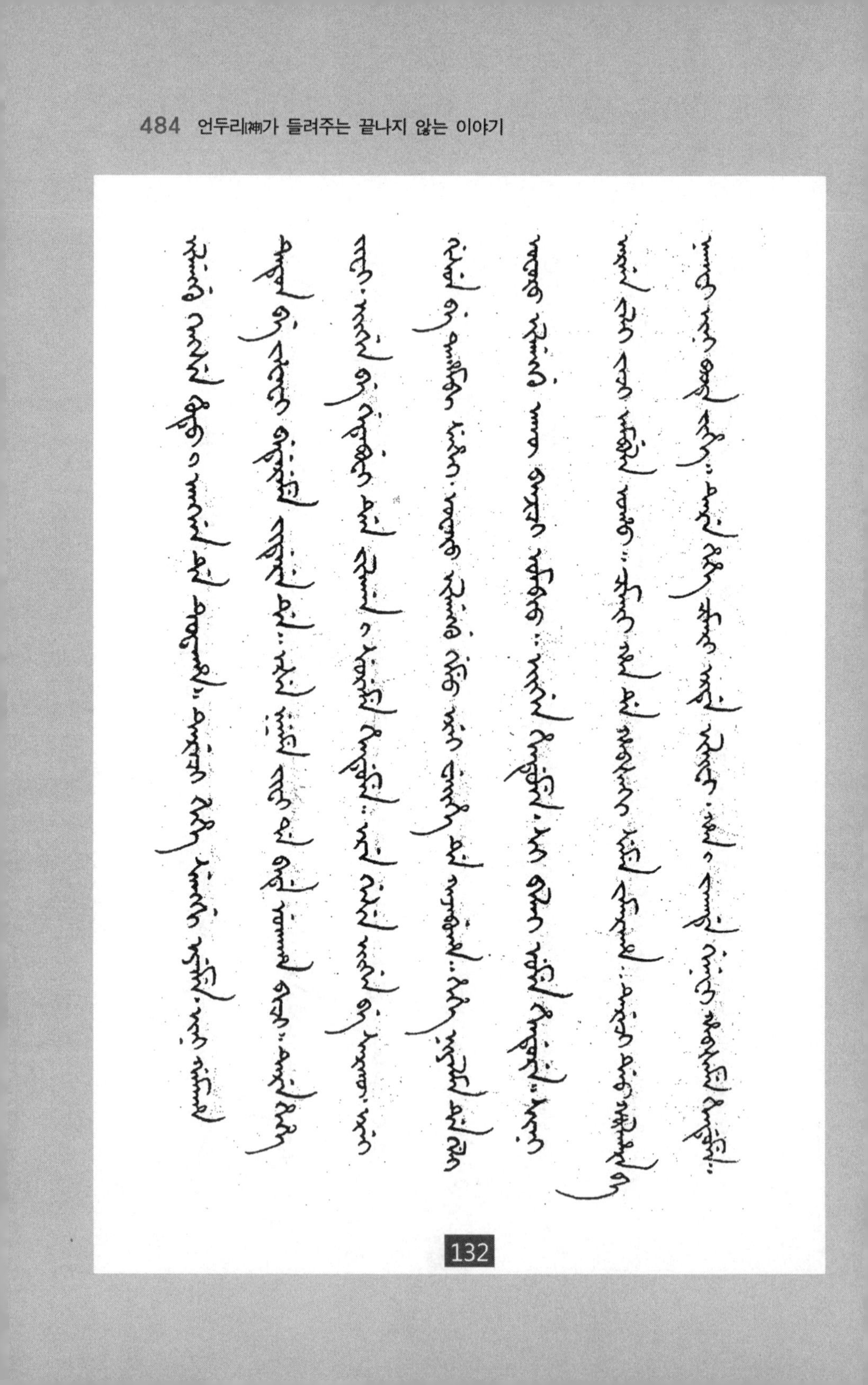

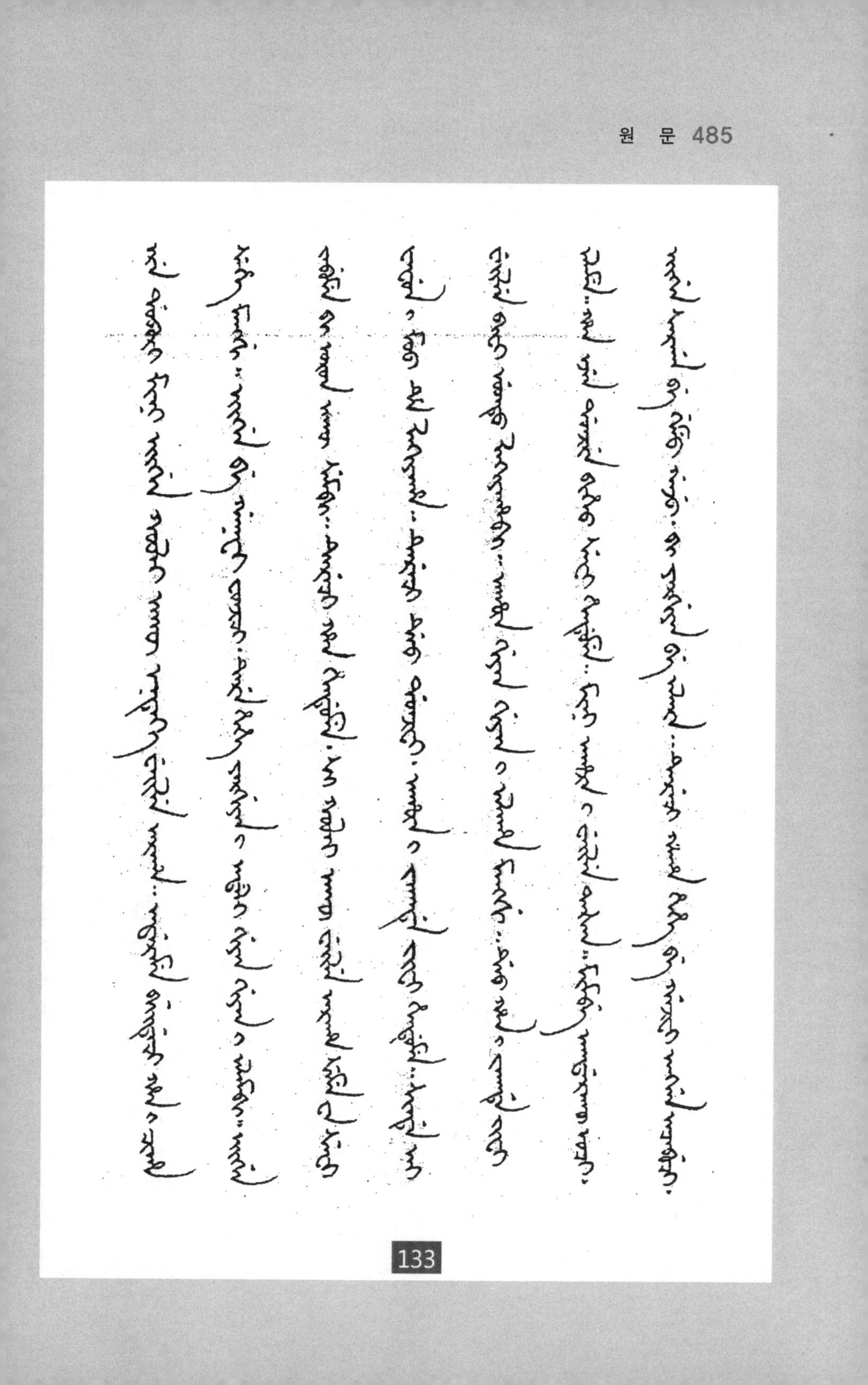

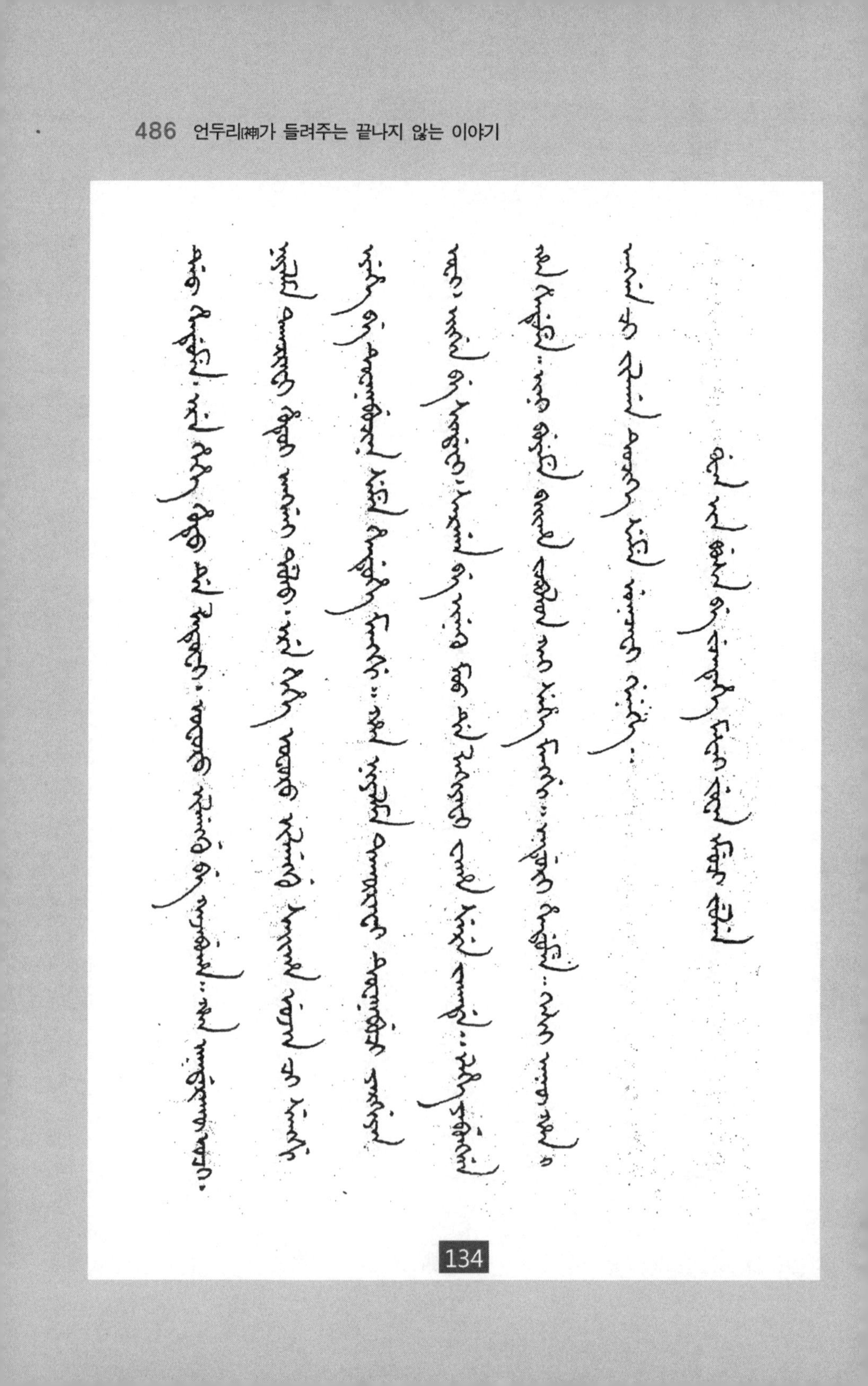

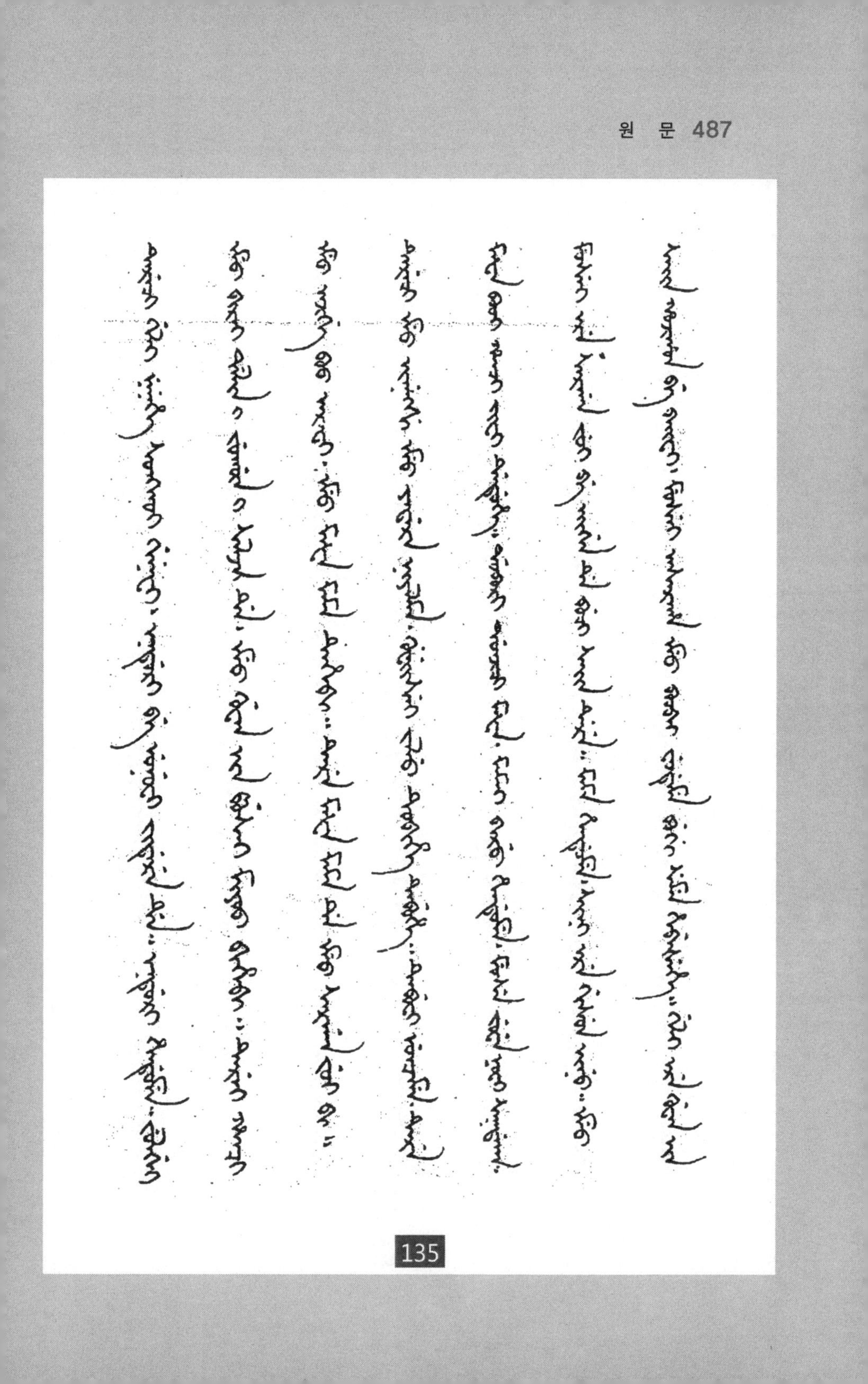

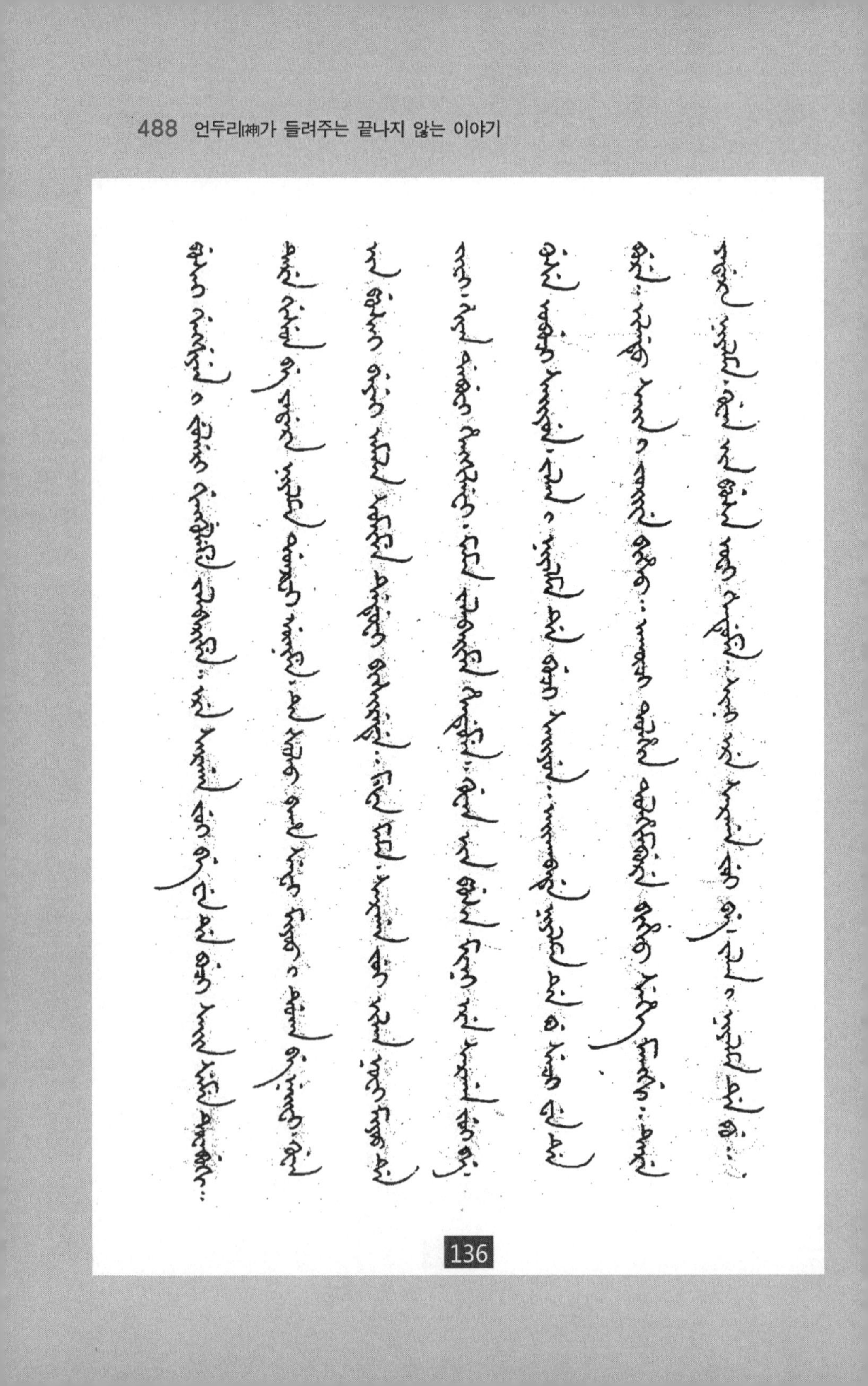

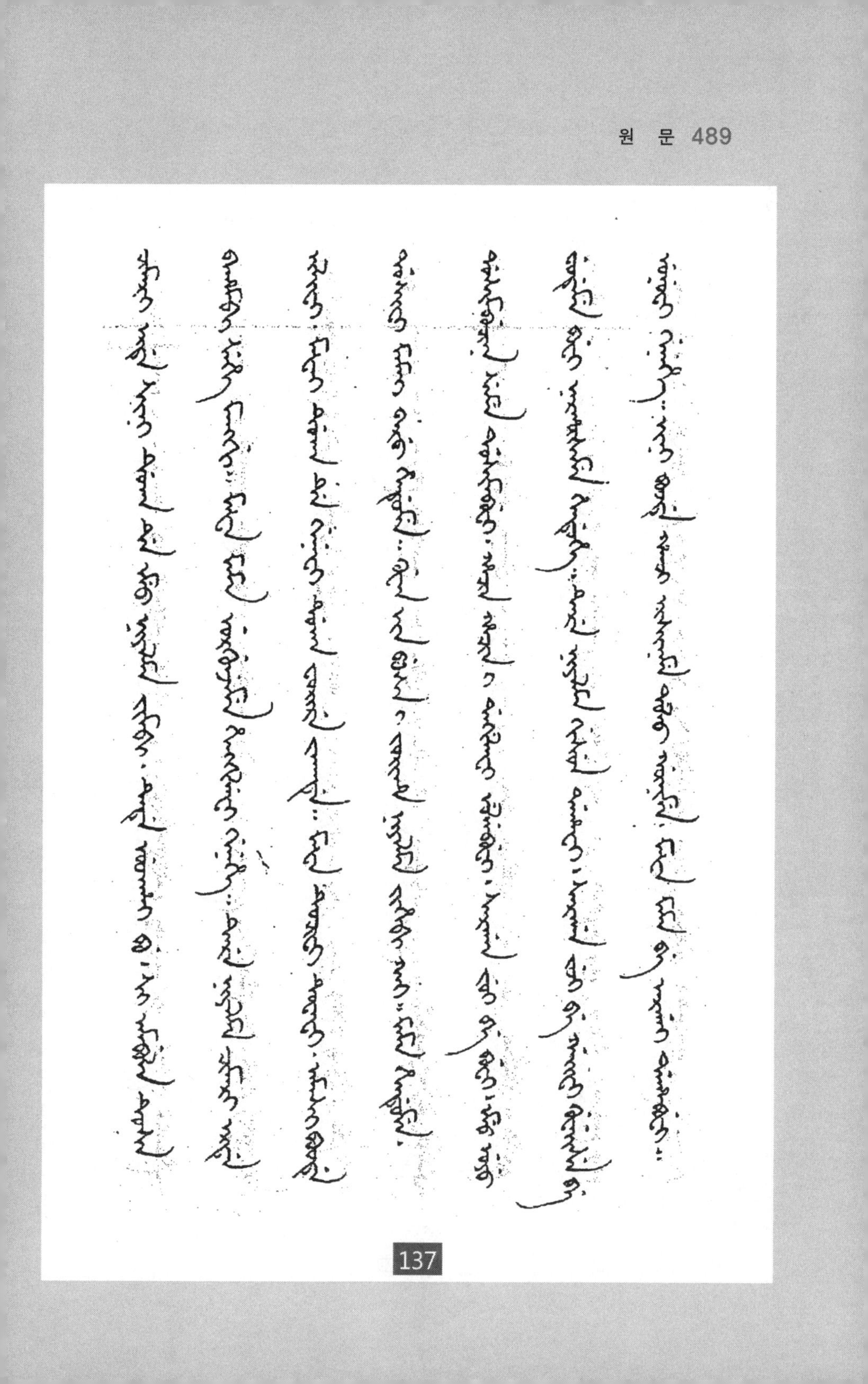

138

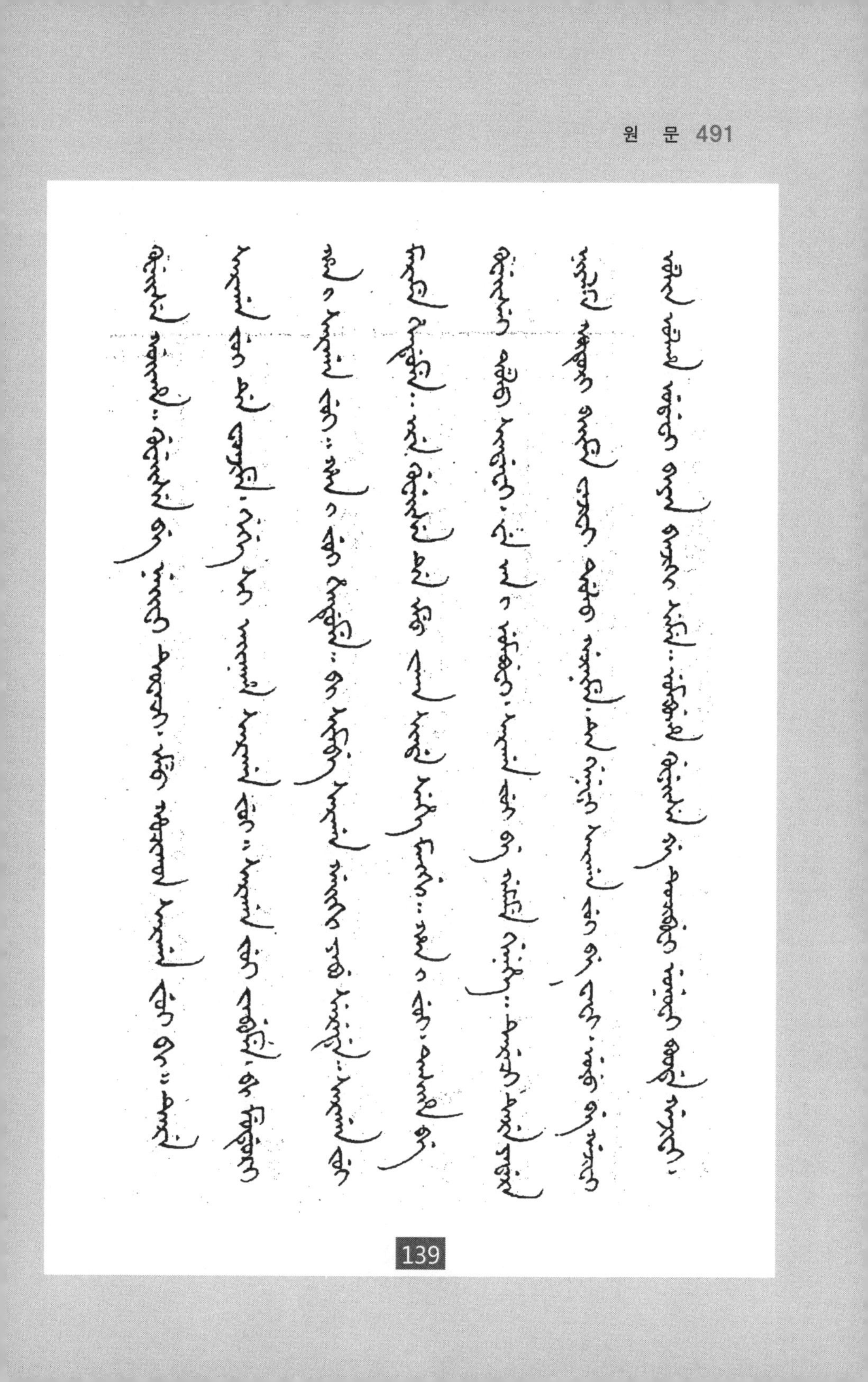

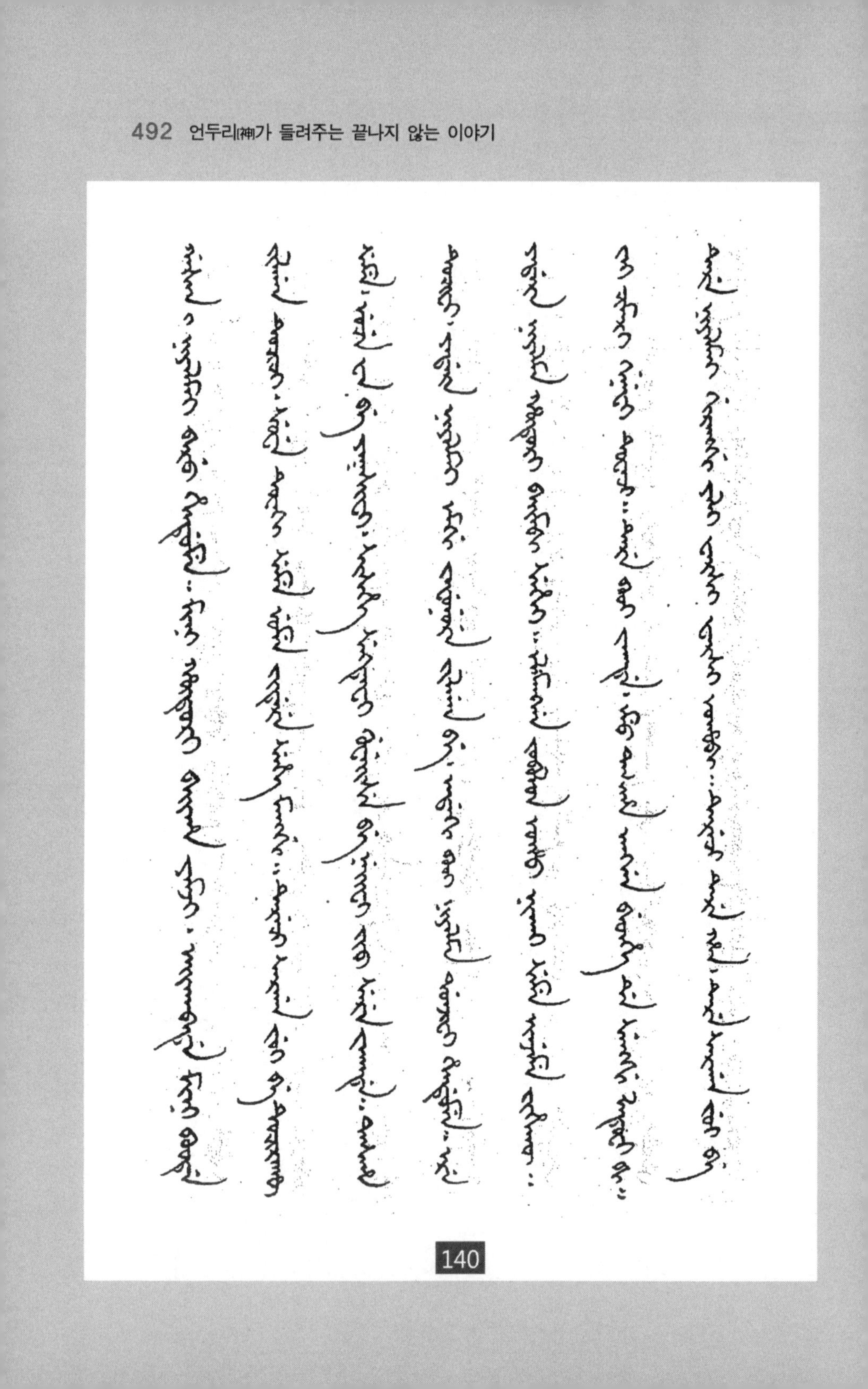

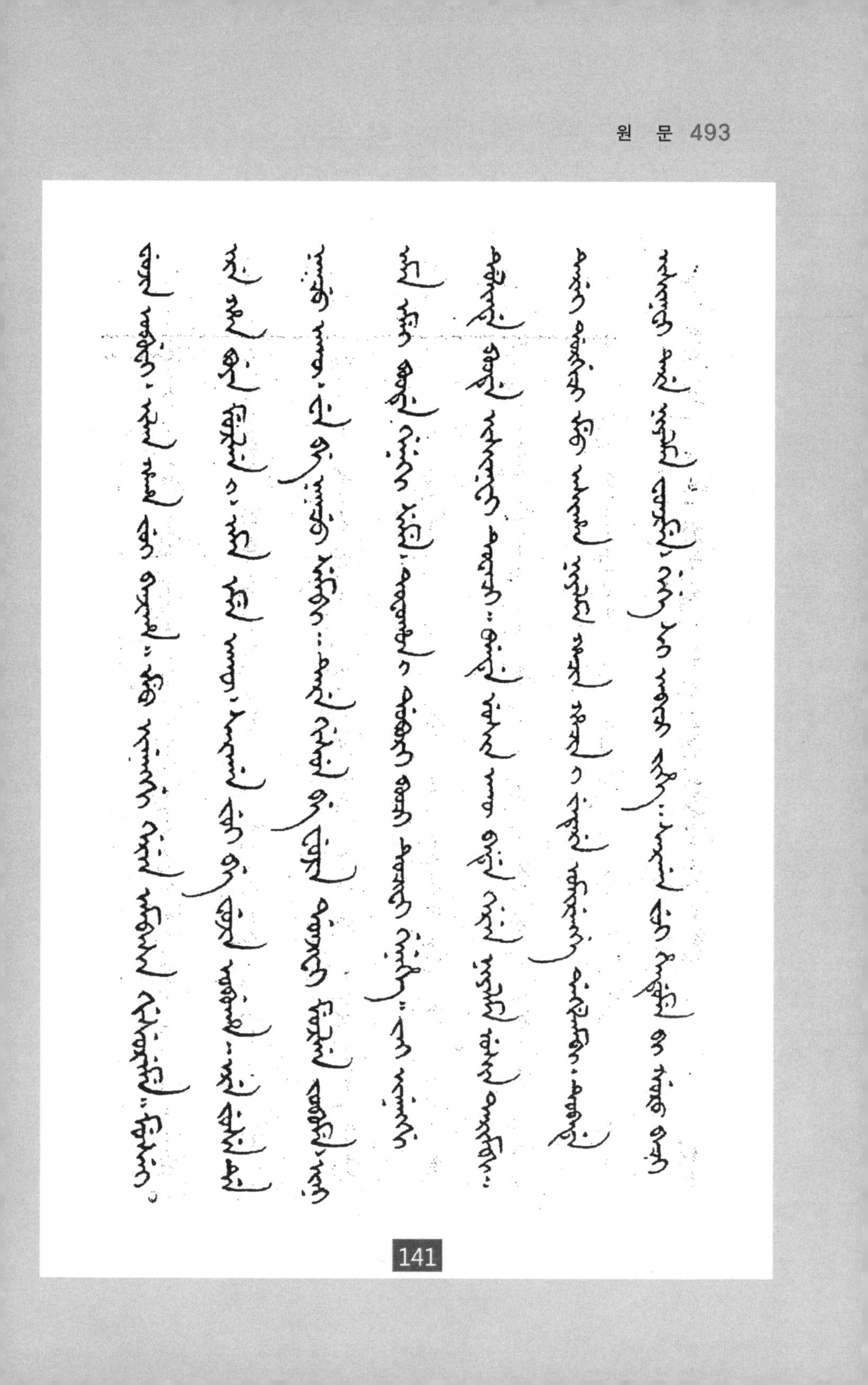

[illegible]

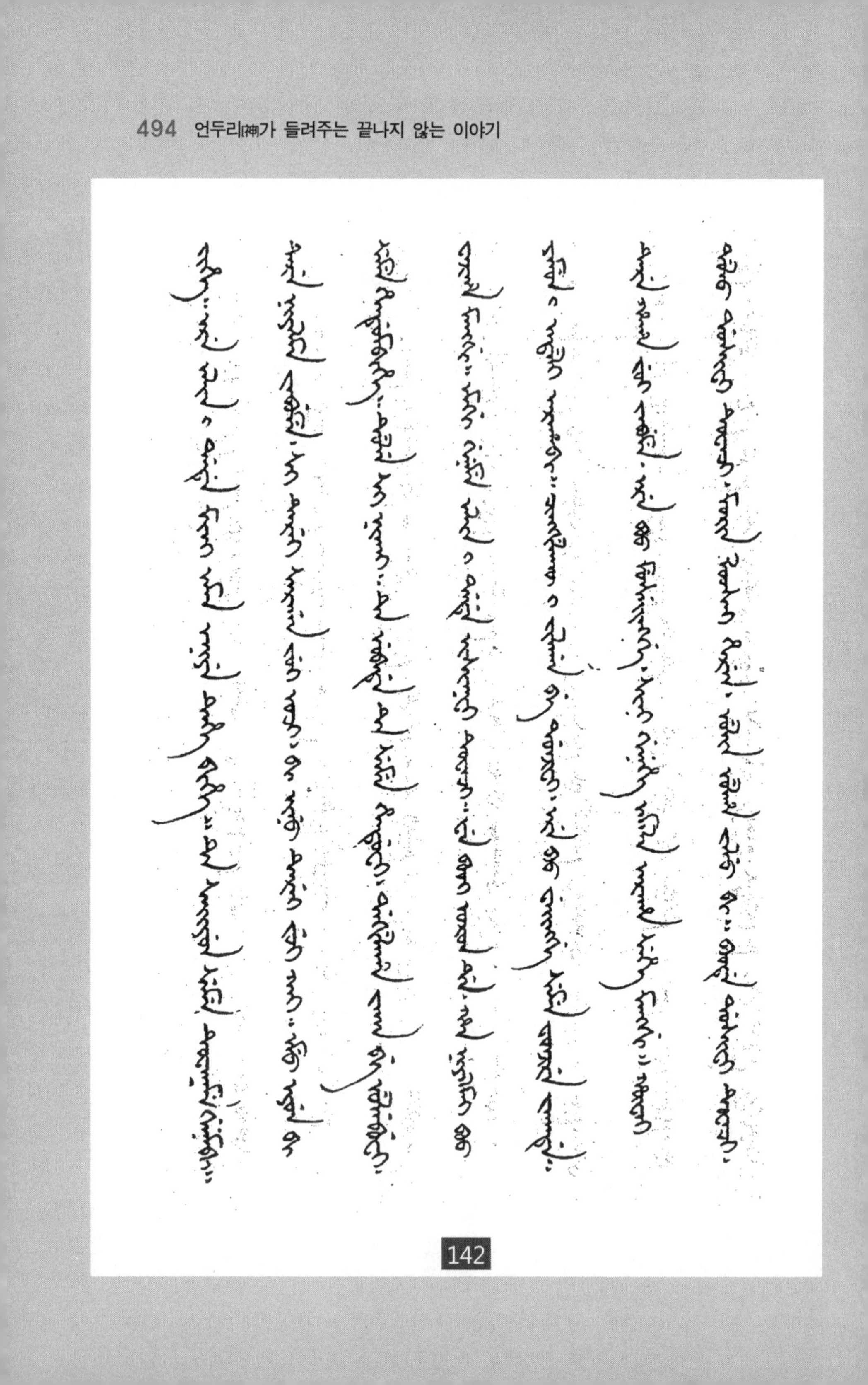

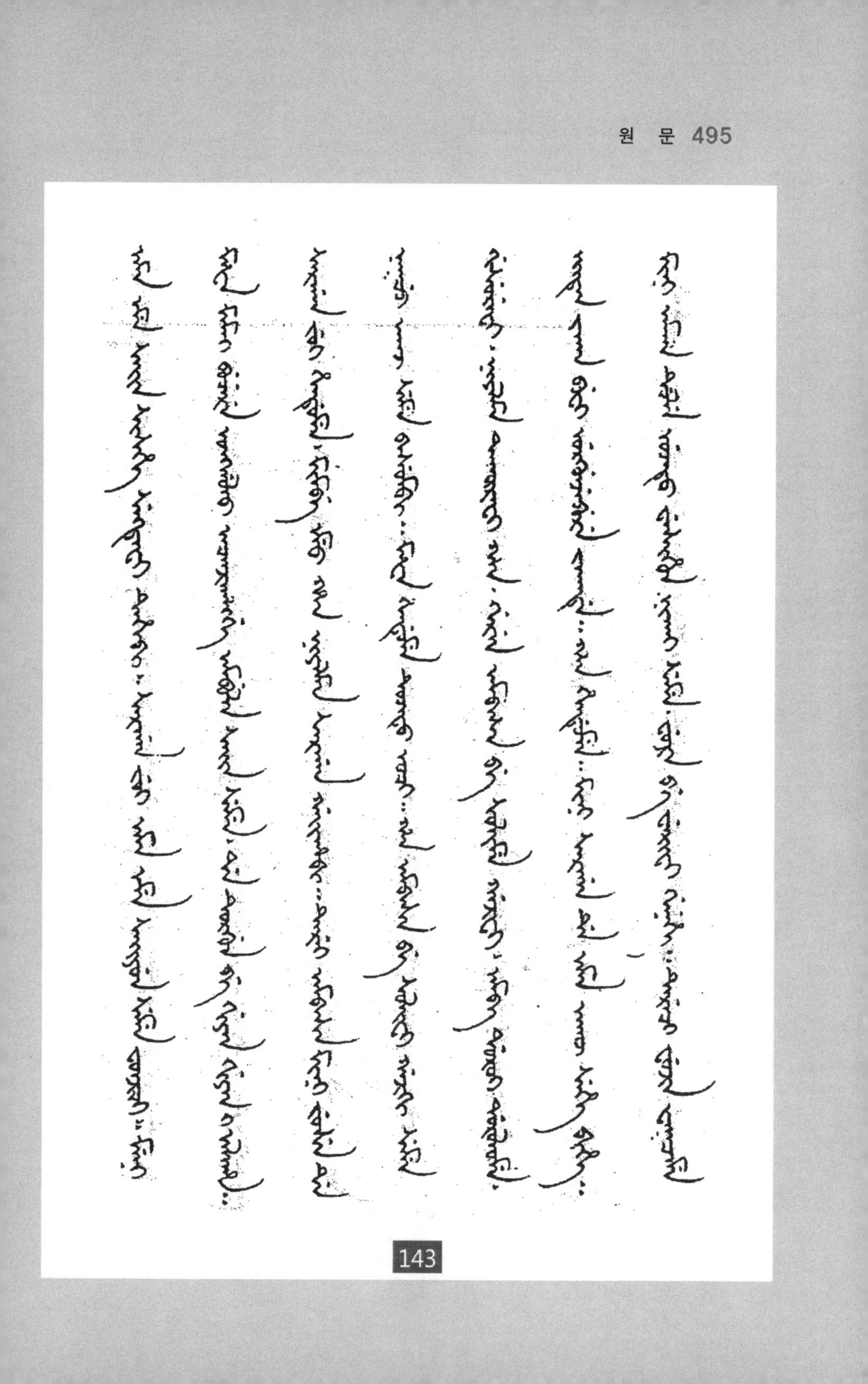

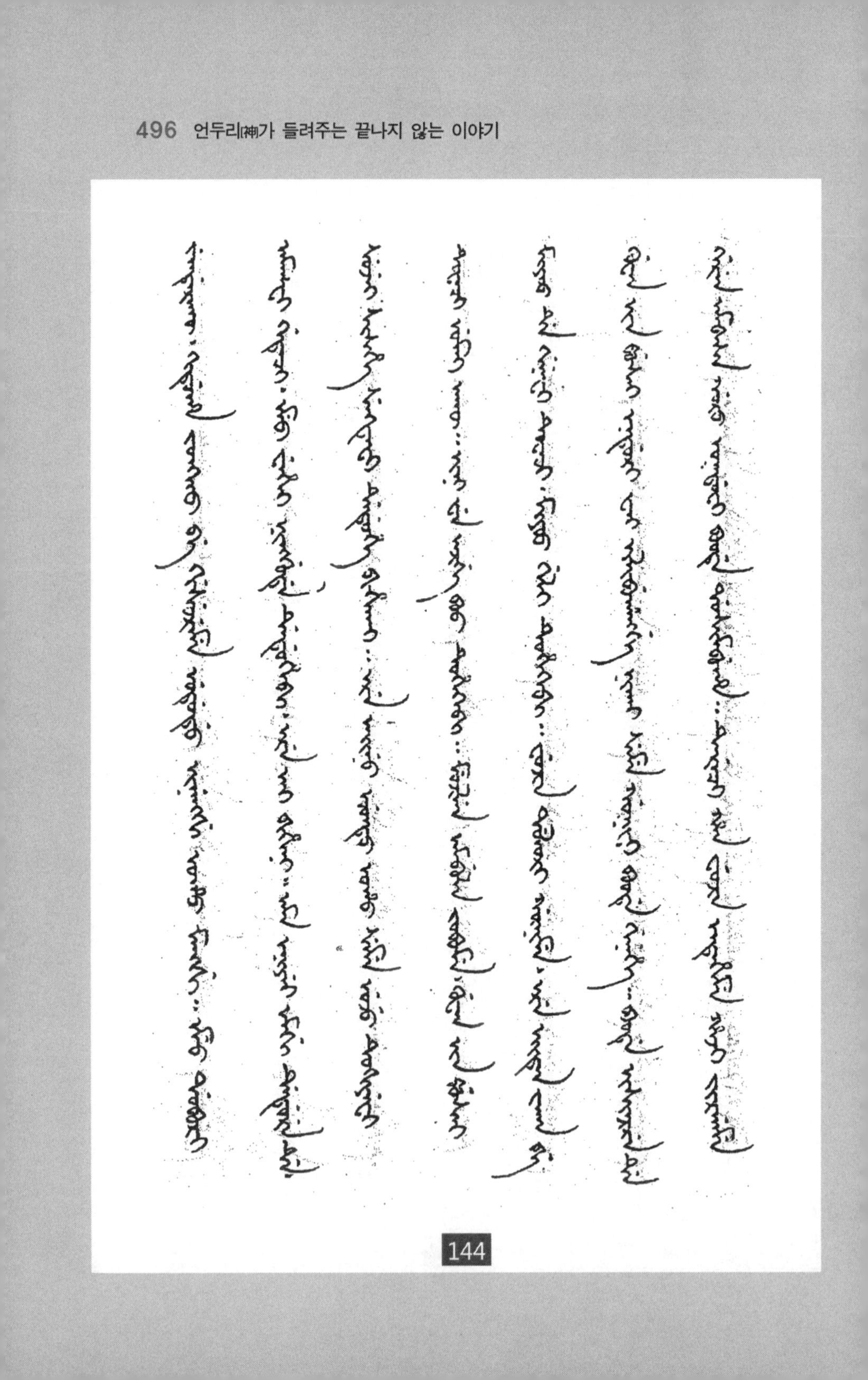

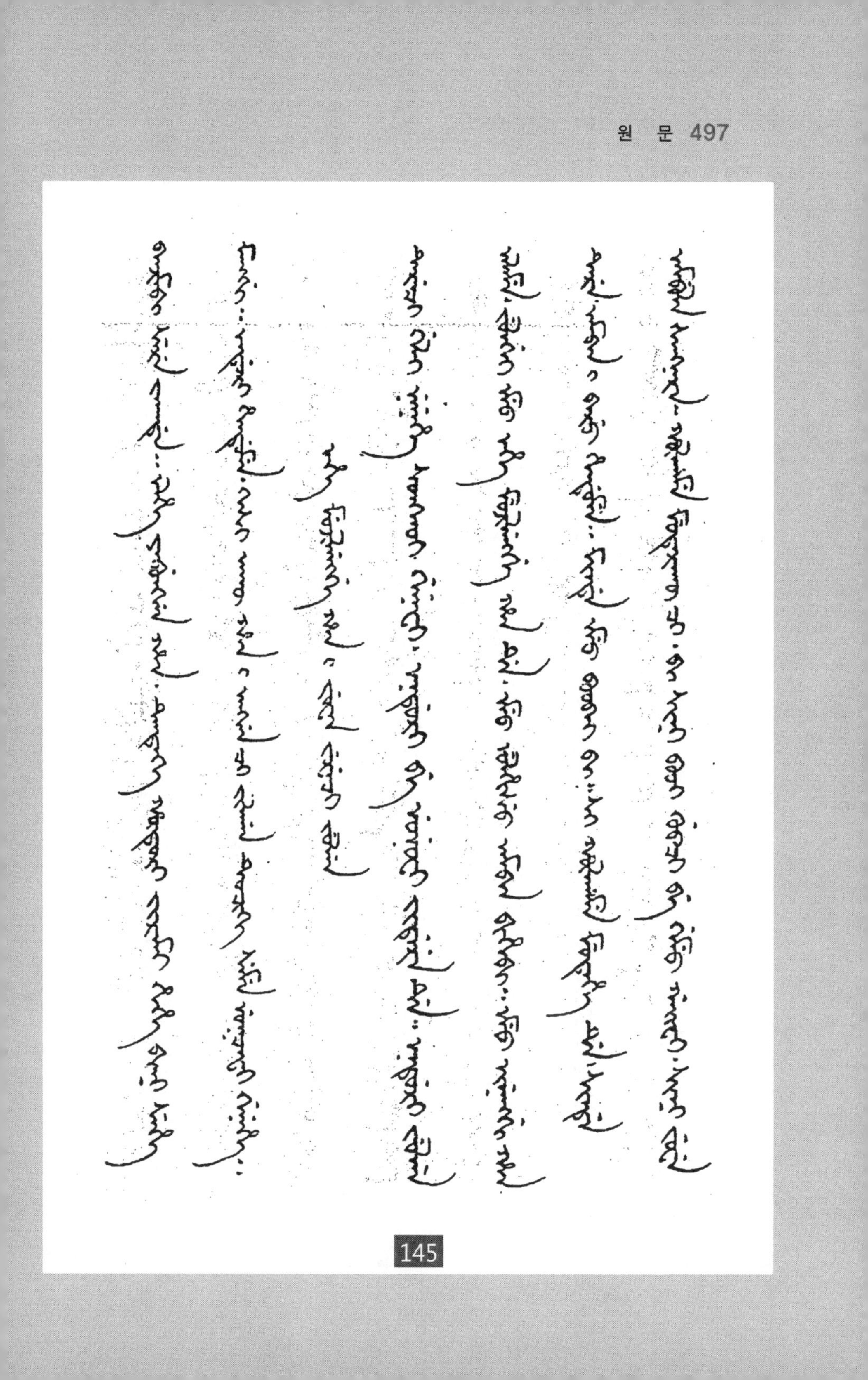

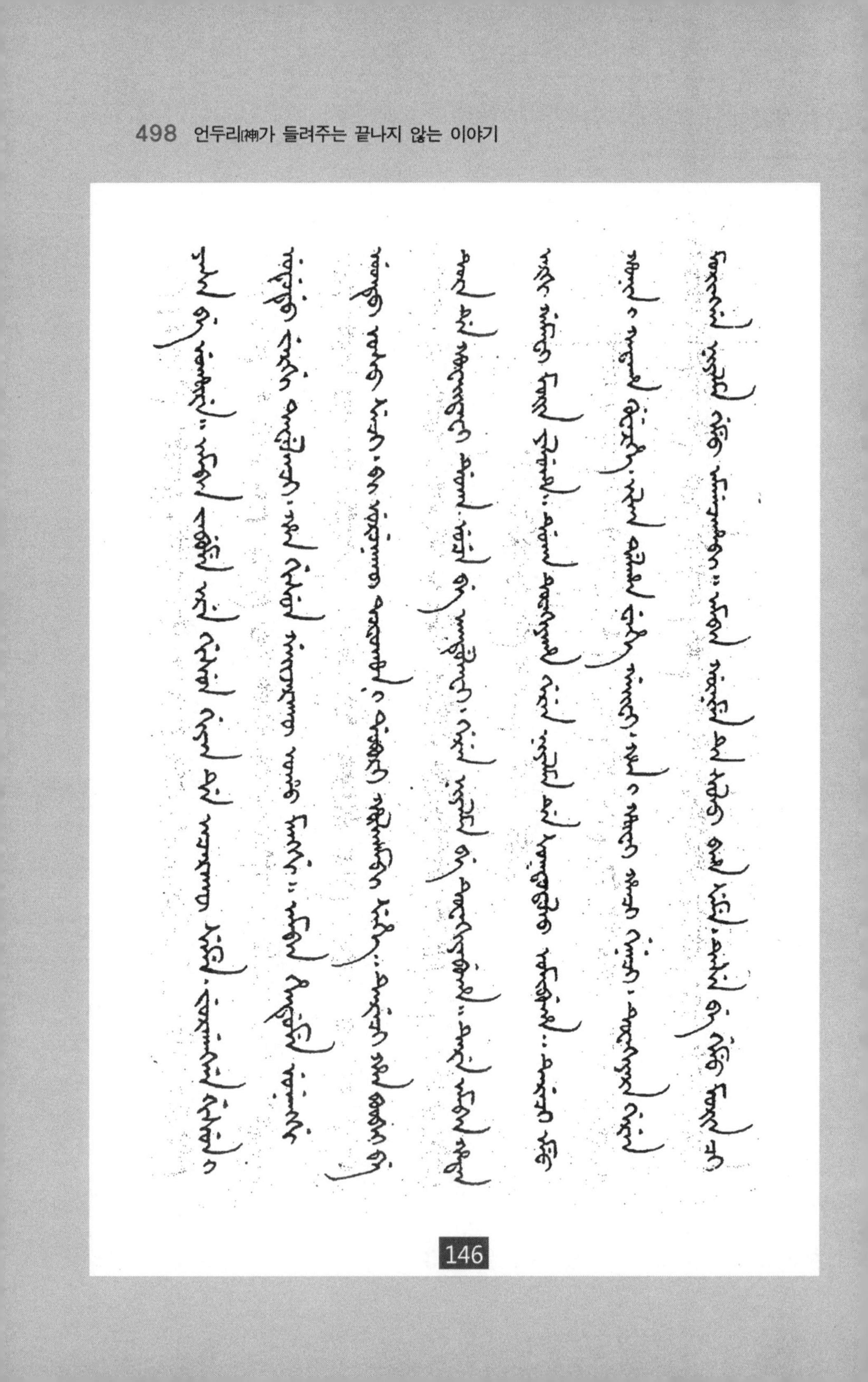

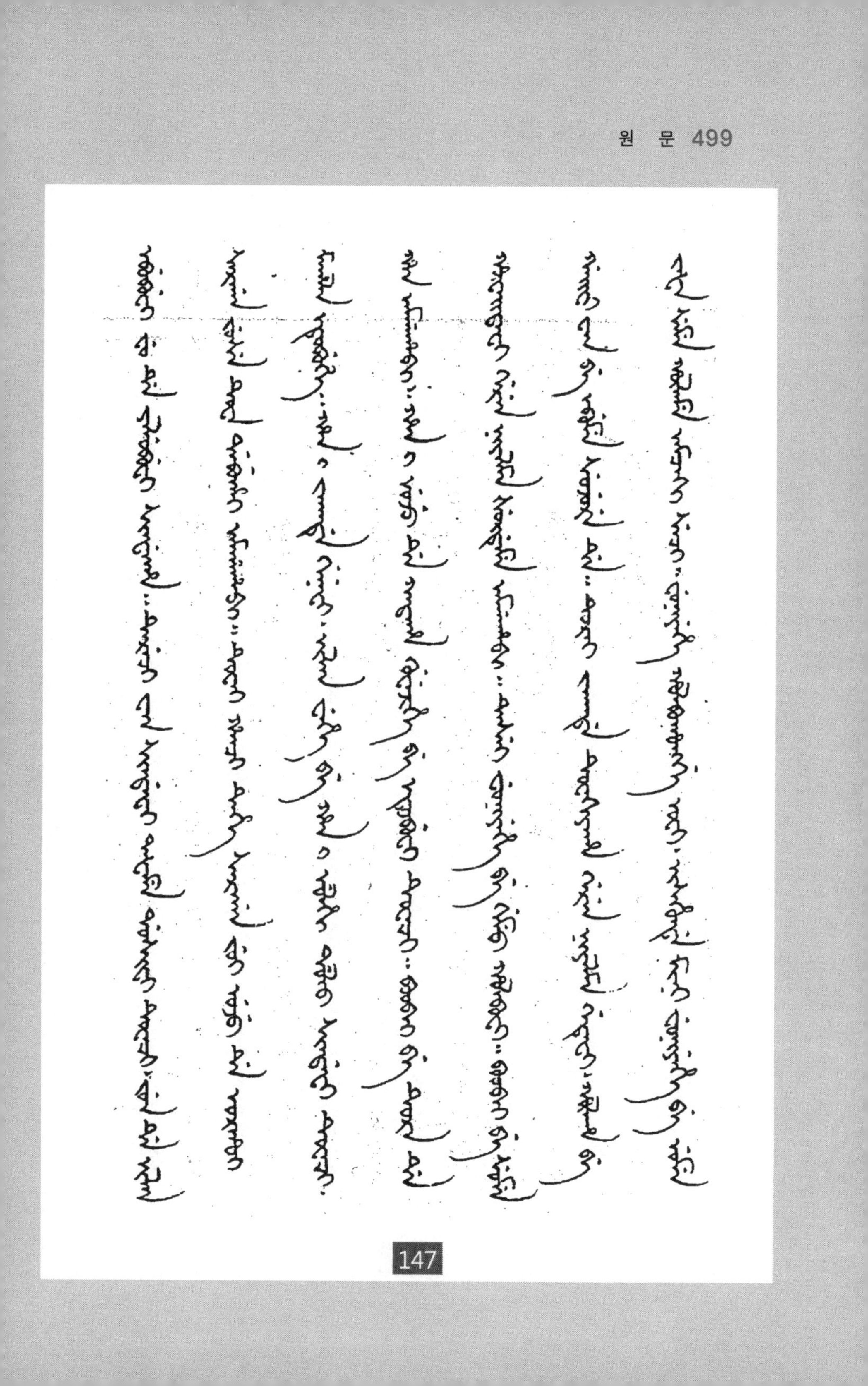

[illegible]

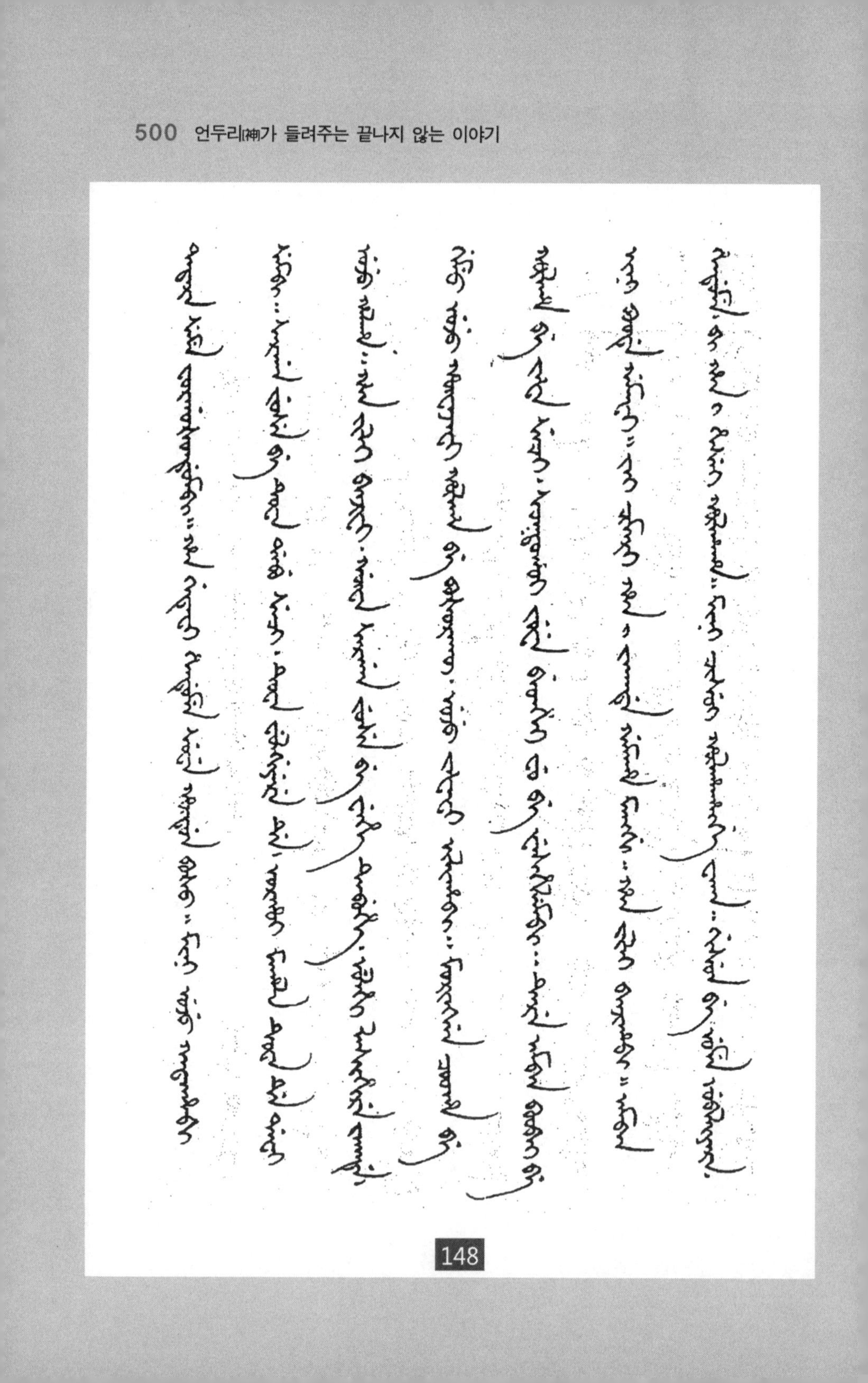

[illegible]

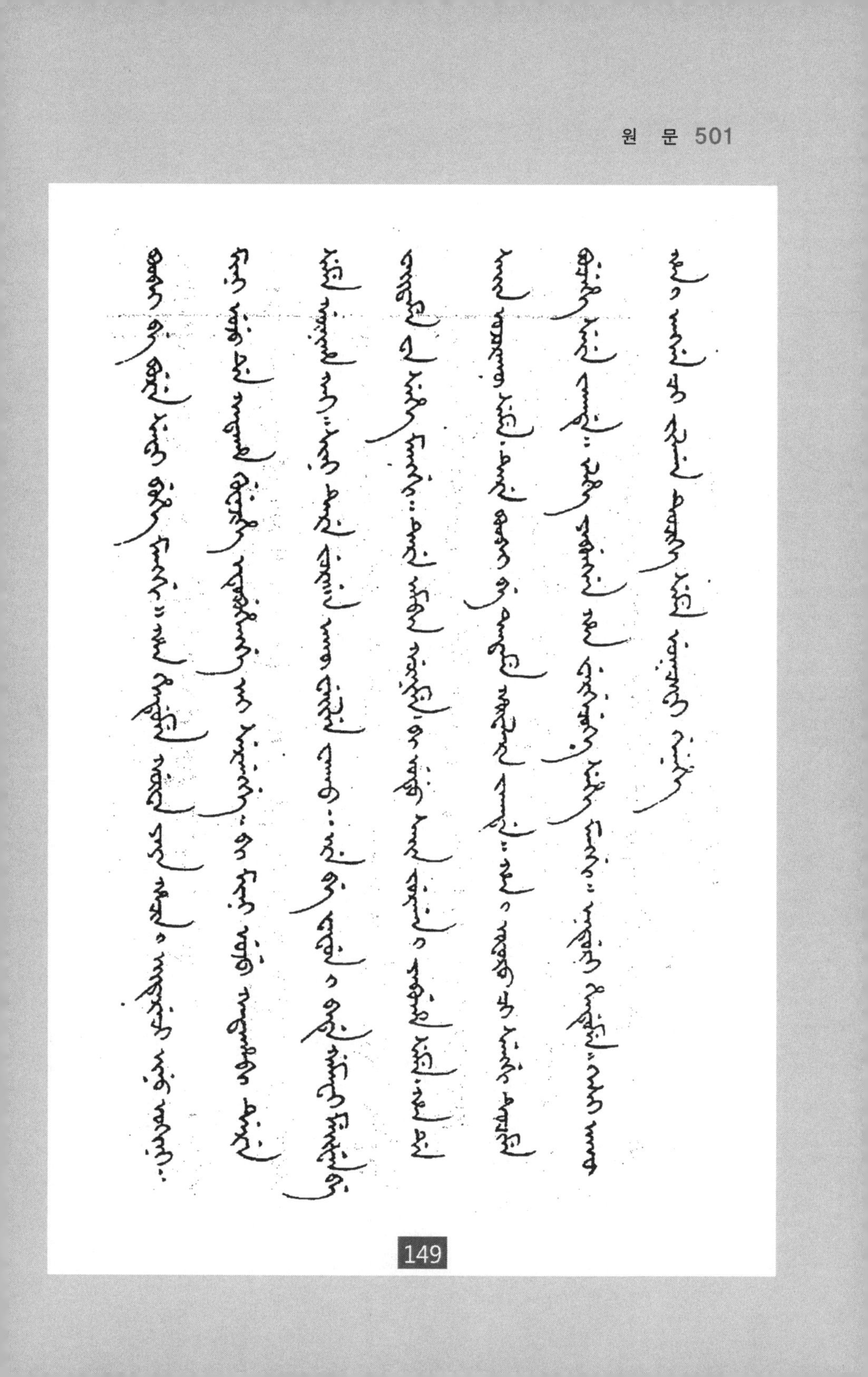

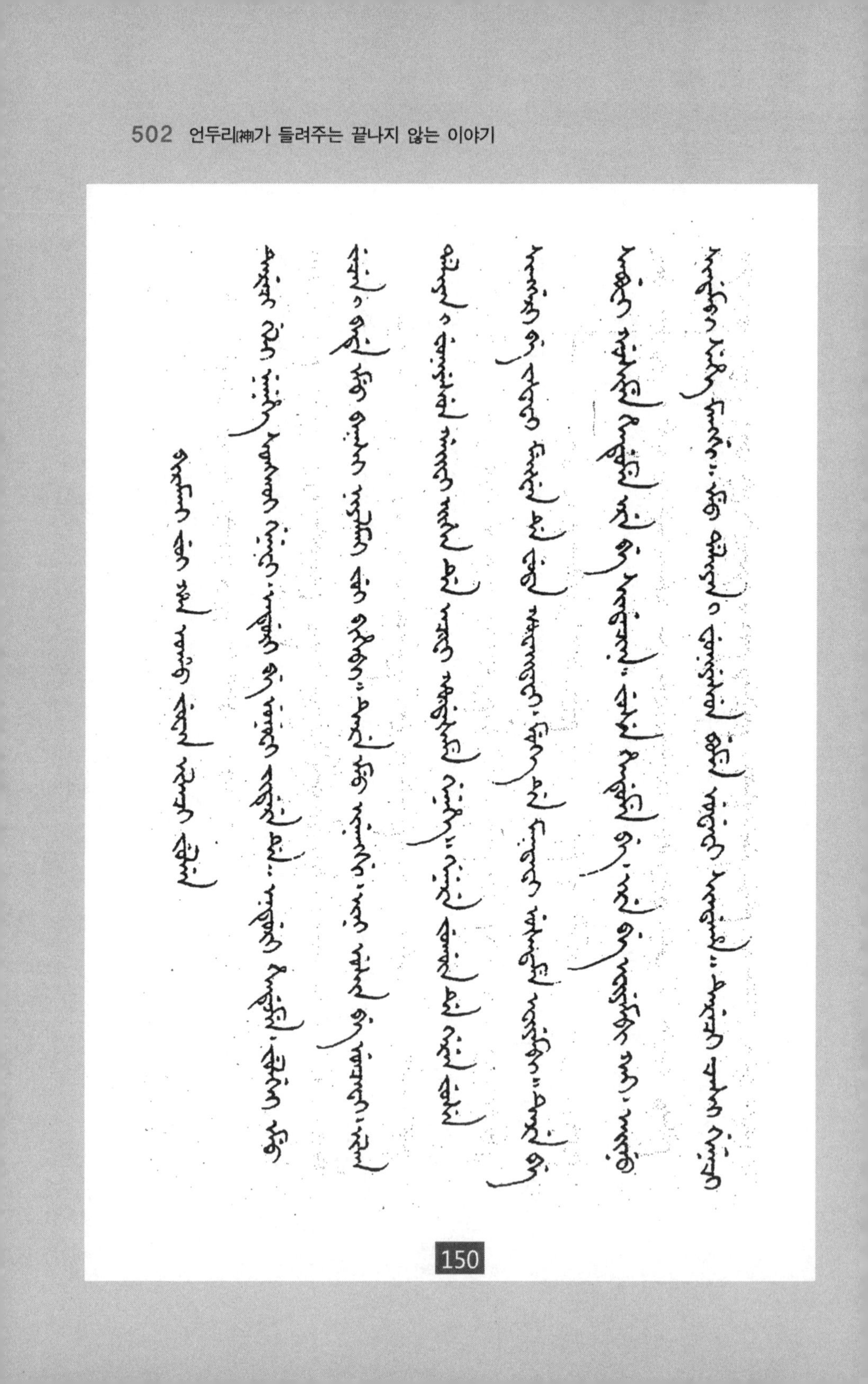

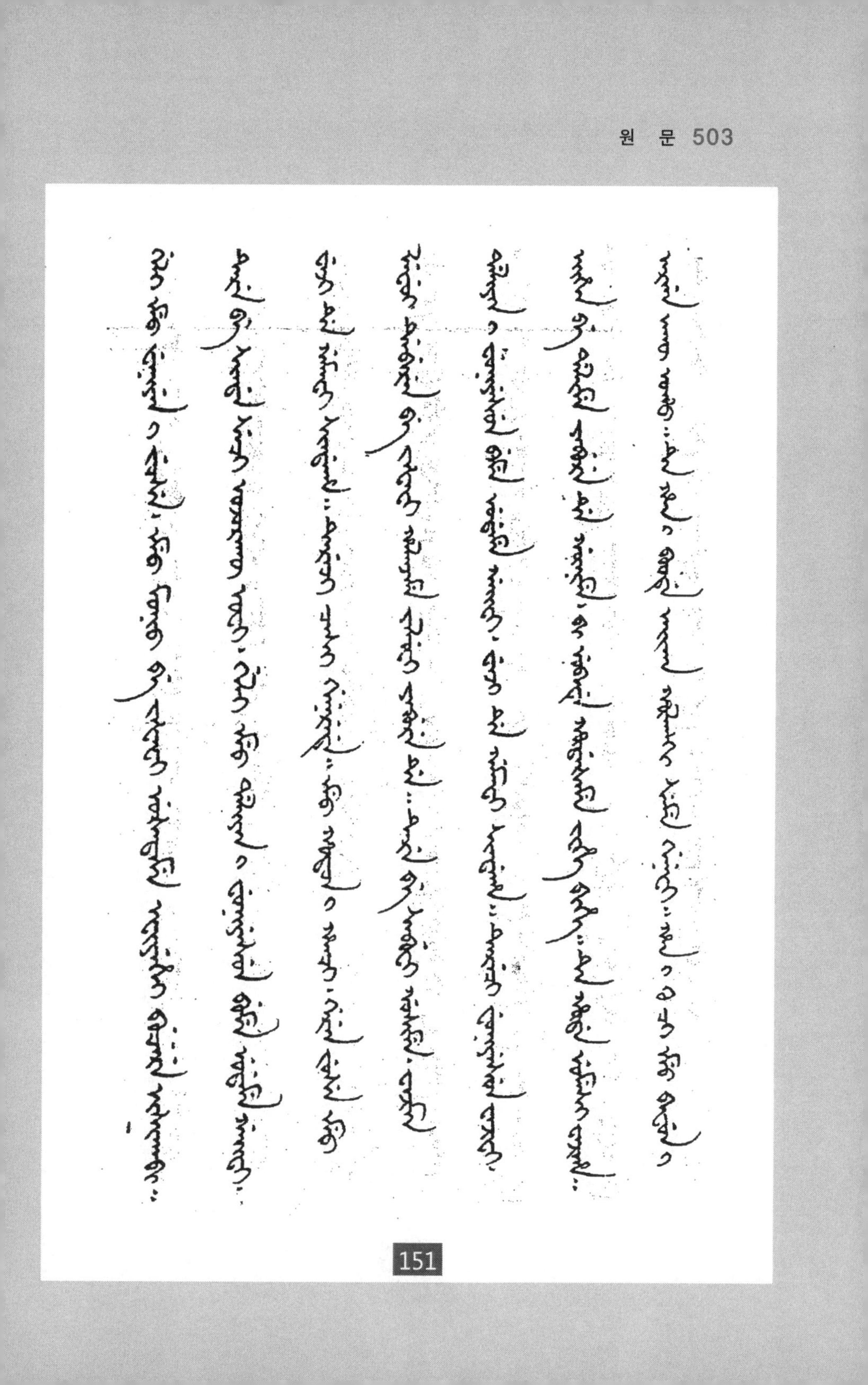

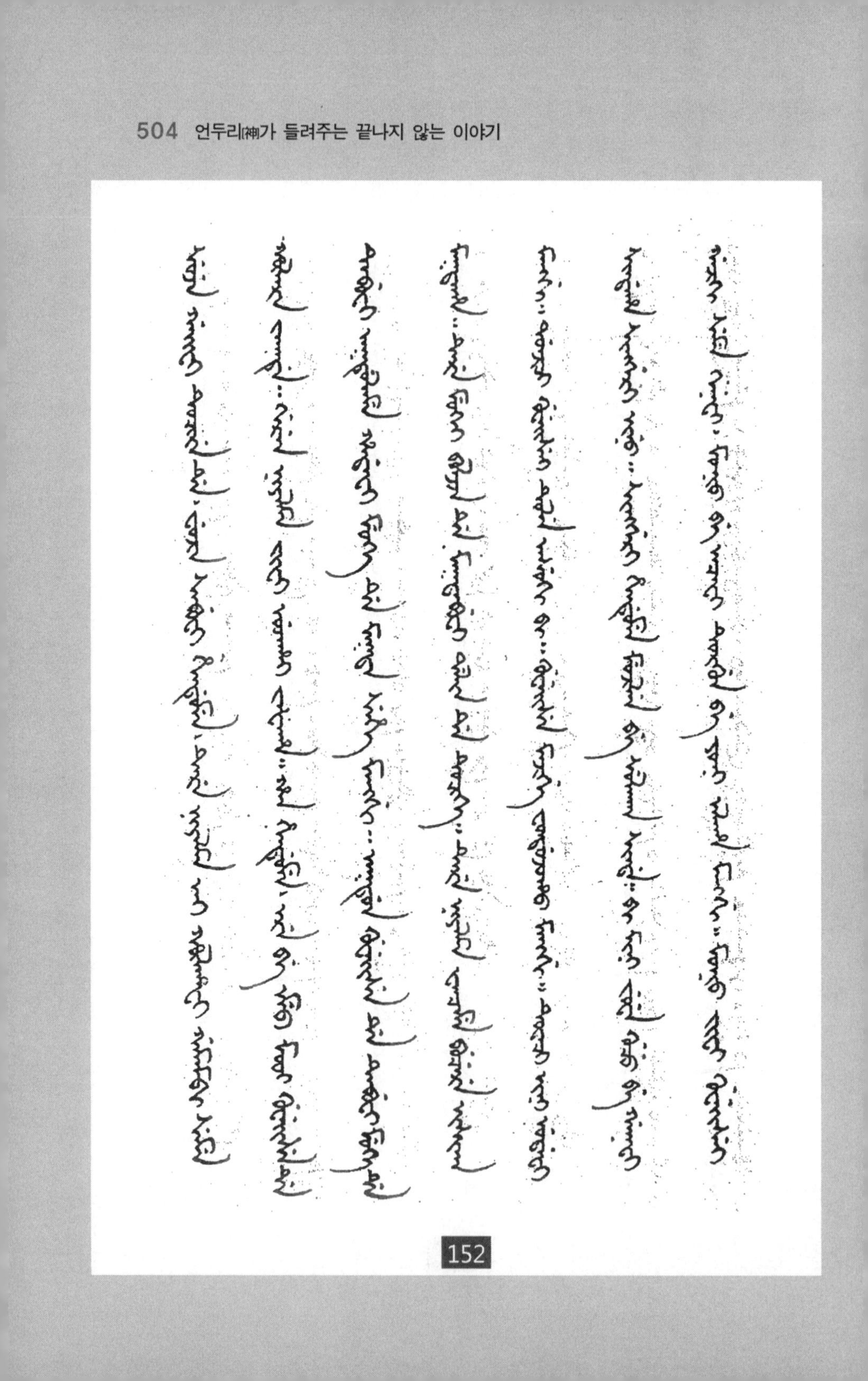

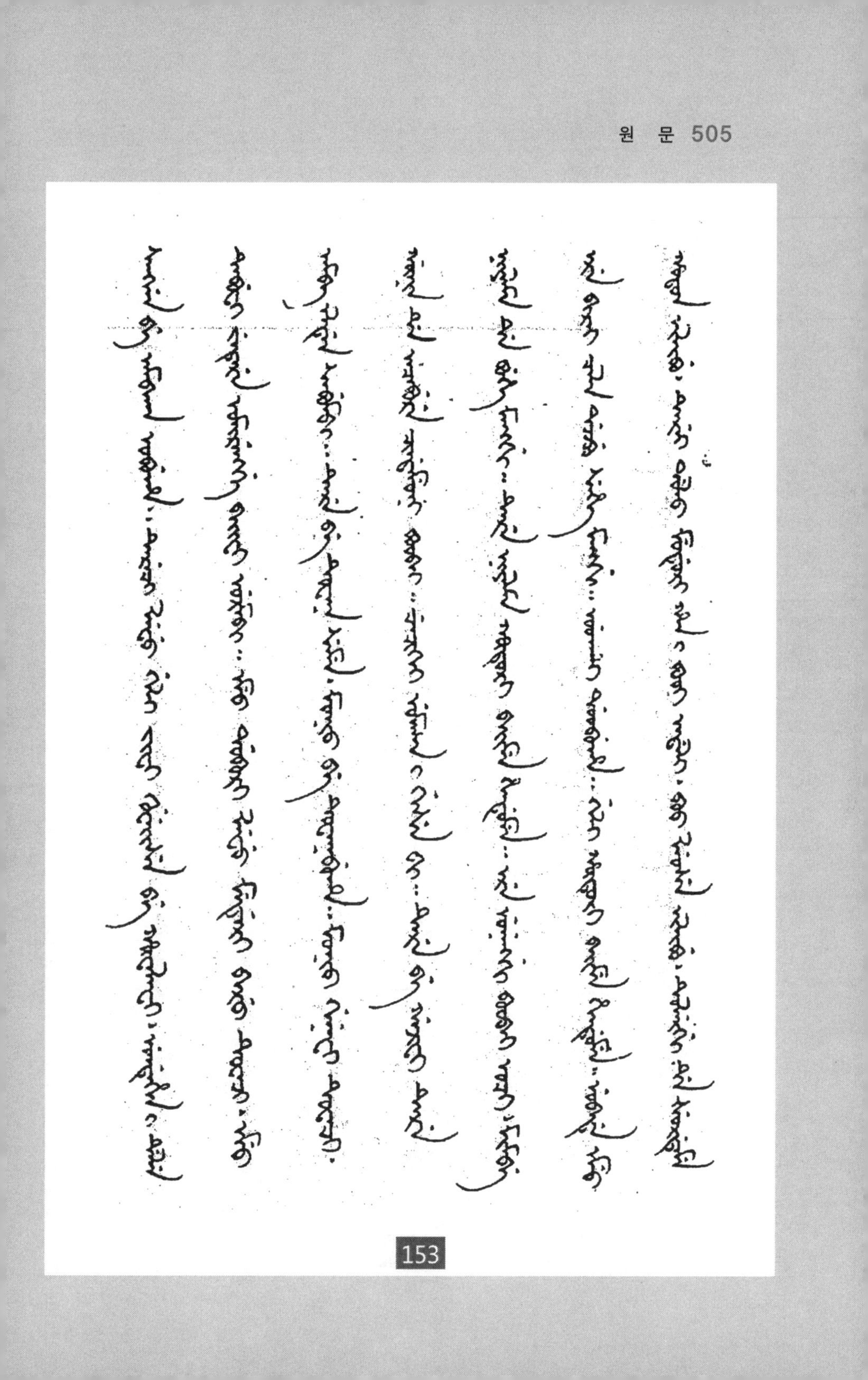

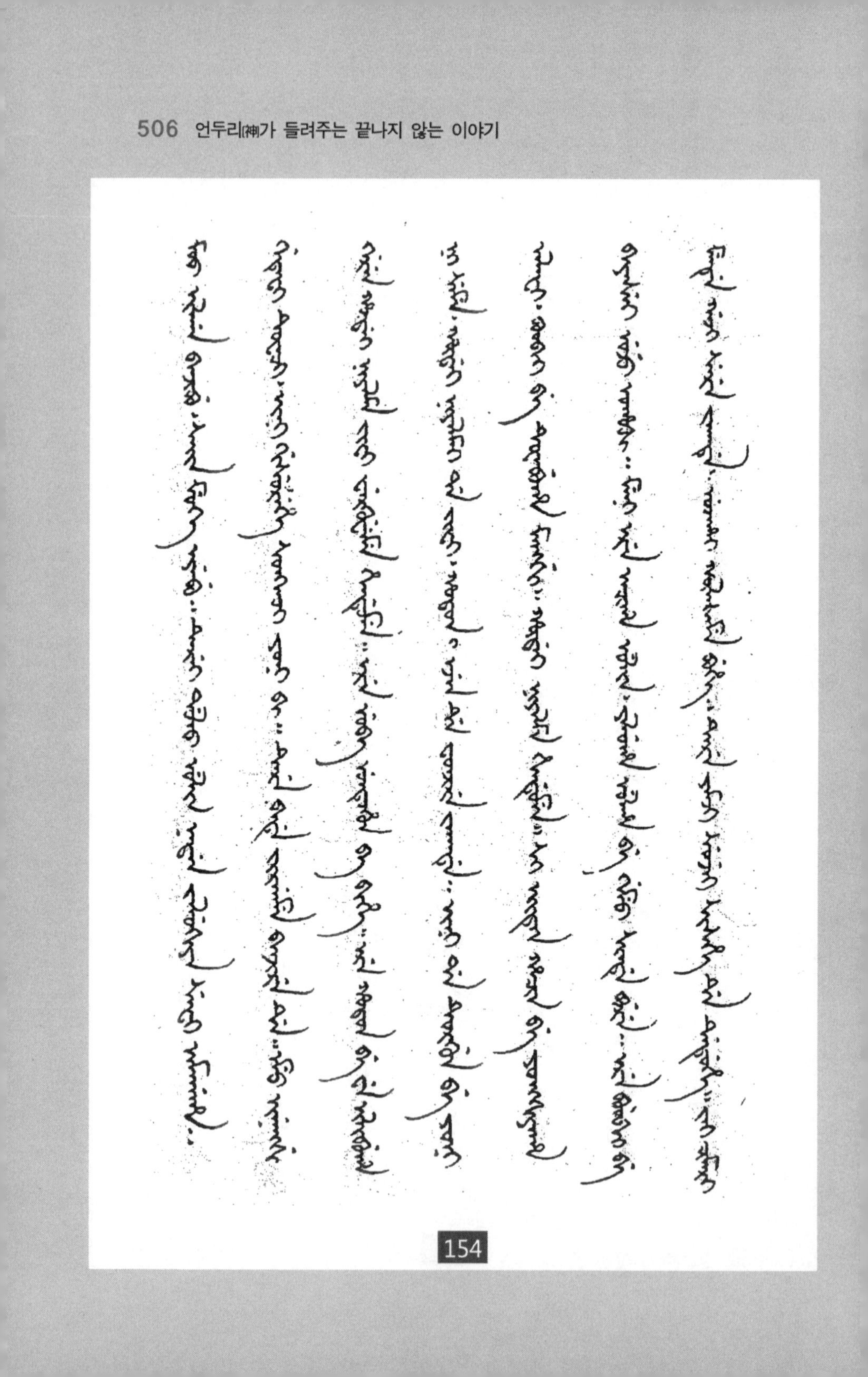

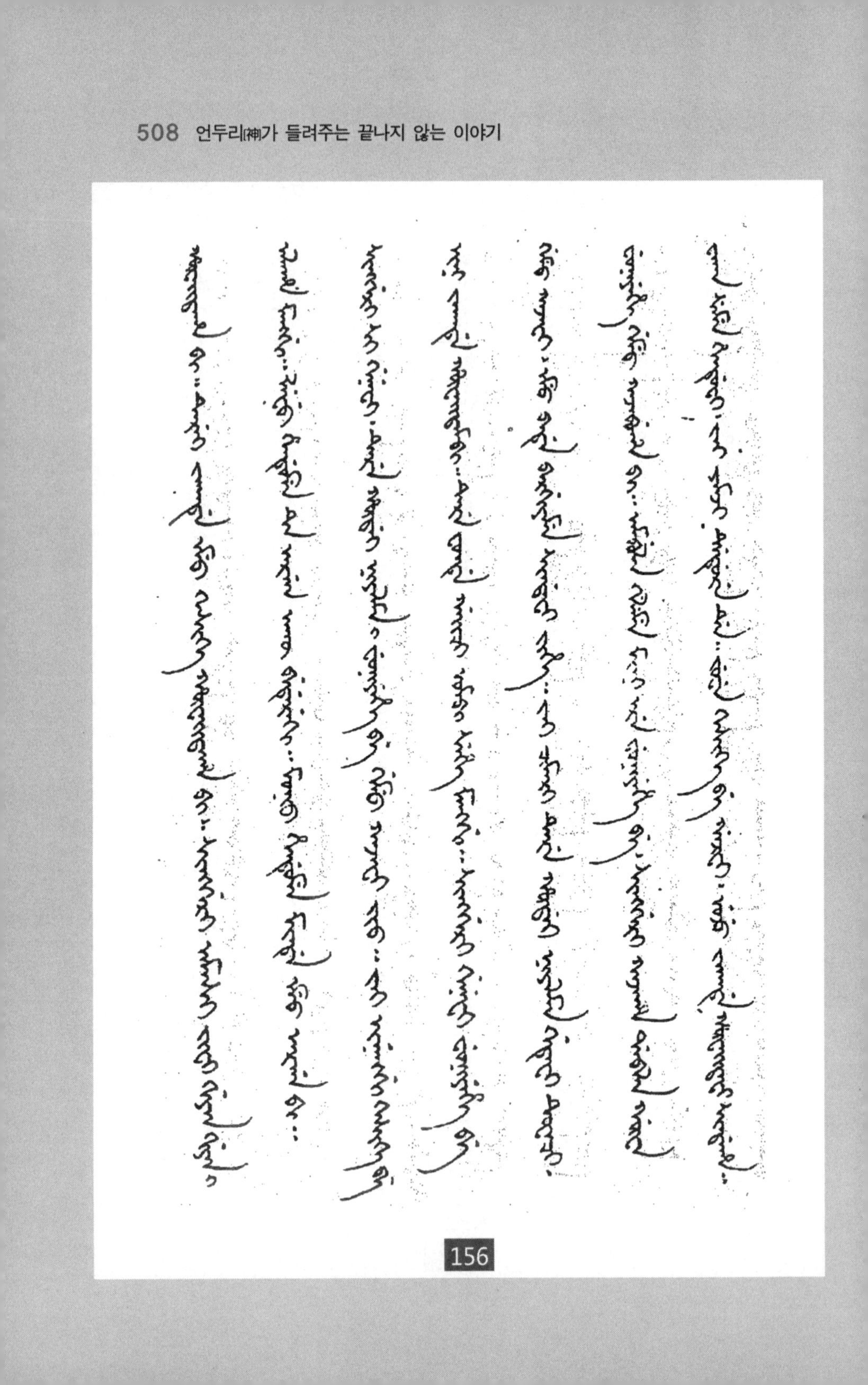

156

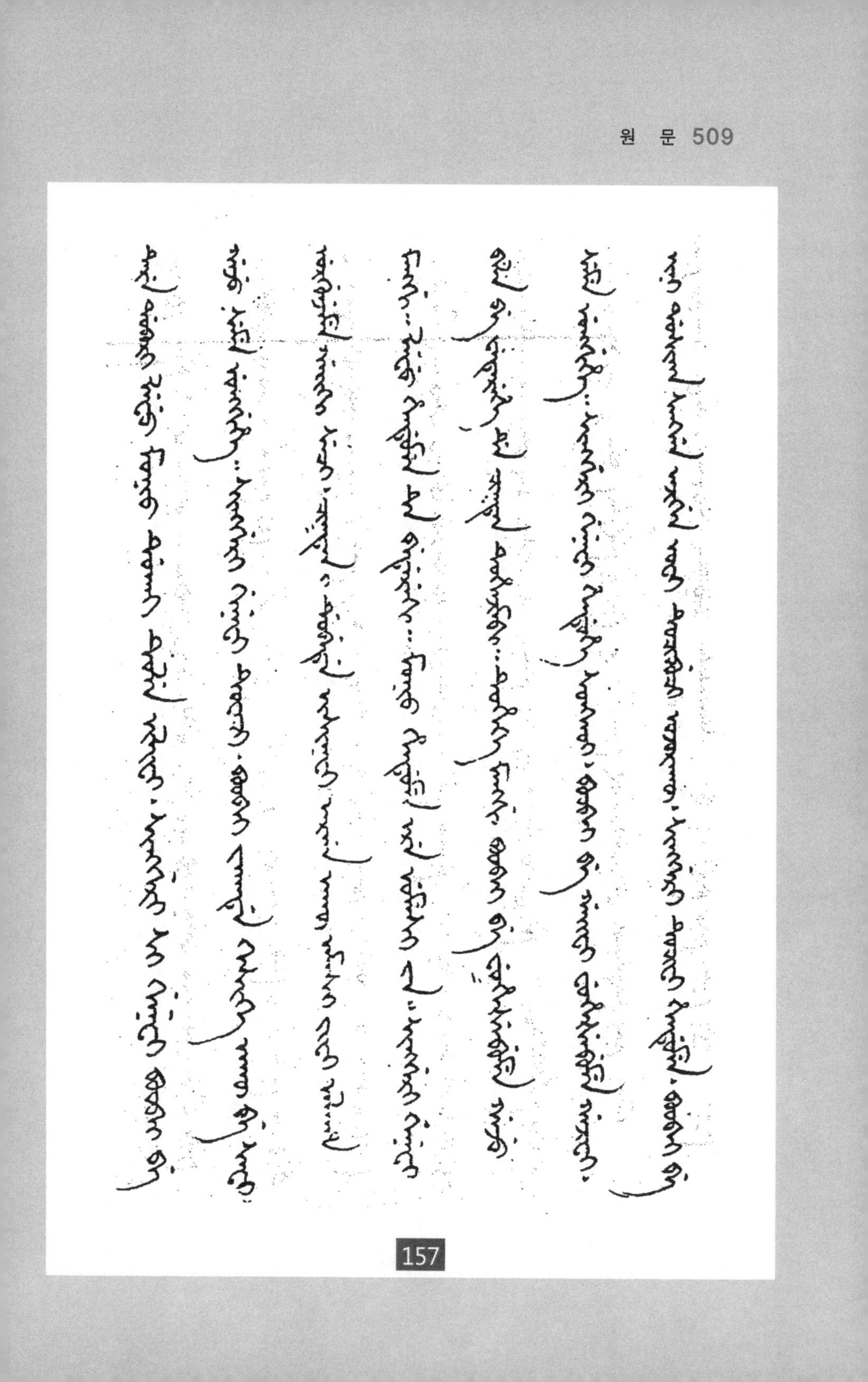

[illegible]

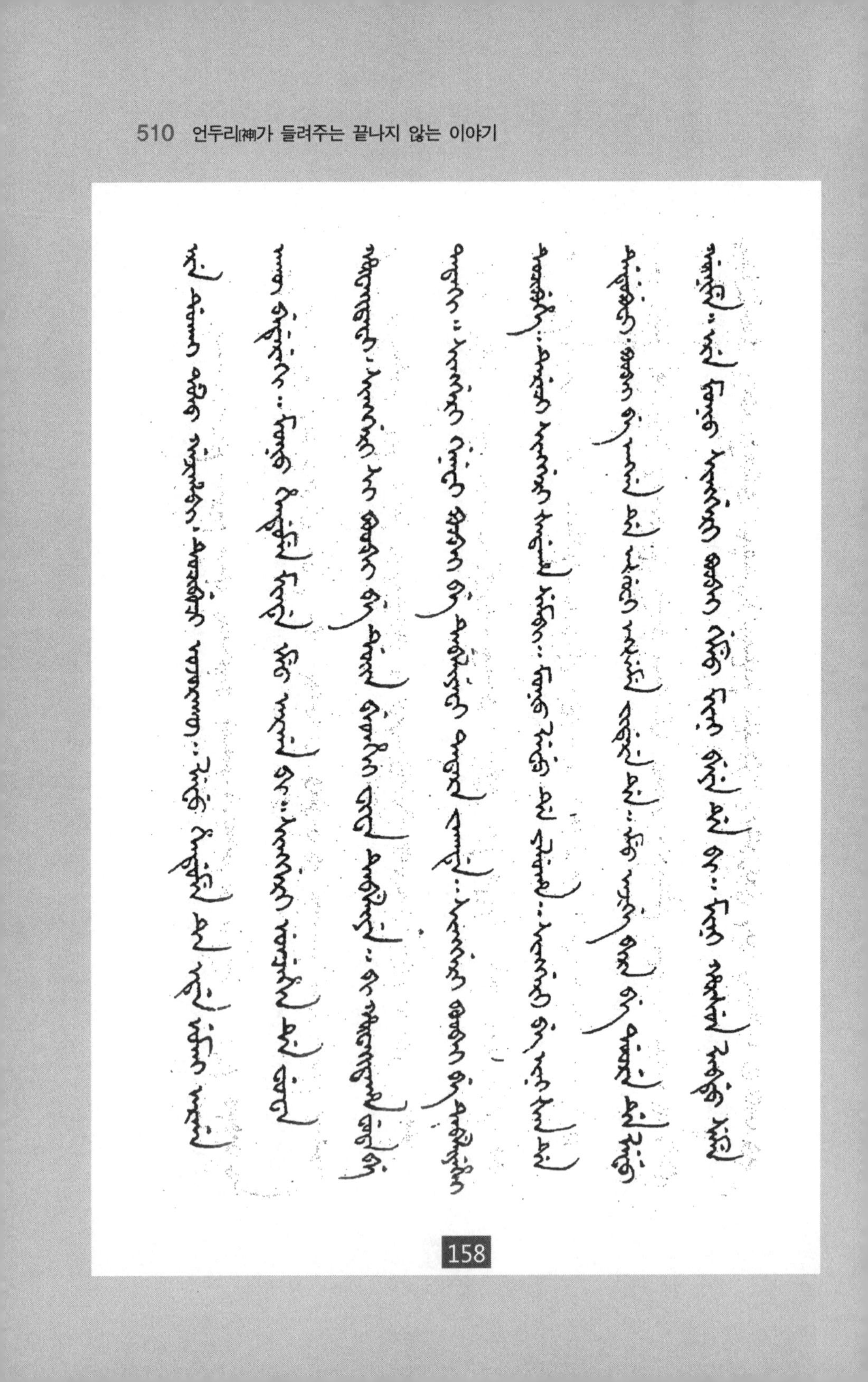

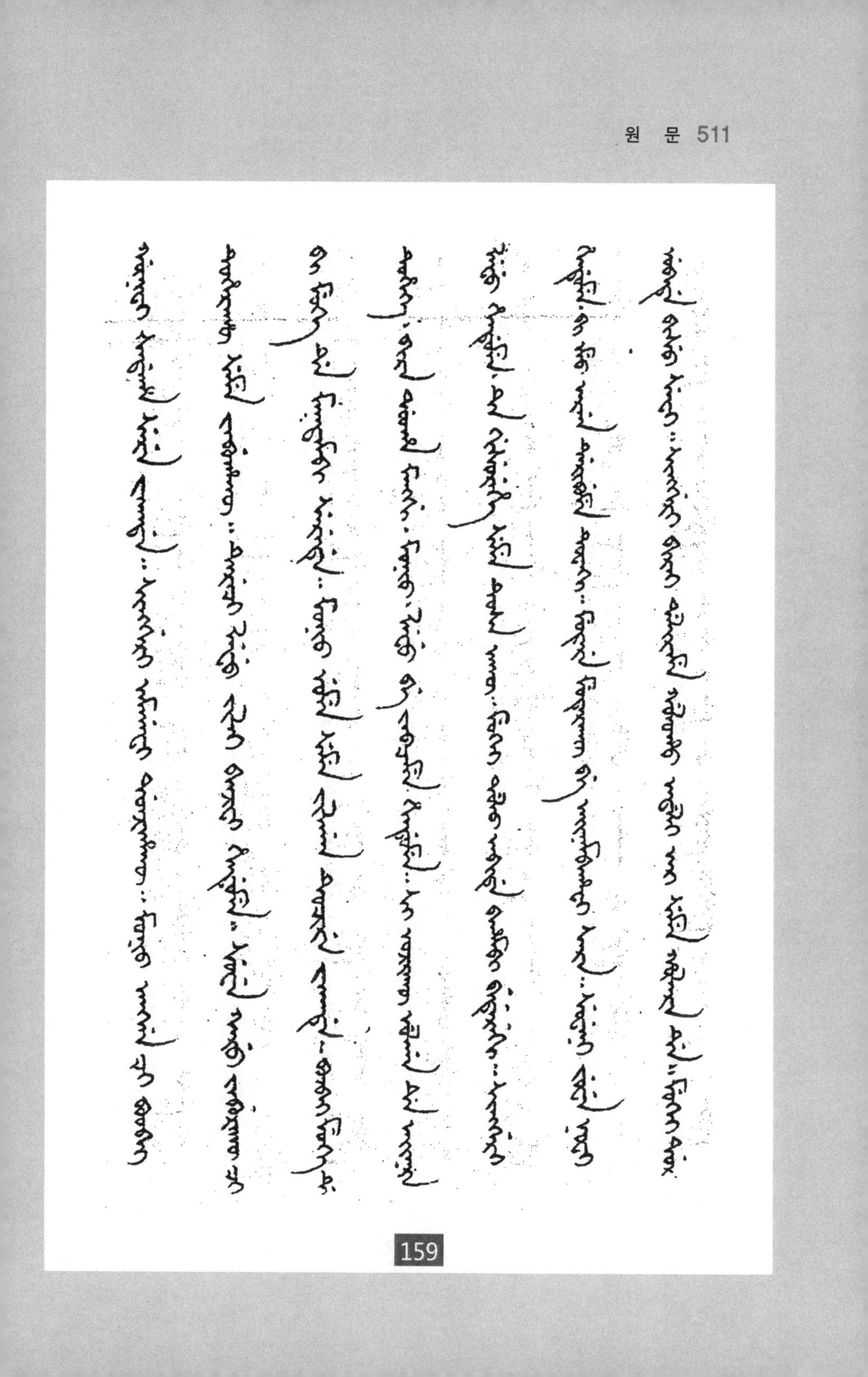

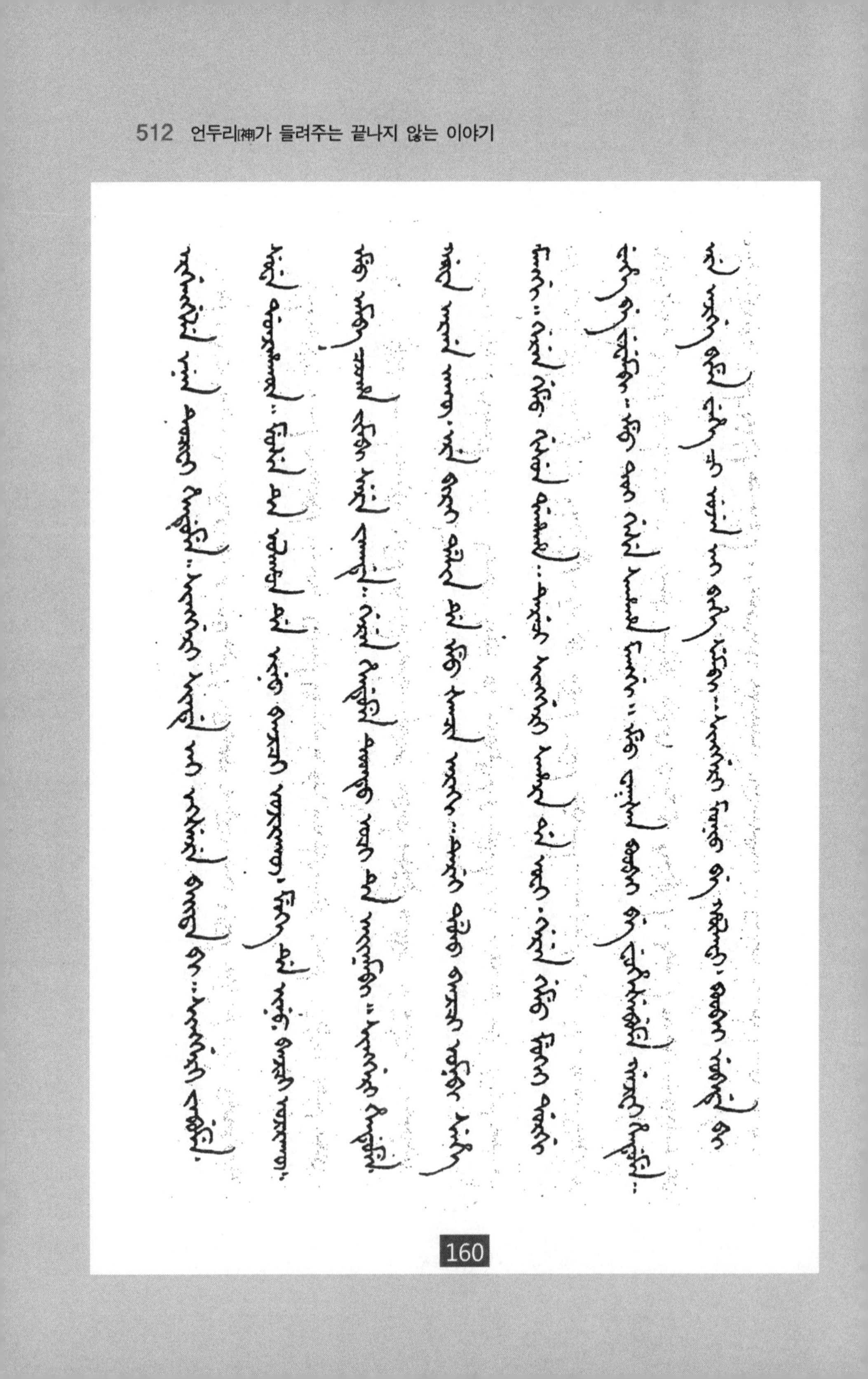

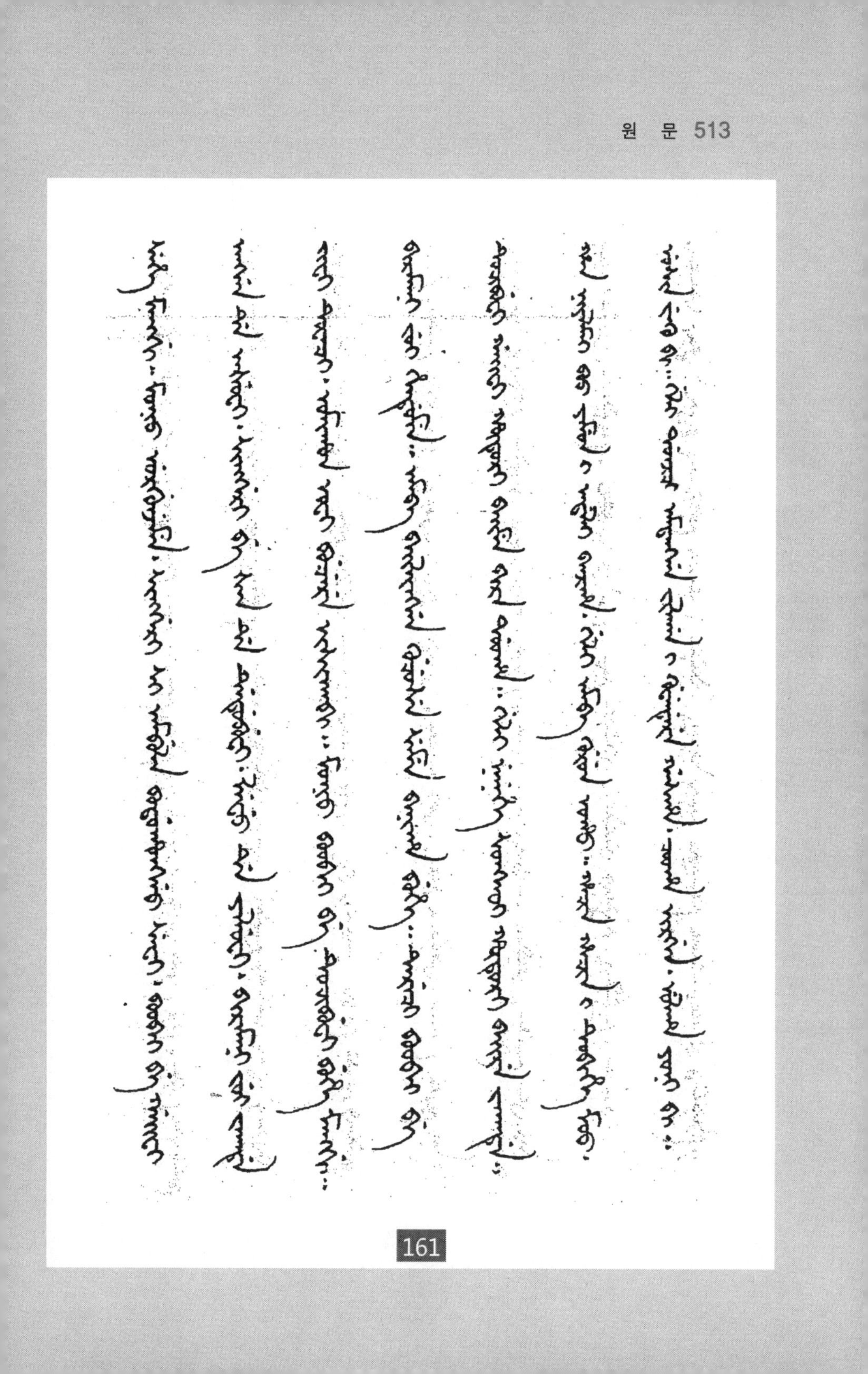

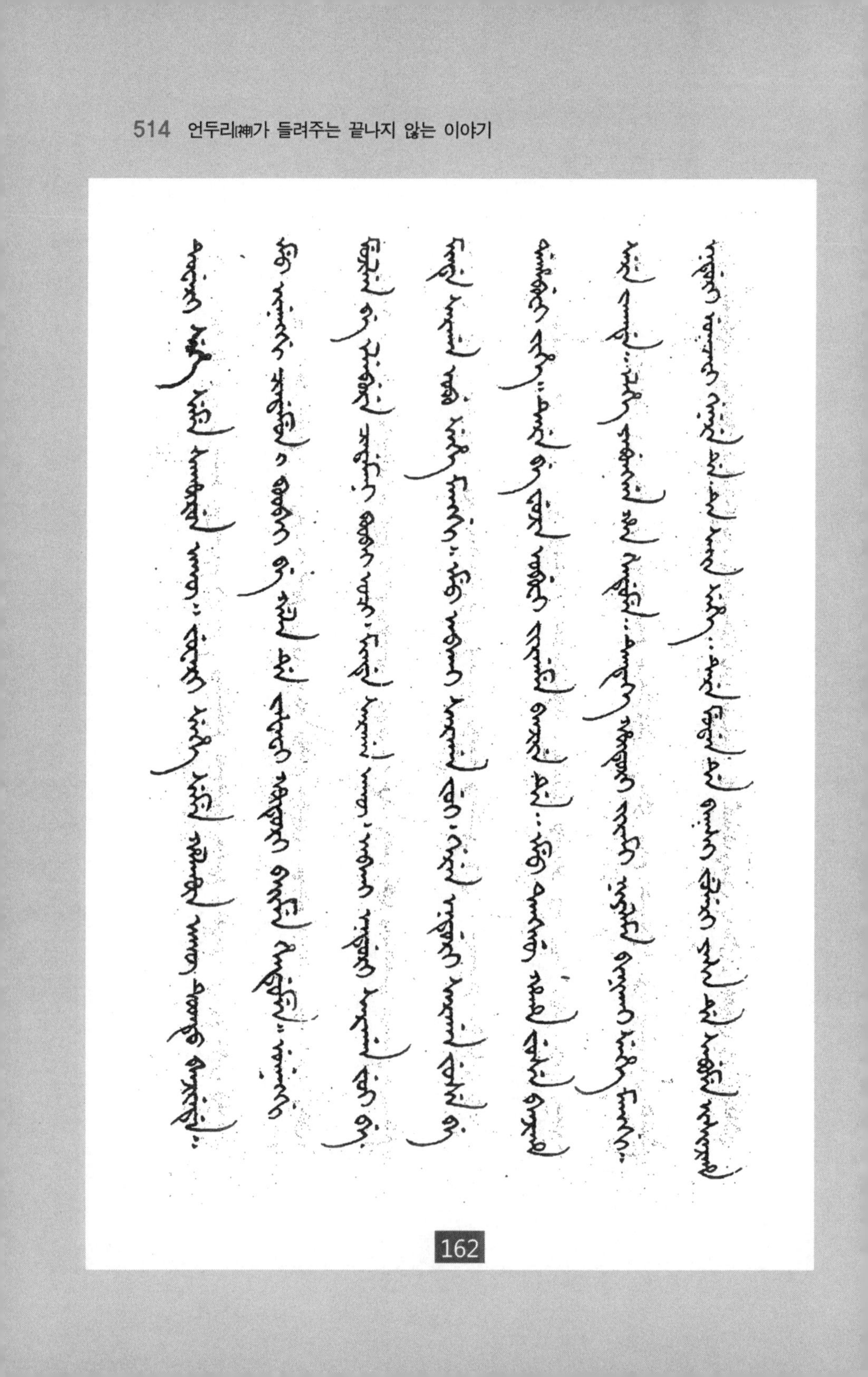

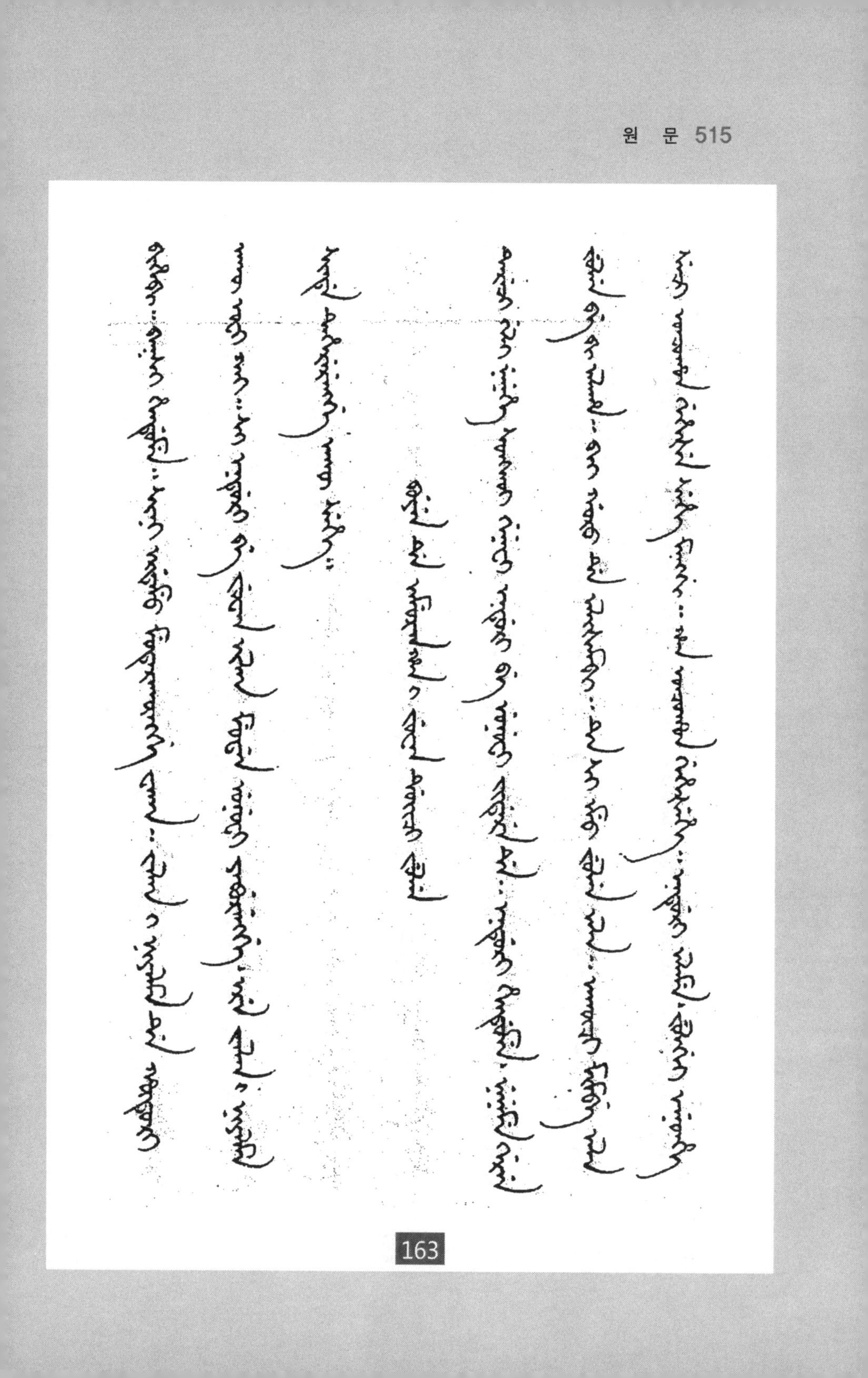

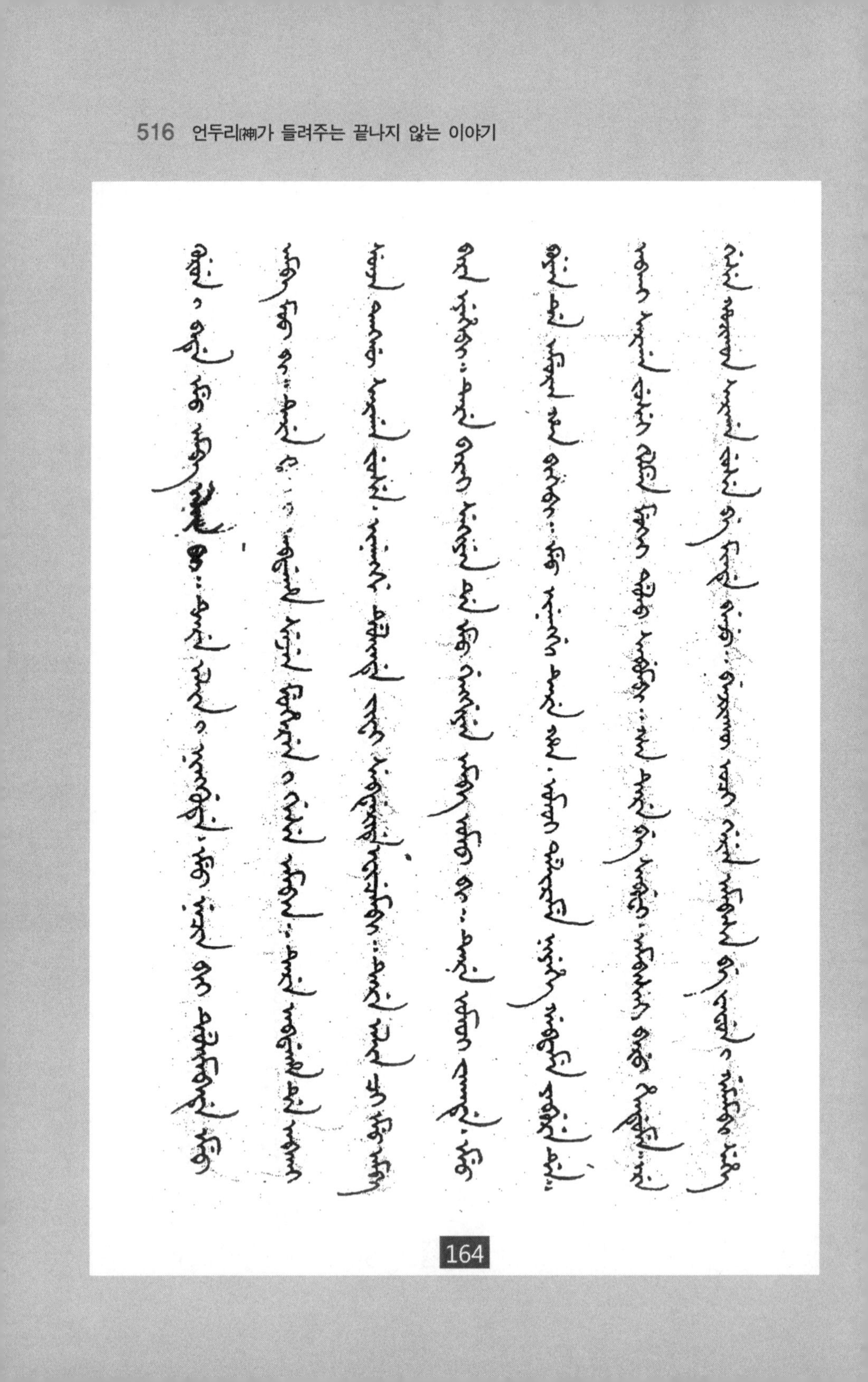

164

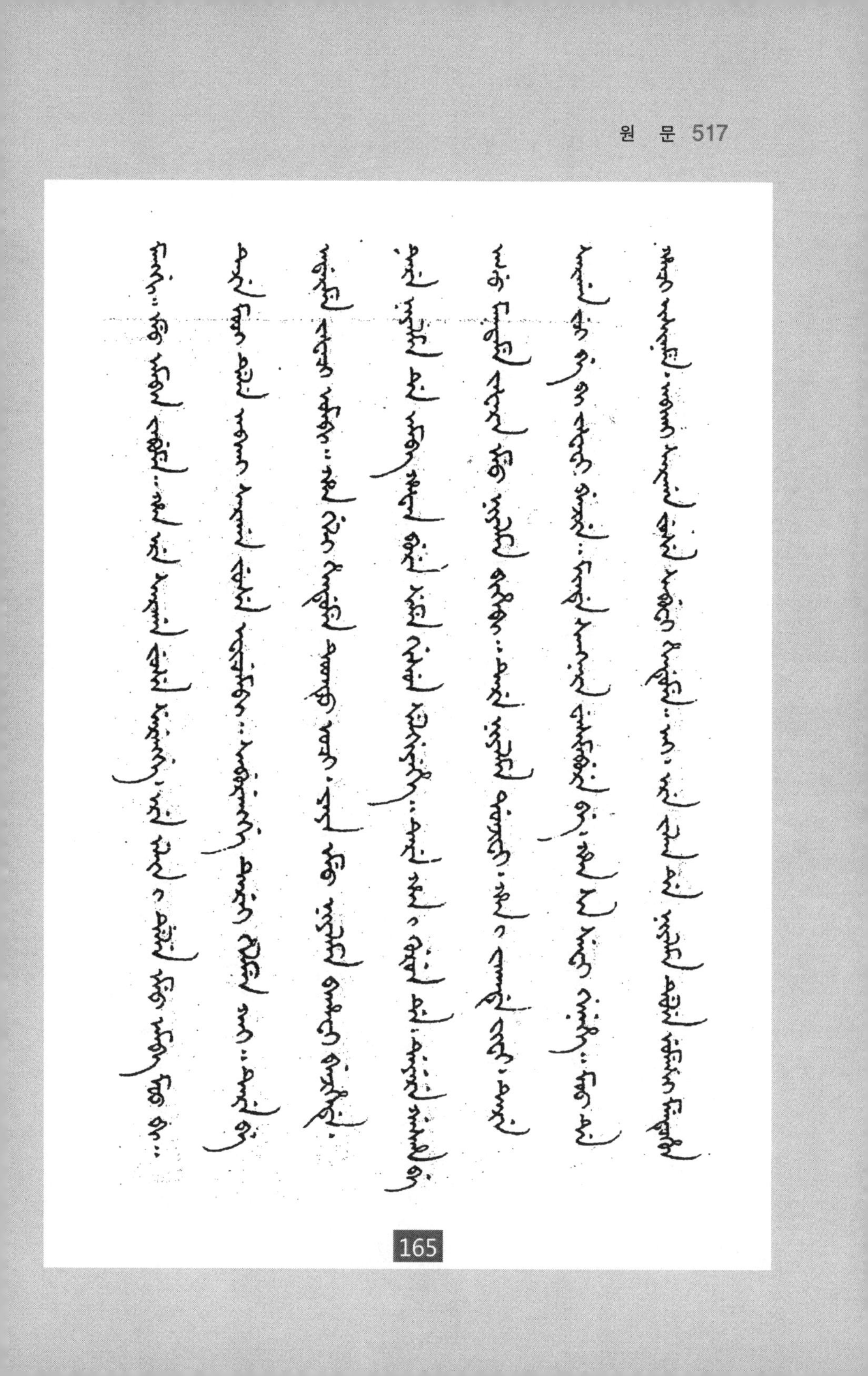

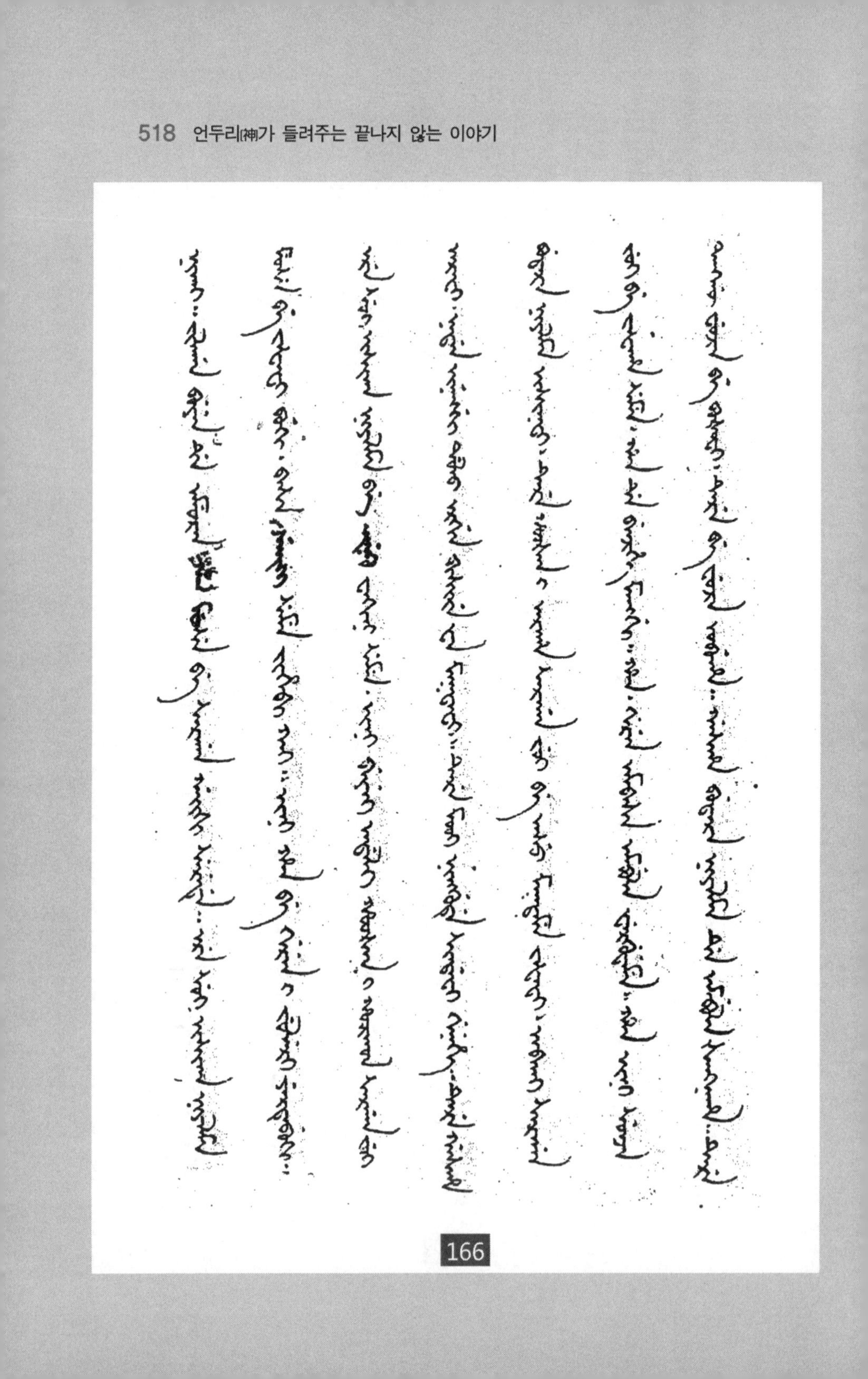

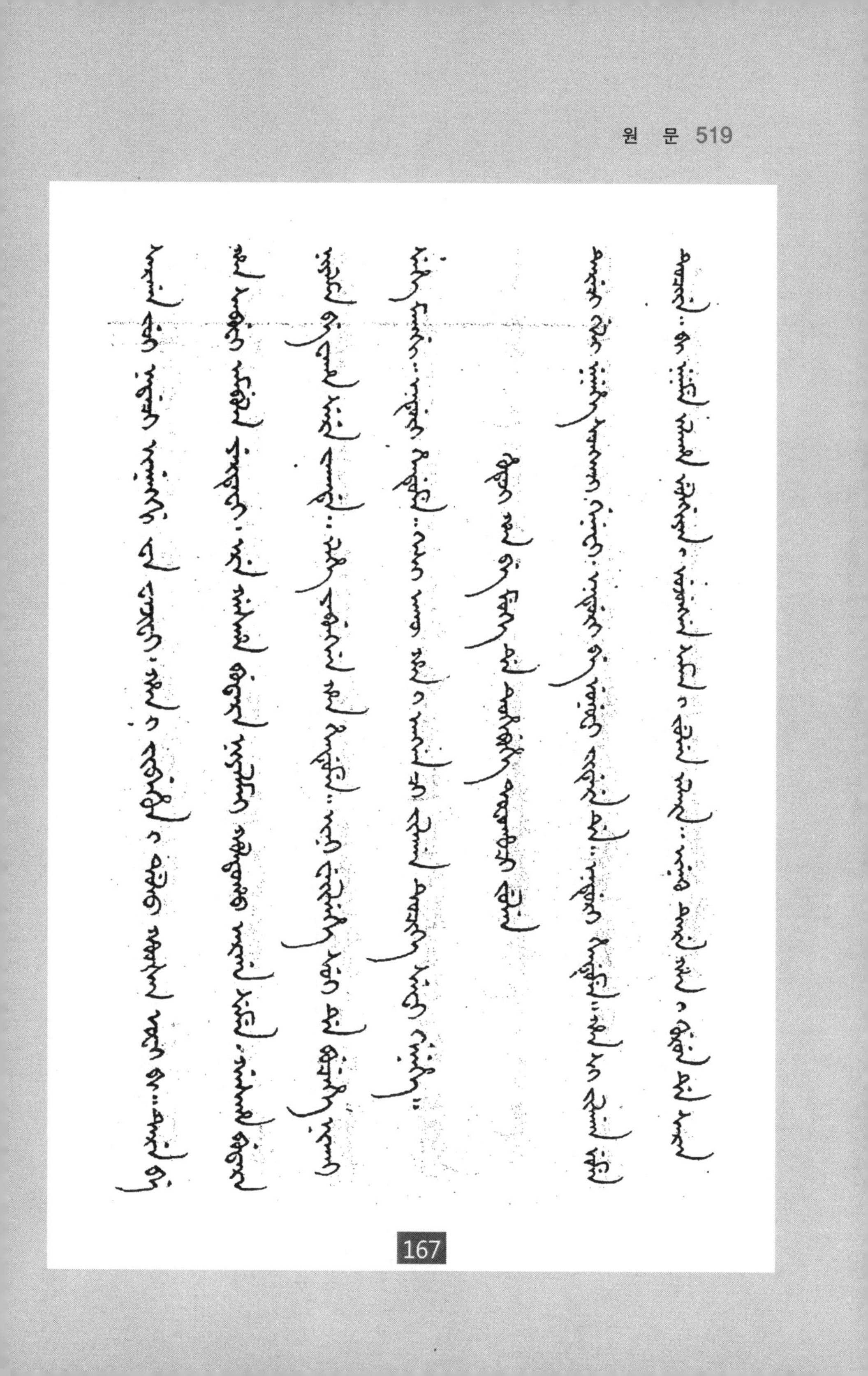

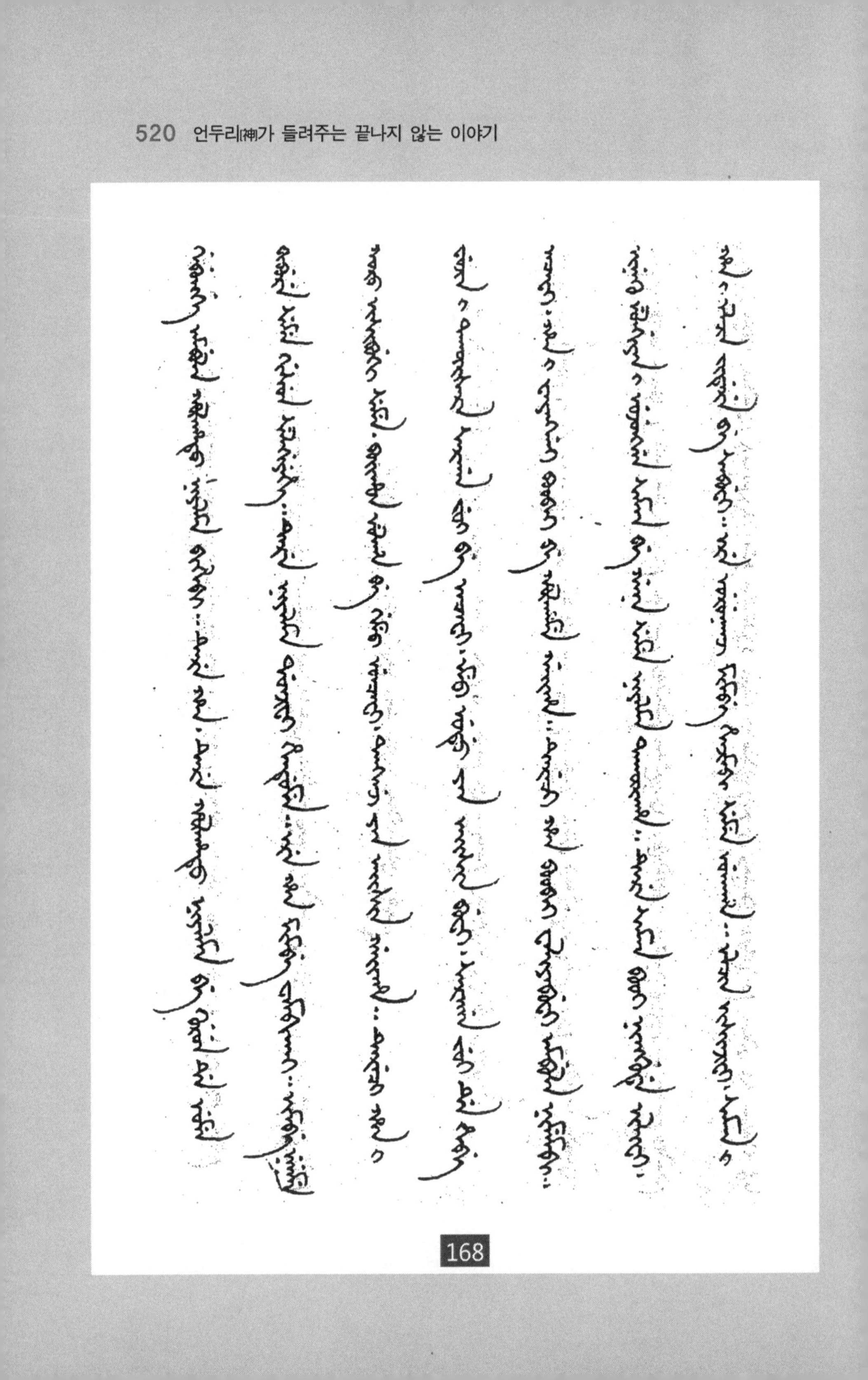

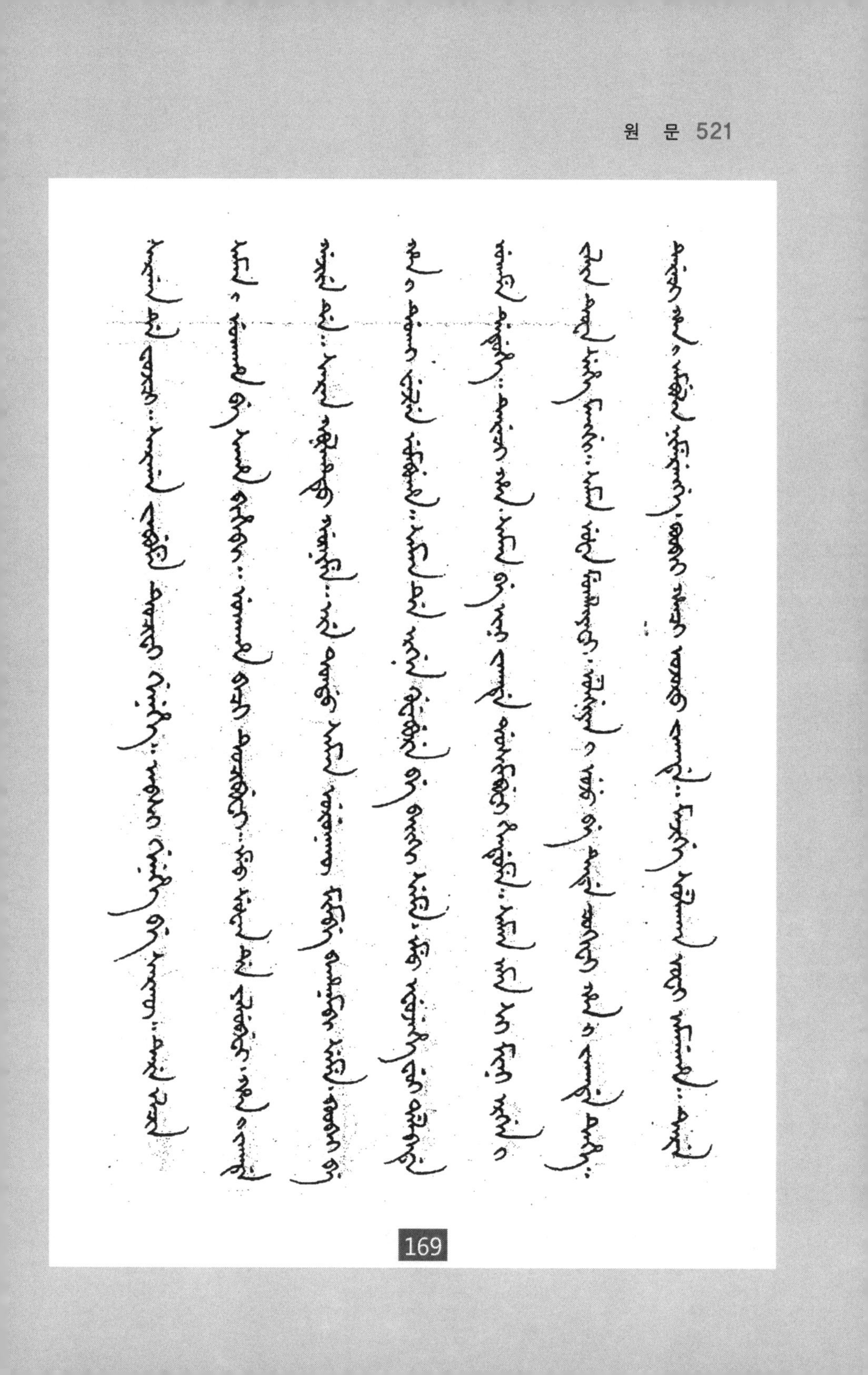

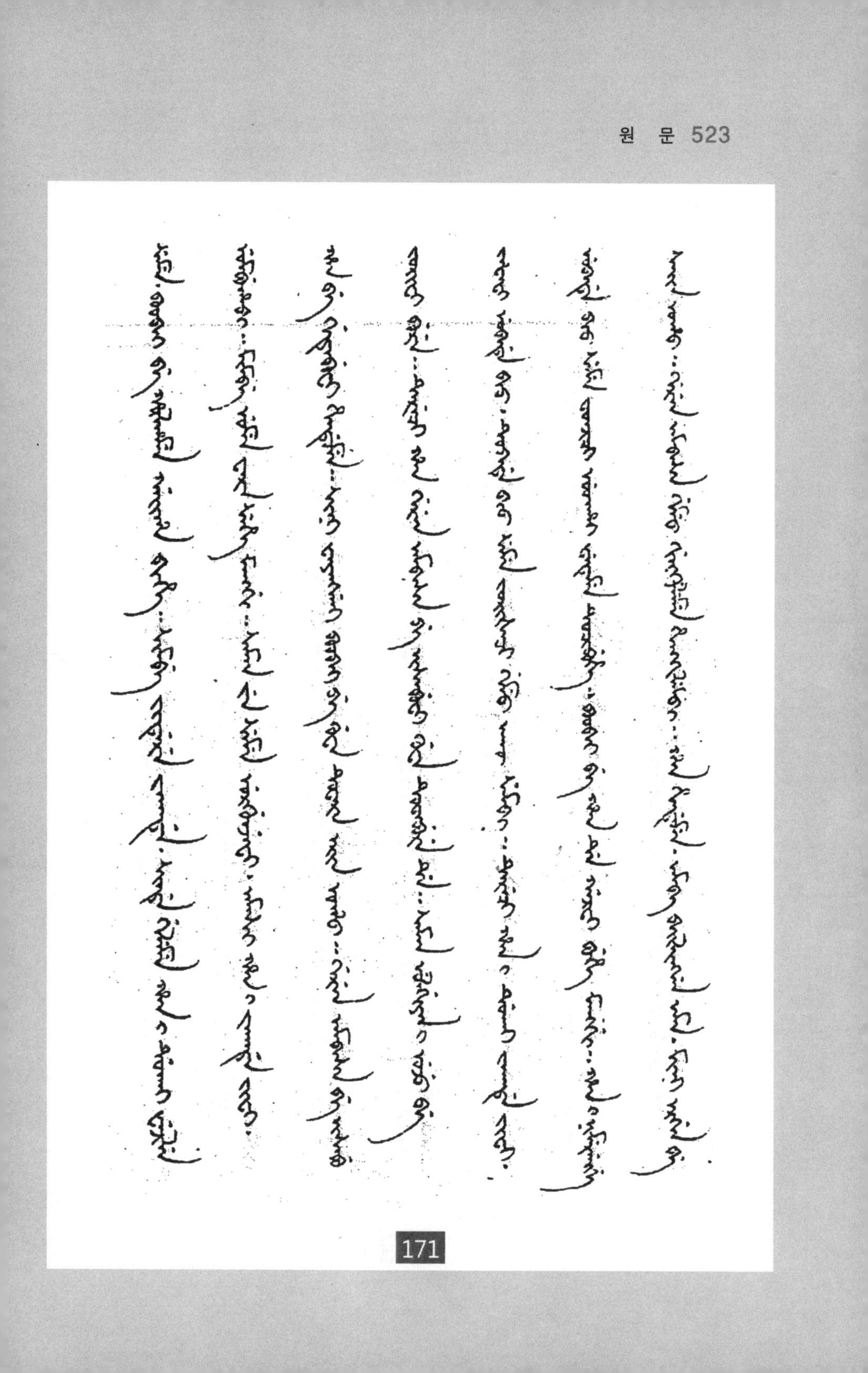

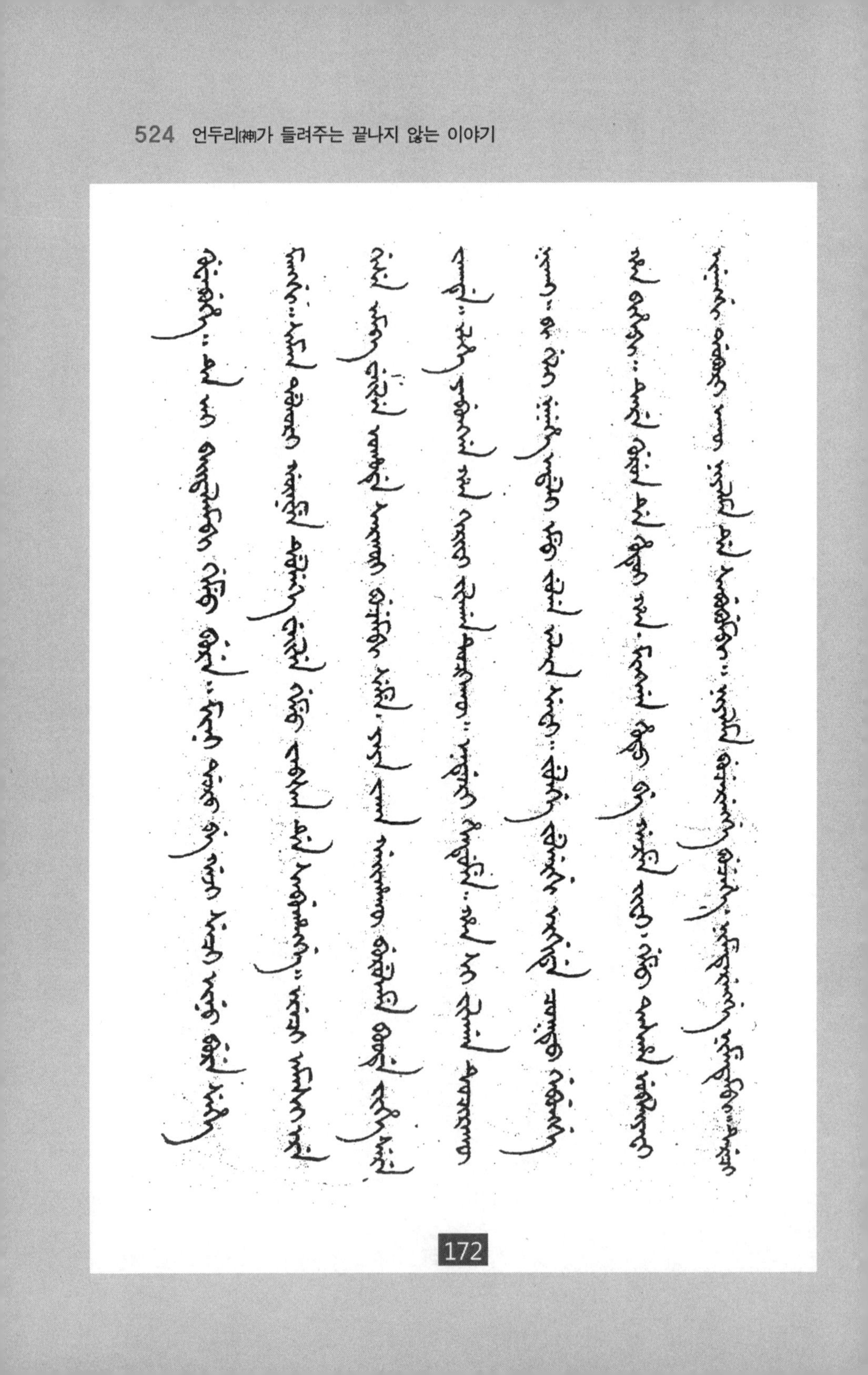

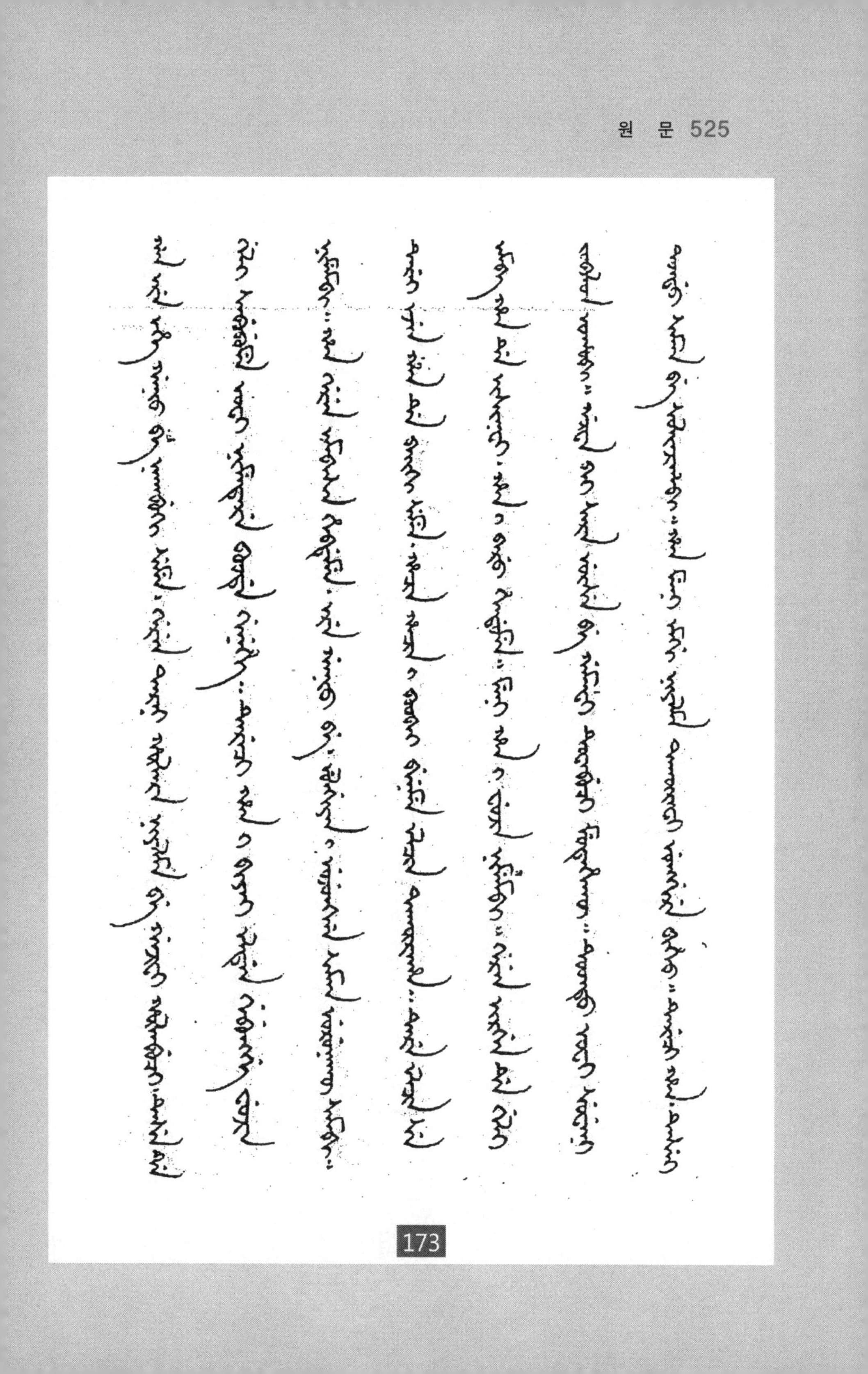

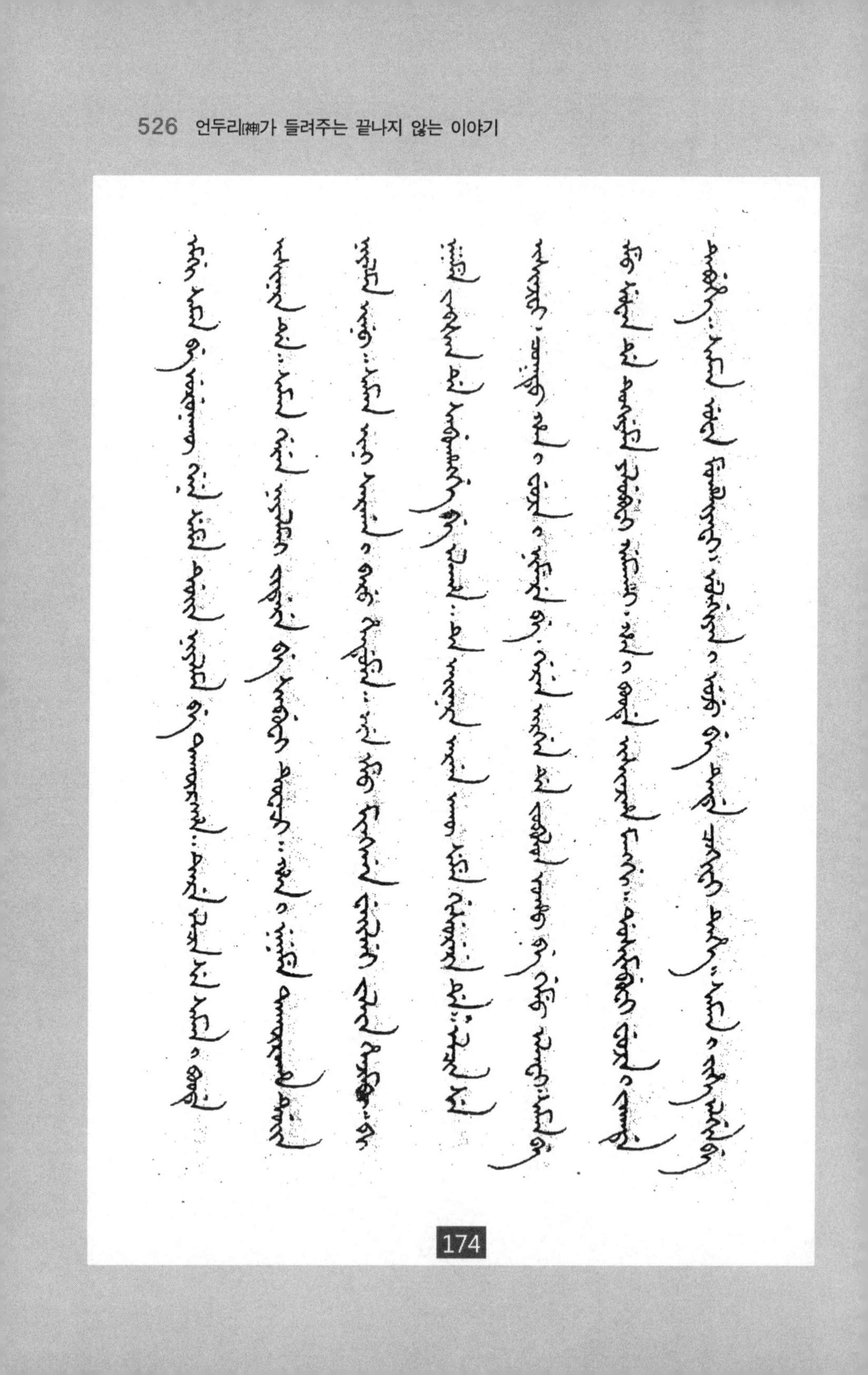

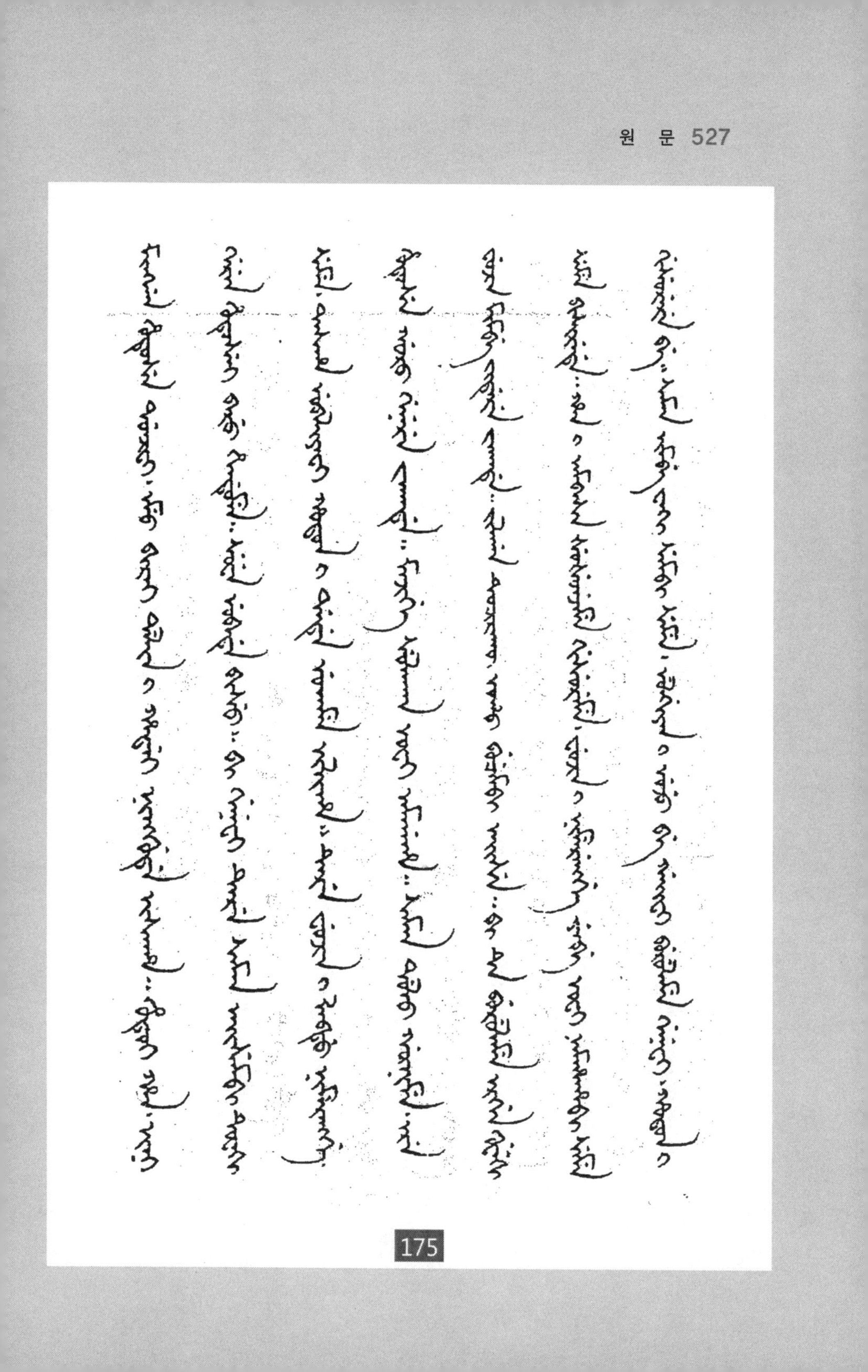

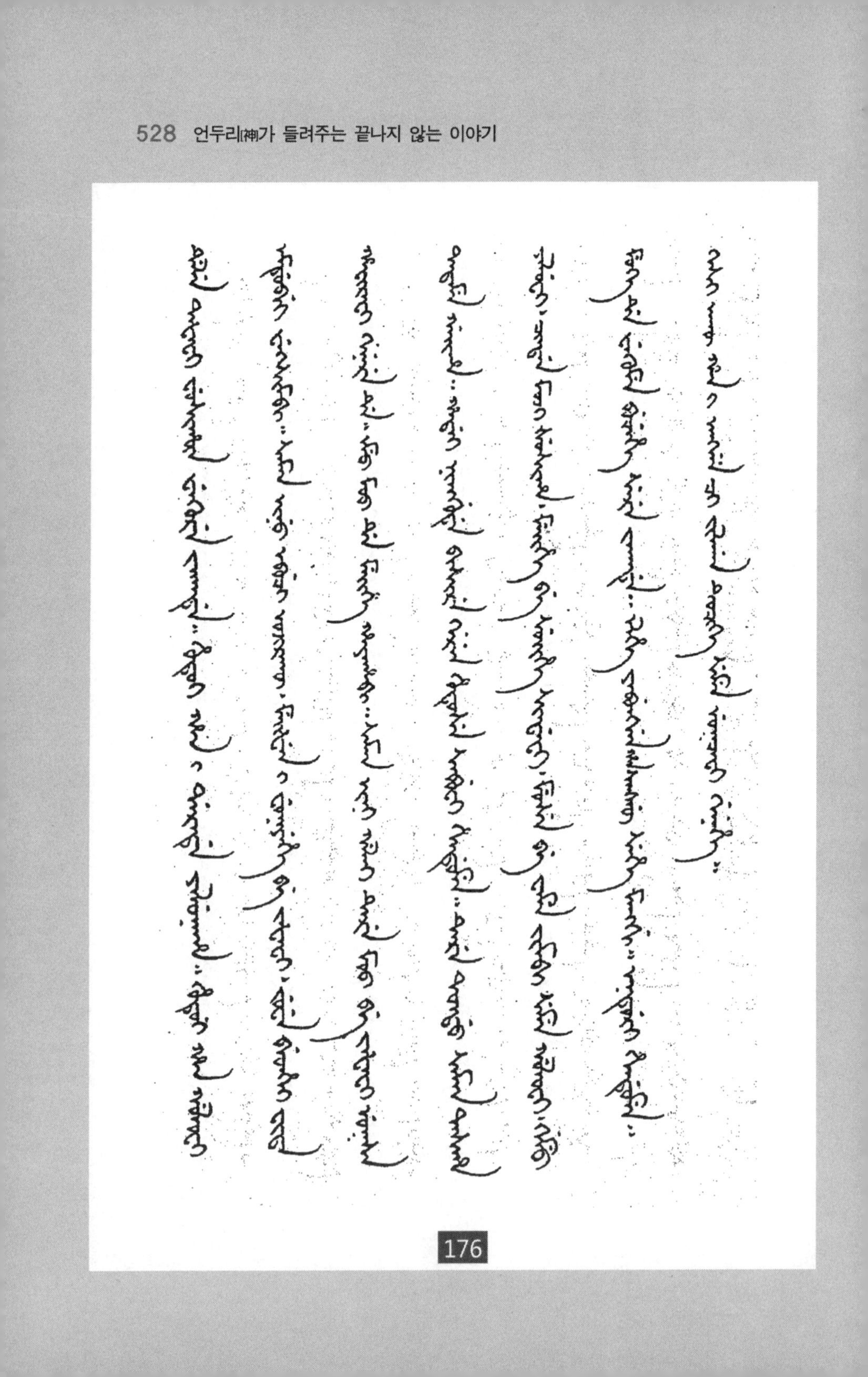

176

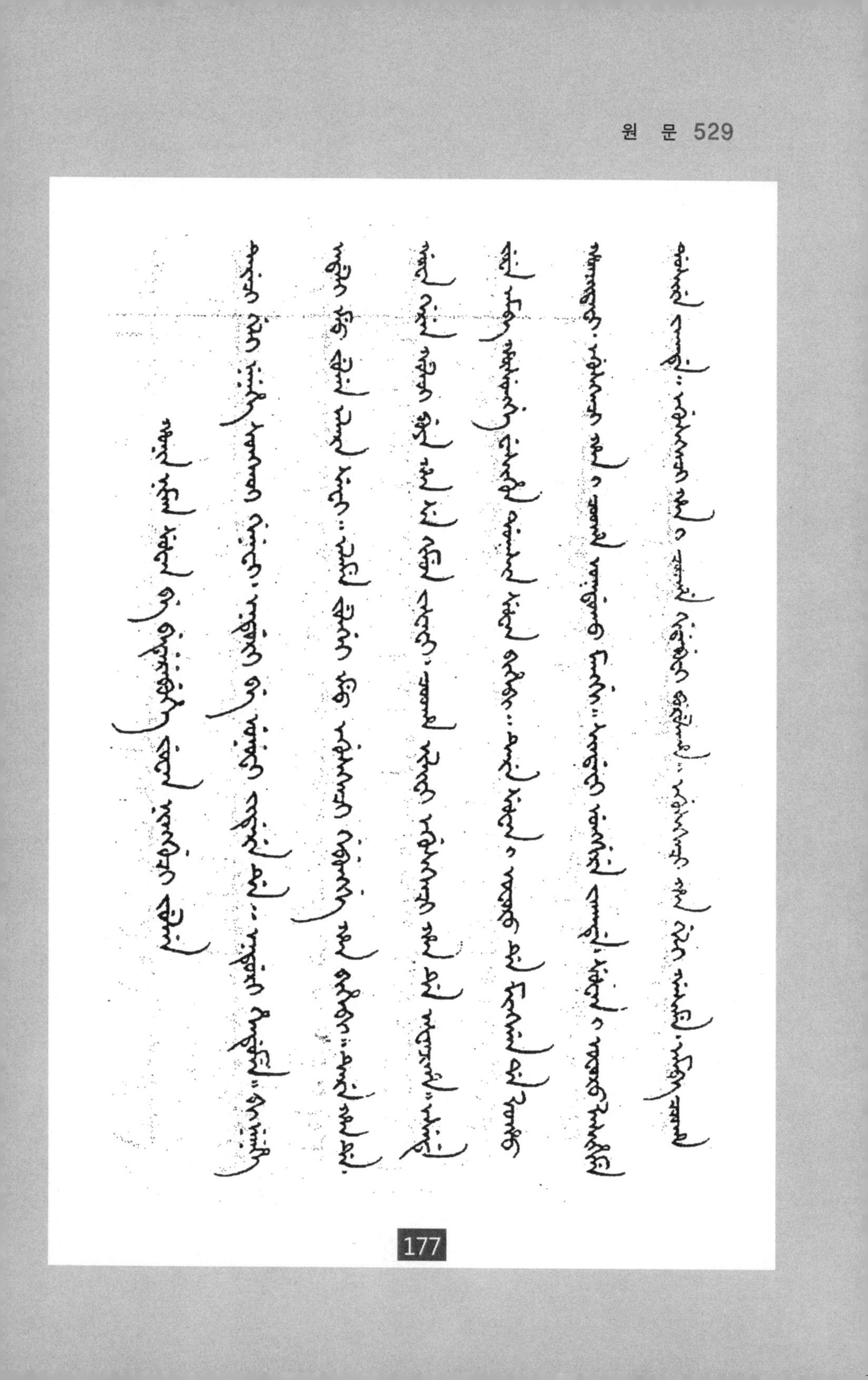

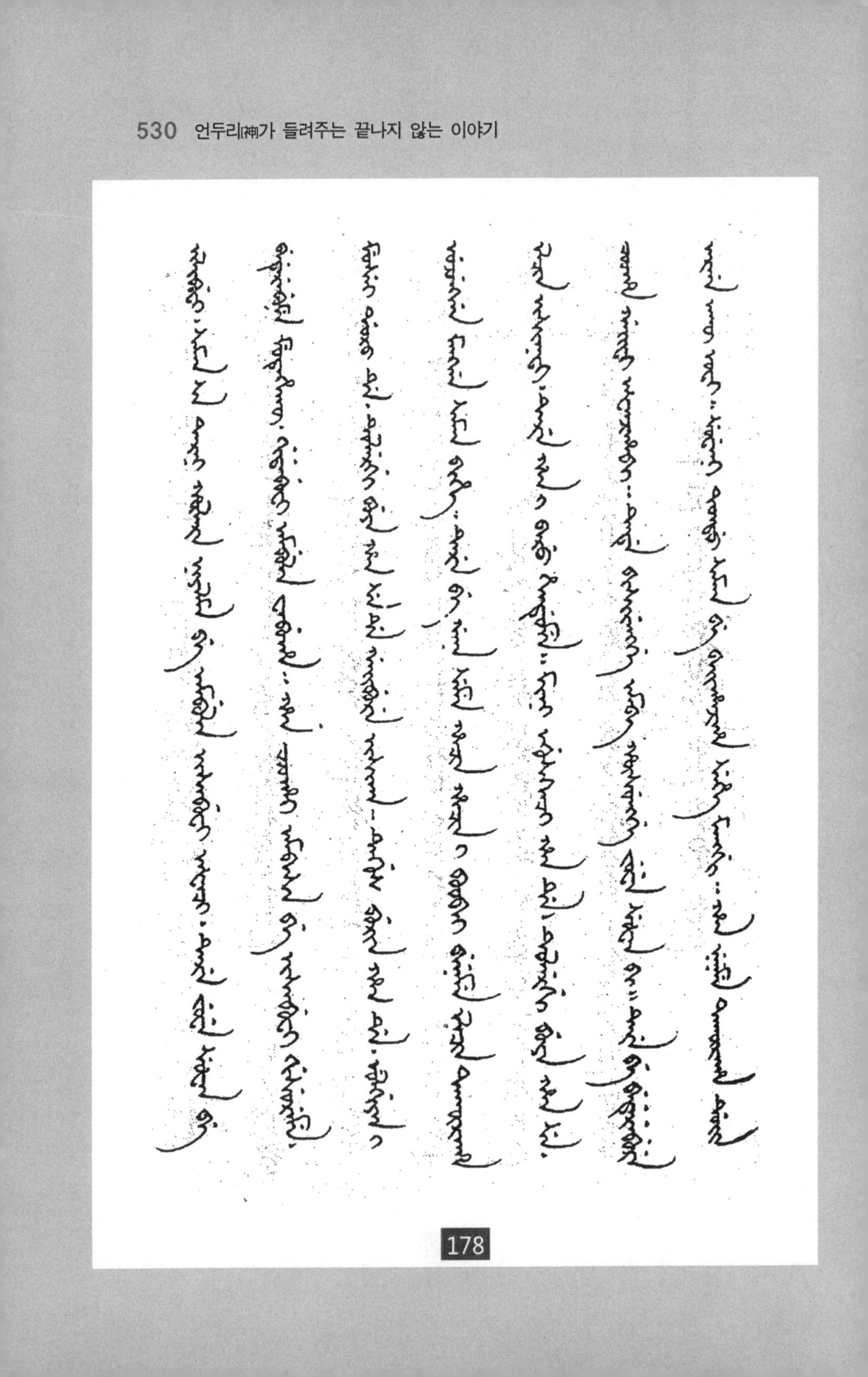

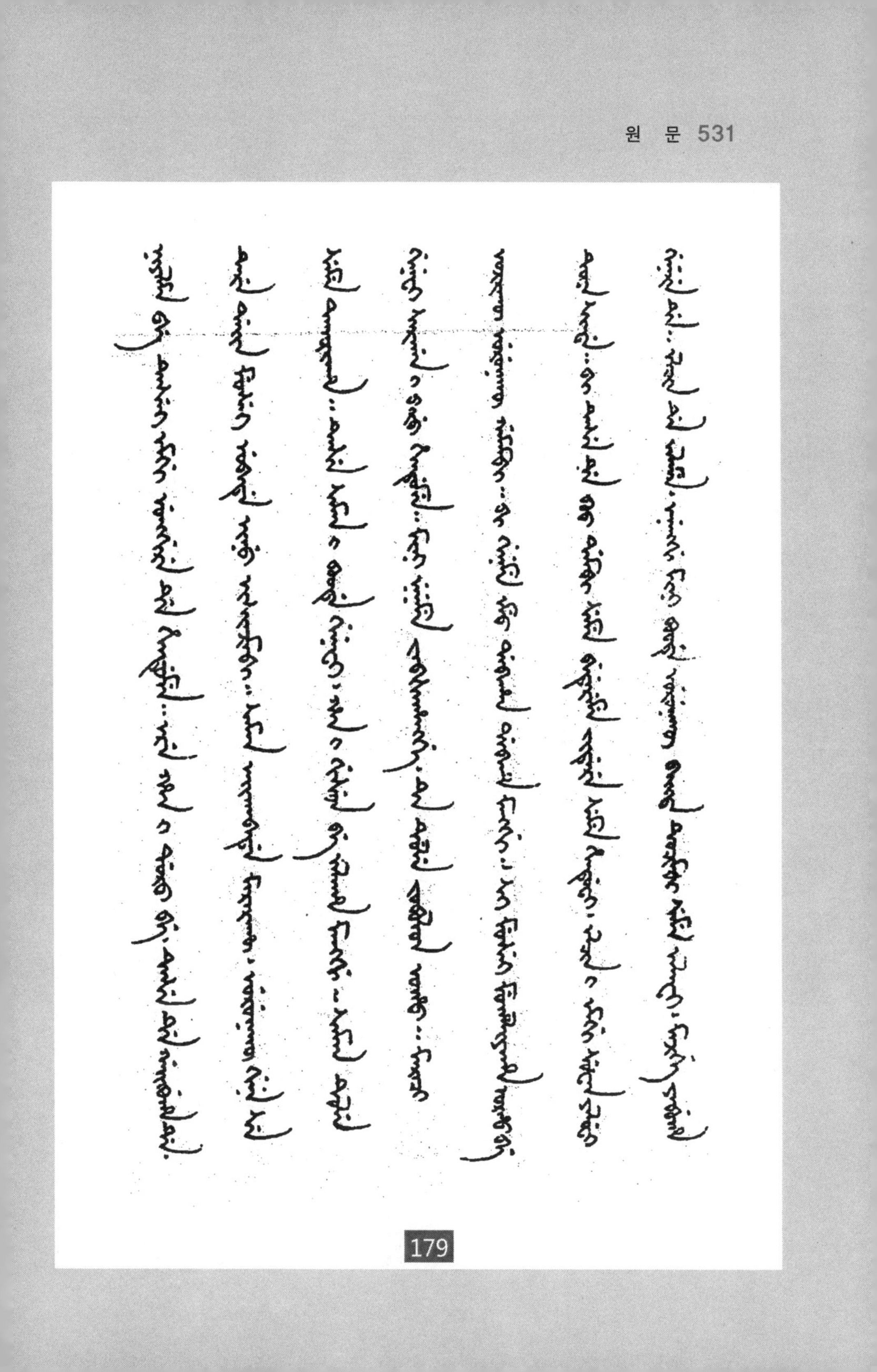

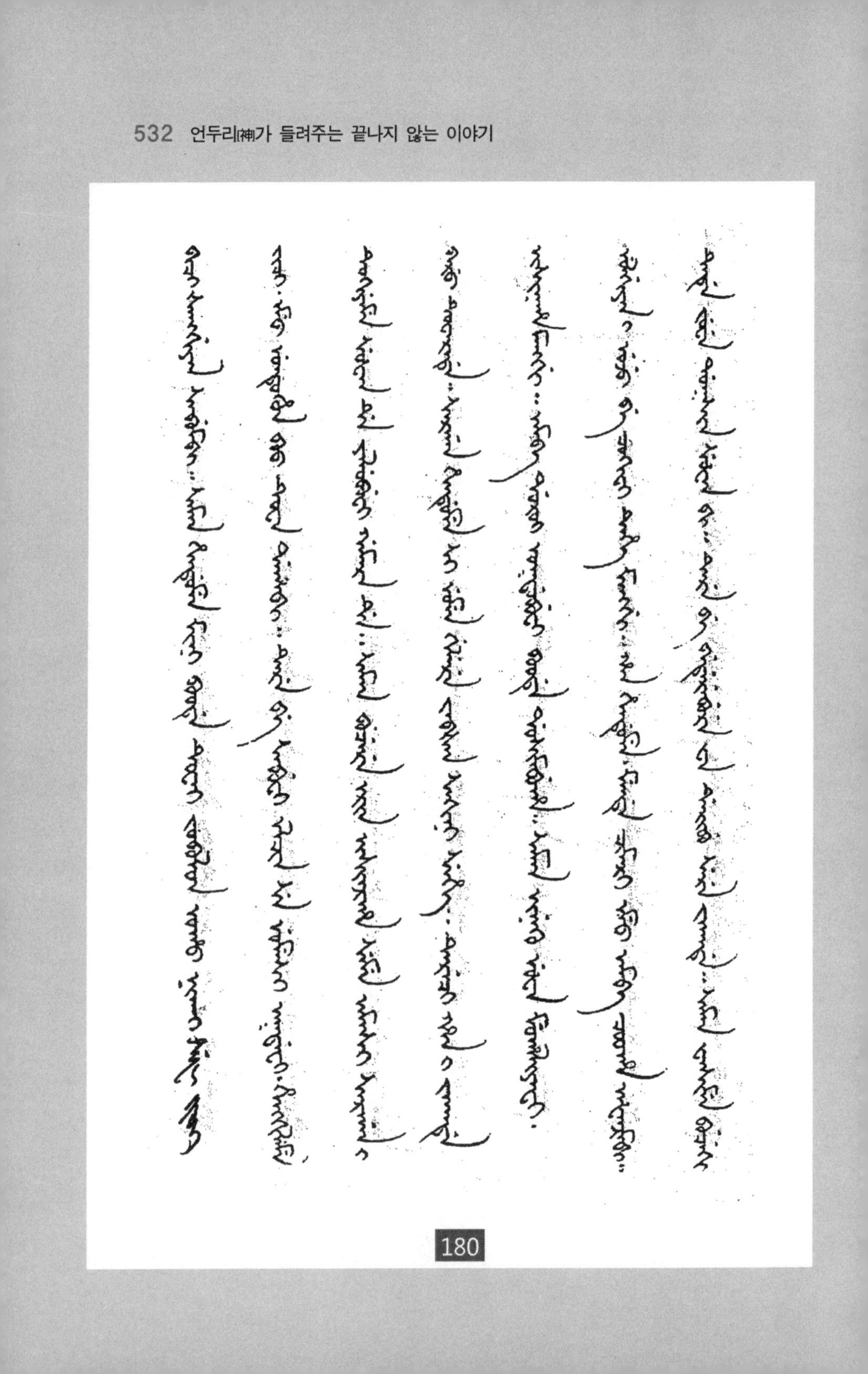

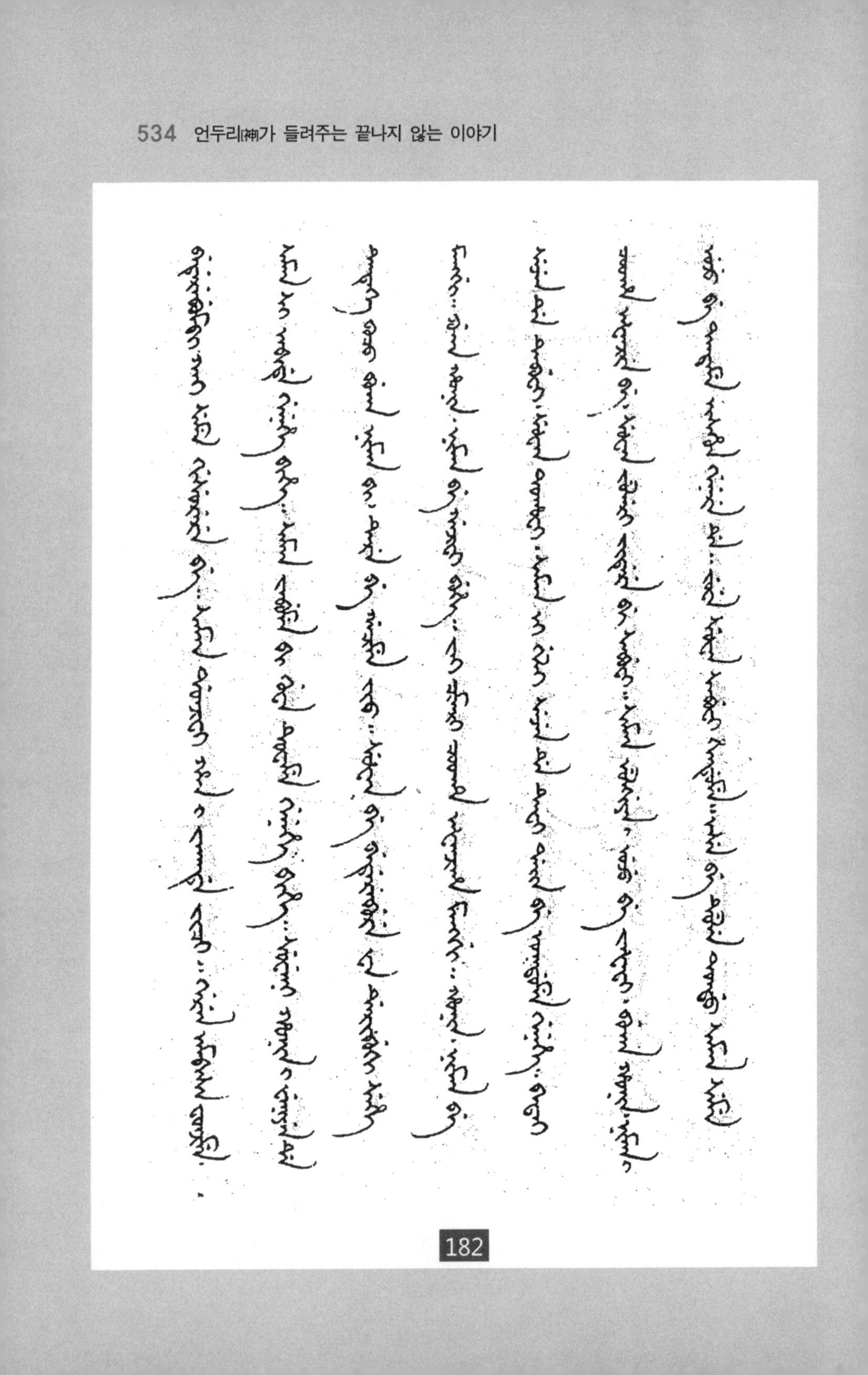

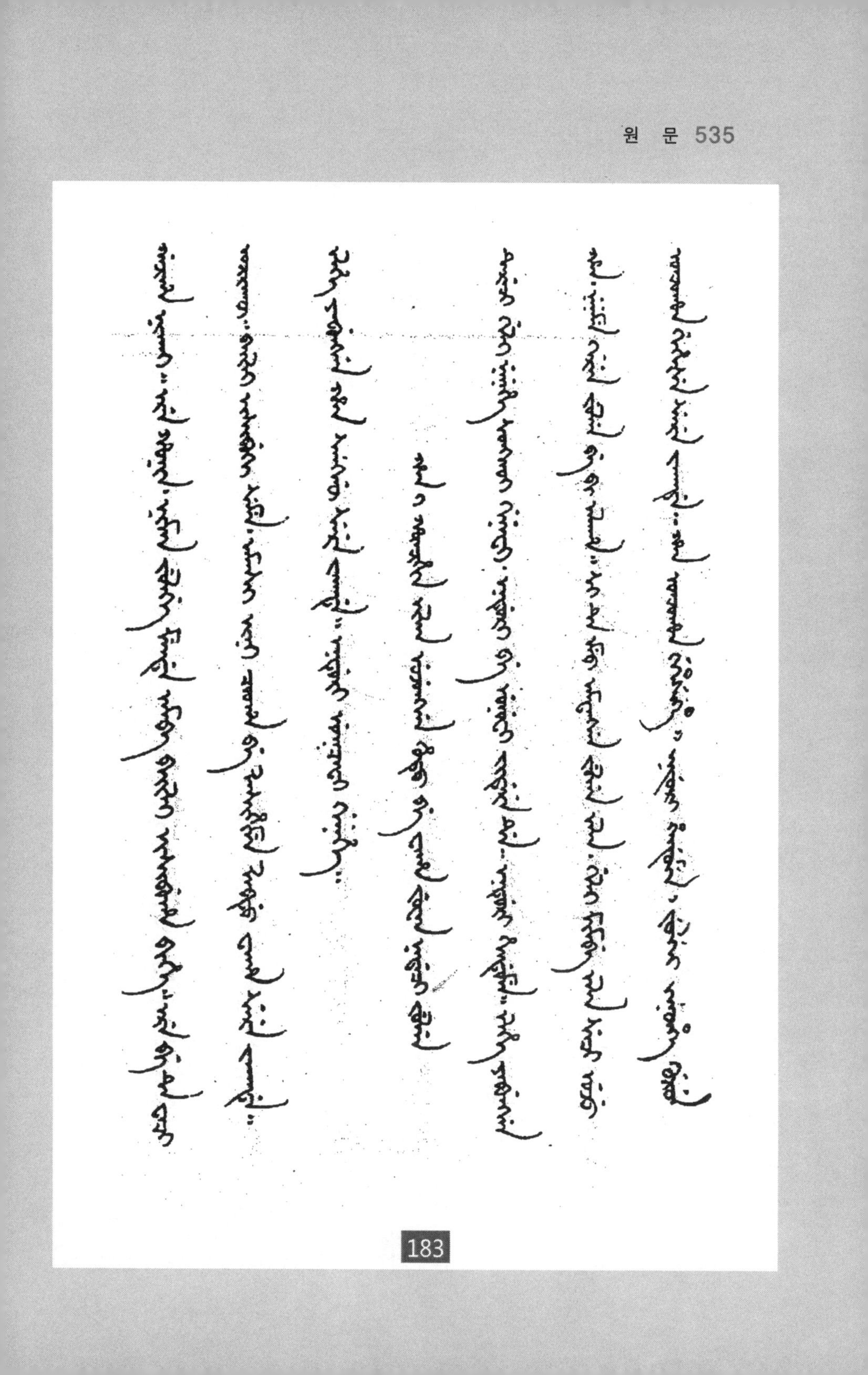

[illegible]

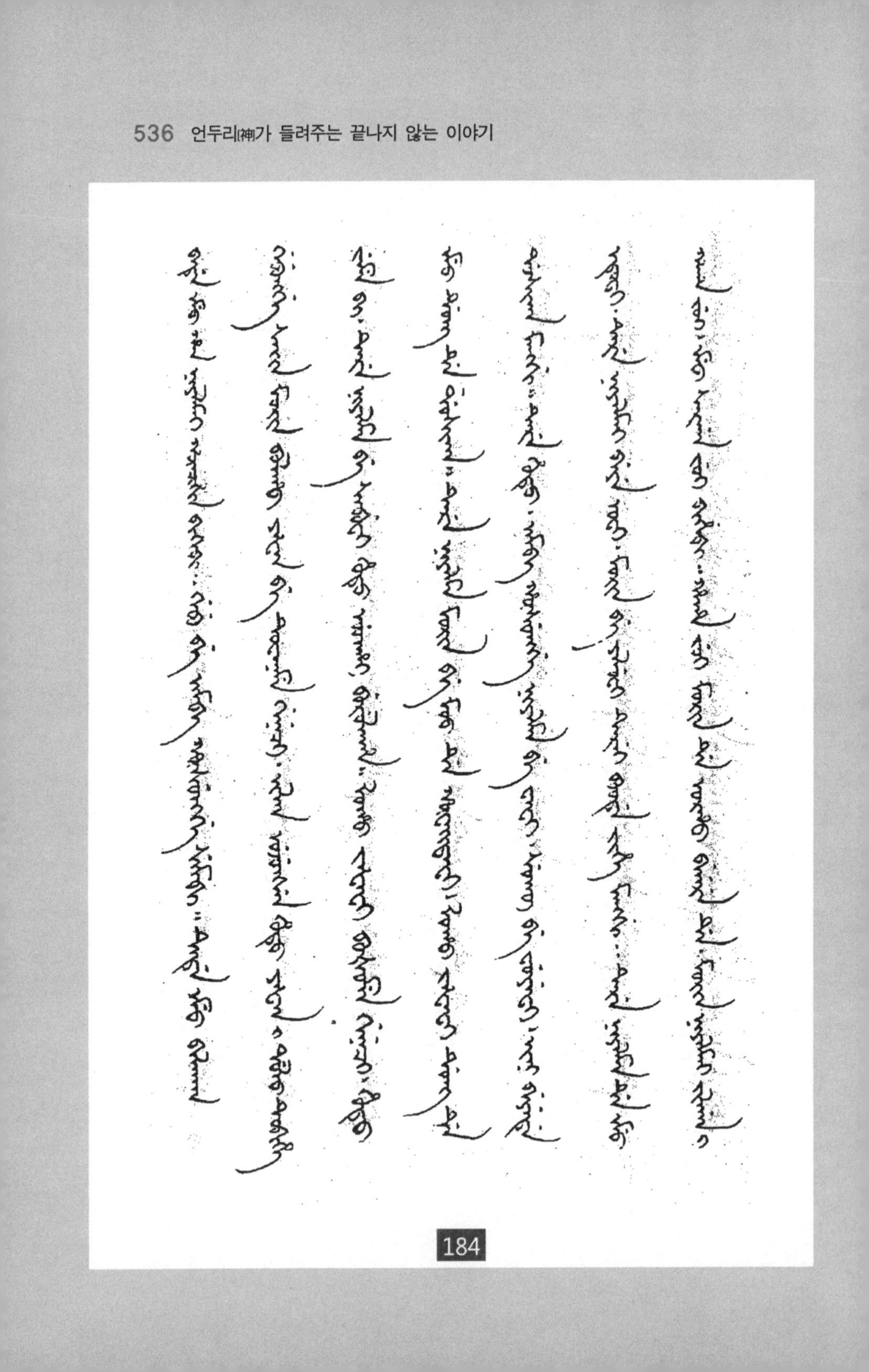

[illegible]

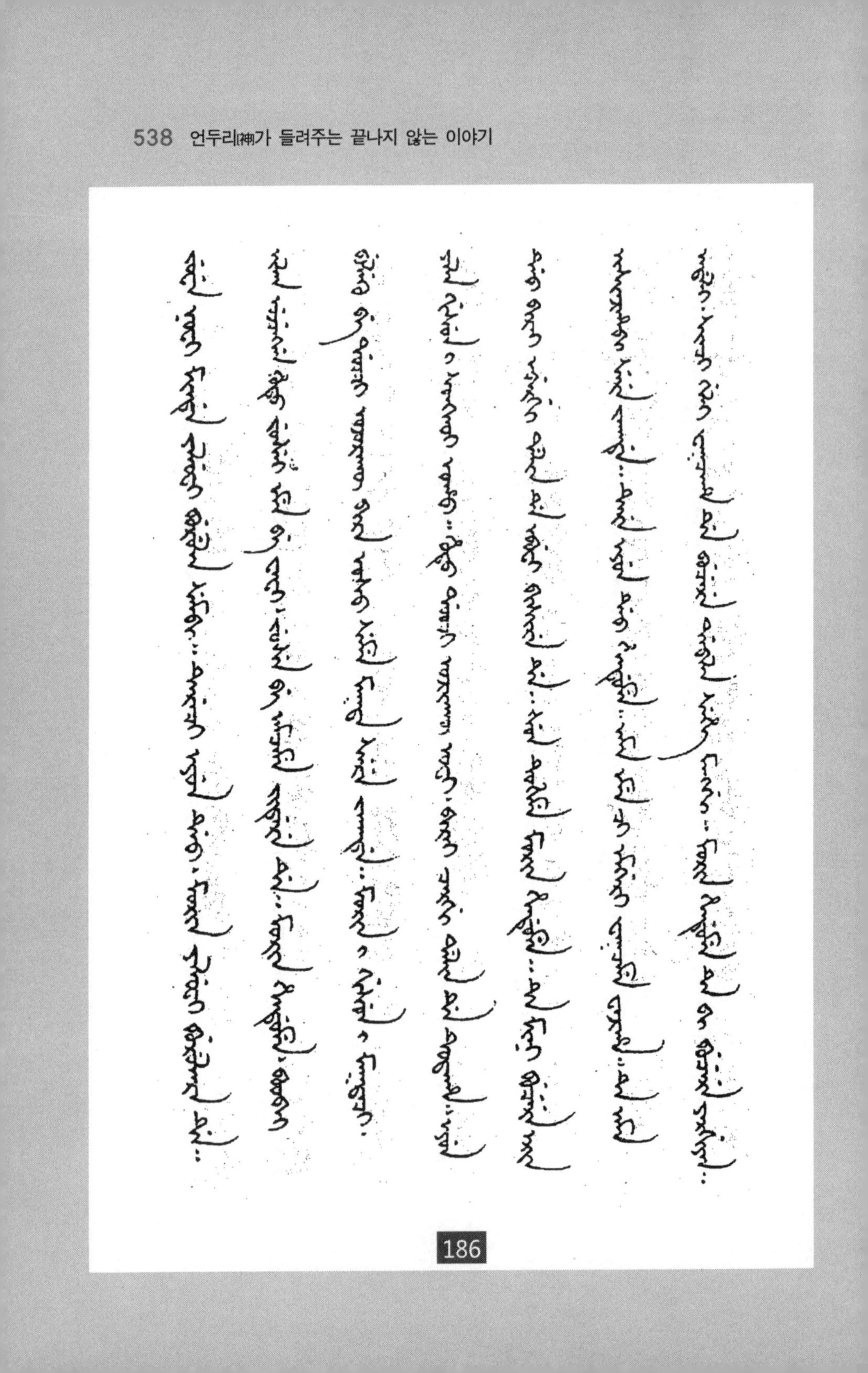

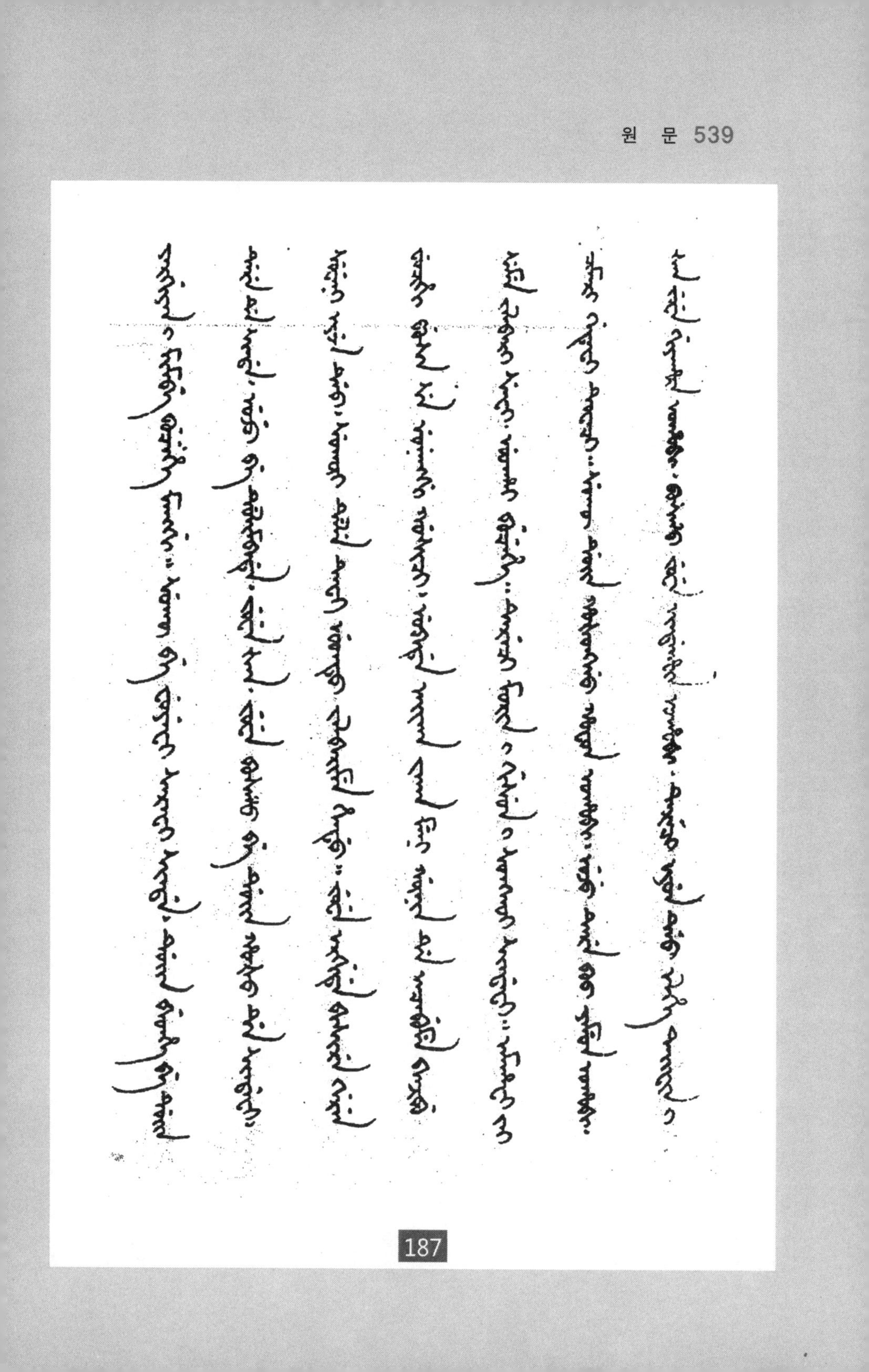

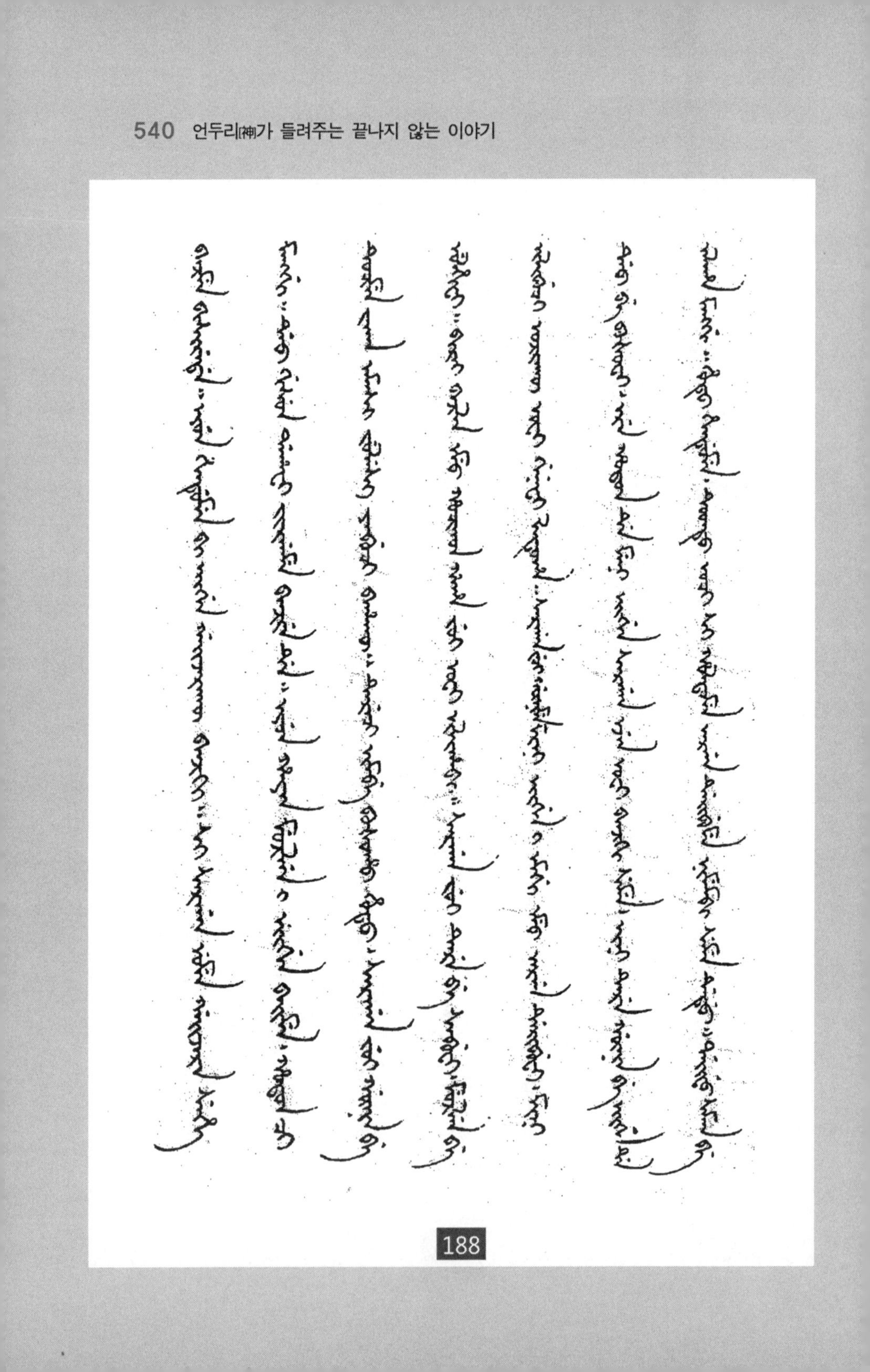

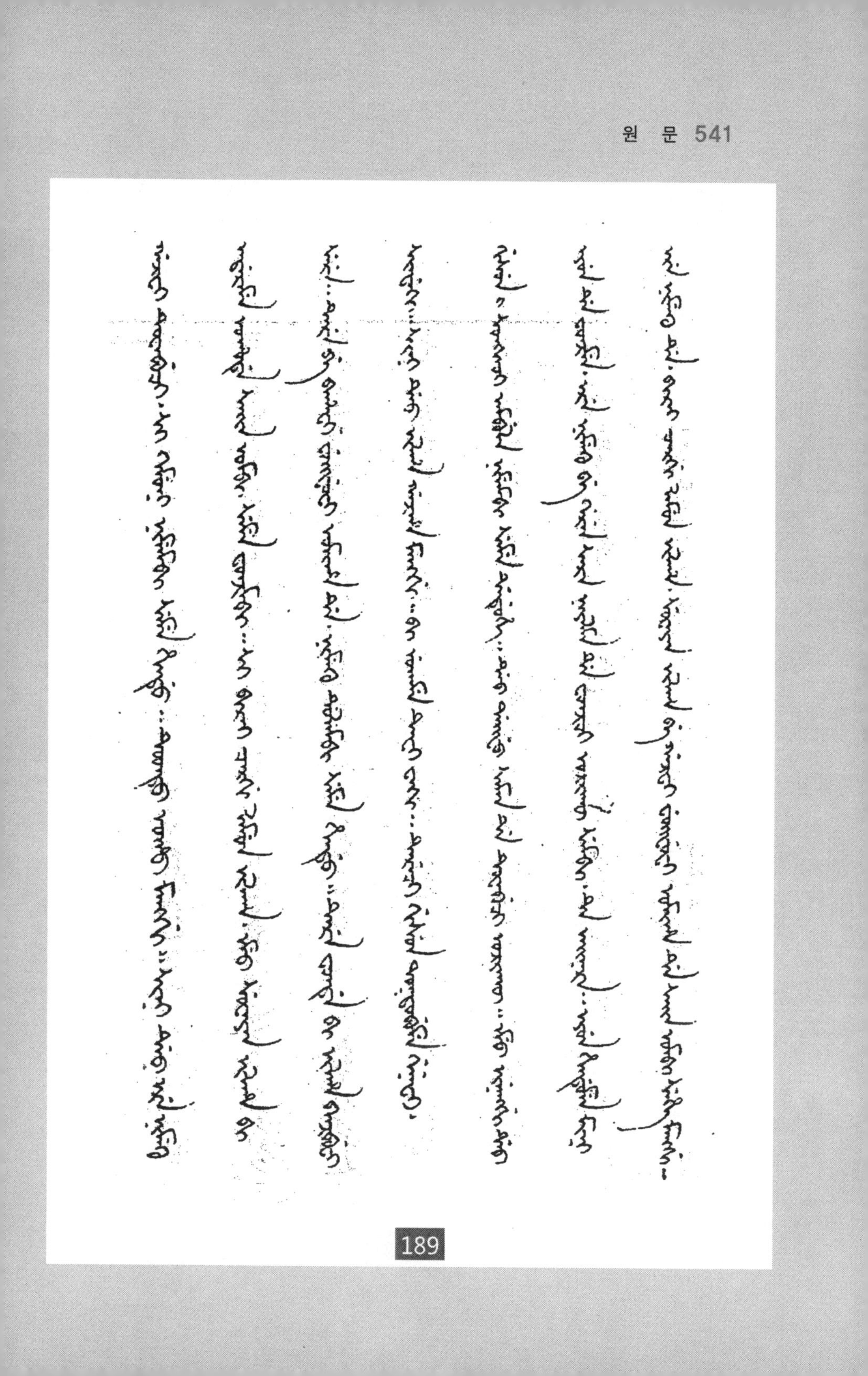

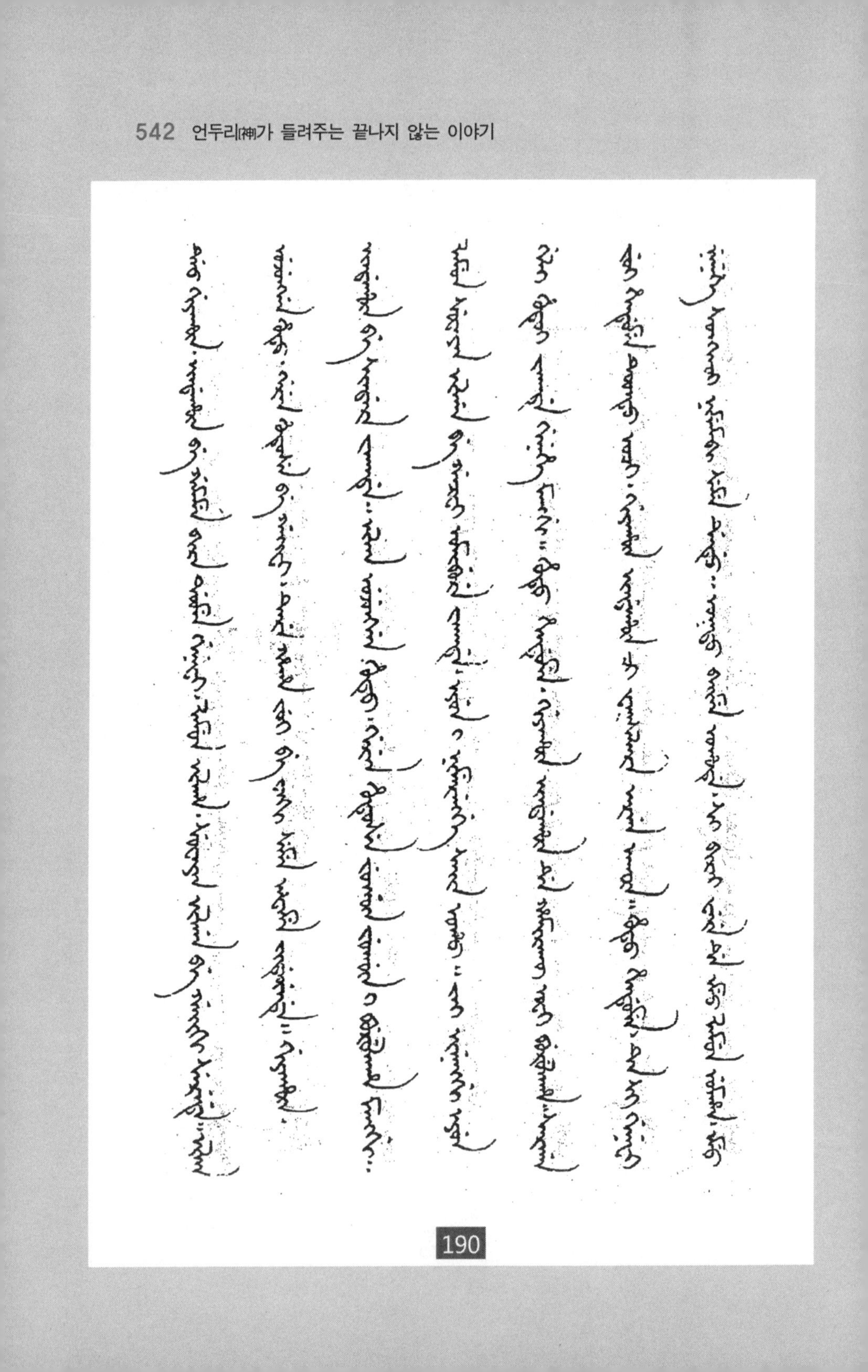

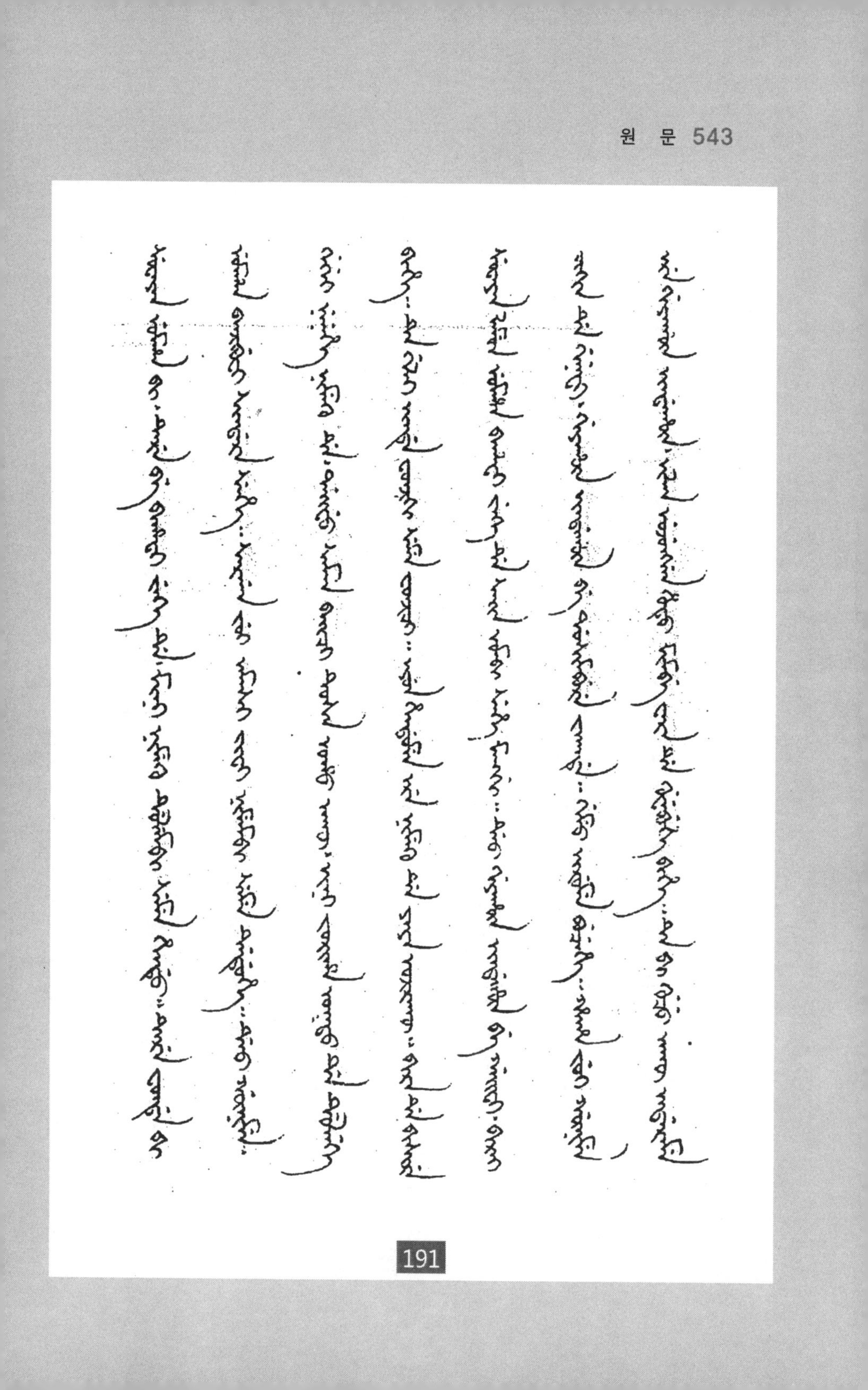

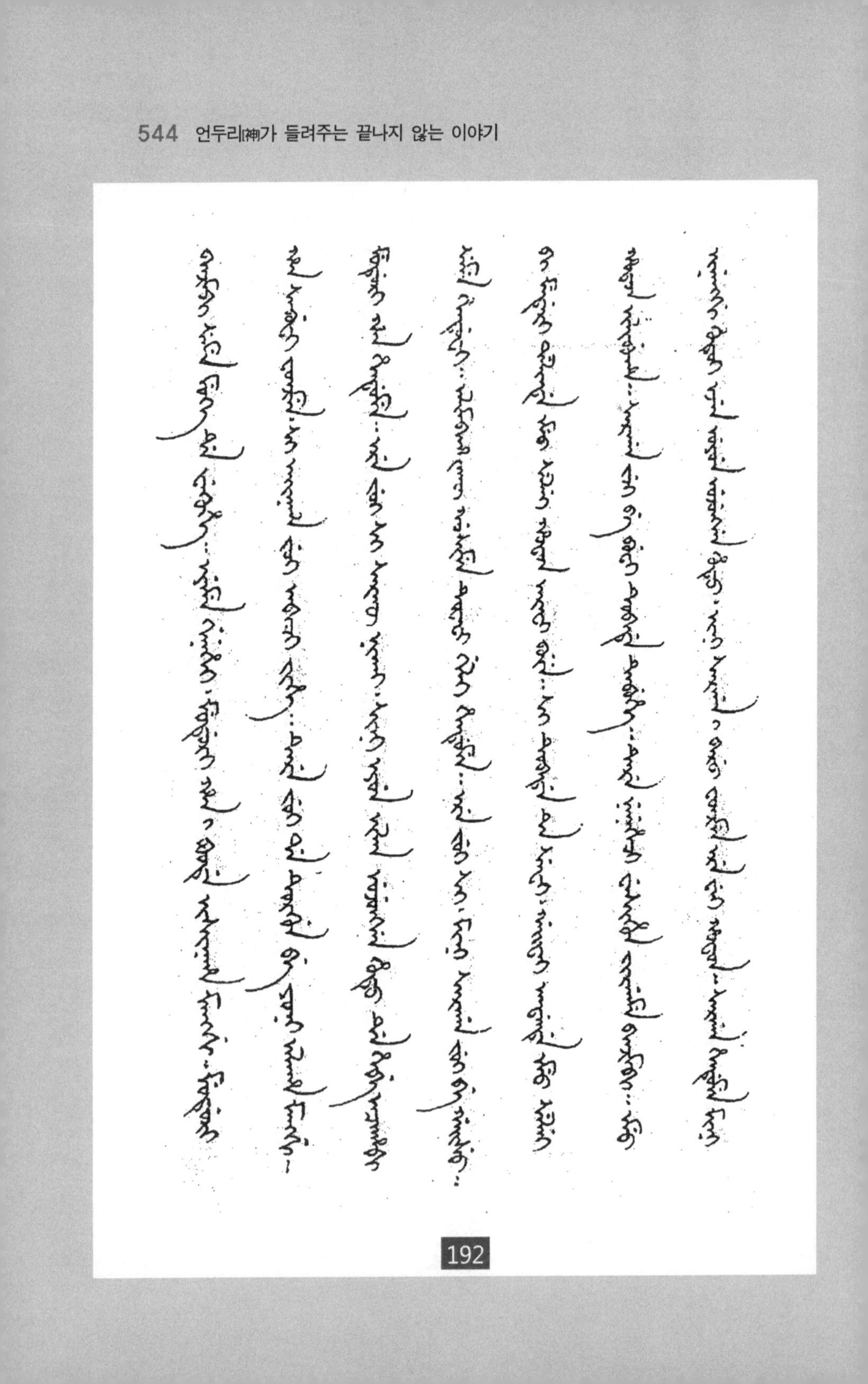

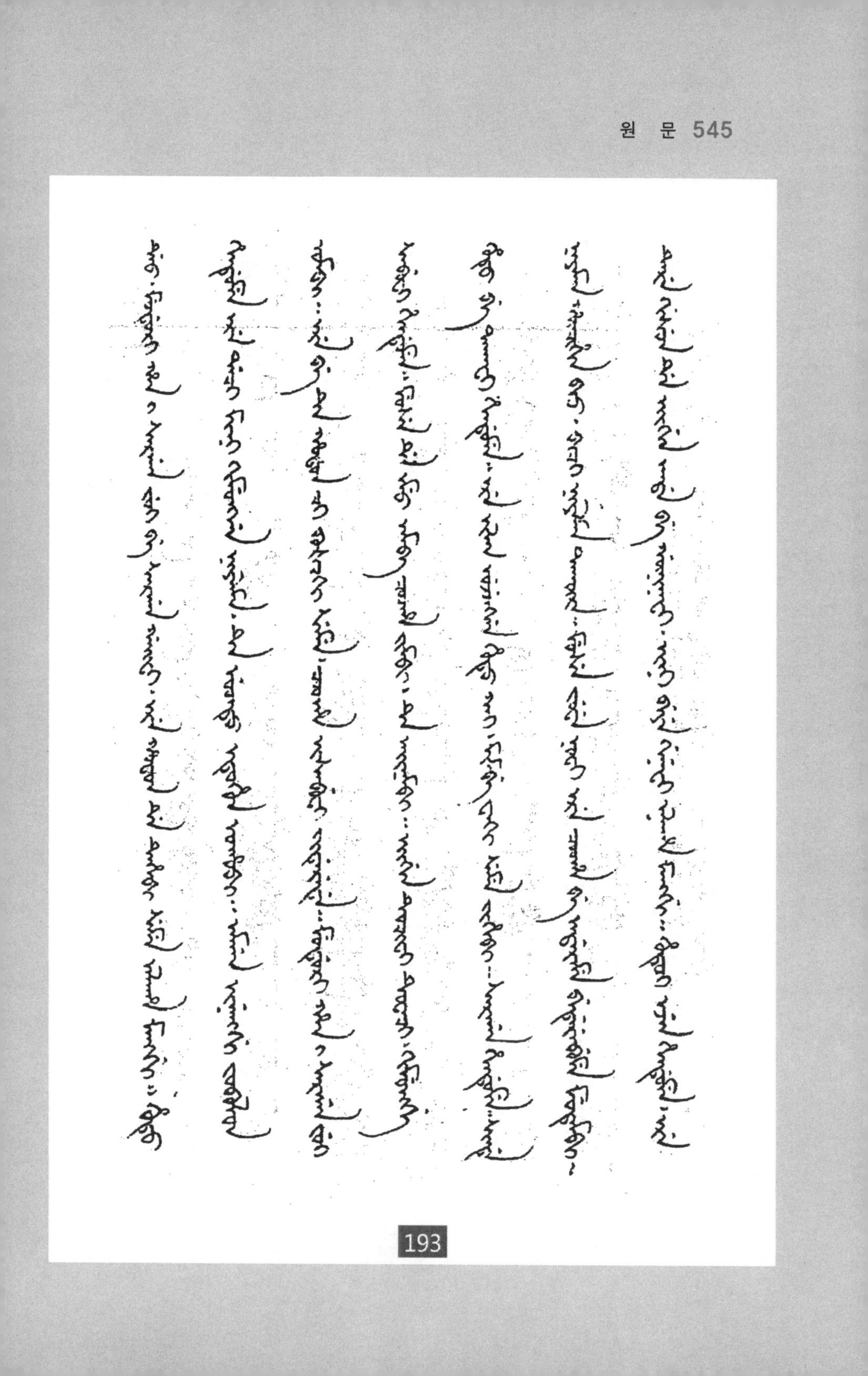

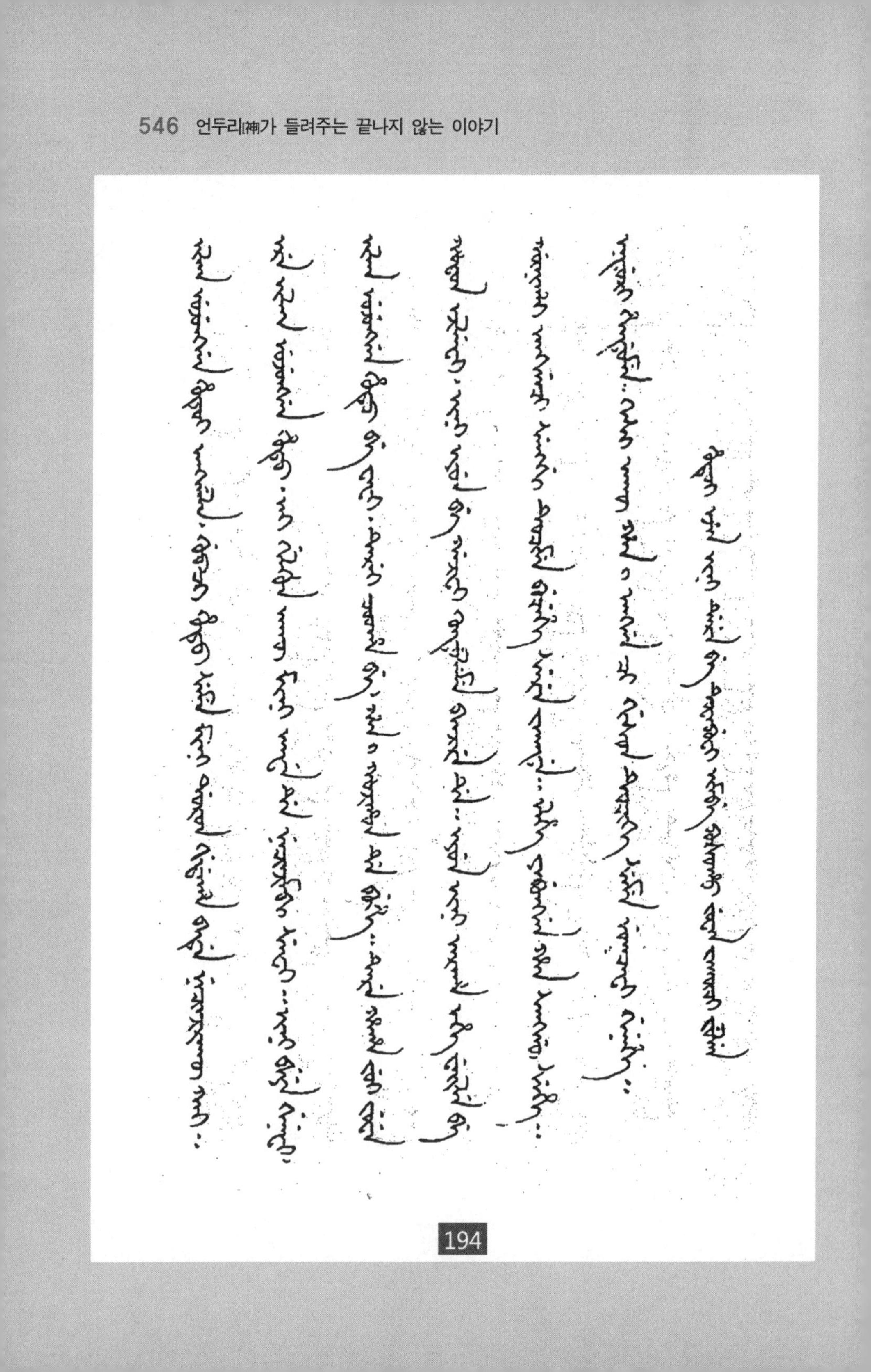

194

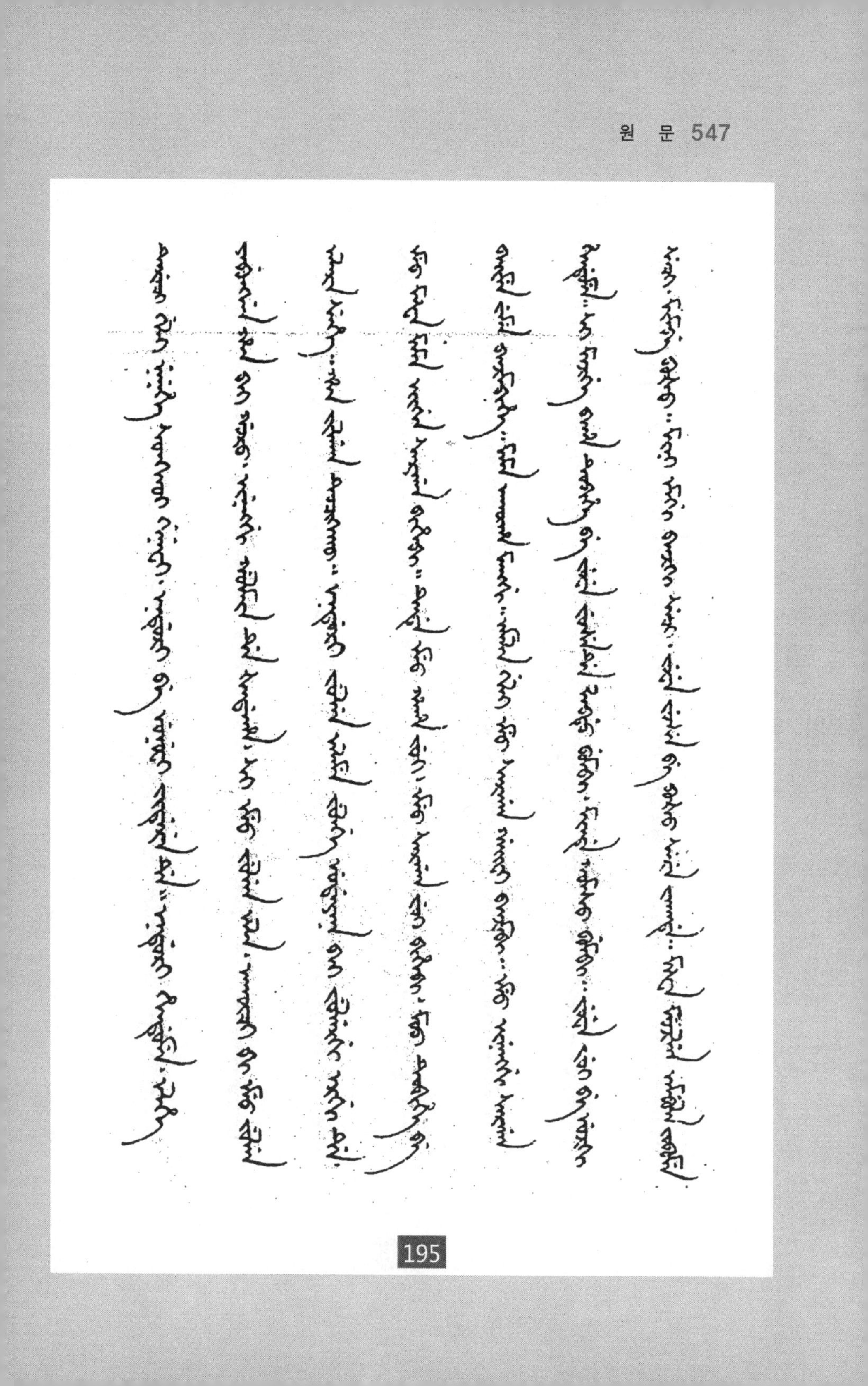

[illegible]

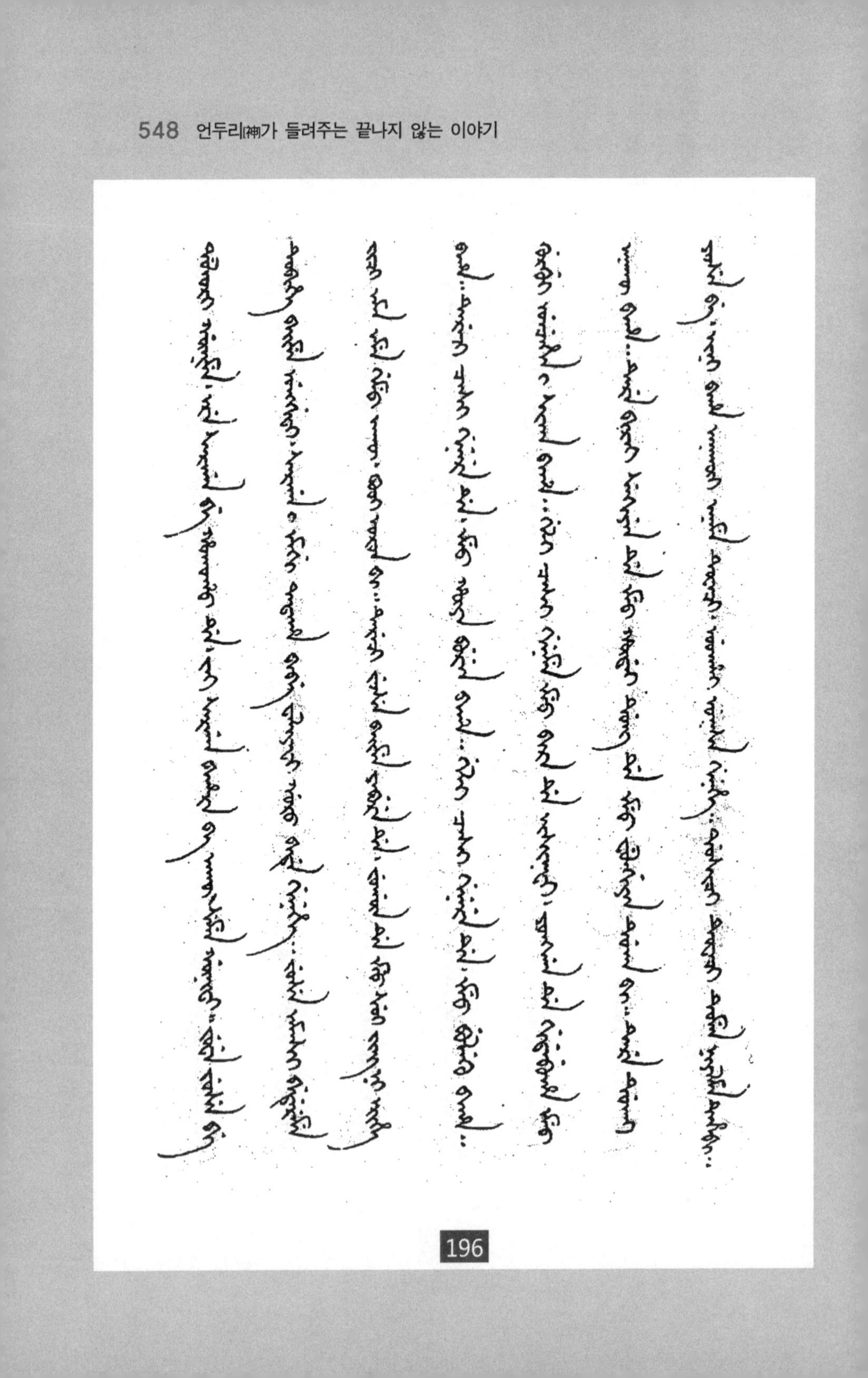

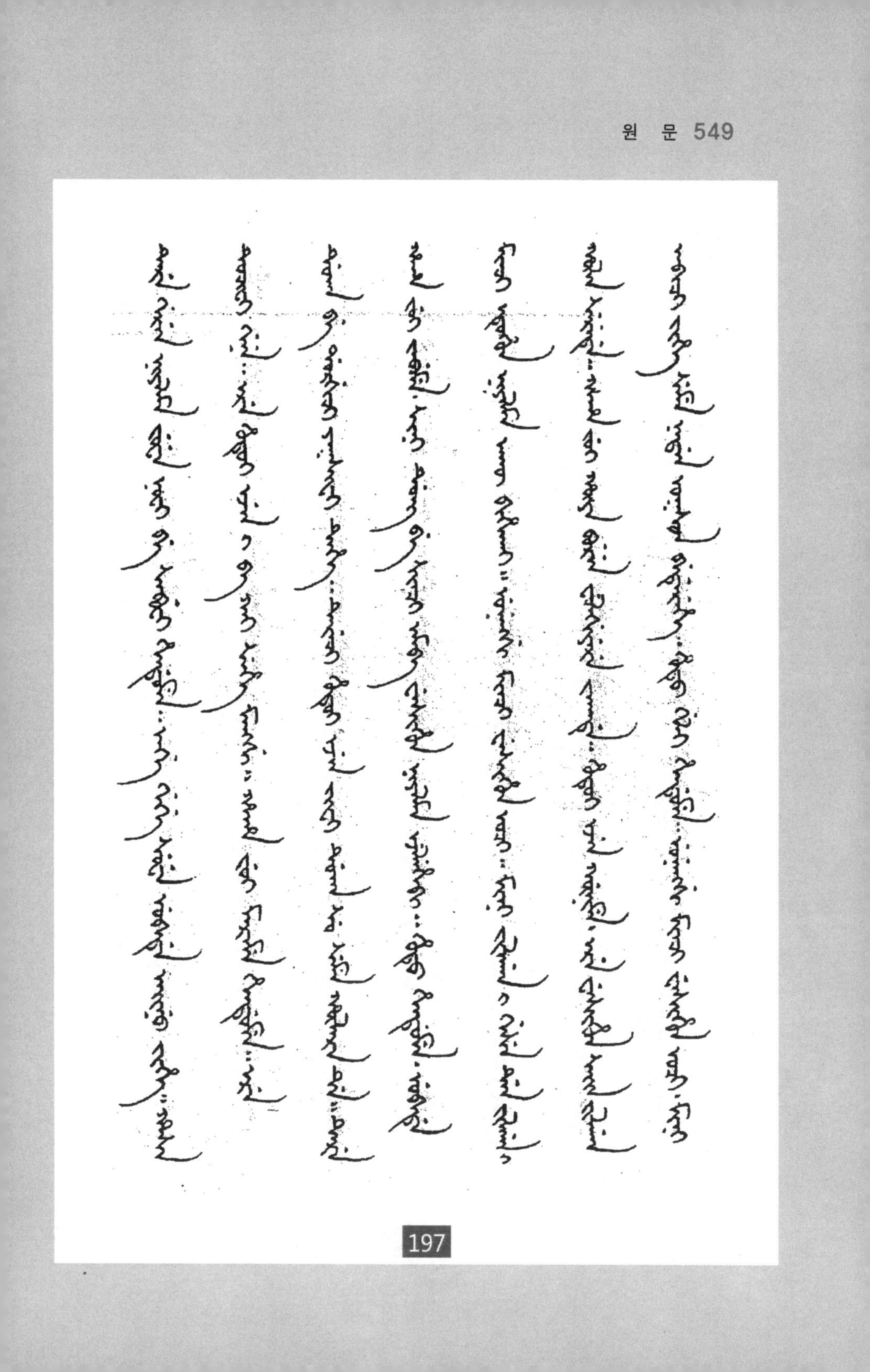

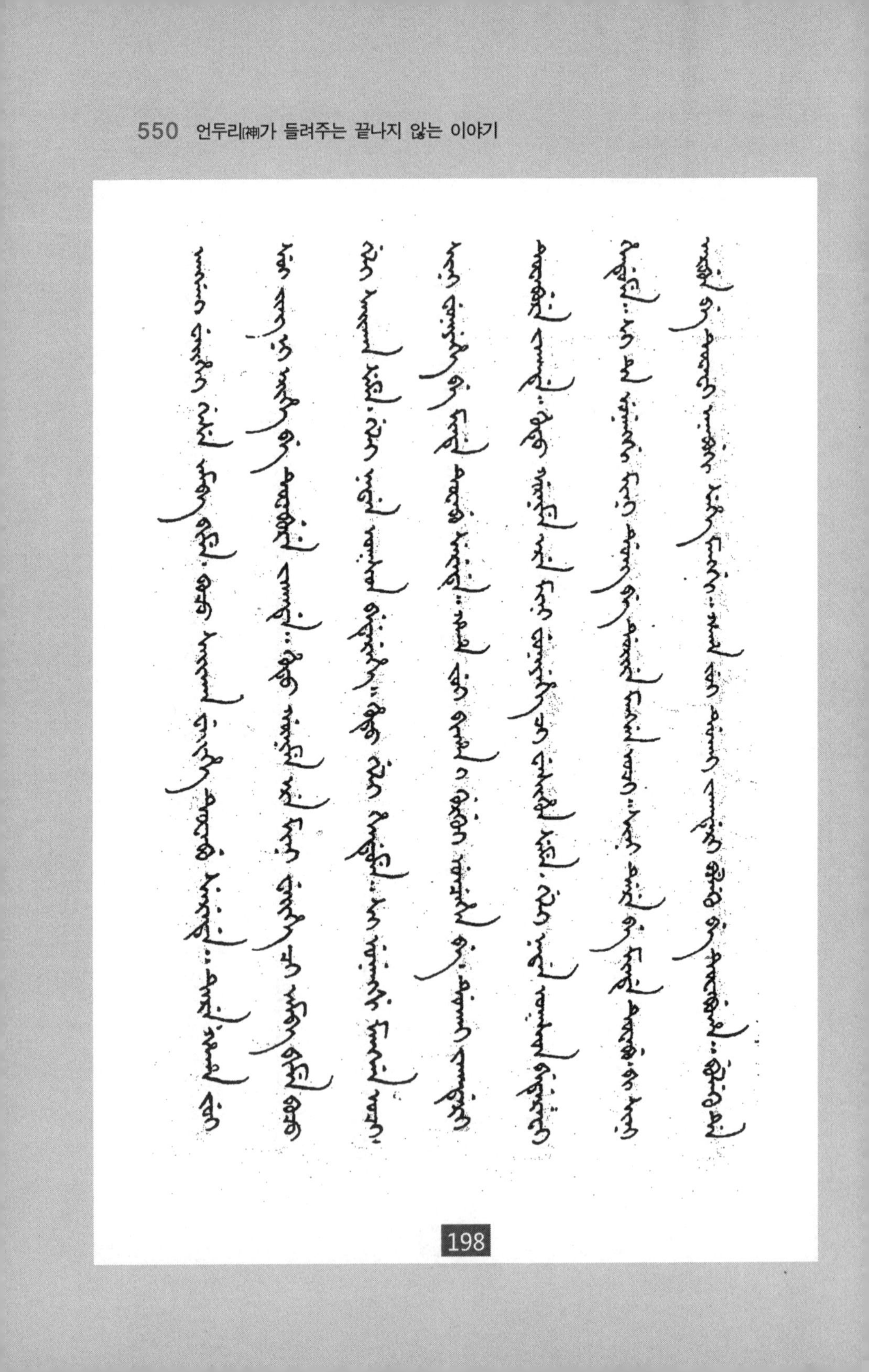

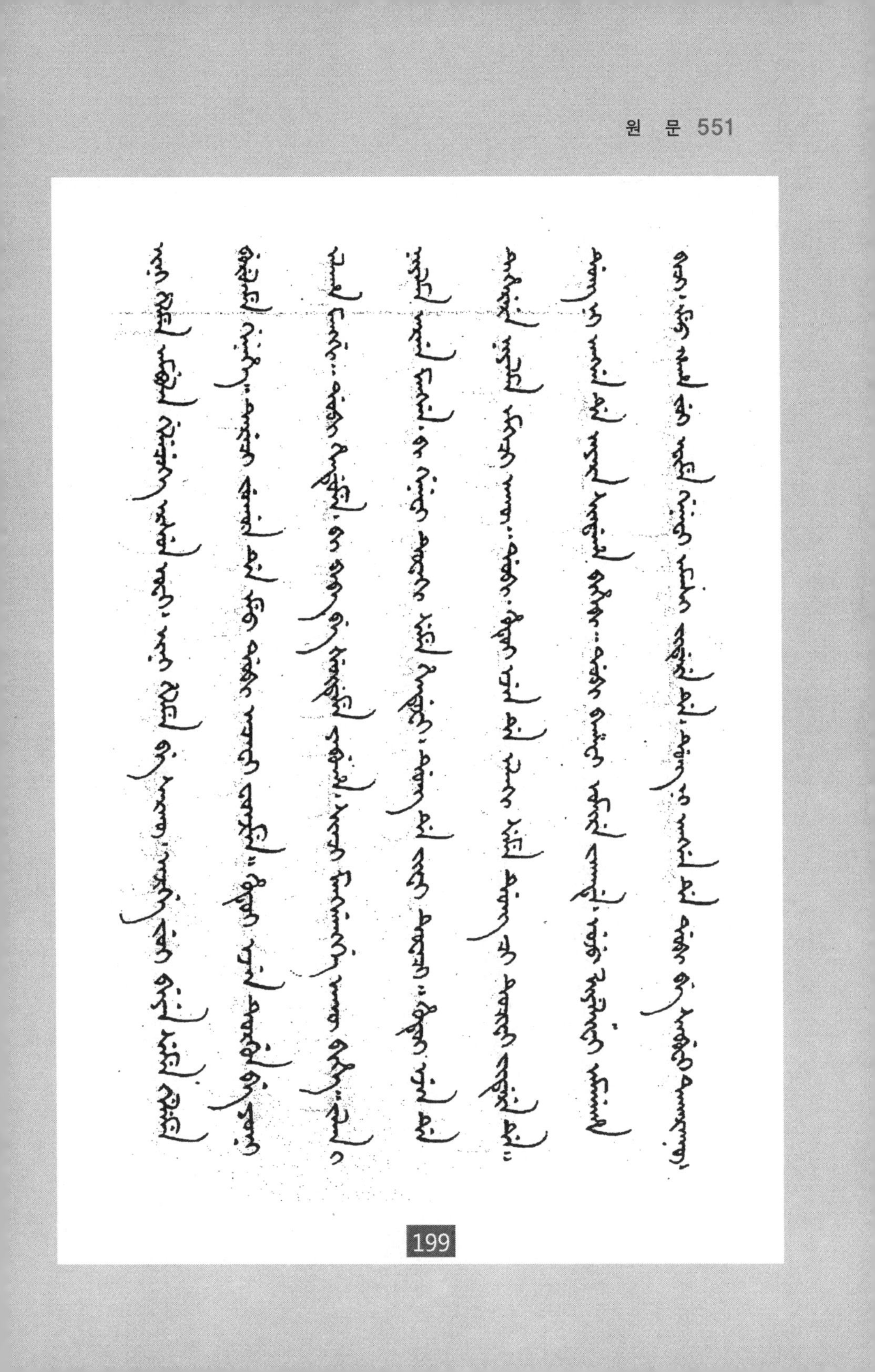

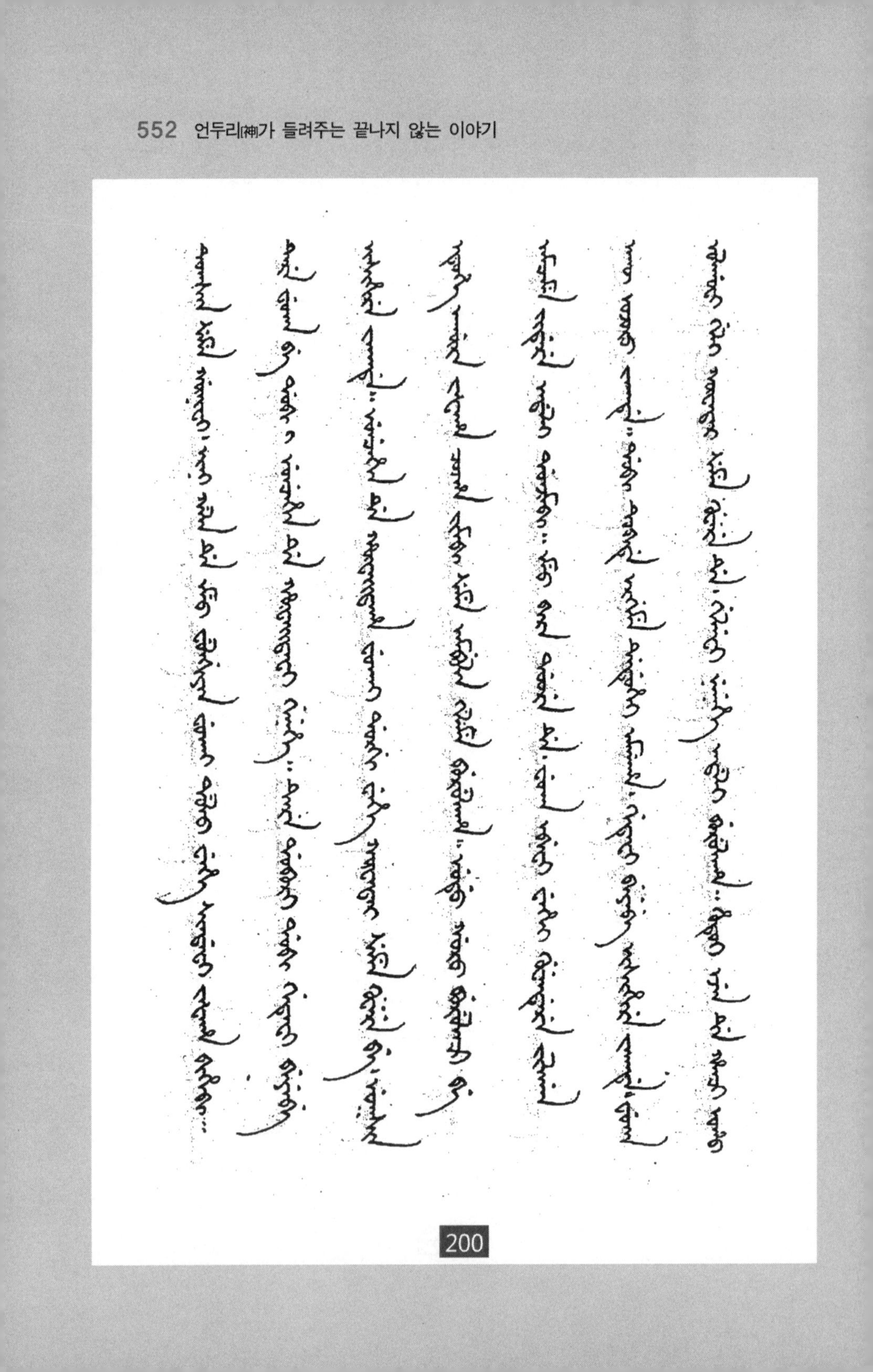

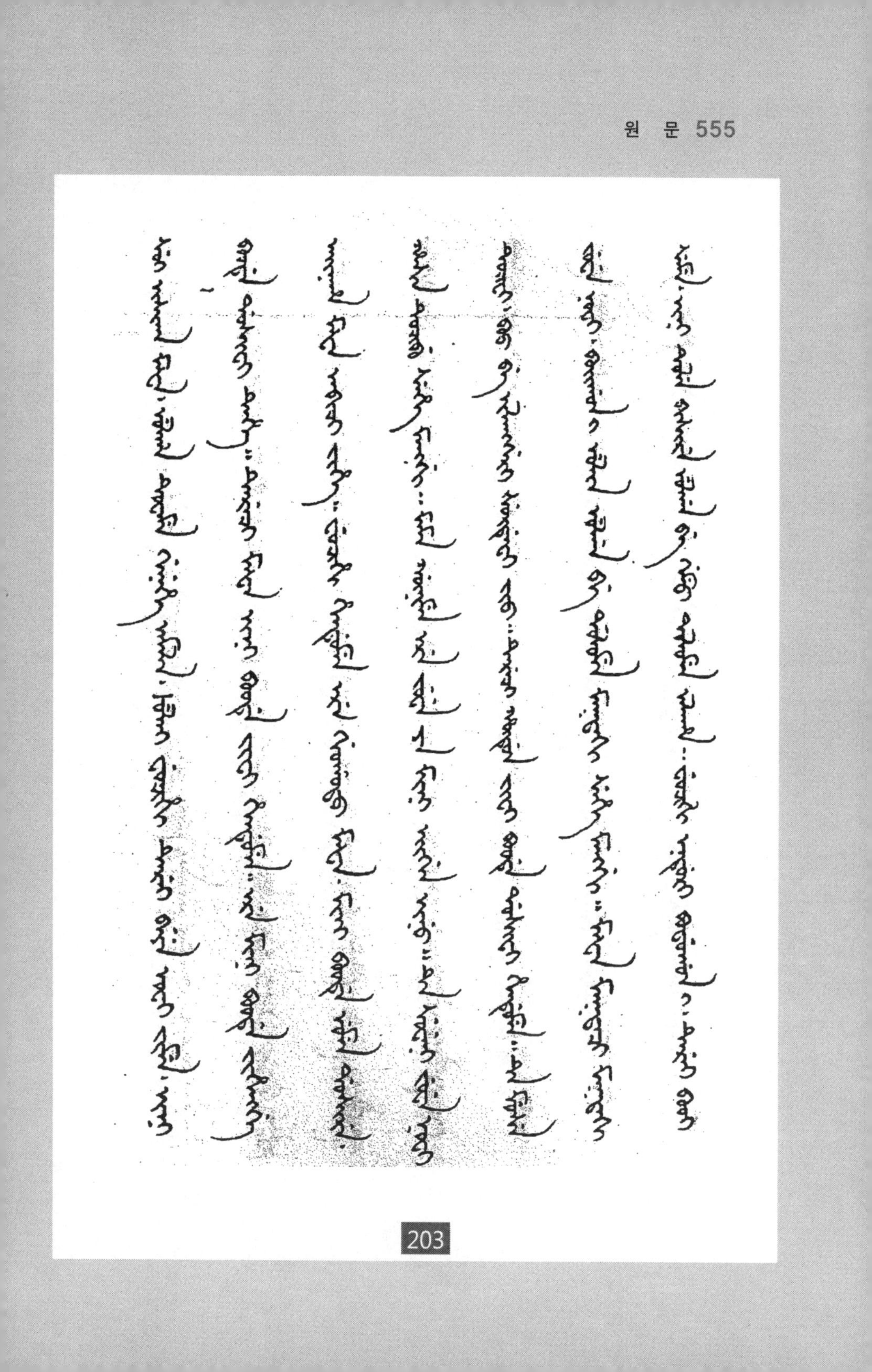

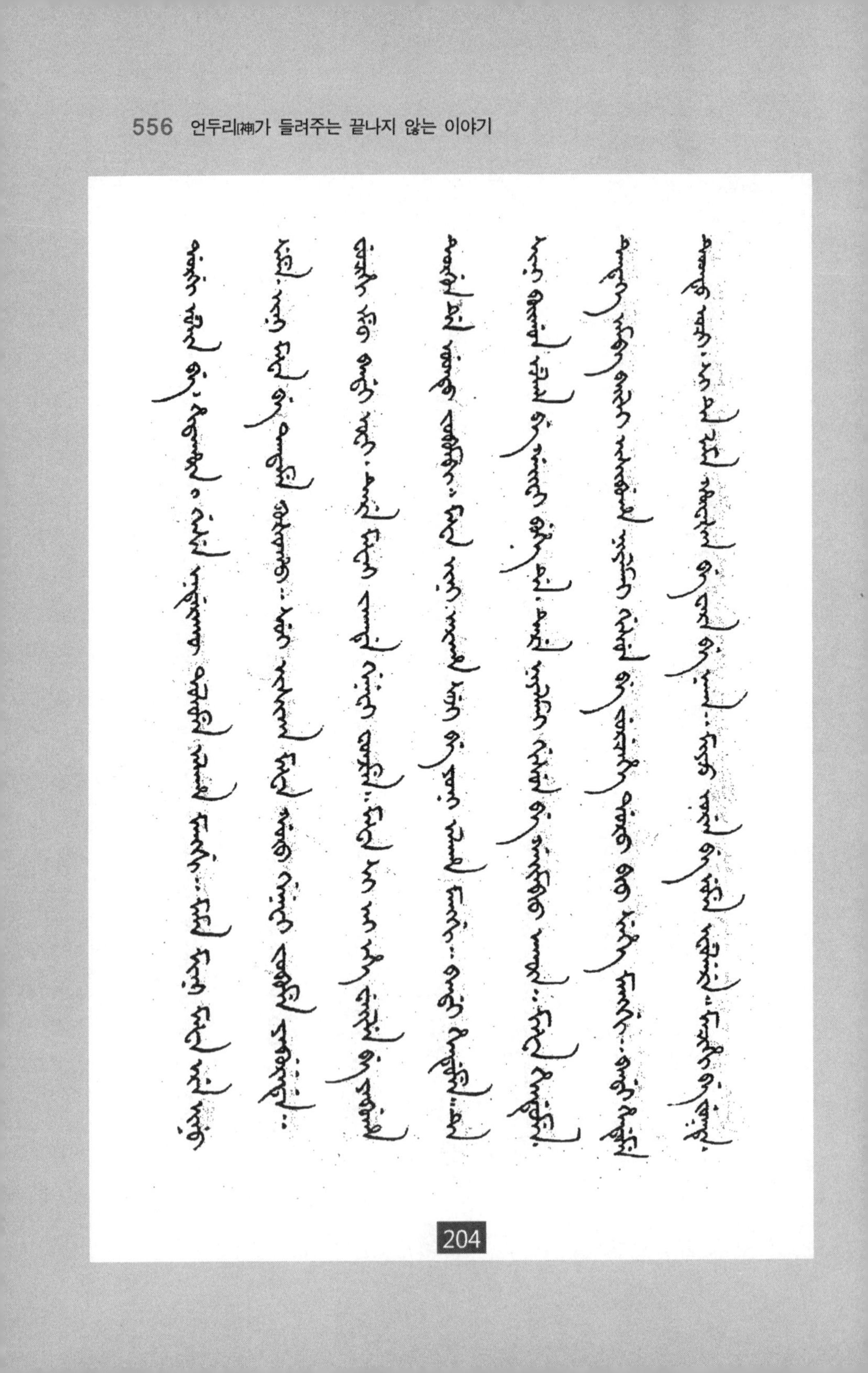

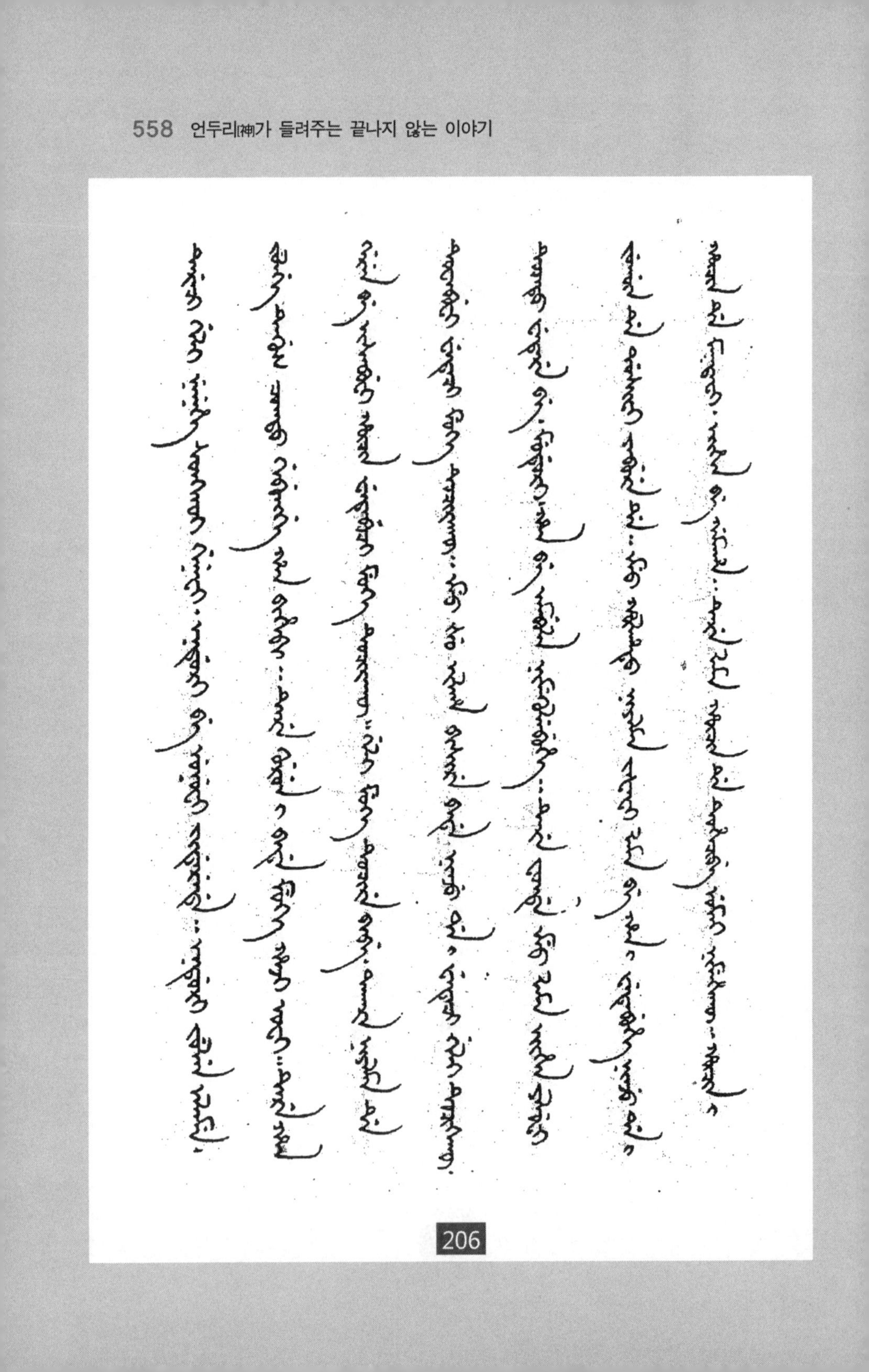

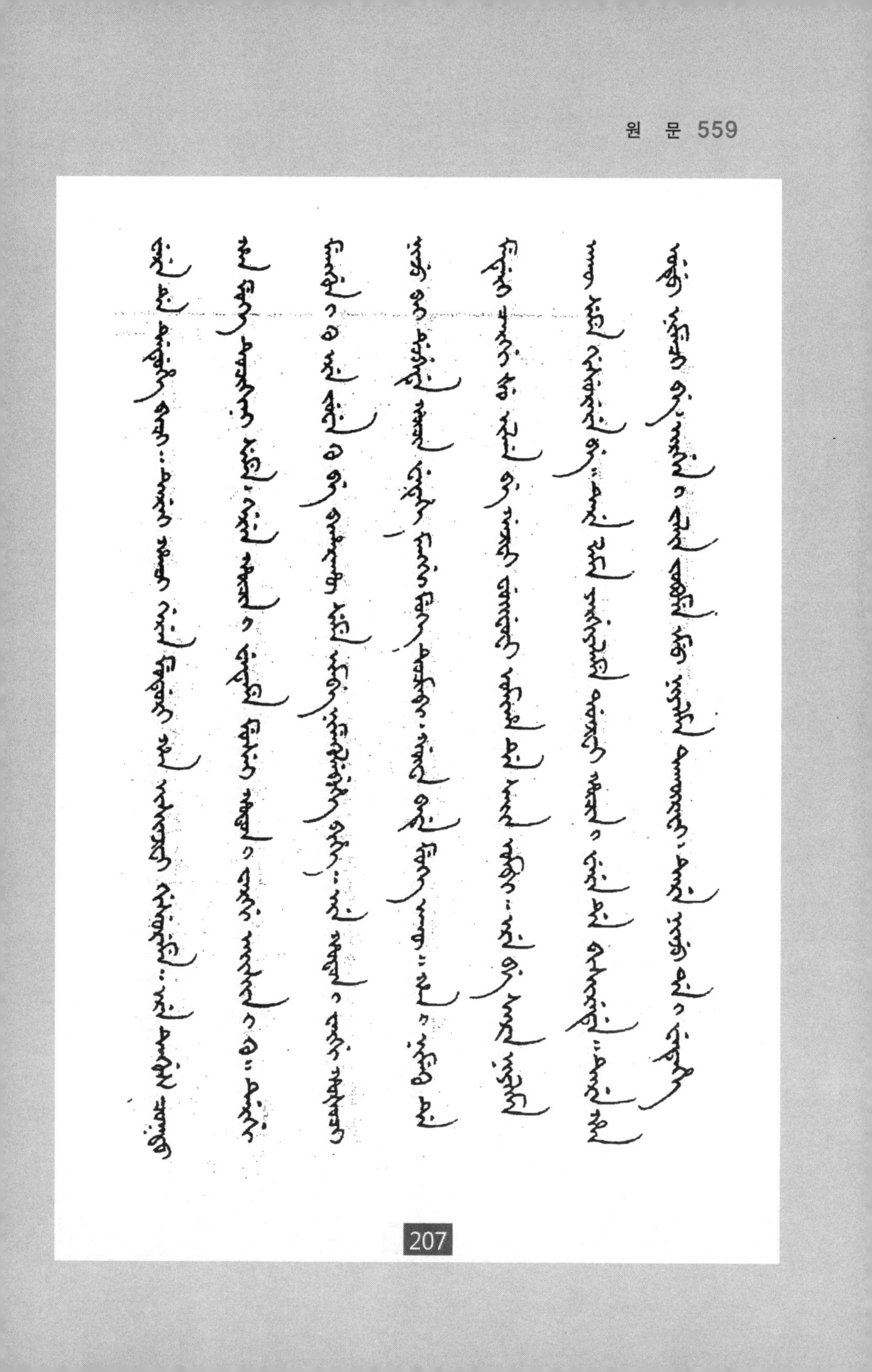

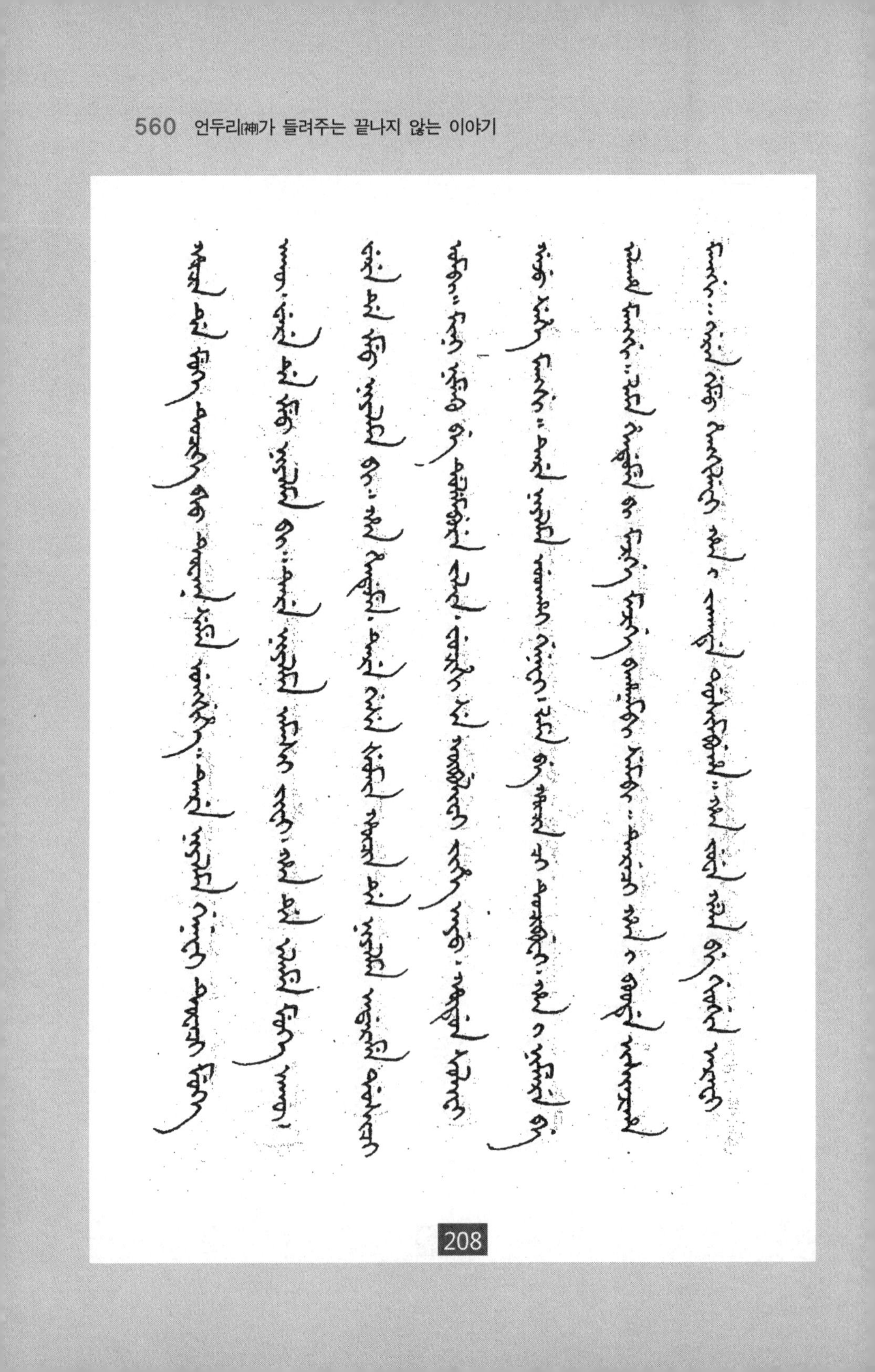

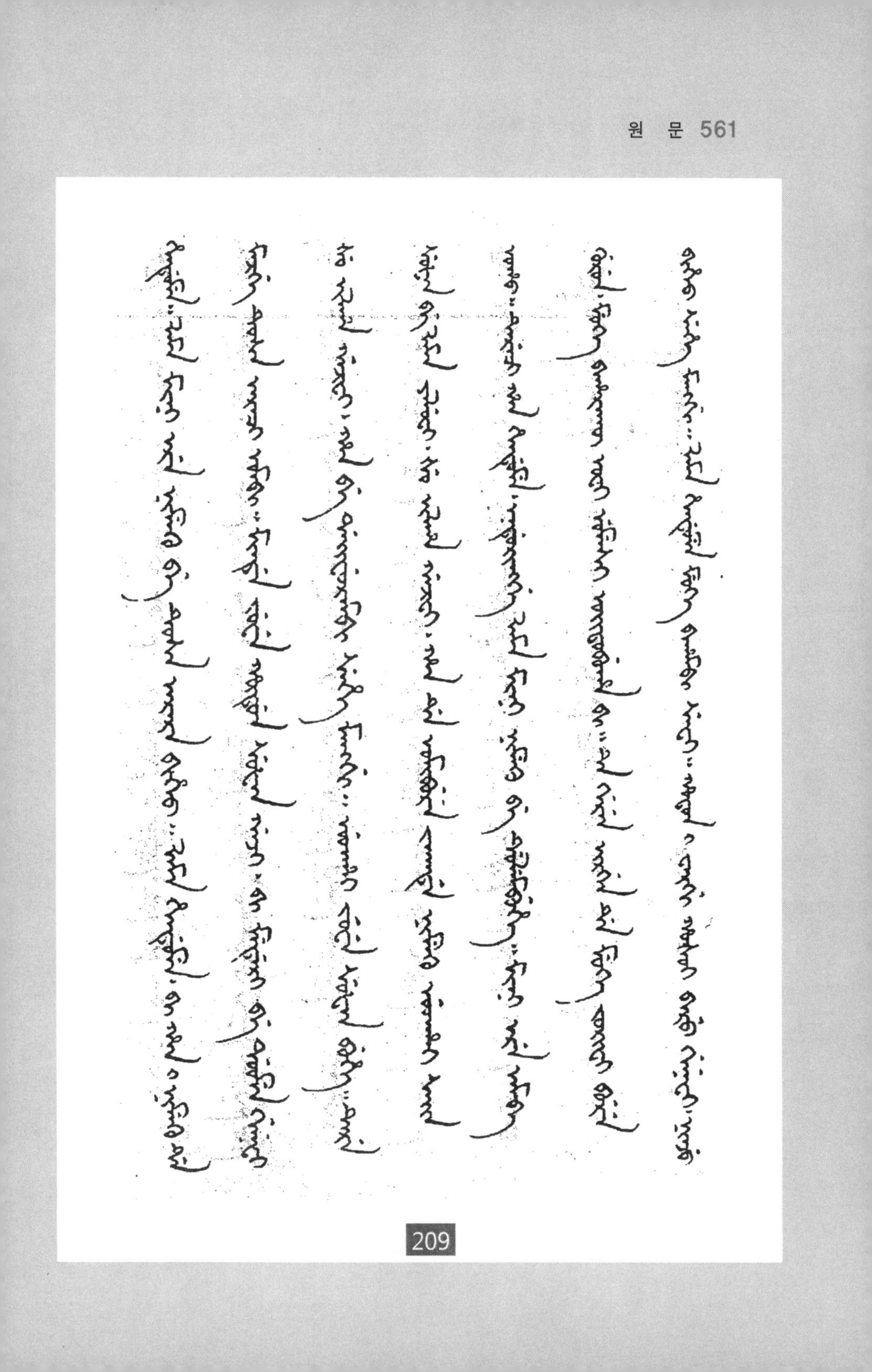

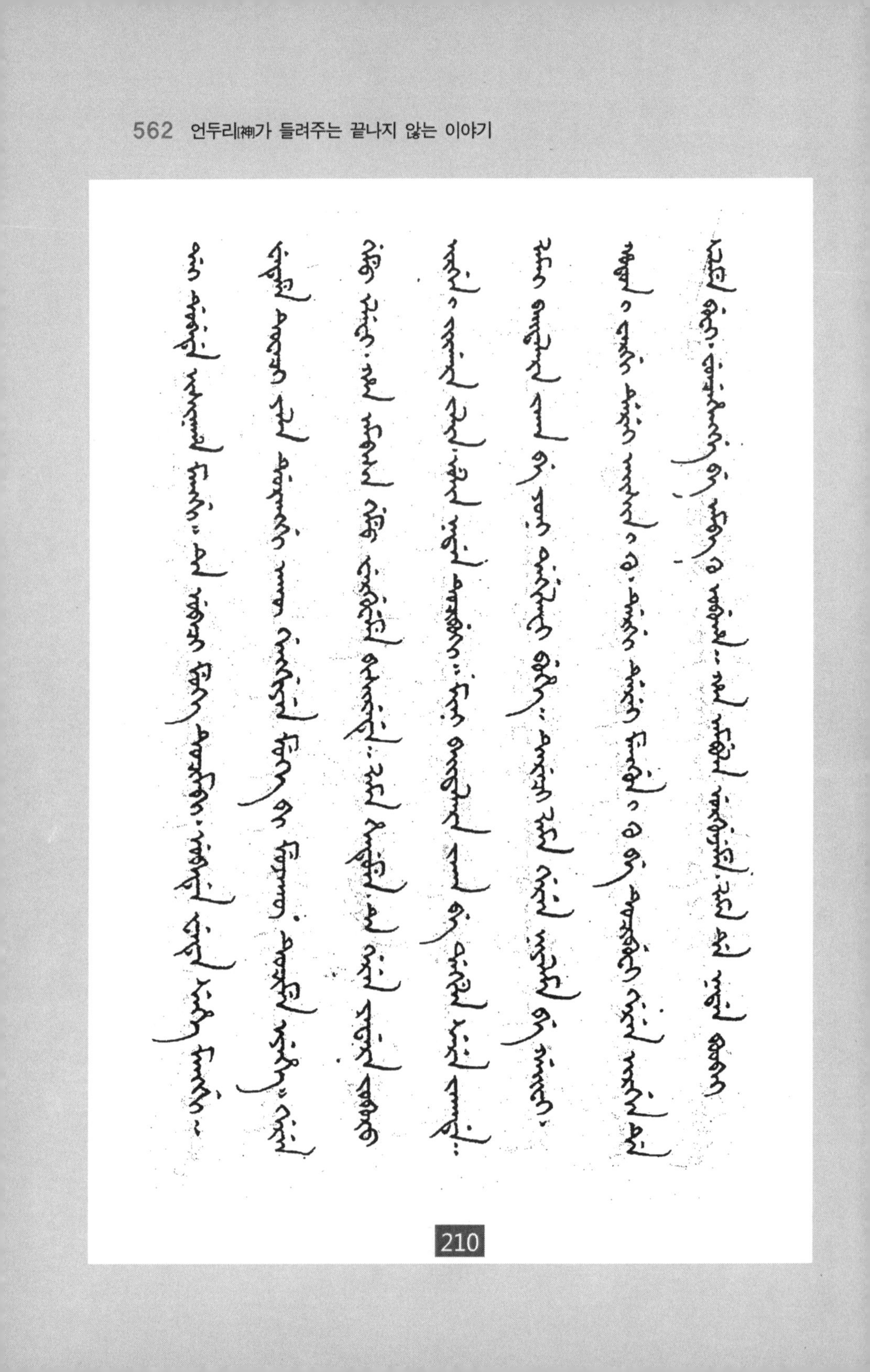

210

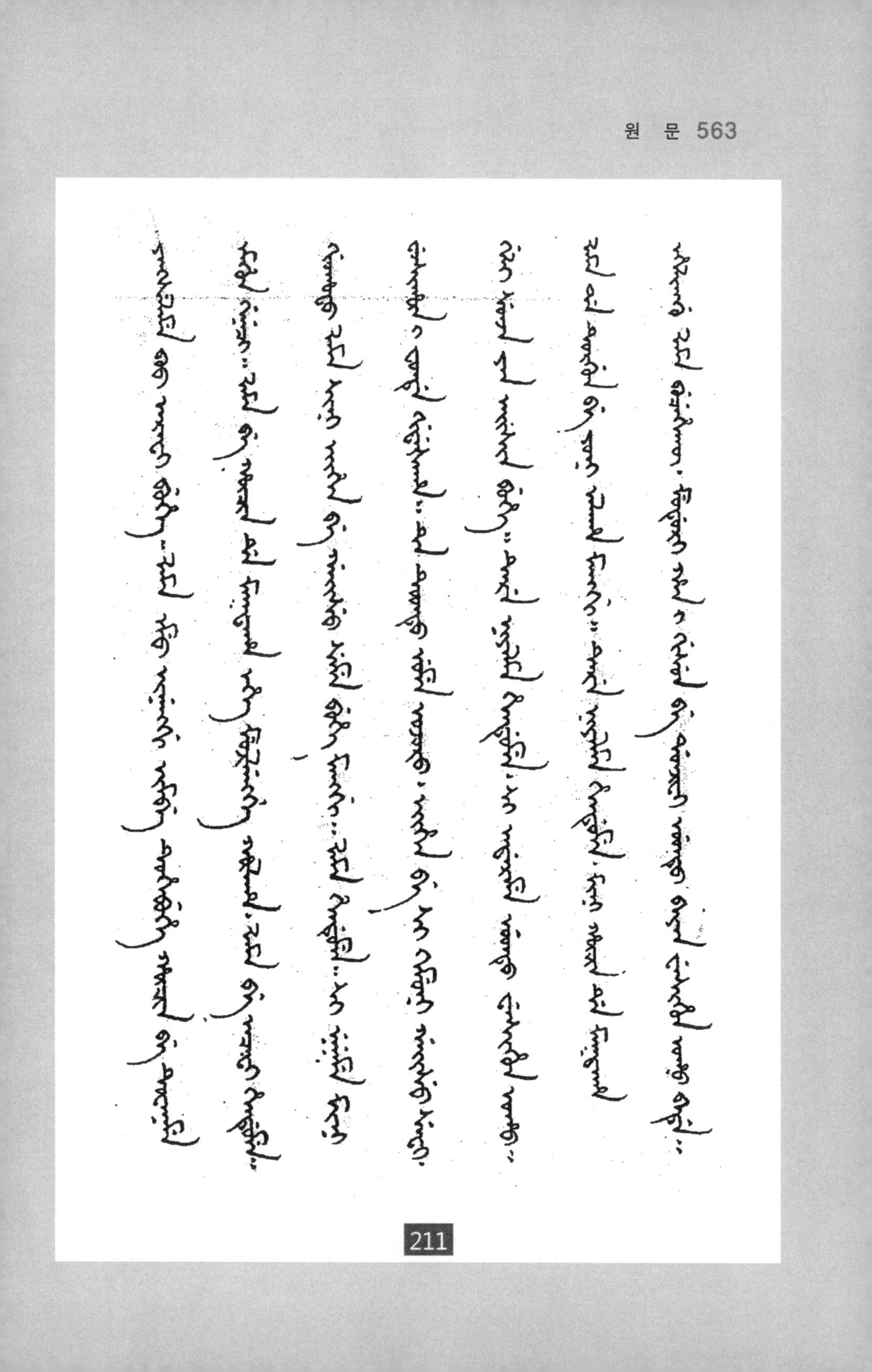

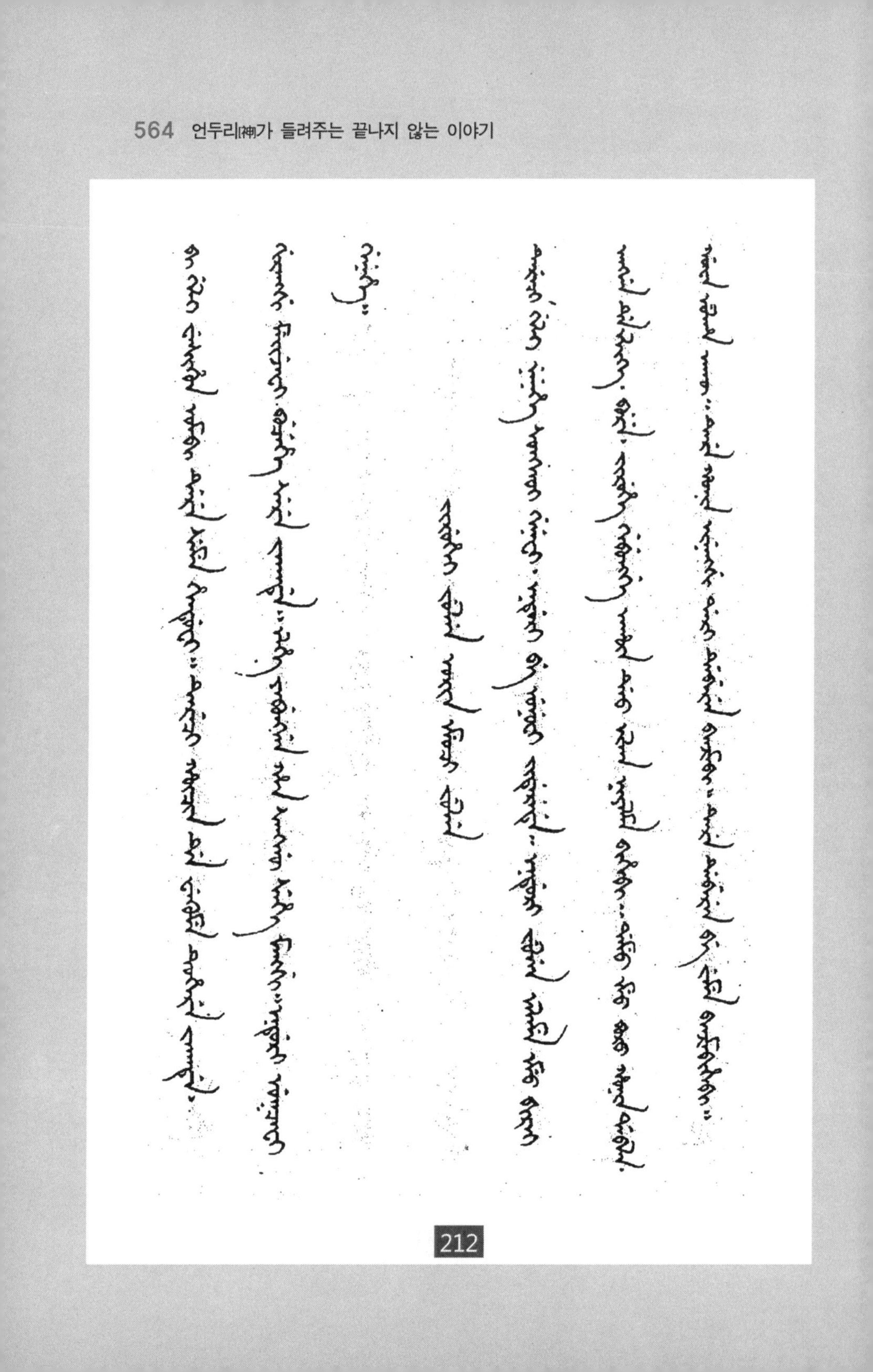

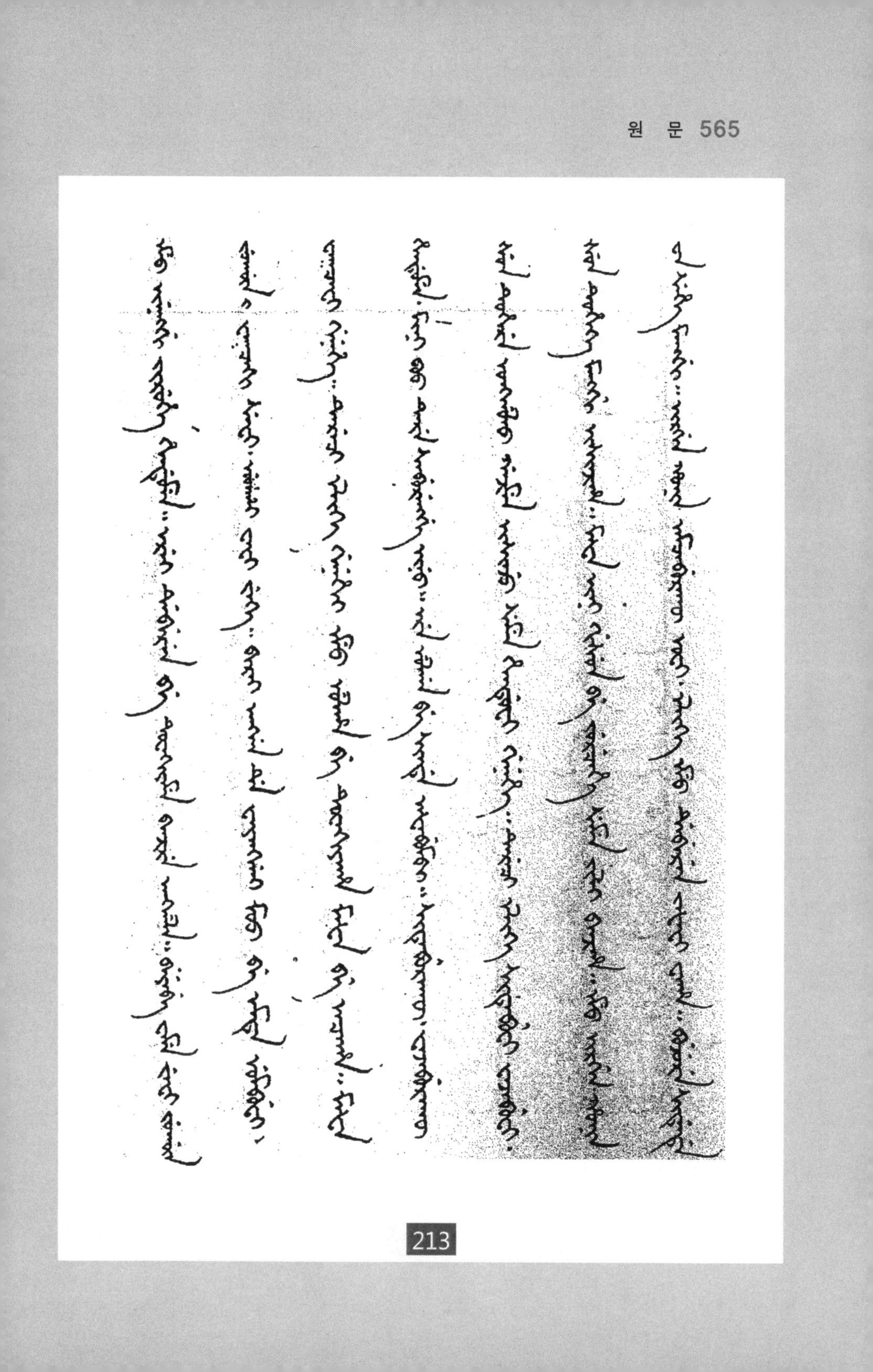

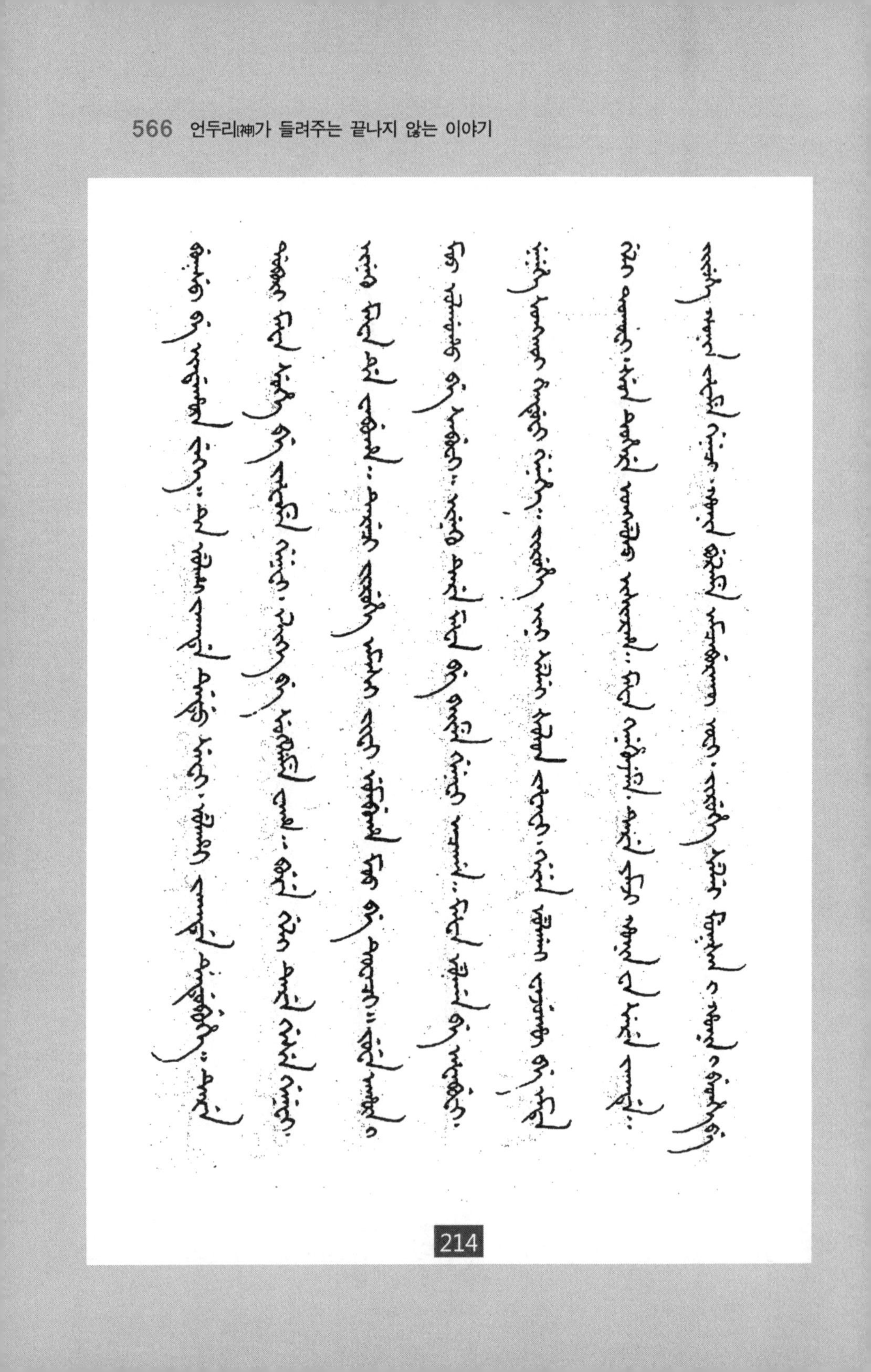

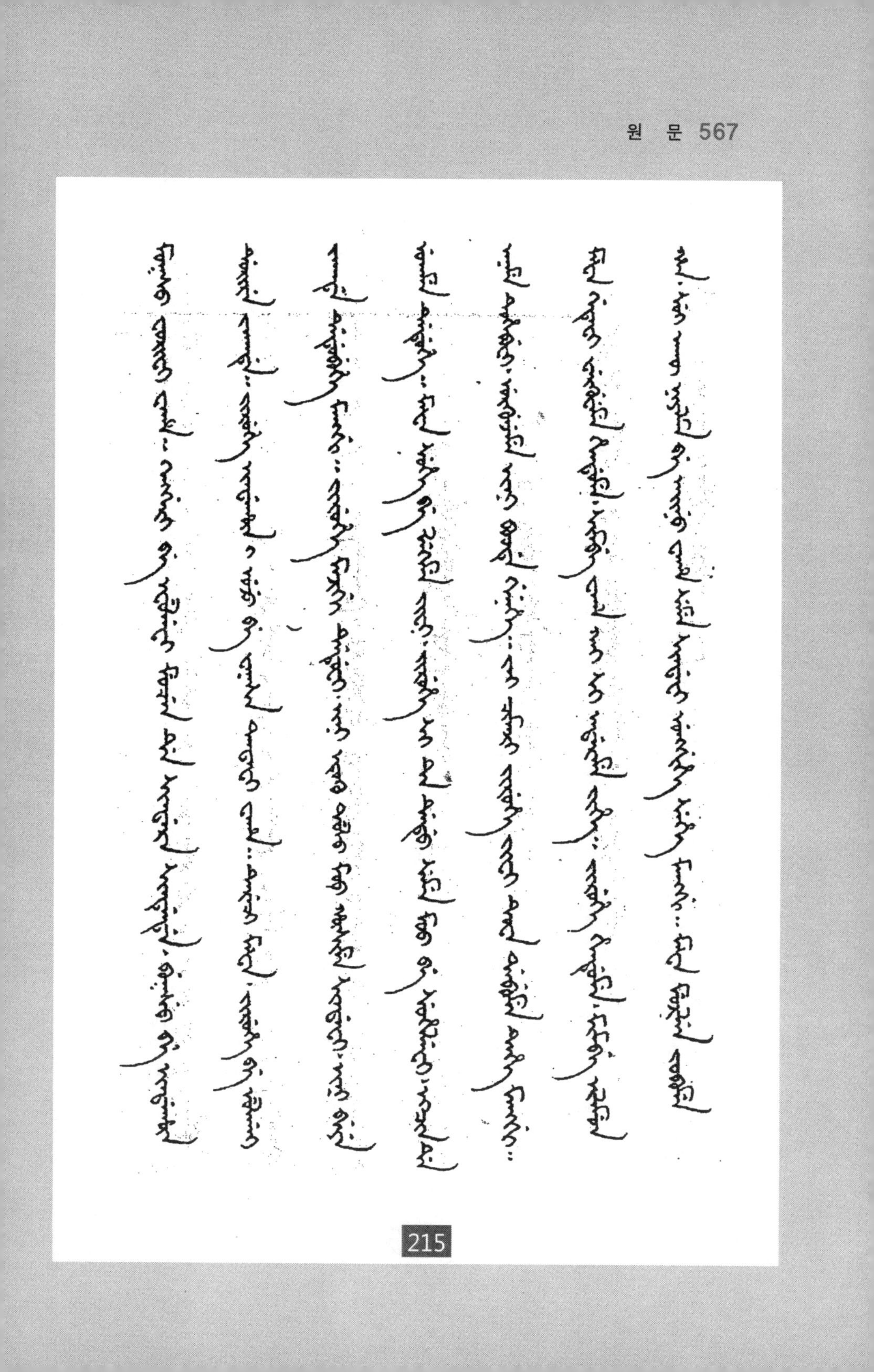

[illegible]

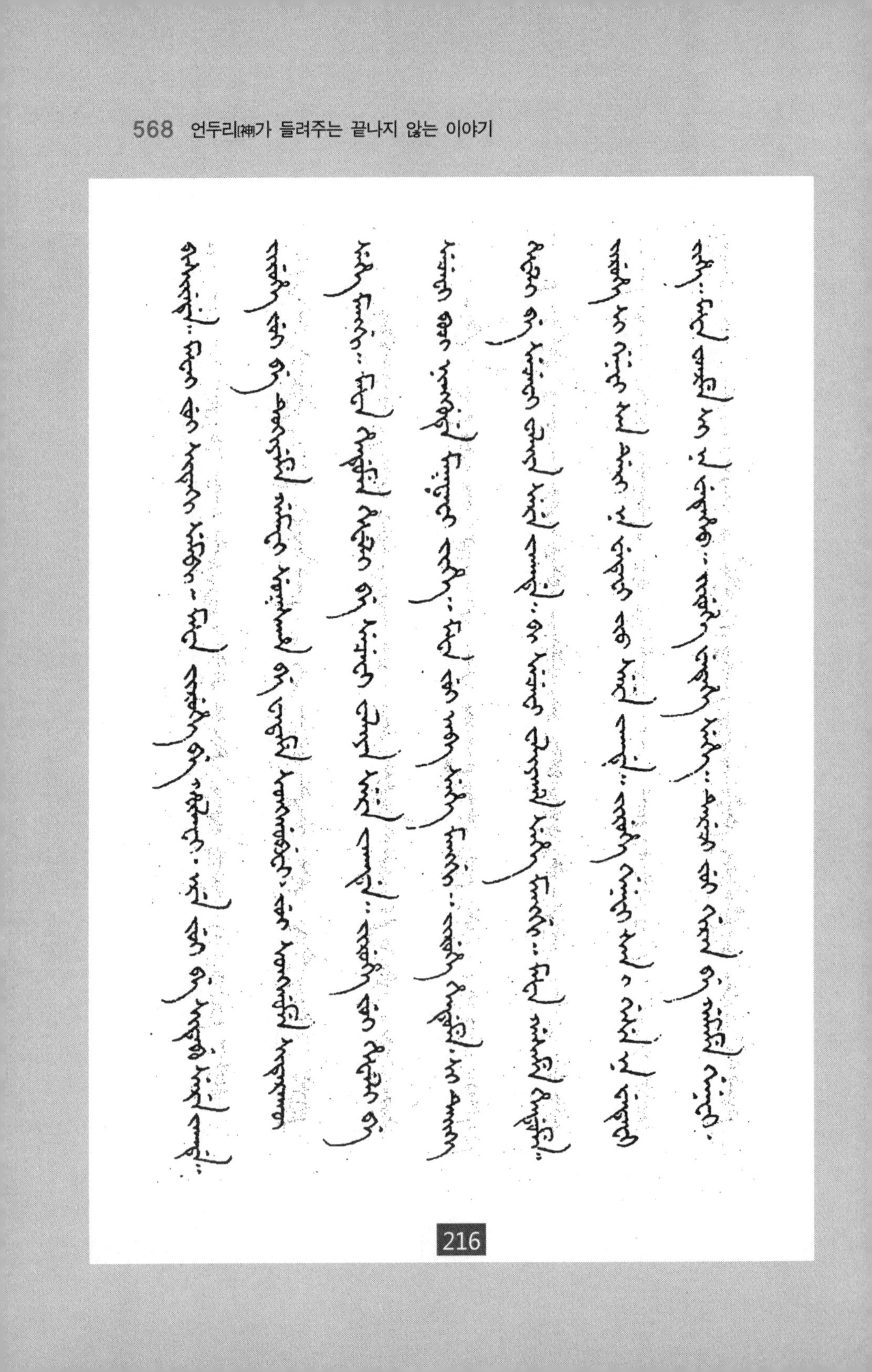

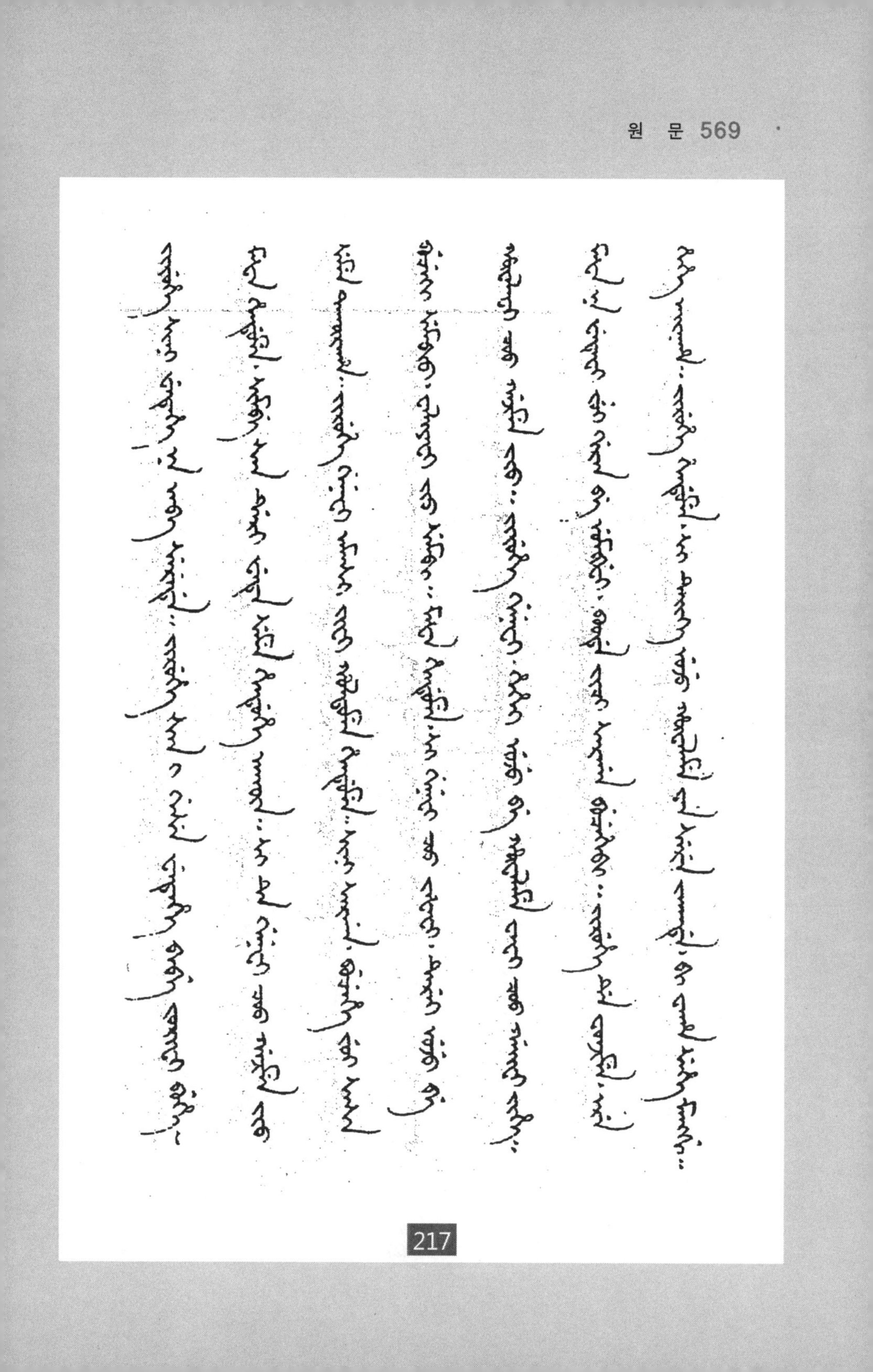

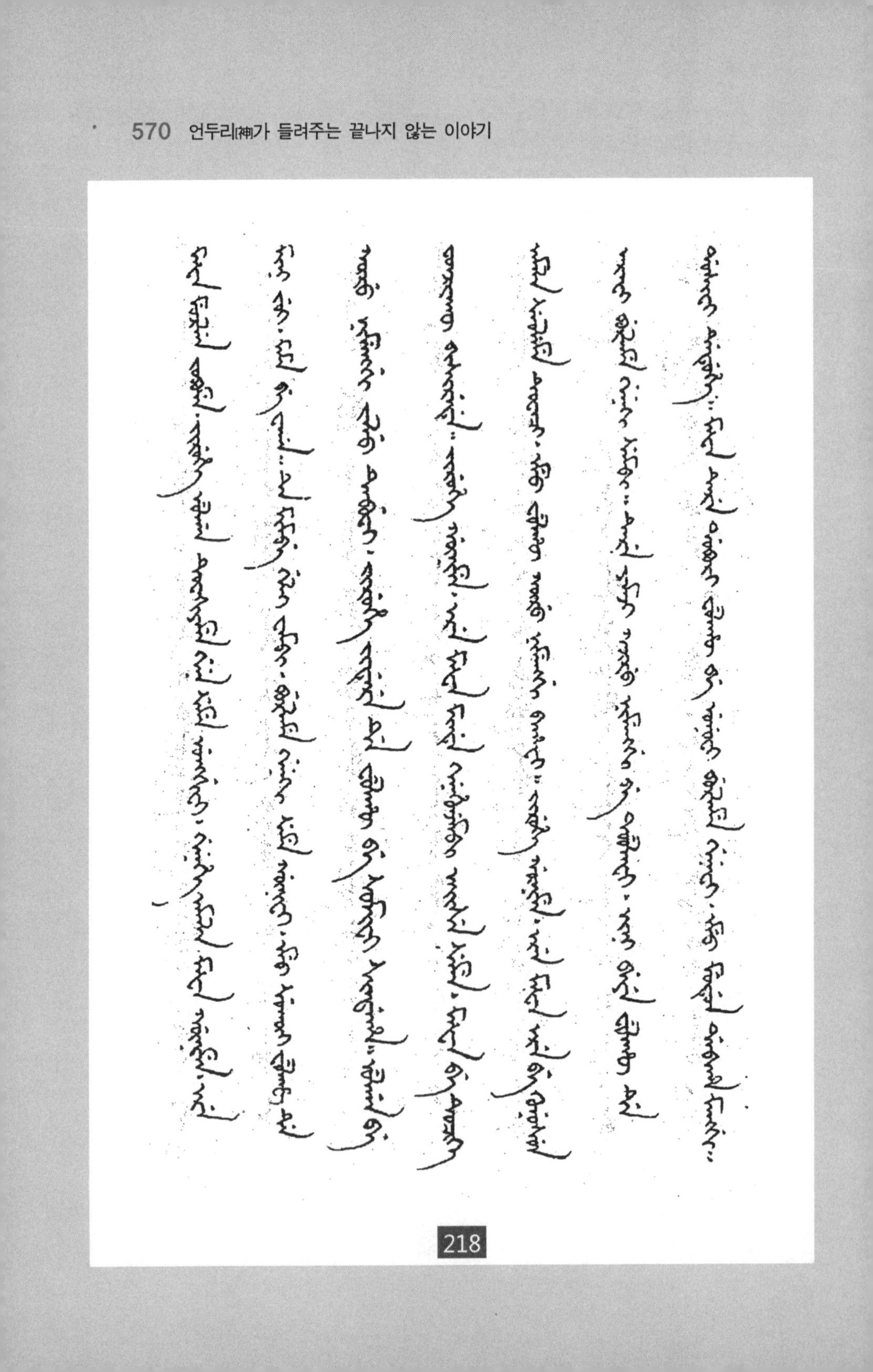

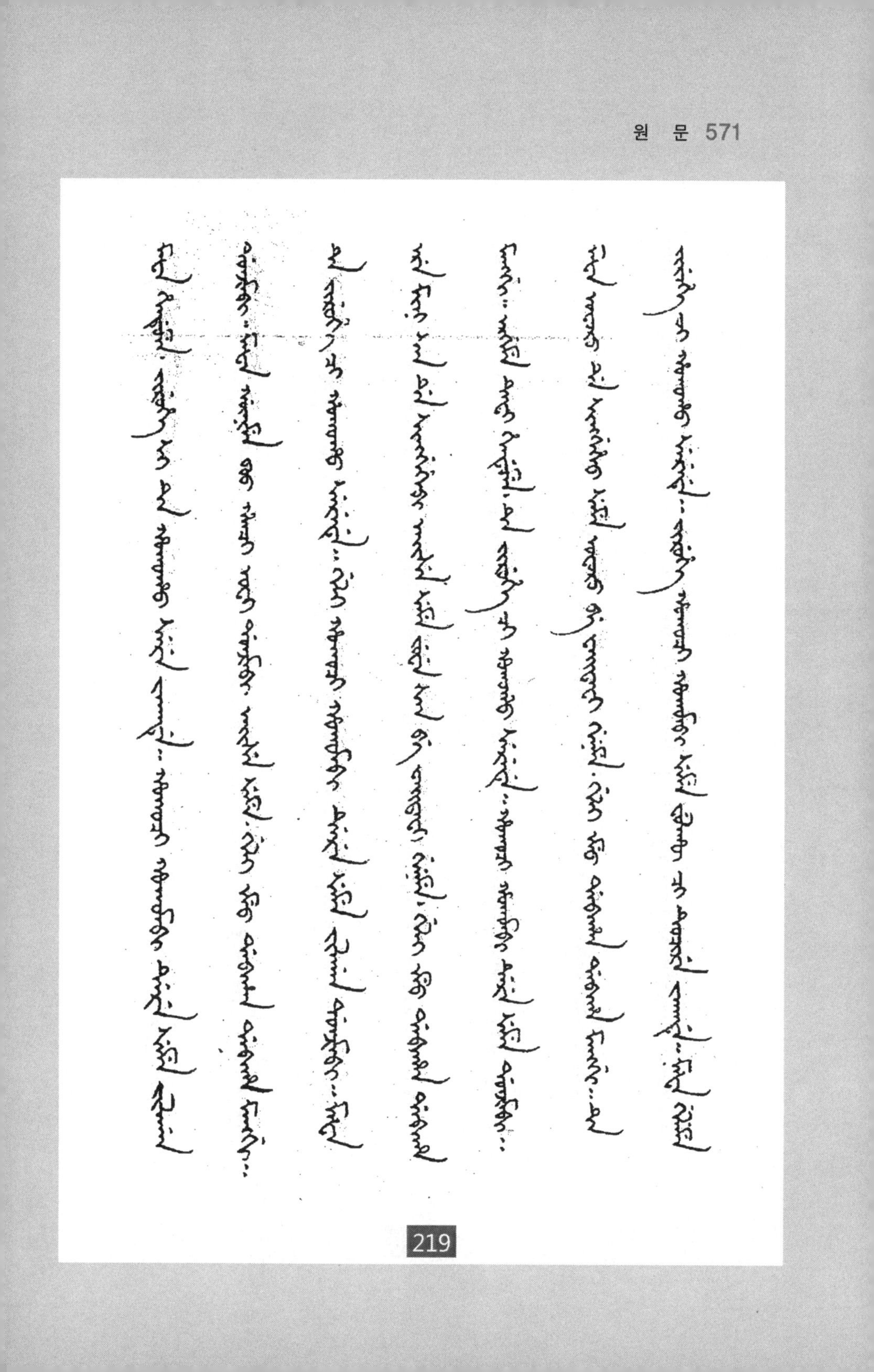

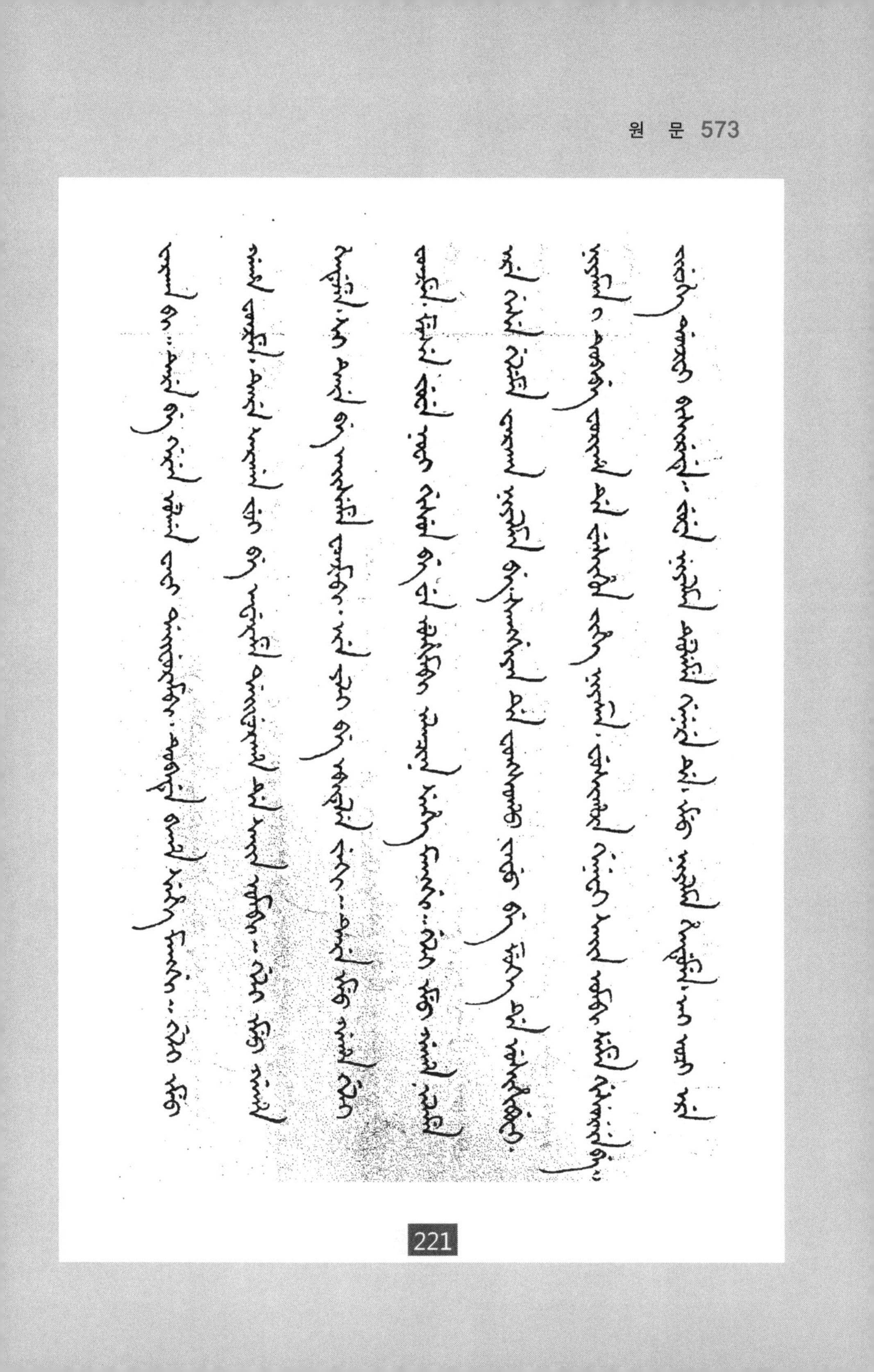

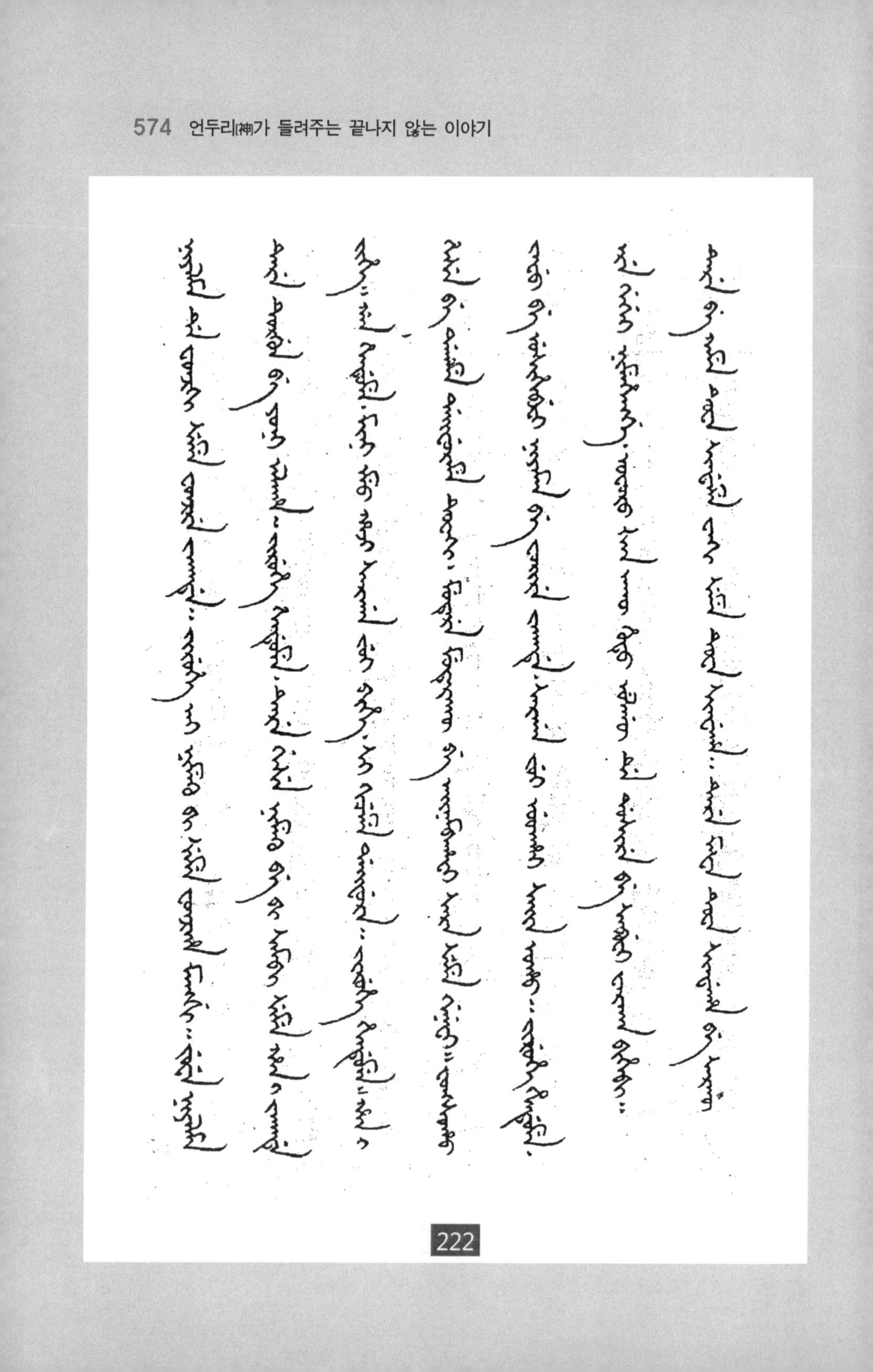

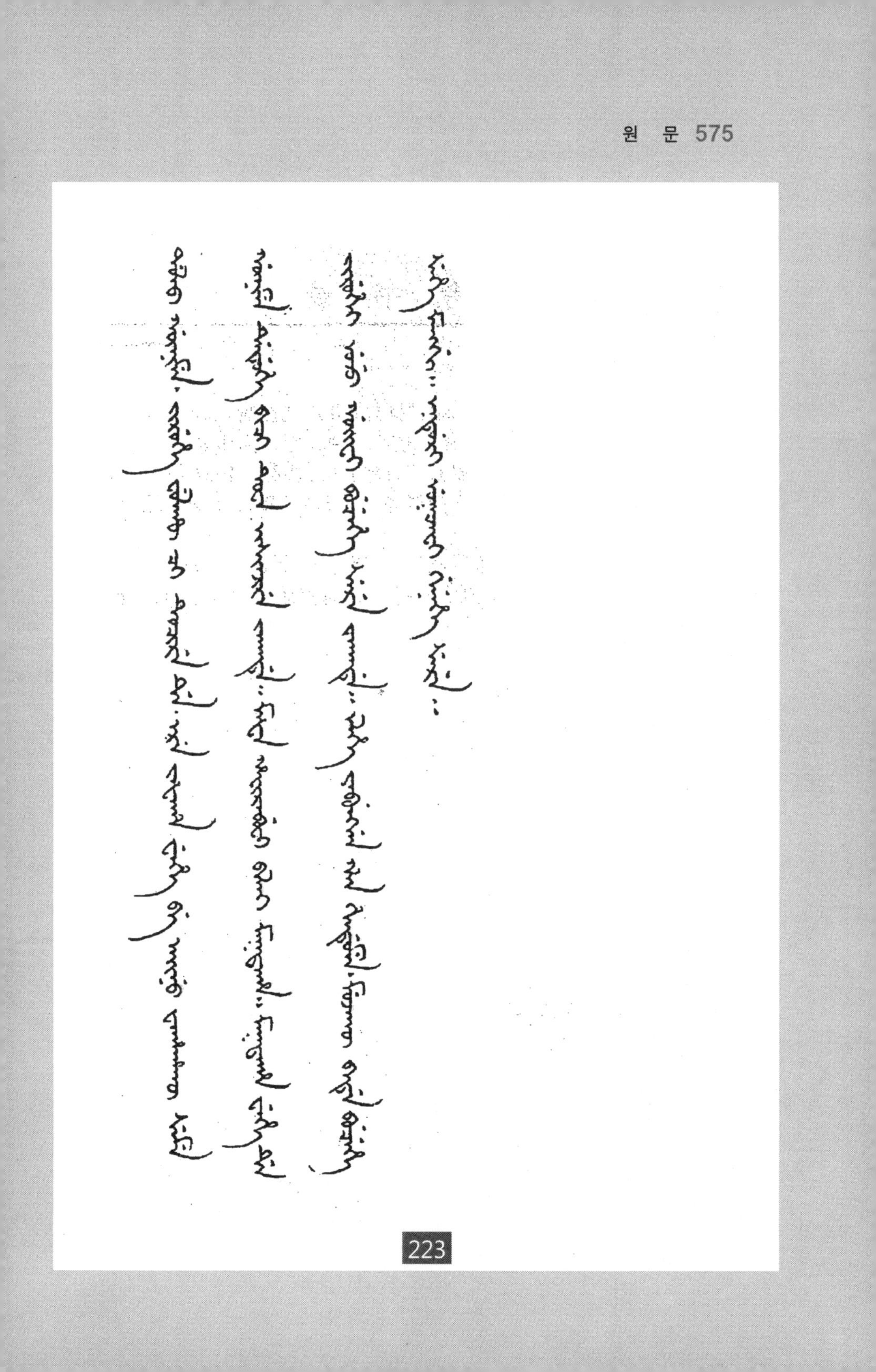

저 자 약 력

최동권 상지대학교 국어국문학과 교수
김양진 경희대학교 국어국문학과 교수
신상현 고려대학교 민족문화연구원 선임연구원
김선민 고려대학교 민족문화연구원 HK 교수
이효윤 상지대학교 강사
김수경 고려대학교 민족문화연구원 연구원
김경나 단국대학교 대학원 박사과정
문현수 고려대학교 대학원 박사과정
김미미 고려대학교 대학원 박사과정
오민석 고려대학교 대학원 석사과정

고려대학교 민족문화연구원 만주학 총서❸

언두리[神]가 들려주는
끝나지 않는 이야기

초판인쇄 2012년 6월 20일
초판발행 2012년 6월 29일

저 자 최동권 외
발 행 처 박문사
발 행 인 윤석현
등 록 제2009-11호

우편주소 (132-702) 서울시 도봉구 창동 624-1 북한산현대홈시티 102-1206
대표전화 (02)992-3253
전 송 (02)991-1285
전자우편 bakmunsa@hanmail.net
홈페이지 URL://http://www.jncbms.co.kr
책임편집 최인노

ISBN 978-89-94024-92-9 93710 정가 40,000원

* 이 저서는 2007년도 정부(교육과학기술부)의 재원으로
한국연구재단의 지원을 받아 연구되었음(NRF-2007-361-AL0013)